http://ajin.to

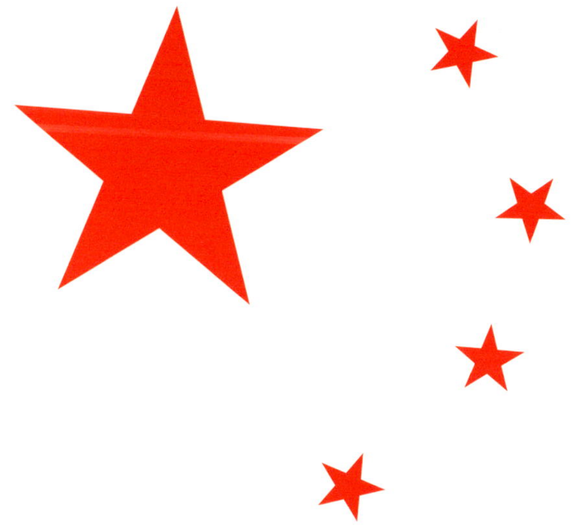

CEO-China EMBA시리즈

註釋實務 中國契約法總覽

法學博士 李 揆 哲 著

■ 중국주재원/법인장/비즈니스맨을 위한

■ 중국통상전문가/취업/창업실무를 위한

■ China-MBA, EMBA, CEO, COO 필독서

도서출판 아진

"나의 가는 길은 오직 그가 아시나니 그가 나를 단련하신 후에는 내가 정금같이 나오리라 (욥23 : 10)"

추천의 글

중국은 1970년대 말 '개혁개방'을 시작으로 '사회주의시장경제체제'로 변신과 WTO 가입을 통한 법치국가의 실현을 위해 법 정비를 급속히 추진하고 있으며, 이제 법은 중국에서 행동기준임과 동시에 분쟁해결의 기준이 되고 있다.

중국에서는 계획경제 아래 국유경제 주체들간의 국내외의 계약관계를 다루기 위해 1982년 '경제계약법'이 시행되고, 1985년 국경을 초월한 섭외적 거래관계에 적용하는 '섭외경제계약법'과 1987년 국제간의 기술거래를 규율 하기 위한 '기술계약법'이 탄생하였다.

위의 3대 계약법은 중국의 법률 역사상 또 개혁개방에 있어서 일정한 한계가 있었지만 매우 큰 역할을 하였다. 그러나 계획경제체제 아래 제정되어 현재의 '사회주의시장경제체제' 정세와 적합하지 않고, 상호 조화와 통일성 및 법규제의 구체성 결여 등 그 원인으로 1999년 전국통일의 '중국계약법'이 공포되었다.

중국의 통일계약법은 구 계약법의 기본 방침을 계수하면서 많은조문을 새롭게 신설하여, 중국 대외개방정책의 추진과 근대화의 건설에 유리한 법률로 현대계약에 관한 법체계는 거의 정비되었다고 할 수 있다. 통일계약법은 총칙(제1장~8장), 각칙(제9장~제23장) 및 부칙 등 총 3개 부문 23장 제428조로 구성되어 있다.

중국진출과 중국비즈니스 현장 활동은 대부분 계약으로 이루어 진다. 그러나 법조문 해석의 어려움 등으로 중국계약법의 몰이해적인 가운데 작성하는 계약서 조문이 간단하고 애매한 용어의 사용이 많아 이를 둘러싼 분쟁들이 늘어나고 있다.

따라서 본 서의 각 법조문 주석과 곁들인 사례들은 중국법률 연구자와 중국비즈니스 실무자들의 유용한 길잡이가 될 것이다.

그 동안 중국 대학에서 연구와 강의, 로펌에서 투자 법률자문, 회사경영, 법제처 동북아법제 자문위원 등 다양한 경험과 많은 전문 저서를 남긴 중국통상법률 전문가 이규철 교수께서 2004년도 법제처 동북아 법제 연구프로젝트 연구 결과를 보충·정리한 것으로 'CEO-China EMBA시리즈'가운데 "주석실무 중국계약법총람"을 출판하게 됨을 진심으로 축하 드리며, 향후 한중간의 국제 교류에 큰 자취를 남기길 기원합니다.

李 柱 榮

釜山地法部長判事 · 第16代國會議員 · 慶南政務副知事

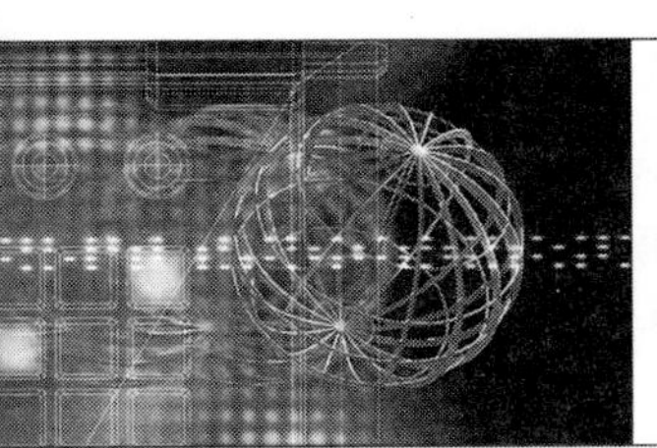

序　言

改革开放以来，中国吸引外资取得了前所未有的飞速发展。自1993年起，中国成为吸引外资最多的发展中国家，成为仅世界排名第一的吸引外商直接投资的国家。现在全世界最大的500家跨国公司中已有400多家在中国设立了企业。中国加入了WTO（2001年12月10日）。中国投资领域的对外开放也将进一步的扩大。在商业、外贸、运输、医疗、教育、金融、保险、电信及各类中介机构等服务贸易领域将进一步放宽对外商投资的限制，在基础设施、矿产资源、生态环境保护、农牧业产品加工、技术密集型等领域鼓励外商进一步投资。正如联合国贸发会公布的2000年世界投资报告所预测的，21世纪的中国将是最有吸引力的地方，其吸纳外资的潜力巨大。与此相适应的，25多年来中国的外资立法取得了长足的进展，极大地推动了引进外资的进程。到目前为止，中国指定有关外商投资的法律法规达200多部，签定的双边或多边国际条约达100多个，同时各省、市、自治区、经济特区也制定了大量涉及外商投资的地方性法规。这些法律法规相互联系，形成了中国外商投资的法律体系。当前，中国正在遵循WTO的规则并依照市场经济发展的需要，积极进行外商投资企业法律体系的修订和完善工作，对现有的外商投资企业法律法规和部门规章进行有步骤，有计划的修改，增补和废止。可以这样说，中国的外商投资法律制度正在发生深刻而显著的变化。

自1992年中韩两国正式建交后，在韩国掀起了对华投资的热潮，正如对其他国家进行的投资一样，要在中国投资取得成功，一个非常重要的前提是准确地 把握中国在经济、政治、文化等方面的综合投资环境，其中以熟悉和掌握外商投资的法律制度为核心。李揆哲博士受中国政府的邀请在复旦大学经济学院、华东政法学院等花费了8年的时间专门研究了中国的经济情况，随后又开始了在法律领域的探索，以及寻求在外商投资法律制度上的新的突破。在搜集大量资料的情况下，他完成了本书CEO-CHINA EMBA系列（中国进出企业经营总览、中国合同法、中国经济通商法、中国劳动法、中国房地产法等）的写作。

该著作特点鲜明：第一，内容新颖，深入浅出。作者立足于中国国情，密切关注中国经济政策的最新动态，对中国的“第十一个五年计划”、中西部的开发、BOT的融资方式、服务贸易的开放以及加入WTO后贸易投资形式等问题均有所研究，这些见解将有助于读者了解中国，熟悉中国市场，把握对中国投资的契机。第二，资料丰富，翔实可靠。该书的内容涉及了中国外资的产业政策、地区政策、税收政策、财务政策和劳工政策等投资者广为关注的领域，并通过图表的方式引入真实数据进行分析，说理透彻，条理清晰。第三，实务性强，具有明显的针对性。该书对外资企业的设立程序、组织形式、生产经营、内部管理及纠纷解决等各个阶段所涉及的法律问题进行了细致地刨析，使读者能够真正了解外资企业运营的整个操作过程，具有极大的实践意义。

李揆哲博士写作本书的目的在于帮助韩国投资者更多地了解中国市场，全面的把握中国在引进外资上的法律和政策，为韩国投资者提供一条便捷之路。值次书出版之际，向李揆哲博士致以衷心的祝贺，并预祝他今后取得更大的成绩。

中国最高人民法院副院长、大法官、国家法官学院院长

曹 建 明

머리말

중국이 1978년 개혁·개방을 시작으로 점차 "계약사회" 바뀌고 있다. 특히 82년 경제계약법의 시행, 85년의 외국과 국제무역에 관한 섭외경제계약법이 시행되어 온 이래 계약에 관한 법정비가 강화되었다. 그리고 87년에 시행된 민법통칙은 제5장 제2절의 채권, 제6장 제2절의 계약위반의 민사책임(계약책임)을 각각 규정하였다. 1993년 9월 2일 전국인민대표대회 상무위원회는 '경제계약법 개정에 관한 결정'을 채택하였다. 그 배경은 중국의 대외개방정책 심화에 따라 '민법통칙'의 아래에 있는 기존 구 3대 계약법(경제계약법, 섭외경제계약법, 기술계약법)이 각각 다른 법률관계와 영역을 규제의 대상으로 하고 있기 때문에 상호 조화와 통일성 및 법규제의 구체성이 결여되어, 특히 92년에 제기된 "사회주의시장경제체제"의 확립을 개혁의 목표로 해온 이래 점점 더욱 통일적이고 완비된 현대적 계약법의 제정이 중요한 과제로 부상하였던 것이다.

마침내 1999년 3월 15일 제9기 전국인민대표대회 제2차 회의에서 중화인민공화국 계약법(이하 '계약법'이라 함)을 통과시켰다. 그리고 같은 날 주석령 제15호로 공포하고, 1999년 10월 1일부터 시행되었다. 중국의 계약법은 총칙, 각칙 및 부칙 등 총 3개 부문 23장 제428조로 구성되어 있다. 중국계약법은 각종 구 계약법의 기본 방침을 계수하고 많은 조문이 새롭게 신설되었다.

중국은 21세기를 맞이하면서 당사자의 자유의사를 존중하고, 신의성실의 원칙을 관철하며, 영미법적 개념을 도입하여 국제적으로 통용되는 획기적인 계약법을 탄생시킨 것이다.

본서는 총칙에서 제1장 일반규정, 제2장 계약체결, 제3장 계약의 효력, 제4장 계약의 이행, 제5장 계약의 변경과 양도, 제6장 계약의 종료, 제7장 위약책임, 제8장 기타 규정으로 구성되어 있고, 각칙에서 제9장 매매계약, 제10장 전기·용수·가스 및 열에너지 공급계약, 제11장 증여계약, 제12장 금전소비대차계약, 제13장 임대차계약, 제14장 시설대여계약, 제15장 도급계약, 제16장 건설공사계약, 제17장 운송계약, 제18장 기술계약, 제19장 임치계약, 제20장 창고계약, 제21장 위임계약, 제22장 위탁매매계약, 제23장 중개계약에 대한 각 조문의 해설을 하였다. 그리고 본서 각 조문의 주제는 독자들의 이해와 편의를 위해 필자가 임의로 부가한 것이다. 원래 중국계약법 각 조문에는 따로 정해져 있지 않다.

중국진출과 중국현지에서 각종의 비즈니스 또는 제품의 생산과 판매 등 다양한 분야에서 부닥치는 문제들이 하나에서 열까지 대부분 계약으로 이루어 진다. 그러나 법 조문 해석의 어려움 등으로 중국계약법의 몰이해적인 가운데 계약이 이루어져 이를 둘러싼 분쟁들이 늘어나고 있다. 본서는 필자의 2004년도 법제처 동북아 법제 연구용역을 더욱 보완·정리한 것으로 각 법조문의 주석과 많은 사례를 곁들여 연구뿐만 아니라 실무에 참고가 되도록 노력했다.

중국계약법의 연구자와 중국비즈니스를 하고 있는 많은 실무자들에게 유용한 참고서가 되길 희망한다.

그리고 본서의 출판을 쾌히 승낙 해주신 아진출판사의 김근배사장님과 편집에 수고하신 여러분께도 깊은 감사를 드립니다.

2006년 8월 20일
竹天 이 규 철

차례

제1부 중국 계약법의 입법

1. 계약법의 입법 배경

(1) 중국의 구 계약법 체계

중국에서는 계약법 이전에 원래 3대 계약법이 존재하고 있었다. 계획경제 아래 국유경제 주체들간의 국내외의 계약관계를 다루기 위한 것을 말하며, 이에 관한 규범으로서는 다음과 같다. 첫째는 1981년에 공포되고, 1993년에 개정된 주로 국내경제계약에 대한 분쟁을 해결하기 위한 것으로 경제거래 관계에서 당사자의 합법적인 이익을 보호하고 상품경제를 촉진시킨 '중화인민공화국 경제계약법'이다[1]. 둘째는 1985년에 제정되고 주로 국가가 섭외경제계약의 분쟁을 해결하기 위한 중국의 경제주체와 다른 국가 또는 특정 지역의 경제주체 사이에 국경을 초월한 섭외적 거래관계에 적용하는 '중화인민공화국 섭외경제계약법'이다. 그리고 셋째는 1987년에 제정되고 과학기술도 상품이라는 것을 인정하고, 발명 및 창조를 장려하고 국제간의 기술거래를 규율하기 위해 '중화인민공화국 기술계약법'이 있다.

그리고 기타 법률에도 계약에 관한 규정이 존재하는 것을 살펴보면 다음과 같다. 1986년에 공포된 '중화인민공화국 민법통칙[2]'에는 '민사권리'라고 하는 장(章)이 있고, 그 가운데 '채권'에는 절(節)이 있다. 이 '채권'에는 주로 계약에 관한 규정이 있다. 1984년에 공포되고 1992년에 개정된 '특허법'에서는 특허권의 사용허가 및 양도에 대한 규정을 두어 그 어느 경우도 계약의 문제가 되었다. 1982년에 공포되고,

---

1) 중국의 계획경제체제 아래서 특정한 주체간에서만 적용되는 계약관계를 규율하기 위해 제정되었다. 그러나 1993년 개정을 통해 시장경제적 요소를 대폭 수용하여 시장경제를 촉진하게 되었고, 현행 계약법의 모 법이라고 할 수 있겠다.

2) 민법통칙은 총 9개의 장과 156개의 조문으로 구성되었으며, 그 내용은 기본원칙, 공민(자연인), 법인, 민사법률행위, 대리, 민사권리, 민사책임, 소멸시효, 섭외민사관계에 관한 법률적용 및 부칙으로 구성되어 있다.

1993년에 개정된 '상표'에는 등록상표의 사용허가 및 양도에 관해 규정했다. 1979년에 공포되고, 1990년에 개정한 '중외합자경영기업법'에서는 중외합자기업의 계약을 어떻게 체결하는가를 규정하고 있다. 또 노동법에는 고용문제에 관한 '노동계약'에 관한 규정도 있다. 그리고 운송에 관한 법률로서 '철도법', '해상법' 및 '민용항공법'의 경우 모두 운송에 관한 계약이 규정되어 있다.

위의 법률은 모두 중국 전국인민대표대회 및 그 상무위원회에서 채택된 것이다. 역시 기타 계약에 관한 규정으로서는 국무원이 공포한 계약과 관련하여 몇 가지 행정 법규인 조례라는 형식으로 제정되었다. 가령, 공업광물제품의 매매계약조례(工矿购销合同条例; 1984. 1. 23), 농업관련 제품의 매매계약조례(农副产品购销合同条例;1984. 1. 23), 건축공사도급계약조례(建筑安装工程承包合同条例; 1983. 8. 8), 설공사조사 설계에 관한 계약조례, 가공도급계약조례(加工承揽合同条例; 1984. 11. 20), 육로·수로·철로·항공화물운송계약의 4개 실시세칙(公路,水路,铁路,航空货物运输合同实施细则: 1986. 11. 8), 창고보관계약실시세칙(仓储保管合同实施细则; 1985. 9. 25), 금전소비대차계약조례(借款合同条例; 1985. 2. 28), 재산보험계약조례(财产保险合同条例; 1983. 9. 1) 등 및 최고인민법원이 판결 실무에서 발생하는 문제점을 해결하기 위해 제정한 50여건의 사법해석[3]등이 있다. 따라서 계약법이 제정되기 이전까지는 본래 중국계약법의 체계는 위의 세가지 계약법, 즉 국무원의 행정법규 및 최고인민법원의 사법해석으로 되어 있다고 할 수 있다.

계약법이 1999년 10월 1일부터 시행됨과 동시에 '경제계약법', '섭외경제계약법' 및 '기술계약법'이 폐지되었다[4]. 단지, 기타 계약과 관련이 있는 법률 예컨대, '해상법'과 '노동법'은 당연히 유효하다.

위의 3대 계약법은 객관적으로 보아도 중국의 법률 역사상 또 개혁개방에 있어서 일정한 한계가 있었지만 매우 큰 역할을 하였다고 높게 평가되고 있다[5]. 1981년에 중국의 전국인민대표대회에서 경제계약법이 채택되었다. 그리고 10수년 동안의 경험을 통하여 경제계약법이 규정한 기본원칙 및 그 대다수의 규정은 정확하였다고

---

3) 최고인민법원의 关于适用〈中华人民共和国民事诉讼法〉若干问题的意见, 关于贯彻执行〈中华人民共和国民法通则〉若干问题意见, 关于适用〈中华人民共和国合同法〉若干问题的解释, 关于人民法院审理借贷案件的若干意见, 关于在审理经济合同纠纷案件中具体适用〈经济合同法〉的若干问题的解答, 전국인민대회 상무위원회 法制工作委员会办公室의 关于 '中华人民共和国合同法(草案)' 的说明 등이 있다.

4) 그러나 계약법은1999년 10월 1일부터 시행하도록 규정하고 있기 때문에 동 법에는 소급효에 관하여 아무런 규정을 두고 있지 않기 때문에 소급 효가 인정되지 않는다. 따라 1999년 10월 1일 이전에 체결된 국제계약 등은 계약법이 아닌 그 이전의 법률 규정인 중국섭외경제계약법 등이 적용되므로 그 범위 내에서는 여전히 유효한 법률 규범으로서 동 법에 근거하여 체결된 국제계약의 해석 및 법률분쟁에는 여전히 동 법이 적용된다고 볼 수 있다.

5) 중국계약법제도 발전의 간략한 상황에 대해서는 刘文华 主编, 中华人民共和国合同法实用指南, 改革出版社, 1999, 5면~9면; 郭明瑞·房绍坤, 新合同法原理, 中国人民大学出版社, 1999, 62면~67면 참조.

할 수 있다. 섭외경제계약법은 개혁개방 정책의 확대와 성공적인 실시에 국제거래 계약관계에서 기술계약 관계를 제외한 일반적 계약관계에 적용되었고, 국제적 기술 계약관계는 기술계약법이 적용되어 섭외계약관계도 일반적 상품과 기술을 분리하여 규율하고 있었다.

(2) 계약법 제정의 이유

통일된 계약법을 제정한 그 배경을 보면 구 3대 계약법에서는 다음과 같은 문제점들이 지적되어 왔고, 그 대표적인 것이 다음 세 가지 요소가 있다.

첫째, 이전의 3대 계약법은 계획경제체제 아래서 제정된 것으로 현재의 사회주의 시장경제체제라고 하는 정세와 적합하지 않다는 점이다. 구 3대 계약법 모두가 1980년대에 제정되고, 마지막에 제정된 기술계약법도 1987년에 성립된 것이다. 경제계약법은 1993년에 한번 개정되었다. 1981년에 성립한 중국경제계약법은 중국의 계획경제를 기본으로 한 국가정책에 기초한 것이기 때문에 개혁개방의 노선이 확정되지 않은 시기에 제정된 것이다. 내용도 계획관리에 관한 규정이 있다. 1993년 경제계약법을 개정하면서 계획관리를 명확하게 강조하는 어휘를 삭제하였지만, 경제계약의 성립, 이행과 효력에 관한 주요 부분들이 계획적 관리를 위한 목적으로 존재하고 있었기 때문에 그것은 문제를 해결을 위한 실마리의 범위 내에서 개정된 것에 지나지 않았다. 예컨대, 제1조의 '국가계획의 집행을 보증한다'와 제4조의 '국가계획을 파괴하는…' , 81년 경제계약법 제7조에는 '법률과 국가의 정책과 계획에 위반한 계약은 무효로 한다'를 1993년 개정에서 '법률과 행정법규에 위반한 계약은 무효로 한다'등이 그것이다. 기타 내용은 대부분 변화가 없었다[6].

그러나 중국의 계약법이 각각 10수년 밖에 되지 않았는데도 불구하고, 오래 전에 생긴 법률이라고 할 수 있는 것은 다음과 같은 중국의 특수한 사정이 그 배경에 있기 때문이다[7]. 중국은 경제체제의 변동시기, 이른바 계획경제에서 시장경제로의 과도기라 할 수 있다. 경제체제가 미성숙하여 불안정한 면도 있고, 수년 전에 실시된 일부의 정책은 현재 정세에는 적합하지 않게 되었다. 즉 현대의 사회주의 시장경제체제의 노선에서는 새로운 입법이 필요하였던 것이다[8].

---

6) 당시 개정에 있어서 대・중・소라고 하는 세 가지의 개정안이 있다. '대'는 새로운 계약법을 기초한다는 것이고, '중'은 계약법에 관한 중요한 내용을 모두 규정한다. '소'는 아무튼 개정이 필요한 부분만을 개정하고, 그 이외의 부분은 개정하지 않는다는 것이다. 당시는 '소'라는 법안을 채용했다.

7) 중화인민공화국 성립 전의 계약제도에 관한 상세는 刘景一 主编, 合同法新论, 人民法院出版社, 1999, 9면~25면; 柴振国 何秉群 等, 合同法研究, 警官教育出版社, 1999, 14면~20면 참조.

8) 1978년부터 계약법 개정까지 입법건 수만 해도 300여 건의 법률 또는 법률문제에 관한 결정이 제정되었다. 이른바 중국의 입법 역사상 황금시대라고 할 수 있다.

둘째, 개혁개방의 진전에 따른 시장경제 여건의 변화로 인하여 경제무역 실무 가운데 새로운 상황 또는 문제가 나타났지만, 그에 대해 계약법의 제정 당시 예측하지 못했기 때문에 이것을 규제할 새로운 계약법이 필요하였다[9].

예컨대, 금융리스의 문제도 그 한 예가 된다. 어떤 기업이 선진적인 생산라인을 도입하고 싶었지만, 자금이 부족하여 은행으로부터 융자도 받지 못했다. 이 경우에는 리스회사에 생산라인을 매매하여 해당 기업이 사용하고, 비용은 분할로 리스회사에 지불한다. 이렇게 하여 기업의 자금부족 문제를 해결한다. 이것이 이른바 금융리스이다. 금융리스기업이 중국에 처음으로 설립된 것은 1981년이다. 그것은 중국동방리스유한공사와 중국리스유한공사이고, 정식으로 업무를 개시한 것은 1984년 이후이다. 그렇기 때문에 경제계약법 및 섭외계약법에서는 금융리스에 대한 규정을 둘 수가 없었다.

그리고 중국의 경제무역 가운데 대외무역에서는 '대외무역대리'라는 하는 말이 있다. 대리문제에 관해 1986년에 채택된 민법통칙에는 규정이 있다. 그 대리는 대륙법계의 일반대리를 말한다. 즉 직접대리인 것이다. 대리인은 피대리인 명의로 활동하고 그 활동에 대하여 책임을 진다.

대외무역의 경영권 등의 원인으로 대외무역권을 갖고 갖고있지 않은 기업은 외국에서 물건을 수입할 때, 대외무역권이 있는 회사를 대리로 하여 수출입계약을 체결한다. 즉 생산기업과 대외무역회사의 관계는 피대리인과 대리인의 관계이고, 대외무역회사는 대외무역 경영권의 원인에 의해 피대리인 즉 생산기업의 명의로 계약을 체결할 수 없고, 자기 명의로 계약할 수 밖에 없다. 민법통칙 및 섭외경제계약법에는 간접대리의 문제에 대한 규정을 두고 있지 않다. 이를 규제할 새로운 법체계가 필요하게 되었고, 계약법 제22장의 '위탁매매계약' 및 제402조, 제403조에서 이에 관한 규정을 두고 있다.

셋째, 구 3대 계약법은 원칙적인 규제가 많고 통합성이 결여되어 있다는 점이다. 먼저, 계약체결의 문제에 대하여 위에서 언급한 구 3대 계약법에는 대부분이 원칙적인 규정만을 두고 있기 때문에 사법 실무상 애로점이 많다. 예컨대, '당사자가 계약의 주요 내용에 대하여 합의하여 계약을 체결 시킨다'. 이 규정은 틀리지 않지만 실효성이 결여되어 있다. 가령, 청약자는 상대방에게 서신을 통해 청약을 하고, 1주일 이내에 회답이 있기를 희망한다고 한 경우에 청약 수령자는 해당 신청을 받은 후에 그 내용에 대해 승낙의 표시를 하고 곧바로 회신을 보냈다. 그러나 우체부의 사정으로 그 서신은 1개월 이후에 도착했다. 이 경우 계약은 성립했다고 할 수 있을까?

구 3대 계약법에는 계약의 청약과 승낙에 대하여 명문 규정이 없기 때문에 실제

9) 예를 들자면 전기사용계약, 위탁매매계약, 시설대여계약, 중개계약 등이 있다.

로 계약의 체결 과정에서 많은 분쟁의 문제점이 발생할 가능성이 있었다. 계약법에서는 계약체결의 청약, 승낙에 관한 규정만 해도 20조 정도에 달하고 있고, 국제조약과 국제관행이 일치하고 있다. 이러한 규정만으로 모든 계약체결 중의 문제를 해결할 수 있는 것은 아니지만, 구 계약법과 비교하면 구체적이고 실용적이 되었다.

중국의 계약법 제정은 하나의 통일적이고 비교적 정비된 계약법 제정아래 사회주의 시장경제의 건전한 발전을 보장하는 것이었다. 그와 동시에 법의 연속성 및 안정성을 유지하고 현존의 경제계약법, 섭외계약법, 기술계약법 및 실무경험에 기초하여 새로운 보충과 안전성을 꾀하고 있다. 그리고 그 동안 유효한 행정법규 및 사법해석을 계약법으로 흡수시켜 하나로 정리된 통일법률의 형태로 하였다.

또 경제의 글로벌화와 중국의 대외개방 정책의 실시에 따라 국내무역과 대외무역의 구별이 앞으로 없어지기 때문에 계약법을 제정할 때, 국제조약 및 국제무역규칙을 충분히 참고하여 기본적으로 법의 원칙, 제도 또는 구체적인 규정을 국제적인 규칙과 일치시켰다. 이렇게 하여 중국의 대외개방정책의 추진 또는 중국의 근대화의 건설에 유리한 법률이 탄생한 것이다.

2. 계약법의 기본원칙

계약법의 제3조 이하에서 '평등의 원칙, 계약자유의 원칙, 공평의 원칙, 신의성실의 원칙'을 규정하고 있다. 물론 종래의 3대 계약법의 경우도 모두 당사자의 평등한 지위문제를 언급하고 있다. 그러나 가령, 경제계약법의 경우는 계획경제 아래서 제한된 당사자에게만 주체자의 자격을 주었기 때문에 그 지위상 평등이 완전히 보장되었다고 할 수 없다. 아래에서는 계약법상의 기본원칙[10]을 살펴본다.

(1) 평등의 원칙

계약법 제3조에서 "계약 당사자의 법률적인 지위는 평등하고 일방 당사자는 자기의 의사를 다른 일방에게 강요할 수 없다"고 규정하였다. 민법통칙 제3조에서 "민사관계에서 당사자의 지위는 평등하다"는 규정과 동일한 취지라고 할 수 있다.

경제계약법 제5조, 섭외경제계약법 제3조, 기술계약법 제4조를 기초로 계약 당사자의 민사활동에 있어서 지위의 평등 원칙을 전제로 하고 있다[11]. 그러나 경제계약

10) 계약법의 기본원칙에 대한 구체적 분류에 대해서는 谢怀轼 等, 合同法原理, 法律出版社, 1999, 12면~21면 참조.

법은 계획경제 아래서 제한된 당사자에게만 주체자격을 주었기 때문에 그 지위의 평등이 완전히 보장되었다고는 할 수 없다.

계약법 제3조에서 말하는 당사자의 지위평등은 '법률적 평등'을 의미하는 것이다[12].

평등원칙의 실질적인 의의는 중국과 같은 사회주의 국가체제의 국유기업이나 집체기업과 거래하는 자연인, 중소기업인 경우에 그 지위가 약자일 가능성이 많다. 이와 같은 경우는 계약의 체결과 이행과정에서 불평등한 결과를 낳을 가능성이 있다. 계약법에서 원칙적 조항을 두면서 계약체결 및 이행 과정에서 당사자를 보호하고, 계약자유를 실현할 수 있다.

이 기본원칙은 상품경제의 객관적법칙에 의해 결정된 것으로 계약이 대등한 당사자간의 의사표시 일치를 요구하는 것으로서 이것을 본 계약법에서 단독으로 결정한 것은 중국의 대외개방정책과 시장경제의 전개가 국제적인 궤도와 일치화를 추진하고 성숙화 시켜가고 있다는 것을 말한다.

(2) 계약자유의 원칙

계약법 제4조에서 "당사자는 법에 의하여 자율(自愿)적으로 계약을 체결할 권리를 가지며, 어떤 조직이나 개인도 불법으로 이에 대하여 간섭할 수 없다"고 규정하고 있다. 이 조문은 경제계약법 제5조[13]를 기초로 기존의 중국 민법통칙에서 확립한 의사자치의 원칙(자율원칙)을 명확히 규정하였다[14]. 동시에 이 원칙은 상품경제의 법칙이 추구하고 있는 계약의 호혜평등, 협상일치의 성질에 의해 결정된 것이기도 하다.

(3) 공평의 원칙

공평의 원칙이란 계약의 체결과 이행과정에서 공평(公平)이라는 가치 척도로 당사간의 권리의무 관계를 확정하고자 하는 원칙을 말한다. 이 원칙은 중국 민법통칙

---

11) 刘景一 主编, 앞의 책, 79면~81면 참조.

12) 계약에 참여하는 당사자가 민족적, 성별, 종교 또는 연령상, 경제적 등의 차이가 있다 해도 계약법 아래서는 모두 동일한 보호를 받는다는 점이다.

13) 동 법 제5조는 "경제계약의 체결은 평등의 원칙, 협상일치의 원칙을 존중하여야 한다. 어떤 당사자도 자기의 의사를 상대방에게 강요할 수 없다. 어떤 조직이나 개인도 불법적인 간섭을 할 수 없다".

14) 계약법 제4조가 전체적인 취지로 볼 경우, 계약자유의 원칙을 표명한 것으로 해석할 수 있지만, 이 조항에서는 '자유'라는 용어 대신에 자원(自愿)이라는 단어를 사용하였다. 결국 이 원칙을 '계약자유의 원칙'으로 할 것인지, 아니면 '계약자원의 원칙'으로 할 것인지에 관하여 계약법의 제정 과정에 대한 많은 논란의 여지를 엿볼 수 있다.

에서 정하고 있는 민사관계의 일반 원칙 중의 하나이다[15]. 계약법 제5조에서도 "당사자는 공평의 원칙에 따라 각 당사자의 권리와 의무를 정하여야 한다"고 규정하고 있다.

계약당사자 쌍방이 계약의 체결과 그 집행, 해석의 과정에서 공평의 개념에 기초하여 각자의 권리와 의무의 내용을 계약으로서 확정하는 공평의 원칙을 규정하였다. 공평의 개념이라는 것은 바로 이익의 균형이 가치판단의 표준으로서 당사자 사이의 이익관계를 확정할 수 있는지 아닌지를 갖고 공평과 합리를 판단할 수 있다.

이 규정에 의해 공평성이 현저하게 결핍한 계약에 대해서 당사자의 일방은 인민법원 또는 중재기구에 계약의 변경 또는 취소를 청구하는 것은 당연한 것이고, 특정된 상황 아래에서 정세의 변화가 생겼을 경우에도 당사자는 인민법원 혹은 중재기구에 계약의 변경 또는 취소를 요청할 수 있다. 그 외 인민법원이 계약의 분쟁을 해결하는 과정에 있어서도 공평의 원칙으로 계약을 해석하는 것이다. 예컨대, 당사자의 약정한 위약금이 실제의 손실보다도 높거나 또는 낮을 경우에 상대방 당사자는 인민법원이나 중재기구에 그 위약금을 적당하게 증감할 것을 요청할 수 있다.

(4) 신의성실의 원칙

신의성실의 원칙이란 계약 당사자가 권리를 행사하거나 의무를 이행함에 있어서 신의에 따라 성실하게 하여야 한다는 것이다. 계약법 제6조에서 "당사자가 권리를 행사하거나 의무를 이행함에 있어서 신의성실의 원칙을 준수해야 한다"고 규정하고 있다. 신의성실의 원칙을 결정한 본 조문은 기술계약법 제4조를 계승한 것이다.

이 신의성실의 원칙은 대륙법계에 있어서는 채권법에 관한 최고의 지도원칙 혹은 "황제조항"으로 불려지며 민법과 계약법에서 매우 중요한 기본원칙이기도 하다[16]. 이 원칙은 당사자가 민사 활동을 진행할 때 꼭 성의가 있어야 하며 선의가 있는 내심상태를 구비할 것을 요구한다. 그리고 법관이 법적인 문제를 다루는데 있어서도 명문 규정이 없을 경우, 바로 이 원칙을 적용하여 심판을 할 수 있다는 효능을 갖고 있다.

(5) 공서양속의 원칙

계약법 제7조에서 "당사자는 계약의 체결과 이행을 함에 있어서 법률과 행정법규를 준수해야 하고, 사회의 공중도덕을 존중해야 하며, 사회경제질서를 교란하거나

15) 刘景一 主编, 앞의 책, 81면.
16) 상세는 刘景一 主编, 앞의 책 71면~79면 참조.

사회공공이익에 손해를 끼쳐서는 안 된다"고 규정하였다. 이 계약법 제7조는 경제계약법과 섭외경제계약법 제4조 및 기술계약법 제3조에 '사회도덕의 존중'을 도입하여 개정한 것이다. 그 이유는 민법통칙의 원칙과 기본적인 일치성을 갖고 있는 외에 도덕규범과 법률규범이 함께 모두 상층구조에 속해 있고 사회관계를 조절하는 역할을 하고 있기 때문에 서로 상호 보완 관계에 있다. 그래서 도덕규범으로 법률에 규정되어 있지 않는 문제들을 조절하려는 의도도 있는 것이다.

첫째로 '법률과 행정법규를 준수'하는 것은 당사자가 계약 체결에서 그 이행에 이르기까지 모든 면에서 법률의 규정과 어긋나면 안 된다는 것을 요구한 것이다.

둘째로 '사회도덕의 존중'이라는 것은 사회가 공인하고 있는 도덕규범을 말하며 본법은 계약 당사자에게 그 존중을 요구하고 있다.

셋째로 '사회의 경제질서를 교란시켜서는 안되며 사회의 공공이익을 침해해서는 안 된다'는 이 규정은 각국의 민법에서 규정하고 있는 공서양속과 공공질서의 개념에 대응되는 것이다.

3. 계약법의 적용범위

(1) 계약법 용어의 변화

계약법 제2조는 다음과 같이 규정하고 있다. "본 법에서 말하는 계약은 평등한 주체의 자연인, 법인, 기타의 조직간에 민사상 권리의무관계의 설정, 변경 및 종료에 관한 합의다". 이 규정은 1998년 9월 7일에 공포된 계약법 초안의 규정과 비교하여 두 곳이 변경되었다.

첫째는 초안의 '공민' 이라는 어휘가 계약법에서는 '자연인'으로 변경되었다. 즉 초안에 대하여 일부의 전인대 상무위원 및 전문가는 의견을 제출하였다. "계약법의 규제대상은 국내의 계약관계 뿐만 아니라 섭외계약 관계도 포함하고 있다. 그렇기 때문에 외국인도 계약법의 주체가 될 수 있기 때문에 '공민' 을 '자연인'으로 변경해야 한다". 위의 의견에 의해 '공민' 을 '자연인'으로 변경함에 따라서 계약의 당사자는 중국 공민 뿐만 아니라 외국인, 무국적자도 포함하도록 되었다.

둘째는 초안 중에 '채권채무관계'를 현재의 '민사상 권리의무관계'로 변경하였다. 기초하는 단계에서는 위의 어휘 중 어느 것을 사용할 것인가 시종 논의가 있었다. 1999년 1월에 열린 제9기 전인대 상무위원회 제7회 회의에서 전인대 법률위원회가 위의 어휘 변경을 제안하여 3월 5일 전인대 제2회 회의에서 채택되었다. 이 어휘의 변경은 그 적용범위가 넓고 또는 좁다는 의미를 떠나 단지, 민사상 권리의무의 관계라고 하는 표현이 이해하기 쉽다고 보아 변경된 것으로 본다.

(2) 계약법의 적용범위

계약법은 계약법의 적용대상을 "평등 주체간의 민사권리 의무관계"로 규정하여 그 범위를 확대하였다. 즉 계약의 주체에 중국뿐만 아니라 외국을 포함한 "자연인, 법인, 기타 조직"을 모두 포함시켰다. 그리고 계약의 종류에 대하여 경제계약, 기술계약 등 채권과 채무관계에 한정하지 않고 기타 각종의 "민사권리 의무관계"를 발생시키는 모든 계약을 포함시켰다. 그 동안 중국의 개인은 계약의 주체가 될 수 없었지만, 계약법에 의하여 개인도 계약 주체로 허용되어 외국인 또는 외국기업은 중국 개인과도 계약을 체결할 수 있게 되었다.

위의 계약법에서 규정하고 있는 적용범위는 첫째, 계약법의 규제대상은 평등한 주체간의 민사관계다[17]. 정부가 법률에 기초하여 경제질서를 유지하기 위한 관리는 행정상 관리 관계로 민사관계는 아니기 때문에 관련 행정관리법을 적용하고, 계약법을 적용하지 않는다. 둘째, 계약법은 주로 법인, 기타 경영 조직간의 경제무역계약 관계를 조정하는 동시에 자연인 사이의 매매, 리스, 임대차, 증여 등 계약관계도 조정한다. 그러나 혼인, 입양, 부양 등 신분관계는 계약법의 적용대상에서 제외된다(제2조). 즉 본법의 제2조가 적용하는 계약의 개념에서는 신분관계에 관한 신분계약을 제외한 물권계약 및 채권계약에 한정된 재산계약의 실체를 대상으로 하는 계약이라는 것을 명확히 했다. 이것은 지금까지의 경제계약법, 섭외경제계약법, 기술계약법에 없는 명확한 규정이다.

(3) 신·구 계약법의 비교

총체적으로 말한다면, 계약법의 적용범위는 구 계약법과 비교하면 다음과 같이 확대되었다.

첫째, 규제의 대상이 확대되었다. 경제계약법이 중국법인, 기타 경제조직, 개인경영자, 농촌도급경영자간의 계약관계를 규제의 대상으로 하고 있는 것에 대하여 계약법은 위의 내용 외에 공민간 및 공민과 기업간의 매매, 증여, 차용도 규제의 대상

17) 경제계약법상 계약에는 공민 상호간, 공민과 법인, 기타 경제조직간의 계약은 포함되지 않았다. 섭외경제계약법도 계약을 중국의 기업, 기타 경제조직이 외국의 기업, 기타 경제조직, 개인간에 체결한 경제계약이라고 규정함으로써 중국 공민이 외국의 기업, 기타 조직이나 개인과 사이에 계약을 체결하는 것을 허용하지 않았다.

으로 하고 있다. 또 섭외경제계약법의 규제 대상이 중국기업 및 기타 경제조직의 섭외계약 관계인 것에 대하여, 계약법이 위 내용 외에 중국 공민과 외국인, 외국기업간 경제무역 관계도 규제 대상으로 하고 있다.

중국의 기술계약법은 국내기술계약 관계만을 규제 대상으로 하고 섭외기술계약 관계를 규제하고 있지 않은 것에 대하여, 계약법은 국내와 국외의 기술계약 및 기술수출입계약도 모두 그 대상으로 하고 있다는 점이다.

예컨대, 금융리스의 문제도 그 한 예이다. 어떤 기업이 선진적인 생산라인을 도입하고 싶었지만, 자금이 부족하여 은행으로부터 융자도 받지 못했다. 이 경우에는 리스회사에 생산라인을 매매하여 해당 기업이 사용하고, 비용은 분할로 리스회사에 지불한다. 이렇게 하여 기업의 자금부족 문제를 해결한다. 이것이 이른바 금융리스이다. 금융리스기업이 중국에 처음으로 설립된 것은 1981년이다. 그것은 중국동방리스유한공사와 중국리스유한공사이고, 정식으로 업무를 개시한 것은 1984년 이후이다. 그렇기 때문에 경제계약법 및 섭외계약법에서는 금융리스에 대한 규정을 둘 수가 없었다.

그리고 중국의 경제무역 가운데 대외무역에 관해서는 '대외무역대리'이라는 어휘가 있다. 대리문제에 대해서는 1986년에 채택된 민법통칙에는 규정이 있다. 그 대리는 내륙법계의 일반대리를 말한다. 즉 직접대리인 것이다. 대리인은 피대리인 명의로 활동하고, 그 활동에 대하여 책임을 진다. 대외무역의 경영권 등의 원인으로 대외무역권을 갖고 있지 않은 기업은 외국에서 물건을 수입할 때, 대외무역권이 있는 회사를 대리로 하여 수출입계약을 체결한다. 즉 생산기업과 대외무역회사의 관계는 피대리인과 대리인의 관계이고, 대외무역회사는 대외무역 경영권의 원인에 의해 피대리인 즉 생산기업의 명의로 계약을 체결할 수 없고, 자기 명의로 계약할 수 밖에 없다. 민법통칙 및 섭외경제계약법에는 간접대리의 문제에 대한 규정을 두고 있지 않다. 중국계약법은 제22장의 '위탁매매계약' 및 제402조, 제403조에서는 이에 관한 규정을 두고 있다. 금후 대외무역권에 대한 규제가 완화되겠지만, 분업과 전문지식의 문제가 있기 때문에 대외무역대리는 당연히 존재하게 된다.

중국의 부동산업의 변화에 따라 많은 부동산 중개업자가 나타났다. 사람들에 따라서는 집을 구입한다는 것은 생애의 일대 사건이다. 그러나 모두가 부동산에 관한 지식을 갖고 있다고 할 수 없다. 그래서 부동산을 구입하고자 하는 자는 부동산 중개업자 또는 개발업자에게 의뢰하여 가옥의 구입수속을 밟는 경우가 급증하고 있다. 중국의 부동산 주선업자는 주로 1990년 이후에 생겨났다. 이런 문제에 대하여 신계약법에서 구체적인 규정을 두었다.

둘째, 종전의 경제질서 혼란을 새로운 질서를 확립하기 위한 것이다. 종전 중국 국내의 경제질서가 혼란스럽고 거래의 신용도는 낮다. 홍콩의 어느 학자는 계약법을 '상거래의 게임법칙'이라고 비유하고 있다. 이것에는 일리가 있다. 즉 게임법칙을 잘 이용할 수 있다면 자신의 이익이 보호된다. 그렇지 않다면 게임에 지게 된다. 그 때문에 새로운 게임법칙의 제정이 필요하게 되고, 그에 따라서 계약의 사기와 부정 행위를 방지하고, 사회경제 질서를 유지하는 것이 가능하다.

세째, 구 계약법은 원칙적인 규제가 많고 통합성이 결여되어 있다. 먼저, 계약체결의 문제에 대하여 세가지 계약법에는 대부분 동일한 원칙적 규정만을 두고 있지 않다. 즉 '당사자가 계약의 주요 내용에 대하여 합의하여 계약을 체결 시킨다'. 이 규정은 틀리지 않지만 실효성을 결여하고 있다. 실제로 계약을 체결하는 경우에 다음의 문제가 발생할 가능성이 있다. 가령, 어느 기업이 철강을 판매하기 위해 기타 기업에 신청을 한다. 신청서 중에 화물의 양, 품질, 가격 등에 관한 조항은 모두 명기하고 있다. 상대방은 해당 신청서를 수령한 후, 주요 조항에 동의하는 외에 이 매매계약에 관하여 분쟁이 발생한 경우 신청 수령자 소재지의 중재기관 또는 인민법원에서 해결한다는 신청을 했다. 이 시점에서 계약은 성립했다고 할 수 있을까.

그리고 신청자는 상대방에게 서신을 통해 신청을 하고 10일 이내에 회답이 있기를 희망한다고 한 경우, 신청 수령자는 해당 신청을 받은 후 그 내용에 대해 동의를 하고 7일 이내에 서신을 보냈다. 그러나 우체부의 사정에 의해 해당 서신은 1개월 이후에 도착했다. 이 경우에 계약은 성립한다고 할 수 있을까?

계약의 체결문제는 매우 복잡하기 때문에 1999년도 통일 계약법은 계약체결의 신청, 승낙에 관한 규정만 모두 20개조 정도에 달하고, 국제조약과 국제관행이 일치하고 있다. 이러한 규정만으로 모든 계약체결 중의 문제를 해결할 수 있는 것은 아니지만, 구 계약법과 비교하면 구체적이고 실용적이 되었다.

제2부 총 칙

총칙은 여러 가지 구체적인 계약 관련 공통의 문제를 개괄적으로 총괄한 것이다. 중국의 대외개방정책과 사회주의시장경제는 나날이 발전하고 있다. 계약법은 사회주의시장경제 발전에 따른 수요, 계약 당사자의 합법적 권익보호, 사회경제질서 보호유지, 사회주의 현대화 건설촉진 등을 위해 통일된 계약법을 제정이 필요하였다. 특히 중국이 WTO에 가입하면서 다양한 분야에서 국제적 수준을 추구해 왔다. 본법의 제정에 있어서 지금까지《경제계약법》,《섭외경제계약법》,《기술계약법》에 비하여 보다 많은 외국법률의 효율적인 경험과 법학이론을 도입하고 내용을 풍부히 했을 뿐만 아니라 구체적이고 알기 쉽게 그 운용성을 높였다. 총칙에서는 구체적으로 계약의 체결의 개념과 본법의 기본원칙을 포함하여 효력, 집행, 변경, 양도, 종료 및 위약책임 등을 규정하고 있다.

제1장 일반규정

본 계약법의 법률적 구성은 총칙 8장, 각칙 15장으로 모두 23장과 부칙으로 구성되어 있다. 그 중에 제1장의 일반규정은 8개의 조문으로 이루어져 있다. 제1조에서 계약법의 입법목적, 제2조에서 계약법의 조정범위, 제3조에서 제7조까지는 본법의 기본원칙을 명시하였고, 마지막 제8조에서 계약의 효력을 규정하였다[18].

계약법 제2조에서 다음과 같이 규정하고 있다. “본법에서 계약이란 평등의 주체인 자연인, 법인 그 외의 기타 조직 사이에서 민사권리와 의무관계를 설립, 변경,

18) 구 3대 계약법의 경우는 계약의 체결에 관한 일반 규정을 두지 않고, 각 개별적 규정을 두어 상호 충돌하는 경우가 있었다. 이런 모순을 방지하고 통일성을 기하기 위해 통일 계약법 제정에 있어서는 일반규정을 두게 되었다.

종료 시키는 합의다"라고 명확히 정의하였다. 기본원칙으로 평등의 원칙, 계약자유의 원칙, 공평의 원칙, 신의성실의 원칙, 공서양속의 원칙을 두어 본 계약법의 모든 규범 중에 관철시켰다.

제1조 【목적】 계약당사자의 합법적 권익의 보호와 사회의 경제질서를 유지하며, 사회주의 현대화 건설을 촉진하기 위해 본법을 제정한다.

■ 해설

본 조는 계약법의 입법목적과 작용을 명확히 규정하였다. 이 규정은 민법통칙 제5조[19]와 구 경제계약법의 제1조[20]를 수정하여 규정한 것이다.

본 계약법이 제정되기 전에 중국은 1981년 12월 13일 공포한 경제계약법(1993년 9월 2일 개정), 1985년 3월 21일 공포한 섭외경제계약법과 1987년 6월 23일 공포한 기술계약법의 세가지 전문 규범인 계약의 법률이 있다[21]. 이 3대 계약법은 계약 당사자의 합법적 권익보호, 사회경제질서의 유지, 국내 경제기술과 대외경제무역의 발전을 촉진하고, 사회주의 건설사업의 순리적인 진행을 보장하기 위하여 중요한 작용을 발휘하였다. 그러나 중국의 개혁개방의 지속적 발전과 확대, 그리고 경제무역의 활동의 발전에 따른 수요를 위의 3대 계약법의 규정으로는 많은 부분에서 해결할 수 없었다. 중국의 개혁과 새로운 형식의 수요에 적응하고 계약 당사자의 합법적 권익을 보호하며 사회경제질서의 유지, 사회주의 현대화를 촉진하기 위하여 원래의 구 3대 계약법을 기초로 하여 통일된 계약법을 제정하게 된 것이다[22].

제2조 【계약의 정의】 본 법에서 말하는 계약은 평등한 주체의 자연인, 법인, 기타의 조직간에 민사권리 의무관계의 형성, 변경 및 종료에 관한 합의다. 혼인, 부양 및 감호 등 신분관계에 관한 합의는 기타 법률의 규정을 적용한다.

■ 해설

본 조는 계약입법의 정의, 계약법의 조정범위 및 신분관계에 관한 합의 적용 등 내

19) 민법통칙 제5조에서는 "국민과 법인의 합법적인 민사권리는 법률의 보호를 받으며, 어떠한 조직이나 개인도 이를 침범할 수 없다"고 규정하고 있다.

20) 경제계약법 제1조에서는 "사회주의시장경제의 건전한 발전을 보장하고 , 경제계약 당사자간의 합법적인 권익을 보호함을 목적으로 한다"고 규정하고 있다.

21) 夏志宏 主编, 中华人民共和国合同法实务, 对外经济贸易大学出版社, 1999, 1면.

22) 刘文华 主编, 中华人民共和国合同法实用指南, 改革出版社, 1999, 14면~16면; 徐景和 主编, 中华人民共和国合同法通解, 中国检查出版社, 1999, 1면~3면 참조.

용에 대하여 규정하고 있다. 계약의 정의에 관하여 중국 민법통칙 제85조에서 "계약은 당사자간에 민사관계의 형성, 변경, 종료에 관한 합의다"라고 규정하여 위 계약법 제2조의 내용과 계약의 정의는 기본적으로 일치하고 있다. 단지, 계약법에서 '민사권리의무관계'라고 하는 것과 계약주체에 관한 '기타 조직'이라는 개념이 추가되었다. 그리고 본법에서 적용하는 계약의 개념은 신분관계에 관한 계약을 제외한 물권계약 및 채권계약에 한정한 재산계약만을 대상으로 하는 계약법이라는 것을 명확히 했다[23].

계약법에서 규정되고 있는 적용범위는 다음 두 가지 의미가 포함되어 있다.

첫째로 계약법의 규제대상은 평등한 주체간의 민사관계다. 그러므로 정부가 법률에 의해 경제질서를 유지하기 위한 관리는 행정상 관리관계이고 민사관계가 아니기 때문에 관련 행정관리법을 적용하고 계약법은 적용하지 않는다. 또 법인, 기타 조직 내부의 관리관계에 대해서도 회사, 기업에 관계하는 법률을 적용하고 계약법을 적용하지 않는다[24].

둘째로 계약법은 주로 법인[25], 기타 경제 조직간의 경제무역계약 관계를 조정함과 동시에 자연인 사이의 매매, 리스, 임대차, 증여 등의 계약관계도 조정한다. 그러나 혼인, 부양, 감호 등의 신분관계에 대해서는 계약법을 적용하지 않는다.

본법의 구체적인 조항에서 그 대상은 주로 민사 주체간의 채권과 채무에 관련된 채권계약으로 민법상의 협의의 계약개념이라는 것을 알 수 있다. 동시에 그 민법상의 법률행위는 평등한 민사주체 즉 자연인, 법인, 기타의 조직 사이의 민사권리와 그 의무의 형성, 변경, 종료의 합법적 행위를 요건으로 한다.

제3조 【평등의 원칙】 계약 당사자의 법적지위는 평등하고, 일방이 자기의 의사를 다른 일방에게 강요할 수 없다.

■ 해설

본 조는 경제계약법의 제5조, 섭외경제계약법의 제3조 및 기술계약법의 제4조를

23) 계약법 제2조의 계약개념은 채권계약에 한정 한다고 보는 설이 다수설이다(王利明 · 崔建远, 合同法新论 · 总则, 中国政法大学出版社, 2000, 5면; 刘文华 主编, 앞의 책, 17면; 刘文华 主编, 新合同法(条文精解与典型案例), 世界图书出版公司, 1999, 3면; 江平 主编, 中华人民共和国合同法精解, 中国政法大学出版社, 1999, 3면; 施天涛, 合同法释论, 中国人民公安大学出版社. 1999, 8면.

24) 胡康生 主编, 中华人民共和国合同法释义, 法律出版社, 1999. 4면.

25) 중국의 민사통칙에서는 법인조직을 상업조직과 비상업조직으로 구별한다. 상업조직의 기업구조에는 국유기업법인, 집단기업법인, 사영기업법인, 연합기업법인, 중외합자기업법인, 중외합작기업법인, 외자기업법인, 주식유한회사법인, 유한책임회사법인이 있다. 비상업조직의 법인에는 국가기관에 따른 기관법인, 공익사업을 주체로 하는 사업단위법인, 자연인 또는 법인에 따른 사회공익, 문학예술, 종교 등의 활동 사회단체법인이 있다. 민사주체의 "기타 조직 사이"라는 것은 법인자격을 구비하지 않은 법령 또는 정책에 기초하여 설립한 조직기구와 재산을 소유한 조직을 말한다.

기초로 계약 당사자의 민사활동에 있어서 지위의 평등원칙을 규정하였다. 민법통칙 제3조에서 “민사관계에서 당사자의 지위는 평등하다”는 규정과 동일한 취지다.

계약법 제3조의 당사자의 지위평등은 ‘법률적 평등’을 의미하는 것이다. 계약 당사자의 어느 일방도 다른 일방에게 압력을 가하거나 강제를 하면 안 된다는 의사자치의 원칙을 결정한 기본원칙이다. 이 기본원칙은 상품경제의 객관적법칙에 의해 결정된 것으로 계약이 대등한 당사자 지위에서 의사표시를 요구한 것이며, 이에 따른 권리와 책임도 대등한 입장에서 부담한다는 것을 의미한다.

이와 같은 원칙적인 조항을 명시함으로써 중국의 국유기업, 집체기업 등 거대한 기업과 거래하는 자연인, 개인기업 등 약자의 지위에 있는 쌍방의 계약체결 및 이행과정에서 당사자를 보호라는 그 취지를 취하고 있다. 중국의 사회주의 국가에서 위와 같이 계약법에 단독 규정으로 결정한 것은 중국의 대외개방정책과 시장경제의 전개가 국제적인 궤도와 일치화를 추진하여 성숙화를 시켜 나가고 있다는 것을 의미한다.

제4조 【의사자치의 원칙】 당사자는 법에 의하여 자율적으로 계약을 체결할 권리를 가지며, 어떤 조직이나 개인도 불법으로 이에 대하여 간섭할 수 없다.

■ **해설**

본 조는 경제계약법 제5조를 기초로 기존의 중국 민법통칙에서 확립한 계약자유의 원칙에 대하여 규정한 것이다. 즉 의사자치의 원칙(자율원칙)을 명확히 규정하였다. 동시에 이 원칙은 상품경제의 법칙이 추구하고 있는 계약의 호혜평등, 협상일치의 성질이 결정된 것이기도 하다.

계약자유의 원칙이란 계약 당사자가 법률에서 정한 범위 내에서 자유롭게 자기의 의사에 따라 계약관계를 성립시킬 수 있다는 것이다. 계약법 제4조에서 “당사자는 법에 의하여 자율(自愿)적으로 계약을 체결할 권리를 가지며, 어떤 조직이나 개인도 불법으로 이에 대하여 간섭할 수 없다”고 규정하고 있다.

본 조를 규정하게 된 까닭은 첫째, 계약할 때 어떠한 기관(국가권력 기관을 포함), 어떠한 개인일지라도 불법에 참여하면 안 되며, 만일에 이 계약의 자유, 의사자치의 원칙에 반대할 경우 그 계약은 무효 또는 변경, 취소 등이 있을 수 있다는 것을 보증한 것이다. 둘째, 계약 당사자가 계약 상대 당사자와 더불어 계약내용과 서면 또는 구두로 기타 형식을 선택할 자유를 보증하였다. 셋째, 의사자치 원칙이라는 것은 당사자가 계약을 체결할 때 자주권을 향유함과 동시에 법률 및 각종의 행정법규를 준수하며 공서양속, 사회의 공중도덕을 존중하고, 타인의 합법적 권익을 침해하거나 손해를 주어서는 안 된다는 것을 의무로 첨부하고 있다.

이 원칙에 대하여 일부의 학자들은 계약자유의 원칙이라고 말하고 있다[26]. 그런데 의사자치의 원칙과 계약자유의 원칙은 효능상 비슷하기도 하고 가깝다. 그 원인을 당사자가 향수하는 자유의 폭과 깊이에서 계약자유의 원칙쪽이 의사자치의 원칙(자율원칙)보다 엄격하지 않으면 안 되는 것으로 해석할 수 있다.

제5조 【공평의 원칙】 당사자는 공평의 원칙에 따라 각 당사자의 권리와 의무를 정하여야 한다.

■ 해설

본 조는 계약 당사자 쌍방이 계약의 체결과 그 집행과 해석의 과정에서 공평의 개념에 입각하여 각자의 권리와 의무의 내용을 계약으로서 확정한다는 공평의 원칙을 규정하고 있다. 공평의 원칙이란 계약의 체결과 이행과정에서 공평(公平)이라는 가치 척도로 당사간의 권리의무 관계를 확정하는 원칙을 말한다. 이 원칙은 중국 민법통칙에서 규정하고 있는 민사관계의 일반원칙 중의 하나이다. 따라서 중국계약법 제5조에서도 "당사자는 공평의 원칙에 따라 각 당사자의 권리와 의무를 정하여야 한다"고 규정하고 있다.

공평의 개념이라는 것은 바로 이익의 균형이 가치판단의 표준으로서 당사자 사이의 이익관계를 확정할 수 있는지 아닌지를 갖고 공평과 합리를 판단할 수 있다. 이 규정에 의해 공평성이 현저하게 결핍한 계약에 대해서 당사자의 일방은 인민법원 또는 중재기구에 계약의 변경 또는 취소를 청구가 가능하고, 특정된 정황 아래에서 정세의 변화가 생겼을 경우도 당사자는 인민법원 또는 중재기구를 통하여 계약의 변경 또는 취소를 요청할 수 있다. 그 외 인민법원이 계약의 분쟁을 해결하는 과정에 있어서도 공평의 원칙으로 계약을 해석하는 것이다. 예컨대, 당사자의 약정한 위약금이 실제의 손실보다도 높거나 또는 낮을 경우에 상대방 당사자는 인민법원이나 중재기구에 그 위약금을 적당하게 증감할 것을 요청할 수 있다.

제6조 【신의성실의 원칙】 당사자가 권리를 행사하거나 의무를 이행함에 있어서는 신의성실의 원칙을 준수해야 한다.

---

26) 원래 중국은 계획경제체제 아래서 계약체결의 원칙은 '자원(自愿)'의 원칙이었다. 국가의 계획적 요소가 강한 상태에서 계약체결은 피동적인 입장에서는 제한적인 계약체결을 할 수 밖에 없다. 이것이 바로 '자원의 원칙'인데, 이것은 서방측에서 말하는 '계약자유의 원칙'과 구별된다.

■ 해설

신의성실의 원칙을 결정한 본 조는 기술계약법 제4조의 규정을 계승하였다는 것을 알 수 있다. 경제계약법과 섭외경제계약법에서는 찾아볼 수 없다. 이 신의성실의 원칙은 대륙법계 채권법의 최고의 지도원칙 또는 "황제조항[27]"이라고 하며, 민법과 계약법에 매우 중요한 기본원칙으로 첫째, 당사자가 민사활동을 진행할 때 꼭 성의가 있어야 하며, 선의가 있는 내심상태의 구비를 요구한다. 둘째, 법관이 법적인 문제에 있어서 명문 규정이 없을 경우 이 원칙을 적용하여 판단을 할 수 있다는 기능을 갖고 있다[28]. 이 원칙은 계약법에서 다음과 같이 실현된다.

① 계약을 체결할 때 당사자는 신의성실의 원칙에 기초하여 상대방에 대하여 진실하게 계약관련 정황을 진술하고, 당사자 사이에 서로 협력하여 계약의 성립과 발효에 노력할 필요가 있다.

② 계약 체결 후 계약 당사자는 계약 실행을 위한 성실한 준비를 해야 한다.

③ 계약 실행의 과정에서 적극적으로 법률과 계약으로서 규정한 의무를 실행해야 한다[29].

④ 계약 실행이 완료된 단계에서 경우에 따라 당사자는 신의성실의 원칙에 따라 필요한 부수 의무를 집행해야 한다. 예컨대, 고용계약 종결 후 종업원은 고용주에 대해 일정기간 동안 어느 중요한 프로젝트에 대한 상업비밀을 지켜줄 의무를 지닐 경우가 있다[30].

제7조 【공서양속의 원칙】 당사자는 계약의 체결과 이행을 함에 있어서 법률과 행정법규를 준수해야 하고, 사회의 공중도덕을 존중하여야 하며, 사회경제질서를 교란하거나 사회공공이익을 저해 해서는 안 된다.

■ 해설

본 조는 경제계약법과 섭외경제계약법 제4조 및 기술계약법 제3조에 '사회공중도덕의 존중'을 부가해서 수정한 것이다[31]. 그 원인은 민법통칙의 원칙과 기본적인

27) 신의성실의 원칙은 계약의 전과정에 적용되는 원칙일 뿐만 아니라 민사와 상사의 관계 모두에 적용되는 일반원칙이기 때문에 "황제조항"이라고 불려지고 있다.

28) 계약의 내용, 취지가 불명확 또는 규정이 없는 경우에 그 해석원리로 작용, 즉 해당내용을 신의성실의 원칙에 따라 해석하여야 한다. 이는 주로 사법절차에 종사하는 법관들에게 적용되는 원칙이다.

29) 계약법 제60조에서 규정하는 것으로 계약에 의한 완전 이행의무. 계약의 성질, 목적 및 거래관습에 따른 이행통지와 협조의무 및 비밀유지의무 등을 진다.

30) 계약법 제92조에서 계약 종료 후에도 이행통지, 협조 및 비밀유지 등의 부수적 의무를 규정하고 있다.

일치성을 갖고 있는 외에 도덕규범과 법률규범이 모두 상층구조에 속하고 사회관계의 조절 역할을 하고 있기 때문에 양자는 상호 보완 관계이다. 즉 도덕규범으로써 법률로 규정되지 않는 문제를 조절하는 기능도 갖고 있다.

여기서 "법률, 행정법규를 준수한다"는 것은 당사자의 계약 체결부터 그 이행에 이르기까지 모든 면에서 법률과 행정법규를 준수한다는 것을 요구하고 있는 것이다. 여기에서 말하는 '법률'이란 중국의 전국인민대표대회와 그 상무위원회가 제정한 규범적 문서를 말하며, '행정법규'는 국무원 및 그 소속부서 및 지방행정기관이 제정한 법규와 규칙을 말한다[32].

그리고 "사회도덕의 존중"이란 사회가 공인하는 도덕규범을 말하며, 본 법에서는 계약 당사자에게 그 존중을 요구하고 있다. 또 "사회의 경제질서를 교란시켜서는 안되며 사회의 공공이익을 저해 할 수 없다"는 이 규정은 각국의 민법에 규정되어 있는 공서양속과 공공질서의 개념에 대응되는 개념으로, 계약관계의 당사자가 계약의 과정에서 자신의 이익을 위해 사회 경제질서를 교란 또는 저해할 수 없다는 것을 말한다.

제8조 【계약의 구속】 법에 따라 성립된 계약은 당사자에 대하여 법률적 구속력을 갖는다. 당사자는 계약의 약정에 따라 자기의 의무를 이행하여야 하고, 임의로 계약을 변경하거나 해제하지 못한다. 법에 따라 성립된 계약은 법률의 보호를 받는다.

■ 해설

본 조의 규정은 경제계약법의 제6조, 섭외경제계약법 및 기술경제법의 제16조에 규정한 내용과 기본적으로 일치한다. 이것은 계약의 법적 효율과 관련된 규정으로 이 법적 구속력은 다른 국가와 같이 국가권력의 강제력이 그 후 순인 것은 말할 것도 없다. 계약은 두 사람 또는 두 사람 이상이 권력과 의무(채권과 채무) 관계의 발생, 변경, 종료를 목적으로 체결한 법률적 행위인 외에, 법에 기초하여 체결한 계약의 내용은 약정한 권리와 의무, 법적으로는 채권과 채무의 관계로써 법률에서 직접 규정한 권리와 의무와 같으며 유효한 것으로써 당사자는 그 구속을 받는다. 이것은 당사자의 의사가 국가의 의사와 일치한다는 것인데 이는 국가가 당사자의 의사에 구속력을 부여한 것에 불과하다. 따라서 당사자가 체결한 계약이 법률의 요구

31) 중국헌법 제53조는 "중화인민공화국 국민은 헌법과 법률을 준수하고, 국가기밀을 유지하며, 공공재산을 보호하고, 근로규칙을 지키며, 공공질서를 준수하고 사회공중도덕을 존중하여야 한다"고 하여 공서양속을 최고의 명제로 규정하고 있다.

32) 胡康生 主编, 앞의 책 11면.

에 부합되지 않을 경우, 즉 당사자의 의사와 국가의 의사가 일치하지 않을 경우 그 계약은 법적 구속력을 갖지 않으며 무효한 계약이 된다. 계약의 법적 구속력은 다음과 같이 실현된다.

① 계약성립에 의해 계약 당사자는 모든 계약에 약정된 약속에 구속된다. 그것은 한편으로 계약에 약정한 자기의 의무를 전면적으로 이행할 의무가 있음과 동시에 다른 일방 당사자에게 계약 의무의 이행을 요구할 권리를 갖는다.

② 만일, 상황의 변화로 계약을 변경 또는 취소 할 경우 당사자 사이에 협의를 통해 그 해결책을 모색하여야 한다. 어느 일방이 함부로 변경 또는 해제를 한다면 위약행위가 성립할 가능성이 잠재한다.

③ 법적으로 규정된 불가항력의 상황을 제외하고, 당사자가 계약에 약정된 의무 또는 이행한 의무가 계약에 약정된 내용과 다를 경우는 위약책임을 져야 한다.

④ 계약서는 일종의 법률 문서인 이상, 당사자 사이에 분쟁이 생겼을 때 그 계약서가 분쟁해결의 근거가 된다. 당사자 사이에 분쟁이 생겼을 경우는 일반적으로 먼저 계약의 조항을 검토하고 자주적 협의로 해결을 도모한다. 그러나 자주적 협의가 성립하지 않는 경우에는 인민법원 또는 중재기구에 중재 신청을 할 수 있다.

제2장 계약의 체결

본 장은 제9조부터 제43조까지 전체 35조로 구성되어 있다. 여기서는 주로 계약의 체결행위와 체결과정에 대한 각 방면의 관계를 규정하고 있다.

또 본 장은 구 3대 계약법, 즉 경제계약법과 섭외경제계약법의 제2장 "계약의 체결", 기술계약법의 제2장 "계약의 체결, 이행, 변경과 해제"에 관한 규정을 기초로 구 3대 계약법에서 계약의 체결에 관한 일반적인 규정들이 규정되어 있지 않았기 때문에 오늘날 시대의 요구에 맞게 보충하였다. 즉 계약체결의 주체, 계약의 형식과 그 주요한 조항, 계약의 체결방식, 계약의 성립 및 기타 계약의 체결에 관계되는 내용을 첨부하였고 또 새로운 형태의 계약형식을 수용하였다. 예컨대, 계약 체결의 방식에 청약과 승낙의 개념 및 구비해야 할 요건, 발효, 철회, 취소 등의 내용을 상세하게 규정함과 동시에 최신 기술거래의 동향도 도입하여 전자데이터 교환(EDI)과 전자메일(E-Mail)을 계약의 서면형식으로 채용하였다.

제9조 【권리능력 · 행위능력과 대리】 당사자가 계약을 체결함에 있어서 이에 상응하는 민사권리능력과 민사행위능력이 있어야 한다. 당사자는 법에 의하여 대리인에게 위탁하여 계약을 체결할 수 있다.

■ 해설

본 조는 계약주체의 자격은 민사권리능력[33]과 민사행위능력[34]의 구비 조건을 요구하면서 당사자 능력문제와 당사자의 능력문제를 보충하는 대리제도에 관한 것을 규정하고 있다.

중국의 민법통칙 제11조에서는 연령이 만 18세이며, 자기의 행위를 분별할 수 없는 정신병자 이외에는 모두 완전히 행위능력이 있는 자연인으로 보고 있다. 그리고 10세 이상의 미성년자와 자기의 행위를 분별할 수 없는 정신병자는 제한능력자라고 규정하고 있다. 따라서 완전한 행위능력을 갖고 있는 자연인에게는 법률적으로 계약주체로 인정 받으며 모든 계약을 체결할 수 있다. 행위능력을 제한 받은 자연인에게는 자기의 연령, 지력, 정신상태에 상응하는 민사행위를 할 수 있다. 가령, 자기 필수품의 구매, 소액 또는 소규모의 물건 처분 등을 유효하게 할 수 있다. 그 이외에는 법정대리인 또는 법정대리인의 동의를 얻어 계약을 체결할 수 밖에 없다. 제한능력자의 자연인은 계약의 주체가 될 자격은 없지만, 만일 필요로 계약을 할 경우에는 법정대리인에 의해 법률행위를 할 수 밖에 없다. 그러나 법률상의 이익만을 향수하거나 아무런 의무를 부담하지 않는 계약, 즉 단순한 증여계약, 장려계약 및 보수계약 등에 관해서는 행위능력이 제한 받은 자연인과 행위능력이 있는 자연인도 모두 계약의 주체가 될 수 있다.

법인과 기타 조직도 계약의 행위능력을 갖고 있고 계약을 체결할 자격을 갖고 있지만, 이러한 법인과 기타 조직은 종종 그들의 경영과 활동범위에서 권리능력의 제한을 받는다. 만일, 자기의 경영과 활동범위를 초월하거나 또는 벗어 났을 경우 체결한 계약은 무효로 될 가능성이 있다. 계약 당사자가 타인에게 위탁하여 계약을

33) 민사권리능력이란 민사행위의 주체가 법에 따라 권리를 취득하고 의무를 부담할 수 있는 일반적 자격이다. 자연인의 권리능력은 출생으로 시작하여 사망으로 종료한다. 출생은 원칙적으로 호적증명을 기준으로 하고, 사망은 의학상 공인된 사망시기를 기준으로 한다. 이러한 출생과 사망의 판단은 중국은 최고인민법원의 사법해석에 의한다. 법인의 권리능력의 판단은 회사의 성립과 동시에 취득하고 청산절차 종료와 함께 그 능력도 종료된다.

34) 민사행위능력이란 민사행위의 주체가 독립적으로 자기의 행위에 의하여 자기 또는 타인을 위하여 권리를 취득 또는 의무를 부담할 수 있는 능력을 말한다. 자연인의 민사행위능력의 경우는 완전능력자(가령, 18세 이상의 자연인 등), 제한능력자(가령, 10세 이상 18세 미만의 미성년자 등) 및 무능력자(가령, 10세 미만의 미성년자 등)로 분류한다. 그리고 법인 및 기타 조직의 민사행위능력은 권리능력의 발생과 함께 발생하고, 민사권리능력의 범위 내에서 행한 행위만이 법률의 보호를 받을 수 있다.

체결할 경우 위탁한 대리인에게 수권 위탁서를 상대방 당사자에게 제출 시킬 필요가 있다.

> **제10조 【계약의 형식】** 당사자는 계약을 체결함에 있어서 서면형식, 구두형식 및 기타 형식을 사용할 수 있다. 법률 및 행정법규에서 서면형식을 취하도록 규정한 경우에는 서면으로 하여야 한다. 당사자가 약정에 의하여 서면에 의한 계약체결을 약정한 때에는 서면형식을 취하여야 한다.

■ **해설**

본 조는 계약 체결의 3종 형식과 서면형식을 채택해야 하는 상황에 대해 규정하였다. 즉 계약당사자가 달성한 협의의 표현형식과 계약내용의 체재를 규정한 것이다[35]. 본 법은 이 규정은 구 3대 계약법, 즉 경제계약법과 섭외경제계약법 및 기술계약법 보다 탄력적으로 계약방식의 자유를 충분히 채택한 규정으로서 서면형식[36], 구두형식[37], 기타 형식의 3가지 계약의 형식에 대해 규정하고 있다.

이와 같이 계약법에서는 계약체결에서 방식의 자유를 채택하게 하여 당사자로 하여금 자유로운 계약방식을 선택할 수 있도록 하였고, 필요한 경우 제한을 할 수 있는 형식을 취하고 있다. 가령, 공민 "갑"과 부동산개발회사 "을"이 구두 형식으로 부동산 매매계약을 체결하였다. 본 조의 제2단 및 '도시부동산관리법(城市房地产管理法)'의 제40조에서 "부동산의 양도는 서면양도계약의 체결이어야 한다"고 규정하고 있기 때문에 이 구두계약은 무효가 된다.

중국계약법이 구두형식을 인정함으로써 당사간의 계약성립 여부에 관하여 많은 분쟁이 발생할 것으로 본다. 따라서 외국인의 입장에서는 비록 법률상 구두계약이 인정되고 있지만, 가능하면 서면형식을 택함으로써 분쟁을 미리 예방할 필요가 있다. 중국의 계약에 있어서 표현형식으로 구두와 서면을 주로 한다. 그러나 이 외의 형식으로 공증형식, 인허가형식, 등기형식 등도 있다.

---

35) 중국 현행 입법의 계약형식에 대한 규정의 상세는 王利明・崔建远, 合同法新论・总则, 中国政法大学出版社, 2000, 224면~226면; 柴振国 何秉群 等, 앞의 책, 100~111면 참조; 谢怀轼 等, 앞의 책, 23면 참조.

36) 중국계약법은 각칙에서 금전소비대차계약(제197조), 임대계약 중 임대기간이 6개월 이상인 경우(제215조), 시설대여계약(제238조), 건설공사계약(제270조), 기술개발 및 양도계약(제330조, 제342조)에 대하여는 서면계약만을 인정하고 있다.

37) 구두형식은 계약의 존재와 내용에 대해 입증의 책임이 있다. 최고인민법원은 이해관계가 없는 2인 이상의 증인을 필요로 한다(刘文华 主编, 앞의 新合同法, 12면).

□ 사례1

"갑"과 부동산개발회사 "을"은 구두형식으로 주택매매 계약을 체결하였다. 본 조 제2항에 규정 및 도시부동산관리법 제40조의 "부동산양도는 서면양도계약을 체결해야 한다"는 규정에 따라 이 구두계약은 효력이 없다.

□ 사례2

"갑"회사는 "을"에게 TV브라운관 10세트를 구입할 예정이다. 당사자 쌍방은 이 거래는 "최종 서면형식의 약정을 기준으로 한다"고 약정하였다. 본 법의 제45조 상황이 발생하는 것 이외에 "갑"회사와 "을"회사의 매매계약은 서면형식으로 체결해야 한다.

제11조【서면의 형식】 서면형식이란 계약서, 우편 및 전자문서(전보, 전신, 팩스, 전자데이터 교환 및 전자우편) 등 그 기재내용이 유형적으로 표현할 수 있는 형식이다.

■ 해설

본 조는 계약의 서면방식의 내용을 규정하였고, 무엇이 서면 형식인지의 그 정의를 열거하였다. 구 3대 계약법의 계약의 표면형식은 단조로웠다. 경제계약법의 제3조에 계약문서의 개정에서 전보와 도표도 계약의 구성부분으로 인정한 것에 불과했다. 그러나 현대에서는 과학기술의 발전과 거래의 신속화가 상업 활동에 새로운 계약 개념을 탄생시켰다. 따라서 계약법에서는 그에 따른 계약의 형식도 다양화 하였다.

여기서 본 조는 계약서, 우편, 전자문서 즉 전보, 전신(teletype), 팩스, 전자데이터교환(EDI) 및 전자메일(E-Mail)을 포함한 계약형식을 채용하였다. 개괄적으로 서면형식이란 "기재내용을 유형으로 표현할 수 있는 방식을 말한다"고 규정하였다.

'기재내용을 유형으로 표현할 수 있는 방식'이란 구두형식에 대한 개념으로 구두형식은 그 구체적 내용을 제3자에게 전하는 것이 한정되어 있어 제3자가 그 내용을 정확히 구체적으로 알 수 없는 것에 반하여, 계약서나 서신 및 전자데이터문서 등의 서면형식은 타인이 보면 한눈에 알아 볼 수 있다. 그렇기 때문에 만일 소송에 걸린다면 쉽게 책임소재의 증거가 된다. 따라서 서면형식의 경우 일반적으로 그 내용을 기재한 후 서명 또는 날인하여야 하고, 법인의 경우에 법인의 인감도장(公章)의 날인과 법인대표의 서명 또는 날인이 있어야 한다[38].

38) 중국에서 법인과 각종 거래 계약서를 체결할 때 특히 법인의 인감도장 즉 공장(公章)의 날인이 필요하고, 법인대표의 서명이 필요하다. 대리인이 서명하는 경우 법인대표가 그 대리인에게 한 수권위탁서를 함께 첨부할 필요가 있다는 것에 유의하여야 한다.

특히 전자데이터문서와 같은 교환 계약형식은 현재의 중국에서는 그것을 '특수한 서면성을 갖고 있는 계약방식'이라고 이해하고 있다.

제12조 【계약의 내용】 계약의 내용은 당사자가 약정하고, 일반적으로 다음 조항을 포함한다.
① 당사자의 명칭 또는 성명 및 주소
② 목적물
③ 수량
④ 품질
⑤ 대금 또는 보수
⑥ 이행기한, 지점 및 방식
⑦ 계약위반의 책임
⑧ 분쟁의 해결방법
당사자는 각종 계약의 표준문서를 참조하여 계약을 체결 할 수 있다.

■ **해설**

본 조는 구 3대 계약법인 경제계약법과 섭외경제계약법의 제12조, 기술계약법의 제15조에 규정한 계약내용의 요구사항과 기본적으로 일치하다. 다른 것은 경제계약법에서 주요조항[39]과 보통조항[40]의 구별이 있고, 그로 인한 사법실무에서는 주요조항과 보통조항의 구분기준이 어렵게 되고 또 주요 조항의 규정은 계약의 성립에 일정한 제한을 부가하는 결과가 되어 계약성립의 인정을 어렵게 한다. 그 때문에 섭외경제계약법과 기술계약법에는 이 주요조항과 보통조항의 구별을 설정하지 않았고, 본법에서도 '일반적으로 다음의 조항들이 포함된다'로 계약에 대한 표준적 조항의 규정에 그칠 뿐이지 반드시 구비해야 할 성립 요건은 아니다. 중국계약법 제12조에서 제시한 표준적 조항은 다음과 같다.

(1) 당사자의 명칭 또는 성명 및 주소

당사자가 자연인 경우의 그 성명은 호적등기 관리기관에 등재된 성명이어야 하고, 주소는 장기간에 걸쳐서 생활과 활동을 하는 주된 주소지를 가리킨다. 일반적으로 중국인에게는 신분증이 발급되고 있기 때문에 거기에 기재되어 있는 성명과 주소가 사용된다. 법인이나 기타 조직인 경우는 등기기관에 등록되어 있는 명칭과 소재지를 가리키고 일반적으로는 영업허가증에 기재되어 있는 명칭과 소재지를 사용한다.

39) 주요조항은 계약이 성립하기 위해 반드시 구비해야 하는 조항으로 필수적 기재사항이라고도 하며, 이 주요조항이 없는 계약은 원칙적으로 성립하지 않는다(중국담보법 제15조 등).
40) 주요조항 이외로 기타 권리와 의무를 정한 조항으로 임의적 기재사항이라고도 한다.

(2) 목적물

목적물은 계약이 목적으로 하는 객체를 말한다. 즉 당사자가 동시에 담당하는 권리와 의무의 대상을 말한다. 예컨대, 목적이 "물(物)"인 경우는 실물 또는 화폐가 포함되고, 매매계약일 때는 특정 물건, 금전소비대차계약일 경우는 그 목적물은 화폐가 된다. 목적이 "행위"일 경우는 가령, 건설공정계약의 경우처럼 그 목적은 공정에 대한 것이고, 기술양도계약은 기술의 성과가 그 목적물이 된다.

(3) 수량

수량은 계약 당사자의 권리와 의무를 계량화하여 표시하는 각종 수치와 계량단위로 그 척도를 표시한다. "물(物)"을 목적으로 한 경우에 수량은 일정한 길이, 용적 또는 중량으로 표시를 하고, "행위"를 목적으로 했을 경우는 일정한 업무량, 성취량 또는 이행기한 등으로 표현된다. 지적재산권의 성과를 목적으로 한 경우에는 가치의 다소로 표현된다.

(4) 품질

품질은 목적물의 재료와 외관 형태를 종합한 우열을 검사하는 표시를 말한다. 국가는 품질규정에 관하여 많은 기준을 규정하였는데, 이것들과 별도로 계약 당사자가 자주적으로 품질기준에 대하여 독자의 결정을 하는데 본법은 방해되지 않는다.

(5) 가격 또는 보수

가격 또는 보수란 유상계약 가운데 물(物) 또는 화폐를 목적으로 하여, 이것을 이익으로 하여 취득한 일방의 당사자가 취득한 이익의 대가로서 다른 일방에게 지불해야 하는 금전을 말한다. 가령, 리스계약에서 리스대금, 금전소비대차계약에서 이자 등을 말한다.

(6) 이행기한

이행기한은 당사자가 계약을 이행하는 시간적 한도를 말한다. 이행기한에는 이행날짜와 이행기간 두 종류가 있는데 이행날짜라는 것은 이행시간과 불가분 또는 불가분의 특정시간을 말한다. 가령, 몇 년 몇 월 몇 일 이행 등이다. 이행기간이라는 것은 이행시간을 일정기간, 일반적으로는 이행 개시기와 종료기의 구분이 있다는 것을 말한다. 가령, 몇 년 몇 월 몇 일로부터 몇 년 몇 월 몇 일까지 계약을 이행 또는 몇 년 몇 월 몇 일 이전 또는 몇 년 몇 월 몇 일 이후 등이다. 따라서 서로 다른 이행기한에 따라 계약의 이행을 즉시이행, 정시이행, 분기이행으로 구분할 수 있다.

(7) 이행장소 및 이행방식

이행장소란 계약 당사자가 계약을 이행하고 또 이행을 주고받는 장소를 말한다.

이행장소의 선정은 목적물의 검수지점의 근거가 될 뿐만 아니라 경우에 따라서는 운임 또는 위험을 누가 부담하는가의 중요한 근거도 되는 중요한 의의를 갖는다. 이행방식이란 계약 당사자가 계약을 이행하거나 또는 이행을 처리하는 방식을 말한다. 이것에는 화물의 인도방법, 실시하는 행위의 방법, 검수하는 방법, 지불방법, 결산방식 등이 포함된다.

(8) 위약책임

위약책임이란 계약 당사자가 계약 의무를 이행하지 않고 또는 이행한 의무가 약정한 내용과 일치하지 않을 경우에 부담해야 할 민사책임을 말한다. 그 방식은 일반적으로 주로 위약금 지불과 손해배상금 지불이 있다. 계약법 제7장에서 이에 대한 명문 규정을 두고 있다.

(9) 분쟁의 해결방법

분쟁의 해결방법이란 계약 당사자 사이에 분쟁이 발생하였을 때, 이를 해결하기 위한 절차와 방식 및 적용법규 등을 약정하는 것이다. 이러한 분쟁의 해결방법에는 협상, 조정, 중재 및 소송 등이 있다. 이행장소는 중재 또는 소송 관할기관의 소재지가 된다. 분쟁의 해결방법으로서 계약에 중재 또는 소송의 약정이 없는 경우는 직접 인민법원에 소송을 제기할 수 있다.

(10) 계약의 모범양식

계약의 모범양식이란 일정한 기관이 사전에 계약의 초고를 작성한 것으로 당사자에 대하여 계약체결의 표준적 역할을 하는 참고 계약서라고 할 수 있다. 이것은 당사자에게 참고를 제공하는 역할을 예시한 것으로 반드시 그 참고 계약서인 모범양식 그 대로 계약을 체결할 필요는 없다는 점에 유의할 필요가 있다.

제13조【계약의 성립】 당사자가 계약을 체결하는 경우는 청약과 승낙의 방식으로 한다.

■ 해설

본 조는 계약성립을 규정한 것으로 구 3대 계약법에는 없는 것으로 외국의 입법경험과 민법학을 대담하게 도입한 획기적인 규정이라고 할 수 있다[41]. 이것은 일방당사자의 청약이 있고, 다른 일방이 수락하는 2단계 방식으로 계약이 성립되는 현대적 비즈니스 거래형태에 부합된 계약의 성립을 규정하였다. 계약의 성립과정에서

41) 상세는 郭明瑞·房绍坤, 앞의 책, 89면~90면.

청약(offer)과 승낙(acceptance)이 일치하면 계약이 성립하고 성립된 계약이 효력조건을 갖추면 법적 구속력이 있게 된다[42].

제14조 【청약】 청약은 타인과의 계약 체결을 희망하는 의사표시로 그 의사표시는 다음 각 호의 규정에 부합되어야 한다.
① 내용이 구체적으로 확정되어 있을 것
② 피청약자가 승낙하면 즉시 청약자가 그 의사표시의 구속력에 따를 것

■ 해설

본 조는 청약에 대하여 규정한 것이다. 청약은 타인과의 사이에 계약을 체결하기를 희망하는 의사표시를 말한다.[43] 그 의사표시는 구체적으로 확정되어야 하며, 피청약자의 승낙이 있으면 바로 청약자가 이에 구속된다는 의사표시를 전제로 하고 있기 때문에 이러한 사실에 법률적 효력인 구속력이 부여되고 있다. 중국계약법의 청약요건은 다음과 같다.

① '의사표시의 내용이 구체적으로 확정'되어야 한다는 것은 주요한 계약 약관이 명확하고 구체성이 있는 것으로 보류조항 또는 제한조건이 없는 긍정적인 것으로 다른 일방이 승낙하면 즉시 계약관계가 성립될 수 있어야 한다. 가령, "갑" 회사가 한 세트의 상품구매 입찰서를 1통 제출하였다. 입찰서에는 필요한 구매 상품의 종류, 수량 및 품질표준이 설명되어 있었다. 그러나 상품의 가격 등이 설명되어 있지 않았다. 이 경우는 청약의 요건을 구비하고 있다고 볼 수 없고, 청약의 유인이라고 할 수 있다.

② '피청약자가 승낙한 경우 청약자가 바로 그 의사표시의 구속되는 것'이란 청약자가 피청약자의 계약 승낙의 의사를 표시한 것을 갖고서 청약자와 피청약자 사이에는 계약관계가 성립하고, 법률 또는 청약의 규정기한 내에 청약자는 임의로 이것을 철회하거나 또는 변경할 수 없는 것이다.

□ 사례

"갑"회사는 상품 10세트를 구입하기 위해 입찰서 1통을 보냈다. 입찰서는 구입에 필요한 상품의 종류, 수량 및 품질량의 표준만 설명하고 있다. 그러나 상품의 가격 등을 설명하고 있지 않다. 이것은 청약을 구성하고 있지 않고, 청약의 유인일 뿐이다.

---

42) 중국민법통칙 제57조에서 "민사법률행위는 성립할 때부터 법적 구속력을 갖는다"고 하여 계약성립 시에 법적 구속력을 부여하고 있다.
43) 夏志宏 主编, 앞의 책, 16면.

제15조【청약의 유인】 청약의 유인이란 타인이 자기에 대하여 청약의 희망하는 의사표시다. 가격표의 송부, 경매공고, 입찰공고, 주식공모설명서 및 상품광고 등은 청약의 유인이라고 본다. 상품광고의 내용이 청약의 규정에 부합하는 경우는 청약으로 본다.

■ 해설

본 조는 청약의 유인에 대한 구체적인 예를 들어 어떤 경우에 청약으로 되는가 하는 개념을 명확하게 규정한 것이다. 청약의 유인과 청약의 구별은 다음과 같다.

① 청약은 당사자가 스스로 계약체결의 의사를 적극적으로 표명하는 것에 대하여 청약의 유인은 당사자가 일종의 희망의사를 표명하고 그 내용에 제3자가 적극적으로 계약체결의 의사표시를 하는 것을 말한다. 가령, "갑"회사가 한 동의 상가건물을 건축 분양한다는 1통의 입찰공고를 하였다. 입찰공고에는 상가건물의 건축 요구, 지점 및 입찰자의 자질 요구 등이 표시되어 있다. 이 경우의 입찰공고는 청약이 아니고 청약의 유인이 된다.

② 청약에는 장래 체결된다고 하는 계약의 주된 조항이 기재되는 것에 반하여 청약의 유인에는 꼭 그런 조항이 포함되어 있는 것은 아니다. 동시에 청약에는 당사자가 청약의 구속을 받는 의사가 표명되어 있는데, 청약의 유인은 그러한 의사가 없다.

③ 청약의 대부분은 특정의 상대에 대한 것이기 때문에 청약에는 대화방식 또는 통신방식을 채용하는 반면, 청약의 유인은 불특정 다수에 대하여 신문과 TV 등의 매체 수단을 통하여 진행된다.

□ 사례1

"갑"회사는 사무빌딩 1동을 건축하려고 입찰공고 1통을 보냈다. 입찰공고는 사무빌딩 건축의 요구, 장소 및 입찰자의 성질 등에 대한 요구를 소개하였다. 이 입찰공고는 청약이 아니고 청약의 유인이다.

□ 사례2

"갑"상점은 1통의 광고를 하였다. 그 광고는 "상점에 신형 전자레인지 10세트가 새롭게 도착하였다. 9월 5일부터 9월 15일까지 공무원 신분증을 갖고 오면 10%할인을 받을 수 있다"라는 것이었다. 따라서 공무원 "을"이 9월 12일에 신분증을 갖고 상점에 가서 전자렌지를 구입한다면, 상점은 10%할인 해야 한다. 이 광고는 청약의 유인이 아니고 청약이기 때문이다.

제16조【청약의 효력 발생시기】 청약은 피청약자에게 도달한 때로부터 그 효력이 생긴다. 정보전자문서 형식을 이용하여 계약을 체결함에 있어서는 그 문건접수인이 특정 시스템을 지정하여 정보전자문서를 접수하는 경우에 그 정보전자문서가 그 특정 시스템에 접수된 시간을 도달 시간으로 본다. 특정 시스템을 지정하지 아니한 경우에는 그 정보전자문서가 문건 접수인의 어떠한 시스템에라도 최초로 접수된 시간을 도달시간으로 본다.

■ 해설

본 조는 청약이 언제부터 유효하게 되는가 하는 법률적 구속력 발생의 시간을 규정한 것이다. 이 문제 대하여 학회에는 서로 다른 견해와 학설이 있다. 청약의 의사표시만으로 성립하는 '표시주의', 청약을 발신하는 것으로 성립하는 '발신주의', 상대방에 도달한 시점에서 성립하는 '도달주의', 청약이 대방에 의하여 확인되고 이해된 시점에서 성립하는 '이해주의' 등 여러 가지가 있다. 중국은 비엔나협약의 제15조 제1항을 비준하고 있는 관계상 본법에서는 '도달주의'를 채용하고 있다. 그리고 계약법 제16조에서는 새로운 변화(전자상거래, 사이버거래 등)를 수용하여 전자문서에 의한 계약체결에 관하여 규정을 두었다. 그렇다면 특정한 접수방법을 지정한 경우와 그렇지 않은 경우는 어떻게 판단할 것인가 이다. 전자는 다음 사례 1의 경우이고 후자는 사례 2의 경우이다.

□ 사례1

"갑"회사는 컴퓨터계통을 통하여 "을"회사에 청약 1통을 보내려고 한다. "을"회사는 "갑"회사에 이 청약이 "을"회사의 메일상자에 도착해야 한다고 통지하였다. "갑"회사의 청약이 9월 20일 16시에 "을"회사의 지정 메일상자에 도착하였다. 이 청약은 9월 20일 16시부터 효력이 발생한다.

□ 사례2

"갑"회사는 컴퓨터계통을 통하여 "을"회사에 청약 1통을 보내려고 한다. "을"회사는 아직 이에 대한 계통지정을 하지 않았다. "을"회사는 마침내 9월 20일 팩스로 "갑"회사에 전하였다. 그리고 "을"회사의 직원이 9월21일 컴퓨터 메일로 "갑" 회사에 같은 청약을 보냈다. 이 청약의 효력이 발생하는 시간은 9월 20일이다.

제17조【청약의 철회】 청약은 철회할 수 있다. 그러나 청약의 철회 통지는 청약이 피청약자에게 도달하기 전 또는 동시에 피신청자에게 도달해야 한다.

■ 해설

본 조는 청약이 법적효력을 갖기 이전에 철회하는 것을 규정한 것이다. 이 규정은 비엔나협약의 제15조 제2항에 규정한 내용과 일치한다. 중국계약법도 위와 같이 청약의 철회를 인정하고 있다[44]. 그러나 청약의 철회를 자유롭게 하는 경우 거래의 안전을 저해할 수 있기 때문에 일정한 제한을 두고 있다. 본 조에서는 그 청약의 철회를 다음 두 종류로 한정하고 있다.

① 철회통지가 청약보다 먼저 도달할 필요가 있다. 이에 따라 피청약 당사자에게 그 어떤 손해도 없어야 한다. 다음 사례에서 그 예를 설명한다.

② 철회통지와 청약통달이 동시에 있는 경우다.
위의 두 경우에 모두 피청약 당사자가 손해를 받지 않는 다는 것을 전제로 하고 있다.

□ 사례

"갑"회사는 "을"전자회사에 등기우편으로 전기제품 구입에 대한 청약 1통을 보냈다. 그 후 "갑"회사는 청약조건이 자기에게 불리하다는 것을 발견하였다. 청약을 철회하려고 택배로 "을"회사에 청약철회 통지서를 보냈다. 청약은 8월 5일에 "을"회사에 도착하였고, 청약철회 통지서는 8월 3일에 도착하였다. 이 청약은 철회되어 효력이 발생하지 않는다.

제18조【청약의 취소】 청약은 취소할 수 있다. 그러나 청약취소의 통지는 피청약자가 승낙통지를 발송하기 전에 상대방에게 도달해야 한다.

■ 해설

본 조의 청약취소 규정은 역시 제17조의 규정과 동일하게 피청약자가 손해를 받지 않는 것을 전제로 한다. 역시 본 규정도 청약자가 청약을 취소하려면 그 취소의 통지가 사실상 피청약자가 승낙의 통지를 발송하기 이전에 도달하여야 한다. 피청약자의 승낙통지가 청약자에게 도달하게 되면 계약이 성립되어 청약의 취소문제는 실효되기 때문이다. 이 규정은 비엔나협약의 제16조 제1항의 규정 내용과 일치한다[45].

---

44) 谢怀轼 等, 앞의 책, 45면~46면.
45) 夏志宏 主编, 앞의 책, 20면; 刘文华 主编. 앞의 合同法实用指南, 47의 면.

□ 사례

"갑"회사는 "을"주택임대회사에 주택임대청약 1통을 보냈다. 청약을 보낸 후에 객관적인 상황이 변하였기 때문에 "갑"회사는 "을"의 주택임대가 필요 없게 되었다. 그래서 "갑"회사는 인원을 "을"회사에 파견하여 청약통지의 철회를 통지하였다. "을"회사는 "갑"회사가 청약한 임대가격으로 주택을 임대하려고 검토 중이었고, 아직 "갑"회사에 승낙통지를 보내지 않았다. 이 청약은 철회된다.

제19조 【청약의 취소금지】 다음 각 호의 1에 해당하는 경우 청약은 취소할 수 없다.
① 청약 중에 승낙기한을 정한 경우 또는 기타의 방식으로 청약을 취소할 수 없다는 취지를 명시한 경우
② 피청약자에게 청약은 취소하지 못한다고 믿을 만한 이유가 있고, 또 이미 계약의 이행을 위해 준비행위를 한 경우

■ 해설

본 조는 어떤 상황에서 청약을 취소할 수 없는가를 규정한 것으로, 비엔나협약의 제16조 제2항의 내용 규정과 일치한다. 청약을 취소할 수 없는 상황은 다음과 같다.

① 청약에 승낙기한을 설정한 경우다. 이 경우는 취소권을 방치한 것으로 보기 때문에 취소할 수 없다. 이 경우는 청약자 자신이 그 청약에서 정한 조건에 구속된다는 것을 사전에 표시한 것이기 때문에 청약의 취소가 제한된다.

② 청약에 승낙기한을 설정하지 않았거나 또는 기타의 명시하는 방법으로 취소불능이라고 표명하지 않았지만, 청약의 전체 취지에서 청약자가 취소하지 않겠다는 것을 신뢰할 수 있을 정도의 개연성이 있거나 청약의 관련 조항에 청약자와 취소불능의 의미가 있는 경우에는 취소할 수 없다.

□ 사례1

"갑"회사는 직원사택빌딩 1동을 건축할 예정이다. "을"건축청부회사는 "갑"회사에 이 사택빌딩의 건축에 대한 상세한 서면청약 1통을 보냈다. 그리고 "을"회사는 청약 중에서 "귀회사는 8월 15일 전에 회답이 있길 바라며, 그렇지 않으면 청약과 기타 조항의 효력은 소멸한다"고 통지하였다. "을"회사는 청약에서 승낙기한을 확정하고 있기 때문에 "을"회사가 8월 15일 전에 이 청약을 철회해서는 안 된다.

□ 사례2

시청 문물관리국 "갑"은 사찰 1채를 복원하기로 결정하였다. "갑"은 "을"건축회사를 6개 월내에 이 사찰을 복원할 것을 요구하였다. "을"회사는 공사와 자재 등을 책임지고 전체 복원비용을 확정하였다. "을"은 "갑"에게 사찰에 대한 구조, 수요자재 등 실제조사를 진행한다고 통지하였다. 이러한 조사를 기초로 하여 청약에 대한 승낙을 결정할 수 있기 때문에 "갑"에게 7일 이내에 분명한 회답을 준다고 통지하였다. "갑"은 이에 대해 동의하였다. "갑"의 청약의 신뢰에 근거하여 "을은 곧 조사에 착수하고 실지 조사업무를 시작하였다. 그리고 기초설계를 시작하였다. 문물관리국 "갑"은 이 7일 내에 청약을 철회해서 안 된다.

第20条【청약의 실효】 다음 각 호의 1에 해당하는 경우 청약은 그 효력을 상실한다.
① 청약 거절의 통지가 청약자에게 도달한 경우
② 청약자가 법에 의해 청약을 취소한 경우
③ 승낙기한이 만료 후, 피청약자가 승낙을 하지 않은 경우
④ 피청약자가 청약의 내용에 대하여 실질적인 변경을 가한 경우

■ 해설

본 조는 청약의 실효에 대하여 규정한 것이다. 청약의 실효란 일정한 사유로 인하여 청약이 그 효력을 상실하는 것을 말한다. 즉 청약의 효력이 상실된다는 것은 법적 효력을 잃는 것으로 쌍방 당사자에게 그 구속력이 발생하지 않는다는 것을 의미한다. 중국계약법에서는 네가지 종류의 청약 실효에 대한 사유를 열거하고 있다.

① 청약거절의 통지 형식을 갖고 청약의 실효를 진행한다.

② 청약자가 법에 기초하여 청약을 철회, 최소 할 경우

③ 피청약자가 승낙기간 내에 승낙을 표명하지 않은 경우

④ 승낙자가 청약내용에 실질적인 변경을 한 경우다. 이것은 실질적으로 새로운 청약 내용을 제의한 것이 된다.

□ 사례1

"갑"은 메일로 "을"에게 1통의 청약을 보냈다. 청약 중에 "을"의 승낙기한을 9월 10일로 결정하였다. "을"은 이 메일을 받은 후 9월 5일에 팩스로 "갑"에게 통지하여 청약의 거절 의사표시를 하였다. 이에 따라 이 청약은 9월 5일 효력이 상실된다.

□ 사례2

기계공장 "갑"은 "을"에게 스팀보일러 주문서를 보냈다. 주문서에는 보일러의 가격을 명확히 하였다. "갑"회사는 주문서에 열거한 가격에 대한 유효기간은 3월 25일까지이다. "을"회사는 주문서를 받은 후에 3월 25일까지 승낙을 표시하지 않았다. 따라서 이 청약의 효력은 소멸되었다.

□ 사례3

"갑"은 "을"에게 1통의 청약을 보냈다. 이 청약은 9월 25일 전에 철회할 수 없다는 것을 규정하였다. "을"은 청약을 받은 후 9월 17일에 "갑"에게 회답을 주면서 일정한 조건을 제시하였다. 이 조건은 청약에서 수량과 가격에 대한 약정을 변화하였다. "갑"은 "을"의 조건을 받아들이지 않았다. "을"은 실제로 새로운 청약 1통을 작성하였다. 아직 청약기한 만료까지 몇 일이 남았지만, 청약의 효력은 소멸한다.

제21조【승낙】 승낙이라 함은 피청약자가 청약에 동의하는 의사표시를 말한다.

■ 해설

본 조는 승낙의 개념을 규정한 것이다. 승낙이 있으면 계약이 성립하고 다른 제한이 없는 한 바로 효력이 발생하기 때문에 승낙의 효력발생 시기는 곧 계약의 효력발생 시기가 된다[46]. 승낙에는 다음과 같은 요건이 필요하다.

① 청약의 유인처에 수락한다는 취지를 표명한다.

② 승낙내용과 청약의 유인 내용이 완전히 일치한다.

③ 또 승낙은 동의를 명확하게 표시하는 방식으로 이루어져야 한다.

위와 같은 요건을 구비할 필요가 있다. 따라서 침묵과 부작위는 승낙이라고 볼 수 없다.

제22조【승낙의 표시】 승낙은 통지의 방식으로 하여야 한다. 단지, 거래관행 또는 청약 행위에 의한 승낙이 가능하다고 명시하고 있는 경우를 제외한다.

■ 해설

본 조는 승낙의 표시는 피청약자가 일정한 형식으로 청약에 대해 동의한다는 내

46) 승낙에 대한 상세는 王利明·崔建远, 앞의 책, 153면~165면 참조.

용의 통지를 청약자에게 하는 것을 규정한 것이다. 즉 승낙의 표시는 반드시 구두 또는 서면에 의한 명확한 통지방식에 따른다고 규정한 것이다.

또 본 조는 거래관행에 의한 청약에 따른 승낙을 예외로 인정하고 있다. 예컨대, 공사현장에 재료 부족으로 매매상점 또는 생산공장에 필요한 재료의 규격과 수량을 청약한 경우, 생산공장 또는 상점이 그 필요로 하는 재료를 공장 현장에 보내는 경우 등의 경우에서 볼 수 있듯이 그 "행위"는 적극적일 것을 요구한다[47].

청약은 확정적인 의사표시이기 때문에 이에 대응하는 승낙도 확정적인 의사표시가 되어야 한다. 그러므로 피청약자가 청약에 대하여 전혀 의사표시를 하지 않고 그 의사를 판단할 수 없는 침묵 또는 부작위의 경우는 승낙이 될 수 없다.

□ 사례1

"갑"컴퓨터회사와 "을"연구소는 컴퓨터 15대의 매매에 대한 협상을 진행하였다. "을"은 "갑"회사에 청약을 보내 줄 것을 요구하였다. "갑"회사는 컴퓨터의 수량, 질량, 규격, 단가, 인도기일, 인도방식 등의 청약을 "을"연구소에 보냈다. 청약 중에 "귀 연구소는 이 조건에 동의하면 6월 10일 전, 25%의 선불 금액을 납부하라"고 하였다. "을"연구소는 6월 8일에 수표로 25%의 선불 금액을 납부하였다. 청약의 요구에 근거하여 "을"연구소는 선불 금액을 납부의 행위로 승낙을 한 경우다. 이 계약은 성립하였다.

□ 사례2

"갑"의류복장회사와 "을"상점의 의류복장 매매계약 12월31일을 기한으로 "갑"회사는 "을"상점에 대하여 계약조건의 제공을 요구하였다. "을"상점은 청약을 보냈다. 그리고 청약 중에 "귀 회사가 위의 조항에 대해 이의가 있다면 12월 5일 전에 서면으로 통지하고, 만일 그 때까지 귀 회사가 회신이 없으면 우리는 귀 회사가 위의 조건대로 계약 체결에 동의하는 것으로 안다"고 되어 있다. "갑"회사는 "을"상점의 조건을 받아들일 수 있어서 회신을 보내지 않았다. "갑"회사가 회신을 보내지 않은 행위가 승낙을 구성하여 계약은 성립하였다.

第23조 【승낙기한】 승낙은 청약에서 정한 기한 내에 청약자에게 도달하여야 한다. 청약에 승낙기한을 정하지 않은 경우에 그 승낙은 다음 각 호의 규정에 의해 도달하는 것으로 한다.

① 청약이 대화방식인 경우는 지체 없이 승낙의 의사표시를 하여야 한다. 그러나 당사자에게 별도의 규정이 있는 경우는 제외한다.

② 청약이 대화의 방식 이외에 의한 경우에 승낙은 합리적인 기한 내에 도달하여야 한다.

---

47) 徐景和 主编, 앞의 책, 40면~41면.

■ 해설

본 조는 피청약자가 청약자에게 승낙을 보내는 승낙기한에 대하여 규정한 것이다.

승낙기한에는 첫째, 청약 중에 승낙기한을 설정하는 경우다. 둘째, 청약 중에 승낙기한을 설정하지 않은 경우가 있다. 전자는 청약규정에 따라 승낙을 기한 내에 피청약자에 도달하도록 해야 한다. 후자의 경우는 승낙이 언제 피청약자에 도달하는가는 청약방식이 대화방식인가 아니면 비대화방식인가에 따라서도 다르다. 위의 규정을 구체적으로 살펴보면 다음과 같다.

① '승낙은 정해진 기한 내' 라고 하는 것은 청약을 받을 때에 '언제 몇 시까지 회답 또는 승낙한다'고 하는 것을 말한다.

② '청약자에 도달'이란 승낙을 청약자의 주소지에 도착했을 때를 말한다. 가령, 우편함에 도달한 시점을 말한다.

③ '청약을 대화의 방식으로 한다'라고 하는 것은 청약자와 피청약자가 만나서 대화 또는 전화로 이루어진 것을 말한다.

④ '청약을 비대화의 방식으로 한다'라고 하는 것은 일반적으로 서면의 형식으로 제출하는 것을 말한다. 이 경우의 승낙은 합리적인 기한의 범위 내에 이루어져야 한다.

⑤ '합리적인 기한'이라는 것은 청약을 한 객관적 상황과 거래 관행에 의해 결정된다. 이것은 청약을 받는 사람에게 충분히 고려할 여유를 주어야 하며, 그리고 청약한 사람의 예상 이익에 손해가 미치지 않도록 해야 한다. 만일 승낙기한이 연장하려는데 청약을 받은 사람이 승낙하지 않았을 때, 결과적으로 청약을 한 사람에게 상업의 기회를 놓치게 하는 손실을 초래하게 된다.

第24조【승낙기한의 기산】 청약이 우편 또는 전보에 의한 경우, 승낙기한은 우편에서 기재된 날짜 또는 전보가 교부된 날짜를 기산점으로 한다. 우편에 날짜가 기재되지 않은 경우에는 우편물 겉봉의 소인 날짜를 기산일로 한다. 청약이 전화, 팩스 등 신속한 통신수단으로 한 경우 승낙기한은 청약이 피청약자에게 도달한 날로부터 기산한다.

■ 해설

본 조에서는 승낙기한이 언제부터 개시되는가의 기산을 규정한 것이다. 승낙기한을 어떻게 산정되느냐 하는 것이 승낙의 효력발생 시기와 직접 관련이 있기 때문에 중국 계약법은 이에 대한 규정을 두고 있다. 승낙기한의 기산점은 다음과 같이 결정한다.

① 청약을 우편 또는 전보의 형식으로 한 경우 우편은 기재 날짜, 전보는 발신일, 기재 날짜가 없는 경우는 그 우편물을 부친 우편물의 소인 날짜부터 기산한다.

② 청약을 전화 또는 팩스로 했을 경우 전화를 받은 청약자가 그 내용을 알게 되였을 때부터, 팩스는 피청약에게 도달한 시점부터 승낙기한을 기산한다.

□ 사례

3월 12일에 "갑"회사는 우편형식으로 "을"회사에 청약 1통을 보냈다. 청약에 "을"회사는 반드시 10일 이내에 "갑"에게 회답을 줄 것을 규정하였다. 그러나 이 청약 우편물에는 날짜를 명기하지 않았다. 3월 16일에 "을"회사는 이 청약 우편물을 받았지만 우편물 소인날짜가 3월14일 이었다. 그러므로 "을"회사가 이 청약의 승낙기한은 3월 14일부터 기산을 시작한다.

제25조【승낙의 효력】 승낙의 효력은 계약이 성립했을 때에 생긴다.

■ 해설

본 조는 계약성립의 시기, 즉 승낙의 효력을 규정한 것이다. 승낙의 내용이 청약에서 결정한 것과 주요한 부분에서 일치하고, 승낙기간 내에 도달하면 그 효력은 발생한다. 승낙의 효력은 계약이 성립하는 것이다. 계약을 성립시키는 일반적인 요건은 다음과 같다.

① 반드시 두 사람 혹은 그 이상의 법인 또는 조직이 계약체결의 당사자여야 한다.

② 계약의 목적, 수량, 품질, 가격 또는 보수 등의 내용에서 합의를 얻은 것이 필요하다. 그리고 승낙이 발효하는 것으로 계약이 성립된다.

민법 이론상 계약의 성립에 있어서 특정의 형식을 이행하는가의 그 여부에 따른 각도에서 보아 요식계약과 불요식계약으로 분류한 경우, 그 계약 성립의 시간은 다르다. 불요식계약의 경우는 계약 당사자의 의사표시가 일치했을 때, 즉 합의에 도달했을 때를 기준으로 계약의 성립으로 한다. 이에 대하여 요식계약은 특정의 계약형식 예컨대, 정부의 감독관청에 의한 인허가를 필요로 하는 경우 등은 인허가를 받은 날이 계약성립 날짜가 된다. 승낙의 효력이 발생한 장소는 계약의 성립장소가 되어 후일 계약으로 인한 분쟁이 발생하면 그 안건의 관할권의 결정과 관련이 된다.

제26조 【승낙의 효력 발생시기】 승낙은 그 통지가 청약자에게 도달한 때에 효력이 생긴다. 승낙이 통지를 필요로 하지 아니한 경우는 거래관행 또는 청약의 조건에 의해 승낙행위가 이루어졌을 때에 효력이 생긴다. 정보전자문서 형식에 의한 계약을 체결하는 경우는 승낙의 도달 시간은 본 법 제16조 제2항의 규정을 적용한다.

■ 해설

본 조는 승낙에 법적 효력이 발생한 승낙효력의 시간을 규정한 것이다. 계약법에서 이 승낙의 효력은 다시 말해 계약성립의 시간을 결정하는데 중요한 의의를 갖는다. 승낙의 철회에 대하여 영미법계와 대륙법계가 각각 다르다. 즉 승낙효력의 시간을 둘러싸고 영미법은 '발신주의'를 채용하고 있다. 그렇기 때문에 승낙의 의사표시가 방송되면 다른 약정이 없는 한 계약은 곧 성립한다. 대륙법은 '도달주의'를 채용하고 있다. 그러므로 승낙의 의사표시가 청약자에게 도달하기 전에는 철회를 할 수 있다는 것이다. 영미법에서 발신주의를 채용하는 이유는 청약자는 피청약자가 승낙하기 이전이라면 수시로 청약을 철회할 수 있다는 것과 밀접한 관계가 있기 때문이다. 비엔나협약의 제18조 제2항에서는 대륙법의 도달주의를 채용하였고, 중국계약법도 이것에 준하고 있다[48].

□ 사례

"갑"회사는 사무실 빌딩의 지능화 관리 소프트웨어 계통에 대한 준비를 하였다. "갑"은 소프트웨어 개발업체인 "을"회사에 청약 1통을 보내어 전문적인 계획을 세우라고 요구하였다. 이 청약은 마지막 추가사항에 "갑"회사의 담당자가 10일 출장 관계로 시간이 촉박하기 때문에 "을"회사가 청약조건에 동의한다면 청약을 받은 후 즉시 계획을 세우라는 뜻을 담고 있었다. "을"회사는 청약을 받은 후 곧 바로 계획수립에 착수하여 승낙의 효력이 발생하였다.

제27조 【승낙의 철회】 승낙은 철회할 수 있다. 그러나 승낙철회의 통지는 승낙의 효력이 생기기 이전 또는 승낙통지와 동시에 청약자에게 도달하여야 한다.

■ 해설

본 조는 승낙은 철회할 수 있다는 것을 규정한 것이다. 단지, 철회통지는 승낙발효 이전 또는 승낙통지와 동시에 도달할 것을 요구 조건으로 하고 있다. 승낙의 철회란 승낙자가 승낙의 법적 발효 이전에 승낙을 저지 또는 소멸한다는 의사표시를

48) 郭明瑞·房绍坤, 앞의 책, 117면~118면.

말한다. 영미법 국가에서는 승낙발신과 동시에 법적 효력을 갖는 발신주의를 채용하고 있기 때문에 승낙철회의 문제는 존재하지 않는다. 만일, 철회를 할 경우에는 계약해제의 방식을 취할 수 밖에 없다.

중국계약법은 대륙법계를 채용하고 있기 때문에 승낙의 철회는 가능하지만, 그 철회에는 청약자에 불이익을 초래하지 않는다는 것을 전제 조건으로 한다. 따라서 승낙의 철회는 승낙이 법적 효력을 발효하기 이전 또는 승낙통지와 동시에 도달할 것을 요구한다.

□ 사례

"갑"회사는 10월 7일 등기우편으로 "을"부동산회사에 임대가옥 청약의 통지를 보냈다. 그 후에 근처의 가옥을 임대하게 되어 "을"의 가옥을 임대할 필요 없게 되어, 10월 8일에 전자우편(메일)으로 "을"에게 승낙의 철회통지를 보냈다. 이 등기우편은 10월 9일 "을"회사에 도착하였다. "갑"은 이미 그 승낙의 여부를 철회한 것으로 승낙의 효력은 발생하지 않으며 계약을 구성하지 않는다.

제28조 【일반 지연승낙】 피청약자가 승낙 기한을 경과하여 승낙을 한 경우는 청약자가 신속하게 피청약자에 대하여 그 승낙이 유효하다는 취지를 통지한 경우를 제외하고 새롭게 청약한 것으로 한다.

■ 해설

본 조는 승낙이 규정의 기한을 경과하여 피청약자에게 도달한 경우를 규정한 것이다. 청약을 받은 피청약자가 자기의 귀책사유로 승낙기한을 경과하여 승낙한 경우에 청약자가 지연된 승낙의 효력을 추인하려면 신속하게 피청약자에게 그 청약이 유효하다는 뜻을 통지하여야 한다[49].

본 규정에서는 기한을 경과하여 도달한 승낙에 대하여 청약자는 그 효력을 승인할 수도 있다고 규정하고 있다. 그러나 즉시 피청약자에게 통지할 것을 그 조건으로 하고 있다. 승낙기한을 경과했을 경우에 청약자는 다른 사람에 대하여 동일한 청약을 할 가능성이 있다. 늦어진 승낙은 청약자에게는 승낙이라고 하는 의의가 상실되며 새로운 청약이라고 할 수 있다. 승낙자가 기한이 경과한 승낙을 발송한 시점에서는 이미 승낙기한을 본질적으로 자주적으로 연장한 것이 된다. 여기서 청약자가 그 승낙을 유효하다고 인정할 경우 그것은 피청약자에 대하여 승낙기한 연장

49) 승낙이 유효하다는 통지는 발송할 때부터 효력이 있다고 해석하여야 한다(UN화물판매계약공약의 제21조).

을 인정하는 것이다. 그런데 청약자가 지연된 승낙을 거절할 경우 지연된 승낙은 새로운 청약을 한 것으로 하였기 때문에 승낙거절의 의사표시를 하지 않아도 되고, 청약자가 지연된 승낙에 대해 다시 승낙하지 않는 한 자동적으로 실효된다.

□ 사례

"갑"은 "을"에게 보낸 청약에서 승낙의 최후기간을 8월 31일로 하였다. "을"의 승낙통지는 9월 2일에 보내고 9월 4일 "갑"에 도착하였다. 그러나 "갑"은 이 계약 의 항목에 관심이 많아서 "을"이 승낙기한을 넘겼지만, "갑"은 동의하고 즉시 "을"에게 통지를 보냈다. 이 기간을 넘긴 승낙은 효력이 있다. 계약은 9월 4일에 성립한다.

제29조【의외 지연승낙】 피청약자가 승낙 기한 내에 승낙을 하고 통상의 상황이었더라면 청약자에게 도달할 수 있는 것이, 기타 원인으로 승낙이 승낙기한을 경과하여 청약자에게 도달한 경우는 청약자가 지체 없이 피청약자에게 승낙 기한이 경과한 것을 이유로 그 승낙을 수리하지 않는다는 취지를 통지한 경우를 제외하고 그 승낙은 유효하다.

■ 해설

본 조는 승낙기한 내 도달하여야 할 승낙서가 어떤 송달체계 등의 원인으로 늦게 도착한 연장승낙에 대하여 규정한 것이다. 승낙의 연장에 대하여 피청약자에게는 왜 늦었는지, 그 원인은 알 수 없지만 신의성실 원칙에 의하여 청약자는 피청약자에 대하여 승낙지연의 의무를 진다[50]. 만일, 이 의무이행을 게을리 한 경우는 그 승낙이 늦지 않은 것으로 효력을 갖고 계약은 당연히 성립된다. 승낙의 지연에 대하여 청약자는 신속하게 피청약자에 대하여 수리하지 않은 다는 것을 통지할 수 있다. 왜냐하면 전달의 사고라고 하는 외적 요인에 의해 초래된 것으로 피청약자는 승낙을 받기 전에는 승낙지연이라는 사실은 모르고, 일반적으로는 승낙기한 내에 승낙하지 않은 것으로 이해한다. 따라서 청약자에게는 제3자에 대하여 동일한 청약을 할 수 있다. 따라서 청약자는 승낙의 지연에 대한 수취를 거절할 수 있다.

지연의 승낙과 늦게 도달한 승낙은 모두 승낙기한을 경과하였기 때문에 청약자에게 도달한 피청약자의 승낙이라는 것에 공통점이 있다. 다른 것은 지연의 승낙은 승낙기한을 경과하여 발송한 승낙이고, 늦게 도달한 승낙은 승낙기한 내에 발송한 승낙이 신속하게 청약자의 손에 도달하지 않았다는데 차이가 있다.

50) 夏志宏 主编, 앞의 책, 33면.

□ 사례1

"갑"은 "을"에게 청약서 1통을 발송하였다. 청약에서 "을"의 회답은 반드시 6월 15일 전에 "갑"에게 도착하여야 한다고 규정하고 있다. "을"은 6월 11일 항공 등기우편으로 "갑"에게 승낙통지를 발송하였다. 일반 상황에 따라서 이런 우편이 3일 이내에 "갑"에게 도착할 수 있다. 그 전에는 "갑"과 "을"의 왕복 우편들이 모두 이런 상황이었다. 그러나 공항의 원인으로 비행운항 순서가 연기되었다. 결국 우편은 6월 16일 "갑"에게 도착하였다. "을"의 승낙기간을 지나 도착했지만, "갑"은 즉시 그 사유를 통지해서 효력이 없는 경우를 제외하고, 효력이 있다고 인정하여야 한다.

□ 사례2

위 상황에서 다른 상황은 "갑"이 기간을 초과하였기 때문에 지연승낙을 동의하지 않은 경우다. "갑"은 6월 16일, "을"에게 승낙이 기간을 초과하였기 때문에 거절한다는 통지를 보냈다. 따라서 기간을 넘긴 이 승낙의 효력은 발생하지 않고 계약이 성립할 수 없다.

第30조 【실질적 변경청약 내용의 승낙】 승낙의 내용은 청약의 내용과 일치하여야 한다. 피청약자가 청약의 내용에 대하여 실질적인 변경을 한 경우는 새로운 청약으로 본다. 계약의 목적, 수량, 품질, 가격 또는 보수, 이행기한, 이행장소와 이행방식, 위약책임 및 분쟁해결의 방법 등에 관한 변경은 청약에 대한 실질적인 변경이다.

■ 해설

본 조는 승낙의 내용이 청약의 내용과 일치해야 할 것을 규정한 것이다.

승낙은 피청약자가 청약의 내용에 기초하여 청약자와 사이에 계약을 체결할 의향의 의사표시로 승낙의 내용이 반드시 청약의 내용과 일치하지 않으면 계약은 성립하지 않는다. '청약의 내용에 대하여 실질적인 변경을 하는 승낙'이란 승낙에 대하여 실질적으로 확대, 제한 또는 변경하는 것을 말한다. 이 경우는 본래의 청약에 대한 승낙이 아니고 피청약자가 청약자에게 보낸 새로운 청약에 대한 승낙이라고 할 수 있다.

□ 사례1

"갑"방직회사는 "을"기계제조공장에 50대의 기계를 주문하였다. 주문서를 받았을 때 "을"공장은 관련 계약분쟁의 해결방식을 중재방식에서 소송방식으로 수정하였다. "을"공장이 분쟁해결 방식의 변경을 요구하여 청약내용의 실질적 변경을 초래하였다. 그 결과 "갑"은 "을"의 청약에 대한 승낙을 하게 되어 새로운 청약이 구성되었다.

□ 사례2

"갑"상점은 "을"맥주공장에 캔맥주 50박스를 주문하였다. "을"맥주공장은 운송차량이 부족하여 "을"맥주공장이 주문서을 받았을 때 "제공측의 운송배달"조항을 "제공측이 대신하여 탁송"으로 수정하였다. "을"맥주공장이 계약이행 방식에 대하여 변경을 요구하였기 때문에 청약내용의 실질적인 변경에 따른 새로운 청약을 구성하는 것이다.

제31조【청약내용의 비실질적인 변경】 승낙이 청약의 내용에 대하여 실질적이지 않은 변경을 한 경우는 청약자가 적시에 반대를 표시한 경우 또는 청약의 내용에 관한 어떤 변경도 할 수 없다고 명시한 경우를 제외하고 그 승낙은 유효하고 계약의 내용은 승낙의 내용에 따른다.

■ 해설

본 조는 청약의 내용에 비실질적인 변경을 한 승낙의 법적 효력문제를 규정한 것이다. 이것은 계약법 제30조의 규정과 마찬가지로 비엔나협약과 일치한 규정이다.

'청약의 내용에 실질적이지 않은 변경을 한 승낙'이란 피청약자가 본래의 계약 내용에 일종의 보충, 제한과 개정한 것을 가리킨다. 이러한 실질적 변경에는 일반적으로 다음과 같은 경우가 있다.

① 승낙자가 승낙서에 건설적 또는 희망적인 조항을 첨부한다. 이러한 희망적인 사항은 청약자에게는 본래의 계약 내용에 없는 조항을 접수할지 이것이 문제로 된다.

② 청약자가 승낙의 내용에 본래 법률에 규정되어 있는 의무를 첨부한다. 이러한 첨부내용도 실질적이지 않는 변경을 부가한 것이 된다.

③ 피청약자가 청약의 실질 내용에 일종의 설명적 조항을 첨부한다.

④ 청약자가 수권의 범위 내에서 청약에 실질적인 내용의 변경을 한다.

승낙이 청약 내용에 대하여 실질적이지 않는 변경을 첨부한 경우, 청약자가 신속하게 반대 또는 내용에 대하여 어떤 변경도 할 수 없다는 것을 제외하고, 이 승낙은 유효한 것으로 계약 내용도 승낙의 내용에 따른다.

□ 사례1

"갑"인쇄공장은 "을"제조회사에 5대의 기계를 주문하고, 그 기계를 설치한 후에 조정한다고 약정하였다. "을"은 "갑"에게 주문조건을 동의한다는 것을 통지하고 "을"이 기계조정에 직접 참석하기를 희망한다는 요구 조항을 첨가하였다. 이 첨가 조항은 청약 내용의 실질적 변경을 가져오지 않기 때문에 승낙의 효력이 있으며, 이 첨가조항은 "갑"이 즉시 반대 표시를 하는 경우를 제외하고 계약의 일부분을 구성한다.

□ 사례2

"갑"술공장은 "을"양식회사에 보리 1톤을 주문하였다. "갑"은 현재 법률고문과 출장을 가기 때문에 "갑"의 직원은 주문서에서 "어떤 수정도 모두 계약조항을 구성할 수 없다"고 의사표시를 전달했다. "을"회사가 주문서를 받았을 때 이 청약내용에 대하여 비실질성의 변경을 했지만, 그 승낙은 모두 무효로 매매계약을 구성할 수 없다.

□ 사례3

상황은 사례1과 기본적으로 같다. 다른 점은 "갑"이 "을"의 승낙 통지를 받은 후 즉시 "을"에게 "을"의 첨가사항에 동의하지 않는다는 것을 표시하였다. "을"은 청약내용에 대하여 비실질성의 변경을 했지만, "갑"이 즉시 반대표시를 하였기 때문에 이 승낙의 효력이 없다.

제32조【계약서에 의한 계약성립】 당사자가 계약서 형식으로 계약을 체결하는 경우는 쌍방 당사자가 서명 또는 날인한 때에 성립한다.

■ 해설

본 조는 당사자 사이에 최종적으로 채권·채무관계의 협의가 달성된 계약서에 의한 계약성립의 시기를 규정한 것이다. 계약은 승낙의 효력이 발생하는 때에 성립하지만, 계약이 서면 형식으로 체결되는 경우는 쌍방 당사자가 계약 내용에 서명 또는 날인을 한 때 계약이 성립한다는 것이다. 계약서에 '당사자가 서명 또는 날인'이라는 것은 자연인과 법인이 계약서 위에 서명 또는 인감도장(公章)을 날인하는 것을 말한다. 일반적으로 자연인일 경우는 계약을 체결 때 자기의 성명을 서명하거나 날인을 한다.

법인이나 그 외의 조직인 경우 일반적으로 법인의 법인대표자 또는 그 외의 조직의 책임자가 서명하고 그 위에 소속 인감도장을 날인하였다. 계약법의 제정에 따라서 법인대표자의 서명이나 그 법인 또는 조직의 도장을 날인하면 유효하도록 하였다. 만일, 위탁대리인이 명확하게 권리를 수여 받은 경우에 그 권리를 받은 범위 내에서 위탁자를 대신하여 서명을 할 수 있다.

여기서 문제가 되는 것은 현실적으로 중국의 법인, 그 외의 조직에 여러 가지의 도장이 있는데 계약을 체결할 때 어떤 도장으로 날인하는가 하는 것이다.

중국의 법인, 그 외의 조직의 도장의 효력을 판단하는 데는 첫째, 먼저 그 도장이 위조된 것이 아니고, 진실된 것이라는 것을 알아내는 것이 매우 중요하다. 둘째, 다음으로 계약 주체의 의사를 대표할 수 있느냐 하는 것이다. 일반적으로 계약 전문용 도장 혹은 행정도장을 계약용으로 사용하는데, 각 부처 도장의 효력은 어떠한 경우에 사용되느냐에 따라서 결정된다. 예컨대, 단순히 금전소비대차 금액을 증명하는 재무관계의 경우, 재무 전용 도장을 사용해도 문제가 되지 않는다. 본 조의 규정은 서명과 날인을 반드시 동시에 할 것을 강제하지 않는다. 그 중의 어느 하나로써 계약은 성립하는 것으로 구 계약법의 요구와 다르다.

□ 사례1

"갑"학교와 "을"출판사 사이에 전기우편 형식으로 교과서 매매계약을 체결하였다. "갑"학교는 확인서의 서명을 요구하였다. 이 매매계약은 "갑"학교와 "을"출판사 당사자 쌍방이 확인서에 서명 또는 날인할 때 계약이 성립한다.

□ 사례2

"갑"컨설팅회사와 "을"부동산회사는 가옥임대계약서 1통을 체결하였다. "을"회사는 10월 15일 계약서에 서명·날인하였다. "갑"회사는 10월 20일 계약서에 서명·날인하고 등기하였다. 이 가옥임대계약의 성립시기는 10월 20일이다.

제33조 【계약확인서】 당사자가 우편, 전자문서 등의 형식으로 계약을 체결하는 경우, 당사자는 계약의 성립 전에 확인서에 서명할 것을 요구할 수 있다. 이 경우 확인서에 서명한 때 계약이 성립한다.

■ 해설

본 조는 계약 확인서에 대하여 규정한 것이다. 이것은 당사자가 우편, 전자문서 형식으로 계약을 체결하는 경우, 사후에 당사자가 서면형식으로 계약내용을 확인하는 문서에 대하여 규정한 것이다. 섭외경제계약법의 제7조에 계약에 대한 확인서의 규정이 있는데, 현실의 거래계약에서도 종종 계약에 대한 확인서를 요구할 경우가 있다. 따라서 본 조의 규정은 꼭 필요한 규정이라 할 수 있다.

확인서는 계약체결 전에 최종적으로 피청약자가 계약의 주요한 내용을 확인하였다는 것을 표시한 것으로 그 성질상 승낙이라고도 할 수 있다. 그러므로 이에 서명한 때에 계약이 성립한다. 만일 일방의 당사자가 우편, 전자문서 형식으로 계약을 체결 할 때 계약의 내용을 최후의 확인서를 기준으로 할 것을 요구할 경우, 확인서를 체결하기 전에 쌍방 당사자 사이의 협의는 초보적인 협의에 지나지 않으며 당사자에 대하여 사실상의 구속력을 갖고 있지 않다. 확인서는 일방 당사자의 계약내용에 대한 틀림없다는 것을 확인하는 것으로 청약을 명확하게 이해한 후에 최종 승낙된 것으로 본다. 따라서 확인서는 승낙의 성질을 띠게 된다.

제34조【승낙의 효력 발생지】 승낙의 효력 발생지는 계약의 성립지로 한다. 전자문서 형식으로 계약을 체결하는 경우는 수령자의 주된 영업소를 계약의 성립지로 한다. 주된 영업소가 없는 경우는 그 일상 거주지를 계약의 성립지로 한다. 그러나 당사자에게 다른 약정이 있는 경우는 그 약정에 따른다.

■ 해설

본 조는 승낙발효의 지점을 계약 성립의 장소로 명확히 규정한 것이다. 이 계약지점은 계약에 분쟁이 생겨 제소할 때 어느 법원의 관활에 속하는가의 판단을 할 수 있는 아주 중요한 의미를 갖는다. 만일 그것이 섭외계약인 경우에는 계약성립의 지점이 적용법률의 근거가 되고 그에 따라서 실질적으로 당사자의 권리의무 실현에 영향을 미치게 된다. 계약성립 지점을 당사자는 자유롭게 결정할 수 있다. 따라서 명확하게 계약지점을 약정하고 있는 것은 계약지점을 계약성립의 장소로 하는 것이 가능하다.

□ 사례

"갑"회사는 전자우편을 통하여 주 영업소인 A지역의 "을"회사에 승낙통지를 발송하였다. 이 전자우편이 직접 A지역의 "을"회사의 담당직원의 컴퓨터 메일상자에 도착하였다. 이에 따라서 계약성립 지점은 A지역이다.

제35조【계약의 성립장소】 당사자가 계약서 형식으로 계약을 체결하는 경우는 쌍방 당사자가 서명 또는 날인한 지점을 계약의 성립장소로 한다.

■ 해설

본 조는 계약서의 방식으로 체결한 계약서가 성립한 경우에는 그 성립 지점이 당사자가 서명 또는 날인을 한 행위의 소재지를 기준으로 할 것을 규정한 것이다. 계약의 성립장소는 계약의 분쟁이 발생한 경우 준거법의 근거가 되기 때문에 매우 중요하다. 계약이 계약서의 형식으로 체결된 경우 쌍방 당사자가 서명하거나 날인한 장소가 계약의 성립 장소가 된다. 계약이 전자문서의 형식으로 체결된 경우에 계약의 성립 장소는 다음과 같다. 첫째, 쌍방 당사자가 약정한 곳이 있으면 이 장소가 계약의 성립장소가 된다. 둘째, 전자문서의 수령인이 주된 영업소가 있으면 그곳이 계약의 성립장소가 된다. 셋째, 전자문서 수령인이 주요 영업소가 없으면 그 일상의 소재지가 계약의 성립장소가 된다. 계약내용을 기재한 계약서에는 일반적으로 일방의 당사자가 사전에 책정한 초안에 대하여 상대방 당사자가 의사표시를 하는 표준계약서와 계약 당사자에게 계약조항의 작성을 위임하여 쌍방 당사자가 협의하여 작성하는 비표준계약서 두 종류가 있다. 계약서를 체결했지만 서명 또는 날인이 동일 지점이 아닐 경우, 최후에 서명 또는 날인한 지점이 계약의 성립장소가 된다.

□ 사례1

A시의 "갑"회사와 B시의 "을"회사는 우편형식으로 매매계약 1통을 체결하였다. 당사자 쌍방은 그 확인서에 동의하여 체결하기로 하여, C시에서 확인서를 체결하였다. 이 매매계약의 성립장소는 C시가 된다.

□ 사례2

A지역 "갑"컨설팅회사와 B지역 "을"부동산회사는 계약서 형식으로 사무실임대계약 1통을 체결하였다. "을"은 3월 8일 B지역 자기의 사무 빌딩에서 서명·날인하였다. "갑"은 이 계약서를 A지역에 가지고 와서 3월 10일 서명·날인하였다. 이 임대계약의 성립장소는 A지역이 된다.

제36조【계약형식의 예외】 서면형식으로 계약을 체결한다는 법률 및 행정법규의 규정 또는 당사자의 약정이 있는 경우, 당사자 일방이 서면형식을 채용하지 않고, 이미 주요 의무를 이행하고 상대방이 이것을 수령한 때는 그 계약은 성립한다.

■ 해설

본 조는 계약의 형식 요구에 예외를 규정한 것이다. 계약법의 제10조 제2항의 규정에서 법률에 규정 또는 당사자가 계약을 서면형식으로 채용한다고 결정을 했지만 서면형식을 채용하지 않는 경우 그 계약은 성립되지 않는다고 해석하는 것이 보통이다[51]. 계약의 형식은 당사자의 의사를 명확하게 하는 하나의 수단이다. 당사자의 의사를 실현하는 것은 문서밖에 없고, 또 법률로 그러한 서면형식을 요구하는 것은 당사자의 이익과 사회의 이익을 공평하게 조절하여 거래의 안전을 유지하기 위한 것이다. 만일 일방의 당사자가 이미 약정한 중요한 의무를 이행하고 상대방도 그것을 수용한 경우에 계약의 문서화를 법률로 강조하고, 이것에 경직된 규정을 적용하게 되면 오히려 당사자, 특히 이미 자기의 주요한 의무의 대부분을 이행한 일방의 당사자에게 불이익을 초래할 수 있다. 이 경우에 현실적인 것을 감안하고 거래의 안전을 보장하기 위해 쌍방의 계약을 성립한 것으로 인정하고 있다.

□ 사례

"갑"출판사와 "을"건축회사는 구두형식으로 직원식당 공사에 대한 시공계약을 체결하였다. "을"회사는 쌍방의 약정에 따라 시공하기 시작하였다. "계약법"은 건설공사계약의 경우에 서면형식을 채용하여야 하지만 "갑"과 "을" 쌍방은 이미 주요의무를 이행하고 있기 때문에 이 구두형식의 공사 시공계약은 성립한다.

제37조【체결의 예외적 성립】 계약서 형식으로 계약을 체결하는 경우, 서명 또는 날인하기 전에 당사자 일방이 이미 주요 의무를 이행하고 상대방이 이것을 수령한 경우 그 계약은 성립한다.

■ 해설

본 조의 규정은 앞 조의 규정과 비슷하다. 제36조는 서면형식이 갖추어져 있지 않는 가운데 이미 일방의 당사자가 주요한 약정 조항을 이행한 경우로 예외규정을 둔 것이다. 이에 대하여 제37조는 서면형식은 갖추고 있으면서 서명 또는 날인을 하지 않았을 경우의 특례를 두고 있다는 점에 차이가 있다.

본 법의 제32조는 서면계약에 당사자가 서명 또는 날인을 한 다음 성립한다고 규정하고 있다. 이 조문에 대한 예외 규정이 바로 제37조다. 즉 본 조는 서면 형식으로 계약을 체결하기로 했는데 서명 또는 날인을 하기 전에 현실적으로 이미 당사자 일방이 그 자신의 주요 의무를 이행한 경우는 서명이나 날인이 있는 계약서 보다 더 확실한 보장이 되었기 때문에 계약의 성립을 인정하는 것이다.

51) 夏志宏 主编, 앞의 책, 42면.

□ 사례

"갑"상점과 "을"주조회사는 500박스의 고량주 매매계약을 체결하였다. "갑"상점은 계약서에 서명·날인한 후 "을"회사에 교부하였다. "을"회사는 계약서에 서명·날인을 하지 않았지만 약정한 브랜드, 품질에 따라서 "갑"상점에 500상자의 고량주를 출고하였다. "을"회사가 계약서에 서명·날인을 하지 않았지만 주요의무를 이행하였다. 따라서 이 계약은 성립한다고 인정해야 한다.

제38조【국가의 지령성 계약】 국가의 필요에 의해 지령성 임무 또는 국가의 물품구입을 위한 하달이 필요할 때, 이와 관련된 법인이나 기타 조직간에는 관련 법규, 행정법규에서 정한 권리와 의무 규정에 따라 계약을 체결한다.

■ 해설

본 조는 당사자가 국가의 지령성 계획에 의하여 계약을 체결하는 경우를 규정한 것이다. 이것은 원래의 경제계약법 제11조의 규정과 같고, 다르다면 "계획"을 "지령성"이라고 하는 시대에 어울리는 단어로 바꾸었을 뿐이다[52].

오늘날의 중국은 수요와 공급에 의한 경제와 법률을 수단으로 경제질서를 유지하고 있는 시장경제 시스템을 실시하고 있는데, 사회주의시장경제 시스템에서는 거시적 조절의 중요한 수단인 계획으로부터 이탈할 수는 없다. 따라서 국유기업 다수의 계약은 지금도 계획계약이다.

① '지령성 임무'란 중국정부가 계획 경제적 목적을 실현하기 위해 중요한 자원, 물품에 대한 지령성 계획 또는 행정명령으로 하달한 국가계획으로 그것은 필히 완성해야 하는 직접 계획관리의 형식이다[53]. 지령성 계획의 임무는 국가계획위원회가 관계부처와 확정 또는 조절을 한다. 만일 그것이 군수품 생산일 경우, 국가계획위원회가 국무원, 중앙군사위원회가 권리를 수여한 부처와 조절을 하여 확정한다. 기타 국가의 지령성 계획은 국가계획위원회 또는 성(省)의 계획부처 또는 이에 해당되는 권리를 수여 받은 부처가 그 임무를 하달한다.

② '행정명령'이라는 것은 주로 국가 행정주관부처가 수요에 따라 관계 단위에 하달하여 집행하는 임무의 결정을 말한다. 지령성 계획 또는 행정명령에 기초하여 체결한 계약은 국가의 주문계획이 주된 것이다. 이런 계약은 기업 또는 사

52) 상세는 刘文华 主编, 앞의 合同法实用指南, 63면.
53) 전인민소유제 공업기업의 경영시스템의 전환조례 제10조 및 제11조에서 "기업은 지령성 계획에 의해 생산된 제품은 계획 규정의 범위에서 판매하여야 한다"라고 의무를 부여하고 있다.

업단위는 필히 집행해야 하는 의무가 있는 국가의 지령성 계획이다. 계획의 요구에 의해 수요측과 사이에 화물의 제공계약을 체결해야 한다. 동시에 계약에 의해 생산을 조직하고 제품을 판매하여 계약을 이행할 의무가 있다.

③ '법률, 행정법규에 정한 권리와 의무'라는 것은 가령, 중화인민공화국 전인민소유제 공업기업법 제35조에서 "기업은 지령성 계획을 완성할 의무가 있다"고 규정하였다. 이와 같이 기업법과 그 외의 법률의 법규에 규정된 기업 또는 사업단위의 권리·의무를 말한다.

중국의 계획경제에서는 국가계획위원회가 국민경제와 사회적 필요를 예측하여 일부의 중요품목에 대한 계획적 관리를 한다. 기업이 국가가 규정한 제품을 생산할 경우에 이미 결정된 특정의 판매상대에게 제품이 판매되고, 정부가 지정한 상가와 계약을 체결하고 권리를 갖는다. 또 지령성 계획에 따라 제품의 품질을 확보하기 위해 기업은 관계부처와 지방정부의 일정한 방식으로 기업에 지정된 계획성 이외의 공급단위와 공급과정은 거절할 권리도 있다.

제39조 【표준약관】 표준약관을 사용하여 계약을 체결하는 경우는 표준약관의 제공측은 공평의 원칙을 준수하고 당사자간의 권리와 의무를 정하며, 상대방에게 합리적인 방식을 통하여 그 책임을 면제 또는 제한조항에 대하여 주의를 요청하고, 상대방의 요구에 의해 그 조항에 대하여 설명을 하여야 한다. 약관은 당사자가 반복하여 사용하기 위해 미리 제정한 것으로 계약체결 시에 상대방과 협의하지 않는 조항을 말한다.

■ 해설

본 조는 표준약관 계약의 체결원칙과 정의를 규정하고 있다.

(1) 표준약관의 입법

계약에 있어서 표준약관에는 첫째, 표준약관을 계약의 일부분으로 한다는 것과 둘째, 계약의 모두가 표준약관이라는 두 가지의 형식이 있다. 계약의 모든 내용을 표준약관으로 구성한 표준약관 형태의 계약은 오늘날 대량생산, 대량판매 시대의 수요에 적응하기 위해 일반적으로 일방의 당사자가 사전에 정해진 형식의 약관과 내용의 계약을 작성하는 것이다[54]. 당사자 쌍방이 체결하는 계약의 과정을 간략화하여 교역의 효율을 제고하기 위한 정식화 된 계약이라고 말할 수 있다. 가령, 우리

54) 중국이 표준약관을 채용하여 체결하는 계약에 대해서는 1995년에 제정한 중국 보험법에 언급되었다. 그리고 통일계약법의 제39조, 제40조, 제41조에서 그에 관한 규정을 두었다.

가 비행기를 탈 때 항공회사는 불특정 다수인을 상대로 미리 일방적으로 항공운송에 관한 계약문구를 만들어 항공기표에 인쇄하여 고객에게 제시하고 고객은 항공기표를 구입함으로써 위 계약문구에 따른 계약이 성립되는 것이다.

표준약관은 계약의 신속한 성립과 원가 절감의 면에서 큰 장점이 있다. 예컨대, 많은 사람들이 여행을 한다든지 열차, 비행기, 선박 등을 이용하는 경우 계약에 대해서 교정할 교섭이 필요 없이 사전에 준비된 약관을 받아들이면 된다. 그러나 그것을 모든 경우에 적용하면 불공평 또는 불합리가 생기는 경우가 있다. 특히 표준약관은 일반적으로 큰 회사 또는 업자가 준비하는 것이기 때문에 그것을 포괄로 중소기업에 적용한다면 많은 곳에서 불합리한 점이 발생한다.

(2) 약관조항에 대한 효력제한

약관계약은 약관을 제공하는 일방이 약관을 제공받는 다른 일방의 계약자유를 박탈하는 결과를 초래한다. 즉 계약 내용을 변경할 자유가 박탈되어 불공평한 대우를 받는 경우가 많고, 법적인 권리 주장이 어렵기 때문에 강자인 약관 제공자를 규제할 필요가 있다. 즉 다음과 같은 규정을 두어 소비자의 특별한 보호를 부여하는 것이다.

첫째, 표준약관을 제공한 측이 제시 의무가 있다. 특히 표준약관을 제공하는 측의 책임면제 및 제한에 관한 조항을 합리적인 방법으로 상대에 주지시키고 주의를 촉구한다. 이에 따라 상대는 자신에게 불리한 조항이 무엇인가를 알게 되고 신중하게 대처할 수 있다. 여기서 말하는 '합리적인 방법'에 대해서는 여러 가지 방법이 고려된다. 예컨대, 다른 색상 또는 글자체에 의한 표시가 열거되지만, 그 어느 경우도 상대의 당사자가 그것을 보고 바로 중요한 조항이라고 판명할 수 있는 것을 희망한다.

둘째, 일부의 표준약관은 무효라고 규정하고 있는 계약법 제40조 규정에 의해 표준약관을 제공한 측이 중요 조항에 대해 제시 의무를 이행하지 않고, 상대의 책임을 크게 하거나 또는 그 권리를 배제한 경우에 이 약관은 무효이다.

셋째, 또 표준약관에 관한 특별규정을 둔 계약법 제41조에서는 "계약의 이해에 대하여 다툼이 발생하는 경우 조리에 의해 해석하여야 한다. 표준약관에 두 가지 이상의 해석이 있고, 표준약관을 제공한 측에 불리한 해석을 해서는 안 된다는 표준약관과 비표준약관이 일치 하지 않는 경우 비표준약관을 채용한다". 여기서 말하는 조리란 동종의 계약을 체결할 가능성이 있는 어떤 사람들의 이해를 말한다. 이 계약법의 규정은 계약 해석에 관한 특별한 규정이고, 표준약관을 채용한 계약에만 적용할 수 있다. 이 취지는 중소기업 또는 소비자에게 특별한 보호를 부여한 것이다. 따라서 약관 조항에 불리한 조항이 있는 경우에 약관조항과 별도의 약정을 체결함으로써 불리한 약관 조항의 적용을 피할 수 있다[55].

55) 표준약관 형태의 계약의 경우, 종종 사업자가 거래상의 불이익을 상대방 당사자에게 전가하는 수단으로 이용하여 공평의 원칙에 어긋날 가능성이 잠재해 있다. 이 문제를 해결하기 위해 일본에서는 행정관청

□ 사례

"갑"회사와 "을"은행은 차관계약 1통을 체결하였다. 쌍방은 "을"은행이 제공한 표준계약서를 체결하였다. 표준계약의 공백란에 관련 대부의 종류, 용도, 액수, 이율, 기간과 환불방식 등 내용을 기입하였다. 표준계약을 체결한 후 "갑"회사는 "을"은행과 상담한 조항의 구속을 받을 뿐만 아니라 표준계약에서 기타 조항의 구속을 받는다.

제40조【표준약관의 무효조항】 표준약관에 제52조 및 제53조가 규정한 사유가 있는 경우 또는 표준약관을 제공하는 당사자가 그 책임에서 면제되고, 상대방의 책임을 가중하며 상대방의 주요한 권리를 배제한 경우 그 조항은 무효이다.

■ 해설

본 조는 표준약관의 무효조항을 규정한 것이다. 중국계약법에서 표준약관이 법규에 위반하거나 약관을 이용한 불공평한 약정은 무효가 된다는 규정을 두었다. 본 조에서 다음의 경우를 무효의 표준약관으로 규정하고 있다.

① 표준약관이 법규에 위반되는 경우를 계약법 제52조에서 규정한 무효의 표준약관에는 첫째, 일방이 사기・협박의 수단으로 체결한 경우다. 둘째, 악의를 갖고 국가・집단 또는 제3자의 이익에 손해를 준 경우다. 셋째, 적당한 방법으로 위법의 목적을 은폐한 경우다. 넷째, 사회공공이익을 침해한 경우다. 다섯째, 법률・행정법규의 강제규정을 위반한 경우 등이다.

② 계약법 제53조에 규정한 무효의 표준약관에는 고의 또는 중대한 과실로 상대방의 재산에 손해를 준 경우다.

③ 표준약관을 제공한 일방 당사자의 주요한 책임은 면제하고, 상대방의 책임을 가중 또는 주요 권리를 배제한 것 등이 무효가 된다. 즉 공평의 원칙에 반하는 것으로 무효로 한 것이다.

여기서 '주요의무'라는 것은 계약에서 중요한 위치를 차지하는 계약의무를 말한다. 예컨대, 매매계약에서 제품 제공자가 계약으로 제공하는 제품의 품질과 그 책임을 계약 내용에서 배제했을 경우 등이 여기에 포함된다. 계약의 주요 권리를 계약 중에서 약관의 방식으로 배제하는 등, 만일 이러한 약관이 취급되었을 경우 그 약관은 무효라고 할 수 있다.

에 의한 허가인증제도와 업계 자신의 자주 규정제도에 맡기고 있고, 영국은 1977년에 불공평약관법이 제정되었고, 독일은 일반거래약관제도 중에서 불리한 입장에 있는 당사자 보호 규정을 두었다.

□ 사례

"갑"연구소와 "을"개발회사는 특허기술이전계약을 1통 체결하였다. "갑"연구소는 제공한 표준약관 중에 "이 특허기술을 이전한 후 효력이 없다고 선고될 때 "갑"연구소는 이전비용을 환불하지 않는다"고 규정하였다. 이 조항은 "갑"연구소의 주요의무의 한 항목을 면제하는 것으로 이 조항은 무효다.

제41조【표준약관의 해석】 표준약관의 이해에 분쟁이 발생한 경우는 통상의 이해에 따른 해석이어야 한다. 표준약관에 두 가지 이상의 해석이 가능한 경우는 표준약관의 제공측에 불리한 해석을 하여야 한다. 표준약관이 일반계약 조항과 일치하지 않을 경우는 일반계약 조항을 채용하여야 한다.

■ 해설

본 조는 계약해석의 범위에 속해있는 표준약관의 해석에 관한 원칙을 규정한 것이다. 계약의 해석에는 광의와 협의의 해석 두 가지가 있다. 전자는 계약조항이 갖는 원인을 포함하여 당사자가 각자의 이해를 기초로 설명과 해석을 하는 것이고, 후자는 계약에 분쟁이 생겼을 때, 법원 또는 중재기구가 계약조항이 갖는 원인에 대하여 법적 구속력을 갖는 판단을 표시하는 것을 말한다. 표준약관은 제공자가 사전에 일방적으로 정한 것이기 때문에 그 해석에 대하여 계약법에서는 다음과 같은 원칙을 준수해야 한다는 규정을 두어 그 상대방을 보호하고 있다.

(1) 통상의 이해에 따른 해석의 원칙이다.

약관은 일방 당사자가 제공하는 것으로 상대방과 협상이 아니다. 단지, 당사자가 계약을 체결하는 목적은 일정한 권리를 실현하기 위한 것이다. 표준약관의 해석에 있어서 약관 작성자가 이해하는 것을 기준으로 해석하는 것이 아니고, 일반인이 통상 이해하는 정도가 그 해석의 기준이 된다는 것이다. 여기서 '통상이해'의 방식이란 일반 경험과 체험이 있는 사람이 동등한 조건에서 이 문제에 대하여 이해하는 것을 말한다. 특수기능과 경험을 갖고 있는 사람의 이해를 구하는 것이 아니다. 가령, 표준약관이 기업과 소비자 사이에 체결되는 것이라면 일반 소비자들이 이해하는 정도에 따라서 해석하여야 한다.

(2) 약관 제공자에게 불리한 해석의 원칙이다.

이 원칙은 원래 로마법의 '의심이 있을 경우에는 표시자에게 불리한 해석'을 적용한다는 원칙에서 출발하여 지금은 많은 국가들이 적용하는 원칙이다. 이 원칙의 적용배경에는 표준약관 제공자가 우위적 지위를 이용하여 상대방에게 불이익을 초래하는 사태가 발생할 가능성이 있기 때문이다.

(3) 일반계약조항이 표준약관에 우선한다는 원칙이다.

이것은 '특별규정이 보통규정에 비해 우선한다'는 법률해석의 원칙에서 출발하였다. 표준약관은 당사자가 대량생산·대량판매의 시대 상황에 알맞게 미리 준비한 약관으로 상대방 당사에게 협의도 없이 일방적으로 작성한 일반적인 보통약관이다. 그러나 일반계약조항은 쌍방 당사자가 합의로 완성된 약관이다. 일반계약조항이 표준약관에 우선하는 것은 계약자유의 원칙에 부합하기 때문이다. 그렇기 때문에 동일한 계약에서 쌍방 합의를 거친 일반계약조항이 표준약관 보다도 우선한다는 법적 구속력을 갖는 것이다.

□ 사례1

매도인 "갑"회사와 매수인 "을"회사는 화물매매계약 1통을 체결하였다. 계약조항은 "갑"회사가 제공한 표준약관이다. 계약을 집행하는 과정에서 목적물 수량단위 "다스"의 이해에 대하여 분쟁이 발생하였다. "갑"회사는 "1다스"를 10개라고 생각하고, "을"회사는 "1다스"가 12개라고 생각하였다. 일반 통상적인 이해에 따라서 "1다스"는 12개이다. 따라서 이 계약 중 "1다스"는 12개라고 이해 하여야 한다.

□ 사례2

"갑"탁송자와 "을"운송업자는 화물운송계약 1통을 체결하였다. 계약은 표준약관과 일반계약으로 구성하였다. 표준약관 중 분쟁조항에서 "본 계약을 집행할 때 발생한 분쟁은 쌍방이 우호적으로 협상·해결하며, 협상이 이루어 지지 않으면 운송 종점지역 소재지의 법원에서 소송한다"고 규정하였다. 일반계약 조항에서 분쟁해결 조항은 "본 계약을 집행할 때 발생한 분쟁은 쌍방이 우호적으로 협상·해결하며, 협상 이 이루어 지지 않으면 A시의 중재위원회의 중재로 해결한다"고 규정하였다. 관련 분쟁해결의 규정에서 표준약관과 일반계약 조항이 일치하지 않기 때문에 일반계약 조항을 채용해야 한다.

제42조【계약체결상 고의·과실】 당사자가 계약을 체결하는 과정에서 다음 각 호의 1에 해당하고 상대방에게 손실을 입힌 경우에는 손해배상 책임을 부담해야 한다.

① 계약체결을 빙자하여 악의로 협상을 하는 경우

② 고의로 계약체결과 관련한 중요한 사항을 은닉하거나 허위의 정보를 제공하는 경우

③ 기타 신의성실의 원칙에 위배되는 행위가 있는 경우

■ 해설

본 조는 계약체결의 과정에서 고의와 과실의 책임 유형에 대하여 규정한 것이다. 계약체결의 과정에서 일방 당사자가 신의성실 원칙에 기초하여 의무를 실행하지 않아 상대방에게 일정한 손실을 초래한 경우, 그에 상응한 민사상 책임을 질 의무가 발생한다. 이 경우 민사상 책임을 과실책임이라고 한다. 계약법 제42조의 규정에 과실책임의 유형은 다음과 같다.

① 계약체결을 빙자하여 악의로 상대방에게 손해를 초래하는 행위다[56]. 이 경우는 일방의 당사자에게는 계약체결의 의도가 없고 단순히 상대방의 이익에 손해를 주려는 의도에서 출발한 것으로 가령, 고의적으로 상대방과 협상을 하여 상대방의 타인과 거래를 할 기회를 빼앗는 것이다. 또는 상대방과 협상한다는 명목으로 고의적으로 상대방의 계약 비용을 증가시키는 것 등이 있다.

② 고의로 계약체결과 관련한 중요한 사항을 은닉하거나 허위의 정보를 제공하는 행위다. 가령, 계약의 목적물이 이미 멸실 또는 대리권이 이미 종료된 자가 대리권이 있는 것처럼 하거나 과장된 내용을 제공하여 계약을 체결하는 것이다. 이와 같이 중요한 사항을 은닉하거나 호위로 제공하는 행위는 사기행위에 속한다.

③ 기타 신의성실의 원칙에 위배되는 행위다.

이러한 행위는 주로 계약전의 의무에 위반되는 행위를 말한다. 가령, 청약의 임의적 변경 또는 철회, 필요한 주의의무 위반, 주요한 고지나 통지의무 위반 등이다. 종종 볼 수 있는 위와 같은 행위에는 첫째, 일방의 당사자가 통지하여야 할 의무를 태만히 하여 상대방 계약체결의 코스트 부담을 증가시켜 경제적 손실을 준다. 예를 들면 갑을 쌍방이서 ○○일 계약의 체결을 약정해 놓았는데, 을방이 어떠한 연유로 약속의 계약체결의 장소에 오지 못한다는 것을 갑방에게 통지 하지 않았기 때문에 갑방은 왕복의 교통비를 부담하게 되였다. 이 경우에 을방은 계약체결의 과실책임을 부담해야 한다. 둘째, 일방의 당사자가 계약체결 시 필요한 정보를 상대방 당사

56) 즉, 악의를 갖고 교섭을 진행하는 것은 계약을 체결할 의사가 없는 것과 관계없이 기타 이유로 상대와 계약하고 싶다고 하여 시간의 경과에 따라 상대의 비즈니스 기회를 잃게 하거나 또는 제3자에게 손해를 입히는 것을 말한다. 가령, 갑은 자신의 상점에 있는 전기상가를 을에게 양도하기 위해 을과 교섭을 시작하였다. 그러나 같은 상점에 전기상가를 갖고 있는 병이 을이 상점에 진입하는 것을 저지하기 위해 갑에 더 높은 가격을 제시하여 이 상가를 매수하고 싶다는 의사표시를 하였다. 갑은 이것을 듣고 기뻐서 병과 교섭을 시작하였지만, 결국 병에게는 매수의사가 전혀 없다는 것을 판명하였다. 이 경우에 갑의 이 교섭을 위해 비용 및 입은 기타 손해를 위의 제42조 규정으로 병에게 손해배상을 청구하는 것이 가능하다.

자에게 알려주어야 하는데 그것에 태만하였기 때문에 상대방이 손실을 본 경우, 일방의 당사자는 계약체결의 과실책임[57]을 부담해야 한다. 셋째, 일방의 당사자가 배려하여 보호를 받아야 하는데 그것에 게을리하여 상대방 당사자의 인신 또는 경제가 손실을 받았을 경우, 예를 들면 식당 계단에 손잡이가 설치 되어있지 않았기 때문에 눈이 오는 날 손님이 미끄러져 타박상을 입었을 경우 등이 있다.

□ 사례1

"갑"오락광장은 "을"식당의 이전에 대하여 "병"음식점이 인민폐 55만원으로 이 식당을 구입하여 프랜차이즈 음식점을 운영한다는 것을 알게 되었다. "갑"은 원래 이 식당을 구매할 생각이 없었지만 "을"의 이익에 손실을 주기 위하여 "갑"은 더 높은 가격으로 이 식당의 구매계획서를 제출하였다. 그리고 "을"과 장기간 협상을 진행하였다. "병"이 동일한 골목의 다른 음식점을 매입했을 때, "갑"은 "을"과의 협상을 중지하고 이 식당을 구입하지 않겠다는 의사표시를 하였다. 결국 "을"은 할 수 없이 인민폐 50만원에 식당을 매매하였다. "갑"의 악의협상 때문에 "을"이 "갑"과 협상비용 및 인민폐 5만원의 가격 손실을 초래하였다. 이에 대하여 "갑"은 "을"에게 위와 같은 사유로 인하여 손실을 배상해야 한다.

□ 사례2

"갑"건과상점은 "을"의 과일상점이 대외에 신선한 과일을 도매한다는 것을 알았다. "갑"은 "을"을 보복하기 위하여 자기가 원래 신선한 과일을 구매할 의사가 없는 상황에서 "을"로부터 신선한 과일 10상자를 구입하기 위해 악의협상을 진행하였다. 신선한 과일이 곧 변질할 때쯤에 "갑"은 "을"과의 협상을 중지하였다. "을"은 10상자의 과일을 미처 처리할 수 없었고 모두 부패하게 되었다. 이에 대하여 "갑"은 "을"에게 손해의 배상을 하여야 한다.

□ 사례3

"갑"개발회사와 "을"연구소는 "을"의 비특허기술 이전에 대하여 협상하였다. "갑"은 협상과정 중에서 비밀유지의무를 지키지 않아서 "을"연구소의 비특허기술이 공개되었다. 이에 대하여 "갑"회사는 "을"연구소에 대하여 이 비특허기술이 폭로 공개되어 입은 손해를 배상해야 한다.

57) 이 계약체결의 과실을 구성하는 것에는 우선 첫째, 손실 또는 손해가 존재하는 것이 전제로 된다. 둘째, 행위자에게 계약체결의 과실에 고의적 또는 객관적 과실이 포함된다. 셋째, 과실행위와 손실사이에 인과관계가 존재하는 것을 필요로 한다.

□ 사례4

파이프공사에 뛰어난 "갑"건설회사는 "을"건설회사에게 만일 "을"회사가 모 외국업주 "병"의 파이프공사를 낙찰 받으면 "갑"회사와 "을"회사가 공동으로 이 프로젝트의 공사를 실시하는 것을 수락한다고 하였다. "을"회사는 업주의 요구에 따라 입찰가격을 제출하였다. "을"회사는 낙찰 받았을때, "갑"회사는 합작공사를 철회한다고 통지하였다. "을"회사는 파이프공사에 대한 능력이 부족하여 할 수 없이 포기하게 되었다. 이에 따라 "갑"회사는 "을"회사에 대하여 입찰을 통하여 발생한 비용 및 입찰보증금을 배상하여야 한다.

第43条【비밀유지의무】 당사자는 계약체결 과정 중에 알게 된 상업상 비밀을 누설하거나 부정당하게 사용하지 못한다. 상업상 비밀을 누설하거나 부정당하게 사용하여 상대방에게 손해를 준 경우 손해배상 책임이 있다.

■ 해설

본 조는 계약체결 과정에서 당사자 사이의 비밀유지의무에 대하여 규정한 것이다.

이 조문에서 신의성실의 한 의무로써 '상업비밀유지의무'의 규정을 두고 있다. 즉, 당사자가 계약체결의 과정에서 알게 된 상업비밀을 누설 또는 부정당하게 사용해서는 안 된다. 이 상업비밀의 누설 또는 부정당한 사용에 의해 상대에게 손실을 입힌 경우는 신의성실의 의무에 위반하는 것으로 손해배상책임을 져야 한다는 것이다[58].

1993년에 공포한 중국의 반부정당경쟁법 제10조에는 상업비밀, 기술정보, 경영정보에 관계되는 정의가 여러 가지 규정되어 있다. 계약체결 교섭 과정에서 알게 된 상대방 당사자의 상업비밀, 기업비밀에 대하여 상대방 당사자가 비밀을 지켜줄 것을 요구한 경우 그것을 지켜주지 않으면 안 된다.

'비밀을 누설해서는 안 된다'라는 것은 상대방 당사자의 상업비밀, 기업비밀을 취득하여 공개하는 것으로 '부당하게 사용한다'는 것은 상대방 당사자의 상업비밀, 기업비밀을 취득하여 공개하는 것이 아니라 자기 스스로 그 정보 또는 비밀을 자기의 이익을 얻기 위한 곳에 사용하는 것을 말한다. 물론 그러한 행위를 한 당사자는 그 책임을 지고 배상의무 책임을 진다.

58) 가령, 교섭으로부터 얻은 내부정보가 상업 비밀인 경우에는 계약의 성립 여부와 관계없이 부정하게 사용하도록 누설해서는 안 된다. 또 그로 인하여 상대에게 손해를 준 경우 손해배상책임을 져야 한다.

□ 사례1

“갑”전자제품회사와 “을”전자기술연구소는 특허신청권의 이전에 대한 협상을 진행하였다. “을”연구소는 이 기술정보가 비밀정보로써 공개되어서는 안 된다고 요구하였다. 협상과정 중에 “을”연구소는 “갑”회사에 관련 기술자료를 제공하였다. “갑”은 이 기술정보를 공개하고 제3자가 앞을 다투어 특허국에 특허신청을 제출하였다. “을”연구소는 “갑”회사에 대하여 손해배상 청구권을 갖는다.

□ 사례2

생물의약제조회사 “갑”과 생물기술개발연구소 “을”은 한 프로젝트의 기술이전에 대한 협상을 진행하였다. 협상과정 중에 “갑”회사는 이 프로젝트에 관한 기술을 파악하고 협상을 중지하였다. 그리고 “갑”회사는 이 프로젝트의 기술을 부정당하게 사용하여 “을”연구소에 손해를 초래하였다. 이에 대하여 “을”연구소는 “갑”회사에 대하여 손해배상을 요구할 권리가 있다.

제3장 계약의 효력

본 장에서는 계약의 효력에 관한 규범을 규정한 것이다. 계약의 효력제도는 계약을 기초로 국가가 그 계약의 성립에 대하여 어떠한 태도를 취하는가를 반영한다[59]. 따라서 필연적으로 국가의 계약에 대한 긍정 또는 부정의 평가 및 계약의 효력과 무효의 문제가 발생한다.

본 장은 그러한 문제에 대하여 본 법의 제44조부터 제59조까지 총 16개 조로 구성되어 계약의 유효기한, 기한부계약과 조건부계약의 유효기한, 형식 또는 주체의 방면에 결함이 있는데도 불구하고 그 계약을 유효하다고 하는 몇 개의 상황, 계약무효의 상황, 계약의 변경과 취소 및 계약무효 또는 취소 당하는 법률결과 등에 대하여 규정하고 있다.

제44조 【계약의 효력】 법에 의해 성립한 계약은 성립한 때에 효력이 발생한다. 법률이나 행정법규에서 인가, 등기 등의 절차를 밟아야 그 효력이 생기는 규정이 있는 경우는 그 규정에 따른다.

59) 중국계약법에서 계약의 성립요건과 효력요건을 분리하여 규정한 것은 대륙법계 채권법이 갖고 있는 특성이다.

■ 해설

본 조는 계약에 법적효력의 발생, 즉 계약의 효력을 규정한 것이다. 계약법 제3장에서 '계약의 효력'이라는 장(章)을 두고 있는데도 불구하고 계약의 효력요건에 대하여 일반 규정을 두고 있지 않는 이유는 민법 제55조[60]에서 이에 대한 구체적인 규정을 두고 있기 때문이다[61]. 일반적으로 계약의 체결, 성립과 동시에 그 법적효력이 발생한다. 다음의 경우가 있다.

① 여기서 '법에 의해 성립된 계약'이란 계약성립의 요건에 법률의 요구를 만족시키고 있는지 여부가 관건이다. 그것은 당사자 합의 이외에 계약의 주체, 계약내용, 계약의 형식 등이 법적요건을 구비했는지 여부도 체결한 계약에 법적효력이 생기는지에 관계되는 것을 말한다.

② 그리고 '법률이나 행정법규에서 인가, 등기 등의 절차를 규정' 하고 있는 경우에는 그러한 법적규정에 의해 인가 또는 등기의 수속을 완료한 후에야 비로서 계약은 법적효력을 갖게 된다. 예컨대, 중외합자계약 또는 중외합작계약에는 이러한 의무가 법적으로 규정되어 있다.

계약의 성립과 계약에 효력이 발생하는 것은 서로 다른 범위에 속하는 개념으로 일반 사람들은 종종 이 개념을 이해하지 못하고 오해를 하는 경우가 있다. 분명히 계약성립과 동시에 대부분의 계약은 법적효력을 갖는다. 그러나 계약의 성립은 계약의 효력이 발생하는 그 전제가 된다. 계약이 성립하고 그것이 법적효력을 발생하는 데는 일정한 조건이 필요로 하는 경우가 있다[62]. 위와 같은 계약성립과 계약의 효력이 발생하는 양자의 다른 개념의 구별을 살펴보면 다음과 같다.

첫째, 계약의 성립은 계약의 존재여부 문제를 해결하고, 또 계약성립의 제도는 주로 계약 당사자의 의사를 실현하는 것이다. 계약의 효력은 계약의 법적효력 문제를 해결하고 국가의 계약관계에 대한 긍정 또는 부정의 평가를 하는 것이다.

둘째, 계약성립의 효력과 계약효력의 유효는 별개의 것이다. 계약성립 후에 당사자는 자기의 청약과 승낙에 대하여 임의로 철회할 수는 없다.

셋째, 계약 불성립의 결과는 당사자 사이에 민사배상책임을 부여한 일반적인 계약체결 과실책임에 지나지 않는다. 그러나 계약무효의 결과는 당연히 당사자가 일

60) 중국민법통칙 제55조는 계약의 효력이 있기 위해서는 ①행위자가 상대적인 행위능력을 갖고 있을 것, ②의사표시가 진실할 것, ③법률과 사회공공이익에 반하지 않을 것이 있다.

61) 胡康生 主编, 앞의 책, 75~76면; 刘文华 主编, 앞의 合同法实用指南, 72면; 徐景和 主编, 앞의 책, 73면~74면.

62) 가령, 본 조에서 언급한 '인가 또는 등기의 절차를 완료한 다음에야 비로서 법적효력을 갖게 된다'는 것이다.

정한 민사책임을 지는 것 외에 행정상 또는 형사상의 책임을 추궁할 가능성이 있다.

넷째, 계약의 불성립에 대하여서는 그것이 계약 당사자의 합의 문제에 미치는 경우, 만일 당사자가 불성립을 주장하지 않는다면 국가는 적극적으로 관여하지 않는다. 그러나 계약의 무효가 그 어떠한 상황의 원인, 예를 들면 계약의 내용에 위법성이 있을 경우, 당사자가 계약의 무효를 주장하지 않더라도 국가는 적극적으로 관여하여 무효를 선고한다.

□ 사례

"갑"의류복장공장과 "을"부동산회사는 가옥임대계약 1통을 체결하였다. 당사자 쌍방은 11월 5일 서명·날인하고, 11월 12일 지역가옥관리소에 가서 등기하였다. "도시부동산관리법"의 규정에 따라서 가옥임대계약은 부동산관리부처에 등기하여야 한다. 그러므로 이 가옥임대계약은 11월 12일부터 효력이 발생한다.

제45조【조건부계약】 당사자는 계약의 효력에 대하여 조건을 약정할 수 있다. 조건부계약은 조건이 성취한 때부터 그 효력이 생긴다. 해제조건부계약은 조건이 성취한 때에 그 효력을 잃는다. 당사자가 자기의 이익을 위해 부당하게 조건의 성취를 저지한 경우에는 조건이 이미 성취된 것으로 본다. 부당하게 조건의 성취를 촉진시키는 경우에는 그 조건은 성취되지 않은 것으로 본다.

■ 해설

본 조는 조건부계약에 대하여 규정한 것이다. 조건부계약이란 계약 당사자가 일정한 조건의 성립을 계약발효의 발생 또는 해제의 근거로 한다는 것을 약정한 계약을 말한다.

조건부 계약에서 말하는 '조건'이란 계약 당사자가 어떤 사실을 불확정한 장래의 일을 갖고 계약 발효의 발생 또는 해제의 기준으로 하는 수단으로 계약에 부가하는 조항이다. 이 부가적 조항은 계약에서 특별히 설정한 계약의 특별 발효요건이 아니고 계약의 구성 일부분이기도 하다. 여기서 조건의 성취란 조건이 되는 해당 사실이 발생한 것을 말한다. 그렇지 않을 경우는 조건이 미성립 또는 조건이 성립되지 않았다고 한다[63].

63) 조건부 계약에서 조건으로 되는 사실에는 일정한 요건을 갖추어야 한다. 첫째, 계약의 성립 당시에는 아직 발생하지 않은 장래의 불확정 사실이 있어야 한다. 즉 당사자의 과거 사실 또는 현재 이미 발생한 사실을 조건부로 할 경우 이것은 조건부 계약으로써 효력을 발생할 수 없다. 둘째, 이러한 사실은 발생할 가능성이 있는 것이어야 한다. 따라서 이 사실은 완전히 발생하지 않는다 또는 꼭 발생한다고 하는 통상의 사람들이 이해할 수 있어야 한다는 것은 조건으로 할 수 없다. 셋째, 이러한 사실이 몇 시에 발

어떤 사실의 발생이 계약의 효력에 다른 영향을 주는 것을 근거로 조건부계약을 발효조건부계약과 해제조건부계약으로 나눌 수 있다.

(1) 발효조건청구계약

발효조건청구계약이란 계약의 발효에 어떤 사실의 발생을 조건으로 하는 계약이다. 즉 어떤 사실이 발생한 다음에 비로서 그 계약은 발효하여 유효한 것이 되며, 그렇지 않으면 무효가 되는 것이다. 당사자가 발효조건부계약을 체결했을 때 당사자의 권리・의무는 이미 확정되었지만 계약의 발효는 정지상태 또는 지연되는 상황이 발생한다. 조건이 성립되어야만 비로서 계약은 법적 효력을 발생한다. 따라서 발효조건부계약은 지연조건부계약, 정지조건부계약이라고도 한다.

(2) 해제조건부계약

해제조건부계약이란 이미 법적 효력을 갖고 있는 계약이 일단 조건이 성립된 경우에는 해당 계약이 실효되고 계약은 해제되지만, 만일 조건이 성취되지 않을 경우 계약은 계속하여 유효하게 된다. 예컨대, 갑이 집을 을에게 임대한 쌍방의 주택임대차계약에서 "갑의 어린아이가 외국에서 귀국하여 그 주택을 필요로 할 때에 그 계약은 종료한다"고 계약 중에 약정한 경우와 같은 것이다. 계약의 효력을 잃는다는 것은 계약의 효력 해제를 말한다. 해제조건부계약 중에서 계약을 해제 시키는 조건을 해제조건이라고 한다.

조건부계약이 일단 성립하고 조건이 성취되기 전에 자기의 이익을 위해 악의로 그 조건의 성취를 촉진 또는 저해를 하면 안 된다. 일반적으로 조건의 성취에 따른 이익을 얻는 당사자가 만일 부정한 행위를 갖고 악의로 조건을 성취하였을 경우, 그것은 조건의 불성립으로 봐야 한다. 일반적으로 조건의 성취에 따른 불이익을 받는 당사자가 만일 부정한 수단과 악의로 조건을 저해한 경우는 조건이 모두 성립되었다고 보면 안 된다. 본 조에서는 이러한 원칙에 기초하여 규정된 것이다.

□ 사례1

"갑"학교와 설계자 "을"설계센터는 학교건물의 공사설계계약 1통을 체결하였다. 계약 중에 만일 "갑"상급주관부처인 시교육위원회가 학교건물 공사를 비준하면 이 공사 설계계약의 효력이 발생하며, "갑"은 이 공사프로젝트의 설계작업을 "을"에 교부한다고 하였다. 계약은 성립했지만 반드시 시교육위원회의 공사 프로젝트에 대한 비준을 받아야 효력이 발생한다.

생하는가를 예상할 수 없는 것이어야 한다. 넷째, 이러한 사실은 합법적인 것이어야 한다. 위법 또는 현저하게 부당한 사실은 조건으로 설정할 수 없다. 다섯째, 이러한 사실은 당사자에 의해 선정된 것으로 법률에 의해 직접 규정된 것이 아닐 것을 요구한다.

□ 사례2

임대인 “갑”과 임차인 “을”은 가옥임대계약을 체결하였다. 계약 중에 “갑”의 딸 “병”이 결혼할 때 이 임대계약은 중지하고, “갑”이 임대한 가옥을 회수한다고 규정하였다. 계약이행 중에 “병”은 결혼을 하였다. 따라서 임대계약은 종료한다.

제46조 【기한부계약】 당사자는 계약의 효력에 대하여 기한을 정할 수 있다. 효력발생기한부계약은 기한이 도래한 때부터 효력이 생긴다. 종료기한부계약은 기한만료가 도래한 때에 효력을 잃는다.

■ 해설

본 조는 기한부계약에 관하여 규정한 것이다. 기한부계약이란 계약의 효력발생 또는 소멸을 기한의 도래에 따르게 하는 계약이다. 즉 당사자가 일정한 기한을 가지고 계약의 효력발생 또는 종료를 조건으로 약정한 계약을 말한다.

‘기한’이란 계약 당사자가 장래 확실하게 발생할 사실을 가지고 계약효력의 발생 또는 조건부계약의 종료의 기준으로 한 것을 가리킨다. 그 기한은 일정한 요건을 갖추어야 한다. 첫째, 기한은 당사자가 임의로 결정한 기한으로 법률로 직접 규정한 것은 아니라는 것이다. 가령, 법률 또는 행정법규에서 정한 기한은 법정기한으로서 기한부계약이 아니다. 둘째, 기한은 장래에 확실하게 도래할 사실, 그 도래는 시간적으로 명확하고 또 예상할 수 있는 것으로 조건은 장래 불확정한 사실이라는 것이 기한과 조건의 주요한 구별 점이다. 셋째, 기한으로서 장래 발생할 사실은 반드시 합법적인 것이어야 한다.

기한에 의해 계약효력에 대하여 다른 효과작용이 미치는 것을 근거로 계약을 유효기한부계약과 종료기한부계약으로 나눌 수 있다. 유효기한부계약이란 계약은 성립되었지만 일정의 기한이 도래하지 않을 때까지는 잠정적으로 그 유효성이 보류되어 효력이 발생하지 않으며, 해당 기한이 도래했을 때 비로서 계약의 법적효력이 발생하여 유효하게 되는 계약을 말한다. 이것을 또 발효기한부계약, 지연조건부계약이라고도 한다. 종료기한부계약이란 계약은 기한이 도래하기 전에 계약으로써 이미 성립하여 효력을 발생하고 있지만, 약정한 기한이 도래함으로써 그 계약의 효력이 소멸하게 되는 계약이다. 즉 기한이 종료함으로써 계약의 효력이 소멸되는 것을 말한다.

□ 사례1

"갑"과 "을"은 2003년10월 30일 노트북 컴퓨터 증여계약을 1통을 약정하였다. 계약에서 본 계약은 2004년 6월 30일 "을"이 대학 졸업한 날로부터 효력이 발생한다고 약정하였다. 이 증여계약은 2004년 6월 30일 "을"이 대학을 졸업한 기간부터 효력이 발생하여야 한다.

□ 사례2

"갑"기술개발회사와 "을"음료수회사는 특허기술실시허가계약 1통을 체결하였다. 계약에서 "본 계약은 이 계약 프로젝트의 특허기술에 대한 특허기간이 만료될 때 자동적으로 효력이 상실한다"고 규정하였다. 특허기간의 만료는 확정적인 사실과 기한이기 때문에 이 프로젝트의 특허기술의 특허기간이 만료할 때에 허가계약은 자동적으로 효력이 소멸하게 된다.

제47조【제한민사행위자】 제한능력자가 체결한 계약은 법정대리인의 추인 후에 유효하다. 그러나 단순히 이익을 얻기 위한 계약이나 그 연령, 지능, 정신건강 상태에 상응하여 체결된 계약은 법정대리인의 추인을 필요로 하지 않는다.

상대방은 법정대리인에게 1개월 내에 추인할 것을 최고할 수 있다. 법정대리인이 그 의사를 표시하지 않은 경우는 추인을 거절한 것으로 본다. 계약이 추인되기 이전은 선의의 상대방은 계약의 취소권을 갖는다. 취소는 통지의 방식으로 하여야 한다.

■ 해설

본 조는 제한민사행위능력자가 체결한 계약의 효력 확정에 관한 문제를 규정한 것이다. 즉 제한행위능력자는 법적으로 독립하여 계약을 체결할 수 없으며 반드시 법정대리인의 승낙을 얻어야만 효력을 갖는다[64]. 이와 같은 계약을 효력미정계약(效力待定契約)이라고도 한다. 중국계약법은 제47조에서 제51조까지 효력미정계약을 별도 규정하여 이런 계약에 일정한 요건을 보완하면 유효한 것으로 하고 있다.

① 효력미정계약 개념의 정의

효력미정계약은 계약은 이미 성립하였지만, 효력발생 요건을 어느 정도 흠결하고 있어 그 효력이 확정되지 않은 상태에 있지만, 계약관계의 제3자가 이를 승인 또는 동의하면 바로 효력을 발생할 수 있는 계약이다. 즉 계약의 유효성이 제3자의 동의에 의해 결정되는 계약으로 이러한 계약은 이미 성립되었지만 계약발효 요건 규정에 완전히 일치하지 않기 때문에 그 효력이 확실하게 유효

64) 중국법의 제한민사행위능력자는 한국의 미성년자와 한정치산자를 포함한 개념이다.

한지 아닌지는 확정할 수 없다. 일반적으로 권리자의 승낙표시를 얻어야 비로서 유효하게 된다[65].

효력미정계약은 계약발효의 요건 규정과 일치하지 않기 때문에 민법통칙은 이러한 것을 계약무효의 범주에 포함시켰다[66]. 그러나 효력미정계약과 무효계약 및 철회가능 계약과는 다르다. 이 것은 고의적으로 법률의 금지성 규정에 위반 했거나 또는 사회 공공이익을 위해 무효가 되는 것이 아니다. 의지의 표시에 진실성이 없기 때문에 계약이 철회된 것도 아니다. 효력미정계약은 주로 관계 당사자에게 계약체결능력, 처분능력 및 대리계약 자격의 흠결에 의해 발생하는 문제다. 효력미정계약은 권리자의 승낙에 의해 유효하게 되는 것으로 보다 많은 거래의 기회와 상대방의 이익을 보호하는 작용을 한다.

② '제한행위능력자'란 중국에서는 만 10세 이상 18세 미만인 정신병자가 아닌 미성년자(민법통칙 제12조) 및 자기의 행위를 완전히 분별할 수 없는 정신병자를 제한 민사행위 능력자라고 규정하였다(민법통칙 제13조). 이러한 제한 민사행위능력자는 법정대리인을 통하여 법률행위를 하거나 사전에 법정대리인의 동의를 얻어야만 법률행위를 할 수 있는 것이 원칙이다(민법통칙 제12조, 제13조).

③ '선의의 상대방'이란 계약 체결시 상대가 제한 행위능력자라는 것을 모르는 것을 말한다. 이 선의 상대방인 제3자에게는 취소권이 있고 그 취소는 명시의 방식, 즉 계약의 형식과 상응하는 방식이다. 가령, 구두형식 계약의 경우는 구두에 의한 명시방식, 서면형식에 따른 계약에는 반드시 서면에 의한 취소를 표명해야 한다.

□ 사례1

"갑"은 11세의 초등학생이다. 상점에서 1대의 자전거를 주문하였다. "갑"의 아버지가 이것을 안 후 이 주문계약을 추인하였다. "갑"은 제한민사행위 능력자이지만 그의 아버지가 이 주문계약을 추인하였기 때문에 이 계약은 효력이 있다.

65) 이러한 계약유형에는 계약법상 다음 세 가지가 있다. 첫째, 제한능력자가 체결한 계약(제47조)이다. 둘째, 무권대리인이 피대리인 명의로 계약을 체결했을 경우, 반드시 피대리인의 추인을 거쳐야 비로서 피대리인에 대하여 법적효력이 발생한다(제48조). 셋째, 처분권이 없는 자가 타인의 재산권리를 처분하기 위해 체결한 계약은 권리인의 추인을 받지 않으면 그 계약은 무효로 된다(제49조, 제51조).

66) 중국민법통칙에서는 효력미정계약에 대한 규정을 두고 있지 않다. 그러나 민법 제 58조 제1항의 무능력자의 행위, 동조 2항의 제한능력자의 행위 및 동법 제66조의 무권대리행위 등을 효력미정계약으로 분류하고 있다(王利明·崔建远, 合同法新论·总则, 中国政法大学出版社, 1996, 293면 이하).

□ 사례2

"갑"은 성년자로 10살의 초등학생과 증여계약을 체결하였다. "갑"은 "을"에게 녹음기를 증여하였다. "을"이 10살이고 민사행위능력에 제한을 받지만, 이 증여계약은 "을"이 순이익을 획득한 계약이 된다. 그러므로 "을"의 법정대리인이 추인이 없어도 이 증여계약은 효력을 갖는다.

□ 사례3

12살의 중학생 "갑"은 전자우편의 방식으로 상점 "을"과 VCD기기매매계약을 체결하였다. 그 후 "을"은 "갑"이 미성년 중학생이란 것을 알게 되어 9월 3일 "갑"의 아버지 "병"에게 추인을 최고하였다. 10월 3일까지 "병"은 회답을 하지 않았다. 따라서 "병"은 거절을 추인하는 것으로 인정되어 이 계약은 무효가 된다.

□ 사례4

상황은 위의 사례와 기본적으로 같다. 다른 것은 "을"상점은 "갑"이 미성년 중학생이라는 것을 안 후, "갑"의 법정대리인에게 추인을 최고하지 않은 점이다. "갑"의 법정대리인이 추인하기 전에 "을"은 이 계약을 철회할 권리가 있다.

제48조 【무권대리】 행위자가 대리권이 없거나 대리권을 초월하여 또는 대리권의 종료 후에 피대리인의 명의로 체결한 계약은 피대리인의 추인을 받지 않는 한 피대리인에 대해 그 계약은 효력이 생기지 않고, 대리인이 책임을 진다. 상대방은 피대리인에 대해 1개월 내에 추인할 것을 최고할 수 있다. 피대리인이 표시하지 않은 경우는 추인을 거절한 것으로 본다. 계약이 추인 되기 전에 선의의 상대방은 취소권을 갖는다. 취소는 명시적 방법으로 해야 한다.

■ 해설

본 조는 무권대리인이 타인명의로 계약을 체결했을 경우에 무권대리의 효력문제를 규정한 것이다. 무권대리인이 타인 명의로 계약을 체결하는 행위는 대리권이 없는 자가 타인을 대리하여 민사행위를 진행하는 일종의 무권대리 행위이다.

중국계약법 제48조에 의하면 권한 없는 대리인이 체결한 계약으로서 다음 세 가지 유형을 규정하고 있다. 첫째, 행위자가 권한을 수여 받지 못하고 타인을 대신하여 계약을 체결하는 것, 이른바 무권대리계약이다. 둘째, 행위자가 대리권한은 있지만, 그 범위를 벗어나 계약의 대리 체결한 월권대리계약이다. 셋째, 행위자가 자기의 대리권의 기한을 넘어서 계속하여 대리행위를 하는 것 등이다[67].

무권대리인이 타인 명의로 체결한 계약은 일종의 효력미정계약으로 절대 무효라고 할 수는 없다. 이러한 계약에는 대리인에게 대리권의 누락이라고 하는 하자가 있는데, 이 하자는 피대리인의 추인만 있다면 무권대리인이 타인과 체결한 계약은 유효하게 된다. 단지 피대리인의 추인이 없을 경우 그 계약은 무효인 것은 당연하다. 이처럼 대리권이 없는 자가 체결한 계약의 유효성은 전적으로 피대리인의 의사에 달여있기 때문에 상대방은 피대리인의 추인 여부에 따라야 하는 불리한 지위에 있다. 이러한 상대방을 보호하기 위해 계약법 제48조 후단에서 상대방에게 최고권과 취소권을 부여하고 있다.

□ 사례1

"을"은 3급 건축회사이다. 업주 "갑"의 건설공사를 청부하기 위하여 "을"은 수권을 갖고 있지 않은 1급 건설회사 "병"의 명의로 "갑"과 건설공사청부계약 1통을 체결하였다. 이 건설공사청부계약은 "병"의 추인을 받지 않은 계약으로 "병"에 대한 효력은 발생하지 않는다.

□ 사례2

상황은 위의 사례 1과 기본적으로 같다. 다른 것은 "갑"은 "을"이 대리권이 없다는 것을 안 후, "병"회사에 서면으로 통지를 하여 이 계약에 대한 사실여부의 확인을 최고하였다. "병"은 최고 통지를 받은 후 계약조건에 동의를 하였고, 1개월 이내에 "갑"에게 회답과 이 계약의 추인을 요구하였다. 그러므로 이 건설공사청부계약은 "병"회사에 대하여 효력이 발생한다.

□ 사례3

상황은 사례 1과 같다. 다른 것은 "갑"은 진실 상황을 안 후, "병"에게 계약의 추인을 최고하지 않았다. "병"이 이와 같은 계약을 추인하기 전에 "갑"은 통지서 형식으로 "을"과 "병"에게 이 계약의 철회를 통지하였다. 그러므로 이 건설공사청부계약은 철회되는 것이다.

第49조【표현대리】 행위자가 대리권이 없거나 대리권을 초월하여 또는 대리권이 종료한 후에 피대리인의 명의로 계약을 체결한 경우에 상대방이 행위자에게 대리권이 있다고 믿을 만한 상당한 이유가 있는 경우는 그 대리행위는 유효하다.

---

67) 중국계약법 제48조의 규정은 민법통칙 제66조 무권대리인의 법률행위를 계약으로 전환하여 입법화한 것이다.

■ 해설

본 조는 계약체결에 있어서 표현대리에 관련되는 문제를 규정한 것이다. 표현대리란 선의의 제3자가 대리권이 없는 피대리인의 행위를 통하여 선의적인 신뢰를 바탕으로 무권대리인과 거래를 하는 것에 의해 발생한 법적책임을 피대리인이 부담하는 것을 말한다. 중국의 계약법에서 이 표현대리를 규정한 것은 획기적인 것이라고 할 수 있다. 이는 선의의 제3자를 보호하기 위한 규정으로 한국민법상의 표현대리와 같은 취지의 규정이다. 표현대리제도는 선의의 제3자 신뢰에 대한 이익의 보호와 거래의 안전을 기하기 위해 설정된 시스템으로 다음과 같은 요건을 구비할 필요가 있다. 첫째, 무권대리인에게는 피대리인의 명확한 권리 수여가 없을 것을 요구한다. 표현대리는 직접적인 법적 대리효과를 발휘할 수 있기 때문에 광의적인 의미에서 무권대리인이라고 할 수 있다. 그러나 협의적인 무권대리에서는 피대리인의 추인을 필요로 하기 때문에 이 의미에서는 표현대리와 다르다. 둘째, 선의적인 제3자가 무권대리인에게 대리권이 있다고 믿는 객관적인 이유가 존재할 것을 요구한다[68]. 본 조에서 규정한 표현대리에는 다음의 경우가 있다.

① 무권대리다. 행위자가 대리권이 없이 피대리인의 명의로 계약을 체결한 경우이다. 이 경우는 피대리인이 명확히 무권대리인에게 대리권을 수여하지 않았지만, 선의의 제3자로서는 무권대리인이 대리권이 있다고 믿을 만한 충분한 이유가 존재하는 결과를 가져온 표현대리다.

② 대리권의 초월이다. 예컨대, 피대리인이 대리인에게 일정한 범위의 대리권을 수여하여 피대리인과 대리인 사이에 일정한 대리권 범위가 존재하고 있지만, 후에 그 대리권의 제한 사실을 선의의 제3자는 알지 못한 경우다. 이런 상황을 모르는 선의의 제3자는 대리인이 대리권 그 범위를 초과한 대리행위도 대리권이 있는 줄 알고 신뢰하여 계약을 체결하는 경우이다.

③ 대리권이 종료한 후에 피대리인 명의로 계약을 체결한 경우이다. 즉 대리권이 소멸하였다는 것을 선의의 제3자에게 알려주지 않아 대리인의 행위가 여전히 존재하는 것으로 알고 무권대리인과 계약을 체결하는 경우이다.

이러한 표현대리의 행위는 선의의 제3자에 의해서는 일반적인 유효대리의 행위와 마찬가지다. 만일, 기타의 무효 또는 취소 사유가 없는 한 그 계약은 유효하고 피대리인은 대리인에게 대리권이 없다는 것을 이유로 계약의 효력을 부정할 수 없다. 단지, 표현대리의 행위가 유효하게 됨으로써 이에 따른 책임을 지고 손해가 발생할

68) 즉 무권대리인에게 대리권이 없다는 사실을 선의의 제3자가 알지 못하고, 또 그 알지 못한 이유가 선의의 제3자에 의한 과실이 없어야 한다.

경우에는 무권대리인에게 그 손해를 구상할 수 있다. 따라서 피대리인은 대리행위로 인한 손해를 방지하기 위해 대리인과 위탁대리 관계를 해제할 때는 반드시 관련 증명문서를 회수하고 가능하면 공시를 해야 한다.

□ 사례1

"갑"은 오래 전에 "을"에게 가옥임대계약 체결에 대한 위탁을 하였다. 그 후 "갑"은 위탁수권을 중지하였지만 위탁서를 회수하지 않았다. "을"은 여전히 그 위탁서로 "병"과 가옥임대계약을 체결하였다. "병"이 "을"의 수권이 이미 중지한 것을 모른다면 이 가옥임대계약은 "갑"에게 효력이 발생한다.

□ 사례2

상황은 사례 1과 기본적으로 같다. 다른 것은 "병"이 계약을 체결할 때 이미 "을"의 대리권이 중지하였다는 것을 안 경우이다. "병"은 계약체결 중의 과실이 존재하기 때문에 그 가옥임대계약서는 "갑"에 대하여 효력이 발생하지 않는다.

제50조【법정대표자의 월권】 법인 또는 기타 조직의 법정대표자, 책임자가 그 권한을 초월하여 체결한 계약은 상대방이 그 권한을 초월하였음을 알았거나 알 수 있었을 때를 제외하고 그 대표행위는 유효하다.

■ 해설

본 조는 법정대표자, 대표자가 월권하여 체결한 계약의 효력에 관한 문제를 규정한 것이다. 중국계약법에서는 법인 또는 기타 조직의 법정대표자나 책임자가 권한을 초월하여 체결한 계약도 표현대리계약의 한 유형으로 본 조에서 규정하고 있다[69].

법인의 '법정대표자'란 법인기관을 대표하는 사람을 말한다. 이 법인의 법정대표자는 법률 또는 법인의 정관에 의해 규정된 법인을 대표하여 직권을 행사하는 책임자로서 다음 세 가지의 경우가 있다. 첫째, 법인 내부의 정식책임자다. 가령, 공장장, 회사의 동사장이다. 둘째, 내부에 정식 책임자를 두지 않았을 경우에는 법인의 일을 주재하고 있는 부책임자다. 예컨대, 부공장장, 부동사장 등이다. 셋째, 법인내부에 정・부직 책임자를 두고 있지 않은 경우에는 법인의 사무를 주재하고 있는 행정책임자 등이다. 따라서 법인의 법정대표자는 법인의 책임자이다. 그 외의 책임자는 법

69) 이와 같은 계약의 경우에 상대방이 행위자가 권한을 초월하여 계약을 체결했다는 사실을 알았거나 알 수 있었던 때를 제외하고는 그 대표가 체결한 계약은 유효한 것이 된다.

적으로 법정대표자라고 하지 않고 책임자라고 한다. 법정대표자의 대표권에 있어서 법인 또는 그 외의 조직은 정관 중에서 제한할 수 있어도 대외적으로는 법인 또는 기타의 조직을 대표하는 전권대리인으로서 선의의 제3자에 대해서 그 제한이 미치지 못한다. 그러나 법인 또는 기타 조직의 법정대표자, 책임자의 대표권이 제한되어 있다는 것을 명확하게 선의의 제3자에게 알려 주었을 경우 그 제한은 유효하게 된다[70]. 아무튼 중국에서 제3자의 입장에서 회사와 계약을 체결할 경우 분쟁을 피하기 위해서는 그 법인의 법정대표자와 직접 거래하는 것이 좋으며, 법인의 정식 날인을 꼭 받아야 하고, 만일 법인의 대리인과 상대할 경우에는 위임장의 진실여부와 위임의 범위에 유의할 필요가 있다.

□ 사례1

젖소농장 주인 "갑"과 우유제품회사 "을"은 장기적인 우유매매계약을 체결하였다. 젖소농장의 규정에 근거하면 "갑"의 행위는 이미 그의 권한을 넘어섰다. "을"회사는 "갑'이 계약을 체결할 때 그의 월권행위를 알지 못했다. 따라서 "갑"의 대표행위는 유효하며, 이 매매계약은 젖소농장에 효력이 발생한다.

□ 사례2

상황은 사례 1과 기본적으로 같다. 다른 것은 "을"회사가 계약을 체결하기 전에 "갑"의 매매계약에서 월권행위가 있다는 것을 안 경우이다. 따라서 이 매매계약은 젖소농장에 효력이 발생하지 않는다.

제51조【재산처분권의 유무】 처분권한이 없는 자가 타인의 재산을 처분한 경우, 권리자가 추인 또는 처분권한이 없는 자가 계약체결 후 처분권한을 얻은 경우 그 계약은 유효하다.

■ 해설

본 조는 재산의 처분권이 없는 자가 자기명의로 타인의 물건이나 재산 등을 처분하는 계약을 체결했을 경우에 대하여 규정한 것이다. 일반적으로 이러한 계약은 무효로 되지만[71], 계약 체결 후에 처분권을 갖고 있는 사람의 추인을 얻었거나 또는

70) 즉 선의의 제3자가 알고 법인 또는 기타조직의 법정대표자, 책임자가 계약체결의 권한을 초월했다는 것을 알았을 경우, 만일 법인 또는 기타 조직이 그 계약을 추인하지 않았다면 그 계약은 무효로 된다.

71) 夏志宏 主编, 앞의 책, 67면.

합법적으로 처분권을 얻은 당사자의 계약(매매, 증여, 상속 등)은 유효라고 규정한다[72]. 이것은 제49조의 무권대리계약이 추인을 받으면 유효가 되는 규정과 동일한 성질의 규정이다. 타인의 재산을 처분한다고 하는 것은 타인의 재산에 대한 법률상의 처분행위를 말한다. 그것에는 재산의 증여, 양도, 저당권의 설정 등이 포함된다. 공유재산의 경우, 자기의 재산권에 소속되는 범위에 한정되며 타인의 재산권에 소속된 부분에는 처분권이 미치지 못한다.

□ 사례1

"갑"은 "을"에게 가옥 1채를 대신 돌보라고 하였다. "을"은 이 가옥에 대하여 "병"과 임대계약을 체결하였다. 그 후에 "갑"은 이 가옥임대계약을 추인하였다. 따라서 "을"은 가옥에 대한 처분권이 없지만 이 임대계약은 유효하다.

□ 사례2

"갑"은 출국으로 인하여 "을"에게 자동차를 1대 대신 돌보라고 하였다. "을"은 이 자동차를 "병"에게 판매하기로 하고 매매계약을 체결하였다. 계약을 체결한 후에 "갑"은 이 자동차를 "을"에게 주었다. "을"은 계약을 체결할 때 처분권은 없었지만 계약을 체결한 후에 처분권을 받았기 때문에 이 계약은 유효하다.

제52조 【계약의 무효】 다음 각 호의 1에 해당하는 경우 계약은 무효이다.
① 일방이 사기, 협박의 수단으로 계약을 체결하여 국가 이익에 손해를 준 경우
② 악의로 허위표시를 하여 국가, 집단 또는 제3자의 이익에 손해를 준 경우
③ 합법적 형식으로 위법한 목적을 은폐한 경우
④ 사회공공의 이익에 손해를 준 경우
⑤ 법률, 행정법규의 강제규정에 위반한 경우

■ 해설

본 조는 일반적인 계약의 무효에 관하여 규정한 것이다. 계약법 제52조는 경제계약법 제7조에서 규정한 계약무효의 사유를 개정하여 입법화 한 것이다. 가령, 경제계약법 제7조의 '법률과 행정법규에 위반'한 경우를 무효로 한다는 것을 '법률과 행정법규의 강제적 규정에 위반'한 경우를 무효로 한다고 개정하였다[73]. 같은 견해에서 경

72) 刘景一 主编, 앞의 책, 168면~170면 참조.

73) 그 배경을 보면 계약은 당사자의 임의계약으로 그것이 행정법규의 규범과 일치하지 않아도 사회에 유해성이 없으면 억지로 간섭하여 무효로 할 필요성이 없다는 새로운 인식이다.

제계약법 제7조에서 계약의 무효 사유였던 '무권대리계약'은 삭제하였다. 그리고 '악의로 허위표시를 하여 국가·집단 또는 제3자의 이익에 손해를 주는 계약'과 '합법적 형식으로 위법한 목적을 은폐한 계약'을 무효로 한다는 내용을 추가하였다.

이 '법률과 행정법규의 강제적 규정에 위반'에 대하여 좀 보충 설명을 할 필요가 있다. 중국에서 법률이라고 했을 때, 이것은 전국인민대표대회와 그 상무위원회가 공포한 법률을 가리키고, 행정법규란 국무원이 공표한 규칙, 명령, 조례 등의 행정법규를 말한다[74]. '강제적규정'은 강제적 성질을 띤 법적규정을 말하는데 여기에는 의무성 규범과 금지성 규범이 있다. 전자는 사람들이 꼭 이행해야 하는 일정의 행위를 법률로써 규정한 것이고, 후자는 사람들이 이행하면 안 되는 행위를 규정한 것이다. 본조의 규정에서는 체결한 계약이 의무성 규범이든 금지성 규범이든 그것에 위반한 경우를 무효로 했다.

□ 사례

"갑"임업국과 "을"부동산개발회사는 경제임지 사용권이전계약 1통을 체결하였다. "을"회사는 이 임지에 부동산을 개발하기로 했다. 산림법의 제15조에 의해 "산림, 임목, 임지의 사용권은 법에 의해 이전할 수 있지만, 임지가 비임지를 용도 변경할 수 없다"고 규정하고 있다. 따라서 이 계약은 산림법의 강제규정을 위반하고 있기 때문에 무효다.

제53조 【면책조항의 무효】 계약 중 다음 각 호의 면책 조항은 무효이다.
① 상대방에게 인신상해를 입힌 경우
② 고의 또는 중대한 과실로 상대방의 재산에 손실을 준 경우

■ 해설

본 조는 계약의 부분적 무효 즉 면책조항의 무효에 관하여 규정한 것이다. 여기서 면책조항이란 계약 당사자가 사전에 약정에서 장래에 일방 당사자가 부담하게 될 책임을 면제하거나 제한하는 계약조항이다[75].

본 조에서 상대방에게 인신상해를 준 경우와 고의 또는 과실로 상대방에 재산손해를 초래한 두 가지 경우를 면책조항에서 배제한 이유는 첫째, 이 두 가지 행위는 모두 일정한 사회적 위해성과 법률적 견책성을 갖고 있다는 것이다. 둘째, 양자의 행위가 모두 법적으로 침권행위를 구성하였다는 것이다. 결국 '고의 또는 중대한 과

74) 계약의 무효원인에 대해서는 郭明瑞·房绍坤, 新合同法原理, 中国人民大学出版社, 1999, 166면~168면.
75) 계약의 면책조항은 면책사항과 면책의 범위가 당사자의 약정에 따라 확정되며 계약에 명기되어 있다. 그것을 묵인방식 또는 법관의 판단에 맡길 수 없다.

실로 인신상해 혹은 재상상의 손실을 주는 행위'는 법률이 보호해 줄 수 있는 그 한도를 초과하였기 때문에 비록 계약상에 면책조항이 두었다 해도 이것을 무효로 하였다.

第54조 【계약의 취소·변경권】 다음 각 호의 계약은 당사자 일방이 인민법원 또는 중재기구에 변경 혹은 취소를 청구할 수 있는 권리가 있다.
① 중대한 착오에 의해 체결한 경우
② 계약을 체결한 때에 현저하게 공평성을 잃은 경우
당사자 일방이 사기·강박의 수단 또는 궁박을 이용하여 상대방으로 하여금 진정한 의사에 반하여 체결하게 한 계약은 손해를 입은 당사자가 인민법원 또는 중재기구에 그 계약의 변경 또는 취소를 신청할 수 있다. 당사자가 변경을 청구한 경우는 인민법원 또는 중재기구는 그것을 취소하지 못한다.

■ 해설

본 조는 계약의 취소 또는 변경할 수 있는 취소·변경권에 대하여 규정한 것이다. 이 최소 또는 변경할 수 있는 계약은 상대적 무효계약으로써 절대적 무효의 계약과는 다르나. 그 계약 취소제도[76]의 특징은 첫째, 계약의 취소 여부는 취소권자의 의사에 달려있다는 것이다. 둘째, 당사자가 계약 내용에 대해 상당한 오해가 있다는 것이다. 셋째, 그 오해는 타인에 의한 기만이나 부정한 영향에 의한 것이 아니고 당사자 자신의 오해로 제한된 것이어야 한다. 중국계약법은 변경이나 취소할 수 있는 계약의 요건은 중대한 오해, 현저한 공평성의 상실, 사기·강박·타인의 궁박한 상황을 이용하여 상대방으로 하여금 계약을 체결하도록 한 경우가 있다. 섭외경제계약법 제10조와 민법통칙 제58조에는 각각 "사기·강박에 의한 계약은 무효다"라고 규정하고 있다.

(1) 중대한 오해와 현저한 공평성의 상실의 경우

'현저하게 공평성을 잃은 경우'에 대하여 중국의 최고인민법원은 '일방의 당사자가 우세 또는 상대방의 경험부족을 이용하여 쌍방의 권리와 의무에 공평·등가유상의 원칙에 명확한 위반을 한 경우는 확실히 공평성을 상실했다고 할 수 있다[77]' 고 그 견해를 밝히고 있다. 그 요건은 첫째, 이 종류의 계약은 유상으로 무상계약에서 이런 문제는 발생하지 않을 것, 둘째는 현저하게 공평의 원칙에 반하고 있을 것, 셋째는 공평을 상실한 원인은 다른 일방 당사자에게 경험이 없거나 상황이 긴박한 경우

76) 계약의 취소제도는 공평한 거래의 요구에 상응한 법적 실현으로 또 의사자치의 원칙을 실현한 시스템이기도 하다. 취소권에 대한 상세는 王利明·崔建远, 앞의 책, 282면~283면.

77) 최고인민법원 '关于贯彻执行〈中华人民共和国民法通则〉若干问题意见' 제72조.

등이 있다. 또한 본 조에서 중대한 착오에 의하여 체결한 계약, 계약체결 당시 현저하게 공정을 잃은 계약도 변경 또는 취소를 청구할 수 있다. 한국민법에서는 의사표시에 사기, 강박, 중대한 착오가 있는 경우 그 의사표시를 상대방에 대한 취소의 일방적 통지로서 이를 취소할 수 있도록 하고 있다. 그런데 중국계약법은 이와 같이 하자 있는 의사표시에 의한 계약의 취소 또는 변경을 인민법원이나 중재기구에 신청 또는 청구하는 절차를 밟도록 하고 있는 점에 그 특색이 있다[78].

(2) 사기·강박 및 궁박한 상황을 이용한 계약체결

사기란 일방 당사자가 고의로 타방에게 허위의 사실을 고지하거나 고의로 진실을 은폐하여 상대방으로 하여금 착오에 빠지게 하여 상대방이 이러한 착오로 인하여 의사표시를 하게 하는 것을 말한다[79]. 강박은 일방 당사자가 장래에 손해를 가하겠다는 것을 예고하거나 또는 직접적으로 손해를 가할 것을 고지하여 상대방으로 하여금 공포에 빠지게 하고, 이로 인하여 의사표시를 하도록 조정하는 것이다.

중국법상 사기 또는 강박에 의한 계약에 대한 규정은 중국 실정을 고려하여 제정한 것이다. 중국은 사회주의 국가이고 많은 기업이 국유기업이다. 국유기업의 책임자가 활동 중에 개인의 원인으로 사기·강박에 의해 국가 및 기업의 이익이 손해를 받은 경우, 이 책임자는 스스로 기업의 이익을 보호하기 위하여 어떤 행위를 한다는 것이 불가능하다고 본다. 이렇게 때문에 기타 다른 보호 수단이 필요하게 된다.

본 조에서 '당사자 일방이 사기 또는 강박의 수단 또는 궁박을 이용하여 상대방이 진정한 의사에 반하는 의사표시로 체결하게 한 계약은 손해를 입은 당사자가 인민법원이나 중재기구에 그 계약의 변경 또는 취소를 신청할 수 있다'고 규정하고 있다[80]. 이와 같이 체결된 계약이 국가이익에 손해를 입힌 경우에는 원칙적으로 무효가 되도록 하였다. 그러나 진실한 의사표시를 표명하지 못하였던 상대방 당사자를 보호하기 위해 이러한 계약은 변경 또는 취소할 수 있게 하였다. 그 이유는 사기 또는 강박에 의한 계약 체결을 모두 무효로 한다면, 당사자의 의사자치의 원칙 실현이라는 계약법 원리에 부합하지 않기 때문이다.

---

78) 중국이 경제체제 전환기에 있어서 법원 또는 중재기구의 국가기관이 보호자적인 입장에서 후견적인 역할을 하는 것으로 볼 수 있다.

79) 중국최고인민법원 '关于贯彻执行〈中华人民共和国民法通则〉若干问题意见' 의 제67조, 제68조. 당사자 일방이 사기행위를 하기 위하여 고의로 상대방과 계약을 체결하는 것을 사기를 위한 계약체결이라고 한다.

80) 중국에 진출한 우리기업이 중국측과 사이에서 사기 또는 강박에 의한 계약, 중대한 착오나 현저한 공정성을 상실한 계약체결의 경우가 있다. 이러한 계약체결에서 벗어나기 위해서는 위와 같은 사실을 증명하여 계약의 변경이나 취소를 하여야 한다. 이 때 가장 중요한 것은 역시 사실을 증명하기 위한 증거확보 문제이다. 그러므로 계약체결 과정에서 언제나 확실한 물적증거(가령, 서명이 되어 있는 비망록 작성)를 확보에 유의할 필요가 있다.

□ 사례

"갑"하이테크응용발전회사의 직원 "병"과 "을"기술연구소는 기술이전계약 1통을 체결하였다. 이 계약목적은 한 프로젝트 기술의 특허신청권이다. "병"은 업무에 정통하지 못하여 특허신청권을 특허권으로 잘못 생각하고 특허권이전계약으로 체결하였다. "병"이 기술이전계약 목적에 대하여 중대한 착오가 있었기 때문에 "갑"회사는 인민법원 또는 중재기구에 변경신청 또는 계약의 철회를 할 수 있다.

제55조 【취소권의 소멸】 다음 각 호의 1에 해당하는 경우에 취소권은 소멸한다.
① 취소권이 있는 당사자가 취소 사유를 알았거나 또는 알 수 있었던 날로부터 1년 이내에 취소권을 행사하지 않은 경우
② 취소권이 있는 당사자가 취소 사유를 안 후 명확한 표시 또는 자기의 행위로 취소권을 포기한 경우

■ 해설

본 조는 취소권의 소멸에 관하여 규정한 것이다. 이것은 법률에 기초하여 본래 취소권을 갖고 있는 것이 기타 원인으로 취소권이 상실되는 것을 말한다.

(1) 취소권의 행사기간

본 조의 제1항은 취소권의 행사기간을 규정하였다. 제54조에 규정된 취소권의 행사상황과 일치하는 것으로 그것을 안 때, 또는 통보 받은 때로부터 1년 내에 인민법원 또는 중재기구에 계약의 취소권을 행사하여야 한다고 규정하였다. 이런 권한을 장기적으로 행사하지 않는 경우 상대방에게 손해와 거래의 안전을 불안하게 할 수 있기 때문에 일정한 기간을 두어 취소권자의 취소권 행사 여부를 강제하였다.

(2) 취소권의 포기

본 조의 제2항은 취소권의 포기에 관하여 규정하였다. 취소권 포기는 당사자가 명시적 또는 묵인의 방식으로 취소권을 포기하는 행위를 말한다.

'명확한 표시'란 계약체결의 형식에 따라서 가령, 구두로 체결한 구두 또는 서면으로 표시하면 되고, 서면으로 체결한 계약의 경우는 서면으로 표시하여야 한다.

'자기의 행위로 취소권을 포기'한다는 것은 당사자가 취소 사유를 알고 또 계약의 취소가 가능하다는 것을 알면서도 그 취소권을 행사하지 않고 자기의 행위로서 그 취소권을 포기하는 것을 말한다. 그 행위에는 작위와 부작위가 있다. 전자는 주로 이행개시 또는 계약의 계속이행을 말하고, 후자는 상대방이 취소권자에게 취소의사 유무에 대하여 의견 요청했을 때 취소권자가 그것에 대하여 취소권을 행사하지 않고 계약의 이행도 중지하지 않은 것을 말한다.

□ 사례1

차관자 "갑"과 대부자 "을"은 차관계약 1통을 체결하였다. 계약을 체결한 후, "을"은 "갑"의 기만행위가 있다는 것을 알게 되었다. "을"은 이 일을 안 후 1년이 지났지만, 이 계약의 철회를 신청하지 않았다. 취소권의 행사기간이 지났기 때문에 "갑"의 기만행위로 인하여 법원에 계약의 취소를 할 수 없다.

□ 사례2

"갑"자동차판매회사와 "을"자동차제조회사는 A형의 승용차매매계약 1통을 체결하였다. "갑"회사의 직원은 계약을 체결할 때 차량모형에 대한 중대한 착오가 있었다. "을"회사가 제공한 형태는 "갑"회사가 원래 구입하려고 한 B형의 승용차는 아니였지만, A형의 승용차판매량도 좋았다. "갑"회사는 계약에 따라 출고하고 대금을 지불하였다. "갑"회사는 구체적인 행위로 취소권의 포기를 표시할 수 있다.

제56조【무효계약 등의 효력】 무효인 계약 또는 취소된 계약은 처음부터 법적 구속력이 없다. 계약의 일부 무효는 기타 부분에 영향을 미치지 않고, 기타 부분은 유효하다.

■ 해설

본 조는 무효의 계약과 취소된 계약의 효력에 대하여 규정한 것이다. 무효의 계약과 취소된 계약은 모두 처음부터 무효의 계약이다. 계약이 일단 무효 또는 취소된 경우에 소급력이 발생하여 계약의 체결 때부터 이미 법적효력을 갖지 않는 것이 되고, 그 후에 있어서도 유효한 계약으로 전환할 수 없다. 따라서 계약법 제52조, 제53조 및 제54조의 규정을 충족하여 무효가 된 계약은 모두 처음부터 무효가 된다. '계약의 부분 무효'는 반드시 첫째로 계약내용이 분리할 수 있어야 하고, 둘째는 무효의 계약 또는 취소된 부분계약이 기타의 유효한 계약에 영향을 끼치지 않아야 하는 두 가지의 요건을 구비해야 한다.

□ 사례

"갑"과 "을"은 가옥임대계약 1통을 체결하였다. 계약은 집행 6개월 후, 임대자는 계약의 취소사유를 발견하여 법원에 이 계약의 취소를 신청하였다. 법원은 심리한 후에 이 가옥임대계약을 취소하였다. 이 계약은 이미 집행한지 6개월이지만 이 계약은 체결할 때부터 법률효력이 없다.

제57조【분쟁해결조항의 효력】 계약이 무효·취소 또는 종료는 계약 중에 독립하여 존재하는 분쟁해결 조항의 효력에는 영향을 미치지 않는다.

■ 해설

본 조는 계약 중에 규정한 분쟁해결조항의 효력에 관하여 규정한 것이다. 분쟁해결조항이란 당사자의 권리의무에 관한 분쟁이 발생한 경우에 이것을 일정한 방식에 의해 해결하고자 하는 조항이다. 그 분쟁해결 방식에는 소송, 중재, 조정 등이 있다.

본 규정의 효력은 상대적인 독립성을 갖고 있으며, 실제적으로 분쟁이 발생했을 때 바로 적용되는 조항이다. 이 규정에서 이해할 수 있는 것 처럼 계약 중에서 독립적으로 분쟁을 해결하는 조항의 효력은 계약의 무효, 변경 또는 종료의 영향을 받지 않고 계속하여 그 효력을 갖는다.

□ 사례

건축회사의 "갑"과 업주 "을"은 오피스텔 건설공사청부계약 1통을 체결하였다. "을"은 상부기관으로 부터 관련 문서에 대한 비준을 취득하지 못했기 때문에 이 계약은 무효가 되었다. "갑"은 "을"에게 손해배상을 요구하며, 계약의 중재조항에 따라 중재기구에게 중재를 신청하였다. "을"은 계약의 무효로 인하여 중재조항은 무효가 되었기 때문에 중재기구는 이 계약 분쟁을 중재할 권리가 없다고 본다.

제58조【무효계약 등의 법적효과】 계약이 무효 또는 취소된 후 그 계약으로 취득한 재산은 반환하여야 한다. 반환이 불능 또는 반환할 필요가 없는 때에는 그 가액을 평가하여 보상하여야 한다. 과실이 있는 일방은 상대방이 이로 인하여 받은 손해를 배상하여야 하고, 쌍방 모두에게 과실이 있는 경우는 각자가 상응한 책임을 부담해야 한다.

■ 해설

본 조는 무효계약과 취소된 계약의 법적 결과에 관하여 규정한 것이다. 본 조는 경제계약법 제16조 제1항을 기초로 한 것이다. 즉 '반환불능 또는 반환의 필요가 없는 것은 금전으로 환산하여 보상하여야 한다'는 내용이다. 일정한 경우는 반환불능 또는 반환할 필요가 없는 경우가 있다. 가령, 건축물의 실내장식 또는 기술이전에 관한 자문과 같은 경우에 한번의 제공으로 그 이행이 완료되어 이미 원래의 목적물을 반환할 수 없는 상태에 놓이게 된다. 이와 같이 본래의 목적물을 반환할 수 없거나 또는 반환할 필요가 없는 경우 그 가액을 적절히 평가하여 보상하여야 한다[81].

무효계약과 취소 된 계약의 법적결과에는 민법상 재산반환과 손실배상이라고 하는 2종류의 당사자가 책임을 부담하는 방법이 있다. 손해배상의 책임이 성립하기 위해서는 첫째, 손실이 발생했다는 객관적 사실이 있을 것. 둘째, 일방 또는 쌍방 배상 의무자에게 과실책임이 있어야 한다. 이 경우에 과실이란 가령, 법적 강제규정에 위반한 경우, 사기적 또는 협박적 수단을 이용하는 등 다양하다. 셋째, 배상을 받는 측에 반드시 고의가 아닌 상황 하에서 법에 저촉 되었고, 그 결과 계약이 무효로 된 것이어야 한다. 만일, 고의적인 경우 그 책임은 자기 스스로 부담해야 한다. 넷째, 받은 손해와 과실 사이에 인과관계가 존재하여야 한다. 만일, 쌍방 모두에게 과실이 있는 경우는 과실상계의 원칙에 의하고, 또 각자 과실 정도와 성질에 따라 상대방에게 상응하는 손해배상의 책임을 이행하여야 한다.

□ 사례

임대자 "갑"부동산회사와 임차인 "을"자문회사는 상용주택임대계약 1통을 체결하였다. "을"은 계약에 따라 "갑"에 6개월의 임대료를 선불하였다. "갑"의 과실로 인하여 계약이 무효가 되었다. "을"은 임대주택에 입주할 수 없게 되었다. "갑"은 "을"에 대하여 선금 임대료를 환불할 뿐만 아니라, 이 임대료의 이자손실을 배상해야 한다.

제59조【악의에 의한 무효계약】 당사자가 악의를 갖고 공모하여 국가, 집단 또는 제3자의 이익에 손실을 입힌 경우 이로 인하여 취득한 재산은 국가에 귀속시키거나 단체 또는 제3자에게 반환하여야 한다.

■ 해설

본 조는 악의를 갖고 공모하여 국가, 집단 또는 제3자의 이익을 침해한 무효계약의 법적 결과에 대해 규정한 것이다. 본 조는 경제계약법의 제16조 2항과 민법통칙의 제61조 2항에서 규정한 것을 참고하여 입법화 한 것이다. 즉 경제계약법에서는 '국가'의 이익에 손실을 입힌 경우만 그 취득 재산을 국가에 귀속하도록 하였다. 그러나 계약법에서는 '집단 또는 제3자의 이익을 침해'하여 얻은 재산을 국가, 집단 또는 제3자에게 반환할 것으로 하여 집단과 제3자의 이익까지 포함한 것이다.

당사자의 공모로 체결된 계약은 분명히 고의적이며 공동과실이 있는 위법으로 무효계약이 된다. 따라서 당사자는 필연적으로 계약무효의 제재를 받는다. 국가이익에 손해를 입힌 무효계약으로 몰수당한 재산은 국고로, 집단의 이익에 손해를 입힌 계약으로 얻은 재산은 당연히 집단에 반환하며, 제3자에게 손해를 준 계약에 의해 얻은 재산은 제3자에 반환되어야 한다.

---

81) 夏志宏 主编, 앞의 책, 78면~79면 참조.

제4장 계약의 이행

본 장은 주로 계약이행에 관계되는 여러 문제를 규정한 것이다. 계약법 제60조부터 제76조까지 총 17개 조항을 두어 계약의 이행에 관하여 계약이행의 원칙인 신의성실의 원칙을 기본으로 하였고, 약정조항이 불명확한 경우의 처리, 이행주체의 변경, 이행의 순서 및 항변권, 이행 중 채권보전의 조치, 사정변경원칙, 계약체결 후의 일방 당사자에게 상황 변화가 발생한 경우의 처리 등에 대하여 규정하고 있다.

제60조 【계약이행의 원칙】 당사자는 약정에 따라 자기의 의무를 완전히 이행하여야 한다. 당사자는 신의성실의 원칙에 의해 계약의 성질, 목적 및 거래관행에 따라 통지, 협조, 비밀유지 등의 의무를 이행해야 한다.

■ 해설

본 조는 계약이행의 원칙에 따라 문제를 개괄적으로 규정한 것이다. 즉 계약의 약정에 기초하여 의무를 이행하는 한편 또 신의성실의 원칙을 준수할 것을 법률적 의무로 확정하여 규정하였다. 이 규정의 의무는 강행규정이기 때문에 당사자는 약정으로도 배제할 수 없다. 계약법 제4조가 신의성실에 대한 일반적 원리를 규정하고 있다면, 동법 제60조에서는 계약이행을 규율하기 위한 구체적 조항이라고 할 수 있다[82].

신의성실의 원칙은 최초로 대륙법계의 국가 계약법에서 확립된 원칙으로 이것은 계약법의 일반원칙이며 동시에 계약이행 과정에서의 특별원칙이기도 하다. 이 신의성실의 원칙을 계약이행 원칙의 하나로 하고 있는 그 이유는 그것으로 당사자의 권리남용을 막을 수 있고, 당사자의 합법적 권익을 보호하고 형평성을 이루는데 유익하다. 또 계약의 의무이행에도 유리할 뿐만 아니라 계약목적 달성에도 효과가 있다. 예컨대, 계약에 약정이 없는 상태 또는 그 약정이 명확하지 않은 경우에는 신의성실의 원칙에 기초하여 보충하여 해석을 진행할 수 있다.

일방의 당사자가 신의성실 원칙에 기초하지 않았기 때문에 상대방 당사자의 이행에 곤란이 발생할 경우, 상대방 당사자는 법률의 관련 규정에 의해 상응한 조치를 취할 권리가 있다. 예컨대, 일방의 당사자가 중요한 사정의 변화를 바로 상대방에게 통지[83]하지 않았기 때문에 상대방의 의무 이행에 곤란이 발생한 경우, 일방의 당사자

82) 郭明瑞・房绍坤, 앞의 책, 189면~191면.

83) 이 통지의무와 관련 해서는 계약법의 제70조에서 채권자의 합병, 분할 또는 주소의 변경이 있는데도 불구하고 채무자에게 통지를 하지 않아 채무의 이행에 곤란을 초래한 경우, 채무자는 이행을 중지하거나 계약이행의 목적물을 공탁할 수 있어 채권자도 채무이행에 협조하여야 할 의무가 있다고 규정하고 있다.

는 계약의 중지 또는 기타의 이행방식을 취할 수 있다.

그러므로 신의성실의 원칙에 따라 계약을 이행할 의무와 채권을 행사할 의무가 있다. 또한 계약 이행기간 중에 발생한 상황, 권리주장 또는 위험발생에 관한 중요한 사항들은 고지해야 할 의무를 갖고 있다. 이것을 위반한 상대방 당사자에게 손해를 초래한 때는 배상할 책임이 있다.

제61조【약정이 불명확한 경우의 처리원칙】 계약의 효력이 발생한 후 당사자는 품질, 대금 또는 보수, 이행 장소 등 내용에 관하여 약정이 없거나 약정이 명확하지 아니한 경우에 합의하여 보충할 수 있다. 보충합의를 달성할 수 없는 때에는 계약의 관련 조항 또는 거래 관행에 따른다.

■ 해설

본 조는 계약의 관련 내용으로 약정하지 않았거나 또는 약정이 불명확한 경우 그 처리원칙에 대하여 규정한 것이다. 본 조에 규정된, 약정이 없거나 약정이 불명확한 경우의 처리원칙은 첫째, 합의를 통하여 보충한다. 둘째, 합의 일치가 안될 경우는 계약 관련 조항 또는 거래관행에 따라 처리한다고 명확하게 규정하였다.

계약 당사자의 약정이 불명확한 경우 본법의 구체적인 처리 방법은 첫째, 품질요구가 불명확한 경우에는 제62조의 규정에 의해 진행한다. 둘째, 가격 또는 보수가 불명확한 경우에는 제62조 1항의 규정에 의하고, 계약이행 중에 가격의 변동이 있을 경우는 제63조의 규정에 따른다. 셋째, 이행지점이 불명확한 경우는 제62조 3항의 규정에 의해 처리한다. 넷째, 이행기한이 불명확한 경우는 제62조 4항의 규정에 의한다. 다섯째, 이행방식이 불명확한 경우는 제62조 5항의 규정에 의하고, 여섯째, 이행비용의 부담이 불명확한 경우에는 제62조 6항의 규정에 의한다고 각각 규정하였다.

□ 사례1

"갑"과 "을"은 휘장주문계약 1통을 체결하였다. 계약의 효력이 발생한 후에 주문자 "갑"은 계약이 휘장의 품질의 표준을 약정하지 않았다는 것을 발견하였다. 협상을 통하여 주문자 "갑"과 제조자 "을"은 협상하여 휘장품질의 표준을 보충하고 보충협의를 체결하였다. 따라서 이 보충협의가 계약의 한 부분을 구성하였다. 휘장의 품질표준은 보충 협의한 약정의 표준에 근거한다.

□ 사례2

업주 "갑"과 소프트웨어개발회사 "을"은 근무관리 소프트웨어의 기술개발계약 1통을 체결하였다. 계약에는 소프트웨어의 인도시간을 약정하지 않았다. 그러나 계약 중에 이런 조항이 있다. 즉 "을"은 "갑"이 7월 1일 새로운 사무빌딩에 입주할 때 정상적으로 이 소프트웨어의 사용할 수 있어야 한다는 것이었다. 이 조항의 규정에 따라 "을"은 7월 1일 전에 소프트웨어 개발을 완성하고 그 기일에 사용할 수 있다는 것을 확정할 수 있다.

□ 사례3

상점 "갑"과 식품회사 "을"은 식용유매매계약 1통을 체결하였다. 계약은 "을"회사가 배달하기로 약정했지만 배달 장소를 정하지 않았다. 이 전에는 "을"회사가 줄곧 "갑"상점에 이 식용유를 제공하는 배달 장소가 "갑"상점의 2호 창고였다. 따라서 "갑"과 "을"은 이전의 거래습관에 의해 인도장소는 "갑"상점의 2호 창고로 확정할 수 있다.

第62조【구체적 처리방법】 당사자는 계약 내용에 관하여 약정이 명확하지 않고, 또 본법 제61조 규정으로도 확정할 수 없는 경우는 다음 규정을 적용한다.
① 품질의 요구가 불명확한 경우는 국가표준, 업종표준에 따라 이행하고 국가표준, 업종표준이 없으면 통상의 표준 또는 계약 목적에 부합하는 특정 표준에 따라 이행한다.
② 대금 또는 보수가 불명확한 경우에는 계약을 체결한 때의 이행지 시장가격에 따라 이행하고, 법에 의하여 정부지정가격 또는 정부지도가격을 시행하여야 하는 때에는 규정에 따라 이행한다.
③ 이행장소가 불명확한 경우는 통화를 지급하는 때에는 통화를 지급 받는 일방 당사자의 소재지에서 이행하고, 부동산을 인도하는 때에는 부동산의 소재지에서 이행하며, 그 밖의 목적은 의무를 이행하는 일방의 소재지에서 이행한다.
④ 이행기한이 불명확한 경우는 채무자는 언제든지 이행할 수 있고, 채권자도 또한 언제든지 이행을 요구할 수 있다. 그러나 상대방에게 준비에 필요한 시간을 주어야 한다.
⑤ 이행방식이 불명확한 경우는 계약목적의 실현에 새로운 방식에 따라 이행한다.
⑥ 이행비용의 부담이 불명확한 경우는 이행의무자의 부담으로 한다.

■ 해설

본 조는 제61조의 약정이 불명확한 경우를 구체적으로 처리하는 방법에 대하여 규정한 것이다. 본 조는 계약의 주요내용에 대하여 품질기준 또는 보수, 이행지점, 이행기간, 이행방식과 이행비용 등에 대한 구체적 원칙을 확인하고 있다.

(1) 국가, 업종의 품질기준

□ 사례1

건축회사 “갑”과 업주 “을”회사는 주택건설공사청부계약 1통을 체결하였다. 계약은 이 주택의 방음표준을 명확하게 약정하지 않았다. 본 조의 원칙에 근거하여 주택 방음의 통상적 표준에 근거하면 된다. 그러나 통상적인 표준을 적용할 때 이 주택이 번화가 쪽에 있다는 것을 충분히 고려해야 한다.

(2) 이행지의 시장가격 또는 정부정가 기준

□ 사례2

“갑”회사와 “을”가구공장은 목재매매계약 1통을 체결하였다. 계약의 이행지는 “병”시(市)이다. “갑”회사는 매도인이다. 계약은 목재가격을 약정에서 명확히 하고 있지 않다. 만일 기타 합리적 방식을 통하여 목재가격을 확인할 수 없다면 계약을 체결했을 때의 “병”시의 목재시장의 통상적인 가격에 따라 이행하여야 한다.

(3) 이행지점이 불명확할 때 이행의무는 일방 소재지에서 이행

□ 사례3

A시의 “갑”회사와 B시의 “을”부동산개발회사는 빌딩매매계약 1통을 체결하였다. 빌딩은 C시에 있다. 계약은 계약의 이행지를 명확하게 약정하지 않았다. 빌딩은 부동산에 속하기 때문에 이 계약의 이행지는 C시(市)이다.

(4) 이행기한 불명확할 때는 수시이행 가능

□ 사례4

“갑”빌딩과 “을”석유회사는 A형의 디젤유매매계약 1통을 체결하였다. 계약은 “을”회사가 매월 “갑”에게 120톤의 디젤유를 제공하여 “갑”빌딩의 각 동의 설비에 사용한다. 계약은 디젤유의 구체적인 제공기간을 약정하지 않았다. 따라서 “을”회사는 언제나 “갑’’에게 디젤유를 제공할 수 있다. 그러나 “갑”에게 필요한 준비시간을 주어야 한다. 이 준비시간은 “갑”이 디젤유를 저장하기 위한 준비시간을 포함해야 한다.

(5) 계약목적의 실현에 새로운 방식에 따른 이행

□ 사례5

상황은 사례 4와 기본적으로 같다. 그러나 계약 중에 매월 120톤의 디젤유가 여러 조로 나누어 운송하는 것인지 아니면 한번에 운송을 하는 것인지 명확하지 않다. “갑”빌딩의 필요한 용량은 매일 4톤으로 “갑”의 저장 용량 12톤을 고려하였다. 계약목적을 실현하기 위해서는 “을”회사는 3일에 한번씩 디젤유를 운송해야 하고 매번 12톤을 운송한다.

(6) 이행의무 일방이 이행비용 부담의 원칙

□ 사례6

사례 4의 계약에서 "을"석유회사가 "갑"의 빌딩에 운송한다고 약정했지만, 그 운송비용은 어느 쪽이 부담하는지에 대하여 약정하지 않았다. 본 조 규정의 원칙에 따라서 운송비는 석유회사가 부담해야 한다.

第63조【정부에 의한 가격조정】 정부의 지정가격 또는 정부의 지도가격을 시행하는 경우, 계약에 약정한 지급기한 내에 정부의 가격조정이 있을 때는 지급할 때의 가격으로 계산한다. 기한을 초과하여 목적물을 인도하는 경우에 가격이 상승한 때는 원래의 가격에 따르고, 가격이 하락했을 때에는 하락한 가격에 따른다. 기한을 초과하여 목적물을 수령 또는 대금을 지급하는 경우, 가격이 상승한 때는 상승한 가격에 따르고, 하락한 때는 원래의 가격에 따라 지급한다.

■ 해설

본 조는 국가에 의해 가격이 설정되고 있는 계약에 가격변동이 발생했을 경우에 관하여 규정한 것이다. 본 조는 경제계약법 제17조 제3항에 규정된 계약제품의 가격규정과 기본적으로 일치한다[84]. 조금 다른 것은 '국가가 결정한 가격'을 '정부에 의한 가격'으로 바꾼 것이다.

□ 사례1

면화구입처 "갑"과 면화농장 "을"은 면화매매계약 1통을 체결하였다. 계약에는 면화의 인도기간이 11월 5일부터 11월 20일까지, 가격은 정부정가에 근거한다고 약정하였다. 11월 10일 "을"은 "갑"에게 면화 500단을 인도하였다. 그러나 그때 정부는 면화가격을 조정하여 3월 10일 계약을 체결했을 때의 매단 인민폐 25원이 올랐다. 그러나 "갑"은 3월 가격으로 지불할 수는 없다.

□ 사례2

원유채취공장 "갑"과 석유화학공장 "을"은 원유매매계약 1통을 체결하였다. 계약은 매도인 "갑"이 5월 30일 매수인 "을"에게 원유 1,000톤을 인도하며 가격을 배럴당 인민폐 200원이라고 약정하였다. 계약의 효력이 발생한 후에 "갑"은 계약기간에 따라 인도하지 않고 "을"의

84) 상세는 胡康生 主编, 앞의 책, 111면~112면; 刘文华 主编, 앞의 合同法实用指南, 106면~107면.

☐ 사례1

동의를 얻어 7월 5일에 인도하였다. 국제원유의 가격이 올랐기 때문에 정부는 7월 1일, 원유가격을 배럴 당 인민폐 225원으로 조정하였다. 이에 대하여 "갑"은 정부가 원유가격을 조정했다는 원인으로 "을"에게 배럴 당 225원의 가격으로 지불하기를 요구할 수 없다.

□ 사례3

사례 2에서 만일 "갑"은 시간에 따라 인도하였는데, "을"이 시간에 따라 대금을 지불하지않고 기간을 넘어서 지불할 때, 원유가격이 원래의 배럴 당 인민폐 220원에서 225원으로 조정되었을때, 이에 대하여 "을"은 계약이 배럴 당 220원이라고 약정했다는 원인으로 배럴 당 225원의 가격으로 지불을 거절할 수 없다.

第64조【제3자에 대한 채무이행】 채무자가 제3자에 대한 채무이행을 당사자가 약정한 경우에 채무자가 제3자에게 채무를 이행하지 않거나 또는 이행한 채무가 약정과 부합하지 않는 경우는 채무자에 대하여 위약책임을 부담하여야 한다.

■ 해설

본 조는 제3자에 대한 채무를 이행하는 문제에 대하여 규정한 것이다. 즉 계약에서 당사자가 채권자가 아닌 제3자가 채권을 취득할 것으로 약정한 경우이다. 이를 본래 채무자가 이행하여야 할 의무를 채권자와 채무자의 약정에 의해 채무자가 제3자에 대하여 의무를 이행하는 규정으로 이것은 제3자의 이익을 위해 체결한 계약이라고 할 수도 있다.

(1) 제3자를 위한 계약의 특징

첫째, 제3자는 계약의 당사자가 아닌 관계상 계약관계의 주체에 변화는 없다. 당사자가 계약으로 제3자에게 이행할 것을 정한 경우에 가능하다. 그러므로 계약에 약정이 없는 채무자가 단독으로 그 채무를 이행해도 원래의 채무가 이행된 것은 아니다. 둘째, 계약의 당사자는 합의로 제3자에 의한 채무를 이행하는 것으로 합의 성립을 요구한다. 셋째, 채무자는 반드시 채권자가 지정한 제3자에게 계약을 이행하여야 한다. 그러므로 제3자가 아닌 채권자에게 이행하는 것은 적절한 이행이라고 볼 수 없기 때문에 위약책임을 면할 수 없다. 넷째, 제3자에 대하여 채무를 이행하는 경우 원칙적으로 이행 비용의 증가 또는 어려움을 부가해서는 안 된다.

(2) 제3자에 대한 채무이행의 법적 효과

제3자에 대하여 채무를 이행하는 법적 효과로서는 첫째, 제3자가 채무자에 대하여 이행을 청구할 수 있다. 둘째, 채무자가 제3자에 대하여 채무를 이행하지 않는 경우 또는 채무의 이행이 약정과 다른 경우는 채권자에 대하여 위약책임을 물을 수 있는 등 그 예를 들 수 있다.

□ 사례

A시 가구회사 "갑"과 B시 목재판매회사 "을"은 목재매매계약을 체결하였다. 계약은 매도인 "을"이 배달하고 운송비는 "을"이 책임진다고 약정하였다. 계약의 효력이 발생한 후 쌍방은 목재를 "을"회사가 D시의 "병"목재공장에 운송하기로 약정하였다. 만일 "을"회사가 "병"공장에 제공한 목재의 품질이 약정에 부합하지 않은 경우, "을"회사가 "병"공장에 채무를 이행하여야 하지만 "병"공장은 "을"회사가 채무를 이행하여 약정에 부합하지 않는다는 이유로 "을"회사에 그 위약책임을 부담하라고 요구할 수 없다. "을"회사는 "병"공장의 채무이행을 원인으로 "갑"회사에 대한 위약책임의 부담을 거절할 수 없다.

第65조【제3자의 채무이행】 제3자가 채권자에게 채무이행을 당사자가 약정한 경우, 제3자가 채권자에게 채무를 이행하지 않거나 또는 이행한 채무가 약정과 부합하지 않는 경우는 채무자는 채권자에 대하여 위약책임을 부담하여야 한다.

■ 해설

본 조는 제3자가 채무자를 대신하여 채권자에게 채무를 이행하는 문제에 대하여 규정한 것이다. 본래 계약관계로 발생한 채무는 채무자가 채권자에게 직접 이행하는 것이 원칙이다. 그러나 계약의 성질상 또는 당사자의 필요에 의해서 제3자가 채무를 이행할 수 있도록 본 조에서 대위변제 규정을 두고 있다.

대위변제는 표면적으로 제3자가 대신하여 채무를 이행하는 것과 비슷하다. 제3자가 대신하여 이행하는 것은 바로 채무자를 대신하여 채무를 부담하는 것으로 채무자의 부담과 제3자가 채무자를 대신하여 채무를 이행하는 것은 분명한 구별이 있다.

□ 사례1

주문자 "갑"과 도급업자 "을"은 주물도급계약 1통을 체결하였다. 계약에서 "을"이 "병"을 조직하여 제조를 실시할 수 있다고 약정하였다. 본 법은 "도급인은 자기의 설비, 기술과 노력으로 주요 작업을 완성하여야 한다고 규정하고 있다. 그러나 계약 당사자는 "병"이 제조를 완성할 수 있다고 약정할 수 있다. 따라서 도급인 "을"의 채무는 "병"이 이행할 수 있다.

□ 사례2

사례 1에서 만일 "병"은 계약 약정시간 이내에 "을"의 채무를 이행하지 않으면, "갑"은 직접 "을"에게 위약책임을 책임지라고 요구할 수 있다. "을"은 "병"이 채무를 이행한다고 약정했다는 이유로 위약책임을 거절할 수 없다.

제66조【동시이행 항변권】 쌍무계약에서 이행의 순서에 전후가 없는 경우는 동시에 이행하여야 한다. 당사자 일방은 상대방이 이행을 하기 전까지 자기의 채무이행의 청구를 거절할 수 있다. 당사자 일방은 상대방이 이행한 채무가 약정과 부합하지 않는 경우 그에 상응하는 이행의 청구를 거절할 수 있다.

■ 해설

본 조는 동시이행과 동시항변권을 이행하는 문제에 대하여 규정한 것이다. 동시이행은 계약체결 후 계약유효 기한 내에 당사자 쌍방이 전후의 구별 없이 동시에 각자의 의무를 이행하는 것을 말한다. 즉 본 조에서 쌍무계약의 당사자가 이행순서에 관한 약정이 없는 경우, 쌍방이 동시이행을 하여야 함을 그 원칙으로 하고 있다.

동시항변권을 이행하는 것을 항변권 불이행이라고도 한다. 그것은 그 이행의 순서를 쌍방계약 가운데 규정하고 있지 않은 경우에 당사자의 일방이 상대방 당사자가 급부하기 전에 먼저 급부를 거절할 권리를 갖는 것을 말한다.

계약에서 동시이행은 옛날부터 한 손에 상품, 한 손으로 현금이라는 현금거래라고 하는 상관습의 원칙에서 발전한 것으로, 이것은 상품교환 법칙의 계약관계에 대한 반영도 있다. 동시항변권의 법률상 근거는 쌍방 계약의 성립과정에서 이행과정의 관련성으로 결정된다. 즉 일방의 권리와 다른 일방의 의무와 사이에 상호 의존성이 있고, 서로 인과관계를 형성하고 있다. 그래서 계약 이행상 관련성이 쌍방 당사자가 동시에 상호 계약의무의 이행을 부담한다. 법률로 동시항변권의 이행을 둔 목적은 당사자 사이의 이익관계에서 공평성을 유지하기 위한 것이다. 왜냐하면 일방의 당사자가 자가가 질 부담을 이행하지 않고, 다른 일방에 대하여 의무의 이행을 요구하는 것은 공평의 관념에서 이탈한 것이기 때문이다.

□ 사례1

중국수출입무역회사 "갑"과 러시아회사 "을"은 문물교환매매계약 1통을 체결하였다. "갑"회사는 "을"회사에 통조림식품을 제공하며, "을"회사는 "갑"회사에 가치가 동일한 러시아 홍송목재를 제공하는 것이다. 계약에서 쌍방은 화물 인도의 선후 순서에 대하여 약정하지 않았다. 그러므로 "갑"회사와 "을"회사는 동시에 화물을 인도의무를 이행하여야 한다.

□ 사례2

사례 1에서 만일 러시아 "을"회사가 목재를 운송하지 않으면서, 중국 "갑"회사에 통조림을 운송하라고 요구하였다. 이에 대하여 "갑"회사는 "을"회사의 청구를 거절할 수 있다.

□ 사례3

사례 1에서 계약은 "을"회사는 "갑"회사에 대하여 직경 24㎝, 길이 1,000㎝의 러시아 홍송목재를 제공한다고 약정하였다. 만일 "을"회사가 "갑"회사에 화물운송 통지를 발송하여 목재가 각각 22㎝와 24㎝이고 각 길이가 1,000㎝라고 하였다. 이에 대하여 "갑"회사는 계약의 약정에 부합하지 않은 22㎝의 목재에 대하여 상응한 통조림식품의 제공을 거절할 수 있다.

제67조 【계약 후 이행 항변권】 쌍무계약에서 이행의 순서에 전후가 있는 경우 먼저 이행 당사자가 이행하기 까지 뒤에 이행할 당사자는 그 이행의 청구를 거절할 수 있다. 먼저 이행한 당사자 이행채무가 약정과 부합하지 않는 경우 뒤에 이행하는 당사자는 그에 상응하는 이행의 청구를 거부할 수 있다.

■ 해설

본 조는 계약의 후 이행 항변권 문제에 대하여 규정한 것이다. 계약의 후 이행 항변권이란 계약체결 후 계약 유효기간 내에 쌍방 당사자는 법률의 규정 또는 당사자 사이의 약정에 의해 전후의 순서에 따라 각자의 의무를 이행하는 것을 말한다.

후 이행에서는 후에 이행하는 일방의 당사자가 먼저 이행해야 하는 일방의 선행 당사자에게 자기의 의무를 이행할 것을 요구할 권리를 갖고 있다. 만일, 선행 당사자 일방이 채무를 이행하지 않았을 경우 또는 이행한 채무가 약정에 일치하지 않을 경우, 후에 이행하는 일방은 선행 당사자에게 이행청구를 거절할 권리가 있다. 후에 이행하는 일방 당사자가 행사한 이것은 여전히 일종의 항변권이다. 이 권리와 동시 이행의 항변권을 비교했을 때 이것은 일종의 "선 이행 항변권"이라고도 할 수 있다. 이 "선 이행 항변권"의 적용 조건은 첫째, 동일 쌍무계약에 의해서 상호 채무 발생이 있어야 한다. 이 채권・채무관계는 상호 관련성이 있다. 둘째, 채무의 이행에 전후의 순서가 있을 것이다. 이 전후 순서는 거래습관에 의한 것 또는 당사자 사이의 약정에 의한 것 등이 있다. 셋째, 선행 당사자의 일방이 이행하지 않거나 또는 이행된 채무가 약정에 부합하지 않은 것이어야 한다.

□ 사례1

수출입무역회사 "갑"과 석유회사 "을"은 유전채굴설비매매계약 1통을 체결하였다. 매도인 "갑"회사는 유전채굴설비를 제공하며 가격은 천진항 FOB가격이고, 계약에 "을"회사가 은행에서 발급하는 신용장으로 대금을 지불한다고 약정하였다. "갑"회사는 "을"회사가 신용장을 열기기 전에 출고 청구를 거절할 수 있다.

□ 사례2

주문자 "갑"과 도급인 "을"은 가구도급계약 1통을 체결하였다. 계약은 옷장의 재료는 "갑"이 제공하며 기타 재료 및 식탁재료는 모두 "을"이 계약규정의 기준에 따라 준비한다고 약정하였다. 계약의 효력이 발생한 후에 "갑"이 제공한 옷장의 재료는 약정에 부합하지 않았다. 이에 대하여 "을"은 "갑"의 옷장제조에 대한 청구를 거절할 수 있지만, "갑"의 식탁제조에 대한 청구는 거절할 수 없다.

제68조【불안의 항변권】 먼저 채무를 이행해야 할 당사자는 상대방이 다음 각 호의 1에 해당하는 것을 증명하는 확실한 증거가 있는 경우 그 이행을 중지 할 수 있다.
① 경영상황이 심각하게 악화된 경우
② 재산을 이전 또는 자금을 은닉하여 채무를 도피한 경우
③ 상업상 신용과 명예를 상실한 경우
④ 기타 채무이행 능력을 상실 또는 상실할 우려가 있는 경우
당사자에게 이행을 중지할 확실한 증거가 없는 경우는 위약책임을 부담하여야 한다.

■ 해설

본 조는 불안항변권에 대하여 규정한 것이다. 계약체결 후 당사자는 계약 및 의무를 이행하지 않으면 안 된다. 그러나 일방의 당사자가 의무를 이행한 후에 상대측이 계약을 이행하는 것은 불가능하다고 판명한 경우 어떤 조치를 취할지 문제이다. 상대측이 의무를 이행하지 않으면 먼저 계약을 이행한 당사자가 손해를 입을 가능성이 있다. 손해가 발생하기 전에 적당한 행동을 취하는 것이 불안항변권의 목적이다.

먼저 채무를 이행해야 할 당사자는 상대방이 경제상황의 악화, 재산이전 및 은닉, 상업신용과 명예의 상실 기타 채무이행 능력의 상실 또는 상실 가능성이 있는 상황에 처해 있다고 증명할 확실한 증거가 있으면 자신의 이행을 중지할 수 있다. 계약의 사기행위를 방지하고, 사회경제질서를 유지하기 위해 중국 섭외경제계약법 제17

조에는 불안의 항변권에 관한 규정[85)]을 두었다. 상기 규정은 비록 대략적인 것에 불과했지만, 통일계약법의 이론적 근거가 되었다.

계약법 제68조를 행사하기 위해서는 첫째, 쌍무계약에 모두 적용된다. 둘째, 후에 채무이행을 하는 일방 당사자의 채무기한이 도래하지 않았어야 한다. 셋째, 후에 채무이행을 하는 일방 당사자에게 채무이행 상실 가능성이 있거나 또는 상실했을 경우다. 넷째, 선 이행의무자는 명확한 증거를 제시하여 후 이행의무자가 계약체결 후에 계약이행 능력을 상실했다는 것을 증명해야 한다.

당사자가 불안의 항변권을 행사한 결과를 본 조문에서는 이행중지라고 규정하고 있다. 이행중지란 계약의 이행을 잠시적으로 정지 또는 계약의 이행을 연기하는 것으로 그것은 계약의 종료와는 다르다. 계약의 종료는 계약의 해제, 취소를 의미한다.

□ 사례1

강철회사 "갑"과 무역회사 "을"은 강철매매계약을 체결하였다. "갑"은 매도인이고 "을"은 매수인이다. 계약은 화물이 도착하여 검사에 합격한 후 5일 이내에 대금을 지불한다고 약정하였다. 계약규정에 따라서 "갑"회사는 우선 계약을 이행하여야 한다. "갑"회사가 철강을 출고할 때, "을"회사의 경영 상황이 심각하게 악화되어 기본적으로 대금을 지불할 수 없다는 것을 발견하였다. "을"회사가 약정의 이행담보를 제공 또한 지불능력을 회복하기 전에 "갑"회사는 강철출고를 중지할 수 있다.

□ 사례2

본 사례 1에서 "갑"회사는 명확한 증거 없이 "을"회사가 경영 상황이 심각하게 악화되고 기본적으로 대금을 지불할 수 없다는 것을 다른 사람에게 들었다. 사실 "을"회사의 경영 상황은 줄곧 정상적이었고, 지불대금도 이미 준비하고 있었다. 이런 상황에서 "갑"회사가 계약의 이행을 중지한다면 위약책임을 책임져야 한다.

제69조 【불안항변권 당사자의 통지의무】 당사자가 제68조의 규정에 의해 이행을 중지하는 경우는 즉시 상대방에게 통지하여야 한다. 상대방이 적당한 담보를 제공한 때에는 이행을 하여야 한다. 이행을 중지한 후 상대방이 합리적인 기한 내에 이행능력을 회복하지 못하거나 적당한 담보를 제공하지 못하는 경우에 이행을 중지한 일방 당사자는 계약을 해제할 수 있다.

---

85) "당사자 일방은 상대방이 계약을 이행할 수 없는 확실한 증거가 있을 때는 계약의 이행을 잠시 중지하는 것이 가능하다. 단지, 즉시 상대방에게 그것을 통지하여야 한다. 상대방이 계약의 이행에 대한 충분한 보증을 제공했을 때는 계약을 이행해야 한다. 당사자 일방은 상대방이 계약을 이행하는 것이 불가능하다는 확실한 증거가 없는데도 불구하고 계약의 이행을 중지한 경우는 계약위반의 책임을 져야 한다".

■ 해설

본 조는 불안항변권을 행사한 당사자가 당연히 부담해야 할 의무와 향수할 수 있는 권리에 대하여 규정한 것이다. 계약법 제68조, 제69조의 규정은 중국 섭외경제계약법 규정의 원칙을 활용한 가운데 내용을 보충하였다. 보충한 내용은 다음과 같다.

첫째, 먼저 의무를 이행한 당사자가 계약의 이행을 중지할 수 있는 조건이다. 섭외경제계약법에는 "상대방은 계약을 이행할 수 없는 확고한 증거가 있는 경우" 라고 규정하고 있는데, 계약법 제68조에서는 그 상황을 상세하게 규정하고 있다. 여기서 말하는 "상업상 신용의 상실" 이란 상대방이 몇 번이고 타인을 속이는 것에 의해 평판이 나쁘게 되고, 자신도 속임 당하는 것을 포함한다.

둘째, 이미 계약을 이행한 당사자가 이행을 중지한 후, 어떻게 하면 좋은가에 대해서 섭외경제계약법에는 규정이 없지만 계약법 제69조에서 규정을 두었다. 즉 계약법 제69조에서는 불안항변권을 행사한 당사자가 당연히 부담해야 할 의무와 향수할 수 있는 권리에 대하여 규정한 것이다. 불안항변권을 행사한 당사자가 응당 부담해야 할 의무는 통지의무와 상대방이 적당한 담보를 제공한 경우에는 이행의 의무를 회복하여야 한다. 향유할 수 있는 권리는 상대방이 이행능력을 회복하지 않은 경우에 계약을 해제할 권리가 있다는 점이다.

법률은 쌍무계약의 쌍방 이익의 공평성을 확보하고 선행채무의 일방이 손해를 입지 않게 하기 위해 불안항변권을 설정하였다. 동시에 다른 일방 당사자의 이익을 고려하여 불안항변권을 주장하는 당사자에게 상술한 2개의 의무를 부여하였다.

第70조【채무이행의 중지】 채권자가 분할, 합병 또는 주소의 변경을 채무자에게 통지하지 않고, 이에 따라 채무의 이행에 곤란을 초래한 경우에 채무자는 이행을 중지 또는 목적물을 공탁할 수 있다.

■ 해설

본 조는 채무자가 채권자의 원인으로 이행이 곤란에 이르렀을 때, 채무이행의 중지 또는 목적물을 공탁하는 것에 대하여 규정한 것이다. "신의성실"의 원칙에 근거하여 쌍방 당사자는 계약을 집행과정에서 "통지"등 의무를 이행해야 한다. 본 조는 채권자가 분할, 합병 또는 변경주소 등 원인은 채무자를 통지하지 않았기 때문에 채무자가 채무를 이행할 때 곤란을 발생했다.이 때에 채무자는 그 이행을 중지할 수 있거나 또는 목적물을 법정에 공탁할 수 있다. 여기서 규정한 채무자가 채무를 이행할 때 곤란이 발생한 것은 채권자가 통지하지 않은 것에 실질적의 인과관계를 존재한다. 만약, 채무자는 채권자가 주소를 변경하기 때문에 운송비용을 증가 등은 본 조는 규정한 이행채무 곤란을 인정할 수 없다. 목적물을 법정에 공탁하는 발생 비용은 채권자가 책임진다.

'채권자의 조직분할'이란 법인의 분할을 말한다. 그것에는 창설식 분할과 존속식 분할 2종류의 분할형식이 있다. 창설식 분할은 원래의 법인을 해산하여 2개 이상의 새로운 법인으로 분할하는 것을 말한다. 존속식 분할은 원래의 법인을 계속하여 존속시키지만, 본래의 지사 또는 새롭게 분리 된 약간의 것을 하나 이상의 새로운 법인으로 하는 것을 말한다. 현재 중국에서 공탁기관은 주로 공증기관이 그것을 담당한다.

□ 사례

주문인 "갑"회사와 도급인 "을"회사는 여행가방의 주문계약 1통을 체결하였다. 계약은 "을"회사가 배달하고 배달장소가 "갑"회사의 주소지이며, 배달방식은 "을"회사가 10일에 한 번씩 배달한다고 약정하였다. 계약 진행 중에 "갑"회사는 주소지를 변경했는데 "을"회사에게 통지하지 않았고, "을"회사도 "갑"회사의 새로운 주소지를 몰랐기 때문에 배달할 수 없었다. "을"회사는 채무이행을 중지할 수 있다.

제71조【채무이행 기한 전의 계약이행】 채권자는 채무자의 채무기한 전의 이행을 거절할 수 있다. 그러나 기한 전의 이행이 채권자 이익을 침해하지 않은 경우는 제외한다. 채무자가 이행 전에 이행한 채무로 채권자에 있어서 증가한 비용은 채무자의 부담으로 한다.

■ 해설

본 조는 채무자가 채무이행 기한 전에 계약을 이행하는 문제에 대하여 규정한 것이다. 채권자는 채무자가 계약기한 전의 채무를 이행에 대하여 거절할 수 있다. 계약 쌍방 당사자는 "신의성실"의 원칙에 근거하여 계약은 약정된 시간에, 약정된 품질로 자기의 의무를 이행해야 한다.

이행기한은 급부기한이라고도 한다. 이것은 채무자가 채무를 이행해야 하는 기간을 가리키며, 그 개시기는 계약발효 시 또는 그 후이다. 이행기한은 당사자의 약정에 의한 것이지만, 만일 약정이 없거나 또는 약정이 불명확 할 경우에는 법률에 명기 된 규정 또는 법률에 규정된 원칙에 의해 확정한다. 이행기한이 만료되기 이전에 채무자가 이행 또는 채권자가 이행을 요구하고, 또 상대방에게 이익을 잃게 하는 경우를 이익기한이라고 한다. 채무자가 이익기한을 향수하고 있을 때, 채무자는 이익기한을 포기하고 또 기한 전에 이행할 수 있지만, 채권자는 채무자에 대하여 이익기한을 포기하고 기한 전에 이행할 수 없다. 예컨대, 차용계약의 경우는 채권자가 이익기한을 향수하고 있을 때, 채권자는 이익기한을 포기하고 채무자에게 기한전의 이행을 청구할 수는 있다. 그러나 채무자는 채권자에 대하여 이익기한을 포기하고 기한전의 이행의 수리를 요구할 수 없다. 또 다른 예를 들면 무상보관계약의 경우에 그 이익기한은 채권자에게 속하면서도 동시에 채무자에게도 속하는 경우, 당사자의 일방이 이익기한을 포기하는 경우 상대방 당사자의 허락를 얻어야 한다. 포기한 이익기한을 이익자는 반환을 청구할 수 없다. 상대방의 이익기한을 침해한 경우 배상책임을 져야 한다.

□ 사례1

매도인 A시의 "갑"회사와 매수인 B시의 "을"회사는 옥수수매매계약 1통을 체결하였다. 계약은 "갑"회사가 9월 5일부터 25일까지 "을"회사에 1,000톤의 옥수수를 인도한다고 약정하였다. 7월 20일, "을"회사는 "갑"회사에 대하여 옥수수를 인도통지를 발송하였다. 그 때 A시는 비가 많이 오는 우기라서 옥수수 저장에 유익하지 않았다. 따라서 "갑"회사는 "을"회사가 기일을 앞당겨 옥수수 이전의 요구를 거절할 수 있다.

□ 사례2

스팀제조공장 "갑"과 석탄광물국 "을"은 연탄매매계약 1통을 체결하였다. 계약은 "을"국이 매월 10일에 "갑"공장에 500톤의 연탄을 교부한다고 약정하였다. 12월 5일, "을"국은 500톤의 연탄을 교부하였다. 결과는 "갑"공장의 보관비용이 증가하였다. 이에 대하여 "갑"공장은 "을"국에 증가한 보관비용의 부담을 청구할 수 있다.

第72조【채무의 일부이행】 채권자는 채무자가 채무의 일부이행을 거절할 수 있다. 그러나 일부이행이 채권자의 이익에 손해를 주지 않는 경우는 제외한다. 채무자의 채무를 일부이행에 의해 채권자에게 증가한 비용은 채무자가 부담한다.

■ 해설

본 조는 채무자의 일부이행 문제에 대하여 규정한 것이다. 일부이행이란 채무자가 계약의 약정대로 모든 계약의무를 이행하고 있지 않고, 겨우 계약의무의 일부분을 이행한 것에 지나지 않은 것을 말한다. 채무자의 일부이행을 구성하는 요건은 첫째, 일부이행은 이행기한 내 일 것을 요구한다. 둘째, 일부이행은 계약의 목적물이 분리할 수 있는 것을 요구한다. 즉 수량을 분할하더라도 그 성질과 작용에 영향을 미치지 않는 것에 한정한다. 셋째, 일부이행에는 두 종류의 상황이 있다. 하나는 채무자가 이행기한 내에 한 번으로 이행해야 할 채무를 몇 번으로 나누어 분할하는 경우와 또 하나는 채무자에게 분할이행의 의도는 없지만 목적물의 수량 부족으로 인한 경우 등이 있다.

□ 사례1

위탁자 생물제약공장 "갑"과 연구개발자 생물화학응용기술연구소 "을"은 기술개발계약 1통을 체결하였다. 계약은 "갑"공장이 "을"연구소에 위탁하여 생물제약계열의 새로운 기술을 개발하는 것이다. 계약기간이 되어 "을"연구소는 이 계열 중의 부분적인 새로운 기술을 교부하고, 기타 조립용 기술을 교부하지 않았다. 그래서 이 새로운 기술을 응용할 수가 없었다. 이에 대하여 "갑"공장은 "을"연구소의 부분 이행을 거절할 수 있다.

□ 사례2

화물 운송회사 "갑"과 자동차판매회사 "을"은 차량매매계약 1통을 체결하였다. 계약은 2월 10일 "을"회사가 "갑"회사에 모 브랜드의 화물 운송자동차 100대를 인도하며, 인도장소가 A시의 항구부두라고 약정하였다. 그러나 "을"회사의 자동차 보관 장소가 넓지 않아 1차 분으로 "을"회사는 60대를 인도 받고, 다음 2차분으로 40대를 받는다고 보증을 하였다. 이 방식에 "갑"회사는 이익에 손해가 없기 때문에 "을"회사의 요구에 동의하였다. 그러나 2차로 나누어 출고하기 때문에 "갑"회사의 비용이 증가되었다. "갑"회사는 "을"회사에 증가비용을 부담하라고 요구하였다.

第73조【채권자 대위권】 채무자가 기한이 만료한 채권을 행사하지 않아 채권자에게 손해를 초래한 경우에 채권자는 인민법원에 자기명의로 채무자의 채권에 대한 대위행사를 청구할 수 있다. 단지, 이 채권이 채무자 일신에 전속한 경우는 제외한다. 대위권 행사의 범위는 채권자의 채권을 한도로 한다. 채권자의 대위권 행사에 필요한 비용은 채무자 부담으로 한다.

■ 해설

본 조는 채권자 대위권제도에 대하여 규정한 것이다[86]. 대위권제도란 채권자가 자기의 채권이 손해를 입지 않게 하기 위해 자기의 명의로 채무자를 대신하여 권리를 행사하는 권리를 말한다. 이것을 권리의 성질에서 본 경우, 민법상의 형성권에 속하는 것으로 이해를 할 수 있다.

중국에는 이른바 3각 채무관계가 많이 존재함에도 불구하고 계약법 이전에는 이

86) 계약은 당사자 사이의 권리와 의무를 규제하는 것으로 제3자란 일반적으로는 직접 관계가 발생하지 않는다. 특별한 원인이 없다면 제3자는 이행 당사자 사이의 의무를 청구할 수 없을 뿐만 아니라 위약책임도 요구할 수 없다. 대위권과 취소권의 행사는 위의 일반적 원칙에 대한 예외 규정이다.

러한 권리가 인정되지 않았기 때문에 채무자의 태만행위나 고의적인 채권 불이행으로 인하여 손해를 입은 채권자가 보호를 받지 못했다[87]. 따라서 채무자가 소송에서 패소하여 판결에 따라 상대방에게 채무를 이행해야 하는 경우, 채무를 변제하지 않고 채무를 회피하고 재산을 도피하는 수단으로 고의적으로 자기의 제3자에 대한 채권을 주장하지 않거나 심지어 자기의 채권을 포기해 버린 때에도 이를 강제하여 집행할 방법이 없어서 사회적으로 큰 문제점이 되었다. 계약법은 이러한 모순점을 해결하기 위하여 채권자 대위권 제도를 도입하여 위와 같은 경우에 채권자로 하여금 채무자를 대신하여 채무자의 제3자에 대한 채권을 행사할 수 있도록 하였다.

대위권은 다음과 같은 사례에서 찾아볼 수 있다. 가령, 갑과 을은 채권 채무관계에 있는데 갑은 채권자이고 을은 채무자이다. 동시에 을과 병도 채권・채무관계에 있고, 을은 채권자이고 병은 채무자이다. 갑을 사이와 을병 사이의 채권 채무관계는 각각 독립한 것이다. 일반적인 상황 아래서 위의 두 가지 채권・채무관계는 상호 관련이 없지만, 법률이 정한 조건을 만족하면 갑은 자기의 명의로 을 대신에 병에게 채무이행을 청구하는 것이 가능하다. 이것이 이른바 대위권이다[88].

본 조에 의하면 대위권을 행사하기 위해서는 몇 가지 조건이 있다. 첫째, 채무자가 이미 기한이 도래한 자기의 제3자에 대한 채권을 행사하는 것을 게을리 하여야 한다. 둘째, 채무자가 자기의 제3자에 대한 채권을 행사하지 않음으로써 채권자에게 손해를 입혀야 한다. 셋째, 그 채권이 채무자의 일신(一身)에 전속한 것이 아니어야 한다[89].

채권자는 채무자의 제3자에 대한 채권을 행사하여 그 행사의 결과를 자신에게 직접 귀속시킬 수 있는가의 문제점이 있다. 대위권 행사의 직접효과는 채무자에게 귀속된다. 채권자는 대위권을 행사하여 제3자로부터 교부 받은 그 재산을 직접 자신의 상환에 충당할 수는 없다. 만일, 채무자가 채무를 자주적으로 이행하지 않을 때에는 채권자는 강제이행을 청구하여 상환 받을 수 있다. 더구나 직접 자신의 채권을 청산하는데 사용할 수 없다는 견해와 이에 반대하는 견해가 대립되고 있다. 향후 사법해석 등의 해결이 관심의 초점이 된다.

---

87) 채권자 대위권에 대한 상세는 王利明・崔建远, 앞의 책, 378면~387면; 刘景一 主编, 앞의 책, 244면~251면 참조.

88) 예컨대, 을이 갑의 인민폐 100만원을 반환할 능력과는 상관없이 병에 대하여 채권을 주장하지 않는 경우, 갑은 을의 병에 대한 채권을 대위하여 행사할 수 있다.

89) 가령, 부양・양육・상속 등의 관계에서 발생하는 청구권과 임금・경제보상금・양로금・위로금 및 직장 정착금・생명보험 및 인신상해로 인한 손해배상청구권 등이 있다(최고인민법원의 '关于适用 〈中华人民共和国合同法〉若干问题的解释' '제12조').

□ 사례1

"을"회사는 상업은행 "갑"으로부터 인민폐 500만원을 차관하였다. 기간은 1년이었다. 차관계약의 기간이 만료된 후 "을"회사는 경영의 원인으로 차관 원금과 이자를 상환할 수 없게 되었다. 그러나 무역회사 "병"회사에 "을"회사의 기간이 만료된 인민폐 1,000만원의 채권대금이 있는데도 불구하고 "을"회사가 "병"회사에 적극적으로 채권대금 이행의 주장을 하지 않았다. 이에 대하여 "갑"은행은 은행자기의 명의로 법원에 "병"회사의 재산을 집행하여 "을"회사의 차관원금과 이자 상환을 청구할 수 있다.

□ 사례2

사례 1에서 만일 기간이 만료된 원금과 이자는 모두 인민폐 540만원이면 "갑"은행이 법원에 집행 청구를 할 때 인민폐 540만원으로 제한해야 한다.

□ 사례3

사례 1에서 만일 "갑"은행이 법원에 "병"회사의 재산 집행을 청구하면, 법원이 집행 중에서 발생한 집행비용, 자산평가비용 등은 모두 "을"회사가 부담한다.

제74조【채권자 취소권】 채권자는 채무자가 기한이 도래한 채권을 임의로 방치 또는 재산을 무상으로 양도하여 채권자에게 손해를 초래한 경우에 채무자의 행위를 취소할 것을 인민법원에 청구할 수 있다. 채무자가 현저하게 불합리한 저가로 재산을 양도하여 채권자에게 손해를 초래하고, 양수인이 그 사유를 안 경우에 채권자는 채무자의 행위를 취소를 인민법원에 청구 할 수 있다. 취소권 행사의 범위는 채권자의 채권을 한도로 한다. 채권자의 취소권 행사에 필요한 비용은 채무자 부담으로 한다.

■ 해설

본 조는 채권자의 취소권에 대하여 규정한 것이다. 중국에서 이해되는 채권자의 취소권이란 채권자가 채무자의 채권확립 실현에 침해가 있는 행위에 대하여 인민법원에 해당 행위의 취소를 청구할 수 있는 권리를 말한다[90]. 취소권의 성립요건은 객관적 요건과 주관적 요건으로 나눌 수 있다.

(1) 객관적 요건

객관적 요건에서 보았을 경우, 꼭 채무자가 채권자의 채권확립 실현에 일정한 침

90) 계약의 보전에 대해서는 柴振国 何秉群 等, 앞의 책, 171면~172면.

해 행위가 있다는 것을 시작으로 채권자는 취소권을 행사할 수 있다. 채권확립에 침해가 있다는 것은 채무자의 행위에 따른 재산이 감소됨과 동시에 채권을 상환할 수 없는 것을 말한다. 만일, 채무자의 행위에 의해 재산이 감소하지만 남아 있는 재산이 채무의 상환에 충분하다면 채권에 대한 침해는 존재하지 않는다. 이 채권에 침해를 미치는 행위는 반드시 채권이 성립된 후에 발생한 것을 필요로 하며, 그것이 채권의 성립 전에 있어서는 채권에 침해를 미칠 가능성은 발생하지 않는다. 채권에 침해를 미치는 행위는 채무자의 처분행위와 채무자가 제3자에 대하여 진행한 일정의 민사행위가 포함된다. 본 조의 규정에 따르면 채권에 침해를 미치는 행위에는 몇 가지 형식이 있다. 첫째, 채권포기다. 둘째, 재산의 무상양도다. 셋째, 분명한 불합리적인 재산의 저가양도 등이 있다. 이러한 모든 것이 채무자의 재산을 감소시키고 그에 따른 채무의 이행능력에 영향을 줄 가능성이 있다.

(2) 주관적 요건

주관적 요건으로부터 보았을 때, 채권자가 취소권을 행사하는 것은 일반적으로는 채무자가 채권에 침해를 미치는 행위라는 걸 알고 또 그것이 악의에 의한 것이어야 한다. 악의를 갖는 것은 채무자가 자기의 행위가 채권에 침해를 미친다는 것을 알면서 진행한 고의적인 것이라는 것을 의미한다. 채무자가 분명히 불합리한 저가로 재산을 양도한 것으로 채권에 침해를 준 경우, 피양도인에게 필히 악의가 있었기 때문에 채권자는 취소권을 행사할 수 있다. 피양도인에게 악의가 있다는 것은 "피양도인이 해당 상황을 알고 있었다"는 것이다. 즉 양도인의 목적이 채권자의 이익에 손해를 준다는 것을 알고 있는 위에서 양도 받았다는 것을 말한다. 만일, 피양도인이 상황을 모르는 선의적인 제3자일 경우, 채권자에게는 취소권을 행사할 권리가 없다. 취소권의 행사는 취소권을 향유하는 채권자가 자기의 명의로 인민법원에 소송을 제기하고, 법원에 채무자의 채권에 미치는 행위를 취소 시키는 청구를 하여야 한다[91]. 또 취소권의 행사범위는 채권자의 채권범위에 한정되며 거기에 사용되는 비용은 채무자의 부담으로 하고 있다.

채권자가 취소권을 행사하여 채무자의 행위에 효력이 발생할 경우, 채무자의 행위는 원천적 무효라고 볼 수 있다. 제3자가 채무자로부터 취득한 재산은 채무자에 반환되어야 한다. 만일, 채무자가 제3자에 대하여 반환청구를 하지 않은 경우는 채권자는 대위권을 행사할 수 있다. 따라서 취소하여 얻은 재산은 직접 채권자에 상환되지 않고, 채무자의 모든 채권자에게 공유 담보재산이 된다. 채무자가 자주적으

91) 예컨대, 갑은 을에게 인민폐 20만원의 채무를 갖고 있지만, 갑에게는 산타나 승용차 1대를 갖고 있는 외에는 집행할 수 있는 재산은 전혀 없다. 그러나 갑은 그것을 갖고 채무를 변제하려고 하지 않고, 그 승용차를 ○○기금회에 증여했다. 이 경우에 을은 계약법 제74조 규정에 의해 법원에 갑의 증여행위의 취소를 신청할 수 있다.

로 채무를 이행하지 않은 경우, 채권자는 채권의 강제력에 의해 이익의 이행을 실현하여야 한다.

□ 사례1

"갑"회사는 신용기금 "을"회사로부터 인민폐 50만원을 차관하였다. 환불기간이 되었는데 "갑"회사가 차관원금과 이자를 상환할 수 없게 되었다. 채무를 회피하기 위해 "갑"회사 업주 소유의 주택을 무상으로 친척 "병"에게 이전하였다. 이에 대하여 신용기금 "을"회사는 법원에 "갑"의 주택 이전행위 취소 청구를 할 수 있다.

□ 사례2

사례 1에서 "갑"은 주택이 인민폐 50만원으로 "병"에게 이전하였는데, 사실 이전한 주택의 시세는 인민폐 100만원 정도 한다. "병"은 "갑"이 채무를 회피하기 위해 주택가격이 비정상적으로 낮은 상황을 알고 있다. 이에 대하여 신용기금 "을"회사는 법원에 "갑"의 주택 이전행위의 취소를 청구할 수 있다

第75조 【취소권 행사의 기한】 취소권은 채권자가 취소사유를 안 날 또는 알 수 있었던 날로부터 1년 내, 채무자의 행위가 있은 날로부터 5년 내에 행사하지 않으면 소멸한다.

■ 해설

본 조는 취소권 행사의 기한에 대하여 규정한 것이다. 취소권 행사 기한, 즉 취소권행사의 해제기간은 법률이 채권자에게 일정한 취소권을 부여하여 그 채권이 침해를 받지 않도록 보호함과 동시에 그 권리행사에 시간적 제한을 설정하고 있다. 이것이 제척기간의 설정이다. 그 의도는 거래의 안정적 상태를 유지하고 당사자 쌍방의 이익의 형평성을 도모하기 위한 것이다.

해제기간은 기한을 1년으로 하는 단기제척기간과 기한을 5년으로 하는 장기제척기간의 두 종류가 있는데, 전자는 채권자가 취소사유의 상황을 알았을 때부터 기산하여 1년으로 한다. 후자는 채권자가 취소사유 상황을 알지 못하는 경우에 적용된다.

第76조 【당사자의 변동】 계약의 효력 발생 후 당사자는 성명, 명칭의 변경 또는 법정대표자, 책임자, 담당자의 변동을 이유로 계약상 의무를 이행하지 아니하지 못한다.

■ 해설

본 조는 계약 효력이 생긴 후 당사자의 변동에 따른 계약의 의무에 대한 규정이다. 즉 성명, 명칭 또는 법정대표자, 책임자, 담당자가 대신하였다 바뀌었다고 해도 계약의 주체는 전혀 변화가 없고, 따라서 계약의 효력도 영향을 받지 않으며 당사자는 당연히 계약의무를 이행하여야 한다는 것에 관하여 규정한 것이다.

제5장 계약의 변경과 양도

본 장은 제77조부터 제91조까지 총 14개 조로 각각 계약의 변경, 변경의 조건, 계약권리의 양도, 계약의무의 양도, 계약과 권리의 동시양도, 양도의 절차, 양도의 법적효력 등의 계약내용의 변경과 양도에 관하여 규정하고 있다.

계약내용의 변경은 협의의 변경과 광의의 변경으로 구분한다. 전자는 계약이 성립한 후, 이행에 도달하지 않거나 또는 이행하기 이전에 당사자 사이에 협의를 거듭하여 계약의 내용에 대해 법률의 규정과 절차에 따라 계약내용의 개정과 보충을 진행하는 것을 말한다. 후자는 계약주체의 변경을 포함하여, 계약내용 전반의 변경의 변화를 말한다. 본 장은 협의의 변경을 그 대상으로 규정한다.

계약의 양도는 계약주체의 변경을 의미한다. 즉 일방의 당사자가 계약의 내용을 변화시키지 않고 계약의 전부 또는 그 일부분의 권리·의무를 제3자에게 양도하는 것을 말한다. 여기에는 계약의 권리, 의무의 부담, 권리와 의무의 쌍방을 동시에 제3자에게 양도하는 것이 포함되어 있다.

계약권리의 양도조건과 그 절차, 양도의 효력에 관하여서는 제79조부터 제83조까지 규정하고 있다.

제77조【계약의 변경】 당사자는 합의로 계약을 변경할 수 있다. 법률, 행정법규의 규정에 의해 계약의 변경에 따른 인가, 등기 등의 절차를 필요로 하는 경우는 그 규정에 의한다.

■ 해설

본 조는 당사자가 협의를 거듭하여 법률의 규정과 절차에 의해 계약내용의 개정과 보충을 진행하는 것에 관하여 규정한 것이다[92]. 당사자가 계약을 변경하기 위해서는 다음과 같은 요건을 필요로 한다. 첫째, 당사자 사이에 유효한 계약 관계가 존

92) 상세는 胡康生 主编, 앞의 책, 128면~130면; 谢怀栻 等, 앞의 책, 206~207면 참조.

재하는 것을 전재로 한다. 둘째, 계약의 변경은 당사자 사이의 약정 또는 법률의 규정에 따라야 한다. 셋째, 계약의 내용에 변화가 있을 것을 요한다. 넷째, 계약의 변경은 필히 법정양식에 의해 진행하여야 한다. 만일, 법률에 그 규정이 없는 경우에는 일반적으로 원래의 계약양식과 같이 하면 된다. 예컨대, 원래의 계약이 서면 형식인 경우는 변경 후에도 서면 형식이어야 하고, 만일 구두에 의한 것이면 계속하여 구두형식을 채용하는 외에 또 서면형식으로 변경할 수도 있다.

□ 사례

"갑"과 부동산개발상 "을"은 주택매매계약 1통을 체결하였다. 계약은 "갑"이 "을" 아파트의 1동 105호를 구매한다고 약정하였다. 계약의 효력이 발생한 후, "갑"은 5통의 501호를 구입하기를 희망하였다. "갑"과 "을" 당사자 쌍방은 협상하여 계약목적 변경에 동의하였다. 도시부동산관리법의 규정에 따라 주택매매계약은 부동산관리부처에 등기신청을 해야 한다. 이에 대하여 "갑"과 "을"은 협상하여 계약 변경의 등기를 처리하여야 그 효력이 발생한다.

제78조【계약의 미변경 추정】 당사자가 약정한 계약변경의 내용이 불명확한 경우는 변경하지 않는 것으로 추정한다.

■ 해설

본 조는 당사자의 내용에 명확성이 결여되었기 때문에 계약변경의 효력이 발생하지 않은 계약의 미변경으로 본다는 것에 관하여 규정한 것이다. '당사자가 합의한 계약내용이 불명확'하다는 것은 계약내용이 분명하지 않고, 사람들에게 개정한 새로운 계약내용과 낡은 계약의 내용의 구별이 판단되지 않는 것을 말한다.

계약내용의 변경이란 본래의 계약에 어떤 내용의 개정과 보충적인 일부의 변화, 즉 비실질적 변화로 본래의 유효한 계약 위에 새로운 계약 관계를 재 형성하는 것을 말한다. 이 경우 새로운 계약관계에는 당연히 본래의 실질적 조항이 포함되고, 만일 그것이 없을 경우에는 계약의 변경이 아니고 새로운 계약이 된다.

□ 사례

설비임대회사 "갑"과 석유탐사개발연구원 "을"은 유전설비임대계약 1통을 체결하였다. 계약에 임대금액을 약정하였다. 계약의 효력이 발생한 후, "갑"과 "을" 당사자 쌍방은 협의로 임대금액의 조정과 변경에 동의한다고 약정하였다. 임대금액의 조정에 대한 약정이 구체적으로 불명확하여 "갑"과 "을" 당사자는 임대금액을 변경하지 않고, 계약에서 원래 정한 임대금액으로 집행할 것을 추정하였다.

제79조 【채권양도】 채권자는 계약상 권리의 전부 또는 일부를 제3자에게 양도할 수 있다. 그러나 다음 각 호의 1에 해당하는 경우는 제외한다.
① 계약의 성질에 의해 양도할 수 없는 경우
② 당사자의 약정에 의해 양도할 수 없는 경우
④ 법률의 규정에 의해 양도할 수 없는 경우

■ 해설

본 조는 채권양도에 관하여 규정한 것이다. 채권양도 또는 계약권리의 양도란 계약의 채권자가 협의에 따라 그 채권의 전부 또는 일부분을 제3자에 양도하는 행위를 말한다[93][94]. 본 조에서 다음의 경우는 법적으로 채권의 양도가 불가능하다.

① 계약의 성질상 양도할 수 없는 채권이다. 예컨대, 특정의 당사자 사이에 발생한 권리다. 이것은 제3자에게 그 채권을 양도한 경우는 계약내용이 본질적으로 변경되기 때문이라는 것이다. 흔히 볼 수 있는 종류의 채권에는 다음의 세가지 종류가 있다. 첫째는 신뢰관계에 의한 특정한 사람이 수령하는 채권이다. 가령, 급여 등이다. 둘째는 특정한 채권자에 의해 발생한 계약권리다. 가령, 특정한 배우의 연출 활동을 기본으로 체결한 출연계약의 채권 등이다. 셋째는 부수적 권리다. 예컨대, 담보에 의해 발생한 권리 등이다.

② 당사자의 약정으로 양도할 수 없는 권리다. 이 경우 법률이나 공공이익 또는 사회적 도덕에 반하지 않는 한 효력을 발생하고 이에 따라 양도할 수는 없다.

③ 법률의 규정에 따라 양도가 금지되어 있는 채권이다. 일반적으로 흔히 볼 수 있는 이런 종류의 채권에는 다음과 같은 세가지가 있다. 첫째, 특정신분을 기초로 한 채권이다. 예컨대, 부양청구권 등이 있다. 둘째, 공법적 채권이다. 가령, 노동보험금, 연금수당, 위로금 등이다. 셋째, 인신침해에 의한 손해배상 청구권이다. 여기에는 명예 침해청구권도 포함된다. 넷째, 법률의 금지규정 또는 강행규정에 위반하지 않아야 한다. 가령, 법률로 인허가 및 등기・신고 수속을 필요로 하는 경우에는 그런 수속을 밟아야 한다.

---

93) 계약권리의 양도에 대해서는 郭明瑞・房绍坤, 앞의 책, 263면~264면 참조.

94) 채권양도는 첫째, 원래 계약의 법률행위와는 또 다른 법률행위에 의한 계약이다. 둘째, 양도채권의 범위는 채권의 전부 또는 일부이다. 셋째는 그 계약내용의 변경이 아니라 계약주체의 변경이라는 특징이 있다(상세는 王利明・崔建远, 앞의 책 412~413면 참조).

제80조【채권양도의 통지】채권자가 권리를 양도한 경우는 채무자에게 통지하여야 한다. 통지하지 않은 그 양도는 채무자에 대하여 효력이 생기지 않는다. 채권자의 권리양도 통지는 취소할 수 없다. 그러나 양수인의 동의를 얻은 경우는 제외한다.

■ 해설

본 조는 채권자의 권리양도에 대한 효력발생 요건에 대하여 규정한 것이다. 각국의 민법에서는 채무자 또는 이해관계자 보호를 위해 채권양도의 사실을 고지 또는 통지하도록 하고 있다. 채권권리 양도의 효력발생 규정에는 대체로 다음의 세 가지 종류가 있다. 첫째, 채권자와 양수인 사이에 채권양도 계약만 있으면 유효라고 하는 사유양도원칙이다[95]. 둘째, 권리의 양도를 필히 채무자에 통지한 뒤에야 비로서 유효로 되는 통지양도원칙이다[96]. 셋째, 채무자의 동의를 필요로 하는 채무자 동의의 양도원칙이 있다. 중국민법통칙 제91조가 이 원칙을 취하고 있다.

그런데 중국민법통칙 제91조와 달리 계약법 본 조에서는 채권양도에 관한 통지를 채무자에 대한 효력요건으로 하는 통지양도원칙을 채용하고 있다. 그것은 채권을 양도하는 경우에 채무자에게 통지만 하면 됨으로써 채권자에게는 채권처분의 자유를 주고, 채무자로 하여금 뜻밖의 손해를 방지하도록 하였다.

이 통지원칙이 가장 합리적일 뿐만 아니라 또 법적인 면에서 국제적 거래의 수준과 일치하는 오늘날 중국의 개방・개혁이 성숙되었다는 것을 엿볼 수 있다[97].

양도의 통지방식에 대해서는 본 조에서 특별히 규정하지 않았지만, 원칙적으로는 서면형식으로 체결한 계약채권의 양도는 서면형식으로 하는 것이 일반적이고, 구두에 따른 통지도 승인된다[98]. 일단, 권리가 양도 되고 또 채무자에 통지를 하여 발효한 채무에 대해서는 양수인이 취소를 동의 또는 수락한 것을 제외하고 채무자는 그 발효된 양도채권의 취소를 진행할 수 없다.

제81조【종된 권리의 이전】채권자가 권리를 양도한 경우 양수인은 채권과 관계 있는 종된 권리를 취득한다. 그러나 그 종된 권리가 채권자 일신에게 전속한 경우에는 그러하지 아니한다.

---

95) 예컨대, 독일민법 제389조와 영미계약법에서 채택하고 있다.

96) 가령, 한국민법 제450조, 일본민법 제467조 및 프랑스민법 제1690조가 있다.

97) 이 원칙의 합리성은 채권자의 채권처분의 자유와 시장경제원리의 법칙을 존중함과 동시에 채무자의 이익도 고려하여 채무자에 통지하는 것으로 채무자에게 불이익과 양도를 알려주지 않았기 때문에 손해가 발생하는 것을 방지할 수 있게 된다.

98) 중국 계약법은 총칙편에서 지명채권의 양도에 대해서만 규정하고 있다. 즉 채권양도의 통지 방식은 법률규정 또는 채권의 성질에 의해 구두 또는 서면으로 하고 채권자가 채무자에게 통지하는 방식을 취하고 있다.

■ 해설

본 조는 채권양도에 따른 본 계약의 부수권리 이전에 대하여 규정한 것이다. '부수권리'란 주권리를 전제로 한 권리를 말한다. 따라서 주권리가 양도된 경우에는 부수권리도 그에 따라 이전된다. 예컨대, 담보법 제22조의 규정이 이 경우에 속한다. 주권리는 서로 관련되는 몇 개의 권리가 그 외의 권리에 의존하지 않고, 독립하여 존재하는 권리를 말한다. 흔히 볼 수 있는 부수권리에는 담보권 외에 이자채권, 위약금채권, 손해배상청구권 등이 있다. 그러나 계약해제권과 같이 원래의 권리자에게 전속하는 권리는 채권양도가 있어도 이전되지 않는다. 종된 권리일지라도 채권자의 일신에 전속적인 권리는 채권양도와 관계없이 원래의 채권자에게 보류된다.

□ 사례

"갑"회사와 "을"회사는 금속광매매계약을 체결하고, "병"신탁투자회사가 "을"회사와 약정에 따라 대금지불 담보계약을 서명한 보증서가 있다. "갑"회사의 은행대부금이 곧 기간이 만료되기 때문에 "갑"회사는 계약 중의 화물대금의 권리를 은행에 이전하였다. 담보계약의 다른 약정을 제외하고 은행은 이 담보권을 취득한다.

제82조 【채무자 항변권】 채무자가 채권 양도의 통지를 받은 후 채무자는 양도인에게 항변할 수 있는 사유로 양수인에게 항변할 수 있다.

■ 해설

본 조는 채권이 양도된 후 채무자가 양수인에게 항변을 행사할 경우, 당연히 양수인에게 항변할 수 있는 것에 관하여 규정한 것이다. 채무자가 계약권리의 양도에 의해 불리한 지위에 놓이지 않기 위해, 법률은 채무자가 원래의 채무자 항변권에 대항할 수 있도록 새로운 채권자, 즉 양수인에 대하여 대항할 수 있다는 것을 규정하였다. '채무자의 양수인에 대한 항변'이란 채무자가 원래의 채권자에 대하여 갖고 있는 일체의 항변권을 말하며, 그에 따라서 청구권의 효력을 저지하고 채권자에 대한 채무이행의 거절이 가능하다는 것을 뜻한다[99].

항변권에는 일시적 항변권과 영구적 항변권이 있는데, 일시적 항변권은 잠정적으로 청구권의 효력을 저지하는 것이다. 가령, 항변권의 동시이행 등에 사용할 수 있다. 영구적 항변권은 예컨대, 채권이 이미 소멸된 항변 또는 채권이 줄곧 발생하지 않은 항변 등의 영구적으로 청구권을 저지하는 것을 목적으로 한 항변권을 말한다.

---

99) 여기에는 가령, 계약성립이나 불성립의 항변권, 동시이행의 항변권, 채권무효·소멸의 항변권, 이행기 미도래의 항변권 및 시효완성의 항변권 등이 있다.

□ 사례

"갑"공장과 "을"회사는 매매계약 1통을 체결하였다. 계약에서 "을"회사는 "갑"공장이 화물을 인도한 5일 이내에 모든 대금을 지불한다고 약정하였다. 계약의 효력이 발생한 후, "갑"공장은 계약대금을 받을 권리를 "병"원재료공장으로 이전하였다. 본 법의 제67조 관련 채무의 이행순서 규정에 의해 "을"회사는 직접 "병"재료공장에 대하여 항변권을 주장할 수 있다. "갑"공장이 먼저 화물을 인도하지 않은 것을 원인으로 "병"재료공장에 대금지불을 거절하고 지불하지 않았다.

제83조 【채무자의 상계권】 채무자가 채권양도의 통지를 받은 때에 채무자가 양도인에 대하여 채권을 가지고 있고, 채무자의 채권이 양도한 채권에 비하여 기한이 먼저 도래하거나 동시에 도래하는 경우 채무자는 동법 제 100조의 규정에 따라 양도인에게 상계를 주장할 수 있다.

■ 해설

본 조는 채무자가 양도인의 상계권에 대하여 양수인에게 행사하여 얻는 것에 관하여 규정한 것이다. 양수인이 양도인의 채권을 넘겨받은 다음, 채무자의 이익을 보호하고 침해를 입지 않게 하기 위해 양수인과 양도인이 동일 채권에 있는 이상, 채무자의 청산상계권을 포함하여 부담할 의무도 마찬가지로 가져야 한다.

채무자가 양수인에게 주장하는 상계권은 본법 제105조에 규정한 조건 외에 또 다음의 요건을 구비할 필요가 있다. 첫째, 채무자가 채권양도 통지를 받고 양도가 법적으로 효력을 발생할 것을 요구한다. 둘째, 해당 채권의 상환기가 이미 도래했을 것을 요구한다.

□ 사례

"갑"회사는 설비제조공장 "을"의 창고건설공사를 청부하여 도급비용은 인민폐 500만원이다. 계약 집행 중에 "갑"은 도급비용 받을 권리가 은행 "병"으로 이전하였다. "을"공장은 이 이전 통지를 받았을 때, "갑"회사가 "을"공장으로부터 구매한 설비재료의 인민폐 250만원 대금의 지불기간이 도래하였다. 이에 대하여 "을"공장은 은행에 대하여 채권의 상계를 주장하며, 실제로 인민폐 250만원을 지불하였다.

제84조 【채권자의 동의】 채무자가 계약상 의무의 전부 또는 일부를 제3자에게 이전하는 경우는 채권자의 동의가 있어야 한다.

■ 해설

본 조는 채권자가 동의한 전제를 기초로 한 채무부담에 관하여 규정한 것이다. 채무부담은 채무이전 또는 계약의무양도라고도 한다. 본 조는 채무자는 계약의 의무가 전부 또는 일부를 제3자에게 이전할 수 있다고 규정했다. 그러나 채권 이전하는 것과 비교하면 채무이전은 비교적 엄격하다. 반드시 채권자의 동의를 통해야 한다. 이것은 일반적으로 채권자의 동의를 얻고 채무자가 계약의무의 전부 또는 일부를 제3자에게 이전하는 행위를 말한다. 그것이 전부 이전한 경우에 채무자는 원래의 계약관계에서 이탈하여 제3자가 원래의 채무자를 대신하여 원래의 계약채무를 부담한다.

이와 같은 의미에서 볼 때 사람들은 흔히 이것을 면책의 채무부담이라고 한다. 그것이 부분 이전일 경우는 원래의 채무자는 본래의 계약관계에서 벗어나지 못하고, 제3자가 그 채무에 가입하는 관계가 되어 채무자와 함께 동일 채권자에게 채무를 부담한다. 이 방식을 채무의 병존부담이라고 부른다. 채무부담과 제3자가 교체되어 이행하는 그 모든 것이 제3자에게 채무이행의 문제가 존재한다. 그러나 양자는 다른 것으로 구별할 수 있는데 그것은 다음과 같은 상황으로 볼 수 있다.

첫째, 채무부담의 과정에서 채무자는 제3자와 사이에서 달성한 채무양도 협의에는 채권자의 동의가 없으면 채무의 이전은 법적으로 효력이 없다. 제3자가 채무자로 변하여 채무를 이행하는 경우, 제3자는 채권자와 채무자 사이에 채무양도의 협의를 해서는 안 된다. 채무대체 이행의 표시에 대한 효력은 채권자에게 대항할 수 없다. 동시에 채권자도 직접 제3자에 대하여 채무이행을 청구할 수 없다.

둘째, 채무부담의 과정에서 채무자는 이미 계약관계의 당사자 이지만 제3자가 채무자에게 대체하여 채무를 이행하는 경우, 제3자는 이행의 주체에 지나지 않으며 결코 계약의 당사자는 아니다.

셋째, 채무부담을 하는 과정에서 제3자는 이미 계약관계의 당사자로 되었다. 여기에서 만일 제3자가 계약의 약정에 의해 의무를 이행하지 않는 경우, 채권자는 직접 그 이행의무와 부담의 위약책임을 청구할 수 있다. 만일, 제3자가 이미 완전히 채무자의 지위로 대체한 경우에는 채권자는 채무자에 대하여 채무이행 또는 부담의 책임을 요구할 수 없다. 그러나 제3자가 대체이행의 과정에서 부적당한 이행을 한 경우, 채무자는 채무불이행의 민사책임을 부담하여야 한다. 채권자는 채무자에 대해서만 책임의 부담을 청구할 수 있지만, 제3자에 대하여서는 청구할 수 없다.

第85조 【신채무자의 항변권】 채무자가 의무를 이전하는 경우에 신 채무자는 원 채무자가 채권자에 대하여 항변할 수 있는 사유로 항변할 수 있다.

■ 해설

본 조는 채무인수의 효력이 발생하면 신 채무자는 원래의 채무자가 채권자에 대하여 갖고 있는 항변권을 주장할 수 있다는 것에 대하여 규정한 것이다.

채무인수가 법적으로 효력을 발생한 후, 그 인수인은 채무자의 지위를 대체하여 당사자가 되는데 이를 신 채무자라고 부른다. 신 채무자는 채무인수로 원 채무자의 지위를 양수하기 때문에 원래의 채무자가 채권자에 대하여 갖고 있던 항변권이 신 채무자에게 이전된다. 채무인수는 채무를 받아들이는 시점에서 신 채무자에게 이전하는 것으로 신 채무자의 이익에 손해를 주지 않기 위해서도 원래의 채무에서 발생된 항변권은 당연히 유효하다 할 것이다. 예컨대, 계약관계에 무효 요소가 있는 경우 원래의 채무자는 계약의 무효를 주장할 수 있다.

그러나 채무이전 전에 원래의 채무자가 그것을 주장하지 않은 경우 신 채무자가 그 채무를 인수한 뒤, 신 채무자는 계약무효를 이유로 채무를 이행하지 않을 수 있다. 단지, 원래의 계약 당사자에게 전속하는 권한인 계약해제권 및 취소권은 원래 채무자에 의해 행사할 수 있기 때문에 신 채무자는 행사할 수 없다.

신 채무자가 원래의 채무자가 갖고 있는 항변권을 행사하기 위해서는 다음의 조건에 부합할 필요가 있다. 첫째, 채무인수의 효력이 이미 유효하게 진행되어야 한다. 만일, 그렇지 않을 경우는 신 채무자도 존재하지 않으며 항변권도 문제가 되지 않는다. 둘째, 그 항변권은 채무인수 할 때 이미 유효하게 존재하고 있어야 한다. 채무자가 행사하지 않았거나 또는 행사가 종료하지 않은 항변권을 신 채무자는 채무자에 대하여 주장할 수 있다.

□ 사례

기계공장 "갑"과 기전설비회사 "을"은 기전설비매매계약을 체결하였다. 계약에 "갑"공장은 "을"회사가 대금총액의 25% 선금을 지불한 후 7일 이내에 약정한 수량과 품질에 따라 출고한다고 하였다. "을"회사의 동의를 얻어 "갑"공장은 화물의 제공의무가 기계제조회사 "병"으로 이전하였다. 따라서 "병"회사는 "을"회사가 약정한 선금을 지불하지 않는다는 이유로 "을"회사에 대하여 항변을 주장할 수 있다.

第86조【종된 채무의 부담】 채무자가 의무를 이전하는 경우에 신 채무자는 주된 채무에 관한 종된 채무를 인수하여야 한다. 그러나 그 종된 채무가 원 채무자 자신에 전속하는 경우는 제외한다.

■ 해설

본 조는 신 채무자는 주채무와 관계 있는 부수적 채무를 동시에 부담해야 하는 것에 대하여 규정한 것이다. 계약의 채무는 계약의 규정에 따라 채무자가 부담하여야 할 특정한 행위 의무다. 주채무는 기타의 채무로부터 독립한 계약의무다. 예컨대, 판매계약의 매수인이 판매자에게 지불할 화물의 대가 의무를 "주채무"라 하고, 매수인이 금전 지불을 늦게 하였기 때문에 지불하여야 하는 연체이자를 "부수채무"라고 한다. 주채무와 부수채무는 분리할 수 없으며 일반적으로 주채무의 이전과 동시에 부수채무도 신 채무자에게 이전된다. 그러나 다음의 경우는 예외이다. 첫째, 원래의 채무자 자신에게 속하는 가령, 특정된 노무계약이나 연예계약 등과 같은 부수채무는 주채무의 이전과 함께 이전할 수 없다. 둘째, 담보의 부수채무 이전에는 필히 담보자의 동의를 얻은 다음에서야 법적효력을 갖는다. 채무 부담의 과정에서 만일, 담보자가 명확하게 계속하여 담보책임을 부담한다고 표시하지 않은 경우, 담보법 제23조의 규정에 의해 담보책임은 채무의 이전과 함께 소멸한다.

또 당사자 사이에서 부수채무를 누가 인수하는가에 대하여 약정이 없을 경우, 그 부수채무는 신 채무자에 의해 인수된다. 그러나 만일 주채무와 부수채무를 분리하여야 할 경우 그것을 분리하여 채권자의 동의를 얻어 주채무는 신 채무자가, 부수채무는 원래의 채무자가 인수할 수도 있다. 이것은 본질적으로 신 채무자와 원래의 채무자의 채무 공동인수로 이것을 병존적 채무인수라고도 한다.

□ 사례

빌딩관리회사 "갑"과 수출입무역회사 "을"은 빌딩관련 설비매매계약을 체결하였다. 계약의 효력이 발생한 후, "갑"의 동의를 통하여 "을"회사는 화물 제공의무를 "병"기전설비회사로 이전하였다. 계약은 설비설치, 보수와 수리보증 등 반드시 "을"회사가 책임진다고 약정한 것을 제외하고 "병"회사는 계약 약정에 따라 설비를 제공하고 설치, 보수와 수리보증 등 의무를 부담해야 한다.

第87조 【채권양도 등의 절차】 채권자의 권리양도 또는 채무자의 의무 이전에 따라 법률 또는 행정법규의 규정에 의해 인허가, 등기 등의 수속을 할 경우 그 해당 규정에 따른다.

■ 해설

본 조는 채권양도와 채무부담의 이행, 등기 등의 절차에 관하여 규정한 것이다. 본 조는 채권자가 계약의 권리를 이전하는 경우에 통지의무를 이행하고, 채무자가 채무를 이전하기 위해서는 채권자의 동의를 받으면 된다고 약정했다. 그러나 만일 법률, 행정법규에서 채권을 이전하고 또는 채무를 이전할 때 관련 인허가 또는 등기절차가 필요한 경우는 그 절차를 밟아야 하고, 그렇지 않을 경우는 그 권리·의무의 이전은 무효가 된다. 예컨대, 중외합자경영기업법 등의 계약은 인허가를 얻은 다음에야 비로서 법적 효력이 발생한다. 주관부처의 인허가를 받지 못하면 중외합자기업의 존재는 비합법적으로 된다. 이러한 기업의 권리・의무의 이전 또는 계약주체의 변화에는 관계 당국의 인허가 및 등기를 필요로 한다.

□ 사례

"갑"과 부동산개발회사 "을"은 상가주택매매계약을 체결하였다. 계약의 효력이 발생한 후 "갑"은 이 등기권을 "병"에게 이전하였다. "갑"은 "을"회사에 통지하는 것을 제외하고, "도시부동산관리법"의 규정에 의해 계약 당사자가 부동산관리부처에 등기 등의 수속을 처리해야 한다. 그렇지 않으면 권리이전의 효력이 없기 때문에 "병"에게 상가주택 등기권을 처리해 줄 수 없다.

第88조 【포괄양도】 당사자 일방은 상대방의 동의가 있으면 자기의 계약상 권리와 의무 전부를 제3자에게 양도할 수 있다.

■ 해설

본 조는 계약 당사자의 일방이 그 채권・채무를 포괄하여 제3자에게 이전하는 채권・채무의 포괄양도에 대하여 규정한 것이다. 채권・채무의 포괄양도에는 다음의 두 가지 방식이 있다. 그 하나는 계약에 따른 양도다. 즉 당사자 사이의 약정에 기초한 채권・채무의 이전이다. 다른 하나는 기업의 합병에 따른 채권・채무의 이전이다. 본 조에 규정한 것은 계약 양도로 이것은 계약체결 후, 상대방 당사자의 동의를 얻어 제3자가 계약관계상의 지위가 대체되어 그 계약의 권리・의무를 부담하는 것을 규정하고 있다. 계약 상대방의 동의를 얻도록 한 이유는 이 계약이 채무의 이전을 내용으로 하고 있기 때문에 이로 인한 다른 상대방을 보호할 필요가 있기 때문이다[100]. 결국 상대방의 동의는 계약인수의 효력발생 요건이 된다.

채권・채무의 포괄양도는 권리・의무의 전부를 양도하기 위한 것으로 이것은 일반적으로 쌍무계약 중에 존재하는 현상이다. 왜냐하면 쌍무계약의 일방 당사자는 채무를 향수함과 동시에 채무를 부담하고 있기 때문이다. 단일계약은 일방의 당사자가 권리 또는 의무를 향수하고 있기 때문에 채권・채무의 포괄양도는 존재하지 않는다.

第89조 【포괄양도의 준용】 권리와 의무를 포괄하여 양도하는 경우는 제79조, 제81조에서 제83조까지 및 제85조에서 제87조까지의 규정을 적용한다.

100) 刘景一 主编, 앞의 책, 285면.

■ 해설

본 조는 양도 가능한 권리, 부수권리와 부수채무의 양도, 당사자의 항변권의 이전, 포괄양도의 인허가·등기 등 채권·채무의 포괄양도 등에 대하여 규정한 것이다. 채권·채무의 포괄양도에는 채권의 양도와 채무부담의 양도가 포함된 관계상, 채권양도와 채무부담의 일정한 규정이 적용된다. 이것은 채권·채무의 포괄양도에도 적용하는 것이다.

그 적용하는 법률 중에는 본법에서 규정한 제80조와 제84조가 포함되어 있지 않다. 이 두 조문는 각 기 채무양도와 채무부담의 발효 요건을 규정한 것으로 본법 제88조에서는 이미 채권·채무의 포괄양도의 발효 요건으로서 원래의 계약 상대방의 동의를 거쳐야 한다는 것이 규정되어 있다[101]. 따라서 채권채무의 포괄양도에 제한된 것이라면 제80조와 제84조에는 적용되지 않는다.

第90조【합병·분할과 포괄양도】 당사자가 계약을 체결한 후 합병한 경우에 합병 후의 법인 또는 기타 조직이 계약의 권리를 행사하고 계약의 의무를 이행한다. 당사자가 계약을 체결한 후 분할하는 경우에 채권자와 채무자 사이에 다른 약정이 있는 경우를 제외하고는 분할된 법인 또는 기타 조직이 계약의 권리와 의무에 대하여 연대채권을 가지고, 연대채무를 부담한다.

■ 해설

본 조는 법인, 기타의 조직의 합병과 분할에 따라 발생한 채권·채무의 포괄양도 문제에 관한 것을 규정한 것이다. 본 조는 중국 민법통칙 제44조[102]의 채권·채무에 관계되는 포괄양도에 관한 규정을 수용한 것으로 민법통칙의 규정보다도 더 구체화 되어 있다.

(1) 법인, 기타의 조직의 합병의 경우

법인, 기타의 조직의 합병에 따라 일어난 채권·채무의 포괄양도는 두개 이상의 법인, 기타의 조직이 합병한 후 그 채권·채무도 함께 인계된다. 즉 당사자가 계약을 체결한 후 합병을 하는 경우 합병한 후의 법인 또는 기타 조직이 계약의 권리를 행사하고 계약의 의무를 이행하는 것이다. 신설합병에서 채권·채무는 새로 성립한 법인이나 기타 조직이 부담하지만, 흡수합병의 경우에서 채권·채무는 합병 후 계속하여 존속하는 법인, 기타의 조직에 의해 승계된다.

101) 胡康生 主编, 앞의 책, 142면; 徐景和 主编, 앞의 책, 157면~159면 참조.

102) 중국민법통칙 제44조에서 "기업법인이 분할·합병하는 경우에 이들의 권리와 의무는 변경 후의 법인이 향유 또는 부담한다"고 규정하고 있다.

(2) 법인, 기타의 조직의 분할의 경우

법인, 기타의 조직의 분할로 인해 일어난 채권·채무의 포괄양도는 새로운 법인, 기타의 조직이 탄생 후에 그 채권·채무는 분할한 후의 법인, 기타의 조직이 부담한다. 그 이행에는 두 가지의 상황이 있다. 첫째, 약정분할이다. 즉 약정에 기초한 부담이다. 당사자에 의한 약정에는 우선권이 있고 당사자 사이의 협의에 따라 채권·채무를 해당 법인, 기타의 조직에 포괄하여 향유하거나 부담시킬 수도 있다[103]. 둘째, 법정분할이 있다. 즉 법의 규정에 기초한 부담이다. 즉 채권자와 채무자에 약정 없거나 또는 그 약정이 불명확한 경우, 법률의 규정에 의하여 분할 후의 새롭게 탄생된 법인, 기타 조직이 그 채권·채무를 부담한다. 본 조는 분할한 후의 법인, 기타의 조직은 계약의 권리와 의무에 연대하여 채권을 향수하며 연대하여 채무를 부담한다고 규정하였다. 이렇게 규정한 의도는 채무자가 분할의 수단을 이용하여 채무를 도피하는 것을 방지하고, 채권자의 이익을 보호하고 침해를 받지 않도록 하기 위한 것이다.

□ 사례

투자은행 "갑"과 실업개발회사 "을"은 차관계약 1통을 체결하였다. 계약을 체결한 후 투자은행 "갑"은 발전은행 "병"에게 흡수 합병되었다. 합병한 후 아직 발전은행 "병"이라고 부른다. 이에 대하여 발전은행 "병"은 차관계약 중의 투자은행 "갑"의 권리를 행사하고 동시에 그 계약의무를 이행한다.

제6장 계약의 종료

본 장에서는 제91조에서 107조까지 모두 16개조로 각각 계약의 종료사유, 계약의 해제, 계약해제의 방식, 계약해제의 요건, 계약해제의 절차, 계약해제의 법적효과, 상계 및 상계권 행사의 요건과 절차, 공탁과 공탁의 요건 및 절차, 공탁의 효력, 채무면제, 채권·채무의 혼동 등 계약의 종료에 관하여 규정하고 있다.

계약의 종료는 계약의 소멸이라고도 한다. 그것은 일정한 사실에 의해 계약 당사자의 채권·채무가 객관적으로 존재하지 않게 되는 것을 말한다. 계약의 종료를 발생시키는 일정한 사실은 계약상 채권이 첫째, 그 목적을 달성하거나 또는 달성 불능으로 종료되는 경우다 가령, 채무의 적절한 이행 또는 혼동이 발생하는 경우와

103) 예컨대, 분리하여 새롭게 탄생한 해당 법인, 기타 조직에 부담시키거나 또는 분리하여 새롭게 탄생된 법인, 기타 조직의 분리비율에 기초하여 부담시킬 수도 있다.

계약이행 불능 등의 사유가 있을 때이다. 둘째, 당사자의 의사표시로 종료하는 경우다. 즉 채무의 면제, 약정의 해제, 상계 등이 있다. 셋째, 법률상 원인으로 소멸하는 법정해제 등의 경우가 있다. 계약의 종료의 의미를 정확하게 이해하기 위해서는 계약의 종료, 계약의 해제 및 계약의 중지를 명확하게 구별할 필요가 있다. 또 계약의 종료는 계약의 중지와도 다르다.

제91조 【계약의 종료 원인】 다음 각 호의 1에 해당하는 경우에 계약의 권리와 의무는 종료한다.
① 채무가 약정에 따라 이행된 경우
② 계약이 해제된 경우
③ 채무가 상호 상계된 경우
④ 채무자가 법에 의하여 목적물을 공탁한 경우
⑤ 채권자가 채무를 면제한 경우
⑥ 채권・채무가 동일인에게 귀속한 경우
⑦ 법률규정 또는 당사자가 약정한 기타 종료사유가 생긴 경우

■ 해설

본 조는 계약의 종료를 초래하는 그 원인에 대한 문제를 규정한 것이다. 중국계약법에서는 계약종료의 사유를 일곱 가지로 열거하였다[104]. 이 중의 어느 하나에 속할 경우 계약의 권리・의무가 종료한다.

① '채무가 약정에 따라 이행된'경우다. 즉 채무를 상환한 것을 말한다. 상환과 이행은 그 놓여져 있는 측면의 중점이 다를 뿐 의미는 크게 다르지 않다. 이행은 계약의 목적을 실현하는 것이고, 상환은 계약을 종료하는 각도에서 표현한 것 뿐이다.

② '계약해제'의 경우다.

③ '상계'의 경우다. 상계에는 법정상계와 합의상계 두 종류가 있는데 모두 계약종료의 원인이 된다.

④ '공탁'의 경우다. 채무자가 상환할 수 없는 목적물을 공증기관에 공탁하는 것으로 계약관계를 종료할 수 있다.

⑤ '면책'의 경우다. 즉 채권자의 채권 포기를 의미한다.

⑥ '혼동'의 경우다. 즉 채권인과 채무자가 동일할 때를 말한다.

104) 계약종료 후의 의무에 대해서는 徐景和 主编, 앞의 책, 161면~162면.

⑦ '법률규정 또는 당사자가 약정한 기타 종료사유'의 경우다. 이것은 위에 언급한 여섯 가지 종류의 원인 이외의 계약종료 사유가 발생한 경우의 것을 규정한다. 일반적으로 흔히 볼 수 있는 계약 철회에 의한 계약종료는 계약 주체의 자연인이 사망하여 그 채무를 이행하는 사람이 없을 경우, 또는 계약주체의 법인이 해산하여 그 채무를 계승할 자가 없는 경우 등이 있다.

□ 사례

"갑"건축회사가 "을"설비회사의 사옥빌딩의 내장공사 도급을 맡아 내부장식 공사비용이 인민폐 50만원이 소요된다. 동시에 "갑"회사가 "을"회사에 건축기자재를 구매한 대금이 인민폐 50만원이다. 쌍방의 교부기간이 동일 기간으로 "갑"회사와 "을"회사는 내부장식 공사비용과 기자재 구매대금을 상호 상계할 것을 동의하였다. 그러므로 위 쌍방 당사자는 채무가 서로 상계되어 계약이 종료된다.

제92조【계약종료 후의 의무】 계약이 종료한 후에도 당사자는 신의성실의 원칙에 좇아 거래 관행에 따라 통지, 협조 또는 비밀유지 등의 의무를 이행한다.

■ 해설

본 조는 계약이 종료한 후의 의무에 관하여 규정한 것이다. 본래 계약이 종료하면 당사자 쌍방의 권리와 의무는 소멸된다. 그러나 계약이 종료한 후, 즉 당사자는 계약완료 후에도 신의성실의 원칙에 의해 통지, 협력, 비밀유지 등의 의무가 있다. 가령, 계약 당사자 중 일방이 법률규정에 의해 계약을 해제하는 경우, 그 당사자는 다른 일방 당사자에게 즉시 통지하여야 한다. 상업비밀유지의 경우도 계약종료 후에 재직시 알게 된 기밀을 누설하지 않아야 한다.

계약종료 후의 의무에는 주요한 특징이 있다. 즉 첫째, 계약완료 후의 의무는 계약에 직접 규정된 의무는 아니고, 대부분 신의성실의 원칙 및 거래관습에 따라 발생된 의무이다. 둘째, 계약종료 후의 의무는 당사자가 당연히 책임져야 할 의무이다. 셋째, 계약종료 후의 그 의무는 계약종료 사유를 타당하게 처리하고, 계약효과를 보다 높이기 위한 것이다.

제93조【해제조건】 당사자는 합의로 계약을 해제할 수 있다. 당사자는 계약 중에 일방의 계약해제 조건을 약정할 수 있다. 계약해제의 조건이 성취한 때는 해제권자는 계약을 해제할 수 있다.

■ 해설

본 조는 당사자가 계약 중에 해제조건을 설정할 수 있다는 것에 관하여 규정한 것이다. 계약해제에는 합의해제와 약정해제라는 두 가지 종류가 있다. 경제계약법 제26조 1항 1단 및 기술계약법 제23조 1항에는 합의해제가 규정되었고, 섭외경제계약법 제29조 4항에서는 약정에 따른 해제권을 규정하였다. 계약법 본 조에서는 합의해제와 약정해제권의 해제를 동일의 조문 내에 규정하고 있다. 그 약정해제와 합의해제의 구별은 다음과 같은 특징이 있다.

첫째, 약정해제는 사전에 계약 중에서 계약해제의 조건 및 일방 당사자에게 해제권을 규정한 것이고, 합의해제는 후에 발생한 계약해제의 필요성 상황에 따라 계약해제를 결정하는 것이 다르다.

둘째, 약정해제는 반드시 계약해제에 이를 것을 제한하고 있지 않고 상황에 따라서 계약해제에 도달하지 않을 경우도 있다. 합의해제는 당사자 사이에 필요로 부득이 계약해제의 협의를 한 위에서 해제하는 것이기 때문에 이 해제는 피할 수 없는 해제다.

셋째, 약정해제는 종종 일방의 당사자가 위약했을 경우에 다른 일방 당사자가 해제권을 향수하는 것에 대하여, 합의해제는 일방의 당사자에 위약이 없어도 당사자 쌍방이 계약해제를 도모하면 해제는 가능하다는 것이 다르다.

넷째, 약정해제의 해제는 일반적으로 어느 일방이 행사하는 일방적인 행사가 많은데, 합의해제는 쌍방의 협의 위에 성립되는 쌍방해제로 서로 다르다.

□ 사례

"갑"과 운송회사 "을"은 이사에 대한 운송계약 1통을 체결했다. 계약에는 만일 "을"회사가 일요일 오전 9시에 출하지점에 도착할 수 없으면, 이 계약이 자동적으로 해제한다고 약정하고 있다. 일요일 오전 9시에 "을"회사가 출하지점에 도착할 수 없었다. 그러므로 계약해제의 조건을 형성하여 "갑"은 이 계약을 해제할 수 있다.

제94조【법정해제권】 다음 각 호의 1에 해당하는 경우에 당사자는 계약을 해제할 수 있다.
① 불가항력으로 계약의 목적을 달성할 수 없는 경우
② 이행기한 만료 전에 당사자 일방이 주요 채무의 불이행을 명확히 표시 또는 자기행위로 표시한 경우
③ 당사자 일방이 주요 채무의 이행을 지체하여 최고를 경유한 후에도 합리적인 기한 내에 이행하지 않은 경우
④ 당사자 일방이 채무의 이행을 지체 또는 기타의 계약위반 행위로 계약 목적의 달성이 불능하게 된 경우
⑤ 법률에서 정한 기타의 경우 등이다.

■ 해설

본 조에서는 법정해제권에 관한 일정한 요건을 규정한 것이다. 본 조에서 규정하는 다섯 개의 법정해제권 중에 본 조 제1항의 '불가항력'의 규정은 경제계약법 제26조 제2항, 섭외계약법 제29조, 기술계약법 제24조 제2항의 규정과 비슷하며, 본 조 제3항의 '채무이행의 지체'규정은 섭외계약법 제29조 제2항의 규정과 기본적으로 일치한다[105]. 또 본 조 제4항의 '채무이행 지체 또는 그 외의 위약행위'규정은 섭외계약법 제29조 제1항의 규정과도 비슷하다. 본 조에서 규정한 법정해제권을 행사하기 위해서는 일정한 요건이 필요한데 그 요건에 대해 간략하게 설명한다.

(1) 불가항력

'불가항력으로 계약의 목적을 달성할 수 없는' 경우는 민법통칙에서는 예측불능, 피할 수 없는 또 극복 불가능한 객관적 상황을 불가항력의 정의로 하였다[106]. 이러한 불가항력으로 인하여 계약을 이행할 수 없게 된 경우 그 계약은 목적을 달성할 수 없게 되기 때문에 당사자 쌍방에게는 계약해제권이 있다. 그러므로 어느 한 일방의 당사자가 해제권을 행사해도 법적으로 인정된다.

(2) 이행기한 전의 불이행 표시

'이행기한 전 당사자 일방이 주요 채무의 불이행을 명확히 표시 또는 자기행위로 표시'한 경우는 영미법상의 선기위약(先期违约)의 개념에 상응한다. 즉 채무자가 이행할 수 있는 채무에 대하여 이행기한 전에 위법으로 불이행의 의사표시를 표명한 것이다. 이것은 채권자의 이익을 보호하기 위한 일종의 위약형태로서 법정해제 사유가 된다. 여기서 이행기한 만료 전이란 계약이행 기간의 최후 일자를 말한다. 그리고 여기서 말하는 '주요 채무'라는 것은 일반적으로 계약의 본질이나 성질을 결정하는 의무, 즉 계약에서 중요한 지위를 차지하는 채무를 말한다.

(3) 이행지체로 인한 채무의 불이행

본 조 제3항에서는 '당사자 일방이 주요 채무의 이행을 지체하여 최고를 경유한 후에도 합리적인 기한 내에 이행하지 않은' 경우에 대하여 규정하고 있다. 이 지체이행에는 채무자의 지체와 채권자의 지체를 포함한 광의적인 의미의 지체이행과 채무자의 지체이행 결과를 말하는 협의적인 의미의 지체이행이 있다. 여기서 규정하는 지체이행은 후자의 협의의 지체이행을 말한다.

채무자의 이행지체란 채무자가 이행기가 도래한 후 이행을 할 수 있는데도 불구하고 정당한 사유 없이 주요채무의 이행을 하지 않는 것을 말한다. 이행지체에는

105) 구 3대 계약법과 비교분석의 상세는 胡康生 主编, 앞의 책, 155면~159면; 刘文华 主编, 앞의 合同法实用指南, 150~152면 참조; 柴振国 何秉群 等, 앞의 책, 264면~268면.

106) 예를 들자면 지진, 태풍, 홍수 등의 자연재해 또는 전쟁이며 폭동 등의 사회적 돌발사건 등의 경우다.

다음의 요건이 필요하다. 처째, 이행 가능해야 한다. 둘째, 이행기한이 만료되었는데도 채무자가 이행하지 않는 경우다. 여기에는 부적당한 이행 또는 이행장소의 부적당 등 그 외의 이행불완전 행위는 포함되지 않는다. 셋째, 지체이행에는 정당한 이유가 존재하지 않아야 한다. 그러므로 정당한 이유가 있어서 채무이행이 늦어졌다면 지체이행에 속하지 않는다. 여기서 말하는 '최고'란 채권자가 채무자에게 일정기간을 정하여 보낸 이행청구의 통지를 말한다. 그 내용은 채무에 한하며 방식은 서면 또는 구두에 따른 형식이 채용된다.

(4) 위약으로 인한 목적의 실현 불능

일방의 당사자에 따른 채무이행의 지체 또는 그 외의 위법행위로 계약의 목적이 실현할 수 없게 된 경우로 결과적으로 법정에 의한 해제를 규정한 것이다. 이 경우는 비교적 중대한 사유로 인하여 계약 목적의 실현이 불가능한 것으로 채권자는 채무자에게 최고 없이 해제권을 행사할 수 있는 것이다. 만일, 당사자가 일반적인 위약행위로 계약 목적의 실현에 영향이 없을 경우 본 항의 해제조건이 아니라는 것을 알 수 있다.

(5) 기타 법정에 의한 해제

본 항의 규정은 위의 네 가지 사유 외에 기타 법정해제에 해당하는 사항을 개괄적으로 규정한 것이다.

□ 사례

"갑"석유화학공장이 중동 "을"석유회사로부터 원유를 구매하기로 했다. 계약은 "을"회사가 1월 25일에 유조선을 통하여 "갑"공장이 지정한 항구에 배달한다고 약정했다. 1월 20일, "을"회사가 선적과 관련한 발송통지가 전혀 없었다. 그러나 해운시간으로 보면, 1월 25일 전까지 지정한 항구까지 발송하기에는 시간적으로 불가능했다. "을"회사는 이행하지 않는다는 것을 명확하게 표시하지 않았고, 또한 "갑"공장도 연기이행 청구를 통지하지 않았다. 이에 대하여 "갑"공장은 계약을 해제할 수 있다.

第95조 【해제권의 행사기한】 해제권의 행사기한을 법률에서 규정 또는 당사자가 약정하였을 때, 기한이 도래하여도 당사자가 행사하지 않는 경우 그 권리는 소멸한다. 해제권의 행사기한을 법률에 규정하지 않았거나 또는 당사자가 약정하지 않은 경우, 상대방의 최고 후 합리적인 기한 내에도 행사하지 않았을 때 그 권리는 소멸한다.

■ 해설

본 조는 해제권의 행사기한에 관하여 규정한 것이다. 해제권의 행사기한은 일종의 제척기간으로 이 기간을 경과하면 해제권은 소멸한다. 해제권의 행사기한은 일반적으로 약정해제와 법정해제에만 존재하고, 합의해제는 당사자 쌍방이 합의하여 결정하는 계약해제이기 때문에 해제기한이라고 하는 문제가 발생하지 않는다. 그러나 합의해제는 원래의 계약을 해제하기 위한 새로운 계약을 형성함으로써 쌍방 의사표시에 의한 법리가 적용된다. 그리고 여기서 합리적인 기한이란 해제권을 행사하기 위해 필요한 시간을 가리킨다.

□ 사례

국제무역회사 "갑"과 화물운송회사 "을"은 화물해운계약을 체결했다. 계약에서는 "을"회사의 약정한 적재 화물선이 반드시 2월 10일 전에 A항에 도착해야 한다고 약정했다. 동시에 "해제계약은 계약 해제사유가 발생한 날로부터 10일 이내에 행사 한다"고 약정했다. 2월 4일, "을"회사는 "갑"회사에 팩스로 2월 10일 전부터 2월 15일까지 약정한 적재 화물선이 없다는 것을 통지 했다. "갑"회사는 2월 15일 전에 그 계약 해제권을 행사하지 않았다. 이에 따라서 "갑"회사의 계약 해제권은 소멸한다.

第96조【해제의 절차】 당사자 일방은 본 법 제93조 제2항 및 제94조의 규정에 의해 계약해제를 주장하는 경우는 상대방에게 통지하여야 한다. 계약은 상대방에게 통지가 도달한 때에 해제된다. 상대방에게 이의가 있는 경우는 인민법원 또는 중재기관에 계약효력의 해제를 확인하는 청구를 할 수 있다. 법률, 행정법규의 규정에 의해 계약해제의 인가, 등기 등의 절차를 밟을 때는 그 해당 규정에 의한다.

■ 해설

본 조는 통지방식에 의한 계약해제의 행사방식과 계약해제의 인가와 등기절차에 관하여 규정한 것이다.

(1) 통지

제93조 제2항 및 제94조의 규정에 의해 계약해제를 주장하는 경우는 통지를 하여야 하는데, 통지는 일방의 당사자가 다른 일방의 당사자에게 계약해제의 의사표시를 고지하는 것으로 이 통지가 상대방에게 도착한 후에는 그 통지를 취소할 수 없다. 이 계약해제의 통지는 상대방에게 도착한 후에서야 비로서 효력이 생긴다.

(2) 이의가 있는 자의 소송 또는 중재의 청구

상대방의 계약해제에 이의가 있는 경우는 인민법원이나 중재기구에 소송 또는 중재를 청구하여 그 효력을 확정할 수 있다.

(3) 원래의 인가기관에 수속절차

법률 또는 행정법규에서 인가·등기를 받아 성립 또는 유효한 계약이 해제의 경우에 반드시 동일한 절차의 이행을 강요하는 것은 아니다. 즉 계약해제에 대한 인가·등기의 여부는 법률에 통일된 규정이 없기 때문에 각 계약의 성질에 따라서 법률은 서로 다른 요구를 하고 있다. 그러나 일정한 계약은 해제의 경우에도 그 계약을 인가한 원래의 주무부처에 일정한 절차를 밟아야 한다[107]. 따라서 본 조에서는 법률, 행정법규가 인가, 등기를 규정하고 있는 경우 '그 해당 규정에 의하여'라고 규정한 것이다. 이러한 융통성을 통하여 중국의 입법작업의 성숙성을 알 수 있다.

第97조 【해제의 효과】 계약을 해제한 경우에 아직 이행하지 않았으면 그 이행을 종료한다. 이미 이행하였으면 이행상황, 계약의 성질에 따라 당사자는 원상회복, 기타 구제조치를 취할 것을 요구할 수 있고 손실을 배상할 것을 요구할 권리가 있다.

■ 해설

본 조는 계약해제의 결과가 이행의 종료 또는 원상회복이라는 문제에 대하여 규정한 것이다. 계약해제는 계약으로 발생된 채권·채무관계를 소멸시킨다고 하는 법적결과를 가져온다[108]. 그 경우 계약해제 이전의 채권·채무관계를 어떻게 처리할 것인가 하는 것이 문제가 된다[109]. 이것을 규정한 것이 바로 본 조이다.

(1) 이행의 종료

'이행의 종료'는 계약에 규정된 의무를 이행하는 것이 아니라 계약관계의 소멸을 의미하는 것이다. 이에 대하여 '원상회복'은 당사자가 해제된 계약을 계약체결 이전의 상태로 돌아가게 하는 것을 말한다. 즉 계약해제에 원칙적으로 소급의 효를 인정하고 있다. 이것은 당사자 쌍방에게 계약에 의해 발생한 채무 모두를 면제하는 필연적 결과에 의한 것이다. 계약해제의 소급의 효란 계약관계가 그 성립한 시점으로 거슬러 올라가 소급하여 그 효력이 소멸하는 것이다. 이 해제의 효력에 따라 계약 당사자는 원상회복 의무를 부담하게 된다.

---

107) 예를 든다면 부동산, 차량 및 선박 등을 계약의 객체로 하는 경우에는 계약을 해제할 때, 원래의 인가기관에 등기말소 등의 절차를 밟아야 효력이 생긴다.

108) 상세는 胡康生 主编, 앞의 책, 161면~164면 참조.

109) 계약의 해제와 손해배상에 대해서는 王利明·崔建远, 앞의 책, 466면.

(2) 원상회복

'원상회복'에 관하여 본 조에서는 '이행상황과 계약의 성질에 따라'라는 조건을 붙였다. 그것은 계약의 실질적인 이행상황과 목적물의 성질에 따라서 계약 전의 상황으로 회복할 수 있는지 여부를 목적물의 성질에 따라서 원상회복의 효과도 서로 다르다는 현실에서 출발하여 규정한 것이다. 즉 첫째, 당사자가 교부한 원래의 목적물이 있을 경우는 그 원래의 목적물을 반환함과 동시에 반환하고, 그 반환과 관련한 비용도 보상해야 한다. 그리고 해당 목적물에 이자가 있을 경우 당연히 이자를 함께 원래의 목적물과 함께 반환하여야 한다. 둘째, 원래의 목적물을 반환할 수 없는 경우는 대체물, 목적물의 대가, 손실배상 또는 그 외의 구제조치 등에 의해 이뤄져야 한다.

□ 사례1

과일회사 "갑"과 깡통을 제조하는 회사 "을"은 신선한 과일의 매매계약을 체결했다. 계약이 절반쯤 이행되었을 때 "갑"회사가 "을"회사에게 약정한 신선한 과일 제공을 하지 않겠다는 의사를 표시하였다. 계약법 제94조의 규정에 의해 "을"회사는 계약을 해제할 수 있다. "갑"회사가 교부한 신선한 과일이 이미 깡통에 가공되었기 때문에 원상회복이 불가능하게 되었다. 이에 따라서 "갑"회사는 "을"회사에 대금을 반환하고, "을"회사는 신선한 과일의 할인가격으로 "갑"회사에게 보상해야 한다.

□ 사례2

석유화학공장 "갑"과 개발연구원 "을"은 1통의 기술위탁개발계약을 체결했다. 계약에서 "을"연구원은 석유화학 관련 새로운 기술을 연구개발 한다고 약정했다. 그런데 계약진행 중에 "을"연구원이 개발연구를 중지하여 "갑"공장은 계약을 해제했다. "을"연구원이 제공한 부분적 새로운 기술은 "갑"공장에 아무런 의미가 없기 때문에 지금까지 제공한 기술을 사용할 수가 없었다. 이에 따라서 "을"연구원은 연구개발 경비와 보수를 반환해야 하지만, "갑"공장은 "을"연구원에게 아무런 보상을 하지 않아도 된다.

第98조 【계약종료의 일반적 효과】 계약의 종료는 계약상의 결산과 청산조항의 효력에 영향을 미치지 않는다.

■ 해설

본 조는 계약의 종료에 따른 결산과 청산조항의 효력에 대하여 규정한 것이다.

계약의 종료는 계약에 대한 채권·채무관계의 소멸을 의미하는 것으로 이것은 계약내용에 대한 이행효력을 종료한 것에 지나지 않는다. 그러나 결산과 청산조항은 당사자의 경제거래에 관한 결산 및 계약종료 후에 남겨진 문제를 어떻게 처리할 것인가에 대한 계약 조항이다. 따라서 이러한 규정은 모두 계약종료 후에 관한 약정이기 때문에 그러한 조항은 결코 계약의 종료에 따라 효력을 잃는 것은 아니다.

그리고 계약의 종료는 결코 계약책임의 종료를 의미하는 것이 아니다. 만일, 일방 당사자의 중대한 위약으로 다른 일방 당사자가 계약의 해제를 한 경우, 이 종료는 계약의 해제에 의한 종료로 당연히 위약한 당사자에게는 그 책임을 부담할 의무가 있다. 그리고 계약의 종료는 당사자의 손해배상청구권까지도 종료하는 것이 아니란 점에 유의할 필요가 있다.

□ 사례

"갑"회사와 "을"항공회사는 항공운송계약을 체결했다. "갑"회사가 약정한 비행장에 화물을 운송한 후, "을"회사가 약정한 비행기를 제공할 수 없다는 의사표시를 하였기 때문에 "갑"회사는 이 계약을 해제하였다. 이에 따라서 "을"항공회사는 계약종료를 원인으로 "갑"회사의 운송비용 등 손실배상청구의 권리를 거절할 수 없다.

第99条 【법정상계의 조건】 당사자가 쌍방은 기한이 도래한 채무를 상호 부담하고 그 채무의 목적물의 종료, 품질이 동일한 경우 각 당사자는 자기의 채무와 상대방의 채무를 상계할 수 있다. 그러나 법률의 규정 또는 계약의 성질에 의해 상계할 수 없는 경우는 제외한다. 당사자가 상계를 주장하는 경우 상대방에게 통지하여야 한다. 통지가 상대방에게 도달한 시점에서 그 효력이 생긴다. 상계의 통지에는 조건 또는 기한을 부가할 수 없다.

■ 해설

본 조는 법정상계의 요건과 그 행사 방법에 관하여 규정한 것이다. 상계에는 법정상계와 합의상계의 두 종류가 있는데 본 조 제1항에서는 그 법정상계의 개념을 규정하고 있다.

(1) 법정상계의 요건

계약법에서 정하는 법정상계의 요건은 다음과 같다[110]. 첫째, 계약 당사자 쌍방이 상호 대립하는 쌍방의 채권과 채무가 존재하여야 한다. 동시에 쌍방의 채권과 채무

110) 상세는 郭明瑞·房绍坤, 新合同法原理, 앞의 책, 307면~309면.

가 이행기에 있어야 한다. 둘째, 계약 목적물이 동종 또는 유사한 것이어야 한다. 주로 금전채권의 경우에 많이 이용된다. 셋째, 채권이 상계할 수 있는 채권이어야 한다. 가령, 상호 노무제공 등의 채무와 같은 부작위채무의 경우는 상계할 수 없다.

(2) 상계할 수 없는 경우

상계할 수 없는 채무에는 계약의 성질 및 법률에서 상계할 수 없다고 규정한 두 종류의 채무가 있다. 계약의 성질에 의한 것에는 지적노동 또는 일종의 행위이가 해당된다. 법률로 규정한 것으로는 첫째, 침해행위에 의한 채무의 경우다. 이 경우에 채무자는 그 채무의 상계가 허용되지 않는다. 둘째, 법률에서 차압을 금지하고 있는 노동보수 등의 채무에 대해서도 상계를 주장하는 것이 허용되지 않는다. 셋째, 제3자가 채무자에 대하여 이행을 요구한 경우다. 채무자는 다른 일방 당사자에게 채권을 갖고 있기 때문에 상계 주장 등은 허용되지 않는다.

□ 사례

운송회사 "갑"은 자동차제조공장 "을"에게 승용차를 운송하였고, 그 운송 비용은 인민폐 20만원이었다. "을"공장의 운송비용 지불기한이 도래하였다. 그 밖에 또 "갑"회사가 "을"공장의 승용차 3대를 구매한 대금이 인민폐 151만원이었다. "갑"회사도 대금의 기간이 도래하였다. 이에 따라 "갑"회사는 운송비용과 승용차를 구매대금을 서로 상계하기로 하고, 실제 대금 인민폐 131만원을 "을"공장에게 교부하였다.

第100조 【합의상계】 당사자가 상호 채무를 부담하고 있는 때 목적물의 종류, 품질이 동일하지 않은 경우도 쌍방은 합의로 상계할 수 있다.

■ 해설

본 조는 당사자의 합의로 상계 할 수 있는 합의상계에 대하여 규정한 것이다. 본 계약법 제99조에서는 목적물 성질의 차이에 따라 법정상계가 허용되지 않을 수 있지만, 본 조에서 당사자의 합의 또는 협상일치를 전제로 상계가 허용될 수 있다는 것을 규정하고 있다. 당사자 쌍방이 계약 목적물의 종류나 품질이 동일하지 않아도 합의를 통하여 대립하는 채권을 대등액에서 소멸시키는 유상계약이다. 합의상계의 기본적 효력은 당사자의 자유의사 존중을 원칙으로 하여 법정상계보다 우선적 효력이 있다고 할 수 있다[111].

111) 刘文华 主编, 앞의 合同法实用指南, 158면.

제101조 【공탁의 적용조건】 다음 각 호의 1에 해당하여 채무의 이행이 어려운 경우 채무자는 목적물을 공탁할 수 있다.
① 채권자가 정당한 이유없이 수령을 거절한 경우
② 채권자가 행방이 불명한 경우
③ 채권자가 사망 후 상속인의 미확정 또는 행위능력 상실 후 후견인이 확정되지 않은 경우
④ 법률이 정한 기타의 경우
목적물이 공탁하기에 부적당하거나 공탁비용이 과다한 경우, 채무자는 법에 의하여 경매 또는 환가하여 그 대금을 공탁할 수 있다.

■ **해설**

본 조는 공탁의 적용조건에 대하여 규정한 것이다. 즉 채무자가 상환할 수 없는 목적물을 공탁기관을 통해 보존하는 것으로 계약관계를 소멸시키는 행위의 조건에 관해 규정하고 있다[112].

(1) 채권자의 수령거절

채무자가 약정에 따라 현실적으로 급부를 제공했는데도 불구하고 채권자가 정당한 이유없이 그 수령을 거절하는 경우다. 즉 채권자가 수령지체, 장기 해외출장 또는 여행, 장기입원의 경우 채무자는 공탁할 수 있다.

(2) 행방불명의 경우

가령, 계약상 채권자 주소지가 변경되어 채무 이행지를 확정할 수 없는 경우, 채권자가 불명확하거나 실종된 등의 경우가 있다.

(3) 상속인 또는 후견인의 미확정

채권자의 사망 또는 행위능력을 상실하여 그 상속인 또는 후견인이 확정되지 않은 경우는 급부의 이행 상대방이 없기 때문에 채무자의 급부이행 보장과 거래의 안전을 위해 공탁할 수 있도록 하였다.

(4) 기타 법률이 정한 경우

기타 위 3가지에서 언급한 사유 외에도 법률이 정한 기타 사유가 있는 경우에도 공탁할 수 있다.

(5) 경매 또는 매각환금의 공탁

채무자는 정해진 법률에 따라 경매 또는 매각환금 하여 얻은 자금을 공탁할 수

112) 공탁은 채무자가 채권자에게 직접 이행하지 않더라도 채무소멸의 효과를 가져오는 특별한 제도이기 때문에 법률에서 정한 사유가 있을 때에만 할 수 있다. 상세는 胡康生 主编, 169면~172면; 刘文华 主编, 앞의 合同法实用指南,159면~160면; 夏志宏 主编, 앞의 책, 133면~135면; 郭明瑞・房绍坤, 앞의 책, 316면~318면; 徐景和 主编, 앞의 책, 169면~172면 참조.

있다. 이것은 채권자의 각도에서 고려하여 규정한 조항이라 할 수 있다.

□ 사례1

주문자인 "갑"회사가 제조업체인 "을"회사에 위탁하여 선물용 손목시계를 주문하였다. "을"회사는 약정에 따라서 제작을 완성했지만, "갑"회사가 이유없이 선물용 손목시계의 수령을 계속 지연하였다. 따라서 "을"회사는 선물용 손목시계를 제3자에 맡겨서 보관할 수 있다.

□ 사례2

과일도매상 "갑"과 과일주 양조공장 "을"은 신선한 과일 매매계약을 체결했다. "갑"도매상이 신선한 과일을 교부했는데, "을"공장은 특별한 이유없이 수령을 지연하였다. "갑"도매상이 교부하려고 하는 신선한 과일을 금전으로 환가하여 환금할 때 소요된 비용 등을 공제한 후 취득대금을 "을"공장의 명의로 은행에 입금시켰다. 이에 따라서 "갑"회사는 채무를 모두 이행하게 된 것이다.

제102조【공탁의 통지】 목적물을 공탁한 후 채권자가 행방불명의 경우를 제외하고 채무자는 채권자 또는 채권자의 상속인, 후견인에게 신속히 통지하여야 한다.

■ 해설

본 조는 공탁자인 채무자는 공탁의 사실을 채권자 또는 채권자의 상속인 또는 후견인에 대하여 신속하게 통지할 의무가 있다는 것에 대하여 규정한 것이다.

중국의 사법부가 공포한 공탁공증규칙(提存公证规则) 제18조에 "상환을 목적으로 한 공탁 또는 통지 곤란한 공탁자에 대해서는 공증처는 공탁 일로부터 7일 이내에 서면형식으로 공탁 수령자에게 해당 공탁물의 수령시간, 기한, 지점, 방법을 통지하여야 한다. 공탁 수령자가 명확하지 않거나 또는 행방불명, 거주지 불명으로 통지를 송달할 수 없는 경우, 공증처는 공탁 일로부터 60일 이내에 공개방식에 의한 통지를 하여야 한다"고 규정하고 있다. 본 조의 공탁은 직접 채권자에 대한 상환이 아니기 때문에 통지를 필요로 하고, 일반적으로는 서면형식을 취하지만 구두에 의한 공탁은 구두로 통지할 수 있다. 만일, 채무자가 신속하게 통지의무를 이행하지 않았기 때문에 채권자에 불필요한 비용을 부담시킨 경우는 원칙적으로 채무자가 이것을 부담하여야 한다. 그리고 본 조의 규정에 따라 채권자가 행방불명의 경우는 그 소재지를 알 수 없기 때문에 통지할 의무가 없다.

第103条【공탁물의 위험부담】 목적물을 공탁한 후 훼손 또는 멸실의 위험은 채권자가 부담한다. 공탁기간 동안 발생하는 목적물의 과실은 채권자에게 귀속되고 공탁비용은 채권자가 부담한다.

■ 해설

본 조는 공탁물의 위험부담, 과실의 귀속 및 공탁비용의 부담에 대하여 규정한 것이다. 본 조에서는 채권자와 채무자 사이의 공평성을 위하여 공탁기간 중에 발생하는 목적물에 대한 이자 등의 과실 등을 채권자에게 귀속토록 하였고, 공탁비용도 채권자가 부담하도록 하였다. 공탁과 상환은 계약의 채권·채무관계의 법적효력이 동등하게 소멸하는 것을 의미하는 이상, 공탁물의 위험은 채무자 및 공탁기관이 부담하여야 하는 것이 아니라 채권자가 부담해야 하는 것은 극히 당연한 것이라고 할 수 있다. 또 공탁비용도 채권자 부담이 합리적인 것은 더 말할 나위도 없다. 왜냐하면 공탁물은 보관한 시점에서 채권자의 소유로 귀속되며 또 채무자가 공탁할 필요가 있는 경우도 있지만, 대부분 채권자측의 원인에 의한 것이기 때문이다.

□ 사례

의료기기수출입회사 "갑"은 의과대학 부속병원 "을"의 위탁을 받아 5세트의 의료설비를 대리수입하기로 하였다. 그러나 "을"병원이 정당한 이유없이 그 설비의 수령을 지연하고 있기 때문에 "갑"회사는 이 설비의 관련 부처에 맡겨 보관하였다. 그 보관기간 동안에 홍수로 인하여 설비가 훼손되었다. 이에 따른 설비의 훼손은 "을"병원이 책임을 진다.

第104条【공탁물의 수령】 채권자는 공탁물을 언제든지 수령할 수 있다. 그러나 채권자가 채무자에 대하여 기한이 도래한 채무를 부담하고 있는 경우 채권자가 채무의 이행 또는 담보를 제공할 때까지 공탁기관은 채무자의 요구에 의하여 그 공탁물의 수령을 거절하여야 한다. 채권자의 공탁물 수령권은 공탁 일로부터 5년 내에 행사하지 않으면 소멸하고, 공탁물은 공탁비용을 공제한 후 국가에 귀속된다.

■ 해설

본 조는 채권자와 공탁기관과의 공탁물 수령에 관하여 발생한 문제에 대하여 규정한 것이다. 여기서는 채권자의 공탁물에 대한 수령권과 공탁에 대한 수령권 행사의 기한을 규정하고 있다.

채권자는 공탁통지를 받은 뒤, 언제든지 수시로 공탁물을 수령할 수 있다. 그러나 첫째, 채권자가 채무자에게 기한이 도래한 채무를 부담하고 있는 경우와 둘째, 채권자가 채무의 이행 또는 담보의 제공이 없는 경우 또는 셋째, 채무자가 채권자에 대하여 공탁물을 수령할 때에 반대급부 이행을 요구하고 있는 경우 등에 있어서는 공탁기관은 채권자의 공탁물 수령청구를 거절할 수 있다.

채권자의 공탁물 수령기간을 무한대로 할 수 없기 때문에 계약법에서는 공탁 일로부터 5년이라는 제척기간을 두어 이 기간 내에 공탁물을 수령하지 않으면 이 권리가 소멸하도록 하였고, 공탁물은 공탁비용을 공제한 후에 국가의 소유로 귀속하게 하였다.

제105조【채무면제】 채권자가 채무의 일부 또는 전부를 면제한 경우, 계약의 일부 또는 전부가 종료한다.

■ 해설

본 조는 채권자가 채무자에게 채무면제를 통하여 계약을 종료 시키는 것에 대하여 규정한 것이다. 채권자가 채무자에 대한 채무 면제란 채권자가 채무자의 채무를 소멸시킬 목적으로 채권을 포기하는 의사표시를 말한다[113].

(1) '면제'의 법률적 특징

첫째, '면제'는 민사적 행위로서 채권은 특정한 사람과 사람의 청구권으로 지배권에 속하는 것은 아니다. 그러므로 채권의 포기는 사실적 행위의 방식에 의한 것이 아니고 반드시 포기한다고 하는 명백한 의사표시가 있어야 한다. '포기한다고 하는 명백한 의사표시'는 일방적인 채권자의 의사표시로만 충분한지 그렇지 않으면 채무자를 포함한 쌍방의 의사표시가 꼭 필요한 것인지에 대해 각 국의 민법규정에 따라 다르다[114].

둘째, '면제'행위는 무상 또 무인행위이며 채무자가 면제에 의해 이익을 얻었다 하여 이것에 대한 대가를 지급할 의무는 없다. 그리고 채무의 원인은 다양하지만 어떤 원인으로도 그 면제 효력에 영향을 줄 수는 없다는 것이 특징이다.

셋째, '면제'는 채권·채무관계의 소멸을 내용으로 하여야 한다. 면제는 직접적인 채무관계의 소멸이자 채무처리 행위의 일종이기도 하다. 따라서 채무관계의 소멸과 채무포기는 하나의 범주에 속한다고 말할 수 있다.

113) 柴振国 何秉群 等, 앞의 책, 300면~302면.

114) 예컨대, 한국과 일본의 민법에서는 채무자 일방적 의사표시가 있으면 되는데, 독일과 프랑스는 쌍방의 의사표시를 필요로 하고 있다. 중국은 본 조의 규정에 의해 채권자 일방적 의사표시만 있으면 되는 것으로 하였다.

(2) 면제의 조건

첫째, '면제'의 의사는 채무자에 대해서만 하는 것으로 제3자에게 면제의 의사를 표시했다 하더라도 채무관계는 소멸하는 것이 아니다. 그리고 의사표시는 계약의 방식, 면제증서의 작성 교부, 채권증서를 반환하는 방식이 있다.

둘째, '면제'는 법률적 행위인 이상 법률에 정해진 규정에 조건이나 기한을 부가할 수 있다. 예컨대, 당사자 사이에 채무자가 일정기간 내에 주채무를 이행하는 경우에 이자를 면제할 수 있다는 것 등이다.

셋째, '면제'는 일종의 처분행위이기 때문에 채권자에게 처분능력을 요구한다. 처분능력이 없는 자의 처분행위는 효력이 없다.

넷째, '면제'가 있으면 그 부분만큼 계약의 효력은 소멸한다. 면제에 의한 법적효력이 부분적 면제인 경우에 면제된 계약의 일부분이 소멸하는 것이고, 모든 채무를 면제한 경우는 채권・채무의 전부가 소멸하여 존재하지 않게 된다.

다섯째, '면제'에 따른 제3자의 합법적 권익의 침해는 허용되지 않는다는 것 등이 있다. 채권자가 채무자에게 채무면제의 의사표시를 표명된 이상 채무면제의 그 의사표시를 철회할 수 없는 것이다.

□ 사례1

대부자 "갑"과 차용자 "을"은 금전소비대차계약을 체결했다. 계약은 차용금 이자를 약정하였다. 환불기간에 "갑"은 "을"의 차용금 관련 이자를 면제한다는 것을 표명했다. 이에 따라 계약이 금전차용 관련 이자 부분은 종료하고 기타 부분은 당연히 유효하다. "을"은 약정에 따라서 차용금 원금을 상환해야 한다.

□ 사례2

위의 사례 1에서 "갑"은 "을"의 모두 상환하여야 하는 차용금의 원금과 이자를 면제한다는 것을 선포했다. 이에 따라서 금전소비대차계약의 권리와 의무가 모두 다 종료하여 "을"은 차용금의 원금과 이자 상환의무를 이행할 필요가 없다.

제106조【혼동에 의한 계약의 종료】 채권 및 채무가 동일인에게 귀속한 때에는 계약의 권리와 의무는 종료한다. 그러나 제3자의 이해관계가 있는 경우는 제외한다.

■ 해설

본 조는 혼동에 의해 생겨난 계약종료를 규정한 것이다. 채권・채무가 동일한 사람에 있는 경우를 민법 이론상 이것을 혼동이라고 한다. 일반적으로 계약관계는 채권자와 채무자 쌍방의 존재가 전제로 되여 성립되는 것이다. 그 채권·채무가 동일한 사람에게 있는 경우, 그 채권·채무관계는 필연적으로 소멸되며 계약도 그 시점에서 종료하게 된다.

(1) 혼동의 성질

첫째, 이행불능설이다. 혼동의 성질에 대하여 이행불능설은 채권·채무가 동일 사람에게 귀속된 경우, 어떠한 사람도 자신에 대하여 채무를 이행하는 것은 불가능하기 때문에 이행발생불능이라고 주장한다. 둘째, 목적달성설이다. 목적달성설은 채권이 혼동에 의해 목적에 달성한 것으로 채권은 소멸한다고 주장한다. 셋째, 채권소멸설이다. 채권소멸설에서는 채권의 성립에는 둘 이상의 주체가 존재해야만 성립된다. 그 채권·채무가 동일 주체에 귀속될 경우, 채권의 성립요건이 결여되어 존재하지 않게 된다. 따라서 채권은 소멸한다고 주장한다. 이렇게 혼동의 성질에 관하여 민법이론상 여러 가지 설이 있지만 모두가 채권·채무가 동일하게 귀속된 경우에는 소멸한다는 것이 정설로 되어 있다.

(2) 혼동의 발생

혼동의 발생에는 두 가지의 원인이 있는 데 포괄승계와 특정승계가 있다.

첫째, 포괄승계에 의한 것으로 주로 기업합병에 의하여 채권·채무가 동일 사람에게 귀속되는 경우다. 또 채권자가 채무자의 지위를 승계하거나 그 반대의 경우에도 채권과 채무가 동일인에게 귀속되기 때문에 소멸하게 된다. 둘째, 특정승계에 의한 것이다. 즉 채무자가 채권자로부터 채권을 양도 받았을 경우 또는 그 반대의 경우 등이다. 이 경우는 혼동으로 인하여 채권·채무가 소멸하게 된다.

(3) 혼동의 법적효력

혼동의 법적효력에 관해서는 이미 설명한 대로 혼동의 발생으로 채권·채무관계는 소멸된다. 이 소멸의 효력은 채권자와 채무자가 갖고 있는 항변권의 소멸 뿐만 아니라 채권에 동반된 부수적인 권리, 즉 담보권, 위약금 채권 등까지도 소멸한다는 것을 의미한다. 그리고 본 조에서 '제3자의 이해관계에 미치는 경우'는 제외라고 하는 것은 가령, 채권이 제3자의 저당에 해당되는 경우로써 저당권리자의 권리보호라는 측면에서 이 규정은 당연하다고 할 수 있다.

□ 사례

화학비료공장 "갑"과 석유화학회사 "을"은 농축된 황산약품 매매계약을 체결하였다. 그런데 계약의 효력이 발생한 후 "을"회사가 "갑"화학비료공장을 매수합병하게 되었다. 이에 따라 위 계약인 농축황산약품의 인도와 대금의 교부는 매수합병을 한 "을"회사의 것으로 되었다. 따라서 계약의 권리의무는 자연스럽게 종료하게 된다.

제7장 위약책임

본장은 위약책임에 대하여 제107조부터 제123조까지 총 16개 조문을 두어 주로 위약책임의 구성요건, 위약책임의 부담방식, 위약책임의 부담원칙, 위약책임의 면제, 위약책임과 침권책임의 경합처리 등에 대하여 규정하고 있다. 원래 경제계약법 제4장과 섭외경제법 제3장에서는 위약위반책임에 대한 총론과 각론 규정이 있었다. 본장에서는 위약책임이라는 주요내용을 총론에서 그리고 각론에서 따로 규정하고 있고, 그 주요 내용은 영미법계를 채용하고 있다.

위약책임이란 계약 당사자가 계약상의 의무를 위반 또는 계약의무의 이행이 계약과 부합하지 않는 결과로 인한 계속되는 계약이행을 추궁하는 민사상의 법률책임을 말한다. 따라서 계약채무의 존재가 위약책임 추궁의 전제가 되고, 또 위약책임제도의 확립에 의해 채무자의 채무이행이 독촉 받게 된다.

제107조 【위약책임】 계약의 당사자 일방이 계약의무를 불이행하거나 계약의무 이행이 약정에 부합하지 아니한 경우에는 계속이행, 구제조치 또는 손해배상 등의 위약책임을 부담해야 한다.

■ 해설

본 조는 위약행위의 형태와 위약책임의 방식을 규정한 것이다. 위약행위의 형태는 계약에 규정된 이행의무에 위반된 성질과 특징에 따라 위약행위가 분류된다[115]. 본 조의 규정은 중국의 전통적인 입법의 관점 위에서 위약행위 형태를 불이행과 부적당이행, 즉 계약의 약정조건에 기초하여 이행하지 않는 것 두 종류로 나눈다[116].

(1) 계약의무의 불이행

계약의무를 이행하지 않는다는 것은 계약 당사자가 계약 의무를 이행하지 않거나 또는 이행을 거절했을 경우를 가리킨다. 그리고 이행한 계약의무가 약정에 부합되지 않을 경우라는 것은 불이행 이외의 모든 계약의 위반 상황을 말한다.

(2) 약정과 부합하지 않는 경우

이행한 계약의무가 약정에 부합하지 않는다. 또는 부적당이행이라고도 한다. 그

115) 郭明瑞・房紹坤, 앞의 책, 345면~346면

116) 이 위약행위의 형태에 대해서는 학설상 다양하게 분류하는데 기본적으로 이행불능과 이행지연 외에 무엇을 포함시켜야 하는가에 대하여 어떤 학자는 위약행위에 거절이행, 불완전이행을 포함시키자는 주장, 여기에 어떤 자는 이행불능을 포함시켜야 한다고 주장하기도 한다.

뜻은 불이행 이외의 모든 계약의무 위반의 사항이 포함된다. 가령, 수량이나 품질, 이행기한 등이 계약의 약정과 상반되는 경우 등이다. 부적당이행에는 이행지연 및 불완전 이행을 말한다. 불완전 이행의 구성요건에는 첫째, 채무이행을 하였지만 그러나 완전한 채무내용을 이행하고 있지 않은 경우다. 둘째, 불완전 이행의 원인이 채무자에 의해 생기는 것을 요구한다.

(3) 위약책임의 방식

본 조에 규정된 위약책임의 방식에는 계약의 계속이행, 구제조치, 손해배상의 세가지가 있다. 이 세가지 방식 이외에 위약금의 지급 등이 있다. 첫째, 계속이행 방식이란 계약위반 당사자가 배상금과 위약금 책임부담의 여부를 묻지 않고, 필히 자기의 이행 가능한 조건을 기본으로 상대 당사자의 동의를 얻은 다음 원래 계약의 이행하지 않은 부분을 계속하여 이행하는 것을 말한다. 둘째, 구제조치란 계약위반의 사실이 발생한 후 신속하게 손해의 발생과 그 확대를 방지하는 것을 말한다. 셋째, 손해배상은 일반적으로 상대방 당사자에게 일방의 당사자가 계약의 위반으로 상대방에게 손해를 준 경우, 그에 상응하는 가치재산으로 보상 해주는 것을 말한다.

제108조 【예기위약】 당사자 일방이 계약의무를 이행하지 않는다는 의사를 명시적으로 표시하거나 자기의 행위로 표명한 경우, 상대방은 이행기한 만료 전에 그 위약책임의 부담을 청구할 수 있다.

■ 해설

본 조는 당사자의 일방이 계약의무의 이행거절 또는 자기의 행위로 계약의무를 이행하지 않는다는 표명한 경우에 상대 당사자에게 위약책임을 져야 한다는 것을 규정한 것이다[117]. 여기서 말하는 예기위약(預期違約)은 이행기간 만료 전에 확정할 수 있는 위약 행위를뜻하고 선기위약(先期違約) 또는 선기불이행(先期不履行)라고도 하며 영미법상 개념이다[118].

(1) 예기위약책임제도

계약의 일반원칙에서 보면 위약행위의 대부분은 계약 이행기간 만료 시에 발생한다. 예컨대, 갑과 을은 매매계약을 체결하고 계약에서 갑은 5월 1일에 물품을 인도를 요구할 수 없다. 즉 5월 1일까지 어느 시점에 있어서도 갑이 물품을 인도 시키면 기간 내에 계약을 이행한 것으로 본다. 5월 2일이 지났는데도 아직 물건이 인도

117) 夏志宏 主编, 앞의 책, 141면~142면.
118) 徐景和 主编, 앞의 책, 193면.

되지 않으면 인도의무 위반을 했다고 할 수 있다. 여기서 기간 만료 전에 의무를 이행할 수 없다는 것을 확정한 경우에 위약행위라고 인정할 수 있는가 여부, 또 채권자는 이행기간 만료까지 협의한다든지 채무자의 위약책임을 추궁할 수 있는지의 문제가 된다. 예기위약책임제도에 의해 채무자가 기간 만료까지 이행할 수 없는 증거가 있다면, 그 위약책임을 인정할 수 있고 채권자가 이행기간 만료까지 기다릴 필요는 없다. 이 제도의 확립으로 계약에 관한 분쟁을 신속하게 해결할 수 있게 되었고 사회경제질서 유지에 유효하다.

(2) 예기위약의 전제조건

예기위약의 전제조건은 위약행위가 이미 확정된 곳에 있다. 그것은 주로 두 가지의 상황이 있는데 첫째, 채무자가 명확하게 자기의 채무를 이행하지 않는다는 의사표시를 한 경우다. 둘째, 명확한 의사표시를 하지 않았지만, 사실상 그것이 증명된 경우다. 예컨대, 부동산업자는 8월 1일에 가옥을 인도한다고 약속했지만, 3개월 전인 5월 1일이 되었는데도 불구하고 아직 건설공사가 시작되지 않았다. 물론 8월 1일 인도는 확실하게 불가능하다. 이 경우에 예기위약이 발생하는 원인은 "자기의 행위로 계약의무의 불이행을 표명"한 것으로 채무를 객관적으로 이행할 수 없다고 해석된다. 이 경우에 그 위약책임의 추궁이 가능하다고 본다. 가령, 채무자가 기소된 후 채무를 이행한다고 결정한 경우에도 그때 까지 발생한 손해에 대해서는 배상책임을 물을 수가 있다. 그리고 예기위약에 대하여 계약의 해제를 주장할 수 있지만, 위법책임의 추궁은 할 수 없다고 하는 의견은 그 타당성이 결여되어 있다. 계약해제의 결과 계약에 대한 권리의무는 모두 소멸해 버린다. 그것은 경우에 따라서 당사자에게 큰 손해를 초래하는 경우가 있다. 계약법 제108조 규정은 채권자가 예기위약의 행위에 대하여 계약을 해제 시키도록 위약책임을 추궁할 수 있도록 한 규정이다.

□ 사례

매매자 "갑"회사와 매수인 "을"회사는 의류매매계약을 체결하였다. 계약은 "갑"회사가 1월 28일 전에 "을"회사에게 약정한 수량과 품질의 옷을 교부하기로 하고, 동시에 위약금을 약정하였다. 계약의 효력이 발생한 후 "갑"회사가 1월 5일 화물의 인도의무를 이행하지 않는다는 의사를 전달 해왔다. 이에 따라 "을"회사는 1월 28일 전에 "갑"회사에 위약금 청구를 할 수 있으며, "갑"회사는 이행기간이 도래하지 않았다는 것을 이유로 "을"회사의 청구에 대하여 대항할 수 없다.

제109조【금전채무 이행의 청구권】 당사자 일방이 대금 또는 보수를 지급하지 아니한 경우에는 상대방은 그 대금 또는 보수의 지급을 요구할 수 있다.

■ 해설

본 조는 민법상의 대가나 보수라는 화폐의 급부를 목적으로 하는 금전채무 이행의 청구권에 대하여 규정한 것이다. 금전채무의 위약책임에 있어서는 첫째, 채권자는 채무자에 대하여 채무이행을 청구할 권리가 있다. 즉 계속이행의 청구권이 있다. 둘째, 채무자에 대하여 위약금 또는 연체이자를 요구할 수 있다. 본 조에서 채권자인 상대방은 이행을 거절한 채무자에게 강제이행의 청구 또는 계약의 해제를 할 수 있다. 그리고 채권자의 이익에 손해가 발생하였다면 손해배상청구를 할 수 있다. 특히 주의해야 할 것은 금전채무에는 이행의무의 계속 면제를 적용하는 것은 허용되지 않는다. 왜냐하면 금전은 일반적으로 다른 것으로 대체가 불가능한 등가물이기 때문이다.

□ 사례

부동산개발회사 "갑"과 실업개발회사 "을"은 토지사용권 이전계약을 체결하였다. 계약의 효력이 발생한 후 "을"회사는 약정에서 정한 기간에 그 이전 대금을 교부하지 않았다. 이에 따라 "갑"회사는 "을"회사에 대하여 교부의무의 이행을 요구할 수 있을 뿐만 아니라 동시에 그 손실배상을 요구할 수 있다.

제110조【비금전채무의 위약책임】 당사자 일방이 비금전채무를 이행하지 아니하거나 비금전채무의 이행이 약정에 부합하지 아니한 경우에는 상대방은 이행을 요구할 수 있다. 그러나 다음 각 호의 1에 해당하는 경우에는 제외한다.
① 법률상 또는 사실상 이행이 불능인 경우
② 채무의 목적물이 강제 이행에 적합하지 않거나 이행비용이 과다한 경우
③ 채권자가 합리적인 기한 내에 이행을 요구하지 아니한 경우

■ 해설

본 조는 비금전채무의 위약책임에 대하여 규정한 것이다. 그 책임은 계속이행 및 손해배상으로 실현된다. 비금전채무란 금전을 목적물로 하는 채무 이외의 물품, 행위, 지적 성과 등을 말한다. 가령, 기술개발위탁이나 위탁계약 등이 여기에 속한다.

현재, 중국은 사회주의 시장경제체제를 확립하도록 하고 있다. 시장경제 아래서 일방의 당사자가 계약에 위반하면 상대방은 계약의 이행을 요구할 권리를 갖는다.

(1) 이행요구

'이행요구'에는 당사자가 그 실제이행을 요구하는 외에 국가의 강제력에 의한 강제이행이 포함된다. 여기서 강제이행이란 일방 당사자가 계약을 위반한 후에 다른

일방이 법원을 상대로 그 계약의 이행을 청구하는 것을 말한다. 즉 강제이행은 채무자에게 약속한 것을 강제적으로 이행시키는 것이다[119]. 그런데 당사자 일방이 비금전 채무를 이행하지 않는 또는 이 목적물이 시장에서 용이하게 획득할 수 있는 경우에 채권자가 강제이행 할 수 있는가에 대해서는 의견이 다음 두 가지로 나뉘고 있다. 첫째는 채무의 목적물이 시장에서 용이하게 획득할 수 있기 때문에 채권자가 시장에서 그것을 구입하고, 그로 인해 발생한 가격차를 채무자에게 부담시키는 것으로 문제를 해결할 수 있기 때문에 강제이행을 요구할 수 없다는 의견이다. 둘째는 시장에서 용이하게 구입할 수 있는 것이라면 채무자가 그것을 구입하고 채권자에게 교부할 의무를 갖는다. 즉 자기의 과실을 시정할 책임을 갖는다. 그를 위해 채권자가 강제이행을 요구할 권리를 갖는다고 하는 의견이다. 계약법은 후자의 의견을 채용하고 계약법 초안 중의 "채무의 목적물이 시장에서 조달 곤란한 경우라면 강제이행을 요구할 수 없다" 고 하는 규정을 삭제하였다.

(2) 강제이행의 적용제한

다음에 규정하고 있는 사유의 하나가 있는 경우는 강제적용을 제외한다. 첫째, "법률상 또는 사실상 이행불능"이다. 법률에 의하여 유통이 금지되고 또 제한되어 있는 물건이 계약의 목적물인 경우이다. 또 계약의 목적물이 이미 훼손, 멸실 되었거나 또는 기술개발이 실패한 경우는 사실상 이행 불능이다. 둘째, "채무의 목적물이 강제 이행에 적합하지 않은" 경우다. 이것은 주로 행위가 채무인 상황을 말한다. 예컨대, 출연계약의 경우에 출연자가 그 의무를 이행하지 않는 경우에 강제로 출연시킬 수 없고, 손해배상 청구를 통하여 위약책임을 추궁하게 된다. 또한 강제이행의 비용이 지나치게 높은 경우는 채무자가 채무를 이행하기 위해 필요한 비용이 아니고 국가 강제기관이 채무자에게 강제이행 시킬 때에 필요한 비용을 말한다. 비용이 지나치면 강제이행에는 적절하지 않다고 본다. 셋째, "채권자가 합리적인 기간 내에 이행을 요구하지 않는"경우다. 이것은 채권자가 강제이행의 방법을 취하지 않고, 기타 방법으로 채무자의 위약책임을 추궁하는 것으로 본다[120][121].

---

119) 강제이행의 요건에는 첫째, 일방의 당사자에게 위약행위가 존재한다. 둘째, 비위약 당사자의 청구를 요구한다. 셋째, 위약측에 위약의 계속이행이 가능하다. 즉 법적으로 또는 현실적으로도 이행이 가능할 것을 요구한다. 넷째, 계약상의 목적물이 시장에서 구하기 힘들거나 금전으로 대체가 곤란한 것. 다섯째, 강제이행에 적합한 것이어야 한다. 예컨대, 인신적 성질을 갖고 있는 계약은 그 성질상 적합하지 않다.

120) 계약법의 본 규정은 국제거래의 습관을 참조한 것이다. 그 취지는 첫째, 비금전 채무를 이행하지 않는 경우, 상대방은 원칙적으로 이행을 요구할 수 없다. 둘째, 개별 상황에 대하여 채권자는 이행을 요구하는 것이 적절하지 않거나 또 할 수 없는 경우에는 위약금 또는 손해배상금을 지급 시키는 방법에 의해서 이행시키는 것이 가능하다.

121) "합리적인 기간"의 판단기준은 다음 몇 가지 고려된다. 먼저 단순히 결정되어 있는 기간에 의해 판단한다. 다음으로 채권자의 목적물에 대한 수요로부터 판단한다. 또 채권자가 제기한 구제방법으로부터

□ 사례1

연구개발자 "갑"연구소는 계약에서 약정한 어떤 프로젝트의 하이테크에 대한 연구개발을 이행하지 않았다. 이 하이테크는 "갑"연구소만 연구개발 할 수 있다. 이에 따라서 법원이 "갑"연구소를 상대로 이 하이테크 연구개발의 이행을 강제할 수 없다. 그리고 위탁자는 계약의 성질상 법원을 통하여 실제 이행을 받을 수가 없다.

□ 사례2

과일도매점 "갑"과 농산품회사 "을"은 모 품종의 수박매매계약을 체결하였다. 계약기간은 6월 1일에서 7월 1일까지 "을"회사가 "갑"회사에게 신선한 수박 1,000통을 제공한다고 약정했다. 계약의 효력이 발생한 후 "을"회사는 약정에 의한 수박을 교부하지 않았다. "갑"도매점은 이 사실을 알았지만, 실제적 이행요구를 청구하지 않았다. 수박출하 기간이 지난 후 시장의 수박 가격이 대폭 상승하였고, "갑"도매점은 "을"회사에 대하여 수박의 교부의무 이행을 요구했다. 이러한 "갑"도매점의 요구는 지지 받을 수 없다.

제111조 【품질의 위약책임】 품질이 약정에 부합하지 않은 경우에 당사자는 약정에 따라 위약책임을 부담하여야 한다. 위약책임에 관하여 약정이 없거나 또는 약정이 명확하지 않은 경우, 동법 제61조의 규정에 의해서도 확정할 수 없을 때는 손해를 받은 자는 목적물의 성질 및 손실의 대소에 따라 상대방에게 수리, 교환, 재제작, 반품, 감액 또는 보수 등의 합리적인 선택을 하여 요구할 수 있다.

■ 해설

본 조는 품질이 약정에 부합되지 않는 경우, 즉 부당이행의 위약책임에 대하여 규정한 것이다. 이 경우의 위약행위의 구성요건은 첫째, 채무자가 약정상의 의무를 이행하였지만 약정에 부합되지 않는 품질의 부당행위가 있다. 둘째, 그리고 그 부당이행에 정당한 이유가 존재하지 않는다는 것이다.

(1) 품질의 부당이행

일반적으로 부당이행에는 두 가지 종류가 있다. 첫째는 하자(瑕疵)이행 또는 하자급부라고 하며 주로 제품 또는 제공된 서비스가 품질표준에 부합되지 않거나 품질의 규격, 포장 등의 기준에 부합되지 않는 경우다. 또는 당연히 구비해야 할 사용

판명하는 것도 있다. 단지, 채권자가 손해배상 청구를 제기하면, 원칙적으로 강제이행의 청구를 포기하였다고 추측할 수 있다.

성능을 구비하지 않은 것 등이 있다. 그 하자이행으로 이행 그것의 가치 혹은 효용의 감소 또는 상실로 인하여 그 결과 책권자가 정당한 이행에 따라 얻어야 할 이익이 침해를 받는 것이다. 둘째는 가해(加害)급부다. 이것은 계약의 목적물에 인신 또는 타인의 재산의 안전에 위해를 가져올 위험이 존재하는 것을 말한다.

(2) 품질의 위약책임

품질의 위약책임의 방식으로는 첫째, 계약으로 약정한 경우는 그것에 따라 이행하여야 한다. 둘째, 그러하지 않을 경우 본 조의 규정에 따라 수리, 교환, 재제조, 반품, 감액 또는 보수 중에서 임의의 방법으로 보상한다. 셋째, 손해배상 방식으로 보상하는 방법이 있다. 부당이행에 따라 채권자에게 손해를 입힌 경우는 수리, 교환, 재제조, 반품의 방식으로도 보상할 수 없을 때 보상할 수 없는 부분에 대해 채권자는 채무자에 대하여 손해배상을 청구할 수 있다.

□ 사례

"갑"회사가 "을"회사로부터 2세트의 수압기 설비를 구매하였다. 그러나 수압기의 어느 한 곳이 약정한 것에 부합하지 않았다. 쌍방은 "을"회사가 이 곳을 변경하기로 협상했다. 이에 따라 "갑"회사는 "을"회사에게 수압기 품질이 부합하지 않다는 사유를 원인으로 과다하게 지급한 보관비용 및 기타 관련 손실의 배상을 청구할 수 있다.

제112조【잔여 손해의 배상책임】 당사자 일방이 계약의무의 불이행 또는 계약의무의 이행이 약정에 부합하지 않는 경우, 의무를 이행하거나 구제조치를 취한 후에도 상대방에게 기타 손실이 있는 때는 배상책임을 부담하여야 한다.

■ 해설

본 조는 계약의 불이행 또는 계약의 부적당 이행구제에 대한 잔여 손해의 배상책임에 관하여 규정한 것이다[122]. 계약 쌍방 당사자는 "신의성실"의 기본원칙에 근거하여 계약의무를 이행해야 한다. 만일, 당사자쌍방이 계약의무를 이행하지 않고 또는 계약의무의 이행이 약정에 부합하지 않으면, 본 법 제107조의 규정에 의해 계속의무를 이행하거나 또는 구제조치를 취하여야 한다. 즉 채무자가 계속이행 또는 구제조치를 취하였는데도 채권자에게 손해가 있는 경우, 채무자는 계속하여 배상책임을 부담해야 한다.

122) 王利明・崔建远, 앞의 책, 644면~645면.

□ 사례

유산공장 "갑"은 공장의 증류탑에 대한 프로젝트의 기술개조를 진행하기 위해 연구원 "을"과 기술서비스계약을 체결하였다. 계약은 "을"연구원이 "갑"공장의 탑을 정지한 후 3일 이내에 관련 기술서비스를 제공해야 하다고 약정했다. "갑"공장은 탑을 정지하고 10일이 지났는데도 불구하고 "을"연구원은 공장에 들어가서 서비스를 제공하지 않았다. "갑"공장의 요구로 "을"연구원은 공장에 들어가서 계약의무를 이행하였다. "을"연구원은 계약에 약정한 시간에 따라서 계약의무를 이행하지 않기 때문에 "을"공장은 증류탑의 개조를 놓치는 바람에 5일 동안 생산을 중지했다. 이에 따라 "을"연구원은 "갑"공장이 생산을 중지하여 조성된 손실에 대해 배상하여야 한다.

第113조【손해배상의 범위】 당사자 일방이 계약의무의 불이행 또는 의무이행이 약정에 부합하지 않아 상대방에게 손실을 입힌 경우는 손해배상액은 위약으로 발생한 손실에 상당하여야 하고, 계약의 이행 후 얻을 수 있었던 이익을 포함한다. 그러나 당사자가 계약을 체결한 때에 계약위반으로 예견하거나 예견할 수 있었던 손실의 범위를 초과하지 못한다. 경영자가 소비자에게 제공한 상품 또는 용역에 사기행위가 있는 경우는 '중화인민공화국 소비자권익보호법'규정에 의해 손해배상 책임을 부담한다.

■ 해설

본 조는 손해배상액의 확정 및 배상액의 최고한도에 관한 손해배상의 범위에 대하여 규정한 것이다. 본 조의 제1항은 섭외경제계약법 제19조 및 기술계약법 제17조 제2항의 규정과 기본적으로 일치하다. 서로 다른 내용은 본 조에서 손실배상의 범위에 '얻을 수 있는 이익을 포함한다'고 명확하게 규정한 것이다. 이 규정은 중국의 개방정책의 심화 현상이 법의 영역에 확대되었다는 것을 반영한 획기적인 것이라고 볼 수 있다[123].

(1) 이행의무의 약정불일치

본 조에서 약정과 부합하지 않는 경우의 손실을 위약으로 발생한 손실에 상당하여야 한다는 것은 일반적으로 채권자가 받은 재산의 적극적, 소극적 손실을 포함하는 것을 말한다. 적극적 재산의 손실이라는 것은 현재 소유재산의 손실, 손해 및 비용의 지출을 가리키는 현실적 재산의 손실이다. 소극적 재산의 손실이라는 것은 얻어야 할 이익을 말한다. 즉 미래성의 이익, 기대성을 이익, 특히 그것이 일정한 현실성을 구비하고 있다는 것에 그 특징이 있다.

123) 胡康生 主编, 앞의 책, 180면~181면; 刘文华 主编, 앞의 책, 174면~175면; 郭明瑞・房绍坤, 앞의 책, 378면.

(2) 손해배상액의 범위

얻어야 할 이익의 손실액은 '당사자가 계약을 체결한 때에 계약위반으로 예견하거나 예견할 수 있었던 손실의 범위를 초과하지 못한다' 고 그 범위를 규정하고 있다. 여기서 합리적 예견의 경우는 첫째, 예견의 주체는 위약쪽에 있을 것을 필요로 한다. 그 이유로는 손실의 발생을 예견할 수 있는 입장에 있는 것은 위약쪽이며, 또 위약쪽이 그 손실을 최대 한도로 제한할 수 있기 때문이다. 둘째, 계약 체결 시에 예견할 수 있을 것을 필요로 한다. 이에 따라서 위험회피의 제한조항을 계약에 함께 규정하거나 또는 계약을 체결하지 않을 수 있기 때문이다. 셋째, 예견의 내용에는 발생 가능 손실의 종류 및 그 각종 손실의 구체적인 대소 등을 예견할 수 있어야 한다.

(3) 경영자의 위약책임

위의 본 조에서 경영자와 소비자 사이의 위약책임 배상에 대하여 특별히 규정하였다. 그 근거를 '중화인민공화국 소비자보호법' 제49조에는 경영자 위약책임의 배상액은 "소비자가 구입한 가격 또는 서비스 용역 비용의 2배를 한도로 한다"라고 규정하고 있다. 따라서 경영자의 위약책임에는 얻어야 할 이익은 포함하고 있지 않다는 것이 분명하다.

□ 사례

운송업자 "갑"운송회사는 탁송자 "을"상점의 계절상품 운송을 맡았다. 운송 도중에 차량이 고장 등의 원인으로 물품이 "을"상점에 도착했을 때는 이미 7일이 지연되어 상품이 부분적으로 훼손되었다. 그리고 이 때 이와 동일한 상품의 시장가격이 5일 전에 비해 대폭 하락하였다. 이에 따라 "갑"회사는 "을"상점의 상품에 대한 손실배상 뿐만 아니라 그 상품의 가격 하락으로 인한 손실을 배상해야 한다.

제114조 【위약금 및 배상금】 당사자는 일방이 계약을 위반할 때 계약위반의 상황에 따라 상대방에게 일정한 액수의 위약금을 지급할 것을 약정할 수 있고, 또는 계약위반으로 인하여 생긴 손실의 배상액의 계산방법을 약정할 수 있다.
약정한 위약금이 초래된 손실보다 낮은 경우에 당사자는 인민법원 또는 중재기구에 증액을 청구할 수 있고, 약정한 위약금이 초래한 손실보다 과다하게 높은 경우에 당사자는 인민법원 또는 중재기구에 적당한 감액을 청구할 수 있다.
당사자가 이행지체에 관하여 위약금을 약정한 경우에 계약을 위반한 당사자는 위약금을 지급하고 또한 채무도 이행하여야 한다.

■ 해설

본 조는 섭외경제계약법과 경제계약법[124]의 위약금 지급과 배상금 지급의 두 종류 위약책임의 형식규정을 계승하여 규정한 것이다[125].

(1) 위약금의 지급약정

위약금의 지급은 당사자 쌍방에 의한 약정에 의하는 것이지만, 법적으로 강제적 규정이 있을 경우에는 법적 규정을 준수해야 한다. 법률로 법정위약금[126]을 규정함과 동시에 당사자가 합의로 약정위약금을 인정하는 경우는 당사자의 약정이 법보다 우선하여 적용된다.[127] 당사자는 위약금을 약정하는 외에 손해배상액을 약정할 수도 있다. 이 손해배상액의 약정은 세계에서 통용하는 하나의 배상방법이기도 하다. 그 의의는 첫째, 손해배상액의 약정에 의한 분쟁해결에 절차와 비용을 줄일 수 있을 뿐만 아니라, 만일 법원의 판결시 사안심리의 과정에서 배상액을 확정하는데도 유리하다. 셋째, 손해배상액의 약정에 의해 장래 부담해야 할 책임의 범위가 명확하고 그에 따라 계약이행을 촉진시키는 효과가 존재한다.

(2) 위약금의 산정범위

당사자가 약정하는 민사계약에서 국가기관이 간섭하지 않는 것이 원칙이다. 그러나 계약이 경제법적 성격인 경우에 일정한 범위에서 간섭을 한다. 즉 손해배상금의 약정에는 정부의 적당한 법적 간섭을 받는다[128]. 이 간섭은 법원 또는 중재기구에

---

124) 중국경제계약법 제31조 규정에서는 "일방의 당사자가 경제질서에 위반할 때 상대방에게 위약금을 지급하여야 한다. 위약에 의해 상대방에게 준 손해가 위약금의 금액을 초과한 경우에는 초과부분에 대하여 배상하여야 한다. 상대방이 계속하여 계약의 이행을 요구한 경우, 계속 이행하여야 한다"고 규정하고, 중국섭외경제계약법 제20조에서는 "당사자는 계약 중에 일방이 계약에 위반했을 때, 다른 일방에게 일정 금액의 위약금을 지급하는 것을 정할 수 있다. 또 계약위반으로 생긴 손해배상 금액의 계산방법을 정하는 것도 가능하다". "계약에서 정한 위약금은 계약위반의 손해배상으로 본다. 단지, 이 위약금이 계약위반으로 발생한 손해보다도 과도하게 높고 또는 낮은 경우, 당사자는 중재기관 또는 법원에 적절한 감액 또는 증액을 신청하는 것이 가능하다"고 규정하고 있다.

125) 그러나 계약법과 구 계약법 사이에는 다음과 같은 차이점이 있다. 첫째, 기본적인 위약행위 또는 계약에 개괄적으로 약정한 위약금에 대해서는 계약법은 "계약에서 정한 위약금이 실제의 손해보다 과도하게 낮은 경우, 당사자는 인민법원 또는 중재기관에 적절한 증액을 청구하는 것이 가능하다"고 규정하고 있다. 즉 위약금으로 손해를 보상할 수 없는 경우에는 증액으로 가능하다. 이 규정은 경제계약법의 규정과 상통 한다. 단지, 위 규정이 적용되는 경우 위약금을 지급한 후에는 강제이행 또는 손해배상의 청구는 병용할 수 없기 때문에 주의할 필요가 있다. 둘째, 어떤 특정한 위약행위, 특히 이행지연에 관한 위약금에 대해서는 계약법은 "당사자는 이행지연에 관한 위약금을 정한 경우, 위약측이 위약금을 지급한 후 채무를 계속 이행하여야 한다"고 규정하고 있다. 이 경우의 위약금은 이행지연으로 초래한 손해를 보상하는 것으로 계약의 계속 이행을 요구하는 것이 가능하다. 단지, 위약금과 손해배상을 병용할 수 없다.

126) 법정위약금은 법률로 위약금의 설정을 규정하고 있는 것으로 중국의 계획경제 하에서 정부가 필요한 물품을 제때에 조달할 필요가 있어서 입법하였다는 점이 특색이 있다. 가령, 1984년의 공광산구매계약조례의 제35조, 제36조 등이다.

127) 胡康生 主编, 앞의 책, 185면~186면; .

128) 가령, 항공화물운송계약실시조례 제22조에서 "위약금을 누계한 총액이 운송비의 50%를 초과할 수

의한 손해배상금의 재량이 진행된다. 법원 또는 중재기구에 의한 배상금액의 변경은 법률상의 규정에 의해 약정위약금액이 실제의 손실보다 많거나 또는 적은가에 따라 다르다. 약정 위약금액이 실제의 손실보다 적은 경우, 당사자의 일방이 법원 또는 중재기구에 증액을 청구할 수 있다. 그 반대일 경우 그 차액이 상당히 클 경우가 아니면 법원 또는 중재기구에 재소를 하여도 인정하지 않는다. 위약금의 지급은 계속이행의무를 면제하는 것을 의미하는 것은 아니다. 피해자가 이행의 계속을 요구하고 위약쪽에 계속이행의 능력이 있는 경우 계속적으로 계약을 이행하여야 할 의무가 존재하는 것이다.

제115조 【계약금】 당사자는 '중화인민공화국 담보법'에 의해 당사자 일방이 상대방에게 지급한 계약금을 채권의 담보로 하는 약정을 할 수 있다. 채무자가 채무를 이행한 후 계약금은 대금으로 충당하거나 회수한다. 계약금을 지급한 일방이 약정한 채무를 이행하지 않는 경우는 계약금 반환을 요구할 권리가 없다. 계약금을 수령한 당사자가 채무를 이행하지 않는 경우는 계약금의 2배를 반환하여야 한다.

■ 해설

본 조는 계약금(定金)에 관하여 규정한 것이다. 계약금(定金)이란 계약 당사자의 일방이 상대방에게 계약의 실현을 담보로 일정한 금액을 사전에 지급하는 일정한 금전을 말한다[129]. 본 조의 규정은 담보법 제89조의 규정에 기초하여 제정된 것으로 경제계약법의 제14조와 비슷하다. 다른 것은 계약금을 채권 담보형식으로 명기한 것이다[130].

(1) 계약금(定金)의 특징

계약금(定金)은 채권담보의 형식의 하나로서 계약금의 채무는 부수채무에 해당한다. 따라서 계약 당사자의 계약금(定金)의 약정은 피담보채권에 의한 계약의 부수계약에 속한다. 부수계약으로서 계약금(定金)에는 다음의 주요한 특징이 있다. 첫째, 종속성이다. 계약금 계약의 유효성은 주계약을 전제로 한다. 따라서 주계약이 무효로 될 경우에는 계약금(定金)계약도 필연적으로 무효가 된다. 둘째, 요식성이

없다"고 규정하고 있다.

129) 徐景和 主编, 앞의 책, 189면~193면.

130) 중국의 전통적 민법에 있어서 계약금은 그 목적과 서로 다른 역할에 따라 그 성질도 다르다. 일반적으로 계약금(定金)의 종류에는 ①계약체결을 증명하는 증거로서의 증약(證約)계약금, ②계약의 성립요건으로 성약(成約)계약금, ③계약금을 갖고 계약을 이행하지 않을 때 위약금으로 하는 위약(違約)계약금, ④계약의 정식체결을 약정하는 보증으로서 입약(立約)계약금, ⑤계약해제권을 보류하는 해약(解約)계약금의 이상 다섯 가지 종류가 있다.

다. 담보법 제90조에서 "계약금은 서면형식에 의해 약정한다"고 명기하였다. 따라서 명확성을 필요로 하는 계약금계약은 서면형식을 필요로 한다는 것을 알 수 있다.

(2) 계약금(定金)의 적용

'채무자가 채무를 이행한 후 계약금은 대금으로 충당하거나 회수한다'는 이 규정은 계약금의 대금에 대한 예납(預納)의 효능에 의한 필연적 규정이라고 할 수 있다. 또 '약정한 채무를 이행하지 않는다'는 것은 계약금을 받은 일방 당사자의 원인에 의해 이행불능이 되거나 또는 고의적으로 채무이행을 거절하는 것을 말하며 불완전 이행 또는 이행지연은 여기에 포함되지 않는 것이 일반적이다. 물론 당사자에게는 불이행의 양태를 약정으로 규정할 수 있으며 그 경우는 약정이 우선한다.

계약금(定金)의 액수는 당사자가 자유롭게 약정할 수 있지만, 담보법 제91조의 규정에 의해 계약 목적물 가액의 20%를 초과할 수 없다.

□ 사례1

"갑"회사는 "을"회사로부터 한 세트의 컴퓨터 소프트웨어를 구매했다. "갑"회사가 계약의 약정에 따라 인민폐 5만원의 계약금(定金)을 교부했다. 계약의 효력이 발생한 후에 "갑"회사는 마음이 변하여 "을"회사의 스프트웨어를 거절하고 받지 않았다. 이에 따라 "갑"회사는 5만원의 예약금 반환을 요구할 수 없다.

□ 사례2

사례 1에서 "을"회사가 위약하여 약정한 소프터웨어를 인도하지 않았다. 이에 따라 "을"회사는 "갑"회사에 대하여 인민폐 10만원을 상환하여야 한다.

□ 사례3

방직공장 "갑"은 플랜트회사 "을"로부터 한 세트의 방적기계를 구매하였다. 계약은 "갑"공장이 기계대금 총액 5%의 계약금(定金)을 교부한다고 약정했다. 계약의 효력이 발생한 후, "갑"공장은 계약금(定金)을 교부하지 않았다. "을"회사는 약정에 의해 기계를 인도하지 않았다. 이에 따라 "갑"공장은 실제로 계약금(定金)을 교부하지 않아 계약 중의 계약금(定金) 조항의 효력이 발생하지 않았다. 그래서 "갑"공장은 "을"회사에게 기계대금 총액 5%의 2배 금액을 위약금액으로 요구할 수 없게 되었다.

제116조【위약금과 계약금의 선택】 당사자가 위약금 및 계약금도 약정한 경우, 당사자 일방이 위약했을 때 상대방은 위약금 또는 계약금 중 선택하여 적용할 수 있다.

■ 해설

본 조는 위약금과 계약금 조항 중 어느 것을 선택하는가 하는 문제에 대하여 규정한 것이다. 이 규정은 지금까지 최고인민법원이 진행하여 온 사법해석과는 저촉된다. 최고인민법원의 '경제계약의 분쟁사안심리 중 경제계약법의 구체적 적용에 관련 약간 문제의 회답'의 제8조 4항에서는 계약금과 위약금의 성질은 다르다. 계약금은 채권의 담보형식의 하나인데, 위약금은 위약에 대한 일종의 제재 또는 보상 수단이라고 하는 민사책임의 일종이다. 따라서 두 가지를 동시에 병용할 수 있다고 해석하고 있다[131]. 그러나 계약법 본 조에서는 당사자 쌍방은 이 두 가지를 동시에 약정할 수 있지만, 당사자 일방의 위약이 발생한 경우 상대방은 이 두 가지 중에서 하나를 선택하여 사용하여야 한다는 점을 분명히 하고 있다. 따라서 '위약금 및 계약금 중 어느 하나를 선택할 수 있다'고 하는 것은 그 중의 하나에 제한되는 것으로 병용할 수 없다는 것을 의미한다.

제117조 【불가항력】 불가항력으로 인하여 계약의 이행이 불능인 경우에 불가항력의 영향에 따라 책임을 일부 또는 전부 면제한다. 그러나 법률에 다른 규정이 있는 경우에는 그러하지 아니하다. 당사자가 이행을 지체한 후 불가항력이 발생한 경우에는 책임을 면제하지 못한다. 동법에서 '불가항력'이라 함은 예견할 수 없고, 회피할 수 없으며 또한 극복할 수 없는 객관적 상황을 말한다.

■ 해설

본 조는 불가항력을 계약체결 시에 예견할 수 없고 그 결과에 대하여 회피, 극복할 수 없는 객관적 상황으로 규정하고 이 경우에 면책을 규정한 것이다. 불가항력이 있을 경우 위약책임이 면책된다. 이러한 불가항력에 대한 책임의 면책규정은 과거의 경제계약법 제30조, 섭외경제계약법 제24조, 기술계약법 제20조에도 각각 규정하고 있다. 그런데 계약법 본 조의 규정이 과거 3대 계약법과 다른 점은 당사자가 약정한 계약의 이행지체 후에 불가항력이 발생한 경우에 면책되지 않는다는 규정이다[132]. 즉 계약이행의 지연 후에 발생한 불가항력에는 면책을 부여하지 않는다는 점을 입법화 한 점이다. 이와 같이 불가항력 조항은 면책의 사유가 되는 것으로 계약을 체결할 때 약정해 두는 것이 유리하다는 점에 주의할 필요가 있다.

131) 최고인민법원의 '关于在审理经济合同纠纷案件中具体适用〈经济合同法〉的若干问题的解答', 제8조 4항 참조.
132) 刘文华 主编, 앞의 책, 180면~181면.

□ 사례

"갑"제약공장과 "을"의약회사는 인용주사기의 약에 대한 매매계약을 체결하였다. 계약은 "갑"제약공장이 7월 15일 전에 배달한다고 약정했다. 계약의 효력이 발생한 후, "갑"제약공장이 약정한 시간에 배달되지 않았다. 7월 25일에 갑자기 대홍수로 인한 수재가 발생하여 제품을 배달하는 도로가 심하게 파괴되었다. "갑"공장은 불가항력을 원인으로 "을"회사에 대하여 약정한 제품의 배달에 대한 위약책임 면제를 청구하였다. 그러나 위의 수재는 계약 약정 이행기간 후 발생한 것이다. 이에 따라 "갑"제약공장의 위약책임은 면할 수 없다.

第118조 【불가항력과 의무】 당사자 일방은 불가항력으로 인하여 계약의 이행이 불능인 경우에는 신속히 상대방에게 통지하여 상대방에게 초래될 가능성이 있는 손실을 경감하고, 또한 합리적 기한 내에 증명을 제공하여야 한다.

■ 해설

본 조는 불가항력에 의해 계약을 이행할 수 없는 당사자에 대하여 '신속히' 그 상황을 상대방에게 통지함과 동시에 '합리적인 기한 내'에 그 상황을 유효하게 증명하는 문서를 제공할 의무를 규정한 것이다.

본 조의 입법취지는 불가항력으로 계약을 이행할 수 없을 경우에 이를 상대방에게 '신속히' 또는 '합리적 기한 내'의 통지하도록 하여 초래되는 손해 또는 위험을 최소화 하고자 하는 데 그 목적이 있다고 하는 것은 더 말할 나위도 없다. 그리고 '합리적 기한 내'에 불가항력이 있었다는 사실을 합리적인 기간 내에 입증하게 하여 당사자 사이의 공평을 꾀하고 있다. 그러나 어떤 기관이 발행한 문서를 증명으로 하는 것이 합당한가에 대해서 한국기업은 잘 모르는 경우가 있다. 일반적으로 정부의 관계관청 또는 재해가 발생할 때의 관련기관이 발행하는 것으로 공증을 받는 방법이 있다.

第119조 【손해확대방지의무】 당사자 일방이 계약을 위반한 후 상대방은 적당한 조치를 취하여 손해의 확대를 방지하여야 하고, 적당한 조치를 취하지 아니하여 손해이 확대된 경우는 확대된 손해에 대하여는 배상을 요구하지 못하다. 당사자가 손해의 확대를 방지하기 위하여 지출한 합리적인 비용은 계약을 위반한 당사자가 부담한다.

■ 해설

본 조는 영미법상의 감손의무 개념에 기초하여 일방 당사자가 위약했을 경우에 다른 일방 당사자는 신속하게 손해의 확대를 방지하는 적당한 조치를 강구할 의무가 있고, 그러하지 아니할 경우는 확대된 손해에 대하여 배상청구가 없는 감손의무를 규정한 것이다. 그러나 계약 당사자 중 일방이 위약을 하게 되면 규정 또는 약정에 근거하여 면제의 경우를 제외하고, 위약으로 인하여 상대방에게 초래된 손해에 대하여 배상의 책임이 있다[133]. "신의성실"의 계약이행원칙 및 제60조의 규정에 근거하여, 상대방 당사자는 위약한 후의 결과에 대하여 적극적으로 적당한 조치를 취하여 손해의 확대를 방지하도록 한다고 규정하고 있다. 동시에 "만약 쌍방 당사자는 손실확대를 방지하도록 적당한 조치를 채용하지 않아서 확대된 손해에 대하여 배상을 요구해서는 안 된다. 그리고 당사자가 손해의 확대를 방지하기 위해 지불한 합리적 비용은 위약 당사자가 부담한다고 규정했다.

본 조는 섭외경제계약법 제22조 및 기술계약법 제17조 제4항에 규정된 것과 기본적으로 일치하며, 본 조의 '당사자가 손실의 확대를 방지하기 위하여 지출한 합리적인 비용은 계약을 위반한 당사자가 부담한다'의 규정은 새롭게 부가한 합리적인 내용이다. 왜냐하면 손실확대 방지에 지출되는 비용은 위약 당사자의 위약행위에 의한 것이기 때문이다.

□ 사례1

"갑"의 부화공장은 "을"의 양식장으로 병아리를 운송한다. 그러나 "을"은 준비가 되어있지 않아 3일간의 준비 시간이 필요하므로 약정 시간에는 접수할 수가 없다. 이에 따라 "갑"은 이 병아리를 잘 사육할 의무가 있고, 적극적인 조치를 하여 병아리가 병으로 사망하는 것을 방지해야 한다. 그렇지 않아서 병아리가 의외의 사망을 조성한다면, "을"로부터 배상을 청구할 수 없다.

□ 사례2

사례 1에서 "갑"이 사육하고 방역하기 위해 발생한 합리적 비용은 "을"에게 책임부담을 요구할 수 있다.

제120조【당사자 쌍방의 위약책임】 당사자 쌍방이 모두 계약을 위반한 경우에는 각자 상응하는 책임을 부담하여야 한다.

■ **해설**

본 조는 당사자 쌍방의 위약책임에 관하여 규정한 것이다. 즉 계약 당사자 쌍방

133) 夏志宏 主编, 앞의 책, 156면~158면.

이 모두 계약을 위약할 때 위약책임을 지는 원칙은 각자의 상응한 책임을 진다고 규정하고 있다[134]. 이것은 중국의 민법통칙 제113조의 "당사자 쌍방이 모두 계약위반을 한 경우, 각 자가 부담해야 할 민사책임을 부담해야 한다"는 규정을 반영한 것이다. 본 조를 적용에 필요한 구성요건은 첫째, 쌍방위약은 쌍방의 당사자가 각각의 계약의무에 위반한 것이어야 한다. 예컨대, 일방이 계약의무에 위반한 것에 대하여 다른 일방 당사자가 감손의무의 법정의무에 위반했다 해도 그것은 쌍방의 위약으로 인정되지 못한다. 둘째, 쌍방위약은 쌍방 모두가 이행해야 할 계약의무를 이행하지 않은 것을 말한다. 가령, 쌍방 계약 중의 일방 당사자가 다른 일방 당사자의 계약의무를 이행하지 않았다는 이유로 이행항변권을 행사하여 자기의 의무를 행사하지 않은 경우 쌍방의 의무위반이라고 할 수 없다.

제121조 【계약책임과 불법행위책임의 경합】 당사자 일방이 제3자의 원인으로 인하여 계약을 위반하게 된 경우도 상대방에 대한 위약의 책임을 부담하여야 한다. 당사자 일방과 제3자 사이의 분쟁은 법률규정에 의해 또는 약정에 따라 해결한다.

■ 해설

본 조는 제3자의 원인에 의해 발생된 계약책임과 불법행위책임의 경합에 대하여 규정한 것이다. "신의성실"의 원칙에 따라서 계약의 순조로운 집행을 보증하고 채권자의 적당한 이익을 보호하기 위하여 본 조에서는 "위약 당사자는 상대방에게 위약책임을 진다"고 규정하고 있다[135]. 제3자에 따른 위약책임의 경우 네 가지 상황을 고려할 수 있다. 첫째, 제3자가 이행보조원으로서 이행하는 경우다. 보조원은 채무자의 이행의무를 보조하는 입장이기 때문에 그 위약책임에 대하여 채무자는 당연히 책임을 부담해야 한다. 둘째, 채무자와 제3자에게 별도의 계약관계가 있는 경우다. 이 경우도 채무자의 책임이라고 하여야 한다. 왜냐하면 계약을 체결할 때에 채무자는 제3자가 위약할 수 있다는 것을 예견할 수 있는 상황에 있기 때문이다. 따라서 제3자의 위약에 의해 계약이 이행될 수 없을 경우, 채무자는 그 책임을 부담해야 한다. 셋째, 채무자와 제3자가 예속관계에 있는 경우다. 예컨대, 본사와 자회사 또는 계급의 상하관계 등, 상대적으로 채권자의 입장에 보면 채무자와 제3자의 이해관계는 당연히 일치하고 있다. 그래서 채무자는 제3자의 원인에 의해 발생한 위약

134) 쌍방 당사자가 균등한 손해를 부담하고 또는 각자 자기의 손해를 부담한다고 이해하는 것이 아니고, 계약 당사자 쌍방이 각자 책임의 경중에 근거하여 그 손해에 따른 책임과 적당한 배상의 책임을 진다고 이해해야 한다.

135) 夏志宏 主编, 앞의 책, 158면~159면 ; 胡康生 主编, 앞의 책, 190면; 刘文华 主编, 183면~184면.

책임에 대하여 부담의무가 있게 된다. 넷째, 순수하게 채무자와 관계가 없는 제3자에 의해 발생된 위약책임의 경우다. 이 경우 제3자에게 법적 면책사유가 없을 때, 채권자의 이익보호의 관점에서 당연히 채무자가 그 책임을 부담하고, 그 후에 채무자가 제3자에 대하여 법적규정 또는 약정에 따라 구상권 등의 방법으로 해결하게 된다. 이것은 채무자와 제3자 사이에 별도의 법적관계에 속하는 문제로 그 해결방법은 별도로 세워야 한다.

□ 사례1

무역회사 "갑"은 산업은행 "을"에게 돈을 차용하였다. 그리고 "갑"회사와 전기설비회사 "병"은 매매계약을 체결하였다. "병"회사가 약정에 의해 "갑"회사의 대금을 교부하지 않기 때문에 "갑"회사는 약정한 기간에 차용한 원금과 이자를 상환할 수 없게 되었다. 이에 따라 "갑"회사는 "병"회사가 위약하여 차용금을 상환할 수 없다는 원인으로 "을"은행에 대하여 위약책임이 면책되는 것은 아니다.

□ 사례2

사례 1에서 "갑"회사는 계속하여 차용계약을 이행하여야 한다. 즉 차용금과 이자의 상환 외에 차용계약서 약정한 위약금에 따라서 "을"은행에 대하여 위약금을 교부해야 한다. "갑"회사는 위약책임을 부담한 후에 교부한 위약금을 "병"회사에 대하여 청구배상의 범위에 넣을 수 있다.

제122조【청구권경합주의】 당사자 일방이 위약행위로 인하여 상대방의 신체, 재산상 이익을 침해한 경우에 피해자는 본 법에 의한 위약책임의 청구 또는 기타 법률에 의한 손해배상의 청구를 선택할 권리가 있다.

■ 해설

본 조는 위약행위에 의해 상대방의 인신이나 재산상의 권익을 침해한 경우에 계약책임과 불법행위책임의 경합에 대한 손해배상 청구의 선택에 대하여 규정한 것이다. 즉 본 계약법에서는 청구권경합주의(请求权竞合主义)를 채택하고 있다[136]. 당사자 일방의 위약행위로 인하여 상대방의 인신 또는 재산권을 침해한 경우에 피해자는 본 계약법에 의하여 위약책임을 청구하거나 기타 법률규정에 의하여 불법행위

136) 정신적 손해는 불법행위에 의한 청구권을 행사하고, 재산적 손해에 관해서는 위약행위에 의한 청구권을 행사한다(江平 主编. 앞의 책, 101면; 이정표, 중국통일계약법, 한올아카데미, 2002, 356면).

에 대한 책임을 청구할 수 있다. 즉 이 경우의 배상책임에 관해서는 위약책임 또는 권리침해 책임을 추궁하는 방법으로 해결을 도모할 수 있다.

□ 사례

"갑"은 "을"회사로부터 A형 디젤유를 구매하기로 했다. 그런데 "을"은 계약의 약정을 위반하고 B형 디젤유를 제공했다. 결과는 "갑"의 내연기관이 훼손되었다. 이에 대하여 "갑"은 "을"에게 관련 위약책임을 요구할 수 있고 또한 손해배상책임을 청구할 수도 있다.

제8장 기타 규정

본 장의 주요한 내용들은 계약에 대한 일반적 규칙의 보충적 규정이다. 여기에는 주로 계약법과 그 외의 법률적 관계, 계약법의 유추적용, 계약조항의 해석, 섭외계약법률의 적용원칙, 계약의 감독기관, 계약분쟁의 해결방식, 계약의 소송시효 및 계산기준이 포함된 것으로 총칙에 관한 규정을 보완하기 위한 것이다.

제123조 【특별규정의 적용】 기타 법률에 계약에 관한 다른 규정이 있는 경우는 그 규정에 따른다.

■ 해설

본 조는 일반적으로 계약법과 기타 특별법의 관계를 규정한 것이다. 계약법은 계약관계의 기본법에 불과한 것으로 실존하는 모든 계약관계를 하나의 계약법으로 모두 규율 할 수는 없다. 이에 따라 계약법은 '기타 법률에 계약에 관한 다른 규정이 있는 경우는 그 규정에 따른다'고 규정하고 있다. 이것은 계약법을 보통법으로 보고 기타 법률을 특별법으로 보아 특별법이 보통법에 우선하여 적용된다는 원칙을 규정한 것이다. 예컨대, 중외합자경영기업법의 합자경영계약, 중외합작경영기업법의 합작경영계약에 관한 규정은 특별법으로서 계약법의 규정에 우선하여 적용된다. 이와 같이 계약법과 기타 다른 법률이 상호 충돌을 막기 위해 본 법에서는 보통 계약법과 다른 특별법이 다를 경우는 특별법을 우선 적용 하도록 한 것이다.

제124조 【무명계약】 본 법의 각칙 또는 기타 법률에 명문의 규정이 없는 계약은 본 법의 총칙 규정을 적용하고, 또한 본 법의 각칙 또는 기타 법률의 가장 유사한 규정을 준용할 수 있다.

■ 해설

본 조는 본 계약법에 포함되어 있지 않는 모든 무명계약에 대하여 적용할 수 있는 법적 원칙을 규정한 것이다. 본 조에서는 무명계약의 적용 근거에 대하여 먼저 계약법의 총칙을 적용하고, 각 구체적인 권리·의무 관계에 관해서는 본 법의 각칙 또는 기타 법률에 유사한 규정이 있으면 그 유사규정을 적용하도록 하였다.

제125조【계약내용의 해석】 당사자가 계약 조항의 이해에 대한 분쟁이 있는 경우는 계약에서 사용한 문구, 계약의 관련조항, 계약의 목적, 거래 관습 및 신의성실의 원칙에 따라 그 조항의 진정한 의사를 확정하여야 한다. 계약 문건이 두 종류 이상의 문자를 취하여 체결하고, 또한 동등한 효력을 갖는 것으로 약정한 경우에 각 문건에 사용한 문구는 서로 같은 의미를 갖는 것으로 추정한다. 각 문건에 사용한 문구가 일치하지 아니하는 경우 계약의 목적에 따라 해석하여야 한다.

■ 해설

본 조는 계약의 해석방법, 즉 계약 당사자의 의사표시에 관하여 규정한 것이다. 계약 당사자에게는 각자의 능력 및 언어문자 표현에 고유의 모호성과 다양성이 있기 때문에 늘 사람마다 서로 다른 해석이 생기게 되는데 이로 인하여 분쟁이 생기는 경우가 있다. 그래서 법원 또는 중재기관에 의하여 계약에 대한 해석의 필요가 생긴다. 중국계약법은 계약 해석에 관한 원칙을 규정하고 있다[137].

(1) 문언(文義)해석

계약서에 사용되고 있는 문자가 포함하고 있는 다의성과 당사자의 인식차이로 계약서에 불명확한 문구가 있을 때, 그 문자가 포함하고 있는 뜻을 통하여 당사자의 진실한 의사를 논리적으로 해석하여 확정하는 것이다.

(2) 전체해석

계약의 각 조항에 대하여 상호적 연관성을 검토하여 그것에 따라 각 조항이 전체의 계약에서 구비한 정확한 의사를 이해하는 해석이다.

(3) 관습해석

법률행위에서 당사자의 의사를 확정할 수 없는 경우에 장기간 형성되어 온 당사자 사이의 습관 또는 거래관습으로 계약을 해석하는 것이다.

(4) 신의측 해석

성실·신용의 원칙에 기초하여 해석하는 것으로, 이 원칙은 일반적 원칙으로 도

137) 상세는 刘文华 主编, 앞의 책, 188면~189면; 王利明·崔建远, 앞의 책, 478~485면.

덕적 규범, 선의, 공평에 따른 해석의 원칙을 포괄하고 그 구체적 판단의 기준은 법관의 재량에 맡겨진다.

(5) 목적해석

계약에 사용되고 있는 문자 또는 조항에 두 가지 이상의 해석이 성립되는 경우에는 계약의 목적에 가장 접근한 해석을 하는 것이다. 여기에서 말하는 목적이라는 것은 계약 당사자 쌍방의 공통목적 또는 최소한 일방 당사자가 이미 알고 있거나 또는 상대방의 목적을 당연히 알고 있는 목적을 말한다.

□ 사례1

노무수출권을 가진 회사 "갑" 과 직업기술학교 "을"은 계약을 체결했다. 쌍방의 권리와 의무의 조항 중에 "갑"회사는 파견인원 작업의 협조에 책임진다 규정한다. 이 조항 중 "작업의 협조"를 어떻게 이해해야 하는가에 대해서는 계약 중의 기타 관련 조항 내용과 결합하여야 한다. 만일, 계약서 첫머리에 "갑"회사가 상대방과의 관련 분쟁 교섭을 책임진다고 약정했다면 파견인원의 작업시간, 월급보수 등 조항에 구체적인 작업시간, 월급과 복리대우 등을 규정했다. 이런 조항과 결합하여 "갑"회사가 상대방과 분쟁을 처리하고, 파견인원의 작업시간과 월급·복리대우 등 사항을 책임질 의무가 있다.

□ 사례2

중국설계학교 "갑"과 한국회사 "을"은 공정설계 업무를 장기간 합작하기로 하고, 합작과정 중의 계약에서 지급 단위를 "100원"이라고 약정했다. 이 후 "갑"설계학교와 "을"회사가 체결한 1통의 공정설계계약은 교부단위를 "원"으로 약정했다. 그런데 이 단위를 인민폐의 "원"인지 한국 돈의 "원"인지를 표명하지 않았다. 기타 상반된 의견이 없는 한 거래관습에 따라 중국 "원"으로 이해 하여야 한다.

□ 사례3

중국 "갑"회사와 미국 "을"은 중문과 영문과 중문 두 가지 문자로 공정건설감리계약을 체결했다. 계약은 두 가지 문자가 동등한 효력을 갖는다라고 약정했다. 계약을 집행하는 중에 "INDEMNITY" 해석의 불일치가 생겼다. 중문 계약에서는 "보상"이고, "을"회사는 "INDEMNITY" 중문으로 "배상을 면제하다"고 해석하였다. 이 경우는 계약의 목적에 따라 해석해야 한다. 따라서 이 계약서는 "을"회사가 "갑"회사의 위탁을 받아 건설공사에서 감리를 진행하고, 감리가 잘못되어 "갑"회사에 조성된 손실을 배상한다는 뜻이므로 "INDEMNITY"는 "보상"으로 이해하여야 한다.

제126조【섭외계약】 섭외계약의 당사자는 계약의 분쟁처리에 적용될 법률을 선택할 수 있다. 그러나 법률에 다른 규정이 있는 경우는 제외한다. 섭외계약의 당사자가 선택하지 않은 경우는 계약과 가장 밀접한 관계가 있는 국가의 법률을 적용한다. 중화인민공화국 국경 내에서 이행하는 중외합자경영기업계약, 중외합작경영기업계약, 중외합작자연자원탐사개발계약은 중화인민공화국의 법률을 적용한다.

■ 해설

본 조는 섭외계약의 적용법률에 대하여 규정한 것이다. 섭외계약은 다음과 같은 특징이 있다[138]. 첫째, 계약주체의 일방 또는 쌍방이 외국의 자연인 또는 법인, 또는 무국적자인 경우다. 둘째, 계약의 목적물이 외국에 있는 물건, 재산 또는 외국에서 완성을 필요로 하는 행위이다. 셋째, 계약관계의 내용에 의해 발생하는 권리・의무의 사실이 외국에서 발생한 것이다. 또한 본 조에서 규정한 중국 경내에서 이행하는 중외합자경영기업계약, 중외합작경영기업계약, 중외합작자연자원탐사개발계약을 제외하고, 그 외의 계약에 관해서는 자유의사의 원칙에 기초하여 적용할 법률의 선택은 묵시적이 아니고, 명시적인 방법에 따라 선택할 수 있다. 당사자가 명시적인 선택을 하지 않은 경우는 계약과 가장 밀접한 관련 국가의 법률을 적용한다. 그러므로 당사자에게는 선택의 여지가 없다.

제127조【계약의 감독】 공상행정관리기관과 기타 관련부서는 각자의 직권범위 내에서 법률과 행정법규가 규정한 바에 따라 계약을 이용하여 국가이익과 사회공공 이익을 해하는 위법행위를 감독하고 처리하는 책임을 진다. 그 행위가 범죄를 구성하는 경우는 법에 의하여 형사책임을 추궁한다.

■ 해설

본 조는 공상행정관리 등의 행정기관이 계약에 대한 감독을 진행할 때의 그 범위를 규정한 것이다[139].

(1) 감독기관

감독의 주체는 현급 이상의 각급 인민정부 내 공상행정관리부문과 기타 관련 주관부문이 법률 또는 법규의 범위 내에서 계약실시에 관한 감독을 한다. 여기서 기타 관련 주관부문이란 예컨대, 증권거래의 계약에는 전국의 증권감독기구가, 섭외무역계약에는 상무부 등에 그 감독권이 있다.

---

138) 상세는 谢怀轼 等, 앞의 책, 305면~308면; 徐景和 主编, 앞의 책, 202면~204면; 刘景一 主编, 539면~543면.

139) 郭明瑞・房绍坤, 앞의 책, 411면~412면; 柴振国 何秉群 等, 앞의 책, 336면~344면 참조.

(2) 감독근거

국가행정기관이 계약을 감독할 수 있는 감독의 근거는 법률과 행정법규에 의하여 규정된 직책범위 내에서만 감독권을 행사할 수 있다.

(3) 감독내용

공상행정관리부문과 기타 관련 주관부문이 감독할 수 있는 내용은 일반적인 계약이 아니라 명확히 법률이 금지하는 행위가 발생했을 경우에 한하여 그 감독권이 행사되는 것이다. 예컨대, 모 계약의 실시를 이용하여 국가의 이익 또는 사회공공 이익에 피해를 가져오는 범죄 행위에만 그 직책에 기초하여 감독권을 행사하여 책임을 추궁할 수 있다.

제128조【계약분쟁의 해결】 당사자는 화해 또는 조정에 의해 계약분쟁을 해결할 수 있다. 당사자가 화해 또는 조정을 원하지 않거나 화해 또는 조정이 이루어지지 않은 경우는 중재기구에 중재를 신청할 수 있다. 섭외계약의 당사자는 중재합의에 따라 중국 중재기구 또는 기타 중재기구에 중재를 신청할 수 있다. 당사자가 중재합의를 체결하지 않았거나 중재합의가 무효인 경우는 인민법원에 제소할 수 있다. 당사자는 확정된 판결, 중재결정, 조정을 이행하여야 하고 이행을 거절한 경우는 인민법원에 강제집행을 청구할 수 있다.

■ **해설**

본 조는 계약의 분쟁에 대하여 화해와 조정, 중재와 제소[140]와 같은 그 해결방식을 규정한 것으로 다음과 같은 방식이 있다.

(1) 화해와 조정

본 조에서 규정한 화해와 조정의 방식의 공통점은 비교적 우호적인 분위기에서 협의가 진행되는 것으로 비용이 저렴하고 문제 해결에서 갈등이 남지 않는다. 서로 다른 점은 화해는 당사자 주체에 제3자가 개입되지 않는데, 조정의 경우는 제3자의 간섭으로 주체의 문제 해결에 조언을 한다는 점이 다르다.

(2) 중재합의

당사자가 화해나 조정을 원치 않거나 화해와 조정이 이루어질 수 없는 경우는 중재합의에 의해 중재기구에 중재를 신청할 수 있다. 중재가 신청되면 대다수가 중재기관에서 조정을 하도록 권고한다. 이것은 중국의 소송문화 보다는 조정문화에 익숙하여 있다는 것을 알 수 있다.

---

140) 중재와 제소에 있어서 전자는 민간의 중재기구이고, 후자는 국가권력을 방패로 하는 법원에 의해 진행된다는 것이 다르다. 공통한 것은 중재에 따른 재정 또는 법원의 판결에는 각자 법적 유효성이 있다는 것이다.

(3) 국내와 섭외중재

중재에는 국내중재와 섭외중재 두 가지가 있다. 또 중재협의서에도 첫째, 쟁의발생 이전에 당사자가 계약체결할 때, 이미 결정한 것과 둘째, 쟁의발생 후에 문제해결을 중재해결에 위탁하는 두 가지 종류가 있다. 일반적으로 중재협의서에는 중재의 내용, 장소, 중재기구 등이 명기되어 있다.

(4) 제소

제소란 당사자가 문제의 해결을 법원에 위탁하기 위해 인민법원에 소송을 청구하는 행위를 말한다. 중국의 민사소송법의 규정에 따르면 제소에는 다음과 같은 실질적 요건을 만족할 것을 요구한다. 첫째, 원고는 안건과 직접 이해관계를 갖고 있는 자연인, 법인 또는 그 외의 조직일 것이다. 둘째, 명확한 피고가 존재할 것이다. 셋째, 구체적 소송청구의 사실과 이유가 있을 것이다. 넷째, 인민법원이 수리하는 민사소송의 범위에서 피고인의 소속범위의 법원이어야 한다. 그 외의 인민법원에 대하여 제출하는 소송장이 있어야 한다. 당사자가 중재합의를 체결하지 못했거나 중재합의가 무효인 경우는 인민법원에 제소를 할 수 있다.

(5) 해결방식

위와 같은 계약분쟁의 해결방식에는 화해와 조정, 중재와 제소 등이 있고, 그 선택은 당사자의 자유의사에 의한다. 예컨대, 당사자가 일단 중재를 선택한 경우에는 동일한 내용의 안건을 인민법원에 다시 제소할 수 없다.

당사자는 확정된 판결, 중재결정 또는 조정을 이행하여야 한다. 그 이행이 거절되면 인민법원에 강제집행을 청구할 수 있다.

□ 사례1

석유채굴공장 "갑"과 기계설비임대회사 "을"은 채굴설비 융자임대계약을 체결했다. 계약의 분쟁 해결방식으로 계약의 집행 중에 발생한 모든 분쟁은 쌍방이 우호 협상으로 해결한다고 약정했다. 계약을 집행하는 과정 중에 "갑"공장과 "을"회사는 분쟁이 발생하고, 그 협상이 잘 이루어지지 않았다. 쌍방은 그 후에도 중재의 중재협의서를 교환하지 못하였다. "을"회사는 소재지 A시의 중재위원회에 중재를 신청했고, 이에 따라 A시 중재위원회는 이 신청을 수리하지 않았다.

□ 사례2

사례 1에서 계약분쟁의 해결조항은 "계약의 집행 중에 발생한 모든 분쟁은 쌍방이 우호 협상 해결하며, 협상이 이루어 지지 않을 경우 중재위원회의 중재규칙에 의해 A시의 중재위원회 중재를 진행한다"고 약정하였다. 계약 이행 중에 분쟁이 발생하였고, 쌍방은 협상으로 이 문제를 해결할 수 없었다. "을"회사는 A시 중급인민법원에 소송을 제출했지만, A시 중급인민법원은 수리하지 않았다.

第129条【계약의 소송시효】 국제화물매매계약과 기술수출입계약의 분쟁으로 인하여 소송의 제기 또는 중재의 신청기한은 4년으로 하고, 그 권리가 침해 받은 사실을 알았거나 또는 알 수 있었을 때로부터 계산한다. 기타 계약의 분쟁으로 인하여 소송의 제소 또는 중재의 신청기한은 관련 법률규정에 따른다.

■ 해설

본 조는 국제화물매매계약 및 기술수출입계약에 관계되는 분쟁의 소송시효에 관하여 규정한 것이다[141]. 즉 국제화물매매계약 및 기술수출입계약의 분쟁으로 인하여 소송을 제기하거나 중재를 신청하는 경우, 계약법에서는 4년 이라는 시효를 두었다.여기서 열거한 국제화물매매계약 및 기술수출입계약은 중국 민법통칙(제135조, 제136조)의 일반의 업무계약의 시효는 2년 또는 1년인데 비하여, 그 이행기간이 장기간 소요되고, 거래금액이 거액이기 때문에 거래 당사자의 권리를 보호하기 위해 시효를 연장하여 규정하는 등 일반의 계약에 없는 특징을 갖고 있다.

141) 郭明瑞・房紹坤, 앞의 책, 412면~413면.

제3부 각 칙

제9장 매매계약

매매계약은 일상의 사회생활에서 보편적으로 접촉할 수 있는 것으로 매도인은 매수인과 매매계약을 체결하여 그 상품의 소유권을 이전한다. 이 상품교환의 형식과 법률적 관계가 매매계약이다. 매매계약에는 다음과 같은 특징을 갖고 있다. 첫째, 매매계약은 재산소유권의 이전계약이다. 즉 목적물에 관한 재산소유권의 이전에 관한 협의를 말한다. 둘째, 매매계약은 매도인이 재산 소유권을 이전하고 매수인은 그 재산에 상응하는 대가를 지급할 것을 필요조건으로 한다. 그러므로 대가를 계약의 필수조건으로 하지 않는 증여계약과 구별된다. 셋째, 매매계약은 쌍무적 유상계약이다. 넷째, 매매계약은 법률에서 정한 규정 외에 또 당사자의 의사표시의 일치만으로 성립되는 낙성계약이다. 따라서 목적물의 교부가 있어야 계약이 성립하는 소비대차계약, 도급계약과 구별된다. 다섯째, 매매계약은 불요식계약이다. 법률로 규정한 경우를 제외하고 당사자에게 매매계약의 형식에 관하여 최대의 자유를 부여하고 있다. 즉 계약의 성립과 발효에 특정의 형식요건을 필요하지 않고 또 허가 인증절차도 필요로 하지 않는 특징이 있다.

본 장에서 규정한 특수매매계약에는 분할납부식매매(제167조), 견품매매(제168조, 제169조), 시험사용매매(제170조, 제171조), 입찰매매(제172조), 경매(제173조) 등이 있다. 그리고 본 장은 제130조로부터 제175조에 이르는 모두 총 46개 조문으로 섭외매매계약의 개념, 내용, 목적물, 교부, 증거물, 위험과 소유권의 이전, 담보의무, 검수와 통지, 부칙, 목적물의 교부수량 등이 규정되었고, 마지막에는 몇개 특수형식의 매매에 대하여 규정하여 비교적 상세하게 규율하고 있다.

제130조 【매매계약의 정의】 매매계약은 매도인이 목적물의 소유권을 매수인에게 이전하고 매수인이 대금을 지급하는 계약이다.

■ 해설

본 조는 매매계약의 정의에 대하여 규정한 것이다. 매매계약의 성립은 반드시 두 가지의 조건을 갖추어야 한다. 하나는 매도인은 목적물에 처분하고 계약 목적물의 소유권이 매수인에게 이전하는 것이다. 다른 하나는 매수인은 매도자에게 목적물의 대금을 지급하는 것이다. 이 두 가지의 조건을 갖추면 매매계약은 성립할 수 있다. 만일, 일방 당사자가 목적물의 소유권을 다른 일방 당사자에게 교부하고, 다른 일방 당사자가 대금을 지불하지 않으면 이 계약은 매매계약이 아니다. 중국의 매매계약에는 다음과 같은 특징이 있다[142].

① 매매계약의 재산소유권의 이전에 관한 계약이다. 즉 매매계약은 매도인이 소유권을 이전하고 매수인은 이에 대한 대가를 지불한다는 것을 내용으로 하는 것이다.

② 매매계약은 전형적인 상무・유상계약이다. 가령, 매도인은 목적물의 소유권 및 점유를 이전할 의무가 있고, 매수인은 매도인에 대하여 대가지불의 의무가 있는데, 이 경우 당사자 일방의 의무는 다른 일방의 권리가 되는 관계에서 유상으로 이루어 진다.

③ 매매계약의 주체가 광범위하다. 매매계약의 가장 중요한 특징은 소유권은 재산의 소유권 이전, 소유권을 포함한 점유, 사용, 수익과 처분의 행위다. 매도인은 소유권자와 처분권자로 나뉘며 중국에서 매도인의 주체는 첫째, 재산소유권자다. 매도인의 주체로서 가장 보편적인 것이다[143]. 소유권자는 자기의 재산을 사용하고 수익하는 점유권을 갖고 있을 뿐만 아니라 타인의 간섭을 받지 않고 그 재산을 매각하는 것을 포함한 처분권도 함께 향유한다. 둘째, 비소유권성 재산권자다. 이것은 중국 특유의 재산권자이다. 즉 중국의 국유기업, 방송국과 같은 사업단위의 재산 소유권은 국가의 전인민소유제 성질에 속한다[144]. 셋째, 신탁인이다. 신탁계약에 기초하여 위탁인의 재산을 경영, 관리 또는 처분하는 사람이다. 네째, 담보권자다. 이것은 채무자 또는 제3자가 채권자에 대하여 일정한 재산을 제공하여 채무이행의 담보를 하는 일종의 약정담보물 담보권이다[145]. 다섯째, 질권자이다. 질권자도 약정담보권의 일종이다.

---

142) 刘文华 主编, 앞의 책, 200면~201면.

143) 일종의 절대적, 또한 완전한 물권으로 민사주체가 그 재산에 관하여 법에 의해 점유, 사용, 수익과 처분의 권리를 향유할 수 있다는 것을 보증하도록 되어 있다.

144) 이 경우 중국의 국유기업, 사업단위는 비소유권성 재산권자로서 국유재산의 사용권, 수익권과 일정한 처분권을 갖는다. 따라서 비소유권성 재산권자는 매매계약에 의한 매도인의 주체가 된다.

145) 일반적으로 담보재산에는 부동산, 기계설비, 운송차량 등 재산가치가 큰 것 들이다. 동시에 소유자가 점유권을 이전하지 않는 것이 일반적이다. 담보권자는 채무자에 대하여 채무의 상환을 독촉할 수 있으며, 경우에 따라서 법에 의한 담보권을 행사하여 매매계약의 주체가 될 수 있다.

담보권과 다른 것은 동산이 일반적인 것으로 점유권이 질권자에게 이전되는 것이다146). 여섯째, 유치권자다147). 일곱번째, 인민법원이다. 이것은 특정한 경우에만 한정된다148).

민법통칙의 관련규정 및 본 장의 입법취지에서 본 장의 매매계약의 대상은 민법통칙 제5장 제1절에 규정한 동산과 부동산에 한정하고, 특허에 해당하는 무체재산의 경우는 본 장의 매매계약에 속하지 않고 기술양도계약에 속한다.

□ 사례

"갑"상점과 "을"칼라TV공장은 1통의 칼라TV 매매계약을 체결했다. 계약은 "갑"상점이 "을"칼라TV공장에서 100대의 32인치 칼라TV를 구입하며, 대당 가격은 인민폐 8,200원, 총액 인민폐 82만원으로 "을" 칼라TV공장이 10월 하순에 칼라TV를 인도하고 "갑"상점은 칼라TV를 받은 후 10일 이내에 대금 총액을 공상은행을 통하여 "을"칼라TV공장으로 송금한다고 약정했다. 본 사례에서 "갑"상점과 "을" 칼라TV공장이 체결한 계약은 전형적인 매매계약이다. 이 매매계약 중에서 "갑"상점은 매수인 이고, "을" 칼라TV공장은 매도인이다. 계약 중에 약정한 100대의 칼라TV은 이 계약의 목적물이고 계약대금은 인민폐 82만원이다.

제131조 【매매계약의 내용】 매매계약의 내용은 이 법 제12조의 규정에 따르는 외에 포장방식, 검사 표준과 방법, 결산방식, 계약에 사용하는 문자 및 그 효력 등의 조항을 포함한다.

■ 해설

본 조는 매매계약의 내용에 대하여 규정한 것이다149). 본 법의 제12조 규정은 모든 계약에 적용되는 것이지만, 동시에 매매의 법적특수성에 감안하여 본 법의 제12조와 본 장의 규정에서 일반 매매계약에는 다음의 조항이 포함되어야 한다.

① 당사자의 명칭 또는 성명과 주소
② 매매목적물의 명칭, 품질, 수량 및 포장방식

146) 채무자가 채무기한까지 상환을 하지 않았을 경우, 채권자는 그 질권을 매각하여 얻은 대금으로부터 우선 채무변제를 받는다. 따라서 질권자도 매매계약의 매도인이 될 수 있다.
147) 유치권은 법정담보물권으로 채무자는 유치된 재산을 매각 처분할 수 있다는 점에서 유치권자는 매매계약의 매도인이 될 수 있다.
148) 즉 당사자가 판결 또는 재판을 집행할 수 없을 때, 인민법원이 직권에 의해 강제적으로 의무자의 재산을 매각하여 판결 또는 재정의 집행을 보증한다.
149) 상세는 徐景和 主编, 앞의 책, 213면~215면.

③ 매매목적물의 가격, 금액, 화폐 및 가격의 숙어
④ 대금의 지급방법, 기한, 장소
⑤ 목적물의 인도방법, 기한, 장소
⑥ 목적물의 담보 및 운송방법
⑦ 검수기준과 검사방법
⑧ 결제방법
⑨ 분쟁해결방법, 관할기구 및 적용법률
⑩ 계약부수, 사용문자 및 그 효력
⑪ 계약체결의 시기, 장소 및 당사자 서명

이상은 일반적으로 계약조항으로서 기재되어야 할 내용인데 물론 계약의 목적물, 당사자 등의 구체적 상황의 차이에 따라 그 조항내용도 다를 수 있다. 예컨대, 목적물이 부동산일 경우는 운송문제는 존재하지 않으며, 또 섭외매매계약에 한해서는 지급화폐의 종류와 가격숙어, 동시에 계약의 적용법률의 선택문제가 발생한다.

□ **사례**

"갑"공장은 자동차 부품을 생산하는 공장이다. 2월 5일에 "갑"공장과 "을"자동차제조공장은 자동차 부품매매계약을 체결했다. "갑"과 "을"쌍방 당사자가 매매계약 중에는 당사자의 명칭과 주소, 목적, 수량, 품질, 검사방식, 대금, 이행시간과 주소, 결산방식, 위약책임, 분쟁의 해결방식 등 조문을 두어 약정하였다.

제132조【목적물의 제한】 매각 목적물은 매도인에게 소유권 또는 처분권이 있어야 한다. 법률, 행정법규에 의해 양도금지 또는 이전제한 되어 있는 목적물에 대해서는 그 규정에 따른다.

■ **해설**

본 조는 매매계약의 목적물의 제한에 대해서 규정한 것이다. 본 조에서는 매도인에게 목적물을 처분할 수 있는 합법적 권리가 있을 것을 필요로 한다. 또 유통이 금지되고 있는 목적물은 매매의 대상이 될 수 없고, 이전제한이 되어 있는 유통물은 특정의 당사자 사이만 매매가 허락되며, 일반 단위나 개인에게는 매매가 허락되지 않는다150).

법률상에서는 유통물, 제한유통물과 금지유통물로 나뉜다. 여기서 규정한 '양도금

150) 郭明瑞・房紹坤, 앞의 책, 422면~423면.

지 또는 이전제한 되어 있는 목적물'이란 민법에서 규정한 유통금지물과 제한금지물을 가리키며, 유통물은 법률에서 민사주체의 사이에 자유롭게 거래되는 가정류를 말한다. 이에 비하여 제한유통물은 법률과 행정법규에 의해 민사거래의 과정에서 일정의 제한규정이 있는 금, 은, 역사문물, 마취약품 등을 가리킨다. 금지유통물은 법률과 행정법규에서 시장거래를 금지하고 있는 초지, 초원, 강, 황무지, 삼각지, 광산, 무기, 아편 등을 말한다.

□ 사례1

○○세관은 "갑"상점에 위탁하여 몰수한 10세트의 불법 밀수한 담배를 판매한다. 담배를 피우는 "을"은 "갑"상점에서 세관이 위탁 처리하는 밀수담배이기 때문에 외국담배가 비교적 싸다는 것을 알고 2보루 샀다. 본 안건 중에 "갑"상점은 이 밀수담배에 대한 소유권은 없지만, 이 담배가 ○○세관에 의해 위탁 처리되는 것이다. 그래서 "갑"상점은 처분권을 가진다. "갑"상점과 담배를 피우는 "을"의 매매계약은 합법 유효하다.

□ 사례2

○○아편 중독자 "갑"과 마약을 판매하는 "을"은 번화가에서 몰래 마약거래를 진행하고 있을 때, 공안직원이 현장에서 체포하였다. 헤로인 25그램을 몰수했다. 마약을 판매하는 "을"은 인민법원이 법에 의해 10년 유기징역형 선고를 했고, 마약을 흡입하는 "갑"은 공안부문이 마약감호처분을 내려 강제로 송치하였다.

第133조【소유권의 이전시기】 목적물의 소유권은 목적물을 인도한 때에 이전한다. 그러나 법률에 다른 규정이 있거나 또는 당사자가 계약에 별도의 정함이 있는 경우는 제외한다.

■ 해설

본 조는 목적물의 소유권 이전시기에 관하여 규정한 것이다. 목적물의 소유권을 언제 이전하는 가는 매매계약의 핵심이라고 할 수 있다. 왜냐하면 이 문제는 종종 위험의 책임소재, 보험이익의 귀속 및 매매 쌍방에서 어떤 구제초지를 취할 수 있는지 그 관계가 있기 때문이다. 본 조의 규정은 민법통칙 제72조의 규정과 일치한다. 중국은 본 법에서 '인도'를 소유권이전의 시기라고 한 것은 일반적인 관념에 입각한 것이다. 동시에 당사자가 다른 이전의 시기를 계약에서 별도로 약정해도 이것을 존중한다고 한 것은 바로 계약자유의 원칙을 실천한 것이다.

위 규정에서 '법률에 다른 규정이 있을 경우'는 제외한다는 것은 예컨대, 1983년

12월 국무원이 공포한 '도시사유가옥관리조례' 제6조에 "가옥소유권이전 또는 가옥현 상황을 변경할 경우는 가옥 소재의 지방관리기관에 의한 소유권 이전 또는 가옥현 상황 변경등기 수속을 밟아야 한다" 등의 경우이다.

□ 사례

"갑"사용자와 "을"회사는 오토바이매매계약을 1통 체결하였다. 계약내용은 "갑"사용자가 "을"회사로부터 "을"회사가 생산한 최신형 1대 오토바이를 구매하며, "갑"사용자가 목적물의 대금을 지급한 후에 출고한다. 출고한 후 20일이 경과하도록 "갑"사용자가 이의를 제출하지 않으면, 이 오토바이 소유권은 "갑"사용자에게 이전하고, 만일 품질에 문제가 있으면 "갑"사용자가 20일 이내에 오토바이를 "을"회사에 반환하고 "을"회사는 "갑"사용자에게 그 대금을 반환한다. 본 사례에서 "갑"사용자와 "을"회사는 체결한 매매계약 중에 쌍방 당사자는 목적물 소유권의 이전조건과 시간에 대하여 약정을 했다. 즉, "갑"사용자는 출고한 후의 20일에 "갑"사용자는 이의를 제출하지 않은 경우에 이 오토바이의 소유권은 "을"회사로부터 "갑"사용자에게 이전한다.

제134조 【소유권 유보의 특약】 당사자는 매매계약에서 매수인이 대금을 지급하지 않거나 기타 의무를 이행하지 않은 경우 그 목적물의 소유권은 매도인에게 귀속하도록 규정을 약정할 수 있다.

■ 해설

본 조는 매도인의 목적물 소유권의 유보의 특약에 관하여 규정한 것이다. 이것은 매매 목적물의 소유권은 목적물을 인도할 때에 이전한다는 일반원칙에 대한 예외 규정이다.

계약의 약정조항 중에서 목적물의 소유권을 보류하는 조항은 매도인이 자기이익 보전수단의 하나로 소유권이전의 부가조건으로 종종 채용하는 조치의 하나이다. 이 소유권이전의 부가조건으로 매매계약에 여러 종류의 소유권 보류조항을 약정할 수 있다. 그러나 본 조에서는 임의로 소유권 보류조항을 약정하는 것은 허락되지 않고, 즉 매도인이 대금의 지급을 이행하지 않거나 또는 기타 의무를 이행하지 않은 경우에 한정하여 소유권의 이전보류가 될 수 있다고 엄격히 규정하고 있다는 것에 유의할 필요가 있다. 한국에서는 할부판매의 경우에 자주 이용되고 있다. 또한 국제거래 등에서 활용가치가 매우 높은 조항으로 매도인의 입장에서는 목표물을 내용으로 하는 물권담보설정이 가능하며, 이러한 물권담보는 제3자에게 대항할 수 있기 때문에 매도인의 지위가 기타 다른 채권자의 지위에 비하여 강화되었다고 할 수 있다.

□ 사례

"갑"제철공장과 "을"대형설비제조회사는 압연설비 매매계약을 1통을 체결했다. 계약 총대금은 인민폐 4,000만원이다. 계약 중에 쌍방 당사자가 매매계약을 체결한 날로부터 3개월 이내에 1차 대금 1,000만원을 지급하고, "을"회사가 "갑"공장 1차 대금을 지급한 후 3개월 이내에 설비를 인도하며, 이후 3개월 마다 "갑"공장은 "을"회사에게 1,500만원씩을 지급하고, 이 세트의 설비는 "갑"공장이 모든 계약금을 교부한 후에야 소유권이 "갑"공장에게 이전한다고 약정했다. 이 매매계약 집행 반년 후 "갑"공장이 경영이 좋지 않아 "병"회사의 기간이 도래한 채무를 상환할 수 없자 "병"회사가 인민법원에 "갑"공장의 파산신청을 했다. "갑"공장은 아직 1,500만원의 설비대금이 남아있고 "을"회사에 지급하지 않았기 때문에 "을"회사가 인민법원에 쌍방 당사자가 체결한 계약에 따라 이 세트설비 소유권은 아직 "을"회사가 소유하고 "갑"공장에게 이전하지 않고 이 세트설비를 다른 회사에게 판매한다고 신청하였다. 인민법원의 감독하에 "을"회사와 "갑"공장은 약정에 따라 이 계약의 사후문제를 처리했다. 본 사례에서 "을"회사와 "갑"공장은 목적물 소유권의 보유조건을 정확하게 약정하였기 때문에 법에 의해 "을"회사의 합법권익을 보호하고 "갑"공장은 파산으로 인한 손해를 피할 수 있었다.

第135조【매도인의 의무】매도인은 매수인에게 목적물 또는 목적물 수령관련 증권을 교부하고 목적물에 대한 소유권을 이전할 의무가 있다.

■ 해설

본 조는 매도인의 목적물 인도 및 소유권의 이전의무에 관하여 규정한 것이다. 매도인은 목적물을 이전할 의무가 있다. 목적물이 동산인 경우에는 매도인이 직접 목적물을 교부 또는 목적물 수령관련 증권을 교부하면 된다[151].

매매계약에서 매수인의 목적은 목적물의 소유권을 얻는 것이다. 따라서 매도인은 목적물을 매수인에게 인도하는 한편, 소유권의 이전등기가 진행될 수 있도록 하는 것이 매도인의 의무라고 말할 수 있다. 가령, 부동산의 경우는 목적물에 대한 소유권 이전등기가 필요하다. 인도와 소유권의 이전에는 밀접한 관계가 있다. 법률에 별도규정이 있고 당사자에게 별도의 약정이 없는 경우에 인도의 완료와 동시에 소유권의 이전은 종료된다. 그러나 부동산소유권 및 선박, 비행기 등의 대형운수 수단의 소유권 취득에는 특정의 요구가 있다. 일반적으로는 인도시기가 아닌 등기의 완료를 기준으로 소유권이 이전한다.

151) 柴振国 何秉群 等, 앞의 책, 361면~363면.

□ 사례

주민 "갑"은 "을"부동산개발회사와 건축면적 115㎡인 주택매매계약을 체결했다. 계약 중에 쌍방 당사자는 이 주택대금은 인민폐 50만원으로 주민 "갑"이 계약을 체결한 후 1개원 이내에 계약전액 대금을 지급하고, 가옥열쇠를 받으며 "을"회사는 주민 "갑"이 계약대금을 지급한 후 2개월 내에 주민 "갑"을 협조하여 주택재산권 이전수속과 등기증을 처리하며 이 주택의 소유권이 주민 "갑"에게 이전한다 약정했다. 주민 "갑"은 약정에 따라서 계약대금 지급의무를 이행했지만, "을"회사가 일정대로 부동산 이전수속을 처리하지 않았다. 주민 "갑"은 여러 번에 걸쳐서 "을"회사와 교섭하여 약정에 따라 주택의 소유권 이전을 요구했지만 결과는 마찬가지였다. 이 때문에 결국 주민 "갑"은 현지 인민법원에 소송을 제기했다. 인민법원에대하여 법에 따른 합법적 권리 보호를 청구하였다. 인민법원은 심리를 통해 "을"회사에게 가옥소유권을 주민 "갑"에게 이전하고 쌍방 당사자의 약정에 따라서 주민 "갑"이 당한 손실을 배상하라고 판결하였다. 본 사례에서 "갑"과 "을"회사는 법에 의해 주택매매계약을 체결했다. "을"회사는 법에 따라 쌍방 당사자의 약정에 근거하여 주택 및 소유권이 주민 "갑"에게 이전하여야 한다. 그렇지 않으면 상응한 위약책임을 져야 한다.

第136조 【매도인의 부수의무】 매도인은 약정 또는 거래의 관행에 따라 목적물 수령관련 증권 이외의 관련서류 및 자료를 매수인에게 교부하여야 한다.

■ 해설

본 조는 매도인이 목적물에 관련되는 증서 및 자료의 교부에 대하여 규정한 것이다. 즉 매도인은 매매계약의 약정 또는 일반적인 거래습관에 근거하여 매수인에게 이 매매계약과 관련 있는 목적물 증서를 제출하는 것을 제외하고 이외의 기타 서류와 자료를 교부해야 한다.

먼저 매매에 따라 매도인이 매수인에게 인도하여야 할 관련 증서 및 자료는 그 목적물을 취득했을 때의 증거물이다. 예를 들면 중국의 국내거래에 경우는 상업영수증, 상품검수합격증, 보수카드, 사용설명서 등이 있다[152]. 국제거래에서는 상업영수증 외에 세관영수증, 보험증, 원산지증명서, 검역증명, 수입허가증 및 수출허가증 등이다. 또 나라에 따라 두 종류의 문자로 상품의 원료설명과 용도, 사용법을 요구하는 경우가 있다. 그 경우 매도인은 매수인에게 그러한 서류와 자료를 교부할 의무가 있다.

그 다음에 매도인은 약정 또는 거래관습에 따라 매수인에게 교부하여야 한다. 거래습관은 계약 일방 당사자 또는 쌍방의 소재지에서 약정으로 형성된 것, 모두 공

152) 刘文华 主编, 앞의 책, 211면; 夏志宏 主编, 앞의 책 181면.

동으로 준수하는 것, 문자 또는 비문자의 습관 및 관례이다. 이것은 법률, 법규, 부문규칙 또는 정부부처의 규정이다. 또한 업무협회 등 기수가 제정한 업종 내의 보편적으로 준수하는 규칙이다.

□ 사례

"갑"회사는 "을"기계제조공장에서 1대의 정교한 선반을 구입한다는 매매계약을 체결했다. 매매계약 중에 "을"공장이 선반을 인도할 때 동시에 상품합격증, 상품보수증, 상품설명서와 부품명세서, 설명서, 상세히 설명된 상품의 구조와 사용방법 및 주의사항·고장의 판별과 보수신청방법을 교부해야 한다고 약정했다. "을"공장은 선반을 인도할 때 약정에 따라서 "갑"회사가 필요한 각종 명세서와 자료를 제공했다.

제137조【지적재산권의 귀속】 지적재산권이 있는 컴퓨터 소프트웨어 등을 목적물로 한 경우, 법률이나 당사자가 별도로 약정하는 경우를 제외하고, 그 목적물의 지적재산권은 매수인에게 귀속되지 않는다.

■ 해설

본 조는 목적물의 지적재산권의 귀속에 관하여 규정한 것이다. 본 조에서는 컴퓨터 소프트를 지적재산권으로써 저작권 보호를 하고 있다[153]. 지적재산권에는 공업의 지적재산권과 창작과 같은 문학지적재산권 등이 있으며, 이것은 법률로 개인의 무형 지적 창조물에 대한 점유권을 부여하여 보호하고 있다. 지적재산권에는 지배성, 배타성, 시간성이라는 특징이 있다. 물권법의 재산소유권과는 구별된다.

본 조의 핵심적 내용은 가령, 매매에 지적재산권의 목적물로 컴퓨터 소프트웨어가 있는 경우에 컴퓨터 소프트웨어만을 매매할 수 있다. 별도의 약정 또는 법률의 특별한 규정이 없는 한 이와 관련된 저작권은 매매계약에 포함되지 않기 때문에 매수인에게 귀속되지 않는다.

□ 사례

"갑"회사와 "을"소프트웨어개발회사는 재무소프트웨어매매계약을 1통 체결하였다. 쌍방은 "갑"회사가 "을"회사로부터 최신 개발한 재무소프트웨어를 1세트 구입하고 계약대금 인민폐 2,800원이라고 약정하였다. 본 사례에서 "갑"회사와 "을"회사가 체결한 재무소프트웨어 매매계약 중에서 이 컴퓨터재무소프트웨어 중에 "을"의 소프트웨어개발회사의 지적재산권을 포함한다.

153) 徐景和 主编, 앞의 책, 231면~236면.

"갑"회사는 이 소프트웨어 중에서 지적재산권의 재무소프트웨어를 사용할 권리가 있지만, 이 재무소프트웨어의 지적재산권이 "갑"회사에 속하는 것을 의미하는 것은 아니다. 즉 "갑"회사는 소프트웨어 중에서 지적재산권의 사용권밖에 없고 소유권은 없다. 만일에 "갑"회사가 이 소프트웨어의 지적재산권을 구매하려면, 반드시 이 지적재산권의 소유자와 명확한 지적재산권의 이전계약을 채결해야 한다.

제138조 【인도기한】 매도인은 당연히 약정한 기한에 목적물을 인도하여야 한다. 인도기한을 약정한 경우에는 매도인은 그 인도 기간 내에 언제든지 인도할 수 있다.

■ 해설

본 조는 매도인의 목적물 인도기한에 관하여 규정한 것이다. 계약의 목적물 인도시기는 시장상황의 변동에 의한 이익과 밀접한 이해관계가 있는 중요한 문제이다. 소유권의 이전시기에 있어서 동산의 경우는 당사자가 자유롭게 정할 수 있다. 그러나 부동산의 소유권 이전의 경우는 당사자의 약정 뿐만 아니라 건물관리기관의 등기절차를 밟아, 그 수속이 완료된 시점이 소유권의 이전시기가 된다. 그리고 수속 목적물의 인도시기에 관해서는 몇 시까지라고 하는 '기한'과 몇 시부터 몇 시까지의 사이라고 하는 '기간'인도가 있는데 법률상 그 뜻이 분명 다르다.

□ 사례

"갑"상점과 "을"칼라TV공장은 21인치 칼라TV 매매계약을 체결했다. 쌍방 당사자는 매매계약 중에 "갑"상점은 "을"TV공장이 생산한 21인치 칼라TV 300대를 구매하고, 대당 가격은 인민폐 2,500원이다. "을"공장은 이듬해 1월까지 "갑"상점에 목적물을 인도한다고 약정했다. 그 후 "을"공장의 21인치 칼라TV가 잘 팔려 가격이 많이 상승하게 되었고 "을"공장은 많이 주문을 받게 되었다. 따라서 "을"공장은 원래의 가격으로 "갑"상점에게 매매하게 되면 이윤이 너무 작다고 생각하여 일정되로 "갑"상점에 출고하지 않고 더 높은 가격으로 기타 다른 상점에 팔게 되었다. "갑"상점은 여러 번에 독촉하였지만, "을"공장은 여러 핑계로 거절했다. 판매한 물건이 이미 유행이 지나 21인치 칼라TV는 판매부진 가운데 "을"공장은 "갑"상점에 칼라TV를 배달했다. "갑"상점은 이를 거절하고 인민법원에 기소했다. "을"공장은 위약책임을 지고 법에 따라 "갑"상점의 손해를 배상하라고 요구했다. 본 사례에서 "을"공장은 약정한 교부기간에 따라 "갑"상점이 구입한 칼라TV를 교부하지 않기 때문에 위약을 초래했다. 상응한 위약책임과 "갑"상점이 입은 손해를 부담하여야 한다.

제139조 【인도기한의 준용】 당사자가 목적물의 인도기한을 약정하지 않았거나 또는 약정이 불명확한 경우는 본법 제61조, 제62조 제4호의 규정을 적용한다.

■ 해설

본 조는 당사자가 목적물의 인도기한을 확정하지 않았거나 또는 약정이 불명확한 경우에 관하여 인도기한을 어떻게 확정할 것인가에 대하여 규정한 것이다. 본 조의 규정에 근거하여 당사자는 매매계약 중에서 목적물의 인도기한 대해 약정하지 않거나 또는 당사자가 약정한 인도기한이 명확하지 않으면, 당사자는 본 조의 규정에 의해 목적물의 인도기한을 확인해야 한다. 당사자가 목적물의 인도기한에 대하여 합의할 수 없는 경우 계약의 관련 조항 또는 거래관습에 따라 확정한다(제61조)[154]. 그러나 이행기한이 명확하지 않은 경우에는 채무자는 언제든지 이행할 수 있고, 채권자도 언제든지 이행을 요구할 수 있다. 그러나 상대방에게 준비에 필요한 시간을 주어야 한다(제62조 4호). 이와 같이 본 조는 계약의 불명확성에 의한 무효보다는 오히려 유효로 되어야 한다는 목적에서 본법 제61조 및 제62조 제4호를 인용하여 계약을 정리하려고 한 것이다.

□ 사례

"갑"회사는 "을"전구공장에서 10세트의 25Wt 전구를 구매하기로 하고, "을"공장에 전송방식으로 청약을 보낸 후 승낙을 받아 "갑"회사와 "을"공장은 매매계약의 효력이 발생했다. 그런데 "갑"회사가 소홀히 하여 청약을 보낼 때, 전구의 인도기한을 설명하지 않았다. 계약을 체결한 후 얼마 안되어 "갑"회사는 전구가 급하게 필요하게 되었고, 매매계약 중에 인도기한을 약정하지 않은 것이 발견되어 즉시 전송방식으로 "을"공장에 빨리 출고해 줄 것을 요구했다. "을"공장은 "갑"회사의 전송을 받은 후 "을"공장이 재고 전구가 없어서 "갑"회사에게 관련 상황을 알려 주고 10일 후 "갑"회사에 출고를 승낙했다. "갑"회사는 회신에서 확정하였다. "을"전구공장은 잔업 근무로 전구를 생산하고 10일 후 필요한 전구가 "갑"회사에 교부되었다. 본 사례에서 "갑"회사와 "을"공장은 매매계약 중에서 전구인도기한을 약정하지 않았지만, 이 매매계약을 집행하는 과정에서 당사자 쌍방은 이에 대하여 협의보충을 하여 계약은 순조롭게 이행되었다.

제140조 【간이인도】 계약을 체결하기 전에 이미 매수인이 목적물을 점유하고 있을 경우는 인도시기를 계약의 효력 발생기한으로 한다.

154) 胡康生 主编, 앞의 책, 218면~219면; 夏志宏 主编, 앞의 책, 185면 참조.

■ 해설

본 조는 목적물의 간이인도에 관하여 규정한 것이다. 본 조의 규정에 의해 목적물은 계약을 체결하기 전에 이미 매수인이 점유하고 잇는 경우에 계약의 효력 발생시간은 목적물의 인도시기다. 이렇게 규정하여 매매계약의 당사자 쌍방은 상응한 권리의무 이행에 유리하고, 계약의 순조로운 이행을 보증하며 당사자 쌍방의 각자 책임을 정확하게 구분할 수 있다.

'계약을 체결하기 전에 매수인이 이미 그 목적물을 점유하고 있을 경우'라고 하는 것은 간이인도에 속한다. 이 간이인도는 특정의 수속을 필요로 하지 않는 동산에 제한되며 부동산에는 적용되지 않는 것이 일반적이다. 간이인도의 규정은 당사자의 위험책임의 소재에 중요한 의의를 갖는다. 즉 목적물의 인도로 대금의 지급을 필요조건으로 하지 않고 위험이 이전되게 된다[155]. 예컨대, 계약발효 후 매수인이 대금을 지급하기 전에 목적물 분실 또는 손해가 발생한 경우, 대금의 미지급을 이유로 그 위험을 매도인에게 전환할 수 없다는 것이다.

□ 사례

여름 홍수로 인한 재해구조기간에 "갑"시의 지휘본부는 "을"의 대형기계설비제조공장에 전화를 하여 10대의 불도저 제공을 청구하였다. "을"공장은 즉시 10대의 불도저를 "갑"시청의 홍수재해 구조를 위해 "갑"시청의 지휘본부에 제공하여 사용케 하였다. 2개월 후 "갑"시 지휘본부는 홍수재해 구조를 거의 마무리 짓고 "을"공장이 제공한 10대 불도저를 구매하기로 하고 쌍방은 불도저 매매계약을 체결하였다. 계약은 "갑"시 지휘본부가 "을"공장이 생산한 10대의 불도저를 구매하여 이전한 시간이 계약 효력의 발생시간이 되고, "을"공장은 계약의 효력 발생 6개월 이내에 불도저의 인위적이지 않은 고장에 대해 무료 보수한다고 약정했다. 본 사례에서 특수상황으로 인하여 "갑"시의 지휘본부는 홍수재해를 구조하고, 그 동안 지휘본부가 2개월 동안 이미 점유하고 있는 불도저를 구매할 것을 약정하고 매매계약을 체결했다. 계약의 효력이 발생시간은 본 조의 규정에 근거하여 목적물의 인도시기라는 것을 확인한다.

제141조【인도장소】 매도인은 약정한 장소에서 목적물을 인도하여야 한다. 당사자가 인도장소를 약정하지 않았거나 또는 약정이 불명확하고, 본법 제61조의 규정으로도 확정할 수 없는 경우에 다음 각 호의 규정을 적용한다.

① 목적물의 운송이 필요한 경우, 매도인은 목적물을 제1운송인에게 인도하여 매수인에게 운송하도록 하여야 한다.

155) 胡康生 主编, 앞의 책, 219~220면; 夏志宏 主编, 앞의 책, 188면~182면.

② 목적물의 운송이 불필요한 경우, 매도인과 매수인이 계약을 체결할 때 목적물이 특정의 장소에 있다는 것을 알고 있을 때에 매도인은 그 장소에서 목적물을 인도하여야 하고, 목적물이 소재가 특정할 수 없을 때에 매도인은 계약을 체결할 때 영업소에서 목적물을 인도하여야 한다.

■ 해설

본 조는 목적물의 인도장소에 관하여 규정한 것이다. 목적물의 인도는 우선 "의사자칙"의 원칙에 근거하여 계약 쌍방 당사자가 약정하는 것이다. 그러나 만일, 당사자 쌍방이 목적물의 인도장소를 약정하지 않고 또는 약정이 불명확한 경우는 다음과 같다. 즉 목적물의 인도장소에 관하여 민법통칙 제88조 3항에서는 "이행장소가 불명확한 경우, 화폐로 이행하여야 할 경우는 그 급부를 받는 일방 당사자의 소재지에서 이행하고, 그 외의 목적물은 이행의무를 부담하는 일방 당사자의 소재지에서 이행한다"라고 규정하고 있다. 이 규정은 비교적 추상적인 반면, 본 조는 민법통칙의 규정을 수정한 것으로 보다 구체적이다.

본 조에서 규정한 목적물의 인도장소는 다음과 같다. 첫째, 당사자의 약정이 있는 경우는 그것에 따른다. 둘째, 약정이 없거나 또는 불명확한 경우에는 보충협의를 할 수 있다. 셋째, 협의가 성립되지 않는 경우는 계약의 관련조항 또는 거래관습에 의한다. 넷째, 위의 경우에도 인도장소를 확정할 수 없고, 목적물이 수송을 필요로 하지 않는 경우는 계약시의 매도인 영업소를 인도장소로 한다.

□ 사례

"갑"의류회사는 4월 상순 두 가지의 매매계약을 체결하여 이행하게 되었다. 첫째는 "을"상점이 구매한 200벌의 양복인데, 이 계약은 "갑"회사의 판매원이 영업을 나가서 "을"시의 상점과 체결한 것이다. 운송은 필요 없지만 계약에서 목적물 인도장소를 약정하지 않았다. 두 번째의 매매계약은 "갑"회사와 "병"회사가 체결하였다. "병"시의 회사는 "갑"회사가 제조한 100벌의 잠바를 구매하기로 했는데, 역시 계약에서 잠바의 인도장소를 약정하지 않았다. 본 조의 규정에 근거하여 만일 "갑"회사와 "을"상점이 계약을 체결했을 때 모 장소를 안다면 200벌의 양복을 이 장소에서 "갑"회사가 "을"상점에 인도한다. 만일 계약을 체결했을 때 당사자 쌍방이 모 장소를 모르는 경우에 200벌의 양복에 대한 "갑"회사의 인도장소는 "갑"회사의 소재지이지 "을"상점이 아니다. "갑"회사와 "병"회사의 목적물은 운송할 필요가 있기 때문에 인도장소는 A시에 있다. "갑"회사는 약정한 100벌의 잠바를 기차 또는 자동차로 운송업자에게 인도하는 장소가 바로 목적물의 인도장소이다.

第142조 【목적물의 위험부담】 목적물의 훼손, 멸실에 대한 위험은 목적물의 인도 전에는 매도인이 부담하고, 인도 후에는 매수인이 부담한다. 그러나 법률에 다른 규정이 있거나 또는 당사자 사이에 별도의 약정이 있는 경우는 제외한다.

■ 해설

본 조는 목적물의 훼손, 멸실의 위험부담에 관하여 규정한 것이다. 목적물의 매매와 관련하여 쌍방의 위험부담 책임구분의 한계는 명확히 인도한 시점에 있다고 규정하고 있다. 이것은 일반규정으로 법률에 별도의 규정이 있는 경우 또는 당사자에 별도의 약정이 있는 경우는 제외된다. 법률에 별도의 규정 또는 당사자에 별도의 약정이라고 하는 것은 다음의 상황이 포함된다. 첫째는 인도 전 목적물의 위험은 매수인이 부담하고, 둘째는 인도 후 일정기한 목적물의 위험은 당연히 매도인의 부담으로 한다. 전자는 본 법 제143조 및 제146조와 같이 매수인이 목적물을 늦게 수령했을 때의 경우이고, 후자는 당사자에 의한 약정의 경우이다.

매매계약에서 목적물 위험의 이전은 당사자의 이익과 절실한 이해관계가 있다. 이 문제에 관하여 각 국의 규정은 각각 다르다. 첫째, 스위스의 경우는 계약의 성립시기를 위험의 이전시기로 하고 있다. 둘째, 영국이나 프랑스의 경우는 소유권의 이전시기를 위험의 이전시기로 한다. 셋째, 미국이나 독일 등 다수의 국가에서는 목적물의 이전시기를 기준으로 위험의 이전시기로 규정하고 있다.

중국 계약법의 경우는 본 조에서 위험부담에 대하여 목적물의 인도시기를 기준으로 하고 있다. 이것과 본법의 제133조에 규정한 '목적물의 소유권은 목적물을 인도할 때에 이전한다'를 감안하였을 때, 본 계약법의 기본적 태도는 위험의 부담과 소유권의 귀속은 관계가 있다.

□ 사례

"갑"생산회사는 "을"화학비료공장과 복합비료 5,000톤을 구매계약을 체결했다. "갑"이 계약 중에 복합비료는 "을"공장이 탁송을 하고, 철도운송의 보험비용은 "갑"회사와 "을"공장이 7:3비례로 부담한다고 약정했다. 운송과정에 폭우가 계속되어 홍수가 갑자기 불어나 철도가 단절되고 화물차가 넘어지는 중대한 사건이 발생하여 5,000톤의 비료 모두가 훼손되었다. 사전에 보험을 가입하여 "갑"회사의 화물은 보험회사가 배상하였기 때문에 "갑"회사가 중대한 손실의 발생을 피할 수 있었다.

第143조 【지연의 위험부담】 매수인의 원인으로 목적물을 약정기한 내에 인도하지 못하는 경우, 매수인은 약정을 위반한 날로부터 목적물의 훼손, 멸실에 대한 위험을 부담한다.

■ 해설

본 조는 매수인이 목적물을 늦게 받았을 경우의 위험부담에 관하여 규정한 것이다. 목적물의 위험이전은 인도와 함께 이전되는 것이 일반적이다. 그러나 매수인의 원인으로 목적물이 약정된 시간에 인도되지 않은 경우, 위험은 약정의 인도 일을 기준으로 할 것인지, 그렇지 않으면 실제의 인도 일을 위험의 이전으로 볼 것인가는 실제 거래에서 중요한 문제다. 이에 관하여 본 조는 전자를 기준으로 한다.

본 조에서 매수인이 위험책임을 부담한다고 규정했지만, 그것은 과실을 전제로 하지 않고 있다는 것에 유의할 필요가 있다. 중요한 것은 매수인의 원인으로 목적물이 약정한 날짜에 인도되지 않은 경우, 그의 과실 유무를 물을 것도 없이 약정에 위반한 날짜 이후의 목적물의 보관비용 또는 기타비용 등 훼손·멸실에 대한 위험을 매수인이 부담하여야 한다.

계약법에서는 소유권 이전과 동시에 위험 부담도 인도한다는 것을 기준으로 하지만 양자와 인도는 구별이 있다. 그 구별은 첫째, 목적물이 인도되지 않고 소유권도 이전되지 않았는데 위험부담이 이미 이전된 경우, 즉 본 조에서 규정하는 목적물을 늦게 받았을 때의 경우이다. 둘째, 이미 목적물이 인도되고 위험도 목적물의 인도와 동시에 이전하였지만 소유권이 이전되지 않은 경우다. 예컨대, 매도인이 소유권을 보류한 경우다. 위험과 소유권의 관계는 소유권의 이전과 함께 위험도 이전한다. 그러나 위험의 이전은 당연히 소유권 이전이 될 수 없는 경우라는 상황이 있다.

□ 사례

"갑"회사와 "을"채소생산지는 10톤의 수박매매계약을 체결했다. 계약에서 "을"은 "갑"회사의 A지역 철로전용선으로 화물을 인도 한다고 약정했다. "갑"회사의 직원 소홀로 인하여 A지역 철로전용선을 B지역 철로전용선으로 잘못 기록하였다. 이런 경솔한 행위로 "을"의 수박이 B지역으로 운송되고 화물을 수령하는 사람이 없어서 확인결과 수박의 운송지점이 잘못되었다는 것을 알게 되었다. "을"의 수박은 A지역로 다시 운송했을 때 이미 약정 인도기한 5일을 초과하여 많은 수박이 이미 변질되어 먹을 수 없게 되었다. 본 사례에서 "갑"회사의 직원 부주의로 결국 화물인도지역을 B지역으로 하는 바람에 화물지연으로 인하여 수박이 변질되어 식용할 수 없게 되었다. "갑"회사는 본 조의 규정에 따라 수박이 변질되어 경제적 손실을 초래한 부분에 대한 책임을 부담하여야 한다.

第144조【운송도중의 위험부담】 매도인이 운송도중의 목적물을 판매하는 경우는 당사자가 별도로 약정한 경우를 제외하고 훼손, 멸실의 위험은 계약이 성립한 때로부터 매수인이 부담한다.

■ 해설

본 조는 운송도중의 목적물 위험부담에 관하여 규정한 것이다. 예컨대, 해상운송 중인 국제화물의 매매가 성립되었을 경우 또는 화물을 선적한 후 매수인과 매매계약을 체결한 경우에 적용된다. 쌍방이 계약 체결 시 해상운송 중인 상품에 대한 검수를 하지 않았다면 그 경우 위험에 관하여 쌍방의 당사자 중 누가 부담하는가는 매우 중대한 문제다.

본 조의 규정에 따르면 계약의 효력이 발생한 때 훼손·멸실에 대한 위험부담은 계약의 효력이 발생한 때, 즉 계약이 성립 시부터 매수인이 부담한다. 예컨대, 8월 15일에 계약이 성립되었다면 8월 14일까지의 위험은 매도인의 부담이지만, 8월 16일부터의 위험은 당연히 매수인이 부담하여야 한다는 것은 명백한 일이다. 그렇다면 8월 15일의 위험은 누가 부담해야 하는 문제가 생기게 된다. 중국의 민법통칙에서는 년, 월, 일로 기간계산을 하는데, 개시의 일시는 산입하지 않는다. 그리고 그 기간의 최종일자가 일요일 또는 법정 휴일인 경우 그 날짜의 익일이 최종일이 된다(제154조). 이 규정을 적용한 경우 본 조에서 규정하는 위험이전에는 해당되지 않기 때문에 당연히 8월 15일의 위험은 매수인이 부담하여야 한다.

□ 사례

A지역 "갑"회사의 100세트 화장품이 기차로 B지역으로 운송되고 있다. 발송한 후 "갑"회사가 B지역 "을"회사에게 팩스로 1통의 청약을 보냈다. 내용은 "갑"회사의 100세트 화장품이 B지역으로 운송하고 있고 화장품 종류, 단가, 수량, 또 운송도중에 화장품의 훼손, 멸실의 위험은 "갑"회사가 책임진다는 조항이다. "을"회사는 이 화장품의 가격이 합리적이라 모두 매수하기로 결정했다. 그래서 전송방식을 통하여 "갑"회사에 화장품의 구매 승낙을 했다. 그 후 화장품이 B지역에 도착하여 B지역철도화물 운송부처와 "을"회사가 공동으로 검사를 하였고 화장품이 2세트 부족하다는 것을 발견했다. "을"회사는 "갑"회사에 이사실을 통보하고 나머지 2세트의 화장품을 보충할 것을 요청하였다. 본 사례에서 "갑"회사의 청약 가운데 운송도중 화장품의 훼손, 소멸의 위험은 "갑"회사가 부담한다는 조항이 있다. "을"회사는 구매를 승낙한 후에 이 계약은 성립하여 청약 중의 위험조항은 "갑"이 "을"회사에 대하여 목적물의 훼손, 소멸위험을 책임진다고 약정 되었어 있다. 이 계약에 근거하여 "갑"회사는 "을"회사가 모자라는 화장품 2세트를 채워줘야 한다. 만일 "갑"과 "을"회사의 쌍방이 철도에 의한 운송도중에 목적물의 훼손, 멸실한 위험에 대한 약정이 없다면, 모자라는 화장품 2세트의 손해는 본 조 규정에 근거하여 매수인 "을"회사가 부담해야 한다.

제145조 【인도장소의 위험부담】 당사자가 인도장소를 약정하지 않았거나 또는 약정이 불명확하고, 본법 제141조 제2항 제1호의 규정에 의해 목적물을 운송할 필요가 있는 경우에 매도인이 목적물을 제1운송인에게 인도한 후에는 목적물의 훼손, 멸실에 대한 위험은 매수인이 부담한다.

■ 해설

본 조는 당사자가 인도장소 또는 약정이 불명확한 경우 그 위험부담에 관하여 규정한 것이다. 여기서 규정한 '목적물을 운송할 필요가 있는 경우'란 계약에 의해 목적물을 지정된 인도장소에 운송하는 것을 말한다. 이 경우 매도인이 책임을 지고 운송수속을 밟으며 운송회사와 운송계약을 체결하고, 한편 운송비를 지급하고 목적물을 매수인에게 보내는 것이 일반적 상황이다. 이 경우의 위험은 제141조 제2항 제1호의 규정에 따라 매도인은 목적물을 운송회사에 인도한 시점에 인도의무는 완료되고 이에 함께 위험도 이전되어 매수인의 부담이 된다.

□ 사례

A지역 "갑"채소시장과 B지역의 "을"채소회사는 상추의 매매계약 1통을 체결했다. 계약은 상추를 기차로 B지역에서 A지역으로 운송한다고 약정했다. 그러나 상추의 인도장소를 약정하지 않았다. 이 상추는 B지역에서 발송된 후 도중에 온도가 갑자기 떨어져 절반의 상추가 얼어서 못쓰게 되었고 소비자에게 판매할 수 없게 되었다. 이 때문에 "갑"채소시장은 큰 손실을 초래하였다. "갑"채소시장은 운송 도중에 얼어서 못쓰게 되어 당연히 "을"회사가 손실을 책임져야 한다는 이유로 인민법원에 기소하였다. 본 사례에서 "갑"채소시장과 "을"채소회사는 상추매매계약 중에서 인도장소를 약정하지 않다. 본 조의 규정에 근거하여 상추가 운송도중에 얼어서 못쓰게 된 손해에 대하여 "갑"채소시장이 부담하여야 한다. "갑"채소시장은 인민법원에 기소하고 인민법원은 "을"채소회사가 상추가 얼어서 못쓰게 된 전부 또는 부분적 손해를 책임진다고 판결할 수 없다.

제146조 【수령액의 위험부담】 매도인이 약정에 의하거나 본 법 제141조 제2항 제2호의 규정에 의해 목적물을 인도장소에 인도한 후, 매수인이 약정에 위반하여 수령하지 않는 경우 목적물의 훼손, 멸실에 대한 위험은 약정을 위반한 날로부터 매수인이 부담한다.

■ 해설

본 조는 매수인이 약정에 위반하여 목적물을 수령하지 않은 경우의 위험부담에 관하여 규정한 것이다. 이 규정에는 다음과 같은 경우가 포함된다고 할 수 있다.

첫째, 매매의 쌍방 당사자에게 있어서 목적물의 인도장소를 지정하였을 경우다. 매도인이 약정에 의해 목적물을 지정의 장소에 인도한 때부터 의무는 완료되고 목적물에 대한 위험은 부담하지 않는다. 만일, 매수인이 약정에 위반하여 목적물을 수령하지 않은 경우에 목적물의 훼손 또는 멸실에 대한 위험이 발생한다면 약정한 날로부터 매수인이 그 위험을 부담하여야 한다.

둘째, 본 조 제141조 제2항 제2호의 규정에 따라 당사자에게 인도장소의 약정이 없거나 약정이 불명확하여 본법 제61조의 규정에 의해서도 확정할 수 없는 경우, 매도인과 매수인이 계약 체결 시에 이미 목적물의 소재지를 알고, 한편 운송을 필요로 하지 않을 때는 목적물의 소재지에서 매도인은 매수인에게 인도한다. 그러나 목적물의 소재지가 불명확한 경우에 매도인은 매매계약의 영업소에서 목적물을 인도하여야 한다. 이 경우 매도인이 그 장소에 목적물을 이미 인도하였는데도 불구하고 매수인이 법률의 규정에 위반하여 수령하지 않을 경우, 목적물의 훼손 또는 멸실의 위험이 발생하였다면 그 위험부담은 매도인으로부터 목적물을 수령하지 않은 매수인에게 이전되는 것이다.

본 조에서 말하는 '약정에 위반하여 수령하지 않는 경우'란 매수인의 과실이 필요없이 수령하지 않는다는 하나의 사실만 있으면 충분하다. 또 본 조에서 말하는 '약정에 위반한 날로부터'라고 하는 것은 약정 날짜의 구체적 방법과 함께 이해하는 것이 필요하다. 예컨대, 계약에서 매수인은 3월 8일에 인도 받는다고 약정했는데도 수령하지 않을 경우, 3월 9일부터의 위험은 매수인의 부담으로 된다. 또 계약에서 매수인은 3월 8일 이전에 인도 받는다고 약정하여 매수인이 3월 8일에 수령한 경우에는 위반한 것으로 보지 않는다. 동일한 계약에서 매수인은 3월 내에 인도 받는다고 약정했는데도 3월 내에 인도 받지 않은 경우, 4월 1일 당일부터 위험은 매도인으로부터 매수인에게 이전되게 된다.

□ 사례

"갑"회사와 "을"회사는 냉장고매매계약을 1통 체결하였다. 계약은 "갑"회사가 "을"회사로부터 500대의 가정용 냉장고를 구매하며, 단가가 대당 인민폐 2,100원으로 총액이 인민폐 105만원이라고 약정했다. 또 계약은 6월 15일 전에 "갑"회사가 대금 105만원을 은행을 통하여 "을"회사에 송금하며, 6월 30일 전에 목적물을 이전하기로 약정하였다. 계약의 효력이 발생한 후 "갑"회사는 대금 105만원이 시간대로 "을"회사에 송금했지만, "갑"회사는 7월 15일까지 수령하지 않았다. 7월 16일 벼락 때문에 화재가 발생하여 "을"회사의 창고가 모두 소각되었다. 물론 "갑"회사가 구매한 500대의 냉장고도 훼손했다. "을"회사는 즉시 "갑"회사가 수령하지 않은 500대의 냉장고가 전부 화재로 소각한 손실은 "갑"회사가 당연히 책임진다고 통지하였다.
본 사례에서 약정에 의해 6월 30일까지"갑"회사에 대하여 목적물을 교부해야 하고 이미 이행하였다. 그러나 "갑"회사는 제 때에 냉장고를 출고하지 않았기 때문에, 목적물에 뜻밖의 화재가 나서 소각되었다. 이 냉장고의 소각에 대한 손해는 "갑"회사가 자신이 부담해야 한다.

제147조【증명자료와 위험부담】 매도인이 약정에 의해 목적물에 관련하는 증거와 자료를 인도하지 않은 경우에 목적물의 훼손, 멸실의 위험이전에 영향을 미치지 못한다.

■ 해설

본 조는 목적물에 관련되는 증명과 자료를 인도하지 않은 경우, 위험부담에 관하여 규정한 것이다. 현실적 거래의 과정에서 목적물에 관련되는 증명과 자료, 특히 B/L은 언제나 목적물의 인도와 동일하게 진행된다. 물론 양자는 같은 것이 아니다. 또 증명과 자료를 인도하는 것과 위험의 이전에는 직접적 관계가 없다.

본 법의 제141조 제2항 제1호의 규정과 같이 매도인이 목적물을 매수인에게 인도하기 위해 운송회사에 운송을 위탁하여 인도했을 경우, 목적물의 훼손 또는 멸실의 위험은 운송회사에 인도한 시점에 매수인에게 이전된다. 이 경우 매도인의 목적물 인도는 그 이전이 되고, B/L의 접수는 그 후가 된다. 따라서 위험의 이전은 그 이전이 되고 증명과 자료의 인도는 그 후가 된다. 이 경우 증명과 자료는 계속하여 매도인의 수중에 있지만 위험은 이미 매수인의 부담으로 되어 있게 된다. 국제거래에서 이러한 상황은 늘 존재한다. 예컨대, FOB, OFR, CIF조건의 아래서 매도인은 항구에서 화물을 운송인수인에게 인도하고 화물이 일단 선박을 벗어나면 그 위험은 매수인의 부담으로 된다. 선적이 완료하여 수송인수인이 매도인에게 B/L를 교부한다. 매도인은 B/L를 매수인에게 우편송부 또는 B/L를 기타의 증명과 자료와 함께 은행에 인도하고, 은행에서 매수인에 대하여 대금을 회수 또는 증명, 자료와 상환하여 대금을 받는다. 이처럼 매수인은 B/L과 기타의 증명, 자료를 취득하기 몇 개 월 전부터 이미 목적물의 위험을 부담하고 있는 것으로 된다.

본 조에서는 명백하게 증거, 자료 인도와 위험의 부담을 구별하고 있다. 이것은 현실의 거래에서 주의할 사항이다.

□ 사례

"갑"병원은 "을"의료설비판매회사로부터 1세트의 X광선기계를 구매했다. 쌍방 당사자는 "갑"병원이 자동차로 운송하고 "을"회사가 이 X광선기계의 설치, 사용 및 보수자료를 제공한다고 약정했다. "갑"병원은 약정에 따라 "을"회사에 가서 X광선기계를 출고하기 전에 X광선기계의 설치, 시동운전 및 사용자료가 2일 후에야 인쇄되어 나오지만, 설비는 운송할 수 있다는 것을 알았다. "갑"병원은 X광선기계를 운송 도중 교통사고가 발생했다. X광선기계가 매우 손상되었다. 이 때문에 "갑"병원은 "을"회사가 X광선기계 설치 및 사용자료를 제공하지 않았기 때문에 위약을 조성했다는 이유로 "을"회사에 X광선기계의 손해에 대한 경제적 손실을 책임지라고 요구했다.

본 사례에서 "갑"병원과 "을"회사가 체결한 것은 X광선설비의 매매계약이다. 쌍방 당사자는 이미 "을"회사가 관련 X광선설비의 설치, 사용자료를 제공한다고 약정했지만, "갑"병원은 이미 "을"회사가 관련 사용자료의 지연하여 교부하는 것을 묵인했다. 따라서 "을"회사가 X광선설비의 설치와 사용자료를 제공하지 않았기 때문에 "을"회사가 "갑"병원의 교통사고로 인하여 초래된 설비의 손해를 부담한다는 사유의 구성이 성립할 수 없다. "을"회사는 약정에 근거하여 관련 X광선설비의 설치, 사용자료를 교부하지 않는다고 해도 그 목적물의 훼손, 소멸위험이 이전에 영향을 미치는 것은 아니다.

제148조【하자담보의무】 목적물의 품질이 품질기준에 부합하지 않아 계약목적을 실현할 수 없는 경우에 매수인은 목적물의 수령을 거부 또는 계약을 해제할 수 있다. 매수인이 목적물의 수령을 거부 또는 계약을 해제한 경우에 목적물의 훼손, 멸실의 위험은 매도인이 부담한다.

■ 해설

본 조는 매수인의 목적물에 대한 하자담보에 대한 위험책임 귀속에 관하여 규정한 것이다. 매매계약에서 목적물의 품질조항은 계약내용의 중요한 구성부분이라는 것은 더 말할 나위도 없다. 또 약정의 품질조건을 확보해 두는 것은 매도인의 기본의무이기도 하다. 매도인이 자신의 기본의무를 준수하지 못했기 때문에 매수인이 목적을 실현할 수 없게 된 경우, 매수인이 목적물의 수령을 거부하거나 계약을 해제하는 것은 매수인의 당연한 권리라고 인정한다[156]. 그 경우 목적물에 위험책임이 발생했을 때, 누가 부담하여야 하는가에 대해서 본 조에서는 매도인이 부담하여야 한다고 규정한다. 그러나 매수인이 수령거부 또는 계약해제를 하지 않고 목적물을 수령하는 한편 매도인에 대하여 위약금 또는 보상청구의 경제수단을 호소할 경우, 본 조는 적용되지 않으며 본 법 제142조에 있는 관련 규정을 적용한다는 점을 유의할 필요가 있다.

156) 매수인이 수령의 거절 또는 계약의 해제할 수 있는 경우는 첫째, 인도된 목적물이 계약과 다른 경우다. 둘째, 이로 인하여 매수인이 그 목적물을 수령하여도 계약의 목적을 실현할 수 없는 경우다.

□ 사례

"갑"자동차수리공장과 "을"자동차부품공장은 자동차엔진부품매매계약을 1통 체결하였다. 계약은 "갑"공장이 "을"공장에서 10세트의 자동차엔진부품을 구매하며 "을"공장은 탁송을 대신 처리한다고 약정했다. 목적물의 인도장소는 "을"자동차부품공장의 소재지다. 10세트의 자동차 엔진부품이 도착한 후, "갑"공장은 자동차엔젠 부품이 8세트라는 것을 발견하였고, 그 중에 하나의 중요 부품의 사이즈가 표준치 보다 5mm 작고 품질요구에 부합하지 않기 때문에 사용할 수 없었다. "갑"공장은 "을"공장에 해제계약을 제출하였다.

본 사례에서 이 자동차엔진의 하나의 중요 부품이 품질요구에 부합하지 않아 사용할 수 없다. "갑"자동차수리공장은 이 계약을 체결한 목적을 실현할 수 없다. 그래서 "갑"자동차수리공장은 목적물을 거절하고 품질기준에 부합한 부품을 변경할 수 있고 또한 계약을 해제할 수 있다. "계약법"규정과 당사자의 약정에 의한 10세트의 자동차엔진부품이 2세트 부족하였다. 그 손해는 "갑"자동차수리공장이 부담해야 한다. 그러나 목적물의 품질이 요구에 부합하지 않아 목적물을 사용할 수 없기 때문에 "갑"자동차수리공장은 이미 계약을 해제하도록 요구했다. 자동차엔진부품이 부족한 위험의 이전을 주장하였다. 따라서 부족한 2세트 자동차엔진부품의 손해는 "을"자동차부품공장이 부담해야 한다.

第149조【위험부담과 위약부담】 목적물의 훼손, 멸실의 위험을 매수인이 부담하는 경우, 매도인의 채무이행이 약정에 부합하지 않아서 매수인이 매도인에게 그 위약책임을 청구할 수 있는 권리에는 영향을 미치지 않는다.

■ 해설

본 조는 매수인의 위험부담과 매도인의 위약부담 청구의 관계에 관하여 규정한 것이다. 위험부담은 당사자가 예상하지 못한 사유로 발생한 손실에 대하여 배분하고자 하는 것이다. 그리고 위약책임은 쌍방 당사자 중에 그 어느 일방이 자기의 책임 있는 원인으로 위약을 초래하여 부담하는 것을 말한다. 이와 같이 양자는 서로 그 목적이 다르기 때문에 비록 매수인이 위험을 부담하지만, 매도인의 위약으로 인한 책임을 청구할 수 있는 권리가 있다. 즉 매도인이 위약으로 매수인에게 손실을 초래하였다면 모든 책임을 지는 것은 당연하다.

□ 사례

"갑"회사와 "을"식용회사는 식용유매매계약을 체결했다. 계약은 "갑"회사가 "을"회사로부터 식용유 1,000상자를 구매하고, "을"회사가 탁송을 대신 처리하며 식용유의 소유권과 식용유 훼손, 멸실의 위험은 운송회사에게 교부함과 동시에 "갑"회사로 이전한다고 약정했다. 이 시용유가 "갑"회사로 운송된 후 검사를 통해 이 식용유가 계약에 약정한 표준을 도달할 수 없다는 것을 발견했다.

본 조의 규정에 따라 "갑"회사와 "을"회사는 매매계약 중에 식용유의 훼손 또는 멸실의 위험은 매수자 "갑"회사가 책임진다고 약정했지만, 매도자 "을"회사가 채무를 이행했을 때 계약의 약정과 부합하지 않기 때문에 매도자는 그 위약책임을 책임져야 한다.

第150조【권리하자담보의 책임】 매도인은 인도한 목적물에 대하여 제3자가 매수인에게 어떠한 권리도 주장하지 못하도록 보증할 의무를 부담한다. 그러나 법률에 다른 규정이 있는 경우는 제외한다.

■ 해설

본 조는 법률에 별도의 규정이 없는 경우에만 제한하여 매도인의 목적물 권리하자담보책임의 책임에 관하여 규정한 것이다. 매도인의 목적물의 권리하자담보책임이란 매도인은 그 매각한 목적물을 합법적으로 처분할 권리를 갖고 있다[157]. 또 어떠한 제3자의 권리도 침해 해서는 안되며, 그리고 어떤 제3자도 매수인에 대하여 그 어떤 권리요구도 하지 않는 것을 보증하는 것을 말한다. 매도인이 이 권리하자담보에 위약한 법적책임의 효력에 관해서는 첫째, 매도인은 민사책임을 부담하여야 한다. 둘째, 매수인은 위약금의 청구, 계약해제 또는 손해배상 등의 구제조치를 취할 수 있다.

□ 사례

농민 "갑"은 마을 우시장에서 농민 "을"이 황소를 1마리를 팔려고 하는 것을 보았다. 농민 "갑"은 농민 "을"이 파는 황소가 몸이 뚱뚱하고 가격이 합리적이라고 생각했다. 잡담 중에 농민 "을"은 집에 갑자기 일이 생겨 돈이 급하게 필요해서 부득이 황소를 판매한다고 했다. 농민 "갑"은 농민 "을"의 황소를 샀다. 집에 돌아오는 길에 농민 "병" 등이 길을 가로 막았다. 농민 "갑"은 농민 "을"로부터 산 황소가 농민 "병"이 얼마 전에 잃어버린 것이라는 것을 알게 되었다. 농민 "갑"은 인민법원에 기소하여 농민 "을"에게 황소 1마리 값을 반환하고 이로 인하여 일이 늦어진 비용을 배상하라고 요구했다. 인민법원은 조정을 통하여 농민 "을"은 농민 "갑"에게 황소 1마리 값과 일이 늦어진 손해비용 인민폐 500원을 보상하라고 했다. 본 사례에서 "을"은 제3자가 매수인 "갑"에게 목적물에 대한 어떤 권리를 주장할 수 없다는 것을 보증해야 한다. 그렇지 않으면 "병"이 "갑"에게 이 황소가 "병"소유라고 권리 주장으로 받은 손해에 대해 "을"은 배상을 하여야 한다.

---

157) 刘文华 主编, 앞의 책, 229면~231면; 胡康生 主编, 앞의 책, 367면~368면.

제151조 【권리하자담보의 적용제외】 매수인이 계약을 체결할 때 제3자가 매매 목적물에 대하여 권리를 갖고 있는 것을 알았거나 알 수 있었을 경우에 매도인은 본 법 제150조가 규정한 의무를 부담하지 않는다.

■ 해설

본 조는 매도인의 목적물 권리하자담보의 책임을 부담하지 않는 상황에 대하여 규정한 것이다. 매도인의 목적물에 대한 권리하자담보책임은 원칙적으로 매수인이 알지 못했다는 것을 조건으로 한다. 즉 매수인이 계약체결 당시 목적물상의 권리에 하자가 있는 알지 못한 경우를 말한다.

만일 매수인이 계약체결시 이미 제3자가 목적물에 대한 질권, 유치권 등의 담보물권이 있음을 알았거나 알 수 있었을 경우, 또는 제3자가 목적물에 대하여 소유권·부분적 소유권을 갖고 있고 매도인에게 처분권이 없다는 것을 알고 있을 경우, 또는 목적물이 제3자의 상표권·특허권·저작권 등의 지적재산권을 침해하고 있다는 것을 명확히 알았거나 당연히 알 수 있었을 경우, 매도인은 이로 이하여 발생한 결과에 대한 책임을 부담하지 않는다. 본 조의 규정은 매도인의 부담하여야 할 책임은 합리적인 것이어야 한다는 것에 제한되어 있다고 할 수 있다.

□ 사례

도시에 살고 있는 "갑"은 1채의 주택이 있다. 그것은 부모님이 유산으로 "갑"과 그의 동생 "을"에게 남겨놓은 것이다. "을"이 해외에서 생활하기 때문에 이 주택은 "갑"혼자 살면서 관리한다. 후에 "갑"은 다른 부동산이 있기 때문에 이 주택을 판매하기로 했다. "병"은 "갑"의 주택이 위치가 좋고 가격도 합리적이라 구매하려고 했다. "갑"은 주택의 상황을 모두 알려 주었다. 그러나 "병"은 구매하기로 결정을 하였다. 본 사례에서 "병"은 구매하려고 하는 주택이 "갑"과 "을"의 공동소유라는 것을 알았지만 구매하기로 했다. 매도인 "갑"은 제3자인 "을"이 매수인 "병"이 주장하는 어떤 권리의무의 보증을 부담하지 않는다.

제152조 【매수인에 대한 구제】 매수인은 제3자가 목적물에 대하여 권리를 주장할 가능성이 확실한 증거가 있는 경우는 상응하는 대금의 지급을 중지할 수 있다. 그러나 매도인이 적당한 담보를 제공한 경우는 제외한다.

■ 해설

본 조는 제3자가 권리를 주장할 가능성이 있을 때, 매수인에 대한 어떤 구제조치를 취할 것인가에 대하여 규정한 것이다. 목적물의 권리에 하자가 출현하여 매수인이 손해를 받을 수 있다. 매수인은 목적물에 대한 권리를 상실하고 입은 손해를 피하기 위해 본 조는 매수인은 확실한 증거가 있어 제3자가 목적물로 권리를 주장하면 매도인에게 항변권이 있다[158]. 즉 만일 매수인에게 제3자가 목적물에 대하여 권리를 요구하는 확실한 증거가 증명된 경우, 매수인은 상응한 구제조치를 취할 수 있다[159]. 본 조에서 '가능'이라는 단어에서 이해할 수 있듯이 제3자가 목적물에 대하여 권리 요구를 제출할 가능성이 있으면 매수인은 그에 상응한 구제조치를 취할 수 있고, 본 조가 규정하는 권리를 행사할 수 있다. 그러나 '지급중지'의 권리를 행사하기 위한 전제는 대금의 미지급 또는 지급이 완료되지 않은 경우에 한정된다.

제3자가 권리를 주장할 가능성은 첫째, 주로 처분권을 갖고 있지 않는 경우다. 둘째, 목적물의 질권이나 담보권 또는 임대권을 주장하고 있는 경우다. 셋째, 지적재산권을 침해한 경우 등이다. 그 어느 경우도 주장이 성공하는가의 여부를 떠나서 매수인에게 불이익을 초래하는 것은 확실하다. 만일, 제3자의 주장이 성립한 경우 매수인은 목적물의 전부 또는 부분적 권리를 잃을 가능성이 있다. 그 경우 매도인에게 책임을 추궁할 수 있지만, 만일 제3자의 주장이 성립하지 않을 경우 매수인은 계속하여 대금을 지급하여야 한다. 제3자가 권리를 주장한 경우 본 조의 규정에 의해 매도인이 매수인에게 적당한 담보를 제공했을 때는 매수인은 계속하여 대금을 지급하여야 한다.

□ 사례

"갑"회사와 "을"부동산회사는 아파트매매계약 1통을 체결하였다. 계약은 "갑"회사는 "을"회사가 건설한 2동의 아파트 모두 85칸의 아파트이며, 대금지급 방식은 분납이고, 계약 체결 1개월 이내에 "갑"회사는 계약 대금의 25%를 지급하며 아파트가 준공심사를 받고 입주 조건을 갖추었을 때 잔금을 정산한다고 약정했다. "갑"회사는 아파트의 입주 조건을 갖추어 잔금을 지급할 때, 그 중의 10칸의 아파트가 내부장식 중이라는 것을 발견하였고, 한편 "을"회사가 "갑"회사와 아파트매매계약을 체결함과 동시에 그 중 10칸 아파트는 "병"은행에 판매했다는 사실을 알게 되었다. 이에 따라 "갑"회사는 그 중의 10칸 아파트 대금을 교부를 거절하고, 인민법원에, "을"회사은 법에 의해 위약책임을 지고 10칸의 아파트 반환하라고 기소했다.

본 사례는 실제상의 2중 매매다. 제3자인 은행이 이미 "갑"회사의 목적물을 점유하고 있다. "갑"회사는 10칸의 아파트 소유권을 상실할 가능성이 있다. 그러므로 10칸 아파트에 상응하는 아파트가격 지급을 중지할 권리가 있다.

---

158) 본 법의 제150조의 규정에서 매도인은 판매한 목적물에 대하여 제3자가 매수인에게 어떤 권리도 주장하지 않는 것을 보증할 의무를 진다.

159) 刘文华 主编, 앞의 책, 233면~234면; 夏志宏 主编, 앞의 책, 201면~202면.

제153조 【무하자담보의 책임】 매도인은 약정한 품질기준에 따라 목적물을 인도하여야 한다. 매도인이 목적물의 품질에 관한 설명을 제공하는 경우에 인도한 목적물은 그 설명에 부합하는 품질이어야 한다.

■ 해설

본 조는 매도인의 목적물에 대한 무하자담보의 책임에 관하여 규정한 것이다. 당사자 쌍방은 매매계약 중에서 품질의 요구 조항을 약정했다. 매도인은 엄격하게 준수해야 하며, 약정한 품질기준에 근거하여 목적물을 인도해야 한다. 매도인은 관련 목적물의 품질의 설명을 제공했다. 이 설명은 매도인의 청약 또는 승낙이다. 또한 계약의 한 조성부분을 구성한다. 매도인은 품질설명에 근거하여 목적물을 인도해야 한다. 만약 매도인이 인도한 목적물이 품질설명의 요구에 부합하지 않으면, 매매계약의 약정을 위약한 것으로 상응한 위약책임을 부담하여야 한다. 하자담보책임에 대해서 중국계약법에서는 제153조에서 제156조까지 이에 관한 규정을 두고 있다. 즉 매도인이 인도한 목적물이 약정한 기준 또는 그 외의 방식에 따라 확인된 품질요구에 부합되는 것이어야 한다는 이 의무는 일반적으로 매도인의 매각물에 대한 무하자담보책임이라 하고, 위에서 언급한 권리하자담보책임과 나란히 매도인의 2대 기본 담보의무라고 할 수 있다[160]. 물적하자담보책임이란 매도인이 판매한 목적물의 품질상 존재하는 하자에 대하여 책임을 부담하는 담보책임을 말한다. 여기에는 첫째, 가치의 하자담보와 둘째, 용도의 하자담보 및 셋째, 보증한 품질을 담보하는 것이 포함된다. 이 물적하자담보책임이 성립에 있어서 다음의 요건을 구비할 필요가 있다. 즉 첫째, 하자는 목적물의 위험이 이전될 때 이미 존재할 것이다. 둘째, 매수인이 그 목적물에 하자가 있다는 것을 알지 못했다는 것이다. 셋째, 매수인이 법률의 규정 또는 계약의 약정시간 내에 매도인에게 하자 통지를 하여야 한다.

□ 사례

"갑"건축부자재공장과 "을"건축재료상점은 시멘트매매계약을 체결하였다. "갑"공장과 "을"상점은 계약에 "갑"공장은 "을"상점에게 "병"공장의 시멘트 500톤을 구매하며 품질표준은 425호이고, "을"상점이 시멘트품질에 대하여 국가가 규정한 표준에 부합한다는 것을 보증하여야 하고, 가격은 톤당 인민폐138원으로 대금 총액은 인민폐 69,000원이라고 약정했다. "갑"공장은 대금을 지급한 후 "을"상점으로부터 시멘트 선하증권을 받았다. "갑"공장은 시멘트 선하증권에 의해 우선 100톤의 시멘트를 받았다. 그건데 결과는 바깥 포장지에 "병"공장의 시멘트가 아니라는 것을 발견했다. 검사를 하고 보니 이 시멘트 품질표준은 325호였다. 쌍방 당사자가 계약 중에 약정한 품질표준에 부합하지 않았다. 이 때문에 "갑"공장은 "을"상점에 시멘트

160) 胡康生 主编, 앞의 책, 233면~234면; 夏志宏 主编, 앞의 책, 203면.

를 교환하거나 또는 계약대금을 반환하라고 요구했다. "을"상점은 이 시멘트가 품질에 합격하고 계약에서 약정한 품질표준에 적합하다고 주장하였다. 쌍방은 이로 인하여 분쟁이 발생하였고, 마침내 "갑"공장은 소송을 제기하였다. 인민법원은 심리를 통해 시멘트 품질에 대하여 검사를 하고 "을"상점이 제공한 시멘트의 품질이 계약서에 약정한 요구에 부합하지 않다는 것을 인정했다. 그래서 "을"상점은 "갑"공장 대금 인민폐 69,000원을 반환하고 시멘트 검사비용과 소송비용 전액을 책임지라고 판결했다.

본 사례에서 "을"상점은 쌍방 당사자가 약정한 목적물의 시멘트 품질요구에 부합하지 않기 때문에 당연히 상응한 위약책임을 져야 한다.

제154조 【목적물의 품질기준】 당사자가 목적물의 품질기준에 관하여 약정하지 않았거나 약정이 불명확하여 본 법의 제61조에 의해서도 확정할 수 없는 경우, 제62조 제1항을 적용한다.

■ 해설

본 조는 당사자가 목적물의 품질을 약정하지 않았거나 그 약정이 불명확할 경우에 어떻게 목적물의 품질을 확정할 것인가에 관하여 규정한 것이다. 당사자 쌍방은 목적물에 대한 품질, 규격, 성능 등에 관하여 계약에서 정하여 이행할 수 있다. 가령, 품질을 약정하지 않았거나 또는 그 약정이 불명확할 경우, 일반적으로 당사자가 자주적이고 우호적인 협의를 통해 결정한다. 그러나 자주적으로 쌍방의 협의가 이루어지지 않을 경우, 먼저 국가에서 정한 기준에 따르고 다음에 업계기준 또는 일반적 기준이나 계약의 목적에 부합하는 특정기준에 따라 이행한다.

□ 사례

주민 "갑"은 "을"상점에서 소주를 구매했다. 그 날 저녁에 "갑"과 친구 "병"이 "갑"의 집에서 술을 마셨다. "병"이 한 병의 소주 뚜껑을 열었을 때 소주병이 갑자기 폭발을 하여 "병"의 손과 얼굴에 상처를 입었다. "병"은 상처를 치료하기 위해 의약비 인민폐 1,420원을 들고, 병가를 15일을 하였다. 이 때문에 "갑"과 "병" 두 사람이 "을"상점에 가서 "갑"은 "병"이 당한 손실과 "병"의 의약비를 배상하라고 했다. 그러나 "을"상점은 소주병이 폭발한 것은 소주공장의 책임에 속하므로 소주공장이 배상하고 상점과는 관계가 없다고 반박했다. 이에 때문에 "갑"과 "병" 두 사람은 "계약법", "상품품질법", "소비자권익보호법"의 관련 규정에 따라서 인민법원에 소송을 제기하고 법에 의해 배상책임을 책임지라고 요구했다.

본 사례에서 주민 "갑"은 "을" 상점에서 맥주를 구매하여 "갑"과 "을" 상점은 매매계약관계를 형성하였다. 비록 주민 "갑"과 "을" 상점에서 맥주의 품질요구에 관한 것을 명시하지 않았고, 사고 발생 후에도 "을" 상점 또는 맥주공장과 맥주병의 품질에 관한 보충협의도 하지 않았지만,

맥주병은 당연히 국가에서 규정한 품질기준에 부합하여야 하며 깨지거나 폭발 등 신변 안전에 위험을 초래하는 뜻밖의 사고가 발생하지 않을 것을 보증하여야 한다. 그렇기 때문에 이 맥주병은 국가에서 규정한 기준에 부합하지 않았고 "을"상점은 맥주가 품질요구에 부합되지 않은 것에 대하여 상응한 위약책임을 져야 하므로 거주민 "갑", "병"이 입은 손실을 배상하여야 한다.

제155조 【품질담보의 위약책임】 매도인이 인도한 목적물이 품질기준이 요구에 부합하지 않은 경우, 매수인은 본 법의 제111조에 따라 위약책임을 청구할 수 있다.

■ 해설

본 조는 매도인이 품질담보의무에 위반한 경우에 어떻게 책임을 지는지에 대하여 규정한 것이다. 매수인이 교부한 목적물은 품질의 요구에 부합하는지 않는지, 계약 당사자 쌍방이 약정 및 본 법의 제153조와 제154조 구체적인 규정에 따라 확정하여야 한다. 매수인은 어떻게 위약책임을 부담하고 얼마 만큼 위약책임을 지는가에 대하여, 본 법의 제111조 구체적인 규정, 당사자 쌍방이 약정한 위약 조항과 매수인이 이 때문에 초래한 손해범위와 손해정도에 근거하여 구체적으로 확정해야 한다. 즉 본 법의 제111조에 의해 당사자는 계약의 위약책임에 관하여 결정할 수 있다[161]. 약정이 불명확하거나 약정이 없는 경우는 협의할 수 있다. 협의로 해결할 수 없을 경우 매수인은 목적물의 성질 및 손실의 크기에 따라 합리적으로 수리, 교환, 할인 등 구제조치를 선택할 수 있다. 수리, 교환, 할인은 목적물의 일부 또는 몇 곳이 품질기준에 부합되지 않을 때에는 매도인에게 같은 수량의 품질요구에 부합되는 목적물의 제공을 청구하는 것으로서 계약의 해제를 의미하는 것이 아니다. 즉 물적하자 담보책임의 내용으로 계약해제권, 대금감액청구권[162], 손해배상청구권[163] 등을 인정하고 있다. 위와 같은 것은 매도인에게 엄격한 조치의 하나로 매수인이 이 권리를 행사할 수 있는지 여부는 목적물의 성질 및 손실의 대소 등 종합적으로 고려하여 조치를 취할 필요가 있다.

---

161) 刘文华 主编, 앞의 책, 240면~241면.

162) 매도인이 인도한 목적물에 하자가 있는 경우, 매수인은 목적물의 성질 및 손실의 정도에 따라 매도인에게 대금 또는 보수 등의 감액청구권을 행사할 수 있다.

163) 매도인이 인도한 목적물에 하자가 있는 경우, 본 계약법상 위약책임과 하자담보책임이 경합하게 되기 때문에 매수인은 이 중에 하나를 선택하여 청구할 수 있다.

제156조【포장방식】 매도인은 약정한 포장방식에 따라 목적물을 인도하여야 한다. 포장방식에 관하여 약정이 없거나 약정이 불명확하여 본 법의 제61조에 의해서도 확정할 수 없는 경우에는 일반적으로 통용되는 방식에 따라 포장하여야 하고, 통용되는 방식이 없는 때에는 목적물을 보호할 만한 포장방식을 채용하여야 한다.

■ 해설

본 조는 목적물의 포장에 관하여 규정한 것이다. 상품의 포장은 상품을 보호하고 판매촉진을 위한 유통 영역 중 필요조건의 하나이다[164]. 약정이 없거나 또는 약정이 불명확한 목적물의 포장방식에 대하여 본 조는 명확한 규정을 했다. 당사자 쌍방은 먼저 목적물의 포장방식에 대하여 협상하여 보충협의를 약정하거나 또는 그 조항을 확정한다. 당사자 쌍방은 포장방식에 대하여 협상을 통하여 합의를 이루지 못하는 경우에 매수인은 일반적인 방식으로 포장할 수 있다. 만일, 목적물에 대한 일반적인 포장방식이 없으면 매수인은 충분히 목적물을 보호할 수 있는 포장방식을 채용해야 한다. 포장은 충분히 목적물을 보호할 수 있어야 한다.

물론 상품에는 포장을 필요로 하지 않는 가령, 석탄이나 원유, 철광석 등이 있다. 또 강재, 목재, 차량과 같이 간단한 포장 특히 특별한 포장을 필요로 하지 않는 것들도 있다. 그러나 대부분은 일정의 기술방법이 동원된 일정한 포장용기, 재료 및 보조자재로 정연하게 포장하나. 예컨대, 식품이나 화장품, 음료 등이다. 특히 사람들의 생활 향상과 함께 상품포장에 대한 요구도 현실적이고 안전성과 미관을 추구하는 경향이 나타나고 있다. 이러한 것들은 판매계약조항에서도 포장조항이 중요한 규정이 되고 있다.

따라서 매매계약에 포장조항이 없는 경우 또는 불명확한 경우에는 보충규정을 설정할 수 있는데, 그 과정에서 상담이 이루어지지 않을 경우에는 계약조항 또는 상관습에 따라 해결을 도모할 수 있다. 이상의 방법으로도 확정할 수 없을 경우, 매도인은 통상의 포장방식을 제공할 의무가 있다. 통상의 포장이 아닌 경우에는 목적물을 완전하게 보호하는 포장방식을 채용할 필요가 있다. 그러한 조치를 채용하지 않아서 만일 목적물에 손해가 발생한 경우에 그 책임은 완전히 매도인이 부담하여야 한다.

□ 사례

"갑"회사는 고객의 관리를 강화하기 위해 토끼 해를 맞이하는 신년 선물로 설날 전에 관련 협력사에 1세트의 작은 선물을 준비했다. 따라서 "갑"회사는 "을"장난감공장과 10월 15일 장

164) 胡康生 主编, 앞의 책, 237면~238면.

난감매매계약을 체결했다. 쌍방 당사자는 계약에서 "갑"회사가 "을"공장에 1만개의 토끼장난감을 구매하며, "갑"회사는 토끼장난감 포장표시에 "갑"회사의 표지를 가지고 장난감 포장에 "신년을 삼가 축하합니다"와 "크리스마스를 축하합니다"는 등의 문자와 "갑"회사의 명칭, 심벌마크와 전화번호를 인쇄하기로 약정했다. 그리고 "갑"회사는 "을"장난감 공장에 대하여 11월 말 전에 목적물을 교부하라라고 요구했다. "을"공장은 물량은 많고 시간은 촉박하여 그만 실수로 "갑"회사의 전화번호를 착오로 타 회사의 전화번호로 인쇄하게 되었다. "갑"회사는 토끼 장난감을 받았을 때 이 문제를 발견하고는 즉시 목적물 수령을 거절하고 "을"공장에 대하여 계약의 요구에 따라 그 전화번호를 변경하여 다시 인쇄할 것을 요구하였다. 본 사례 중에 "을"완구공장은 소홀한 탓에 "갑" 회사의 전화번호를 잘못 인쇄하여 쌍방의 당사자가 매매계약 중에서 약정한 포장 방식을 위반하였다. "갑" 회사는 표적물의 접수를 거절할 권리가 있으며 "을" 완구공장에 계약의 약정에 따라 다시 포장을 할 것을 요구 할 수 있다.

제157조【목적물의 검사】 매수인이 목적물을 수령한 후, 약정기간 내에 검사를 하여야 한다. 검사기간의 약정이 없을 경우에는 신속하게 검사하여야 한다.

■ 해설

본 조는 목적물에 대한 검사를 규정한 것이다. 본 조는 매매계약 목적물의 검사에 대하여 하나는 검사기간을 약정한 경우이다. 매수인은 약정한 검사기간에 검사를 해야 한다. 다른 하나는 검사기간을 약정하지 않은 경우다. 매수인은 신속하게 검사해야 한다. 받은 목적물에 대하여 신속하게 검수를 진행하는 것은 매수인의 권리이자 의무다. 검사로 책임을 명확히 할 뿐만 아니라 또 배상을 청구하는 중요한 근거가 된다. 인도 받은 목적물이 요구에 부합되는가 그 여부에 대하여 각 국가는 법률로 매수인은 인도 받은 목적물에 대하여 검사할 권리를 부여하고 있다[165]. 만일, 인도 받은 목적물이 계약조항과 다를 경우 그 원인을 해명하고 매수인은 그에 상응한 조치를 취할 수 있다. 매수인이 목적물을 검사할 때 필요한 경우 매도인은 편의를 제공하여 협력할 의무가 있다.

□ 사례

"갑" 백화점은 "을" 오토바이제조회사로부터 신형 오토바이 구입계약 1통을 체결하였다. "갑" 백화점과 "을"회사는 매매계약에서 "갑" 백화점은 "을"회사로부터 100대의 신형 오토바이를 구입하고, "을"회사는 상품의 합격증서, 사용자수첩 및 오토바이의 기술계수와 품질기준을 제공할 것을 약정하고, 동시에 검사 기간을 약정하였다. "갑" 백화점은 오토바이를 수령한 후 계약에 따라 검사 기간에 이번 수령한 오토바이의 검사를 진행하였다.

165) 刘文华 主编, 앞의 책, 241면~242면.

제158조 【매수인의 통지기한】 당사자가 검사기간을 약정한 경우에 매수인은 검사기간 내에 목적물의 수량 또는 품질이 약정에서 정한 기준에 부합하지 않는 것을 매도인에게 통지하여야 한다. 매수인이 그 통지를 소홀히 한 때에는 목적물의 수량 또는 품질은 약정에 부합한 것으로 본다.
 당사자가 검사기간을 정하지 않은 경우에 매수인은 목적물의 수량 또는 품질이 약정에서 정한 기준에 부합하지 않는다는 것을 알거나 알 수 있었을 때로부터 합리적인 기간 내에 매도인에게 통지하여야 한다. 매수인은 합리적인 기간 내에 통지하지 않거나 목적물을 수령한 날로부터 2년 내에 매도인에게 통지하지 않은 경우는 목적물의 수량 또는 품질은 약정기준에 부합한 것으로 본다. 그러나 목적물에 대하여 품질보증기간이 있는 때에는 품질보증기간을 적용하고, 위 2년의 규정은 적용하지 않는다.
 매도인이 목적물의 약정에 부합하지 않는 것을 알았거나 알 수 있었을 경우, 매수인은 앞의 두 문단이 규정한 통지기간의 시간적 제한을 받지 않는다.

■ 해설

본 조는 인도된 목적물의 수량, 품질이 약정과 다른 경우에 매수인의 통지기한을 규정한 것이다.

(1) 매수인의 통지의무

인도된 목적물이 계약에 약정된 수량과 품질에 부합되는가의 여부에 관하여 매수인은 매도인에게 통지할 의무가 있다. 이 의무는 법정의무로 이 의무를 이행한 후에야 비로서 매도인에 대하여 그에 상응의 책임을 추궁할 수 있다[166]. 만일 매수인이 약정된 검사기간 내에 검사하지 않은 경우에는 매도인은 목적물의 수량과 품질이 약정에 부합되는 것으로 볼 수 있다. 또 검사기간과 관련된 약정이 없고 목적물의 수량과 품질이 약정에 부합되지 않을 경우도 매수인은 매도인에게 통지할 의무를 갖는다.

(2) 매수인의 통지기한

본 조의 규정에서 매수인이 매도인에 대한 통지기간은 '목적물의 수량 또는 품질이 약정한 기준에 부합되지 않는다는 것을 알거나 또는 알 수 있는 합리적인 기간 내'이다. 이른바 '합리적인 기한 내'라고 하는 것은 하나의 사실에 기초하여 판단할 문제이다. 그러므로 법률에서는 통일적 '합리적인 기한 내'라고 규정하여 구체적 기한을 정하지 않았다. 그러나 시간적 문제에서 매도인의 책임부담을 경감하기 위해 본 조는 그 최장 기간을 2년으로 규정하고 있다. 만일 매수인이 목적물을 수령한 날로부터 2년 내에 매도인에게 통지를 하지 않은 경우는 여전히 목적물이 약정에

166) 상세는 胡康生 主编, 앞의 책, 239면~241면; 徐景和 主编, 앞의책, 239면~242면.

부합한다고 볼 수 있지만, 품질에 보증이 있는 경우에는 그 품질 보증기간의 요구를 적용하여 2년의 기한제한은 받지 않게 된다. 만일, 매도인이 목적물의 수량 또는 품질이 약정으로 정한 기준에 부합되지 않는다는 것을 알거나 또는 당연히 알 수 있는 입장이면서 그 목적물을 매수인에게 판매한 경우에는 현저한 위약행위에 속하며 매수인이 매도인에게 통지할 의무의 제한은 받지 않게 된다.

□ 사례

사용자 "갑"은 "을" 통신상품전매점에서 이동전화 1대를 구매하였다. "을" 전매점과 "갑"사용자는 "갑"사용자가 이동전화를 구매한 후 7일 내에 전화기 또는 전지의 품질 문제가 있으면 이동전화를 교환 또는 반납할 수 있다고 약정하였다. 그러나 "갑"사용자가 이 이동전화를 사용한지 한 달 후에 이동전화 전지의 용량이 비교적 작은 것을 발견하였다. 그 후에 다시 검사를 통해 이 전지의 품질문제가 있고, 위조 상품이라는 것을 발견하였다. 사용자 "갑"은 "을"전매점에 가서 반품을 요구하였지만 "을"전매점은 구매기간이 7일을 초과했다는 원인으로 거절하였다. 본 사례에서 "을"전매점은 사용자와 불합리한 매매계약을 체결하였다. 그 이동전화 반품기간이 7일이란 규정은 법률에서 규정한 합리적인 통지기간 보다 짧다. 그것은 많은 품질문제의 경우에 7일이라는 짧은 기간 내에 드러날 수 없기 때문이다. 그 외에 본 사례 중 매도인은 이 이동전화의 전지가 가짜 위조 상품이라는 것을 알거나 당연히 알아야 하기 때문에 본 조의 규정에 의해 매수인 "갑"은 언제라도 "을"에게 통지하여 반품 또는 위약책임을 청구할 수 있다.

第159조【대금의 지급】 매수인은 약정한 수액에 따라 대금을 지급하여야 한다. 대금에 관하여 약정하지 않았거나 약정이 불명확한 경우는 본 법의 제61조, 제62조 제2항의 규정을 적용한다.

■ 해설

본 조는 대금의 지급에 관하여 규정한 것이다. 모두 3가지의 뜻이 있다.

① 매매계약 당사자는 목적물의 대금을 약정해야 한다.

② 당사자 쌍방은 계약대금에 대한 약정이 없고 또는 약정이 불명확한 경우는 본 법의 제61조, 제62조 2항의 규정에 의해 협상하고 보충하여야 한다. 또한 과거의 거래습관에 근거하여 확정하고 계약을 체결했을 때 계약 이행지의 시장가격에 근거하여 이행한다. 법률에 의해 정부가 가격 또는 정부의 지도가격으로 집행하거나 약정에 의해 이행하여야 한다.

③ 매수인은 당사자 쌍방의 약정 또는 법률 규정에 의해 계약의 지불대금의무를 이행해야 한다.

대금지급의 조항은 매매계약에서 중요한 조항 중의 하나이다. 실제 생활에서 어떤 매매계약의 경우는 계약대금의 지급을 약정하지 않거나 또는 약정이 불명확하여 계약분쟁이 발생하거나 심지어 계약을 이행할 수 없는 결과를 초래한다. 계약을 체결할 때에 대금지급의 약정은 반드시 구체적이고 명확해야 한다.

약정에 따라 대금을 지급하는 것은 매수인의 기본적 의무이다. 따라서 대다수의 계약에는 목적물의 대금 금액에 관하여 명확한 조항이 있다. 왜냐하면 대금의 금액은 매매계약의 핵심조항이기 때문이다. 그러나 현실적으로는 계약 중에서 대금의 금액에 관하여 약정이 없거나 또는 불명확한 약정만 정해져 있는 경우가 있다. 이 경우 대부분의 법률에서는 그 계약은 무효라고 선언한다. 동시에 기타의 방법을 이용하여 대금의 금액을 확정하여 계약의 순조로운 이행을 기한다. 본 조에서 제61조, 제62조 제2항의 규정을 채용한 것이 바로 그 때문이다[167]. 따라서 만일 계약에 대금의 금액에 관하여 규정이 없거나 불명확할 경우에는 당사자에 의한 보충규정에 의하거나 이것이 무리라면 거래의 상관습, 이것도 무리일 경우 시장가격에 의하고 국가에서 목적물에 관하여 가격이 규정되어 있는 경우 그것에 의해 결정된다. 그러나 중국은 현재 시장경제의 심화에 따라 국가가 상품에 가격을 설정하는 것을 피하고 될수록 당사자와 시장가격에 맡기고 있는 실정이다.

□ 사례

"갑"식품점과 "을"식용기름가공공장은 땅콩기름 매매계약 1통을 체결하였다. "갑"식품점은 "을"공장에서 500Kg의 땅콩기름을 구매하였다. "갑"과 "을" 쌍방이 계약을 체결함과 동시에 가격을 완전히 협상 결정하지 못하였기 때문에 매매계약에는 땅콩기름의 가격을 Kg당 인민폐 10원 정도라고 밝혔다. 그 후에 "갑"과 "을" 쌍방의 관계 악화로 계약이행 시 계약의 대금에서 의견 충돌이 발생하였다 "갑"의 말로는 당시에 협의 된 가격은 Kg당 9원이라고 하였고, "을"은 계약에서 결정된 매 Kg당 10원이라고 주장하였다. 이 해결을 위하여 "갑"과 "을" 쌍방은 상해시 중재위원회에 중재를 신청하였다. 중재위원회는 개정 심의를 거쳐 결국 당사자가 계약을 체결할 때, 그 지역의 시장평균가격이 Kg당 9원으로 결정하고 분쟁을 해결하였다. 본 사례 중에 계약의 대금 약정이 명확하지 못한 원인으로 "갑"과 "을" 당사자 쌍방의 분쟁이 발생하였다. 중재위원회에서는 "갑"과 "을" 의 계약을 체결할 때의 계약 이행지의 가격에 근거하여 목적물의 가격을 중재하는 것은 계약법의 규정에 부합된다.

167) 胡康生 主编, 앞의 책, 242~243면; 夏志宏 主编, 앞의 책, 210~211면.

제160조 【대금의 지급장소】 매수인은 약정한 장소에서 대금을 지급하여야 한다. 지급장소에 관하여 약정하지 않았거나 약정이 불명확하여 제61조의 규정에 의해서도 확정할 수 없는 경우, 매수인은 목적물이나 목적물의 수취증권의 수령과 동시에 대금을 지급하여야 한다.

■ 해설

본 조는 대금의 지급장소에 관하여 규정한 것이다. 먼저 계약 당사자 쌍방은 대금의 지급장소에 대하여 약정해야 하고 약정한 장소에서 대금을 지급한다. 그리고 계약 당사자 쌍방은 대금의 지불장소에 대하여 약정이 없거나 또는 약정이 불명확한 경우에 대금지급의 장소에 대하여 협상하고 보충할 수 있다. 협상이 잘 진행되지 않으면 매수인은 매도인의 영업장소에서 지급해야 한다. 그러나 지급의 대금을 약정한 경우는 목적물을 인도하거나 또는 출고한 목적물을 인도를 위한 수취증권을 조건으로 그 수취증권의 소재지에서 지급하여야 한다.

매매계약에서 지급장소의 약정은 쌍방에 따라 특히 매도인에 의해 무시할 수 없는 중요한 문제이기도 하다. 만일 계약 당사자가 계약 중에서 지급장소를 명확하게 규정하고 있을 경우에 매수인은 약정된 지급장소에서 지급하여야 한다. 만일 지급장소를 약정하지 않았거나 또는 불명확한 경우에는 기타의 방법으로 지급장소를 확정하여야 한다. 본 조에서는 우선 당사자의 사후 협의에 맡기고, 협의가 합의를 이루지 못했을 경우에 관련되는 계약조항 또는 거래의 관습에 따라 결정하고 있다. 지급장소의 문제는 위험부담의 문제와 밀접하게 관계되는 사항이기 때문에 만일 매수인이 영업소에서 지급할 경우, 매수인은 계약지급 금액을 매도인의 영업소까지 보내야 하므로 이에 따라 발생한 비용과 위험은 당연히 매수인의 부담으로 된다.

□ 사례

"갑"회사와 "을"자동차공장은 자동차매매계약 1통을 체결하였다. 쌍방의 당사자는 계약에서 "갑"회사는 "을"회사에서 생산한 자동차 10대를 구매하고 "을"자동차 공장에서는 계약체결의 30일 이내에 자동차의 운송위탁 수속을 처리하여 자동차의 교부를 보증한다고 약정하였다. "갑"회사는 자동차를 수령받은 10일 내에 50%의 계약 대금을 지불하고, 나머지 잔금은 1개월 이내에 완불 하기로 하였다. 계약에서 대금을 지불하는 지점을 결정하지 않았기 때문에 "갑"회사와 "을"공장에서는 공상은행을 통하여 계약 대금을 지불하기로 협상 약정하였다.

본 사례 중에 당사자 쌍방은 매매계약에서 대금지불 지점에 대하여 약정을 하지 않았지만, 당사자 쌍방은 대금을 지불의무 이행 시에 본 법 규정에 의거하여 대금지불 지점에 관하여 보충 약정을 하였다. 이 약정은 법률의 규정에 부합되므로 법률적 효력이 있다.

제161조 【대금의 지급기일】 매수인은 약정한 기일에 대금을 지급하여야 한다. 지급기일에 대한 약정이 없거나 약정이 불명확하여 본 법의 제61조에 의해서도 확정할 수 없는 경우에는 매수인은 목적물이나 목적물의 수취증권을 수령함과 동시에 대금을 지급하여야 한다.

■ 해설

본 조는 대금의 지급시기에 대하여 규정한 것이다. 매매대금의 지급시기는 약정에 따라 지급해야 한다. 지급시기는 일반적으로 계약 중에 약정을 하거나 또는 사후에 보충 협의를 하여 결정한다. 만일 계약에 명확한 약정이 없거나 사후에 보충 협의를 보지 못했을 경우는 위에서 언급한 바와 같이 계약의 관련 조항 또는 거래의 관습에 따라 결정하여야 한다. 일반적인 계약의 관련조항 예컨대, 지급방식의 조항에서는 통상 지급시간을 암시하는 경우가 있다. 가령, 탁송증표와 교환하여 대금을 지급하는 등이다. 또 매수인에게 상품탁송증표를 받은 후 대금의 지급방법을 채용하는 경우는 일반적으로 상품탁송증표를 받은 후의 대금 지급이라는 일정한 한정된 시간이 필요하다. 여기에서 주의할 점은 매도인이 언제 탁송을 하더라도 은행으로부터 매수인에게 상품탁송증표 수취 통지가 왔을 경우는 일정한 합리적시간 내에 수취할 필요가 있다. 만일 매수인이 대금을 지급하지 않거나 상품탁송증표의 접수도 하지 않을 경우 그것은 선명한 위약행위가 된다.

본 조에서는 지급시기 문제는 계약이행과 동시이행이라는 중요한 원칙 규정을 두고 있다. 쌍방의 계약에서 당사자는 상호 대가의무를 부담한다. 예컨대, 계약에서 일방이 먼저 급부의무를 이행한다는 약정이 없는 경우, 쌍방은 당연히 동시에 계약의무를 이행하여야 한다. 즉 매매계약은 전형적인 쌍무계약이다. 매도인의 기본적인 의무는 목적물을 인도하는 것이고, 매수인의 의무는 대금을 지급하는 것으로 이 양자의 의무관계가 상호간의 조건으로 매매계약이 성립된다. 만일 계약에서 지급시기를 약정하지 않거나 명확하지 않을 경우, 매수인은 목적물의 수령과 동시에 대금을 지급한다. 매도인이 위탁했을 경우에는 목적물의 수령증 또는 위탁증표와 교환하여 대금을 지급하는 것이 일반적이다.

□ 사례

"갑"회사는 "을"광섬유공장에서 광케이블 50만m를 구매하였다. 쌍방 당사자는 매매계약에서 "갑"회사는 광케이블 모두를 수령할 때에 대금을 지불하기로 하였다. 계약을 체결한 후, "을"공장에서는 빠른 시간 내에 목적물을 교부의무를 이행하였으며, 다음 달 5일에 50만m의 광케이블을 "갑"회사에 교부하였다. 그러나 "갑"회사는 자금난으로 "을"공장에 대금지불 시간을 월말로 연기할 것을 청구하였고, 대금교부의 연기에 따른 이자를 부담한다고 하였다. "을"회사는 "갑"회사의 청구에 동의하였다.

본 사례에서 "갑"회사는 약정한 기간에 50만m의 광케이블을 구매한 대금을 교부할 의무가 있다. 자금에 어려움이 있어 계약 대금의 연기 교부를 요구하였기 때문에 연기 기간의 이자를 부담하는 것은 당연한 것이다.

제162조【수량초과의 처리】 매도인이 초과하여 목적물을 인도한 경우에 매수인은 초과 부분을 수령 또는 거절할 수 있다. 매수인이 초과 부분을 수령한 경우는 계약의 가격에 따라 대금을 지급하고, 매수인이 초과 부분을 거절한 경우는 신속히 매도인에게 통지하여야 한다.

■ 해설

본 조는 매도인이 약정한 수량을 초과하여 인도한 경우 그 처리방법에 대하여 규정한 것이다. '초과하여 목적물을 인도한 경우'란 매도인이 인도한 목적물의 수량이 계약에 약정한 기준을 초과하여 인도한 경우를 말한다. 여기서 문제는 과연 약정의 수량을 초과했느냐 하는 것이다.

예컨대, 계약수량이 철 100톤 편차 5%를 초과하지 않은 경우, 최저 95톤 최고 105톤의 범위라면 초과했다고 말할 수 없지만, 그것이 107톤일 경우는 초과라고 할 수 있을지 의문이다. 이와 같이 초과한 부분을 수령하고자 할 경우 매도인의 동의여부가 필요치 않다. 그것은 매수인에게 계약수량의 초과 또는 부족에 관하여 매도인의 출고시 매수인에게 선택권을 주었기 때문이다. 즉 그것을 접수하거나 또는 승낙여부는 매수인의 결정권에 미치는 문제이다.

초과수량 또는 감소수량에 관하여 일반적으로 목적물에 따라 계약에서 결정한 대가로 지급하는 경우와 시장가격에 의해 지급하는 경우가 있다. 아무튼 수량의 초과 또는 감소에 관하여 매수인은 바로 매도인에 대하여 그 수량의 상황과 처리방법에 대하여 상담하고 통지할 의무를 부담하나는 것을 본 조에서는 규정하고 있다.

□ 사례

"갑"회사와 "을"화장품공장은 화장품매매계약 1통을 체결하였다. 계약에서 "갑"회사는 "을"공장에서 100박스의 화장품을 구입하였다. 목적물의 포장규격은 매 박스에 12병이고, 매 병의 용량은 75ml이다. 그러나 "을"공장의 창고 보관직원의 소홀로 "갑"회사에 12박스의 화장품을 더 주었다. "갑"회사는 입고검사 시 "을"공장에서 12박스의 화장품을 더 보낸 것을 발견하였지만, 이 상황을 "을"공장에 알리지 않았다. 그 후에 "을"공장에서 월말 점검을 할 때에 화장품

12박스가 모자람을 발견하고 관련 장부를 검사하여 "갑"회사에 12박스를 더 보낸 것을 발견하였다. "갑"회사에 대한 문의한 결과 "갑"회사는 12박스의 화장품을 더 받은 것을 승인하였고 바로 대금을 송금할 것을 승낙하였다.

본 사례에서 "갑"회사의 경우에 "을"공장의 화장품 12박스를 더 받은 것을 확인 되었으면 즉시 "을"공장에 통지를 하고, 동시에 더 교부된 부분을 수령할 것인지 여부를 통지하여야 한다. 또한 수령한 그 이외의 부분에 대해서는 곧 바로 계약에서 약정한 가격에 따라 상응한 대금을 교부하여야 한다.

제163조【과실의 귀속】 목적물의 인도 전에 생긴 과실은 매도인에게 속하고, 인도 후에 생긴 수익은 매수인에게 속한다.

■ 해설

본 조는 목적물로부터 생긴 과실(이자)의 귀속에 관하여 규정하고 있다. 과실이란 원물의 소유 또는 점유로부터 발생한 수익이다. 여기에는 법정과실과 천연과실 두가지 있다. 전자는 법적원인에 의해 발생한 과실을 말한다. 가령, 금전소비대차에서 원금에 대한 법정이자가 부가되는 경우다. 후자는 자연적 원인으로 인한 과실이다. 예컨대, 닭을 점유하고 있는 동안 알을 낳는 경우다.

본법 제133조 및 제142조에서는 목적물의 소유권, 훼손, 멸실의 위험이전은 전부 인도를 계기로 소유권 또는 위험이전이 되기 때문에 본 조의 과실귀속 규정도 당연히 인도를 계기로 한다. 그러나 계약 중에 명확히 과실도 계약의 목적물의 일부분이라고 정한 경우에는 제외된다. 예컨대, 매입한 소 무리 중에 바로 새끼를 낳을 암소가 있을 경우, 원래는 인도된 다음에 낳아야 할 암소가 인도하기 전에 아기소를 낳았다면 인도 전에 낳았다는 이유로 아기 소의 귀속을 매도인에게 하면 안된다. 왜냐하면 매수인이 매매계약을 체결할 때, 이미 암소가 아기 소를 가졌다는 것을 감안하고 가격도 고려하였기 때문이다. 따라서 매도인은 암소와 함께 아기 소를 인도할 의무가 있다.

□ 사례

주민 "갑"은 1999년1월에 증권사를 통하여 주민 "을"의 국채 10장을 구매하였고, 각 장의 가치는 인민폐 10,00원으로 총 인민폐 12,600원의 대금을 지불하였다. 이 국채는 3년 만기 국채로 1999년 8월에 기한이 만료되어 년 이윤은 10.96%이었다. 본 사례에서 주민 "갑"은 총 가치가 1만원이 되는 국채를 구매하였다. 무엇 때문에 인민폐 12,600원을 주었는가? 그것은 이 국채가 주민 "을"이 주민 "갑"의 손에 교부하기 전에 발생한 이윤은 당연히 주민 "을"의 소유이며, 그 이윤은 국채의 기한이 만료되기 전에는 받을 수가 없기 때문에 주민 "갑"이 먼저 주민 "을"에게 선불하여야 한다. 즉 이 12,600원 중 10,000원은 국채의 원금이고, 나머지 2,600원은 국채가 주민 "을"이 점유하고 있을 때 발생한 이윤이다.

第164조【주물과 종물간의 계약해제 효력】 목적물의 주물이 약정에 부합하지 않기 때문에 계약이 해제된 경우에 계약해제의 효력은 종물에도 미친다. 목적물의 종물이 약정에 부합하지 않기 때문에 계약이 해제된 경우에 해제의 효력은 주물에 미치지 않는다.

■ 해설

본 조는 서로 다른 원인으로 계약을 해제할 경우의 주물과 종물에 대한 영향에 관하여 규정한 것이다. 중국의 민법통칙에는 주물과 종물을 구별한 규정은 없지만, 중국의 민법 이론상 그 구분이 있다[168].

본 조에서 주물과 종물의 개념을 사용하는 것은 모두 계약의 목적물이 될 수 있다는 공통점에서 공통성이 있다. 그런데 다른 것은 결합하여 일정한 효용을 발휘하는 과정에서 그 작용이 다른 것 뿐이다. 따라서 주물이 약정과 다른 경우에 계약목적은 이룰 수 없게 되고, 계약의 해제라고 하는 사태를 초래하여 그 효과는 종물에 미친다. 종물이 약정과 다른 경우는 계약목적 달성에 일정한 영향을 미치더라도 기본적으로 아직 사용 가능하여 매수인은 종물의 계약해제권을 행사하여 주물에 미치지 않게 할 수 있다는 것이 본 조의 규정이다.

□ 사례

사용자 "갑"은 "을"통신영업청에서 이동전화 1대를 구입하였다. 매매계약에서 "을"영업청에서는 판매한 이동전화의 전화기, 전지 및 기타부품의 합격을 보증한다고 하였다. 구입하여 한 달 동안 사용 후 사용자 "갑"은 구입한 이동전화의 전지 중 하나가 충전을 한 후 사용시간이 설명서와 영업청 주인이 설명한 사용시간 보다 훨씬 짧았다. 검사를 거쳐 전지가 위조 상품이라는 것을 알았다. 사용자 "갑"은 이것 때문에 "을"영업청에 이동전화 및 그 전지의 반품을 요구하였다. 그러나 "을" 영업청에서는 이동전화의 전지만 무료로 교환할 것을 동의하고 전화기 반품은 동의하지 않았다. 본 사례에서 "갑"사용자가 구매한 이동전화는 주된 물건이고 이동전화 전지는 종된 물건이

168) 그러나 최고인민법원의 '중화인민공화국 민법통칙의 집행에 관계되는 의견(시행)' 제87조에서는 "부속물이 있는 재산은 재산이전과 함께 그 부속물은 이전한다. 그러나 당사자 사이에 별도약정이 있고, 법률에 위반하지 않는 경우에는 약정에 의한다"라고 되어 있다. 여기서 말하는 재산과 부속물의 용어는 결코 주물과 종물의 용어와는 동일한 개념은 아니다. 일반의 거래에서 종물은 계약의 목적물에서 얻을 수 있는 것인데, 부속물은 계약의 목적물에서 얻을 수 없는 것이 일반적이다.

다. 이동전화의 전지가 약정된 품질에 부합되지 않는다. 본 법률의 관련 규정에 근거하여 사용자 "갑"은 "을"통신영업청과 단지 이동전화 전지에 관한 계약만 해제할 수 있으며 이동전화 구매계약에는 영향이 없다. 따라서 사용자 "갑"이 이동전화를 반환하고 계약을 해제하는 것은 법률의 규정에 부합되지 않는다.

제165조【다수 목적물과 계약해제권】 목적물이 다수의 경우로 그 중 일부가 약정에 부합하지 않는 경우에 매수인은 그 해당 목적물에 대하여 계약을 해제할 수 있다. 그러나 그 일부를 다수의 목적물로부터 분리로 인하여 목적물의 가치가 현저하게 감손되는 경우에 당사자는 다수의 목적물 전부에 대한 계약을 해제할 수 있다.

■ 해설

본 조는 계약의 목적물이 다수일 경우의 계약해제권에 관하여 규정한 것이다. 본 조는 먼저 목적물이 다수로 그 중에 하나가 약정에 부합하지 않으면 매수인은 그 약정에 부합하지 않는 물품에 대하여 계약을 해제할 수 있다고 규정하고 있다. 여기서 규정하는 '계약 목적물의 다수'는 본 법의 제164조에서 말하는 주문과 종물의 관계에 있는 다수가 아니라, 서로 주・종 관계가 아니고, 목적달성을 위해 똑같이 중요한 역할을 담당하는 목적물을 말한다[169].

본 조에서 다수의 목적물 중 일부가 약정에 부합되지 않다는 이유로 그 해당 목적물에 대한 계약해제를 할 수 있다는 것을 다수 목적물에 일부가 약정과 다른 것이 있기 때문이라는 이유로 전부를 해제할 수 있다고 해석하는 것은 지나친 생각이다. 본 조의 규정은 본 법 제111조의 규정과 결합하여 감안되어야 한다. 즉 매수인은 목적물의 성질과 그 약정에 부합하지 않는다는 사실 관계, 손실의 대소와 함께 수리, 교환, 감액 및 반품을 포함한 구제조치를 선택할 수 있다. 이와 같은 합리성을 무시한 계약해제는 할 수 없으며 또 신의성실 원칙에 반해서도 안 된다는 것이 본 조에 규정한 매수인의 해제권 행사이다.

□ 사례

주민 "갑"은 "을"공예품상점에서 디자인이 참신한 "문방사보"공예품 한 세트를 구매하였다. 구매하고 돌아온 후, 그 중 벼루의 한 모퉁이가 떨어져 나가서 한 세트의 전체의 미관이 흉하고 수집가치도 작아졌다. 주민 "갑"은 공예품상점에 가서 벼루의 품질이 약정된 요구에 부합되지 않는다는 이유로 이 세트의 공예품의 교환을 요구하였다. 본 사례에서 공예품인 붓, 먹, 벼

169) 刘文华 主编, 앞의 책, 250면~252면.

루, 종이가 서로 각각 독립적이지만, 공예품수집으로써는 그 중 어느 하나가 모자라도 붓, 먹, 벼루, 종이가 한 세트가 될 수 없으며 수집가치도 상실하게 된다. 그렇기 때문에 본 조의 규정에 따라 "을"공예품상점은 당연히 주민 "갑"의 요구와 같이 전부 교환해 주어야 한다.

제166조【분할인도와 계약해제권】 매도인이 목적물을 분할하여 인도하는 경우에 매도인이 그 중 일부를 인도하지 않거나 인도한 일부의 목적물이 약정에 부합하지 않기 때문에 계약의 목적을 실현할 수 없을 때는 매수인은 그 일부의 목적물에 대하여 해제할 수 있다. 매도인이 목적물 중의 일부를 인도하지 않거나 인도한 일부의 목적물이 약정에 부합하지 않기 때문에 후에 그 나머지 목적물의 인도가 불능이 되고 계약의 목적을 실현할 수 없는 경우에는 매수인은 그 분분의 목적물 및 그 후의 기타 각 부분의 목적물에 대하여 해제할 수 있다.
매수인이 그 목적물 중의 일부에 대하여 해제하는 경우 그 일부의 목적물과 기타 각 부분의 목적물이 상호 의존관계에 있는 경우에 이미 인도한 부분과 아직 인도하지 아니한 부분의 각 목적물에 대하여 해제할 수 있다.

■ 해설

본 조는 매도인이 분할하여 목적물을 인도할 경우, 그 해당 목적물을 인도하지 않거나 또는 인도된 해당 목적물이 약정과 다를 경우의 계약해제권에 관하여 규정한 것이다. 분할하여 목적물을 인도하는 매매계약은 특수한 매매계약이다. 그 특징은 목적물을 여러 번으로 나누어 인도하는 것이다. 일반적으로 말하면 매 번 인도한 목적물은 같은 종류의 상품이 가능할 수 있고, 꼭 같은 종류의 상품이 아닐 경우도 있다. 이 매매계약은 분할하여 여러 번으로 나누어 목적물을 인도하기 때문에 어느 상품을 약정한 기간과 지점에 근거하여 교부하지 않거나 또는 질량, 수량이 계약의 약정과 부합하지 않을 수 있다. 본 조는 분할하여 목적물을 인도하는 계약에 대하여 구체적인 규정을 하고 있다.

인도된 목적물의 일부가 약정과 다를 경우 또는 목적물의 일부가 약정대로 인도되지 않은 경우의 계약해제권에 관하여 대부분 그 계약해제권을 인정하고 있지만 법률적 검토가 필요하다170). 본 조는 다음 세 가지의 상황으로 나누어 규정하고 있다. 첫째, 부분적 해제이다. 즉 목적물이 상호 의존관계가 없고 인도된 목적물의 일부가 기타의 목적물의 이행과 사용에 영향이 없는 경우 그 위약행위에 대하여 일부의 계약해제를 진행하고 기타는 계속하여 계약의 이행을 진행한다는 것이다.

둘째, 사후의 목적물에 한정된 계약해제권이다. 즉 이미 인도된 것 이외의 것에

170) 胡康生 主编, 앞의 책, 247면~252면.

대하여 계약해제를 행사는 것으로 목적물의 인도 거부 또는 약정과 다른 목적물의 인도로 계약의 목적이 달성할 수 없다는 것에 기인된다. 여기에서 이해할 수 있듯이 이미 인도된 목적물이 목적 달성에 영향을 미치지 않는 것이 전제로 된다.

셋째, 인도된 것을 소급하여 전면적인 계약해제가 이루어지는 해제권이다. 이것에는 이미 인도된 목적물과 금후 인도될 목적물 사이에 밀접한 상호 의존관계를 필요로 하는 전제가 있는 경우에 한해서 행사할 수 있는 해제권이다.

□ 사례

"갑"백화점에서는 "을"전기제조회사와 가정용 냉장고매매계약을 체결하였다. 계약에서 "을"전기제조회사는 냉장고 분할교부하며, 매월 상순에 한번 교부하며 매 번마다 500대씩 교부한다. 계약을 4월 분까지 이행하였을 때에 "갑"백화점에서 "을"전기회사에서 당 월에 교부한 냉장고의 품질이 계약의 약정에 부합되지 않고 이번의 냉장고 압축기 품질이 좋지 않아 냉동속도가 규정한 요구에 도달하지 못함을 발견하였다. 그렇기 때문에 "갑"백화점은 계약해제를 요구할 것을 제출하였다. "갑"백화점과 "을"전기제조회사와 체결한 것은 냉장고를 분할 교부하는 매매계약이고, 다만 이번의 냉장고만 품질이 불합격이기 때문에 이미 교부한 것과 장래에 교부할 가정용 냉장고에 관하여 체결한 계약에는 영향을 미치지 않는다.

따라서 본 조의 규정에 따라 "갑"백화점은 이번의 냉장고의 계약에 대해서만 해제할 수 있다.

제167조【분할지급과 해제조건】 분할하여 대금을 지급하는 매수인은 지급기한이 도래한 미지급 대금이 대금 총액의 1/5에 달한 경우 매도인은 매수인에게 대금 전액의 지급 또는 계약을 해제할 수 있다. 매도인이 계약을 해제한 경우에 매수인에게 그 목적물에 대한 사용료의 지급을 청구할 수 있다.

■ 해설

본 조는 분할지급의 매매에 있어서 매도인의 계약해제 조건에 관하여 규정한 것이다. '분할지급 매매'는 계약체결 후 매도인이 목적물을 매수인에게 인도하고 매수인은 목적물을 점유·사용하지만 그 대금은 계약조항에 따라 매수인이 매도인에게 대금을 분할하여 지급한다. 이 '분할지급 매매'에서 유의하여야 할 점은 목적물의 소유권은 매도인과의 '분할지급 매매'계약을 한 후에 목적물을 인도한 시점에서 매수인에게 이전되는 것에 대하여, 매도인에게 남겨진 것은 대금회수의 위험뿐이다. 여기서 필연적으로 매도인은 대금회수의 위험요소를 제거할 필요가 있다. 예컨대, '분할지급 매매' 계약을 할 때, 지정기간 중에 전액의 대금을 지급하지 않을 경우에 본 법의 제134조 규정을 참고로 소유권 이전의 유보 또는 계약의 해제를 규정하는 것이다. 본 조는 매도인 보호의 입장에서 매도인은 계약 해제 전 매수인에게 최고 없이 계약해제 할 수 있다는 것을 규정한다. 이 경우 원상회복 의무가 발생하고 매도인은 매수인에게 이미 받은 대금을 반환함과 동시에 매수인도 목적물을 매도인에게 반환하여야 할 뿐만 아니라 일정기간 목적물을 점유·사용한 대금을 지급하여야 한다.

□ 사례

주민 "갑"은 할부로 건축면적이 86㎡되는 주택을 구매하였다. 동시에 "을"부동산개발상과 할부구매계약을 체결하였다. 계약에는 이 상품주택의 총 가치는 인민폐 40.5만원 이고 "갑"주민은 처음에 인민폐 15.5만원을 지불하고, 그 후에는 매년 한번 5만원씩 지불하여 5년 동안에 완불한다고 규정하였다. 위약책임에 대하여 주민 "갑"과 "을"부동산은 주민 "갑"이 만약 제기간에 규정된 금액으로 집 값을 지불하지 않으면, "을"부동산은 주민 "갑"에 대하여 즉시 지불할 것을 요구할 권리가 있고, 만약 주민 "갑"이 연속 두 차례 집 값을 지불하지 않을 경우에는 "을"부동산에서는 계약을 해제하고 주택을 돌려 받으며, 동시에 주민 "갑"이 사용기간의 임대료를 지불할 것을 요구할 권리가 있다.

본 사례에서 주민 "갑"은 "을"부동산개발상과 체결한 분할매매계약에서 관련 매수인이 임대금을 지불하여야 한다는 위약의 약정은 본 조의 규정에 근거하여 확정한 것이다.

제168조【견본품의 매매】 견본품매매의 당사자는 견본품을 봉인하여 보관하여야 하고, 견본품에 대한 설명을 할 수 있다. 매도인이 인도한 목적물은 견본품 및 설명한 품질과 동일한 것이어야 한다.

■ 해설

본 조는 견본품의 매매에 관하여 규정한 것이다. 견본품매매란 향후 매매할 목적물을 설정하고 그 목적물 중에 특정한 견본품을 매매의 기준으로 확정하여 후일 목적물을 인도할 때 견본품과 동일한 품질을 담보하여 교부하는 것이다.

'견본품매매'에는 매도인이 견본을 제공하는 '매도인 견본품'과 매수인이 견본을 제공하는 '매수인 견본품' 또 매수인이 도면을 제공하여 매도인이 견본작성을 하는 '확인 견본품' 또는 색채를 근거로 하는 '색채 견본품'과 '디자인 견본품'으로 다양하다. 견본품을 매매할 때 중요한 것은 당사자 쌍방 모두가 참석한 자리에서 견본품을 봉인하고, 필요한 경우 공증처에서 봉인과 동시에 당사자가 문자, 언어로 견본품의 품질 설명을 한다. 매도인이 후일 인도하는 목적물은 견본품 및 설명과 일치하는 품질이어야 한다. 만일 그렇지 않을 경우에는 위약행위로 매수인은 위약책임및 하자담보책임 등의 일정한 법적 구제수단을 취할 수 있다.

□ 사례

"갑"회사는 영업장소 홀의 내부공사를 위해 대리석을 구매하려고 한다. "을"석재가공공장은 이 사실을 알고 직원을 파견하여 자기의 상품을 판매하도록 하였다. "갑"회사는 "을"석재공장에서 가져온 샘플을 보고 그 중에 홍색과 흑색 두 가지 색깔의 대리석을 선택하여 매매계약을 체결하였다. 샘플에 근거하여 교부한 목적물 대리석을 검사하고 "갑"회사은 샘플의 품질과 색깔이 부합하지 않는 대리석은 받지 않는다고 약정하였기 때문에 계약에서 규정한 샘플을 보관해두기로 하였다. "을"공장에서 대리석을 보내온 후, "갑" 회사는 "을"공장의 직원과 공동으로 검사를 진행하였다. "갑"회사는 "을"공장에서 보내온 홍색의 대리석 색깔이 샘플의 색깔 보다 진하고 매 조각사이에 색갈이 정결하지 못함을 발견하였다. 따라서 "갑"회사는 홍색 대리석의 수령을 거절하고 "을"공장에 새로 샘플의 기준에 따른 것으로 교환을 요구하였다. 본 사례 중에 "갑"회사와 "을"공장은 샘플에 따라 목적물을 교부한다고 약정하였다. "을"공장은 당연히 샘플의 품질에 따라 목적물을 교부하여야 한다. "을"공장에서 계약을 위반하고 샘플과 다른 색깔의 목적물을 교부한 것을 "갑"회사가 거절하고 수령하지 않은 것은 법률의 규정에 부합하는 것이다.

제169조 【견본품매매와 하자의 처리】 견본품매매의 매수인이 견본품에 은닉된 하자를 알지 못한 경우에 인도된 목적물이 견본품과 서로 동일하여도 매도인은 인도한 목적물의 품질을 동종의 일반적 기준에 부합하여야 한다.

■ 해설

본 조는 견본품매매에서 견본품에 은닉된 하자가 있을 경우의 처리원칙에 대하여 규정한 것이다. 견본품을 목적물의 품질기준으로 하는 '견본품매매'는 일반의 거래에 자주 볼 수 있는 것이다. 그러나 만일 그 견본품에 잠재되어 은닉된 하자가 있고 그 사실을 매수인이 몰랐을 경우에 매도인이 견본을 갖고 그것을 목적물의 품질기준으로 할 수 없다[171].

목적물에 '은닉된 하자'란 일반의 검사 방법으로는 그 하자를 발견할 수 없는 결함을 말한다. 매도인이 견본에 이러한 은닉된 하자가 있다는 것을 알면서 목적물을 인도하였다면, 즉 매수인에게 고의적으로 숨기고 통지하지 않은 경우 법적으로 사기행위가 성립하면 민법통칙 제58조와 계약법 제52조에 의하여 계약은 무효가 된다. 본 규정은 매도인에게 무과실일 경우에만 적용되는 것이다.

171) 柴振国 何秉群 等, 앞의 책 373면.

□ 사례

"갑"회사는 샘플에 근거하여 매매방식으로 "을"자동차공장에서 신형의 자동차 2 대를 구입하기로 매매계약을 체결하였다. 계약에서 2대의 자동차의 가격은 합계 인민폐 68.5만원이라고 결정하였다. 차를 사온 뒤에 얼마되지 않아 갑자기 제동이 되지 않아 몇 차례 수리를 하였지만 수리되지 않았다. 그 후에 이 자동차의 제동기 시스템 설계상의 결점으로 많은 자동차들이 제동이 잘 되지 않는다는 점을 알게 되었다. "갑" 회사는 이것 때문에 "을"공장에 자동차를 반품하고 대금의 반환을 요구하였다. 본 사례에서 "을"회사에서 생산한 이 자동차는 샘플을 포함하여 제동기 시스템에 결점이 있었다. 매도인은 당연히 판매한 자동차와 기타 자동차 생산공장에서 생산한 자동차와 마찬가지로 똑같은 표준의 품질보증에 대하여 책임을 져야 한다. "갑"회사에서 구매한 "을"공장의 2대의 자동차에 대하여 "을"공장은 당연히 품질이 동 종류의 통상적인 표준에 부합되지 않는다는 위약책임을 부담하여야 한다.

제170조【시험매매의 사용기간】 시험사용 매매의 당사자는 목적물의 시험사용 기간을 약정할 수 있다. 시험사용 기간을 약정하지 않았거나 그 약정이 불명확하여 본 법의 제61조의 규정에 의해서도 확정할 수 없는 때에는 매도인이 정한다.

■ 해설

본 조는 시험매매의 사용기간에 대하여 규정한 것이다. 시험사용매매를 시용(試用)매매 또는 시험(試驗)매매라고도 한다[172]. 매매계약 당사자가 계약에서 매도인이 매매 목적물을 매수인에게 인도하여 일정기간 동안 시험적으로 사용하게 하고, 매수인은 시험 사용한 후 그 기간 만료 전에 그 목적물 구입 여부를 결정하기로 하는 계약이다. 이와 같이 매수인이 목적물을 인수하기 전에 먼저 시험적으로 사용해 볼 수 있다는 선택권이 있다는 점이 일반매매와 구별된다.

시험사용매매는 매수인이 일정기간 시험 사용한 결과에 따라 해당 목적물에 대한 구입 여부를 선택할 수 있는 정지조건부 매매계약이라고 하는 특수한 매매 형태다. 시험사용매매계약을 체결한 후 당사자의 쌍방의 의무는 다음과 같다. 첫째, 매도인은 목적물을 매수인에게 제공하여 시험 사용하게 할 의무가 있다. 둘째, 매수인은 목적물을 타당하게 보관하고 목적물을 시험 사용하여 시험기간 만료 이전에 구입 여부를 매도인에게 통지하여야 한다. 셋째, 구입할 경우는 대금을 지급하여 목적물의 소유권을 취득하고 시험사용계약을 보통 매매계약으로 전환시켜야 한다. 넷째, 구입하지 않을 경우는 목적물을 반환하여야 한다. 일반적으로 구입하지 않은 이유를 설명할 필요는 없다.

---

172) 徐景和 主编, 앞의 책, 258면~260면.

제171조 【매수인 선택권의 제한】 시험사용 매매의 매수인은 시험사용 기간 중에 목적물을 구입 또는 구입을 거절할 수 있다. 시험사용 기간이 만료되기까지 매수인이 목적물의 구입 여부를 표시하지 않은 경우는 매수한 것으로 본다.

■ 해설

본 조는 시험사용 매매에서 매수인의 선택권과 그 제한에 관하여 규정한 것이다.

여기서는 제170조의 규정에 기초하여 매도인은 시험사용 기한을 설정할 수 있으며, 매수인은 그 기간 내에 구입 여부의 선택권을 갖는다.

매수인이 인도 받은 목적물의 소유권은 매도인에게 있기 때문에 이 시험사용 기간 중에는 목적물을 수령할 때 약정 또는 사용방법에 따라 사용하여야 한다. 만일, 이를 위반하여 사용하여 손해가 발생한 경우는 그 손해에 대한 배상의 책임이 있다. 그리고 매수인이 시험사용 기간 중에 그 목적물의 구입 여부를 통지하는 방법은 구두 또는 서면으로 할 수 있으며, 매수인이 목적물을 구입하기로 통지한 경우는 일반매매로 전환되어 이에 따른 효력이 생긴다.

만일 시험사용 기한을 지났는데도 매도인이 구입 여부에 대한 의사표시가 없을 경우, 본 조의 규정에 따라 그것은 구입하는 것으로 본다.

□ 사례

"갑"상점은 새로운 지능전화기를 구입하였다. 이 전화기는 수신번호를 나타낼 수 있고 시간과 비용을 계산할 수 있으며, 다른 사람이 몰래 전화를 하면 경보를 울리는 등의 기능을 갖고 있다. "갑"상점은 빠른 시간 내에 판로를 확장 시키고, 시장을 넓히기 위하여 이 전화기에 대하여 시험 매매하는 판매방식을 내놓았으며 전화 시험 사용기는 15일로 규정하였고, 시험기간 내에 반품을 할 수 있다고 하였다. 사용자 "을"은 이 상점의 광고를 보고 즉시 "갑"상점과 매매계약을 체결하고, 이 전화기를 구매하였다. "을"사용자는 며칠 시험한 후 이 전화기의 가격이 상대적으로 비싼 관계로 구입을 취소하였다. 그래서 "병"에게 대신하여 반품을 부탁하였다. "병"은 다른 일에 바쁘다 보니 상점에 가서 반품할 기일을 이미 초과하였기 때문에 "갑"상점은 전화기의 반품을 거절하였다. 본 사례에서 "갑"상점과 "을"사용자는 시험계약을 체결한 것이다. 그러나 반품할 때 이미 시험기간을 초과하였기 때문에 "갑"상점의 거절을 당한 것이다.

제172조 【입찰매매의 수속】 입찰에 의한 매매의 당사자의 권리와 의무 및 입찰공고의 절차 등은 관련 법률 및 행정법규의 규정에 따른다.

■ 해설

본 조는 입찰매매의 수속에 관하여 규정한 것이다. 입찰이란 특정의 사업을 전개하는 입찰자가 입찰공고를 하고 다수의 응찰자들이 자기의 구입조건을 제시한 후 입찰자가 응찰자 중 한 명과 계약을 체결하는 매매를 말한다. 그 진행은 입찰공모, 입찰참여, 개찰, 낙찰 등의 순서로 진행된다.

입찰에 따른 매매형식에는 공개·공평·공정의 특징이 있고, 현실적으로 계약의 투명성을 기대할 수 있는 일반적으로 많이 채용되는 계약방법이다. 특히 응찰자들이 제시한 조건이 경쟁자 상호간에 알 수 없는 경쟁체결 방식이라는 점이 경매와 다르다. 일반적으로 도급계약, 건설공사계약, 기술계약 등의 경우에 적용된다.

불특정 주체에 대한 입찰매매는 일반적으로 '입찰공모'형식에 따라 계약의 의사표시를 불특정주체로부터 얻는다. 그 위에 일정한 자격이 필요한 경우는 자격심사에 합격한 주체에 대하여서만 '입찰통지'를 발송한다. 만일 자격심사를 필요로 하지 않는다면 계약의 의사표시를 한 불특정주체에 이미 '입찰통지'를 발송한 것으로 규정된 기간 내에 입찰공모 주체는 입찰요건에 따라 계약을 목적으로 한 의사표시를 입찰의 방식에 따라 표명한다. 이로부터 계약 대상자가 선택되는 것이다.

현재 중국에는 입찰에 관계되는 단행법률은 없고, 입찰과 관련된 개별 법규나 행정법규에서 규정하고 있다. 가령, 건물의 입찰의 경우는 건축법이 적용되고 기술에 관한 입찰은 기술도입조례 등에 위임되는 실정이다.

第173조 【경매수속에 관한 규정】 경매 당사자의 권리와 의무 및 경매절차 등은 관련 법률 및 행정법규의 규정에 따른다.

■ 해설

본 조는 경매수속에 관한 규정에 관하여 규정한 것이다. 경매란 공개적인 경쟁방식을 통해 특정한 물품의 소유권을 최고의 가격 또는 최저의 가격을 제시한 자에게 인도하는 매매를 말한다. 경매에는 법정경매, 인정경매, 위탁경매, 자기경매, 강제경매, 임의경매가 있는데 그 성질과 방법에 따라 서로 다르다. 경매는 특수한 거래방법으로써 일반적으로 전문적인 조직에 의해 일정한 장소에서 집행되고 최고가격으로 경락하는 것이 원칙이다. 경매의 대상으로는 골동품, 미술품 및 서예 등 예술품과 양모, 생사, 연초, 차 등이 있다. 중국에서는 본 조의 규정에 따라 경매 당사자의 권리·의무 및 경매절차, 즉 경매위탁, 경매공고, 경매실시와 경락 등은 중국의 경매법 관련 규정을 준수하여야 한다.

第174조 【기타 유상계약의 준용】 기타 유상계약에 대하여 법률의 규정이 있는 경우에는 그 규정에 따르고, 규정이 없는 경우에는 매매계약의 관련 규정을 준용한다.

■ 해설

본 조는 유상계약에서 법적 근거가 없는 경우에 준용하여야 할 규정에 관하여 규정한 것이다. 본 조에서 말하는 '기타 유상계약'에 해당되는 것으로는 매매계약 이외에 전력·용수·가스·열에너지의 공급계약, 임대차계약, 위탁계약, 위임계약, 임치계약, 운송계약, 창고계약 등의 유명계약(有名契約) 외에 무명계약(無名契約)에 대해서도 유명계약과 마찬가지로 매매계약의 관련규정을 참고하여 결정할 수 있다.

제175조 【교환계약의 준용】 당사자가 물물 교환거래를 약정하여 목적물의 소유권을 이전하는 경우에 매매계약의 관련규정을 준용한다.

■ 해설

본 조는 물건의 교환계약의 준용에 관하여 규정한 것이다[173]. 물물교환계약은 당사자 쌍방이 금전 이외의 물건으로 상호 교환하는 계약으로 쌍방 당사자의 권리·의무는 매매계약과 유사하기 때문에 법률로 특별히 물건의 교환거래의 대하여 전문규정을 두지 않고, 매매계약을 적용하는 것으로 이해할 수 있다.

이와 같은 물물교환계약은 법적으로 첫째, 쌍방이 교환하는 것은 당연히 금전 이외의 물건이어야 한다. 둘째, 물물교환계약은 재산의 소유권을 이전하는 것이어야 한다. 셋째, 교환계약에는 낙성계약·쌍무계약과 유상계약이 있다. 넷째, 동산의 교환계약은 불요식 계약인데, 부동산의 교환계약은 반드시 서면 형식이어야 하며 등기절차를 필요로 한다. 다섯째, 교환계약에서 당사자 쌍방은 매수인인 동시에 매도인이기도 하다. 그리고 당사자 쌍방은 교환하는 자기의 물건에 대하여 모든 권리담보의무와 하자담보의무를 부담하는 등의 특징이 있다.

제10장 전기·용수·가스 및 열에너지 공급계약

본 장은 사회적 서비스공급계약[174]으로써 구 경제계약법 제21조 및 제37조에 보충과 개정을 하였고, 열에너지 공급계약을 부가한 것으로 제176조에서 제184조까지 총 9개 조로 구성되어 있다. 여기에는 전기·용수·가스·열에너지계약에 관

173) 徐景和 主编, 앞의 책, 267면.

174) 사회적 서비스공급계약이란 일정한 주체가 다수의 수요자들을 대상으로 사회생활에 필요한 특정 객체(전기·가스·용수 및 열에너지 등)를 장기적·연속적으로 공급하고, 그 다수의 수요자들은 이에 대한 대금을 지급하기로 하는 계약을 말한다.

계되는 개념, 전력공급계약의 특성과 그 종류, 역할 및 계약의 주체, 계약체결절차, 전력공급계약의 주요 조항과 당사자 쌍방의 권리・의무, 권리침해의 손해배상책임과 위약책임의 손해배상 등에 관하여 규정하고 있다.

사회적 서비스공급계약의 객체인 전기, 물, 열에너지의 공급계약을 제공하는 주체인 기업이 일반 주민을 포함한 기업 등의 공급에는 대량의 자금 및 시간의 투자와 동시에 장기적・계속적인 그 연속성을 유지하여야 한다. 특히 이 사업은 국민생활과 국가의 경제에 미치는 영향이 크기 때문에 중국에서는 이 사업을 국영기업이 독점 경영하고 있다[175).]

법률적 성질에서 검토할 때에 전기・용수・가스 및 열에너지 공급계약은 매매계약의 재산 소유권의 연속성 이전이라고 하는 특성에 부합되는 일종의 특수한 매매계약이다. 왜냐하면 전기・용수・가스 및 열에너지라고 하는 무형의 물질은 모두 민법 중의 물(物)의 범주에 속하기 때문이다. 이러한 전기・용수・가스 및 열에너지를 공급하는 기업은 소비자와 체결한 계약에 따라 전기・용수・가스 및 열에너지의 소유권을 연속적으로 소비자에게 이전하는 대가로서 소비자는 대금을 공급하는 기업에 지급한다. 따라서 이러한 계약은 매매계약 중의 연속 공급계약에 속한다.

이와 같이 사회적 서비스공급계약인 전기・용수・가스・열에너지 공급계약은 계약 목적물의 특수성과 공급의 시간상 연속성, 계약대상의 광범성이 있기 때문에 중국 계약법에서는 이것을 매매계약으로부터 따로 분리하여 독립된 장(章)을 두고 있는 것이다. 그러므로 본 장에서 규정하고 있지 않은 내용은 당연히 매매계약 중의 관련규정을 준용한다.

사회적 서비스의 객체인 전기・용수・가스 및 열에너지는 중요한 기본적 에너지로 그 공급은 직접적인 국민경제와 국민생활에 밀접한 관계가 있다. 그래서 중국은 문화대혁명 후 1978년 대외개방정책과 함께 이와 관련된 법률 및 행정법규를 제정하였다[176).]

제176조 【전기공급계약의 정의】 전기공급계약이란 전기공급자가 전기사용자에게 전기를 공급하고 전기사용자는 그 요금을 지급하는 계약이다.

---

175) 이러한 전기・물・가스・열에너지를 독점으로 공급하는 국영기업은 그 공급계약을 소비자와 체결할 경우에 일반 소비자와 협의하는 것이 아니고 격식 계약조항에 적용시킨다. 이 경우에는 소비자의 권익을 보호하고 공평을 기하는 것이 중요한 문제가 된다. 만일 불합리한 격식 계약조항이 있는 경우에 적용되는 것이 본법 총칙에서의 격식 계약조항의 관련 내용이다.

176) 예컨대, 1968년 1월 21일 제6기 전인대상무위원회 제20차 회의에서 채택된 '중화인민공화 국수(水)법', 1995년 12월 28일 제8기 전인대상무위원회 제17차 회의에서 채택된 '중화인민공화국 전력법', 1987년 9월 15일(1998년 1월 7일 개정) 국무원에서 공포한 '전력시설보호조례', 1994년 7월 19일 국무원에서 공포한 제158호에 의한 '도시물공급조례' 및 1996년 4월 17일 국무원의 제196호에 의한 '전력공급 및 사용조례' 등 각종 조례・통지・등이 있다.

■ 해설

본 조는 새롭게 개정된 전기공급계약의 정의에 대하여 규정한 것이다. 전기공급계약은 전기공급자가 전기사용자에게 전기를 공급하고 전기사용자는 그 비용을 지급하는 계약이다. 다음의 법률적 특징이 있다.

① 계약의 전기공급자는 특정 주체이다. 전기공급자는 특정한 전기공급부처이다. 즉, 법인자격을 가진 전기회사 또는 전기공급국이다. 지금 중국의 전기사업은 국가의 통일관리 아래에 있다. 기타 비특정 주체인 발전소를 포함한 것이 전기공급자가 될 수 없다.

② 계약의 목적은 특수 상품인 전기이다. 전기는 국가가 통일 관리하는 자원 중의 하나이다. 무체성을 갖고 있으면서 저장할 수 없다는 특징이 있다. 기타 계약 중의 목적과 분명한 차별성이 있다.

③ 계약의 존속기간은 비교적 장기간이다. 전기를 공급하는 것은 계속되는 상태이기 때문에 전기공급계약은 일반적으로 장기간의 계약으로 당사자 쌍방의 계약관계가 비교적 안정된다. 계약의 당사자 쌍방은 전력공급자와 그 전기를 사용하고 대금을 지급하는 소비자가 된다[177]. 그러나 공공의 전력공급이 미치지 못하는 지역일 경우, 전력기업의 위탁을 받고 전기공급의 여력이 있는 기업이 공급할 수 있지만, 이 경우 어디까지나 전력기업의 위탁을 받은 것이기 때문에 그 법적 지위는 전력기업의 대리인일 뿐 전력공급사용계약의 당사자가 될 수 없다는 것에 유의할 필요가 있다. 전력공급자가 소비자에게 전기를 공급하는 것은 중국에서는 일종의 법정의무로 국가의 규정에 의해 공급하는 것이다. 따라서 이 의무는 '강제체결의무'라고도 한다[178].

전기소비자는 사용한 전력의 용량에 따라 전기요금을 지급하여야 할 의무가 있다. 중국의 전기요금은 국가의 전력에 대한 통일정책, 통일정가, 분급 관리의 원칙에 따라 전력공급기업이 임의로 전기요금을 결정할 수 없는 시스템으로 되어 있다. 동시에 국가는 전기요금의 분류와 분시(分時)원칙에 의해 서로 다른 소비자와 사용시간의 차이에 대해 서로 다른 비용징수의 기준을 설정하고 있다. 만일 사용자가 전기요금의 지급을 게을리한 경우, 기한초과 일로부터 하루 당 1%~3% 범위 내의 위약금을 지급하여야 하며, 30일을 초과했을 경우는 전력공급의 정지를 발동할 수 있다(전력공급 및 사용 조례 제39조).

177) 谢怀栻 等, 앞의 책, 343면~345면; 郭明瑞・房绍坤, 앞의 책, 449면~450면.
178) 刘文华 主编, 앞의 책, 263면~264면; 刘景一 主编, 앞의 책, 621면~623면.

□ 사례

"갑" 공장이 건립된 후, 생산에 전력 사용이 필요하여 "갑" 공장과 "갑" 공장소재지의 현 전력회사가 협상하여 협의를 달성하였다. 현 전력회사에서 "갑" 공장에 전력 공급을 책임지고, "갑" 공장에서는 전력 사용량에 따라 전기비용을 지불하기로 하였다. 현 전력회사와 "갑" 공장의 이 협의는 전력공급 사용계약인 것이다.

第177조【전기공급계약의 범위】 전기공급계약에는 전기의 공급방식, 품질, 시간, 전기용량, 장소, 성질, 계량방법, 가격, 비용의 결산방법, 전기공급시설의 보호책임 등의 조항을 포함한다.

■ 해설

본 조는 구 경제계약법 제21조의 일부를 개정한 전기제공계약의 내용에 대하여 규정한 것이다[179]. 본 조 및 '전력공급 및 사용조례' 제33조의 규정에 의해 전기공급계약에는 다음의 조항이 포함되어야 한다. ①전력의 공급방식·품질 및 공급시간, ②사용전력의 용량·주소·사용전력의 성질, ③계량방식과 전력가액 및 요금의 결제방식, ④전력공급시설의 보호유지책임 구분, ⑤계약의 유효기한, ⑥위약책임, ⑦쌍방이 공통으로 필요하다고 인정하는 기타의 약정 조항이다.

계약은 전력공급기업이 일방적으로 작성한 격식계약 초안에 소비자가 서명하는 것으로 되어 있기 때문에 소비자는 서명할 때 계약초안 잘 검토할 필요가 있다. 만일, 그 초안에 불합리한 조항이 있거나 '전력공급 및 사용조례'와 기타의 관련 규정에 위반될 경우에는 초안의 개정과 취소를 요구할 수 있다.

第178조【전기공급계약의 이행지】 전기공급계약의 이행장소는 당사자의 약정에 따르고, 당사자가 약정하지 않았거나 약정이 불명확한 경우에는 전기공급시설 재산권의 경계지를 이행장소로 한다.

■ 해설

본 조는 전기공급계약의 이행장소에 관하여 규정한 것이다. 본 조의 규정에 근거하여 전기공급계약의 이행장소는 당사자 쌍방의 약정에 근거하여 확정해야 한다. 당사자 쌍방은 전기계약의 이행장소에 대하여 약정이 없고 또는 불명확한 경우에 전기공급시설 재산권 경계지가 그 계약 이행장소가 된다.

179) 상세는 徐景和 主编, 앞의 책, 270면~279면 참조.

계약자유의 원칙에 의해 전력공급계약의 이행 장소는 당사자의 합의에 맡겨진다. 보통 당사자가 결정하지만 약정이 없는 경우는 일반적으로 전력공급시설의 자산관리구분에 의한 경계지(分界處)를 전력공급계약의 이행 장소로 한다[180]. 여기서 말하는 전력공급시설의 자산관리구분이란 전력공급자의 공급시설과 사용자의 전력을 받는 설비의 경계지를 말한다.

□ 사례

"갑"촌민위원회와 "을"전력국은 전력공급사용계약을 체결하였다. 계약에는 "갑" 촌민위원회에서 자체로 선로를 부설하고 이 촌과 2km 떨어져 있는 "을"전력국의 전선망에서 380V의 동력용 전력과 220V의 조명용 전력을 공급하기로 하였다. 그러나 전력공급사용계약의 이행지점을 약정하지 않았다. "갑"촌민위원회와 "을"전력국이 체결한 전력공급사용계약에서 계약의 이행지점을 규정하지 않았으므로 본 조의 규정에 근거하여 이 전력공급사용계약의 이행지점을 "갑"촌민위원회와 "을"전력국 전선망의 접점으로 한다. 즉 "갑"촌민위원회가 전선망에 접한 "갑"촌과 2km 떨어져 있는 "을"전력국의 전선망 연결 지점이다.

제179조【전기공급자의 의무와 책임】 전기공급자는 국가가 정한 전기공급의 품질표준과 약정에 따라 전기를 안전하게 공급하여야 한다. 전기공급자가 국가가 정한 전기공급의 품질표준과 약정에 따라 전기를 안전하게 공급하지 않았기 때문에 전기사용자에게 손실을 준 경우에 손해배상책임을 진다.

■ 해설

본 조는 전기공급자의 안전공급의무와 그 의무 위반에 대한 손해배상책임에 관하여 규정한 것이다. 본 조는 구 경제계약법 제37조 제1항을 개정한 것으로 전기의 수송과 사용은 큰 위험성을 갖고 때문에 본 조에서 전기공급자는 안전한 전기공급 의무를 강조하고 있다.

(1) 안전한 전기공급의 의무

중국에서는 '전력안전공급과 사용에 관한 지도원칙' 및 '전력법'과 '전력공급 및 사용조례'의 규정에 의해 전력공급기업은 국가가 정한 전력공급 품질 또는 전력업종 기준의 준수를 보증해야 할 의무가 있다. 전력은 고도의 위험성을 갖고 있는 객체로써 취급상 경미한 부주의로도 치명적인 인적 재산상의 사고와 위험이 발생할 수 있기 때문에 전기공급의 안정성은 전기공급계약에서 중요한 사항이다[181].

180) 夏志宏 主编, 앞의 책, 246면.

(2) 손실에 의한 배상책임

전기공급에 대한 국가의 요구와 공급자의 전력 안전공급의무를 위반했을 경우의 민사책임을 포함한 위약책임에 대하여 규정하고 있다. 즉 전력 제공자가 전력법 제28조의 전기품질의 보증의무, 제29조의 전기의 계속 공급의무 등을 위반하는 경우에 법정의 책임을 진다. 본 조를 적용할 때 다음과 같은 것에 유의할 필요가 있다.

첫째, 공급자가 전력안전 공급을 하지 않아 소비자에게 손해를 준 경우의 인정이다. 침해자가 민사책임을 질 경우에는 반드시 과실이어야 한다. 과실이 없는 침해행위는 손해가 있다 해도 배상책임을 묻지 않는 것이 일반적이다. 여기서 문제가 되는 것은 인정이고, 그 인정에는 보통 과실추정원칙이 적용되기도 한다[182].

둘째, 전력사용자의 인신의 권리와 재산의 권리에 침해 손실이 있다는 것에 한정된다. 만일, 전력사용자 이외 인신의 권리와 재산의 권리에 손해가 있을 경우는 본 조가 적용되지 않고 민법통칙에 규정된 민사적 책임조항이 적용된다.

셋째, 전력공급자가 손해를 사용자에게 준 경우는 손해배상의 책임을 져야 한다. 이 경우는 민법통칙의 규정에 따른다. 즉, 수리할 수 있는 것은 될 수 있는 한 수리하고, 수리가 불가능한 것은 동일한 종류・품질로 현물배상을 한다. 또는 피해를 받은 재산의 실제 가치에 따라 배상을 한다. 특히 신체에 손해를 입힌 경우는 여러 가지 유형의 배상이 있다[183].

□ 사례

"갑"전력회사와 "을"공장은 전력공급사용계약의 쌍방 당사자이다. "갑"전력회사 직원의 조작규정의 위반으로 하여 "을"공장에서 전압이 안전 전압보다 수배나 높아져 3대의 대형설비의

---

181) 따라서 안전한 전기공급을 위해서는 첫째, 전력제공자는 국가에서 정한 표준과 기준에 의해 공급하여야 한다. 즉 '전력법'과 '전력공급 및 사용조례'의 규정 등에 따라야 한다. 둘째, 전력 제공자는 안전한 전기공급을 위해 일정한 시설을 갖추고 안전한 방법으로 공급하여야 한다(전력법 제19조). 셋째, 당사자가 약정한 내용에 따라 전기를 공급하여야 한다. 약정과 다른 전력을 공급하여 발생한 손실에 대해서는 배상책임을 진다.

182) 즉 전력공급자가 국가가 정한 전력공급기준과 안전공급원칙을 이탈하여 사용자에게 손해를 준 경우에는 전력공급자에게 주관적 과실이 있다고 추정되는 것이다.

183) 첫째, 치료하여 건강을 회복할 수 있는 일반적인 상해다. 피해자의 입원비, 치료비, 입원기간의 보조비와 필요한 보양대금 및 간호인의 비용과 교통비, 손실급여 또는 수입의 보상이다. 둘째, 치료 후에도 건강을 회복할 수 없고 신체에 상해가 남는 경우다. 치료기간 중에 위의 비용을 부담하는 것은 기본이고 또 그 상해의 정도에 따라 국가가 규정한 배상액과 생활보조비를 지급해야 한다. 만일 여러 가지 기구가 필요한 경우에는 그 후에 발생하는 기구의 교환비용도 가해자는 부담할 의무가 있다. 셋째, 사망의 경우다. 긴급치료비와 기타 비용 외에 장례비용 및 그 사람이 생전에 부양하고 있던 가족의 필요한 생활비를 포함하여 가해자는 부담하여야 한다. 넷째, 정신적 손해가 있은 경우다. 피해자는 그 손해를 요구할 수 있다.

핵심부품이 소각되었고, 공장은 3일 동안 생산정지 되었다. 본 사례에서 "갑"전력회사은 안전 전력공급의 의무를 이행하지 않아서 전력 사용자인 "을"공장에 손실을 조성하였기 때문에 "갑" 전력회사에서 "을"공장의 설비의 소각 손실과 3일 동안 생산 정지된 손해를 부담하여야 한다.

제180조 【전기공급 중단과 통지의무】 전기공급자가 전기공급설비의 정기점검, 임시점검, 법에 의한 전기사용의 제한 또는 전기사용자의 불법적인 전기사용 등의 원인으로 전기공급을 중단할 필요가 있는 경우는 국가의 관련 규정에 의하여 전기사용자에게 사전에 통지하여야 한다. 전기사용자에게 사전에 통지하지 않고 전기공급을 중단하여 전기사용자에게 손실을 입힌 경우에는 손해배상의 책임을 진다.

■ **해설**

본 조는 구 경제계약법 제37조 제1항을 개정한 것으로 전력공급자의 전기공급 중단의 사전 통지의무와 그것을 게을리 하여 발생한 손실의 배상책임을 규정한 것이다. 전기공급계약은 매매계약의 재산소유권 연속적 이전이라고 하는 특성과 그 영향의 광범성에서 전력공급기업은 연속적인 전기공급의무를 법률에서 규정하고 있다. 본 조는 전력사용자의 권리보호라는 측면에서 전력 공급기업에 전기공급을 중단할 경우 사전에 전기사용자에게 통지의무와 그것을 게을리 하여 발생한 손해에 대한 배상책임을 규정하고 있다.

전기공급을 중단하는 경우 '전력법'과 '전력공급 및 사용조례' 및 '송전업무규칙'에서 규정한 송전중단 통지의무를 참고로 한다. 첫째, 전력공급시설의 정기검사로 정전하는 경우는 7일 전에 통지해야 한다. 둘째, 임시검사가 필요하여 전력공급시설을 점검・정비할 필요가 있는 경우는 6시간 전에 소비자에게 통지한다. 셋째, 발전 또는 전력공급시스템에 고장이 생겨 송전을 중단 할 경우는 사전에 정해진 송전제한 순서에 따라 정전 또는 제한을 진행하며 신속히 회복하여야 한다. 넷째, 사용자가 전력을 위법으로 사용하여 전력의 공급과 안전한 사용에 위험을 초래하였기 때문에 전기공급 정지를 한 경우도 국가의 관련 규정에 따라 사전에 전기사용자에게 통지할 의무가 있다. 이러한 의무를 게을리 하여 전기사용자에게 손해를 초래한 경우는 그에 따른 손해배상을 청구할 수 있다.

□ **사례**

"갑" 전력회사에서 회사 소속인 2번 구역의 선로의 정전검사 수리를 진행하기 위해 이 구역의 사용자에게 사전 통지를 하였다. 작업상의 소홀로 인하여 이 구역에 있는 "을"화학공장에 통지하지 않아 정전을 할 때 "을"화학공장에서 생산 중인 3개의 화학반응 가마가 폭발하고 그 외 6개의 화학반응 가마 속의 원료가 폐기되어 "을"화학공장은 큰 손실을 입었다. 본 사례에서 "갑"전력회사에서 비록 소홀로 하여 "을"화학공장에 사전에 통지를 하지 못하였지만, 여전히 사전 통지의 의무를 이행하지 않은 것이므로 "갑"전력회사는 화학공장에 대하여 손해배상의 책임을 부담해야 한다.

제181조【전기공급자의 복구의무】 자연재해 등의 원인으로 전기공급이 중단된 때에는 전기공급자는 국가의 관련 규정에 따라 지체 없이 복구하여야 한다. 즉시 복구하지 않아서 전기사용자에 손해를 입힌 경우에는 손해배상의 책임이 있다.

■ 해설

본 조는 전기공급자가 전력공급을 중단했을 때 지체 없이 복구할 의무와 그것을 게을리 한 경우의 배상책임에 대하여 규정한 것이다. 전력공급은 고도의 위험한 작업으로 언제나 태풍, 지진 및 홍수 등의 자연재해 또는 인위적 파괴에 따라 정상적으로 전력을 공급할 수 없게 될 수 있을 뿐만 아니라 시간과 장소에 따라서는 인적 사고, 재산적 손해를 초래하는 경우가 있다.

자연재해 또는 인위적 재해의 경우는 전기공급자의 과실이 없기 때문에 배상책임을 질 필요는 없다. 그러나 자연재해 기타의 원인으로 전력공급이 중단되었는데 그 복구의무를 게을리하여 전기사용자에게 손실을 준 경우에 어떻게 처리해야 하는가에 관하여 구 경제계약법에는 명확한 규정이 없었는데, 본 조에서 그 결함을 보충하고 있다. 전기공급자가 전력공급을 중단했을 때 지체 없이 복구를 하여야 하며 그 의무를 게을리 한 경우 그 위반책임의 배상조건과 방식은 본 계약법 제179조를 참고로 한다.

□ 사례

교통사고로 "갑"전력회사 소속인 고압전선이 끊어지면서 "을"공장의 정전을 초래하였다. 관련 규정에 근거하여 이 상황에서 "갑"전력회사는 당연히 8시간 내에 "을"공장의 전력 공급을 회복시켜야 한다. 그러나 "갑"전력회사의 복구작업이 늦어 져 제 시간에 수리를 하지 못하였기 때문에 정전이 60시간 후에야 비로서 "을"공장에 전력공급을 회복하게 되었다. 본 사례에서 "갑"전력회사에서 정전된 후, 국가 관련 규정에 따라 제 시간에 수리를 진행하지 않아 "을"공장에 손해를 초래하였다. 그로 인하여 "갑"전력회사는 당연히 손해배상의 책임을 부담하여야 한다. 배상범위는 "을"공장에서 정전의 원인으로 조성된 모든 손해를 말하는 것은 아니고, 제 시간에 수리하지 않아 정전이 52시간 연기되어 조성된 "을"공장의 생산정지 손해를 부담하는 것이다. 만약 "갑"전력회사에서 8시간 내에 전력공급을 회복시켰다면, "을"공장의 손해에 대하여 "갑"은 배상의 책임을 부담하지 않는다.

제182조 【전기사용자의 의무】 전기사용자는 국가의 관련 규정과 당사자의 약정에 따라 전기요금을 제때에 지급하여야 한다. 전기사용자가 기한을 초과하여 전기요금을 지급하지 않을 경우 약정에 따라 위약금을 지급하여야 한다. 전기사용자가 최고를 받고서도 합리적인 기한 내에 전기요금 및 위약금을 지급하지 않는 경우에 전기공급자는 국가의 관련 규정의 절차에 의하여 전기공급을 중단할 수 있다.

■ 해설

본 조는 구 경제계약법 제37조 제2항을 개정하여 전기사용자의 전기요금 지급의무와 그것을 게을리 했을 경우의 위약책임에 대하여 규정한 것이다. 전기공급계약은 당사자 쌍방이 여러 가지 의무를 부담해야 할 책임이 있는 쌍무계약이기 때문에 전기사용자는 전기사용에 따른 그 대가인 전기요금을 지급해야 한다. 전기사용자가 지급기한이 넘어도 그 요금을 지급하지 않는 경우에는 '전력공급 및 사용조례'의 제39조에 의해 전기요금 이월한 날로부터 매일 전기요금 총액의 1%~3%의 초과 위약금을 가산할 수 있다. 만일 전기요금을 30일을 경과하고 최고 했는데도 불구하고 그 요금을 지급하지 않는 경우는 전력공급의 중단조치를 취할 수 있다.

□ 사례

"갑" 전력회사와 "을" 공장의 전력공급사용계약에서 전기료를 지불 하지 않은지 3개월 미만일 경우에는 미납 전기료의 5%의 위약금을 지불하고, 전기료를 지불 하지 않은지 3개월 이상 6개월 미만일 경우 미납한 전기료의 7%의 위약금을 지불한다고 약정하였다. "을" 공장은 1계도 전기료 인민폐 10만원을 2개월 연기하여 지불하였고, 2계도 전기료 인민폐 12만원을 5개월 연기하여 지불하였다. "을"공장에서 지불해야 할 위약금 총액은 10 X 5%+ 12 X 7%=13.4만원 이다.

제183조 【사용순서의 준수의무】 전기사용자는 국가의 관련규정과 당사자의 약정에 따라서 전기를 안전하게 사용하여야 한다. 전기사용자가 국가의 관련규정과 당사자의 약정에 따라 전기를 안전하게 사용하지 않아서 전기공급자에게 손실을 입힌 경우에는 손해배상의 책임이 있다.

■ 해설

본 조는 구 경제계약법 제37조 제2항 1호를 개정한 전기사용자의 사용순서 준수의무에 위반하여 전기공급자에게 손해를 준 경우의 손해배상책임에 대하여 규정한 것이다. 전기사용자는 사용한 전기요금을 지급하는 외에 전기을 안전하게 사용하여야 할 법적 의무가 있다. 또 전기가 안전하게 공급되고 사용될 수 있도록 전력법, 전력공급 및 사용조례, 전력시설보호조례 등이 규정되어 있다. 전기사용자는 전력계량기를 장착하여 사용해야 한다(전력법 제31조). 만일 사용자가 전력의 계약 용량을 초과하여 사용하거나 또는 계약의 사용시간을 변경할 경우에도 사전에 전기공급자에게 변경신청 절차를 밟아야 한다. 어떤 개인이나 단위도 전기시설 또는 선로를 임으로 변경 혹은 증설할 수 없다. 허가를 받지 않고 전력계량기 및 공급시설과 계약용량을 초과하여 사용했을 경우는 위약책임 뿐만 아니라, 전기공급자에게 손해를 입힌 경우에는 그 상응하는 민사책임을 부담해야 한다[184].

□ 사례

"갑"전력회사와 "을"공장은 전력공급계약의 쌍방 당사자이다. "을"공장의 전기계량기는 계약의 약정대로 "을"공장의 전선망과 공공 전선망이 만나는 곳에 설치하도록 하였다. "을"공장에서는 "갑"전력회사의 동의 없이 독단적으로 전기계량기를 안쪽으로 이동시켜 본 공장 전선망의 전력손실을 "갑" 전력회사에서 부담하도록 하였다. 후에 전력회사에서 발견하고, 전기계량기를 원래의 자리로 이동시키고, "을" 공장에 8.5만원의 전기 보충비용을 책임지도록 하였다. 본 사례에서 "을"공장은 규정위반, 약정위반 행위를 하였고, 독단적으로 전기계량기를 이동시켜 "갑"전력회사가 전기료를 내는 손해를 초래하게 하였다. 본 조의 규정에 의해 "을"공장은 당연히 "갑"전력회사에 대하여 전기비용을 보충하여야 한다.

第184조【관련규정의 준용】 용수공급, 가스공급, 열에너지 공급계약은 전기공급 계약의 관련규정을 준용한다.

■ 해설

본 조는 물, 가스, 에너지의 공급계약에 대하여 규정한 것이다. 단적으로 말하면 이러한 공급계약은 "전기공급계약의 관련규정"을 준용하여 체결할 것을 명확하게 규정하고 있다.

184) 구체적으로는 첫째, 원상을 회복한다. 둘째, 손해배상을 한다. 만일 전기공급자의 인적 손해를 입힌 경우도 그 상응하는 책임을 부담을 하여야 한다.

제11장 증여계약

증여계약은 당사자의 일방이 자기의 재산을 장래 무상으로 상대방 당사자에게 증여하는 의사표시에서 상대방 당사자가 승낙을 하면 협의는 성립한다. 일반적으로 재산을 수여하는 일방단사자가 증여자가 되고, 수증을 받는 상대방 당사자가 수증자라고 한다. 증여계약은 소유권의 이전이라고 하는 점에서 매매계약과 공통성이 있지만 다른 점은 이 증여계약은 단독행위이며 무상행위라는 특징이 있다.

본 장에서는 제185조부터 제195조까지의 총 11조로 구성되어 증여계약의 개념, 특징, 증여계약의 성립, 증여계약의 효력, 증여취소의 조건 및 취소 후의 법적 효과 등의 내용에 대하여 규정하고 있다.

제185조 【증여계약의 정의】 증여계약은 증여자가 자기의 재산을 무상으로 수증자에게 수여하고, 수증자가 이를 승낙함을 표시하는 계약이다.

■ 해설

본 조는 증여계약의 정의에 대하여 규정한 것이다[185]. 증여계약에는 첫째, 증여계약은 쌍무행위로 낙성계약이다. 따라서 당사자 쌍방이 합의한 시점에 증여계약은 성립된다. 둘째, 증여계약은 자기의 재산을 무상으로 수증자에게 증여한다. 그 결과에 따라서 당사자의 재산이나 기타 사항에 변동이 생긴다. 셋째, 증여는 일방적이면서도 무상의 계약이다. 문제는 무상을 구체적으로 보여 주어야 하는 것으로 절대화해서는 안 된다. 증여자는 수증자에게 일정한 의무를 요구할 수 있지만, 그것이 아주 미소한 것으로 대가라는 의식개념에 미치지 못하는 범위라면 그것은 부대조건 증여로 받아들일 수 있다. 만일 대가로 과대한 요구가 있을 경우에는 별도의 문제가 된다. 넷째, 증여는 낙성계약인지 아니면 실천계약인가에 따라서는 국가별 입법상 다르다. 중국은 쌍방의 행위로 성립하는 낙성계약이다. 만일 증여자가 증여를 철수할 경우 일정한 요건이 필요로 하는 등의 특징이 있다.

□ 사례

"갑"지역에 수재가 났다. "을"회사에서는 가치가 임민폐 100만원에 달하는 물자를 기부하여 "갑"지역의 생산지구를 지지함을 표시하였다. "갑"지역 정부에서는 환영을 표시하였으며 쌍방은 이렇게 협의를 달성하였다. "갑"지역 정부와 "을"회사 사이의 협의는 증여계약에 속하는 것이다. 이 계약관계 중에서 "을"회사는 "갑"지역 정부에 인민폐 100만원 물자를 교부할 의무가 있으며, "갑"지역정부는 이 물자를 접수할 권리가 있고 "을"회사에 대가를 치를 책임은 없다.

185) 증여계약의 특징에 대한 상세는 徐景和 主编, 앞의 책, 287면~289면; 刘景一 主编,앞의 책, 627면~630면.

第186条 【증여취소권과 제한】 증여자는 증여재산의 권리를 이전하기 전에 증여를 취소할 수 있다. 이재민구호 및 빈민구제 등 사회공익과 도덕적 의무의 성질을 지닌 증여계약이나 공증을 거친 증여계약은 전항의 규정을 적용하지 아니한다.

■ **해설**

본 조는 증여자의 취소권에 대하여 사회적 영향을 고려하여 규정한 것이다[186]. 증여계약은 무상이고 합의에 의한 낙성계약인 관계로 증여자의 이익을 고려하여 증여하기 전에 취소권을 행사할 수 있다고 규정하고 있다. 그러나 이재민구호 또는 빈민구제 등의 사회적 공공이익을 목적으로 한 증여의 경우에 취소권은 인정하지 않는다. 이러한 차이는 전자와 후자의 사회적 영향과 그 의의가 다르기 때문이다. 즉 전자는 친구 사이거나 또는 어떠한 원인을 단서로 증여하는데, 후자는 명확한 사회적 공공이익에 도움이 되는 것을 목적으로 한 증여라는 것이 서로 다르다. 따라서 후자는 사회적 도의적 책임이 있으므로 여기에 증여의 취소권을 인정한다면 오히려 사회를 기만하는 행동을 법적으로 허락하게 되는 것이다.

第187条 【증여의 수속】 증여한 재산이 등기 등 수속을 요하는 경우에 관련 수속을 밟아야 한다.

■ **해설**

본 조는 증여재산의 소유권 이전수속에 대하여 규정한 것이다. 증여계약은 재산이전의 계약이다. 중국의 법 규정에 따르면 부동산의 취득에는 별도의 등기절차를 필요로 한다[187]. 그렇지 않으면 부동산 소유권 증서를 소유할 수 없으며 합법적인 부동산의 소유자가 될 수 없다. 뿐만 아니라 정해진 등기수속을 밟지 않으면 선의적인 무과실의 제3자에 대하여 대항할 수도 없게 된다.

따라서 상응한 법률에 근거하여 관련 수속을 처리하는 것은 재산소유권이 합법적이고 유효한 이전을 위해 필요한 조건이다. 그러므로 이 특수 재산의 증여계약을 위하여 관련 수속을 처리하는 것은 계약의 효력 발생에 중요한 조건이다.

第188条 【수증자의 청구권】 이재민구호 및 빈민구제 등 사회공익과 도덕적 의무의 성질을 지닌 증여계약이나 공증을 거친 증여계약에 대하여 증여자가 증여재산을 인도하지 않은 경우에 수증자는 인도를 요구할 수 있다.

186) 郭明瑞・房绍坤, 앞의 책, 460면~461면.
187) 상세는 刘文华 主编, 앞의 책, 278면~279면.

■ 해설

본 조는 수증자의 청구권에 관하여 규정한 것이다. 본 조는 수증자는 증여자가 약정을 위반하여 증여재산을 인도하지 않은 경우의 처리에 대하여 규정하고 있다. 실제로 제186조 규정의 법률규범의 연장과 확장이다. 본 조의 규정에 근거하여 이재구민, 빈민구제 등 사회공익과 도덕적 의무의 성질을 가지는 증여계약 또는 공증을 통한 증여계약에서 증여자는 증여한 재산을 인도하지 않은 것에 대하여 수증자는 그 이행의 청구를 할 수 있다. 이 규정은 법률과 당사자가 체결한 증여계약의 신성과 존엄을 지키기 위한 것이다.

즉 본 법의 제186조에서 규정한 바와 같이 이재민구제 또는 빈민구제 등의 사회적 공공이익을 목적으로 한 증여에 취소권의 행사를 인정하는 것은 오히려 사회를 기만하는 부정행위를 법적으로 허락하는 것이 되기 때문에 안 된다. 따라서 그 사회적 공익성과 도의적 의의에서 본 조는 공증을 한 증여를 포함하여 증여자에게 증여이행을 청구하는 권리를 규정하였다[188]. 증여의 이행지연에 대하여 그 성질이 매매가 아닌 이상은 지연이자의 청구와 기타 배상청구는 인정되지 않는다.

□ 사례

"갑" 회사는 재해구역의 학업을 중단한 아동을 구조하여 학교로 되돌려 보내는 활동에서 인민폐 50만원을 기증한다고 하였으며, "을"자선기금회에서도 그 자리에서 증여 접수를 표시하였다. 그 후에 "갑"회사는 후회하여 50만원의 인민폐를 기증을 거절하였고, 증여취소를 요구하였다. 계약법의 제186조와 본 조의 규정에 의하여 "을"자선기금회에서는 "갑"회사의 증여계약 취소요구를 거절하였다. 그리고 "갑"회사에 인민폐 50만원의 증여기금을 지불할 것을 요구하였다. 만약 그렇지 않으면 소송하여 인민법원의 강제적 집행을 청구하겠다고 하였다.

제189조【증여자의 손해배상】 증여자의 고의 또는 중대한 과실로 인하여 증여한 재산이 훼손, 멸실된 경우에 증여자는 손해배상의 책임을 진다.

■ 해설

본 조는 증여자의 손해배상에 대하여 규정한 것이다. 증여자가 고의 또는 중대한 과실로 인하여 증여재산을 훼손 또는 멸실시킨 경우에는 손해배상의 책임을 진다. 그러므로 증여자의 일반적 과실이 있는 경우는 책임이 없다. 즉 증여재산의 훼손 또는 멸실이 고의 또는 중대한 과실에 의한 것이 아닐 경우에 배상책임은 면제된다.

여기에서 말하는 '고의'란 명확하게 그 행위가 증여물에 대하여 훼손 또는 멸실

188) 胡康生 主编, 앞의 책, 282면~283면.

될 것을 기대하거나 또는 그러한 결과가 발생하길 기대하는 경우를 말한다. '중대한 과실'이란 증여자가 자기의 행위로 말미암아 증여재산을 훼손 또는 멸실을 예견하고 있으면서도 회피 대책을 세우지 않거나 또는 할 수 있다고 너무 과신한 결과 발생한 사태를 말한다.

□ 사례

"갑"제약공장은 "을"산간 지대의 현 정부와 기증협의를 체결하여 "갑"공장에서 "을"정부에 인민폐 500만원의 항생약품을 기증하고, "갑"공장이 운송을 책임진다고 하였다. 근 며칠 동안 비가 내리는 상황에서 "갑"공장의 운전수는 운송 중에 약품이 비에 젖어 대부분이 약 효용을 상실하였다. "갑"공장은 이 상황을 안 후에 "을"정부와 협상하여 다시 새로 항생약품을 운송하여 "을"현 정부에 송달하였다. 본 사례에서 "갑"공장의 중대한 과실은 증여재산이 교부되기 전에 대부분 훼손되었기 때문에 "갑"공장은 배상의 책임을 부담하여야 한다. "갑"공장에서 다시 새로 "을"현 정부에 약품을 운송한 것은 배상의무를 이행한 것이다.

제190조【부담부증여계약】 증여에는 의무를 부대할 수 있다. 증여에 의무를 부대할 경우에 수증자는 약정에 따라 의무를 이행하여야 한다.

■ 해설

본 조는 부담부증여(負擔附贈與)계약에 관하여 규정한 것이다. 부담부증여계약은 일종의 특수증여 형태이다. 즉 수증자가 증여를 수령함과 동시에 교환으로 증여자 또는 제3자에게 일정한 의무를 부담해야 한다는 부담증여이기 때문이다. 이 부담부증여계약의 특징으로는 첫째, 부담이 계약의 일부이다. 둘째, 수증과 이익의 담당자는 증여자 본인, 특정의 제3자이다. 또는 불특정의 다수로 될 수 있다. 셋째, 부담은 일반 수증자로 하여금 법적으로 일정한 채무를 부담시키는 것은 아니다. 즉 증여재산의 용도에 대하여 지정한다. 또는 간단한 충고나 충언, 희망일 경우 등이 있다.

그 외에 증여자가 일정한 결과를 희망하여 증여하는 목적증여도 있다. 이 경우 기대한 결과가 실현되지 않았을 때 증여자는 부당이득으로서 반환청구를 할 수 있다. 이는 부담부증여의 경우도 동일하다. 수증자가 부담의무를 이행하지 않을 경우, 법원에 강제이행 청구를 하거나 또는 증여를 취소할 수도 있다. 부담부증여와 조건부증여의 다른 점은 첫째, 조건이 있는 증여는 조건이 계약효력을 조절하지만, 부담부증여의 부담은 계약의 효력과는 관계 없이 부담이 있기 때문에 계약효력의 연장 또는 해제를 할 수 없다. 둘째, 부담부증여의 부담은 의무인 반면, 조건부증여의 조건은 의무가 아니라는 점에서 다르다.

□ 사례

증여인 "갑"은 수증인 "을"에게 자동차 1대를 증여하고 수증인은 필히 이 자동차로 매 년 "을"공장에 일정한 양의 화물을 운송할 것을 상호 협의하여 약정하였다. 이 경우에 있어서 증여는 의무를 부가되는 증여로 이 증여계약이 효력을 발생한 후, 수증인 "을"은 당연히 약정에 따라 이 자동차로 매년 마다 "을"공장에 일정한 양의 화물을 운송하여야 한다.

제191조【증여물의 하자담보책임】 증여자는 증여한 재산의 하자에 대하여 책임을 지지 않는다. 상대부담 있는 증여에 대하여는 증여자는 그 부담의 한도에서 매도인과 같은 책임이 있다. 증여자가 고의로 하자를 고지하지 않거나 하자가 없다는 것을 보증하여 수증자에게 손해를 준 경우에는 손해배상의 책임을 진다.

■ 해설

본 조는 증여물의 하자에 대한 담보책임에 대하여 규정한 것이다. 일반 상황에서 증여자는 자기의 재산이 무상으로 수증자에게 주어 증여한 재산에 하자가 존재하지만 증여자는 그 책임을 지지 않는다. 그래서 본 조는 "증여자는 증여한 재산의 하자에 대하여 책임을 지지 않는다"고 규정하고 있다. 아래의 두 가지 상황에서 증여자는 상응한 책임을 진다. 첫째, 의무를 가지는 증여 중에서 증여의 재산에 하자가 존재하는 경우에 증여자는 의무가 있는 한도 내에서 매도자와 같은 책임을 진다. 둘째, 증여자가 고의로 하자를 고지하지 않거나 또는 하자가 없다고 보증하여 수증자에게 손해를 초래한 경우는 그 손해배상의 책임을 져야 한다.

증여계약의 성질상 무상이라는 점에서 하자가 있는 경우에 원칙적으로 그 책임을 부담하지 않는다[189]. 그러나 증여자가 증여물에 하자가 있는 것을 알면서 고의적으로 알려주지 않거나 또는 증여물의 무하자를 보증하면서 수증자에게 손해를 준 경우에는 이에 제한 받지 않는다. 여기서 말하는 '고의적으로 고지를 하지 않았다'는 것은 증여계약 체결로부터 증여이행 사이에 하자가 있다는 것을 알고 있으면서 수증자에게 알려주지 않은 것을 말한다[190]. 또 '증여물의 무하자를 보증했다'는 것은 일반적인 무하자 보증으로 품질보증이 아니다. 본 조에서 규정한 '하자에 의해 생긴 손해'라는 것은 수증자가 증여물의 무하자를 믿어서 발생한 손해라는 것에 유의할 필요가 있다. 부담부증여에 대한 담보책임은 증여자의 부담부의 한도 내의 범위에서 담보책임을 부담하여야 한다.

189) 徐景和 主编, 앞의 책, 293면~295면.
190) 胡康生 主编, 앞의 책, 286면~287면; 夏志宏 主编, 앞의 책, 260면~261면.

□ 사례

"갑"열수기공장은 "을"초등학교에 전기 열수기 10대를 증여하였으며, 동시에 상품의 사용설명서 및 상품합격증서를 교부하였다. "을"초등학교는 이 열수기를 사용한지 3개월 후 폭발사고가 발생하여 열수기를 설치한 건물과 가구가 파괴되어 손해를 입었다. 그 후에 기술부처의 검사 결과 폭발원인은 열수기 자체의 전기회로에 문제가 존재하여 일으킨 것이었다. 본 사례에서 수증인 "을"초등학교는 증여 받은 상품의 품질상의 결함으로 손해을 보았다. 이 상품의 첨부된 상품합격증서에는 증여인 "갑"열수기구공장에서 만들어낸 상품은 결점이 없다는 보증서이다. 그러므로 증여인 "갑"열수기구공장에서 수증인 "을"초등학교의 손해를 부담하여 배상책임을 져야 한다.

제192조 【증여취소권의 사유】 수증자가 다음 각 호의 1의 사유가 있는 때에는 증여자는 증여를 취소할 수 있다.
① 증여자 또는 증여자의 가까운 친족에 대하여 중대한 침해행위를 한 경우
② 증여자에 대하여 지는 부양의무를 이행하지 아니한 경우
③ 증여계약에서 약정한 의무를 이행하지 않은 경우
증여자의 취소권은 취소원인을 알았거나 알 수 있었을 날로부터 1년 내에 행사하여야 한다.

■ 해설

본 조는 수증자의 원인으로 인한 증여취소권에 관하여 규정한 것이다. 취소권은 권리자의 일방적 의사표시에 따라 민사의 법률관계를 무효로 하는 민사권리이다. 취소권을 행사한 경우에 소급력이 미쳐 일단 법적효력을 가진 증여계약의 당사자의 권리・의무관계는 계약 이전의 상태로 회복되는 결과가 된다.

본 조의 규정에 따르면 다음의 법적사유가 발생한 경우 증여자는 취소권을 행사할 수 있다. 첫째, 수증자가 고의 또는 과실로 인해 증여자 또는 그 가까운 친족에 중대한 침해행위가 있는 경우다. 둘째, 법정부양의무 또는 약정부양의무를 불문하고 수증자가 증여자에 대하여 부양의무가 있거나 부양능력이 있으면서 부양의무를 이행하지 않은 경우다. 셋째, 본 법 제190조의 규정에 따라 증여자는 수증자에 대하여 부담부증여를 할 수 있다. 그러나 수증자가 부담을 이행하지 않은 경우 본 조의 규정에 따라 증여자가 수증자에게 행사할 수 있는 증여의 취소권은 취소원인을 알았었을 때 또는 당연히 알 수 있어야 할 날로부터 1년 이내 행사하여야 한다. 만일 이 기한 내에 행사하지 않은 경우에는 그 취소권은 소멸한다.

□ 사례

증여인 "갑"과 수증인 "을"은 원래 관계가 좋은 친구로 "갑"은 "을"에게 칼라TV 1대를 증여하였다. 그 후에 두 사람의 관계가 악화되고 말다툼을 하다가 "을"은 "갑"을 때려서 상처를 입혔으며, 검사를 거쳐 경상임을 확인하였다. 본 사례에서 수증인 "을"은 증여인 "갑"에게 경상을 입힌 것은 "을"이 "갑"에게 심각한 침해 행위라고 할 수 있으므로 "갑"은 "을"에 대한 증여를 철회할 수 있다.

제193조【상속인 등의 취소권】 수증자의 위법행위로 인하여 증여자가 사망 또는 민사행위능력을 상실한 경우에 증여자의 상속인이나 법정대리인은 증여를 취소할 수 있다. 증여자의 상속인 또는 법정대리인의 취소권은 취소원인을 알았거나 알 수 있었을 날로부터 6개월 내에 행사 하여야 한다.

■ 해설

본 조는 증여자의 상속인 또는 법정대리인의 취소권과 그 행사기한에 대하여 규정한 것이다[191]. 수증자의 위법행위로 인하여 증여자가 사망하거나 또는 민사행위능력을 상실을 초래한 경우에 증여를 취소해야 하지만 그 때 증여자는 증여의 취소권을 행사할 수 없다. 그러므로 이런 상황에서 증여자의 상속인 또는 법정대리인이 취소를 할 수 있다고 규정하고 있다. 위법행위는 형사위법행위와 민사위법행위 및 행정위법행위를 포함한다. 즉 상속인 또는 법정대리인의 취소권 행사의 사유는 첫째, 증여자의 사망이 수증자의 이외의 사건 또는 정당방위 이외의 고의 또는 중대한 과실로 사망했을 경우로 한정된다. 둘째, 수증자의 위법행위에 따라 증여자가 민사상의 행위능력을 상실했을 경우에 그 법정대리인은 취소권을 행사할 수 있다. 취소권의 행사기한은 알 수 있거나 또는 당연히 알 수 있어야 할 날로부터 6개월 내에 행사하여야 한다.

□ 사례

"갑"과 "을"은 동료 관계다. "갑"은 "을"에게 수입차량 1대를 준 적이 있다. 그 후에 근무중에 상호 모순이 악화 되어 "을"은 "갑"을 죽였고, "을"도 무기징역의 판결을 받았다. "갑"의 아내는 상술한 상황을 알고 있었으나 내내 상술한 "갑" 과 "을"사이의 증여를 철회를 제기하지 않다가 "을"이 판결을 받은 지 1년이 지난 뒤에야 "갑"의 아내는 "을"에게 "갑"이 증여한 수입차량을 반환할 것을 요구하였다. 본 사례에서 "갑"의 아내는 "갑"의 상속자로써 그는 "갑"과 "을" 사이의 증여를 철회할 권리가 있지만, 그것은 유효기한 내에 권리를 행사하지 않았기 때문에 본 조에서 규정에 의해 취소의 원인을 알게 된 날부터 6개월 기한을 초과하였기 때문에 그는 취소할 수 있는 권리가 상실되어 "을"은 "갑"이 증여한 차량을 반환하지 않을 수 있다.

191) 夏志宏 主编, 앞의 책, 263면~264면.

제194조 【취소권의 효력】 취소권자가 증여를 철회한 경우에 수증자에게 증여한 재산의 반환을 청구할 수 있다.

■ 해설

본 조는 취소권의 효력에 관하여 규정한 것이다. 본 조는 증여가 취소된 후의 결과를 규정하고 있다. 즉 취소권자는 수증자에게 증여한 재산을 반환하도록 요구할 수 있다. 수증자는 취소권자의 청구에 근거하여 증여한 재산이 반환하도록 해야 한다. 취소권자는 증여자 및 증여자의 상속인 또는 법정대리인을 포함한다.

취소권을 행사할 경우에 소급력이 미치기 때문에 일단 법적효력이 있는 증여는 원칙적으로 수증자는 증여물을 점유할 수 없을 뿐만 아니라, 증여자 또는 그 법정대리인이 부당이득 청구를 법원에 제소하여 증여재산의 반환을 요구할 수 있다. 이 경우 반환 대상은 원칙적으로 증여 받은 원물(原物)이다. 원물이 아닌 경우는 원물에 해당하는 금액을 반환하여야 한다.

제195조 【증여자의 이행중지】 증여자의 경제상황이 현저히 악화되어 생산경영 또는 가정생활에 중대한 영향을 미치는 경우는 증여의무를 더 이상 이행하지 않을 수 있다.

■ 해설

본 조는 증여자의 이행중지에 관하여 규정한 것이다. 증여계약의 효력이 발생한 후, 증여자는 일반적으로 증여재산의 의무를 이행해야 한다. 그러나 본 조는 증여자와 수증자와의 사이에서 증여하는 합의의 약정을 한 다음 증여자가 어떠한 사유로 그 경제상황이 악화되어 경영하고 있는 기업 또는 가정생활에 현저한 변화가 일어난 경우, 증여자의 이익을 보호하기 위하여 증여 이행의무를 중지할 수 있다[192]. 증여자가 이미 그 증여물을 수령한 경우는 본 법의 제194조 규정을 준용하게 된다.

□ 사례

"갑" 회사와 "을"대학교는 기증협의를 체결하였고, "갑"회사는 5년 내 매년 "을" 대학교에 인민폐 100만원을 기증하여 "을"대학교의 우수학생 장려에 쓰도록 하였다. 4년 이행 후, "갑"회사는 경영이 악화되어 결손 상태에 처하게 되었다. "갑"회사는 매년 인민폐 100만원을 기증하는 것이 상당한 부담이었다. 그래서 "을"대학교에 통지하여 생산경영이 개선되지 않는 상 "갑"

192) 刘文华 主编, 앞의 책, 288면.

회사와 "을"대학교는 기증협의를 체결하였고, "갑"회사는 5년 내 매년 "을" 대학교에 인민폐 100만원을 기증하여 "을"대학교의 우수학생 장려에 쓰도록 하였다. 4년 이행 후, "갑"회사는 경영이 악화되어 결손 상태에 처하게 되었다. "갑"회사는 매년 인민폐 100만원을 기증하는 것이 상당한 부담이었다. 그래서 "을"대학교에 통지하여 생산경영이 개선되지 않는 상황에서 "을"대학교에 자금을 기증하지 않겠다고 통지하였다. 본 사례에서 "갑"회사가 경영악화로 결손 상태에 처한 것은 경제상황이 현저하게 악화 되어 생산경영에 심각한 영향을 주고 있다고 할 수 있다. 그러므로 본 조에 근거하여 "갑"회사는 "을"대학교에 제5년째의 인민폐 100만원을 기증하지 않을 수 있다.

제12장 금전소비대차계약

금전소비대차계약이란 차주가 대주로부터 금전을 차용하고 약정한 기한 내에 차용금과 약정한 이자를 지급하기로 하는 계약을 말한다. 본 조는 중국의 개방정책의 변화를 반영하고 있는 것으로 계획경제의 색채가 보다 옅어지고 반면에 당사자의 자유의사에 맡기는 시장경제원리 색채가 농후하게 반영된 것이다.

본장은 제196조부터 제211조까지의 총 6개조로 구성되어 있다. 그 주요 내용은 금전소비대차계약에 관계되는 금전소비대차계약의 개념과 특징, 금전소비대차계약의 종류, 그 주요한 조항으로는 ①계약의 성립, ②쌍방 당사자의 권리・의무, ③차주의 담보, ④계약의 발효요건, ⑤계약의 변경과 해제 및 이행, ⑥위약책임, ⑦분쟁의 처리방식, ⑧자연인 사이의 특수계약, ⑨국제금전소비대차계약과 그 주요 조항 등이 규정되어 있다.

제196조 【금전소비대차계약의 정의】 금전소비대차계약은 차주가 대주로부터 금전을 차용하고, 기한이 도래하면 차용금을 반환하며 이자를 지급하는 계약이다.

■ 해설

본 조는 금전소비대차계약의 정의에 대하여 규정한 것이다[193]. 금전소비대차계약은 차주가 대주로부터 돈을 차용하여 기간이 도래할 때 차주가 대주에게 차용금을 반환하고 이자를 지급하는 계약이다. 여기서 금전을 빌려주는 사람을 대주(貸款人)

193) 금전소비대차계약의 법률적 특징에 대해서는 刘景一 主编, 앞의 책, 640면~642면 참조.

라고 하고, 금전을 차용하는 다른 당사자를 차주(借款人)라고 한다

금전소비대차계약의 특징은 차주의 신용이 전제가 되고 차용한 화폐를 일정기간 그 화폐를 점유하여 사용할 수 있으며, 기간이 도래했을 때에는 약정에 따라 일정한 이자를 지급함과 동시에 반환할 의무가 있다는 것이다. 그러나 자연인 사이의 대차 관계에서는 일반적으로 이자를 반드시 받지 않아도 된다는 것이 일반적 상황이다.

□ 사례

"갑"회사는 생산규모를 확장하기 위하여 "을"은행과 자금차용계약을 체결하였다. 계약에서 "갑"회사는 "을"은행으로부터 인민폐 5,000만원을 차입하여 생산설비의 구매에 쓰며, 차용기간은 3년, 년 이자는 6.66%로 규정하였다. 본 사례에서 "갑"회사와 "을"은행이 체결한 계약은 전형적인 자금차용계약이다.

제197조【금전소비대차계약의 형식】 금전소비대차계약은 서면형식을 취한다. 그러나 자연인 사이의 금전소비대차에서 다른 약정이 있는 경우는 제외한다. 금전소비대차계약에는 금전소비대차의 종류, 화폐, 용도, 금액, 이율, 기한 및 반환의 방식 등을 포함한다.

■ 해설

본 조는 차관계약의 형식과 주요 조항에 대하여 규정한 것이다[194]. 본 조에서는 금전소비대차계약의 형식에 명확한 규정을 하고 있다. 즉 자연인과 자연인 사이의 금전소비대차계약은 다른 약정이 있는 경우를 제외하고 서면형식을 채용한다고 규정하였다. 그리고 금전소비대차계약의 내용에 즉 차관계약에 포함하여야 하는 조항에 대하여 명확한 규정을 하였다. 본 조에서 규정한 서면에 따른 차관계약 형식은 '중화인민공화국 상업은행법' 제37조의 규정과 부합되는 것으로 법인간에는 준수하지 않으면 안 된다. 그러나 자연인 사이일 경우에는 서면에 의한 것과 구두에 의한 것의 두 가지가 있고 법률적으로 강제하지 않는다[195].

본 조에서 알 수 있는 계약의 기본적 조항은 절대적 법적규정이 아니고 필요 최소한의 항목으로 필요에 따라 당사자가 기타의 조항을 부가할 수 있다. 여기서 규정하는 계약의 기본 조항에는 첫째, 금전소비대차의 종류란 용도의 성질을 말한다. 둘째, 화폐의 종류는 원칙적으로 인민폐지만 필요에 따라서 달러 등의 외화를 차용할 수도 있다. 셋째, 용도에 있어서 중국에서는 용도의 전문성이 강조되는 농업용의

194) 구 경제계약법 제24조 및 금전소비대차계약조례 제5조 및 제6조를 개정한 것이다.
195) 胡康生 主编, 앞의 책, 294면~295면; 郭明瑞・房绍坤, 앞의 책, 474면~475면.

자금을 상업으로 용도 변경하여 사용하는 것은 허용되지 않으며 또 자연인의 차용금은 위법한 용도에 사용되면 안 된다. 이것은 은행의 공공성과 이익을 옹호・감독하기 위해 규정된 조항이다. 넷째, 차관의 액수다, 다섯째, 이율이다. 여섯째, 기한이다. 일곱째, 일시불 또는 분할에 의한 반환이다. 여덟째, 기타의 당사자가 필요하다고 인정하는 조항 등이 있다.

□ 사례

주민 "갑"과 주민 "을"은 이웃으로 친한 동료관계다. 주민 "갑"은 회사에서 공급하는 주택을 구입하려 하는데 인민폐 10만원의 현금이 필요하게 되었다. "갑"은 "을"과 상의하여 "갑"은 "을"로부터 인민폐 10만원을 빌리고, 차용인 "갑"이 차용 증서를 작성하기로 하였다. 그 것에는 차용한 금액, 화폐종류, 일자와 차용인을 밝혔다. 쌍방은 구두로 차용기한은 1년이고, 이자를 계산하지 않기로 약정하였다. 본 사례에서 주민 "갑"과 주민 "을"은 자금차용계약을 체결하였고, 일부 조항은 서면 형태이고, 일부 조항은 구두형식으로 이자는 계산하지 않는다. 즉 이자가 영(0)이다. 그러나 이 금전소비대차계약은 여전히 법률의 규정에 부합되는 것이다.

제198조【차주의 담보】 금전소비대차계약의 체결에 있어 대주는 차주에게 담보를 제공할 것을 요구할 수 있다. 담보는 중화인민공화국 담보법의 규정에 따른다.

■ 해설

본 조는 차관인의 담보에 관하여 규정한 것이다. 본 조에서 규정하는 차주의 담보제공은 절대적인 것이 아니라 대주의 선택권에 의한다. 자연인간의 금전소비대차계약에서 담보의 제공은 당사자 쌍방의 자율로 약정할 수 있다. 그러나 은행소비대차계약의 경우는 필수적이다. 중화인민공화국 상업은행법 제36조의 규정에서는 차주의 담보제공과 엄격한 심사, 즉 차주의 신용도와 반환능력, 담보가격, 질권의 귀속, 질권의 가행성 등의 검토가 반드시 필요하다. 제공할 수 있는 담보는 담보법 제2조에서 보증을 포함하는 저당권과 질권을 저당하는 것으로 할 수 있다.

중국의 금전소비대차 실무에서는 담보를 안정하게 처리하기 위하여 먼저 담보계약을 체결한 다음 그 담보계약의 이행 또는 담보계약체결과 함께 금전소비대차계약을 체결하고 있다.

□ 사례

"갑" 회사는 외국에서 원재료를 수입하려고 한다. 유동자금이 부족하여 은행으로부터 융자를 받으려고 한다. “갑”회사와 “을”은행의 상담결과 “을”은행은 융자금 대부에 동의하였다. 그러나 “갑” 회사에 대하여 보증 담보물 제공을 요구하였다. 쌍방 당사자의 우호적인 협상을 통하여 “병”회사의 동의를 거쳐 “갑”회사는 “을”은행에서 인민폐 500만원을 차용하고, 기한은 3개월로 “병”회사에서 보증을 “병”회사와 “을”은행은 “갑”회사에 대한 자금차용보증의 보증계약을 체결하였다. “을” 은행은 약정대로 “갑”회사에 인민폐 500만원의 유동자금을 빌려주었다. 본 사례에서 “갑”회사와 “을”은행은 자금차용계약을 체결하였고, 제3자가 보증하는 담보방식을 채용하여 대부인 “을”은행이 제의한 “갑”회사의 담보 제공의 요구에 대한 방식을 충족하였고, 담보법의 규정에도 부합되는 것이다.

제199조【차주의 정보제공】 금전소비대차계약의 체결에 있어 차주는 대주의 요구에 의하여 금전소비대차와 관계 있는 업무활동과 재무상황의 진실한 상태를 제공하여야 한다.

■ 해설

본 조는 대주의 요구에 의한 차주의 영업과 관련 정보제공 의무에 대하여 규정한 것이다. 즉 본 조는 차용한 자금이 확실하게 신청의 용도에 사용되고 정확히 회수할 수 있는지의 여부와 그 보증을 하기 위한 규정이다. 대주의 요구로 차주가 영업과 관련한 자료 대주에게 제공할 경우에 대주는 계약과 관련하여 알게 된 차주관련 업무상 비밀을 보호유지 하여야 한다. 본 조의 해석은 제197조를 참조한다.

□ 사례

“갑”회사는 생산설비에 대하여 기술적인 개조를 하려고 하지만 자금의 부족으로 기술적 개조의 진전이 늦어지고 있다. 기술적 개조의 속도를 빨리기 위하여 “갑”은 “을”은행으로부터 인민폐 1,200만원을 차용하려고 한다. 이것을 위하여 “갑”은 ‘기술적 개조를 위하여 신청한 자금 대부에 관한 보고’와 ‘기술적 개조의 실행가능성에 관한 보고’를 초보 작성하여 “을”은행에 넘겼다. 2부의 보고서는 “갑”회사의 생산경영상황, 생산설비의 기술적 개조의 실행가능성, 기술적 개조후의 생산경영수준과 기술적 개조에 소요되는 자금 및 대부한 자금을 반환 출처에 대하여 상세하고 전면적인 분석을 하였다. “을”은행은 “갑”으로부터 넘겨온 2부의 보고서를 상세하게 분석하고, “갑”회사의 생산경영과 관리수준, 사용하고 있는 설비에 대하여 현지시찰을 하여 “갑”회사의 상품의 판로가 괜찮은 편이고, 설비에 대하여 기술적 개조를 실행하는 것이 가능하고, 기술적 개조 후 생산원가가 한층 낮출 수 있으며, 생산능력도 비교적 큰 제고를 할 수 있다고 확인하였다. “을”은행은 “갑”회사에 인민폐 1,200만원의 자금 차용을 동의하고, 그 기한은 3년으로 하였다. 본 사례에서 "갑"회사에서 "을"은행에 자금을 차용하는데 관련되는 진실하고 확실한 회사 경영상황, 재무상황과 관련 자료를 제공하여, "을" 은행에서 자금차용항목이 합리적이고, 차용한 자금은 제 시간에 돌려 받을 수 있다고 인정하였기 때문에 "갑" 회사의 자금차용 청구에 동의하고, "갑"회사가 기술적 개조를 진행하여 생산 규모의 확대를 순조롭게 진행하도록 하였다.

第200条【원금의 이자공제】 금전소비대차의 이자는 원금에서 미리 선이자를 공제하지 못한다. 선이자를 원금에서 미리 공제한 경우에는 실제 차용한 금액에 따라 이자를 계산하여 반환하는 것이다.

■ 해설

본 조는 원금에서 미리 선이자를 공제한 경우의 처리방법을 규정한 것이다. 먼저 금전소비대차의 이자는 사전에 원금에서 제해서는 안 된다고 규정하고 있다. 다시 말하면 금전소비대차의 계약 당사자는 금전소비대차계약 중에서 금전소비대차의 이자를 사전에 원금에서 공제해서는 안 된다는 것을 강조하고 있는 것이다. 그 다음으로 본 조는 법률로 이자가 사전에 원금에서 공제되는 행위에 대한 처리방식을 규정하고 있다. 즉, 이자는 사전에 원금에서 공제하고 차주는 실제로 대주로부터 공제된 금액에서 차용한 금액을 반환하고 이자를 계산해야 한다.

현실적 사회생활에서 차관하는 경우에 주로 대주는 원금 중에서 선이자를 공제한 잔액을 차주에게 건네 준다. 그러나 원금을 반환할 경우에는 원금의 전액을 반환한다. 이것은 실질적으로 고리대금을 의미하는 것 뿐만 아니라, 미리 원금 중에서 이자를 공제함에 따라서 때로는 예기한 원금에 따른 예상한 목표가 손실될 가능성도 있을 수 있다. 이러한 불공평성과 손실되는 목표의 어떤 가능성을 방지하기 위해 계약법에서 본 조를 새롭게 신설한 것이다[196].

□ 사례

"갑"자동차제조회사에서 생산규모를 한층 확대하기 위해 은행에서 자금을 차입하려고 한다. "을"은행과 자금차용 사항을 상담할 때 "을"은행은 융자금 대부에 동의하였지만, 조건은 차용자금을 지불 할 때 먼저 이자를 공제하는 것이었다. "갑"회사의 공정은 이미 절반 진행된 상황에서 건설자금이 급히 필요하게 되어 결국 "을"은행의 불합리한 요구에 동의하였다. 공정이 끝나 생산에 투입된 후 큰 경제환경의 변화에 따른 영향을 받아 자동차판매 시장이 악화되어 "갑"회사의 경영이 비교적 ᄀ란하게 되었다. "갑"회사에서는 "을"은행의 대부 조건이 너

196) 夏志宏 主编, 앞의 책, 272면~273면.

무 지나치고, 이자도 높아 "을"은행에 대하여 이자를 적당하게 낮출 것을 요구하였지만, "을"은행은 동의하지 않았다. "갑"회사는 인민법원에 기소하여 "을"은행에서 실제 빌려준 금액에서 너무 높은 이자를 공제한 다음, "을"은행의 융자대부를 갚을 것을 청구하였다. 인민법원은 심사처리를 거쳐 "을"은행의 이자를 차용금에서 사전 공제하는 것은 관련 법률의 규정을 위반한 것이므로 "갑"회사와 "을"은행의 자금차용계약 중 차용이자는 차용자금에서 사전 공제한다는 약정은 무효임을 선고하였다. 그리고 "갑"회사는 "을"은행에서 실제 빌린 금액을 환불하고 이자를 계산한다는 판결을 내렸다.

본 사례에서 "을"은행은 "갑"회사에 차용한 자금에서 이자를 사전 공제할 것을 요구하였다. 이 약정은 계약법의 규정을 위반하였기 때문에 무효이며, 인민법원은 당연히 법률에 의해 교정하여야 한다.

제201조【대주의 손해배상책임】 대주는 약정한 기일 및 금액에 따라 대여금을 제공하지 않아 차주에게 손실을 초래한 경우 그 손실을 배상하여야 한다. 차주는 약정한 기일 및 금액에 따라 차용금을 수령해가지 않은 경우에도 약정한 기일과 금액에 따라 이자를 지급하여야 한다.

■ 해설

본 조는 대주가 약정의 기일에 자금을 제공하지 않고 또 차주가 약정의 기일에 자금을 수령하지 않은 경우에 발생하는 책임에 대하여 규정한 것이다. 먼저 대주의 위약책임으로 대주는 약정한 날짜, 금액에 따라 대여금을 제공하지 않은 경우에 상응한 위약책임을 져야 한다. 즉 이 때문에 차주에게 초래된 실제손해를 배상해야 한다. 다음으로 차주의 위약책임이다. 차주는 약정한 날짜, 금액에 따라 차용금을 수령하지 않는 경우에 역시 상응한 위약책임을 져야 한다.

금전소비대차계약에서 당사자 쌍방은 약정한 기일에 자금을 제공하거나 또는 수령하는 것은 당연한 의무다[197]. 그러나 만일 그 당연한 의무를 위약한 경우에는 즉 자금제공이 진행되지 않았기 때문에 손해를 입은 것을 전제로 차주는 대주에 대하여 손해배상의 청구를 법원에 신청할 수 있지만, 지연제공으로 차주에게 손해가 미치지 않은 경우는 상호 자주협의로 해결하며 손해배상의 청구는 하지 않는 것이 일반적 상황이다. 그러나 차주가 기일을 초과했어도 그 이자는 약정한 기일부터 계산되는 것은 당연하다.

197) 刘文华 主编, 앞의 책, 297면~299면.

□ 사례

"갑"회사는 모 회사의 오피스텔 건설공정을 청부 맡았다. 이 공정이 계약에 규정된 시간 내에 완성을 보증하기 위하여, "갑"회사는 관련 기계, 믹서 등 공사설비의 구입이 필요하였다. 그 것을 위해 "갑"회사는 "을"은행과 자금차용계약을 체결하였다. "갑"회사는 "을"은행으로부터 인민폐 200만원 차용하여 건설공사설비의 구매에 쓰기로 약정하였다. 또 계약에서는 "을"은행이 약정된 기한과 금액의 차용을 제공하지 않으면, "갑"회사는 이로 인한 손해를 배상하고, "갑"회사에서 약정된 기한에 금액을 수령하지 않고, 약정된 기한 내에 차용금을 환불하지 않으면 상응한 이자를 지불하여야 한다고 규정하였다. 계약을 체결한 후, "을"은행에서 약정된 시간에 약정된 금액을 지불하지 못하여, 갑 회사는 제 시간에 소요되는 공사설비를 구매하지 못하였고, "갑"회사의 공정기한이 20일 연기되어 제 시간에 완성하지 못하는 결과를 초래하였다. 이로 인하여 "갑"회사는 모 회사에 인민폐 10.5만원에 달하는 배상금을 지불하였다. "갑"회사는 "을"은행에 약정된 일자와 금액에 따라 차용금을 지불하지 않았다는 이유로 조성된 "갑"회사의 손실 배상을 요구하였다. 본 사례에서 "을"은행에서 계약에 약정된 일자와 금액에 따라 차용금을 지불하지 않아, "갑"회사에 비교적 큰 손해를 초래하였기 때문에 "을"은행은 당연히 본 조의 규정에 따라 배상을 하여야 한다.

제202조 【대주의 검사와 감독권】 대주는 약정에 따라 대여금의 사용 상황을 검사, 감독할 수 있다. 차주는 약정에 따라 대주에게 정기적으로 재무회계보고서 등의 자료를 제공하여야 한다.

■ 해설

본 조는 은행의 독립채산성과 건전화 강화를 반영하여 대주의 검사권과 감독권에 관하여 규정한 것이다[198]. 본 법의 제199조 규정에 근거하여 계약을 체결했을 때, 대주는 차주에게 금전소비대차와 관련 있는 업무활동과 재무상태의 진실 상황을 제공하도록 요구할 권리가 있다. 차주는 약정에 의해 차용금을 사용하고, 대주는 차주의 금전소비대차의 위험을 예방하기 위해 사용 상황을 검사, 감독을 계약에서 약정할 수 있다.

대주의 검사권과 감독권은 일반적으로 금전소비대차계약 중에 약정조항으로 기재하지 않지만 약정조항으로 기재해도 무방하다. 여기에서 대주는 보통 은행을 말한다. 은행소비대차계약의 대주는 계약체결 후 차주가 차용금을 약정한 용도에 적절하게 사용했는지를 검사·감독할 권리가 있다. 또한 약정조항이 없더라도 은행은 중화인민공화국 상업은행법의 규정에 따라 차주의 대부금 사용 상황 및 기업의 영

198) 徐景和 主编, 앞의 책, 318면.

업성적, 대차대조표, 재고상황을 포함한 여러 조사를 진행할 수 있다. 이 경우 차주는 전적으로 협력할 의무가 있다199).

□ 사례

"갑"택시회사와 "을"은행은 자금차용계약을 체결하였다. 계약에서 "을"은행은 "갑"회사에 인민폐 200만원의 차용금을 제공하여 "갑"회사의 20대 소형 자동차의 개조에 사영하며, 반환금의 출처는 "갑"회사 고정자산의 감가상각과 세금을 낸 후의 이윤이라고 약정을 하였다. 차용기한은 2년, 매년 100만원의 차용금을 환불할 것을 약정하였다. "을"은행은 "갑"회사의 차용금 사용상황, 고정자산의 감가상각과 경영업적에 대하여 검사, 감독을 진행할 권리가 있으며, "갑"회사는 월 경영상황과 년도 회계보고서 등 관련 자료를 제공하여야 한다. "을"은행의 이해와 검사를 통하여 "갑"회사는 계약의 규정에 따라 "을"은행에서 제공한 인민폐 200만원의 차용금을 사용하였으며, 회사 년도 경영상황도 양호하였고, 양호한 계약 이행능력을 구비하여 계약의 약정된 기일에 "을"은행의 차용금을 환불할 수 있었다. 본 사례에서 "을"은행이 "갑"회사의 은행 차용금의 사용 상황에 대하여 검사와 감독을 진행하는데 약정을 달성하였고, "을"은행은 "갑"회사의 차용금 사용상황과 "갑"회사의 경영업적에 대한 검사와 감독을 통하여 "갑"회사의 차용금 반환 능력을 확보하여 "을"은행의 대부금을 제 시간에 돌려 받을 수 있도록 하는데 도움이 되었다.

제203조【차용금액의 용도위반】 차주가 약정한 용도에 차용금을 사용하지 않은 경우에 대주는 대여금의 지급을 정지하고 기한 전에 대여금을 회수하거나 계약을 해제할 수 있다.

■ 해설

본 조는 경제계약법 제40조 및 금전금전소비대차계약조례 제15조를 개정하여, 차주의 차용금액 용도의 위반에 대하여 규정한 것이다. 은행은 차주의 차용금 용도에 따라 대부금과 대부의 제공 여부를 심사하는 하나의 기준으로 삼는다. 또 대주인 은행측도 은행법의 규정에 따라 차용금의 용도에 대하여 조사를 한다. 본 조의 규정에 따라 그것이 대부 신청용도와 다를 경우는 대부금의 지급을 일시 중지 또는 대부금을 회수할 수 있고, 심할 경우에는 계약해제를 진행할 수도 있다.

199) 은행소비대차계약에서는 대주가 차주에 대하여 갖는 합리적 사용에 대한 감사권과 감독권을 실시하는데, 그러나 자연인 사이의 금전소비대차계약에도 적용에 대하여 중국 계약법에서는 규정을 두고 있지 않다. 이 제도는 계약관리의 목적으로 시행되는 만큼 자연인 사이의 계약에 준용할 필요는 없다.

□ 사례

"갑"냉장고공장에서 생산규모의 확장을 이유로 "을"은행에 장기적인 자금 차용을 신청하였다. "을"은행은 심사를 통하여 "갑"회사의 기술역량이 풍부하고, 냉장고 시장의 점유율이 높다고 인정하여, "갑"공장의 자금차용신청을 동의하고, 쌍방은 장기적 자금차용계약을 체결하였다. 계약집행 과정에서 "을"은행은 "갑"공장이 부분 차용금의 용도를 변경하여 차용금을 이용 VCD생산라인 한 라인을 구입하였음을 발견하였다. "을"은행에서 조사 분석을 통하여 현재 국내 VCD생산공장이 너무 많고 시장성이 상대적으로 작아 경쟁이 너무 치열하다고 판단하여 "갑"공장에서 변경하여 사용한 차용금 회수를 요구하였다. 그러나 "갑"공장은 여러 가지 핑계로 거절하였다. "을"은행은 마침내 일방적으로 "갑"공장에 대하여 자금차용계약을 해제를 통지하고, "갑"공장에서 빠른 기일 내에 "을"은행이 제공한 차용금원금과 사용기간의 이자의 지불을 요구하였다.

본 사례에서 "갑"공장에서 "을" 은행의 동의를 거치지 않고 자기 마음대로 차용금의 용도를 변경시킨 것은 계약법의 관련 규정과 쌍방 당사자의 약정을 위반하였을 뿐만 아니라, 투자의 실패로 손실을 조성하여 "을"은행의 차용금 환불에 비교적 큰 위험을 초래할 가능성이 있다. "을"은행은 제때에 계약을 해제함으로써 자금차용의 위험을 모면하였다.

제204조【대부이율의 제한】 금전대여 업무를 하는 금융기관의 대부이율은 중국인민은행이 규정한 대부이율의 상한, 하한에 따라야 한다.

■ 해설

본 조는 금전대여 업무를 진행하는 금융기관의 대부이율에 제한에 관하여 규정한 것이다. 본 조의 규정에 의해 금융기관의 대부이율은 중국인민은행이 규정한 대부이율의 상한과 하한에 따라서 확정해야 한다. 즉 금융기관 대부이율의 확정권은 중국인민은행에 있다. 대부업무를 처리한 기타 금융기관은 대부이율의 확정권이 없고 스스로 자기의 대부이율을 확정할 수 없다. 그러나 중국인민은행이 확정한 대부이율의 상한과 하한 범위 내에서 스스로 구체적인 이율을 확정할 수 있다.

중국의 시장경제가 심화됨에 따라 금융시장의 정비가 진행되면서 그 일환으로서 본 조는 중국의 중앙은행인 중국인민은행이 결정한 대부금의 이율상한과 하한을 법적인 면에서 확인을 한 것이다[200].

200) 자연인 상의 금전소비대차계약에서 이율을 당사자가 임의 협의할 수 있지만, 국가에서 정하고 있는 이자율을 초과하여 약정하여 정할 수 없다.

□ 사례

"갑"은 A호텔식당을 장식하기 위해 "을" 은행으로부터 인민폐 15만원을 차용하였다. 당사자 쌍방은 차용기간이 1년, 년 이자는 6.39%라고 약정하였다.

본 사례에서 "갑"과 "을"은행이 체결한 자금차용계약에서 년 이자는 중국인민은행에서 확정한 일년기한 대부금 이자의 표준에 근거하여 약정한 것이다.

제205조【이자의 지급기한】 차주는 약정된 기한에 이자를 지급하여야 한다. 이자지급기한에 약정이 없거나 약정이 불명확하여 본 법의 제61조 규정에 의해서도 확정할 수 없으며 차용기간이 1년 미만인 경우는 차용금을 상환할 때 일괄로 지급해야 한다. 차용기간이 1년 이상인 경우는 매번 1년의 기간이 만료될 때 지급하고, 잔여기간이 1년 미만인 경우는 차용금을 상환할 때 함께 지급한다.

■ 해설

본 조는 차주의 이자 지급기한에 대하여 규정한 것이다. 본 조의 규정에 근거하여 차주의 이자 지급기한은 세 가지의 확정방식이 있다. 첫째는 당사자 쌍방이 이미 계약에서 차주가 이자 지불기한을 약정하면, 차주자는 그 약정한 기한에 따라 이자를 지불한다. 둘째는 당사자 쌍방이 이자 지급기간을 약정하지 않거나 또는 약정이 불명확한 경우, 즉 당사자 쌍방은 이자 지급기한을 협의하여 보충할 수 있다. 셋째는 당사자 쌍방이 위의 2가지의 방식으로 이자 지급기간을 확정할 수 없는 경우에 차용금을 반환할 때 같이 지급한다. 차용기간을 1년 이상으로 하는 경우는 매년의 기간이 될 때 지급하고, 잔여기간이 1년 미만인 경우는 차용금을 반환할 때 일괄로 같이 지급해야 한다. 즉 1년을 기간으로 매년 한 번씩 이자를 지급한다.

차주의 이자와 그 지급기한에 대해서는 보통 금전소비대차계약을 체결한 계약조항에서 문서화 하고 있다. 만일 금전소비대차계약에서 문서화 하지 않았을 경우는 본법 제61조의 규정에 따라 당사자 쌍방이 자주적으로 협의하여 결정할 수 있다[201]. 만일 협의를 달성하지 못했을 경우는 1년을 기준으로 대차기간이 1년을 넘지 않았을 경우에는 원금에 이자를 붙여서 반환하고, 대차기간이 1년을 넘었을 경우에는 매 1년마다 이자를 지급하여야 한다.

□ 사례

"갑"회사와 "을"은행은 장기적인 자금차용계약을 체결하였다. 계약에서 "갑"회사는 "을"은행에 인민폐 1,000만원을 차용하였다. 기한은 2년, 년 이자는 6.66%이며 반년에 한번씩 이

201) 상세는 胡康生 主编, 앞의 책, 303면~304면; 徐景和 主编, 앞의 책, 319면~321면.

자를 지불하고, 기한이 도래하면 일차적으로 원금을 환불하여야 한다고 약정하였다. 본 사례에서 "갑"회사와 "을"은행의 자금차용계약은 이자의 지불기한에 대하여 명확하게 규정하였다. 즉 반년에 한번씩 지불한다.

第206조 【차용금의 상환기한】 차주는 약정된 기한에 차용금을 상환하여야 한다. 대부기한에 관하여 약정이 없거나 또는 약정이 불명확하여 본 법의 제61조 규정에 의해서도 확정할 수 없는 경우 차주는 수시로 상환할 수 있고, 대주는 차주에게 합리적인 기한 내에 대부금 상환을 요구할 수 있다.

■ 해설

본 조는 차주의 차용금 상환기한에 대하여 규정한 것이다. 본 조에서는 원칙적으로 약정한 기한에 상환하도록 함으로써 차주는 약정한 기한 전에 미리 상환할 수 없다는 견해다[202]. 즉 상환기한 전에 미리 상환한다 해도 대주는 이것을 수령할 의무는 없다. 그러나 차용금의 상환에 대하여 일반적으로 금전소비대차계약에 명확하게 기재하지만 계약에서 명확하게 기재하지 않았을 경우는 일반적으로 언제든지 상환이 가능하다고 이해하는 것이 정당하다. 그리고 일정한 시간이 지나도 상환하지 않을 경우 '합리적인 기간 내에 상환의 요구'를 할 수 있다. 본 조의 이러한 합리적 기간은 실제의 상황과 사회적 일반통념을 감안한 합리적 기간이라 볼 수 있다.

□ 사례

"갑"은 완구제조공장을 세우기 위해 친구 "을"로부터 인민폐 8만원을 차용하였다. 당사자 쌍방이 약정한 자금차용 이자는 10%이며, 반년에 한 번씩 이자를 지불하기로 하였다. 그러나 쌍방이 자금차용계약을 체결할 때 차용기한을 약정하지 않았다. 그 후에 "을"이 경영하고 있는 생화선물가게가 잘 운영하지 못한 원인으로 결손이 비교적 크게 되었다. "을"은 생화선물가게를 그만 두고 의류복장판매를 하려고 하는데 자금이 부족하여 "갑"에게 차용금을 돌려 줄 것을 요구하였다. "갑"은 얼마 전에 완구가 수출되어 곧 자금이 입금된다고 하며 "을"에게 1주일 시간을 더 줄 것을 요구하였다. "을"은 이에 동의 하였고 1주일 후에 "갑"은 마련된 인민폐 8만원의 현금과 나머지 부분의 이자를 "을"에게 돌려 주었다.

본 사례에서 "갑"과 친구 "을"이 체결한 자금차용계약은 자금차용기한 미 약정 계약에 속한다. 본 조의 규정에 근거하여 대부인 "을"은 합리적인 기한 내에 반환을 요구할 수 있다. 합리적 기한이란 일반적으로 차용인이 차용금의 반환 작업을 준비하는데 소요되는 정상적인 시간을

---

202) 郭明瑞・房紹坤, 앞의 책, 478면~480면.

말한다. 본 사례에서 대부인 "을"은 "갑" 차용인에게 차용금을 반환하라고 재촉하고, 차용인 "갑"은 "을"에게 1주일간의 시간을 늦추어 반환금을 환불한다는 약속을 하였는데, 이 기간이 곧 본 사례의 합리적 기한인 것이다.

제207조【연체이자】 차주가 약정한 기한 내에 차용금을 상환하지 않은 경우에 약정 또는 국가의 관련 규정에 따라 연체이자를 지급하여야 한다.

■ 해설

본 조는 차주의 상환기한을 초과한 차용금에 대하여 규정한 것이다[203]. 본 조의 규정에 의해 차주는 약정한 기한에 따라 차용금을 상환하지 않기 때문에 책임져야 하는 위약책임에는 두 가지가 있다. 첫째는 당사자 쌍방이 계약 중에 당사자 일방이 위약하면 기한을 초과하여 이자를 지불해야 하는 경우로 차주는 약정 기한에 따라 차용금을 상환하지 않아 당사자 쌍방이 약정한 기준에 따라 연체이자를 지급해야 한다. 둘째는 당사자 쌍방이 계약 중에 "일방 당사자가 위약하여 연체이자를 지불한다"고 규정한 경우, 차주는 국가의 관련규정에 따라 대주에게 차용금의 상환과 함께 이자를 지급해야 한다. 그러니까 차주가 약정한 기한에 따라서 차용금을 반환하지 않은 경우에, 만일 당사자 쌍방의 약정이 있으면 그 약정에 따라서 위약책임을 져야 한다. 만일 당사자 쌍방의 약정이 없는 경우는 국가의 관련규정에 따라서 위약책임을 부담한다. 이것은 사회의 일반적 개념으로 당연히 이자를 지급하는 것 외에 연체이자의 지급에 대한 것을 법적으로 확인한 조항이다.

□ 사례

"갑"은 세탁소를 열었는데 자금이 부족하여 "을"로부터 인민폐 2만원의 자금을 차용하였다. 당사자 쌍방은 차용기한은 반년, 년 이자는 10%라고 약정하였다. 또 기한이 되었는데 "갑"이 제때에 차용금을 반환할 수 없으면, "갑"은 쌍방이 약정한 2배의 기한초과 이자를 지불 하여야 한다고 약정하였다. 차용기한이 된 후, "갑"의 집에 사고가 생겨 차용금을 돌려 줄 수 없게 되었고, 마침내 기한을 5개월 초과한 후에서야 "갑"은 "을"의 차용금을 반환하게 되었고, 동시에 5개월 초과한 기한초과 이자를 지불하였다.

제208조【사전상환】 차주가 차용금을 기한 전 사전에 상환하는 경우 당사자 사이에 별도의 약정이 있는 외에는 실제의 차용기간에 의해 이자를 계산하여야 한다.

---

203) 夏志宏 主编, 앞의 책, 281면~282면.

■ 해설

본 조는 사전에 차용금을 상환하는 것에 관하여 규정한 것이다. 본 조의 규정에 의해 차주는 사전에 차용금을 반환하여 이자의 기한을 계산하는 것을 확정하는 두 가지의 방식이 있다. 첫째는 만일 당사자 쌍방이 이자의 계산기한에 약정이 있다면, 약정한 기한에 따라 이자를 계산한다. 둘째는 당사자 쌍방은 차주가 사전에 차용금 상환 이자의 기한에 대하여 약정하지 않은 경우는 실제의 차용기간에 따라서 이자를 계산하는 것이다. 이 조항은 중국의 개방정책을 반영한 새로운 규정이다[204]. 즉 약정에서 사전에 상환한 경우에 실제의 차용기간에 한정된 이자를 지급한다. 그리고 원금을 사전에 상환했을 때는 보통 이자보다 할인하는 것을 약정할 수 있다.

□ 사례

"갑"상점은 유동자금의 부족으로 "을"은행으로부터 단기 자금차용을 하였다. 쌍방은 자금차용계약에서 차용금 금액은 인민폐 200만원, 자금차용 년 이자는 6.12%, 차용기한은 반년으로 하였다. 만약 "갑" 상점에서 예정된 기한을 앞당겨 차용금을 돌려주면 자금차용 이자율은 변하지 않고, 실제 차용기간에 따라 자금차용 이자를 계산하한다. 만약 "갑"상점에서 약정한 기한에 차용금을 돌려주지 못하면 초과된 기간 내에는 약정된 이자의 2배의 기한초과 이자를 지불하여야 한다고 약정하였다. 그 후 "갑"상점은 5개월 후에 "을"은행의 차용금을 반환하였고, 차용금의 실제 사용기간에 따라 자금차용 이자를 지불 하였다. 본 사례에서 당사자 쌍방은 차용금을 예정된 기한보다 앞당겨 반환할 때 자금차용 이자는 실제 자금 차용한 기간에 따라 이자를 계산하는 것은 계약법의 규정에 부합된다.

第209조 【상환기간의 연장】 차주는 차용금의 상환기한 만료 전에 대주에 대하여 기간연장을 신청할 수 있다. 대주가 동의하는 경우 기한을 연장할 수 있다.

■ 해설

본 조는 차용금 상환기간의 연장에 대하여 규정한 것이다. 즉 차주는 대주에게 차용금의 상환기한 전에 차용금의 기한 연장을 신청할 수 있다. 차용금의 기간을 연장하는 것은 실질적으로 원래의 계약에 대한 변경이다. 이 기간연장에 필요한 요건은 첫째, 대주에 대하여 차주가 정식적으로 명확하게 의사표시를 할 필요가 있다. 둘째, 차용기간 만료 전이여야 한다. 셋째, 대주가 차용금의 기간연장에 동의하여야 한다. 이상의 것들을 만족시켜야 한다.

204) 夏志宏 主编, 앞의 책, 282면~283면.

□ 사례

"갑" 방직회사는 국외로부터 90년대 국제의 선진적 수준의 생산라인을 도입하여 면사방직 작업장을 새롭게 건설하였다. 이것을 위하여 "갑"회사는 "을"은행으로부터 미화 100만 달러의 자금을 차용하여 국외로부터 설비를 수입하는데 사용하였다. "갑"회사와 "을"은행에서 체결한 자금차용계약에서 자금차용기한은 3년이라고 약정하였다. 자금차용계약의 기한이 다 되어 갈 때, "갑"회사의 자금이 비교적 순탄치 않아 "을"은행의 자금차용기한을 6개월 연장할 것을 희망하였다. "을" 은행과의 협상을 거쳐 "을"은행은 기간 연장에 동의하였다. 본 사례에서 "갑"회사는 자금차용기한이 되기 전에 자금차용기한의 연장을 제기하는 것은 본 조에 부합되는 것이다.

제210조【차용금의 발효시기】 자연인 사이의 금전소비대차계약은 대주가 차용금을 인도한 때 그 효력이 생긴다.

■ 해설

본 조는 자연인 사이의 차용금 발효시기에 관하여 규정한 것이다. 본 조의 규정에 의해 자연인 사이의 금전소비대차계약은 대주가 대부금을 인도한 시점에서 발효하는 요물(要物)계약이다[205]. 이것은 자연인 사이의 금전소비대차계약과 기타 소비대차계약의 다른 점이다. 이 때 자연인 사이의 금전소비대차계약은 서면형식은 물론 구두형식을 불문한다.

□ 사례

"갑"과 "을"은 자금차용계약을 체결하였다. 계약에서 "갑"은 "을"로부터 인민폐 10만원을 차입하여 "갑"이 소형 자동차를 구매하는데 쓴다고 약정하였다. 동시에 자금차용기한은 1년, 자금차용계약은 "갑"과 "을" 쌍방 당사자가 자금차용계약을 체결할 때부터 효력을 발생한다고 약정하였다. 본 조의 규정에 근거하여 "갑"과 "을"의 자금차용계약은 당연히 "을"이 실제적으로 "갑"에게 10만원의 차용금을 제공할 때부터 효력을 발생하는 것이다. 따라서 "갑"과 "을" 당사자 쌍방이 약정한 자금차용계약이 체결될 때 효력을 발생한다고 한 시간부터 효력을 갖는 것은 아니다.

---

205) 夏志宏 主编, 앞의 책, 284면~285면.

제211조【금전소비대차의 이자】 자연인 사이의 금전소비대차계약에 이자지급의 약정이 없거나 또는 약정이 불명확한 경우는 무이자로 본다. 자연인 사이의 금전소비대차계약에 이자지급을 약정한 경우에 그 이율은 국가가 정한 소비대차의 이율제한 관련 규정을 위반해서는 안 된다.

■ 해설

본 조는 자연인 사이의 금전소비대차 이자에 대하여 규정한 것이다. 본 조에서는 두 가지 내용을 규정하고 있다 첫째, 자연인 사이의 금전소비대차계약 중에 약정하지 않았거나 또는 불명확한 경우의 이자지급에 대한 규정이고, 둘째는 자연인 사이에 금전소비대차계약의 약정에서 지급하는 이율제한에 관한 것이다. 본 조의 규정에서 현재 중국에서 금융기관 이외에서 소비대차의 금융행위를 하는 것이 허용되고 있다는 것을 알 수 있다. 그 전제는 법에 저촉하지 않아야 한다는 것이다. 자연인 사이의 금전소비대차 행위는 법에 저촉되지 않아야 한다는 것 외에 법률규정 이외의 이자 요구도 허용되지 않는다는 것이다[206].

자연인 사이의 금전소비대차 이자에 관하여 최고인민법원은 1998년 8월 31일의 '인민법원의 금전소비대차 안건 심사에 관한 약간의 문제'중에 첫째, 자연인 사이의 금전소비대차 이자는 은행이율 보다 높게 설정할 수 있으며 각 지역 법원은 실제의 상황을 감안한다. 둘째, 이 경우의 이율은 은행의 동일 유형 이율의 4배를 초과하여서는 안 된다. 셋째, 이자를 원금에 넣어서 계산하는 중복이자를 허용하지 않는다. 넷째, 심사 중에 채권자가 이자를 원금에 넣어 중복이자 계산을 한 경우는 원금만 상환한다는 등의 최고인민법원의 견해를 명확히 하고 있다.

□ 사례

"갑"과 "을"은 서면으로 자금차용계약을 체결하였다. 계약에서 "갑"은 "을"로부터 현금 인민폐 10만원을 차입한다고 약정하였다. 그러나 자금차용 이자에 대하여서는 명확한 규정을 하지 않았다. 본 조의 규정에 근거하여 "갑"과 "을"이 자금차용 이자에 대하여 약정이 없기 때문에 "갑"은 이자를 지불하지 않는다.

206) 胡康生 主编, 앞의 책, 310면~311면.

제13장 임대차계약

임대차계약은 당사자의 일방이 약정한 임차물을 상대방 당사자에게 이전하여 점유・사용・수익하게 하고 그 대가로 상대방 당사자에게서 일정한 임차료를 받는 계약이다. 임차물을 제공하는 일방 당사자를 임대인이라 하고, 이것을 사용・수익하고 이에 대한 대가를 지급하는 상대방 당사자를 임차인이라고 한다.

중국의 계획경제시대에는 임대차라고 하는 계약개념도 없었다. 그러나 시장경제에서는 경제의 재산성을 따지게 되고 그에 따른 임대차업종도 발달할 그 필요성이 있다. 따라서 구 경제계약법의 재산임대차계약의 1장을 전문적으로 재편성 한 것으로 여기에는 중국의 개혁개방 정책의 심화가 반영되고 있다.

임대차계약은 일종의 쌍무・유상・승낙계약이다. 본 장에서는 제212조부터 제236조까지 총 25조로 구성되었으며 임대차계약의 개념, 주요한 조항, 기간, 계약형식, 대출방법과 차주의 권리・의무, 계약의 이행, 종지, 해제, 위약책임 등에 관하여 규정하고 있다.

제212조 **【임대차계약의 정의】** 임대차계약은 임대인이 임차물을 임차인에게 인도하여 사용・수익하게 하고, 임차인은 그 임차료를 지급하는 계약이다.

■ 해설

본 조는 임대차계약의 정의에 대하여 규정한 것이다. 임대차계약이란 당사자의 일방이 약정한 물자를 상대방 당사자에게 이전하여 점유・사용・수익하게 하고 그 대가로 상대방 당사자로부터 일정한 임차료 라는 급부를 받는 계약이라고 말할 수 있다. 임대차계약은 다음과 같은 특징이 있다[207].

첫째, 재산의 소유자에게는 점유권, 사용권, 수익권과 처분권이 있다는 것은 더 언급할 필요도 없다. 이 소유권을 양도한 경우는 매매행위가 되지만 일정한 범위 내에서 사용권과 수익권을 일정시간 동안 이전하는 경우는 임대차가 된다. 임대차 기간이 만료했을 경우 소유자에게 반환해야 하는 것은 당연한 일이다. 이것이 바로 임대차계약의 특징의 하나이다. 둘째, 임대차계약이 쌍무계약이라고 하는 이유는 임대인은 임차인에게 자기의 재산을 사용하게 하고 수익을 보게 할 의무가 있는 대신, 임차인은 이에 대하여 급료를 지급해야 할 의무가 있으며 각 자의 의무는 상대방의 권리가 되기 때문에 쌍무계약이라고 할 수 있다. 셋째, 임대차계약의 당사자

207) 임대차계약의 개념과 특징에 대하여 谢怀轼 等, 앞의 책, 373면~376면; 刘景一 主编, 앞의 책, 664면~668면.

사이에는 채권관계가 존재함과 동시에 물권관계도 존재한다. 따라서 임대인이 자기가 임대한 재산을 처분할 때는 임차인에게 우선 구매권이 있고, 동등한 조건에서는 임차인이 우선적 구매할 수 있는 권리가 있다는 등의 특징이 있다.

□ 사례

"갑"건축회사는 "을"회사 청사의 건설업무를 도급맡았다. 청사의 지반을 견고하게 하기 위하여 "갑"회사는 "병"건축회사에서 관련 기계 1대를 빌렸다. 쌍방은 차용계약을 체결하여 "갑"건축회사에서 "병"회사의 1대의 기계를 빌려 쓰고, 빌려 쓰는 기한은 15일간, 차임은 인민폐 3만원으로 약정하였다. 동시에 임대차계약에서 쌍방 당사자의 권리와 의무를 약정하였다. 본 사례에서 "갑"회사와 "병"회사가 체결한 계약이 바로 임대차계약이다.

제213조【임대차계약의 주요내용】 임대차계약에는 임차물의 명칭, 수량, 용도, 임대차기한, 임차료 및 그 지급시기와 방법, 임차물의 수선 등의 조항을 포함한다.

■ 해설

본 조는 임대차계약의 주요 내용에 대하여 규정한 것이다. 본 조의 규정에 의하여 임대차계약에는 다음의 주요 내용을 포함할 필요가 있다[208].

첫째, 임차물의 명칭이다. 임대차 하기로 한 목적물의 명칭을 말한다. 그리고 동산 또는 부동산의 표시를 하고 부동산의 경우 그 주소와 번지 등을 표시해야 한다. 둘째, 임차물의 수량이다. 이것은 목적물을 특정하기 위해 필요한 것으로 임대차 할 목적물의 수량이 어떻게 되는지 명확한 표시가 필요하다. 셋째, 임차물의 사용용도다. 만일 임차인이 임차물을 약정한 용도 이외에 사용했을 경우에 임대인은 해제할 수 있을 뿐만 아니라 경우에 따라 손해배상 청구를 제기할 수 있다. 넷째, 임대차 기한이다. 임대차계약의 존속기한으로서 당사자가 약정으로 정할 수 있다. 경우에 따라서는 기한을 약정하지 않을 수도 있다. 다섯째, 임차료와 그 지급기한 및 방식이다. 임차료는 임차인이 임대 목적물을 사용・수익 대가로 지급하는 것으로 임대차 목적물의 성질과 용도 및 임대차기간 등을 고려하여 그 지급방식을 약정해야 한다. 지급기한에 약정이 없을 경우에는 본 법 제226조가 적용된다. 여섯째, 임대 목적물의 수리의무다. 즉 누가 수리의무를 부담하는가에 대하여 명확히 약정할 필요가 있다. 만일 약정이 없을 경우에는 제220, 221조에 적용되어 실질적으로는 임대인이 수리의무를 부담한다.

208) 상세는 郭明瑞・房绍坤, 앞의 책, 494면~497면; 徐景和 主编, 앞의 책, 326면~328면.

위의 주요 내용들은 어디까지나 참고적인 것으로 강제적인 것은 아니다. 계약당사자 쌍방의 자유의사를 존중한 협의에 의한 계약조항을 기재하는 것이 좋다. 물론 이와 반대로 신용을 중요시 하여 계약조항이 없는 경우도 무방하다.

□ 사례

자연인 "갑"과 "을"촬영회사는 촬영기의 차용계약을 체결하였다. 쌍방 당사자는 임대차계약에서 사용자 "갑"은 그의 신분증을 저당하고 인민폐 2000원의 보증금을 지불하는 것으로 "을"회사로부터 Panasonic 촬영기 1대를 빌려 "갑"이 결혼식에서 사용하고, 차용기한은 1일, 차임은 인민폐 200원으로 약정하였다. 쌍방 당사자는 차용기간에 차용물의 손해배상 책임 및 차용물의 수리에 다해서 약정을 하였다. 본 사례에서 자연인 "갑"과 "을"촬영회사가 체결한 약정은 일반적인 차용계약이다. 계약의 내용에는 목적물의 명칭, 수량, 용도, 차용기한, 차임, 담보, 손해배상책임 등 조항이 포함된다.

제214조【임대차계약의 기한】 임대차기한은 20년을 초과하지 못한다. 20년을 초과한 경우는 그 초과 부분은 무효로 된다. 임대차기한이 만료한 때 당사자는 임대차계약을 갱신할 수 있다. 그러나 약정한 임대차기한은 갱신한 날로부터 20년을 초과하지 못한다.

■ 해설

본 조는 임대차계약의 기한에 대하여 규정한 것이다. 본 조는 두 가지를 규정하고 있는데 첫째는 임대기한은 20년을 초과할 수 없다는 것인데 20년을 초과한 경우에 그 초과부분은 무효이다. 둘째는 임대차계약의 기한을 갱신할 수 있다. 그러나 역시 갱신의 경우에 20년을 초과할 수 없다. 지금까지 중국의 법률 또는 법규에서 임대차계약에 대한 기한의 제한은 없었다. 그것을 계약법 본 조에서는 최장 20년으로 규정하였다. 물론 필요한 경우에는 본 조 제2항을 적용하여 연장할 수도 있다. 그러나 최단 기한은 없고 당사자의 협의에 따른다[209].

일반적인 문제로서 보통 임대차계약 기한이 약정에 규정되어 있는 경우는 그것에 준하고 기한의 약정이 없는 경우에는 계약의 최종 년 월 일을 만료일로 한다.

□ 사례

강소성의 "갑"회사는 북경에서 "을"회사의 5층짜리 빌딩과 정원을 차용하여 "갑"북경지사의

209) 刘文华 主编, 앞의 책, 318면~320면.

사무청사로 사용하였다. “갑”회사와 “을”회사는 체결한 건물차용계약에서 “갑”은 “을”회사의 5층짜리 빌딩 및 정원을 차용하며, 건축면적은 총 5000㎡, 차용기한은 50년, 매년 차임은 인민폐 60만원, 차용금은 일시불로 정산하며, 수리비용과 수도세, 전기요금은 “갑”이 자체 부담한다고 약정하였다. 본 사례에서 “갑”회사와 “을”회사가 체결한 건물차용계약은 차용기한에 대한 규정이 본 법률에서 차용기한은 20년을 초과하지 못한다는 강제적 규정을 위반하였기 때문에 이 계약에서 차용기한 20년을 초과하는 부분은 무효이다. 그렇기 때문에 “을”회사는 “갑”회사가 이미 지불한 나머지 30년의 차임은 반환하여야 한다.

제215조【임대차계약의 형식】 임대차기한이 6개월 이상인 경우는 서면형식을 취하여야 한다. 당사자가 서면의 형식을 취하지 않는 경우는 부정기임대차로 본다.

■ 해설

본 조는 임대차계약의 형식에 관하여 규정한 것이다. 본 조에서는 임대차계약의 서면에 의한 형식을 요구하고 있다. 즉 6개월 이상의 임대차계약의 경우에 구두형식이나 또는 기타의 향식을 채용할 수 없다. 또한 서면에 의하지 않을 경우의 임대차계약의 성질에 대하여 규정하고 있다[210]. 본 조에서 다음의 몇 가지 유의할 필요가 있다. 첫째, 임대차계약의 기한이 6개월 이하의 경우에는 서면 또는 구두에 따른 계약을 자유로 선택할 수 있고, 이에 따라 계약의 성질과 효력이 좌우되는 변화가 생기는 것은 아니다. 둘째, 후 일의 분쟁을 방지하기 위해 임대차계약 기한이 6개월을 초과하는 경우에는 서면에 의한 계약을 요구하고 있다. 셋째, 만일 임대차계약 기한이 6개월을 초과했는데 서면에 의하지 않은 경우는 부정기임대라고 볼 수 있다. 이 부정기임대차계약은 영구임대가 아닌 임의의 계약으로서 임차인은 수시로 계약을 해제할 수 있는 반면, 임대인도 제232조의 규정을 존중하여 임차인에게 임대물을 회수할 의사를 통고한 그 위에서 수시로 임대물을 회수할 수 있다는 것이다.

□ 사례

“갑”은 도시 변두리 “을”의 다섯 채가 비여 있는 단층집을 차용하여 의류복장가공 공장을 설립하였다. “갑”과 “을” 두 사람은 구두로 이 단층집의 임대차기한은 5년, 임대료는 매년 인민폐 2,000원이라고 약정하였지만, 서면형태의 임대차계약을 체결한 것은 아니다. 2년 후, “을”은 “갑”의 임대료가 너무 적다고 생각하여 임대료를 올릴 것을 협상하였지만, “갑”은 동의하지 않았다. 그래서 “을”은 “갑”과 건물임대차계약을 해제할 것을 요구하자, “갑”은 쌍방이 이미 차용

210) 胡康生 主编, 앞의 책, 319면~321면; 郭明瑞・房绍坤, 앞의 책, 497면~498면.

기한이 5년이라고 약정하여 아직 기한이 되지 않았다는 이유로 계약을 해제하는 것에 동의하지 않았다. 이것 때문에 "을"은 현지 인민법원에 기소하여 "갑"과의 계약을 해제 할 것을 요구하였다. 법원은 소송을 수리한 후 심사처리를 거쳐 "갑"이 주장하는 "을"과 체결한 임대차계약은 서면형식이 아니라고 인정하여, "갑"과 "을"이 체결한 건물임대차계약은 부정기임대계약으로 인정하였다. "을"이 제기한 "갑"과의 건물임대차계약의 해제는 법률의 규정에 부합되므로 "갑"과 "을"의 건물임대차계약을 해제 한다고 판결하였고, "갑"에게 1개월 내로 이 건물은 "을"에게 반환할 것을 요구하였다. 본 사례에서 "갑"과 "을"이 체결한 것은 구두상의 건물임대계약으로 본 조의 규정에 근거하여 부정기임대차계약으로 밖에 인정할 수 없기 때문에 당사자는 언제나 계약을 해제 할 수 있다.

제216조【임대인의 의무】 임대인은 약정에 따라 임차물을 임차인에게 인도하고 임대차 기간 중 임차물을 약정한 용도에 부합하도록 그 상태를 유지해야 한다.

■ 해설

본 조는 임대인의 의무에 관하여 규정한 것이다[211]. 임차인이 체결한 임대차계약의 목적은 임대물의 사용이다. 약정에 의해 임대물을 임차인에게 인도하는 것은 임대인의 주요한 의무이자 기본의무이며 본 조에서 명확히 규정하고 있다. 여기서 규정한 임대인의 의무는 다음과 같다. 첫째, 임대물의 인도다. 임대물의 인도약정 중에 몇 시, 어디에서 인도하는가를 약정하는 것이 일반적이다. 만일 이런 약정이 없는 경우에는 매매계약규정에 준하여 동산의 인도는 임대인의 주소지 또는 영업소재지가 되고, 부동산일 경우 부동산의 소재지가 된다. 둘째, 용도에 차질이 없도록 유지하는 것이다. 그것은 임대인에게 임대물을 보호·유지할 의무가 있다는 것으로 이해하는 것이 일반적 상황이다.

제217조【임차인의 사용의무】 임차인은 약정한 방법에 따라서 임차물을 사용하여야 한다. 임차물의 사용에 대하여 약정이 없는 경우 또는 약정이 불명확하여 본 법의 제61조의 규정에 의해서도 확정할 수 없는 경우는 임차물의 성질에 의하여 사용하여야 한다.

■ 해설

본 조는 임차인의 임대물에 대한 사용의무에 대하여 규정한 것이다. 임대물의 사

211) 夏志宏 主编, 앞의 책, 294면~295면.

용은 과학적이어야 하며 부당한 사용으로 인한 임대물의 손상을 방지하여야 한다. 임대물의 용도는 일반적으로 임대차계약 가운데 규정하지만, 만일 임대차계약에 약정하지 않은 경우는 본 법 제61조의 규정에 의해 자주적으로 당사자 쌍방이 협의하여 정한다. 그러나 협의가 잘 이루어 지지 않을 경우는 임대물의 성질과 기능을 기준으로 한 사용이 합당하다고 본다.

□ 사례

"갑"회사와 "을"공장은 차용계약을 체결하였다. 당사자 쌍방은 차용계약에서 갑 회사는 "을" 공장의 정밀공작기계 1대를 차용하고, 차용기한은 3개월, 임대료는 인민폐 6,000원으로 약정하였다. 쌍방은 또 "갑"회사는 정밀공작기계의 사용설명서와 주의 사항에 근거하여 사용하여야 하며 그렇지 않아 기계에 오차가 생기거나 손상이 생기면 상응한 책임을 부담하여야 한다고 약정하였다. 본 사례에서 "갑"과 "을" 쌍방은 차용물의 정밀공작기계의 사용방법에 대하여 차용계약에서 약정하였다. "갑"회사는 당연히 당사자 쌍방이 약정한 요구와 방법대로 사용하여야 한다.

제218조 【임차인의 손해배상책임】 임차인이 약정한 방법이나 임차물의 성질에 따라서 사용함으로 인하여 임차물이 소모된 경우에 손해배상책임을 지지 않는다.

■ 해설

본 조는 임차인이 임차물에 손해를 주었을 경우 법적 책임에 대하여 규정한 것이다. 본 조의 규정에서 명확하게 알 수 있듯이 본 조는 앞 제217조의 연장이며 보충이라고 할 수 있다[212]. 또한 한층 나아가 임차인은 약정한 방법 또는 임대물의 성질에 따른 임대물의 사용, 임대물의 합리적인 소모에 대하여 손해배상의 책임을 부담하지 않는다는 것을 규정하고 있다. 여기서 말하는 임차물의 손해라는 것은 합리적 소모라고 생각하는 것이 이해하기 쉬울 것 같다. 그러므로 당연히 손해배상책임을 지는 것은 아니다.

□ 사례

자연인 "갑"은 "을"의 2층집을 임대하였다. 그 가옥은 오랫동안 수리를 하지 않아서 "갑"이 차용한 가옥 화장실 바닥이 물이 새고, 아래층 거실의 화장실은 사용할 수 없게 되었다. "갑"은 가옥임대차계약에 근거하여 "을"에게 수리해 줄 것을 요구하였다. "을"은 "갑"이 거주하고

212) 夏志宏 主编, 앞의 책, 296면~297면.

있는 가옥의 화장실을 수리하였고 재료비와 인건비는 모두 인민폐 1200원을 사용하였다. 이 비용은 임대차계약에 의해 당연히 "을"이 부담하여야 한다. 본 사례에서 자연인 "갑"은 임대한 집을 정상적으로 사용하였고, 바닥의 물이 새는 것은 임대한 가옥의 정상적 사용의 소모이다. 자연인 "갑"은 가옥 소유자인 "을"에게 제때에 수리할 것을 요구하였다. 임대하고 있는 이 가옥의 소모에 대하여 자연인 "갑"은 어떤 책임도 지지 않는다. 이 수리비용은 가옥 소유자인 "을"가옥주가 부담하는 것은 합당하고 합법적인 것이다.

第219条【임차인의 책임】 임차인이 약정된 방법이나 임차물의 성질에 의하여 임차물을 사용하고 임차물에 손해를 준 경우, 임대인은 계약을 해제할 수 있고 손해의 배상을 청구할 수 있다.

■ 해설

본 조는 임차인이 약정 또는 임대물의 성질을 무시하여 임대물에 손해를 준 경우의 법적 책임에 대하여 규정한 것이다[213]. 신의성실의 원칙에 의해 임차인은 계약에서 약정한 방법 또는 임대물의 성질에 따라 사용하여야 한다. 본 조에서는 임대물의 성질과 기능을 무시하여 임대물에 손해를 준 경우, 임대인은 당연히 임차인에 대하여 손해배상의 청구를 할 수 있다고 규정하고 있다. 이 경우 임대인이 취할 수 있는 수단으로는 첫째, 계약기한 전에 계약해제를 할 수 있다. 둘째, 계약해제의 청구와 동시에 손해배상청구를 할 수 있다. 이 경우에는 위반사용과 손해와의 인과관계의 입증이 필요하다.

□ 사례

"갑"은 "을"회사의 공용주택을 임대하였고, 동시에 공용주택 임대계약을 체결하였다. 계약에서는 임차인은 마음대로 주택의 구조를 변경시키지 못한다고 약정하였다. 그러나 "갑"은 이사해 들어온 후에 주택을 거실을 확대 개조하였다. 이 주택을 개조하기 위하여 "갑"은 세면의 분리 벽과 하중 벽의 일부분을 허물어 위층 바닥이 금이 가고 거주안전에 영향을 주었다. 이 때문에 "을"회사는 "갑"에게 이 하중 벽과 금이 간 부분을 수리하고 수리비용을 부담할 것을 요구하였다. 본 사례에서 "갑"은 임대차약에서 임의적으로 주택에 대하여 변경할 수 없다는 약정을 위반하고 부분적으로 벽과 하중 벽을 허물어 이 임대물에 손해를 초래하였기 때문에 "을"회사에서 청구하는 약정위반으로 임대물에 대한 손해배상의 책임 부담은 합당한 것이다.

213) 夏志宏 主编, 앞의 책, 297면.

제220조 【임대인의 보수의무】 임대인은 임차물의 보수의무를 이행하여야 한다. 그러나 당사자가 별도의 약정이 있는 경우는 제외한다.

■ 해설

본 조는 임대인의 임차물 보수의무에 관하여 규정한 것이다. 본 조의 규정에 의해 당사자 쌍방은 약정한 임대물의 보수의 책임을 약정할 수 있고, 당사자가 미약정한 경우에 임대인은 임대물의 보수책임이 있다. 임대인은 임차인이 임차 목적물을 계약기간 중에 약정한 용도에 따라 사용할 수 있도록 유지·보수할 의무가 있다. 즉 임차의 정상적인 상태를 유지할 의무가 있다. 이것은 또 임차인의 사용·수익의 보증과 연계된다[214].

이 경우의 요건으로는 첫째, 임차물에 보수의 필요가 있어야 한다. 둘째, 임대인의 원인 또는 불가항력에 의한 경우이어야 한다. 셋째, 보수의 가능과 함께 경제적으로도 수리할 방법이 있어야 한다. 넷째, 계약기간 중에 임차인이 통지의무를 이행한 경우다. 다섯째, 당사자 사이에 별도의 약정이 없는 경우 등이다.

이와 같이 임대인의 임차물에 대한 유지·보수의무는 주요한 의무로 정하고 있지만, 당사자 쌍방의 별도의 약정을 정할 수는 있다. 본 조와 관련하여 주의할 것은 임대인의 임차물에 대한 정기점검을 임차인은 거절해서는 안 된다는 것이다.

□ 사례

"갑"은 아들이 결혼하여 거주하고 있던 네 칸의 기와집을 사용하여 할 수 없이 "을"의 세 칸의 낡은 초가집을 임대하였다. "갑"과 "을"은 주택임대차계약을 체결하였다. 계약에서 "갑"은 "을"의 세 칸의 낡은 초가집을 임대하며, 차용기한은 3년, 매년 임대료는 인민폐 2,000원으로 약정하였다. 그 해 여름 8월의 태풍에 "갑"이 임대하고 있는 주택의 굴뚝이 무너지고 지붕도 절반 이상이 날아가는 등 집에 비가 새어 "갑"은 거주할 수가 없게 되었다. 폭풍우가 지난 후에 "갑"은 "을"을 찾아가 주택의 수리를 요구하였다. "을"은 주택은 이미 "갑"에게 임대하였고, 그리고 폭풍우가 주택을 손상케 했다는 이유로 수리를 거절하였고, 오히려 "갑"에게 수리할 것을 요구하였다. "갑"은 여러 차례 "을"에게 수리할 것을 요구하였으나, "을"은 매번 마다 주택은 이미 "갑"에게 임대하였다는 원인으로 "갑"이 수리책임을 부담할 것을 요구하였다. 부득이 "갑"은 자기 비용으로 임대하고 있는 세 칸의 주택수리를 하였고, 수리재료 비용과 인건비 등 모두 인민폐 1,500원을 사용하였다. "을"은 수리비용을 부담을 거절하여 "갑"은 인민법원에 기소하여 인민법원은 법에 의해 "을"이 수리비용을 부담하도록 판결할 것을 요구하였고, 동시에 주택이 비가

214) 刘文华 主编, 앞의 책, 327면~329면; 郭明瑞·房绍坤, 앞의 책, 503면~506면.

새어 초래한 손해배상을 요구하였다. 법원은 심리를 거쳐 "갑"과 "을"이 주택임대차계약과 수리책임의 부담 등의 문제를 조사한 후, 법에 의해 "을"은 주택수리비용 인민폐 1,500원을 부담하고, 동시에 주택임대기한을 반 달 연기하는 것으로 "갑"이 비가 새어 거주할 수 없게 된 반달을 보상하여야 한다고 판결하였다. 본 사례에서 "갑"과 "을"이 임대차계약에서 임대주택의 수리책임에 대하여 약정하지 않았지만, "갑"은 정상적으로 이 임대주택을 사용하고 있었기 때문에 이 주택의 손해에 대하여 책임이 없다. 그러므로 본 법의 제220조 규정에 근거하여 이 주택의 임대인 "을"은 이 주택에 대한 수리의무를 부담하여야 한다. 본 조의 규정에 근거하여 임차인 "갑"은 임차하고 있는 주택이 폭풍우에 손해를 초래하였을 때 임대인 "을"에게 합리적인 기한 내에 수리할 것을 청구할 권리가 있다. "을"이 여러 차례 요구하여도 수리의무를 이행하지 않는 상황에서 "갑"은 법에 따라 스스로 사람을 불러 수리하였고, 수리비용은 법률의 규정에 따라 당연히 "을"이 부담하여야 한다. 임대하고 있는 주택의 훼손으로 거주할 수 없는 기간과 수리 과정에 임차인의 거주에 영향을 준 것도 법에 의해 "갑"의 거주 기한을 연기하였다. 인민법원의 판결은 정확한 것이다.

제221조【임차인의 수선청구】 임차인은 임차물의 수선이 필요한 경우는 임대인에게 합리적인 기한 내에 수선을 하도록 청구할 수 있다. 임대인이 수선의무를 이행하지 않는 경우에 임차인은 스스로 수선을 할 수 있고, 수선비용은 임대인이 부담하는 것으로 한다. 임차물의 수선으로 임차인의 사용에 영향을 준 경우는 그에 상응한 임차료의 감액 또는 임대기한을 연장하여야 한다.

■ 해설

본 조는 임대인이 임차물의 수선의무를 이행하지 않은 경우의 처리에 대하여 규정한 것이다. 본 법의 제220앞에서 임대인의 임차물 수리의무 이행이 임대인이 합리적 기한 내에 의무가 있으면서 임차물을 수리하지 않은 경우, 임차인의 임차물 사용・수익에 영향을 미치기 때문에 본 조에서는 임차인이 스스로 임대물을 수리함과 동시에 소요비용을 임대인에게 청구할 수 있도록 하였다. 이 경우에 임차인이 임차물의 수리에 사용된 비용은 임차료의 경감, 임대기간의 연장 또는 그 외의 방법으로 보충한다. 그러나 임차인이 임차료를 체납하여 임대인이 동시이행 항변권을 이용하는 경우, 임차인은 수선의무의 이행을 거절할 수 있다.

제222조【임차인의 보관의무】 임차인은 임차물을 선량한 관리자의 주의의무로 보관하여야 한다. 임차인이 보관의무를 다하지 못하여 임차물을 훼손 또는 멸실하게 한 경우에는 손해배상책임을 진다.

■ 해설

본 조는 임차인의 임차물에 대한 보관의무와 손해배상의 책임에 대하여 규정한 것이다. 임차물에 수익성이 있을 경우 그 수익성을 포함하여 임차인은 임차물에 대한 선량한 관리자로서 주의의무를 다하여 보관의 책임을 부담한다[215]. 임차인에게는 수선의무는 없지만 보관의무에 위반되는 것은 허용하지 않는다는 것이 본 조의 의도다. 또 임대물의 수익성을 유지하기 위해 지급한 비용은 당연히 임차인이 부담하여야 한다.

임차인이 임차물의 보관의무에 위반하여 임차물에 훼손 또는 멸실을 가져온 경우는 당연히 그 손해배상의 책임을 진다. 또 임차인의 공동자 또는 임차인이 제3자에게 임차물을 사용·허락하여 발생한 임차물의 훼손, 멸실도 임차인이 그 손해배상 책임을 부담하여야 한다.

□ 사례

대학생 "갑"은 주말에 "을"임대점의 자전거를 임대하여 친구들과 교외의 산으로 여행을 떠났다. 그들이 마음껏 놀고 산 아래로 내려 왔을 때 "갑"이 임대한 자전거가 분실되었음을 발견하였다. "을"임대점에 돌아온 후 "갑"은 약정에 따라 "을"임대점에 인민폐 300원을 배상하였다. 본 사례에서 "갑"이 "을"임대점에서 차용한 자전거가 타인에게 도둑맞은 것은 "갑"이 자전거에 대하여 보관의 책임을 다 하지 못했기 때문이다. 즉 보관을 잘 못하여 "갑"은 약정대로 "을"임대점의 손실을 배상한 것은 본 조의 규정에 부합된다.

第223조【임차물의 개조·증설】 임차인은 임대인의 동의를 얻어 임차물을 개조하거나 기타 물건을 부속할 수 있다. 임차인이 임대인의 동의 없이 임차물을 개조하거나 기타 물건을 부속한 경우에 임대인은 임차인에게 임차물의 원상회복 또는 손해배상을 청구할 수 있다.

■ 해설

본 조는 임차인이 임차물에 대하여 개조 또는 증설하였을 경우의 법적 효력에 대하여 규정한 것이다. 본 조에서는 첫째, 임차인은 임대인의 동의 없이 임차물을 부속할 수 없다. 둘째, 임대인은 임대물의 부속권을 임차인에게 이전할 수 있다. 셋째, 임대인의 동의 없이 부속하였을 경우에 임대인은 임차인에게 원상회복 또는 손해배상을 요구할 수 있다. 본 조가 새로 입법된 목적은 임대인 및 임차인의 쌍방 당사

215) 谢怀轼 等, 앞의 책, 391면~392면.

자에게 유익하기 때문이다[216]. 예컨대, 임차한 가옥에 수도설비가 없어서 임대인의 동의를 얻고 수도를 설치한다. 이 경우에서 이해할 수 있듯이 본 조의 신설에 의해 임차인에게는 환경이 좋아졌고 임대인에게도 임차물의 가격을 높일 수 있게 된다.

문제는 이러한 임차물의 가격을 높이기 위해 사용된 비용은 누가 부담하는가 이다. 본 조에서 임대인이 임차물에 대한 개조 또는 증설에 대한 동의여부를 기준으로 한다. 만일 임차인이 사전에 임대인의 동의를 얻지 않고 임의로 임차물을 개조 또는 증설을 한 경우는 임대인에게 개조비용을 부담할 의무가 없지만, 임대인의 동의를 얻은 경우에는 일반적으로 임대인이 임차물의 가치제고를 위한 유익비용으로서 그 개조에 소요된 비용을 부담하여야 한다. 그러나 중국의 실정법의 본 조에서 여기까지 명확하게 규정하지 않고 있다. 그러므로 이 문제에 대한 현실적 회답은 임대인의 동의를 얻은 경우는 개조 또는 증설한 이익이 임대인에게 돌아오며, 임대인의 동의를 얻지 않은 경우는 원상 회복하여 임차물을 임대인에게 반환하여야 하는 것으로 되어있다.

□ 사례

"갑" 자동차제조공장에서는 발동기 부속품을 가공하기 위하여 "을"공작기계공장과 임차계약을 체결하여 "을"공장에서 디지텔 공작기계를 임차하였다. "갑"공장에서 임차한 공작기계는 전용적인 공작기계가 아니므로 발동기 부속품 가공의 품질요구에 적합하지 않아 "갑"공장에서는 기술자에게 이의 개조를 하였다. 그러나 "갑"공장은 임차한 공작기계에 대한 개선 상황에 대하여 사전에 "을"공장의 동의를 구하지 않았다. 임차기한이 끝나고 "갑"공장에서 임차한 공작기계를 "을"공장에 돌려 줄 때, "을"공장은 "갑"공장에 임대한 공작기계구조가 변경 되었음을 발견하고 즉시 "갑"공장에 대하여 임차한 공작기계를 원상회복 시키고 상응한 배상을 할 것을 요구하였다. 본 사례에서 "갑"공장은 "을"공장의 동의를 구하지 않고 임의대로 "을"공장의 공작기계의 개선을 한 것은 본 조의 규정을 위반한 것이다. "갑"공장은 당연히 "을"공장의 요구에 근거하여 임차한 공작기계를 원상회복 시키고 "을"공장에 초래된 손실을 배상하여야 한다.

제224조 【임차인의 전대권】 임차인은 임대인의 동의를 얻어 임차물을 제3자에게 전대할 수 있다. 임차인이 전대한 경우에 임대인과 임차인 사이의 임대차계약은 계속 유효하고, 제3자가 임차물에 대하여 손실을 입힌 때에 임차인은 손실을 배상하여야 한다. 임차인이 임대인의 동의 없이 임차물을 전대한 경우에 임대인은 계약을 해제할 수 있다.

216) 刘文华 主编, 앞의 책, 332면~334면; 胡康生 主编, 앞의 책, 330면~321면.

■ 해설

본 조는 임차인의 전대권에 대하여 규정한 것이다[217]. 본 조에서 규정하고 있는 세 가지의 내용이다. 첫째, 임차인이 임차물을 제3자에게 전대하는 경우의 합법성이다. 둘째, 그 경우 사전에 임대인의 명시적인 동의 또는 암시적인 동의를 얻어야 한다. 셋째, 임차물을 제3자에게 전대할 경우 임차인과 제3자간의 임대차계약이 생기지만, 임대인과 임차인의 임대차계약 관계는 계속하여 존재한다. 넷째, 그러므로 임대인과 제3자는 직접적 법률관계가 존재하지 않는다. 다섯째, 따라서 전대한 임차물에 훼손이 생긴 경우 임차인은 임대인에게 손해배상의 책임을 진다.

만일, 임대인의 동의가 없이 임차인이 제3자에게 임차물을 전대한 경우는 위법행위가 될 뿐만 아니라 임대인은 계약해제권을 행사할 수도 있다. 만일 임대인이 계약해제권을 행사하지 않을 경우는 임차인과의 대차계약관계는 계속된다고 할 수 있다.

□ 사례

"갑"대외무역회사와 "을"인쇄공장은 건물차용계약을 체결하여 쌍방 당사자는 계약에서 "갑"회사는 "을"공장의 건축면적이 12,000㎡의 사무빌딩 청사 1동을 임차하고 임차기한은 15년이라고 약정 하였다. "갑"회사의 인원이 비교적 적기 때문에 온 청사를 다 쓸 수가 없어 비싼 가격으로 다른 두 무역회사에 임대를 하였다. 그러나 이 사무청사를 임대한 사항을 "을"공장에 통보하지 않았다. 그 후에 "을"공장에서 "갑"회사가 청사의 일부분을 제3자에게 전대한 사실을 알게 되었고, "갑"회사에게 제3자에 대한 전대계약을 중지할 것을 요구하였다. 동시에 "갑"회사에서 고가로 전대하여 제3자로부터 획득한 임대료의 차액부분을 "을"공장에 교부할 것을 요구하였다.

본 사례에서 "갑"회사는 임대인 "을"공장의 동의를 없이 임의적으로 임차한 건물을 제3자에게 전대한 것은 본 조의 전대에 관한 규정을 위반하였기 때문에 "갑"회사는 법에 의해 위약책임을 부담하며, "을"공장은 구체적 상황에 근거하여 일방적으로 "갑"회사와 체결한 임차계약을 해제할 수 있다.

제225조 【임차물의 사용수익권】 임대차 기간에 임차물을 점유, 사용하여 얻은 수익은 임차인의 소유로 귀속한다. 그러나 당사자가 별도의 약정이 있는 경우는 제외한다.

217) 夏志宏 主编, 앞의 책, 302면~303면; 刘文华 主编, 앞의 책, 334면~335면; 郭明瑞・房绍坤, 앞의 책, 515면.

■ 해설

본 조는 임차물의 점유·사용 및 수익에 대하여 규정한 것이다. 임차인이 임대인으로부터 임차물을 임대한 목적은 임차인이 직접 임차물을 점유 사용하여 얻을 수 있는 기타의 수익을 목적으로 한다. 따라서 본 조에서 약정한 경우를 제외하고 임차물로부터의 수익이 임차인에게 귀속되는 것은 당연한 것이다[218]. 즉 당사자는 임대기간에 임대수익의 귀속에 대하여 약정할 수 있다.

중국의 현행법에 따르면 토지의 사용권자는 토지사용권을 임대차할 수 있을 뿐만 아니라 토지의 사용권상에 있는 건축물도 기타의 귀속물과 함께 임대차할 수 있다. 이러한 의미에서 본 조는 임대인과 임차인의 사이의 이익분배를 확정한 규정이라고도 말할 수 있다.

□ 사례

"갑"회사는 "을"자동차임대회사에서 3대의 화물자동차를 임차하여 복건성에서 감귤을 북방 각 지역로 운송하였다. "갑"과 "을" 두 회사는 자동차임대차계약에서 "갑"회사는 "을"회사의 3대의 화물자동차를 임차하고, 임차기한은 20일, 차용기간에 자동차에 소요되는 기름 및 정상적인 수리는 "갑"회사가 책임지고, "갑"회사는서는 자동차를 적저하게 보관하고, "갑"회사의 인위적인 책임사고는 "갑"회사에서 책임진다고 약정하였다. "갑"회사는 3대의 자동차를 임차한 후, 복건성에서 북경, 하북, 동북 등의 지역에 감귤을 운송하여 20일 임차용기간에 인민폐 13만원의 순이익을 취득하였다. 본 사례에서 "갑"회사와 "을"자동차임대회사가 체결한 자동차 임대차계약은 비록 "갑"회사가 임차물을 사용하여 획득한 수익의 소속에 대하여 약정을 하지 않았지만, 본 조의 규정에 근거하여 "갑"회사가 "을"자동차를 임차하여 획득한 수익은 당연히 "갑"회사의 소유가 된다.

제226조【임차물의 임차료 지급】 임차인은 약정기한에 임차료를 지급하여야 한다. 지급기한에 약정이 없거나 또는 약정이 불명확으로 본 법의 제61조 규정에 의하여도 확정할 수 없으며, 그 임대차기간이 1년 미만인 경우는 임대차기간이 만료한 때 지급하고, 임대차기간이 1년 이상인 경우는 매 1년의 기간이 만료될 때 지급하며, 임대차기간의 남은 기간이 1년 미만인 경우에는 그 기간이 만료한 때 지급한다.

■ 해설

본 조는 임차물의 임차료 지급에 관하여 규정한 것이다[219]. 임차료는 임대물의

---

218) 夏志宏 主编, 앞의 책, 305면; 胡康生 主编, 앞의 책, 334면.

사용에 대하여 지급하는 대가이다. 임차료의 지급은 암차인의 주요한 의무이다. 임차인은 약정한 시간, 장소, 조건과 기준에 따라 임차료를 지급하여야 한다. 본 조의 의도는 후일 임차물의 임차료 지급에 관한 분쟁을 회피하기 위한 것이며 동시에 당사자에게 약정이 없을 경우 그것을 보충하는 역할을 한다. 본 조의 규정에서는 임차료의 지급기한은 첫째, 먼저 당사자의 약정을 존중한다. 둘째, 당사자 사이에 약정이 없었거나 합의를 이루지 못한 경우 일반적으로 임차계약기간 만료 시 지급하는 것으로 되어 있다.

□ 사례

"갑"은 "을" 동료의 주택 1채를 임차하였다. "갑"과 "을" 쌍방이 체결한 임대차계약에서 "갑"은 "을"의 사용면적은 75㎡, 1거실 2룸 주택 한 채를 임차하고 임차기한은 2년, 월 임대료는 인민폐 1,800원, 수도세와 전기비용 등의 비용은 "갑"이 부담한다고 약정하였다. 쌍방은 또 임대료는 두 달에 한 번씩 지불하고 지불날짜는 두 번째 달의 5일 전으로 약정하였다. "갑"은 이사를 간 후에 제때에 임대료를 지불하였다.

제227조【임차인의 임차료 미지급】 임차인이 정당한 이유 없이 임차료를 지급하지 않거나 또는 그 지급을 지연한 경우에 임대인은 임차인에게 합리적인 기간 내에 지급할 것을 요구할 수 있다. 임차인이 기간을 지나 지급하지 않는 경우에 임대인은 계약을 해제할 수 있다.

■ 해설

본 조는 임차인의 임차료 미지급 또는 지연지급에 관하여 규정한 것이다. 먼저, 임차인의 임차료 지급의무에 있어서 임차인은 정당한 이유없이 임차료를 지불하지 않거나 또는 임차료의 연체지급을 해서는 안 된다. 그리고 임차료의 위약지급의 경우에 법률적 위약의 결과에 대한 것을 규정하고 있다. 본 조에서는 본질적으로 임대인에게 임대차계약 관계를 해제할 권리를 부여한 규정이다[220]. 즉 임차인은 제226조의 규정에 의해 약정대로 임차료를 지급할 의무가 있다. 만일, 정당한 이유없이 임대료를 지급하지 않았거나 지연한 경우에 임대인에게는 임대차계약 관계 해제 여부의 선택권이 있다.

'합리적인 기간 내에 지급한다'에서 '합리적인 기간'이란 일반적으로 사람들이 이해할 수 있는 기간을 말하는데, 실질적으로는 임대인의 주관에 맡겨지는 실정이다.

---

219) 刘文华 主编, 앞의 책, 338면; 柴振国 何秉群 等, 앞의 책, 435면.
220) 夏志宏 主编, 앞의 책, 306면; 胡康生 主编, 앞의 책, 336면.

□ 사례

"갑" 대외무역회사는 업무상의 필요성으로 "을"회사의 560㎡되는 7칸의 사무실을 임차하였다. 쌍방 당사자는 건물임대차계약에서 월 임대료가 총 인민폐 2만원이라고 약정하였다. 임대료의 지불기한은 쌍방이 체결한 계약에서 4/4분기에 한 번씩 지불하고 4/4분기의 마지막 달 20일 이내에 지불하여야 한다고 약정하였다. "갑"회사가 "을"회사의 건물을 차용한 2/4분기에 "갑"회사의 재무담당 직원이 출장 중이므로 제때에 임대료를 지불하지 못하였다. "을"회사의 재촉으로 "갑"회사의 재무담당 직원이 출근한 후 3일이 지나서야 그 임대료를 "을"회사에 교부하였다. 그 후 4/4분기의 건물임대료는 지불기간이 3개월 지나도록 교부하지 않고 있었다. "을"회사는 여러 차례의 재촉을 했지만 결과가 없어서 더 큰 손실을 모면하기 위하여 일방적으로 "갑"대외무역회사와 계약의 해제를 결정하였다. 본 사례에서 "갑"회사는 "을"회사의 건물을 임차한 2/4분기 때 객관적인 원인으로 임대료 교부기일을 연기하였고, "을"회사의 재촉을 받고 합리적인 기한 내에 "갑"회사는 임대료를 지불하였다. 4/4분기 때 "갑"회사는 제때에 임대료를 지불하지 않았고 "을"회사가 여러 차례 재촉한 후에도 여전이 지불하지 않았다. 이런 상황하에서 "을"회사는 일방적으로 "갑"회사와 건물임대차계약을 해제하는 것은 본 조의 규정에 부합된다 할 것이다.

제228조【임대인의 무하자담보책임】 제3자가 임차물에 대한 권리를 주장함으로써 임차인이 사용, 수익할 수 없는 경우에 임차인은 임차료의 감액 또는 임차료를 지급하지 않을 것을 요구할 수 있다. 제3자가 권리를 주장하는 경우에 임차인은 즉시 임대인에게 통지하여야 한다.

■ 해설

본 조는 임대인의 무하자담보책임과 임차인의 통지의무에 관하여 규정한 것이다. 임대차계약은 유상·쌍무계약으로 각 국의 계약법에서는 보통 매매계약의 매도인와 동일하게 임대차계약의 임대인에 대하여 무하자담보책임을 의무로 부여한다[221]. 이 경우의 무하자담보책임에는 임차물과 임차인의 권리가 포함된다. 만일 임차인의 권리에 하자가 있을 경우, 예를 들면 제3자가 임차물에 대한 권리를 주장한 등의 경우에 임차인의 수익성이 손해 받을 가능성이 충분히 존재하기 때문이다. 동시에 임차인에게는 임대료의 감액 또는 무료를 주장할 수 있다. 또한 하자가 중대하여 계약의 목적을 실현할 수 없는 경우는 계약을 해지하고 손해배상 청구를 할 수 있다.

그리고 임차물에 대하여 제3자가 권리를 주장한 경우에 임차인은 신속하게 임대

221) 刘景一 主编, 앞의 책, 675면~676면.

인에 대하여 통지의무가 있다. 그러므로 이 통지의무를 이행하지 않았다 하여도 임차인이 임대인에 대하여 임대료의 감액 또는 무료를 주장할 권리가 소멸하는 것은 아니다.

□ 사례

"갑"회사는 회사의 직원들을 조직하여 교외로 봄 여행을 떠나기 위하여 "을"여행사로부터 중형객차를 임차하였다. 봄 여행 가는 도중에 객차는 공안국에서 밀수 차량 단속으로 저지당하였고, 검사결과 밀수 수입 차라는 것을 발견되어 공안기관에 즉각 몰수당하였다. "갑"회사의 직원은 교외로 봄 여행을 갈 수 없게 되어 다른 차량을 타고 그냥 돌아오게 되었다. "갑"회사는 "을"여행사에 임차료 반환을 요구하였고, 동시에 "갑"회사의 경제적 손해배상을 요구하였다. 본 사례에서 "을"여행사에서 사용한 차량은 밀수차로 권리상 결점이 있었다. 그러므로 당연히 규정에 근거하여 "갑"회사의 임차료를 환불하고, 동시에 "갑"회사에 대하여 경제적 손해를 배상하여야 한다.

제229조【계약기간 중의 처분권】 임대차기간 내에 임차물에 소유권의 변동이 발생하여도 임대차 계약의 효력에 영향을 주지 않는다.

■ 해설

본 조는 임대차계약기간 중의 소유권이전에 즉 처분권에 동반되는 임대차계약의 영향에 관하여 규정한 것이다. 임대인은 임차물의 소유권과 기타 용익권을 갖고 있기 때문에 그 임차물에 대한 일정한 처분권을 갖는다[222]. 그러나 이러한 권한 행사는 임대차계약의 효력에 영향을 미치지 못한다. 즉 본 조에서는 임대차계약기간 중에 임차물의 소유권 이전이 되더라도 임차인의 수익권리 보호를 우선으로 한다는 것을 명확히 하고 있다.

□ 사례

"갑"회사는 "을"회사의 사무실 청사 9층의 980㎡ 사무실 전부를 임대차하였고 임차기한은 10년이다. "갑"과 "을" 두 회사는 임대차계약을 체결한지 얼마 되지 않아 "을"회사가 사무실 청사를 건설할 때 은행차관을 갚을 능력이 되지 않아 "병"회사에 이 사무실 청사를 팔았다. 이 해결을 위해 "갑"회사, "을"회사와 "병"회사는 협의하여 "갑"회사는 계속 9층의 사무실을 임차하고 임대료, 차용기한을 변치 않으며, 임대인은 "을"회사로부터 "병"회사로 변경 되었다.

---

222) 徐景和 主编, 앞의 책, 343면~344면.

본 사례에서 "갑"회사가 임차한 사무실의 소유권이 변동하였지만, 법률적 규정에 의하면 계약의 효력에는 영향이 없다. 따라서 세 당사자는 이에 대한 약정을 하였고, 임대차계약에 대하여 주체변경을 진행하였다.

제230조【임차인의 우선구입권】 임대인이 임대차 건물을 매각하는 경우에 매각 전의 합리적인 기간 내에 임차인에게 통지하여야 하고, 임차인은 동등한 조건으로 우선구입권을 갖는다.

■ 해설

본 조는 임대차계약기간 중에 임차인은 임차물의 건물을 동등한 조건에서 우선적으로 구입할 수 있는 우선구매권에 대하여 규정한 것이다[223]. 첫째는 임대인이 임대한 건물을 매각하는 경우에 임대인은 즉시 임차인에게 통지할 의무다. 즉 임대인은 임대한 건물을 매각할 때, 매객하기 전에 임차인에게 합리적인 기한 내에 통지하여야 한다. 둘째는 임차인은 임대인이 매각하려는 목적물에 대하여 동등한 조건에서 우선 구매권을 향유한다. 동등한 조건에서 우선적으로 구입할 수 있는 우선구입권은 민법상 우선권의 하나이다. 따라서 본 조에서 규정하는 임대인이 임대차계약기간 중의 건물을 매각하는 경우 '합리적 기간 내에 통지하여야 한다'는 의무는 하나의 법정의무로 이 의무를 임대인이 이행하지 않은 경우에는 가령, 임대인과 제3자간의 임대차 건물의 매매계약은 무효가 된다. 통지하는 경우의 '합리적 기간 내'란 임차건물 중의 매매계약 체결하기 전 3개월이 타당하다[224].

□ 사례

"갑"은 "을"과 주택임대차계약을 체결하였다. 계약에서 "갑"은 "을"의 단층집 세 칸을 차용하고, 사용면적은 75㎡, 차용기한은 2년, 임대료는 매년 인민폐 12,000원이고, 반년에 한 번씩 지불하기로 약정하였다. "갑"이 1년 임차한 후 "을"이 돈이 필요하여 인민폐 180,000원에 팔려고 내놓았다. "갑"은 가격이 너무 비싸기 때문에 "을"에게 가격을 인민폐 150,000원이면 구매하겠다고 요구했지만, "을"은 동의하지 않았다. 그 후에 "을"은 인민폐 180,000원에 "병"에게 팔았다. 세 당사자는 협의를 통하여 "병"은 "갑"이 기한이 될 때까지 계속 이 주택을 임대차하는 것을 동의하며 주택 소유권이 이전된 후의 임대료는 "병"이 받기로 하였다. 본 사례에서 "을"이 인민폐 180,000원의 가격에 판매하려 할 때 동등한 조건하에서 "갑"은 동등조건 우선

223) 夏志宏 主编, 앞의 책, 309면; 刘文华 主编, 앞의책, 342면; 胡康生 主编, 앞의 책, 340면.
224) 최고인민법원의 '关于贯彻执行〈中华人民共和国民法通则〉若干问题意见' 참고.

구매의 권리를 향유하고 있지만, "갑"은 이 주택의 가격이 너무 비싸다고 하여 구매를 하지 않았기 때문에 "을"은 제3자에게 판매할 수가 있었다. 만약 후에 "을"이 인민폐 150,000원에 "병"에게 팔았다면 "을"은 당연히 "갑"에게 다시 한번 구매의사를 확인하여야 한다. 그렇지 않았다면 "을"은 본 조의 규정을 위반한 경우가 된다. 그것은 "갑"이 이미 인민폐 150,000원이면 구매할 것이라는 의사표시를 하였기 때문에 여전히 동등한 조건에서는 우선구매권이 있다는 것이다.

제231조 【임차물의 위험책임부담】 임차인의 책임 없는 사유로 임차물의 부분 또는 전부가 훼손, 멸실된 경우에 임차인은 임차료의 감액 또는 임차료를 무료로 할 것을 요구할 수 있다. 임차물의 일부 또는 전부가 훼손, 멸실하여 계약의 목적을 실현할 수 없는 경우에 임차인은 계약을 해제할 수 있다.

■ 해설

본 조는 임차물의 위험책임부담에 관하여 규정한 것이다. 본 조의 규정에서 임차인의 책임 없는 사유로 임차물의 부분 또는 전부가 훼손, 멸실된 경우에 첫째, 임차인은 임대인에 대하여 임차료의 감액을 요구할 수 있다. 이 경우의 청구는 임차인의 책임이 없는 사유에 의해 임차물이 훼손 또는 멸실을 받은 이후에 대한 감액청구라는 것에 유의할 필요가 있다. 동시에 임차물의 수리 및 손해배상 청구도 가능하다. 둘째, 임차인의 책임 없는 사유로 인해 임차물이 훼손 또는 멸실한 경우에 임차료 지급을 거부할 권리를 갖는다. 셋째, 동시에 계약의 목적 달성에 영향이 있을 경우는 임대인에게 임차인은 계약해제를 청구할 수 있을 뿐만 아니라 임차인의 수익성에 손실이 있을 경우에도 그 손해배상을 청구할 수 있다.

임차인의 책임 없는 사유라는 것은 자연재해 또는 임대인의 책임에 귀속되는 과실 등의 사유를 포함한다. 또 본 조에서 말하는 '멸실'에는 국가에 의한 임차물의 수용도 포함된다.

□ 사례

"갑"은 "을"이사짐센터의 자동차 1대를 임차하여 이사를 하였다. 운송과정에 이 차의 제동시스템이 갑자기 고장이 나서 행인을 피하다가 길가의 전봇대에 부딪쳐 자동차가 상당히 파손되어 운행할 수 없게 되었고 전봇대도 부러져 넘어져 버렸다. "갑"은 이로 인하여 "을"이삿짐센터에 임대료를 환불하고 차량임차계약을 해제 할 것을 요구하였다. 본 사례에서 자동차가 이사하는 과정에서 제동시스템의 고장으로 자동차가 상당히 파손되어 운행할 수 없게 되였지만, 그 원인은 자동차 자체의 결함으로 "갑"의 원인이 아니다. 그러므로 "갑"은 "을"이삿짐센터에 임대료를 환불하고 임차계약의 해제를 청구할 권리가 있다.

제232조【부정기임대차계약】 당사자가 임대차기간을 약정하지 않았거나 또는 불명확하여 본 법의 제61조 규정에 의하여도 확정할 수 없는 경우는 부정기임대차계약으로 본다. 당사자는 수시로 계약을 해제할 수 있다. 그러나 임대인이 계약을 해제할 때는 합리적인 기간 전에 임차인에게 통지하여야 한다.

■ 해설

본 조는 제215조의 연장으로 부정기임대차계약에 관하여 규정한 것이다[225]. 부정기임대차게약은 당사자가 임대기한에 대하여 그 기한이 고정적이지 않는 경우를 말한다. 본 조는 당사자가 임대차기간을 약정하지 않았거나 또는 불명확하고, 계약의 효력이 발생한 후 당사자 쌍방이 본 법의 제61조 규정으로도 임대기간에 대하여 협상을 확정할 수 없을 경우, 그리고 거래 습관 또는 기타 방식으로 임대기간을 확정할 수 없을 때는 부정기임대차계약으로 본다.

본 조에서는 임대차계약에 관한 최장기간에 관한 제한 규정은 있어도 최단기간에 대해서는 규정하고 있지 않다. 원래 계약기간이라고 하는 것은 당사자가 계약을 체결할 때 결정하는 문제로 그때 계약기간을 결정하지 않으면 또는 그 결정이 명확하지 않을 경우에는 제61조의 규정에 의해 자주적 협의로 보충할 수도 있다. 그래도 해결하지 못한 경우는 본 조의 규정에 따라 비영구성의 부정기임대차계약으로 임대인 또는 임차인은 수시로 계약해제를 상대방 당사자에게 신청할 수 있는 임의성 계약으로 한다. 만일 계약내용의 변경을 상대 당사자에게 신청한 경우는 관습과 신의성실의 원칙에 따라 협의하여 실시한다.

□ 사례

"갑"은 "을"의 주택일 임차한지 10년이 되었다. "갑"과 "을" 쌍방 당사자가 당초에 주택임대차계약을 체결할 때 임차기한에 대하여 약정하지 않았다. "을"은 아들이 결혼하여 주택이 필요하게 되어 "갑"에게 임대차계약의 해제를 요구하였다. 동시에 "갑"에게 1개월 내로 이사할 것을 요구하였다. 이에 대하여 "갑"은 당연히 적극적으로 이사할 집을 찾고 "을"의 주택에서 이사 나와야 한다.

225) 夏志宏 主编, 앞의 책, 312면~313면; 刘文华 主编, 앞의 책, 346면.

제233조【임차인의 계약해제】 임차물이 임차인의 안전 또는 건강을 해할 우려가 있는 경우는 임차인이 계약을 체결한 때 그 임차물의 품질이 불합격인 것을 명확히 알고 있을 때도 임차인은 수시로 계약을 해제할 수 있다.

■ 해설

본 조는 임차물의 하자 및 임차인의 인신의 안전 또는 건강에 대하여 임차인 단독 계약 해제권에 대하여 규정하고 있다[226]. 여기서는 임차물이 임차인의 안전 또는 건강을 해칠 경우는 수시로 계약을 해제할 수 있다. 임대차계약은 유상・쌍무계약이기 때문에 임대인은 매도인과 같은 하자담보책임을 진다. 그러므로 인도한 목적물에 하자에 대한 물적담보책임을 진다[227].

임차물의 하자책임은 임차인의 정상적인 사용 및 수익에 대한 하자를 말하는 것이다. 임차물에 하자가 있어 임차인이 임차물의 해제를 임대인에게 요구할 수 있는 요건은 첫째, 임차물의 하자는 인도 전 또는 인도 시에 이미 존재하고, 그 하자가 임차인의 안전과 건강을 해할 위험이 있는 경우이어야 한다. 예컨대, 계약 시에 임차인이 임차물에 하자가 있다는 것을 승인하였다 하더라도 임차인의 계약해제권은 당연히 유효하다. 둘째, 임차인에게 안전과 건강을 해하는 위험이 있는 하자가 인도 후에 발생한 경우도 그것이 임차인의 책임이 없는 사유에 의한 경우에 임차인은 당연히 계약해제권을 행사할 수 있다.

□ 사례

"갑"은 A도시에 일하러 왔다. "갑"은 "을"의 단층집 한 칸을 임차하였다. "을"의 단층집은 오랫동안 수리하지 않아 이 도시 정부부처에서 규정한 위험건물 범위에 속하였다. "갑"은 이 집의 상태를 살펴 보았지만, 방금 A도시에 온지 얼마 되지 않고 집을 임차하기도 쉽지 않아서 이 집이 임차료도 싸고 해서 "을"과 주택임대차계약을 체결하였다. 계약에서 "갑"은 이 집을 임대하고, 기한은1년, 매월 임차료는 인민폐 500원, 수도세와 전기요금 등은 포함하지 않는다고 약정하였다. 계약에서 만일 어느 일방이 계약의 약정을 위약하면 상대방에게 잔여기간 임차료의 2배를 위약금으로 한다고 약정하였다. "갑"은 임차한 집에서 3개월 동안 있은 후, 이 집이 너무 낡아 신변 안전에 위험이 있다는 것을 생각하여 "을"에게 임대차계약의 해제 를 요구하였다. "을"은 임대차계약의 해제에 동의 하였지만, "갑"이 그 후 9개월의 위약금 인민폐 9,000원의 지불을 요구 하였다.

---

226) 刘文华 主编, 앞의 책, 347면~348면; 胡康生 主编, 앞의 책, 344면.

227) 본 조는 제228조와 함께 임대인의 임차물 하자에 대한 담보책임제도를 구성한다.

본 사례에서 "갑"이 임차한 단층집은 위험건물에 속하며, 수시로 임차인의 안전에 위험이 있다. 비록 "갑"이 계약을 체결 할 때 이 집의 상황을 알고 있지만 본 조의 규정에 의하여 어제든지 주택임대차계약을 해제할 수 있다. 그리고 "을"이 "갑"에게 인민폐 9,000원의 위약금을 지불 요구는 본 법률의 규정에 부합되지 않고, 쌍방 당사자가 당시 체결한 계약의 약정에도 부합되지 않기 때문에 무효다.

제234조【임차인의 동거자 권리】 임차인이 건물 임대차기간 중에 사망한 경우에 임차인의 생전 동거인은 원래의 임대차계약에 의해 그 주택을 임차할 수 있다.

■ 해설

본 조는 임차인의 동거자 권리에 관하여 규정한 것이다. 본 조의 규정에 의해 만일, 건물 임대차계약의 임차인이 건물임대차 기간에 사망하게 되면 그 생전에 공동거주자는 원래의 임대차계약에 따라 그 주택의 임대기간이 만료할 때까지 임차힐 수 있다. 본 조의 입법 목적을 감안하여 임차인 생전의 동거자는 반드시 상속인이 아니더라도 그 거주권은 보장된다는 것으로 해석하는 것이 타당하다.

제235조【임차물의 반환의무】 임대차기간이 만료한 때 임차인은 임차물을 반환하여야 한다. 반환하는 임차물은 약정 또는 임차물의 성질에 의한 사용한 후의 상태에 부합하여야 한다.

■ 해설

본 조는 임차물의 반환의무에 관하여 규정한 것이다. 본 조는 임차인의 임대차기간 만료에 따른 반환의무와 임대물의 반환 요구에 대하여 규정하고 있다. 임대차계약이 만료한 경우 임차물은 원칙적으로 원상 회복하여 반환할 의무가 있다[228]. 그 경우에 임차인의 책임인 임차물 보관의무의 위반이 있은 경우에 임차인은 그 책임을 부담하여야 한다. 계약기간 중에 임대인의 동의를 얻어 임차물을 개조하여 수익성을 높인 경우에도 원칙적으로 원상 그대로 임대인에게 임차물을 반환하여야 한다. 그 개조가 임대인의 동의를 얻지 않은 경우에 임차인은 임대시의 원상으로 임차물을 회복시킬 의무가 있다.

---

228) 夏志宏 主编, 앞의 책, 315면~316면; 胡康生 主编, 앞픠 책, 346면; 郭明瑞·房绍坤, 앞의 책, 517면 이하 참조.

□ 사례

"갑"은 "을"의 주택을 임차하였는데, 임차기한이 만료되어 "갑"은 임차한 주택을 "갑"에게 돌려주려고 하였다. "갑"과 "을"은 공동 검사를 하고 이 주택이 아래와 같은 변화가 있음을 발견하였다. 첫째는 베란다 유리가 두 장 깨지고, 두번째는 "을"이 당시에 깔았던 타일이 손상이 비교적 커서 교체가 필요하지만 이것은 정상적 사용의 마손이다. 이에 대하여 "갑"과 "을"은 협상을 통해 "갑"이 훼손한 유리의 창문에 동일한 색깔과 동일한 두께의 유리를 설치하고, 바닥은 "을"이 수리, 개조하기로 하였다. 본 사례에서 "갑"이 임차한 "을"의 주택 바닥 타일의 손해는 타일의 품질과 정상적 사용으로 인한 것이고, 베란다의 창문 유리는 "갑"의 책임으로 임차할 때와 다르기 때문에 "갑"은 당연히 원상회복 시켜서 유리가 없는 베란다의 창문에 유리를 끼워야 한다.

제236조【계약기간의 묵시적 갱신】 임대차기간이 만료한 때 임차인이 임차물을 계속 사용하고, 임대인이 이의를 제기하지 않은 경우에 원래의 임대차계약은 계속하여 유효하다. 그러나 기한을 정하지 않은 것으로 본다.

■ 해설

본 조는 임대차계약기한의 묵시적 갱신에 관하여 규정한 것이다. 임대차계약의 임대차기간 만료가 도래한 후에 당사자 쌍방이 임대차 관계를 중지한다는 명시적 표시를 하지 않고, 임대차기간을 계속 연장하는 경우에 실제 임차인이 계속 점유하고 임대물을 사용하는 것은 민사법률행위이다.

임대차계약의 갱신에는 명시적 갱신과 묵시적 갱신이 있다[229]. 명시적 갱신은 약정 갱신, 묵시적 갱신은 법정갱신이라고 한다. 전자의 명시적 갱신은 기간만료 시에 새로운 내용을 첨가한 계약 갱신이고, 후자의 무시적 갱신은 새롭게 계약을 체결하지 않고 당사자의 행위가 계속하여 계약관계로 존재하는 것을 말한다. 이 경우 계약의 내용에 변화는 없고 새로운 계약도 없는 채로 계약관계는 존재하지만, 다른 것은 계약기간이 부정기계약기간으로 된다.

본 조의 내용에서 알 수 있듯이 부정기계약기간에는 다음과 같은 것이 포함된다. 첫째, 갱신 후의 임대관계는 계약의 내용에 변화는 없고 계약기간이 부정기계약기간으로 된다. 둘째, 만일 임차인이 계속하여 그 임차물을 사용하지 않을 경우는 그 것을 묵시적 갱신으로 볼 수 없다. 셋째, 임차인이 계속하여 임차물을 사용하고 있는 것을 임대인이 묵인하는 것을 필요로 한다.

229) 夏志宏 主编, 앞의 책, 317면; 刘文华 主编, 앞의 책, 351면.

□ 사례

“갑”은 스스로 자금을 모아 연탄공장을 세웠고, “을”석탄회사의 생산설비를 임차하여 연탄을 생산하였다. “갑”과 “을”석탄회사는 임차계약에서 이 설비 임차기한은 1년, 년 임차료는 인민폐 6,000원, 반년에 한번씩 지불 하기로 약정하였다. 이 임차계약이 기한이 된 후에 “을”석탄회사는 임차계약을 종료할 것을 제기하지 않았고, “갑”도 계속 연탄가공설비를 사용하였다. 또 반년이 지나 “을”석탄회사는 “갑”에게 반년의 임차료를 교부할 것을 요구하자, “갑”은 임차기한이 이미 지난지 오램을 이유로 임차료 교부를 거절하였다. 이로 인하여 “을”석탄회사는 인민법원에 기소하여 “갑”이 “을”회사의 연탄가공설비를 돌려주고, 반년의 임차료를 지불 할 것을 요구하였다. 인민법원은 사건의 진상을 자세히 조사했다. 인민법원의 조정을 거쳐 “갑”은 임차한 “을”석탄회사의 연탄가공설비와 반년의 임차료 인민폐 3,000원을 함께 을 석탄회사에 돌려주었다. 본 사례에서 “갑”과 “을”석탄회사는 임차기한이 끝난 후 “갑”이 계속하여 연탄가공설비를 사용하는 것은 임차의 연기이다. “갑”은 당연히 임차계약과 계약법의 규정에 의하여 제때에 상응한 임차료를 지불하여야 하고, 임대인 “을”석탄회사가 계약의 해제를 제기하고 임차물을 환원할 것을 요구할 때 제때에 임차물을 돌려 주어야 한다.

제14장 시설대여계약

시설대여계약제도는 그 이용자가 첨단장비 특수한 공작기계 또는 항공기 등의 고가의 첨단설비를 도입하기 위하여 시설대여자가 자기의 자본으로 시설이용자가 원하는 제품을 구입하여 사용게하고 그 사용에 대한 수수료를 받으며, 그 시설 이용자는 적은 자본으로 필요한 목적물을 사용할 수 있어 상호 경제적 효과를 증대시킬 수 있는 제도이다. 시설대여계약에 대한 표현을 빌리자면 “닭을 빌려서 알을 낳게 한다”라고 할 수 있다. 여기에서 말하는 “닭”은 임차물이고, “알”은 기업이 임차물에 의해 산출한 임대비용을 포함한 총이익을 말한다. 시설대여는 중국의 개혁개방 정책아래 1980년대 시작되었기 때문에 특별히 이와 같은 계약방식을 보호하는 규정이 없었다. 중국계약법의 제정을 계기로 시설대여계약의 전문규정을 두게 된 것이다.

이상에서 이해할 수 있듯이 시설대여계약은 물건을 유통하여 융자에 이르기까지 유효한 수단의 하나라고 할 수 있다. 특히 자금이 부족한 기업의 경우는 이 시설대여를 통하여 설비의 갱신과 기술개조의 목적을 달성할 수 있을 뿐만 아니라 경우에 따라서는 필요한 설비의 소유권을 얻을 수 있는 중요한 수단이 되고 있다. 이 새로운 임대방식과 융자·투자형식은 점점 중국의 사회주의시장경제에서 중요한 지위와 역할을 하고 있다.

본 장은 제237조부터 제251조까지 모두 총 14개 조문으로 구성되어 시설대여계약의 개념, 목적물, 시설대여계약 당사자의 권리·의무, 위약책임 및 대여시설물의 귀속이라는 내용에 대하여 각각 규정하고 있다.

제237조【시설대여계약의 정의】 시설대여계약이란 대여시설 이용자가 선택한 매도인, 대여시설물에 근거하여 시설대여자가 매도인으로부터 대여시설을 매수하여 대여시설 이용자에게 사용하도록 제공하고, 대여시설 이용자는 시설대여료를 지급하는 계약이다.

■ 해설

본 조는 시설대여계약의 정의 대하여 규정한 것이다[230]. 본 조의 시설대여계약에 대한 개념정의에서 이해할 수 있듯이 설비대여계약이란 시설대여자를 매입자로 하여 시설이용자가 요구하는 규격의 목적물을 선택하고, 이것을 매도인으로부터 구입하여 시설이용자의 사용에 제공하고, 그 이용자가 대여료를 지급하는 계약을 말한다[231]. 따라서 이 계약에는 3인의 당사자인 시설대여자인 매입자, 시설이용자와 목적물의 제공자인 매도인이 존재하며 시설대여계약을 전제로 구매계약이 성립한다.

시설대여계약에는 다음과 같은 특징이 있다.

첫째, 시설이용자는 시설대여자에게 선택한 목적물을 구입할 것을 요구하여 시설대여자가 그 시설 매도인으로부터 그 목적물을 구입한다. 따라서 시설대여자는 시설이용자의 의사에 따라 선택된 목적물에 대한 매도인과 구매계약을 체결하기 때문에 물적 하자담보책임을 부담하지 않는다. 둘째, 시설대여 계약에는 두개의 계약이 있다. 하나는 시설대여자와 시설이용자 사이의 시설대여계약이고, 다른 하나는 시설대여자와 그 목적물의 매도인이 체결하는 시설물구매계약이다. 즉 표면적으로는 세 주체 사이에 두 개의 계약이 성립하는 시설대여계약의 특징이 있다. 셋째, 법적으로 시설대여 목적물의 소유권은 임대인에게 있지만, 사용권과 보관의무는 임차인에게 속한다. 따라서 그 목적물의 보수와 유지의무는 그 시설을 대여하여 이용자인 임차인이 부담한다. 넷째, 시설이용자가 시설대여자에게 시설대여 및 그 사용에 따른 시설대여료를 지급한다. 다섯째, 시설대여계약 만료 시 시설이용자는 일반적으로 그 대여시설물을 매수 또는 시설대여자에게 반환한다. 경우에 따라서는 시설대여계약의 갱신을 선택할 수도 있다.

---

230) 刘景一 主编, 앞의 책, 692면~694면; 谢怀栻 等, 앞의 책, 423면; 郭明瑞·房绍坤, 앞의 책, 526면 이하 참조.

231) 胡康生 主编, 앞의 책, 349면~351면.

제238조【시설대여계약의 형식】 시설대여계약의 내용은 대여시설물의 명칭, 수량, 규격, 기술성능, 검사방법, 시설대여기간, 시설대여료의 구성 및 그 지급기한과 방식, 통화의 종료, 시설대여계약의 기간이 만료한 때의 대여시설물의 귀속 등의 조항을 포함한다. 시설대여 계약은 서면 형식을 취하여야 한다.

■ 해설

본 조는 시설대여계약의 주요 조항과 서면계약에 의한다는 것을 규정한 것이다[232]. 시설대여계약이 미치는 법률관계는 복잡하며 또 그 금액도 크고 이행기간도 길며 서면형식에 따라야 한다는 것을 본 조는 규정하고 있다. 즉 시설대여계약의 내용은 비교적 중요한 조항으로 대여시설물의 명칭, 시설대여료의 지급기한과 방식, 쌍방의 위약책임 및 분쟁해결방법 등이 포함된다. 그러나 본 조에 규정되어 있는 내용은 법적으로 강제력을 가지지 않는 지도성 규정으로 시설대여 계약은 본 조에서 제시한 내용 이외에도 구체적 상황에 상응하여 당사자 사이에서 기타의 약정을 할 수 있다.

□ 사례

"갑"자동차제조회사는 독일로부터 자동차 발동기 생산라인을 도입하려 하는데 자금이 부족하였다. 그래서 "갑"회사는 "을"시설대여회사와 시설대여계약을 체결하였다. 계약에서 "갑"회사는 "을"회사로부터 새로운 자동차 발동기 생산라인 한 라인을 대여하기로 하고 "을"회사가 구입하고 그 목적물의 대금에 대하여 규정한다고 약정하였다. 쌍방은 또 차용기한은 8년, 두 번째 해부터는 매 반년에 한번씩 대여료를 지불하고, 시설대여료에는 대여물대금, 대부금 이자, 수입관세비용 및 2%의 임차수수료를 포함한다고 약정하였다. 시설대여료는 자동차의 발동기 판매소득을 위주로 하였다. 계약에서는 목적물의 기술성능, 검사방법, 대여료지불방식과 대여물의 귀속에 대하여 약정을 하였다.

제239조【권리의무관계】 대여시설이용자가 선택한 매도인과 대여시설물에 근거하여 시설대여자가 체결한 구매계약에서 매도인은 약정에 따라 목적물을 대여시설이용자에게 인도하여야 하고, 대여시설이용자는 수령한 목적물과 관련 있는 매수인의 권리를 갖는다.

■ 해설

본 조는 시설대여계약에서의 매도인과 시설이용자 사이의 권리·의무에 관하여

232) 柴振国 何秉群 等, 앞의 책, 447면~449면; 徐景和 主编, 앞의 책, 350면~351면.

규정한 것이다. 시설대여계약은 임대차계약과 구매계약의 시설대여가 서로 밀접하게 연결되어 있어 각각 독립성을 갖고 있으면서 또 완전히 분리할 수 없는 특성을 갖고 있다[233]. 시설대여자는 명의상 구매계약의 당사자이다. 그러나 시설대여자가 시설대여계약에 참여하는 주요 목적은 시설을 통하여 수익을 얻기 위한 것으로 그 중의 구매계약에서 이익을 얻기 위한 것이 아니다. 동시에 시설대여 목적물을 실제로 인도한 것도 아니다[234]. 시설대여계약이 순수한 임대차계약이 아닌 것은 그것이 임대차계약의 법률형식을 갖고 융자의 경제본질을 실현하는 이유로 매도인이 직접 대여 목적물을 시설이용자에게 인도하고 시설이용자가 시설대여자에 대하여 해당 목적물의 수령통지를 보내는 것으로 시설대여자의 대여 목적물의 인도의무가 이행되는 것이다.

따라서 시설대여계약상의 시설대여자는 구매계약상의 목적물 수령 권리자이지만, 시설대여자가 목적물을 구매하는 목적은 시설이용자에게 대여하여 사용하도록 하는 것이다. 그렇기 때문에 원가 절약을 위해 보통은 구매계약 중에서 시설대여자는 매도인과 직접 시설이용자에게 인도의 약정을 체결한다. 시설이용자는 해당 목적물을 수령한 뒤에 검사를 거쳐 문제가 없으면 수령증을 시설대여자에게 송부하고 그에 따라 시설대여자는 그 목적물의 소유권을 얻고, 시설이용자는 사용권을 얻으며 매도인은 인도를 완료한다. 이상에서 이해할 수 있듯이 시설이용자는 목적물의 인도와 관계하는 매수인으로서의 권리와 의무를 향유하는 것이다.

□ **사례**

"갑"칼라TV공장과 "을"시설대여회사는 시설대여계약을 체결하였다. 계약에서 "갑"공장은 리스방식으로 "을"회사를 통하여 국외 "병"회사의 생산라인을 구입한다고 약정하였다. 계약에 "병"회사는 FOB조항에 의해 상해 항구까지 운송하고 관련된 비용은 약정한 대로 매수인이 부담해야 할 부분을 "갑"공장에서 부담한다고 약정하였다. 대여물이 상해 항구에 도착한 후 "갑"공장은 기술자와 관련 인원을 파견하여 약정대로 목적물을 수령하고, 동시에 계약에서 약정한 품질검사를 하였으며 검사에 합격한 후 "갑"공장는 이 설비를 회사로 운송하여 설치를 진행하였다.

본 사례에서 "갑"공장 기술자는 시설대여회사가 매입하여 "갑"공장에 임대한 설비에 대하여 접수 및 검사를 진행하였다. 이것은 매수인의 권리를 행사한 것이다.

233) 刘文华 主编, 앞의 책, 357면~356면. 夏志宏 主编, 앞의 책, 328면~329면.
234) 따라서 시설대여계약의 이행 과정에서는 구매계약의 매도인이 시설대여 목적물의 직접적 인도를 부담하고, 시설대여자가 간접적으로 그 목적물의 인도의무를 지는 것에 불과하다.

제240조【배상청구의 협조의무】시설대여자, 매도인 및 시설이용자는 매도인이 매매계약의 의무를 이행하지 않아 생긴 배상청구권에 대해서 계약으로 시설이용자가 배상청구권을 갖는다고 약정할 수 있다. 시설이용자가 배상을 청구할 권리를 행사할 때는 시설대여자는 협조하여야 한다.

■ 해설

본 조는 매도인이 구매계약의 의무 불이행의 경우에 배상청구권에 관한 협조의무에 대하여 규정한 것이다. 시설대여계약에서 사실상 관심을 가져야 하는 것은 시설대여자가 아니라 시설이용자다. 따라서 일반적으로 시설대여계약 중에서 시설대여자, 매도인, 시설이용자 3자가 목적물 매도인이 그 구매계약을 이행하지 않은 경우 시설이용자는 시설대여자로부터 양도 받은 배상청구권을 행사하여 매도인에게 배상청구를 할 수 있도록 하였다. 시설대여자로부터 배상청구권을 양도 받은 것은 시설이용자가 자기의 합법적 권익을 보호하는 것으로, 만일 소송을 제기했을 경우 원고의 지위를 갖고 자기의 실태권리와 소송권리를 탄력적으로 처리할 수 있는 중요한 의미를 갖는다. 또 이러한 채권의 양도는 채권의 가분성을 전제로 소송에서는 시설대여자가 자료와 정보를 등을 제공하고 기타 필요한 도움을 협조할 의무를 진다.

□ 사례

"갑"통신회사는 "을"시설대여회사를 통하여 국외 "병"회사가 생산한 이동통신교환기를 리스하였다. "갑"과 "을" 두 회사는 시설대여계약에서 이 설비는 "병"회사가 중국 심천에서 교부하고 "을"회사에서 수령한다고 약정하였다. 계약에서는 또 "을" 회사는 "병"회사가 매매계약의 의무를 위반하였을 때 손해배상 청구권을 "갑"통신회사에 양도하여 "갑"회사가 행사한다고 약정하였다.

본 사례에서 "갑"통신회사에 "병"회사가 교부한 이동통신 교환기를 수령 한 후, 검사를 통하여 이 설비의 사양이 매매계약에서 약정과 부합하지 않고, 이미 사용했던 것이며, 당연히 도태되어야 할 설비였다. 이로인하여 "갑"통신회사는 계약에서 약정한 대로 법에 의해 "병"회사에 합격된 설비로 교환할 것을 요구하고 동시에 교부의 지연으로 "갑"통신회사에 초래된 경제적 손해의 배상을 청구하였다.

제241조【구매계약의 변경】대여시설이용자가 선택한 매도인과 대여시설물에 근거하여 시설대여자가 체결한 구매계약에 있어서 대여시설이용자의 동의 없이 대여시설이용자와 관련 있는 계약 내용을 변경하지 못한다.

■ 해설

본 조는 시설대여계약 중의 구매계약의 변경에 대하여 규정한 것이다. 시설대여계약은 비교적 장기간이면서 고가의 물품을 대상으로 하는 것이 일반적이기 때문에 시설대여자가 이 계약을 임의로 변경할 경우는 그 계약의 목적을 실현할 수 없을 뿐만 아니라 뜻하지 않는 손해를 입게 된다.

따라서 시설대여자의 구매계약은 시설이용자의 요구에 따른 것으로 시설대여계약 중에서는 일반 매매계약의 요건을 만족시켜야 하는 외에 다음과 같은 특정조항도 명확히 하여야 한다. 첫째, 매도인에게 본 계약의 목적물이 시설대여자가 구매하여 시설이용자에게 대여하는 것이라는 것을 알려주어야 한다. 둘째, 매도인은 계약에 약정된 설비규격, 형질번호, 품질지표 및 성능 등의 조건이 모두 시설이용자의 사용 목적에 부합된다는 것을 보증한다. 셋째, 매도인은 대여 목적물에 대한 품질보증 및 A/S를 시설이용자에게 직접 한다. 넷째, 구매계약은 시설대여자와 시설이용자 사이의 시설대여계약이 발효한 다음 유효하게 된다. 다섯째, 시설이용자는 구매계약의 전모든 조항에 대하여 동의한다. 이상은 특별히 명기하는 조항으로 시설이용자의 동의 없이 임의로 구매계약의 변경을 진행하는 것은 일반적으로 허용되지 않는다. 즉 시설대여계약 원래 취지의 목적을 보호하고 거래의 공평성을 유지하기 위한 조치라 할 수 있다.

□ 사례

"갑"공장과 "을"시설대여회사는 시설대여계약을 체결하였다. 계약은 "을"시설대여회사가 미국 "병"회사가 생산한 1세트의 날염설비를 구매하고, 가격이 미화 42.5만달러, 구매한 후 "갑"공장이 리스하여 사용한다고 약정하였다. "을"회사는 "갑"공장이 목적물의 기술매개의 변수, 품질요구 및 생산공장에 대하여 "병"회사와 매매계약을 체결하였다. 그 이후 "병"회사는 계약대금이 너무 낮다는 원인으로 "을"시설대여회사에 계약대금을 적당하게 증액할 것을 요구하였다. "을"시설대여회사는 "갑"공장의 동의를 얻지 않고 매매계약 목적물의 대금이 미화 42.5만달러가 47.8만달러로 변경하였다. 날염설비가 "갑"공장에게 교부된 후, "갑"공장은 아직 목적물대금이 변경한 것을 몰랐다. 그러므로 "갑"공장은 "을"회사가 목적물 대금 변경에 대한 "갑"공장의 동의를 얻지 않았다는 원인으로 대금변경을 승인하지 않았고 원래의 가격으로 "을"시설대여사에 임대료를 지불하였다. 본 사례에서 임대인 "을"이 임차인 "갑"의 동의를 얻지 않고 스스로 계약대금을 변경한 것은 본 조의 규정을 위반한 경우다.

제242조 【대여시설물의 소유권의 귀속】 시설대여자는 대여시설물의 소유권을 갖는다. 대여시설이용자가 파산한 경우는 대여시설은 파산재산에 속하지 않는다.

■ 해설

본 조는 대여시설물의 소유권 및 시설이용자가 파산했을 경우 시설대여자의 회수권에 대하여 규정한 것이다. 시설대여계약은 시설물의 대여를 목적으로 하는 계약이기 때문에 당사자 사이에 다른 특약이 없는 한 그 시설대여 목적물의 소유권은 시설대여자에게 있다. 대여시설물의 소유권에는 점유권과 배타성이 있는데 어떠한 사람일지라도 재산소유자의 권리를 침해하는 것은 허용되지 않으며 그것을 침범했을 경우 권리침해 행위를 구성하여 법의 추궁을 받는다. 따라서 시설이용자가 파산했을 경우에 시설대여자는 대여시설물 회수 권리를 행사할 수 있다. 그 이유로 그 대여목적물의 소유권이 시설대여자에게 있고 파산자의 파산재산이 아니기 때문이다[235].

□ 사례

"갑"기계공장과 "을"회사는 시설대여계약을 체결했다. 계약은 "을"회사가 "병"공장에서 제어선반 1세트를 구매해서 "갑"기계공장에 임대하며 임대기간은 5년으로 약정했다. 이 임대계약은 3년을 이행한 후에 "갑"기계공장의 생산경영의 부실로 재산이 채무를 변상할 수 없게되어 기간이 된 채무를 정산할 수 없었다. 채권자는 인민법원에 "갑"기계공장의 파산을 신청했다. 인민법원은 "갑"기계공장이 파산하여 빚을 갚은 절차에 들어가기를 재정했다. 청산조직위원회는 "갑"기계공장의 재산을 파산재산에 나누어 편입했다. 그러나 "갑"기계공장이 시설대여한 제어선반의 소유권은 임대자 "을"회사에 속하기 때문에 판산재산에 나누어 편입할 수 없다. "을"회사는 본 조의 규정에 의거하여 법에 따라 자기의 권리를 지키고 제어선반 회수를 요구하며 계약에 따라 합리적인 처리를 진행할 수 있다.

제243조 【시설대여료】 시설대여 계약의 시설대여료는 당사자가 달리 약정한 것을 제외하고는 대여시설물을 매수한 대금의 대부분 또는 전부와 시설대여자의 합리적인 이윤에 따라 확정한다.

■ 해설

본 조는 시설대여료에 대하여 규정한 것이다. 시설대여자는 보통 시설대여료의 취득을 목적으로 영업하는 자이고, 시설대여계약은 유상계약이기 때문에 시설물 대여에 따른 시설대여료를 취득할 권리가 있다. 시설대여료는 시설대여계약에서 중요한 조항이다. 이 시설대여금의 설정은 당사자의 약정에 의하며 당사자 사이에 대여

235) 파산 재산은 첫째, 파산수속 완료 이전에 그 재산이 파산자의 것이다. 둘째, 파산자가 독점하여 지배할 수 있는 재산일 것을 요구한다. 셋째, 파산수속에 의해 강제적으로 청산할 수 있는 재산일 것을 요구한다.

금에 관하여 특별한 약정이 없을 경우는 시설대여 목적물의 원가 총액 또는 대부분의 원가에 시설대여자의 합리적 이윤을 감안하여 확정하는 것이 일반적이다.

개괄적으로 시설대여료 구성 요소에는 다음의 몇 가지가 있다. 첫째, 대여시설물의 구매원가다. 일반적으로 대여시설물 구매의 대부분 또는 모든 원가를 계산에 넣는다. 둘째, 대여시설물의 잔여가치를 계산에 넣는다. 셋째, 은행 또는 기타의 금융기관으로부터의 융자이자를 계산에 넣는다. 넷째, 대여시설물 자산에 필요한 수속비용, 즉 영업원가를 계산에 넣는다. 다섯째, 시설대여자의 이윤을 계산에 넣는다. 여섯째, 시설대여기간을 감안하여 계산에 넣는다.

□ 사례

"갑"TV공장과 "을"회사는 VCD기 설비생산라인 시설대여계약을 체결했다. 쌍방 당사자는 시설대여계약에서 "을"회사가 "병"공장이 생산한 최신 VCD기 생산라인을구매해서 "갑"공장에 임대하여 사용한다고 약정했다. 임대기간은 5년, 제2년째부터 매 분기마다 임대료를 지불하여 모두 16번을 지불해야 한다. 그리고 쌍방은 임대료는 VCD기 생산라인의 가격, 운송비용, 설치비용, 보험비용 및 "을"회사가 "정"은행에서 빌려 주는 차관의 이자 등 원가에 의하여 총원기의 18%의 이윤을 더하고 임대료를 계산하며 임대료를 평균 지불한다고 약정했다. 임대기간이 완료되어 VCD기 생산라인 소유권은 "을"회사가 "갑"공장에게 무상 이전한다.

제244조 【하자담보의 책임】 대여시설물이 약정에 부합하지 않거나 사용의 목적에 부합하지 않는 경우에 시설대여자는 책임을 지지 않는다. 그러나 대여시설이용자가 시설대여자의 기능에 의지하여 대여시설물을 선택하거나, 시설대여자가 대여시설물의 선택에 관여한 경우는 제외한다.

■ 해설

본 조는 대여시설물의 하자담보의 책임에 대하여 규정한 것이다. 시설대여 목적물의 하자담보책임은 목적물이 법정 또는 약정한 품질과 부합하지 않을 경우의 책임이다. 일반적으로 시설이용자가 자기의 필요와 기능에 상응하여 그 목적물을 선택하고 그것을 시설대여자가 시설이용자의 요구에 맞게 시설대여계약을 체결하고 그 목적물을 구입하여 시설이용자의 사용에 제공하는 것이다. 그러므로 그 목적물의 하자담보책임은 시설이용자가 부담하여야 한다. 물론 시설대여자가 그 목적물을 구입할 때, 시설이용자의 선택 또는 기술적 문제에 관여했을 경우에 그 하자담보책임은 시설이용자가 지는 것이 아니라 시설대여자가 부담하여야 한다.

□ 사례

"갑"사료가공공장과 "을"리스회사는 시설대여계약 1통을 체결했다. 계약은 "을"리스회사가 "병"기계설비공장에서 1세트의 사료가공설비를 구매하며, "갑"사료가공공장이 임대하여 사용한다고 약정했다. 임대기간은 6년, 매 분기말 임대료를 지불한다. 이미 사료가공설비를 구매한 후, "갑"사료가공공장은 설치하여 조절을 진행했다. 가공을 시험을 통하여 이 세트의 설비에서 가공되어 나오는 사료의 품질은 그저 그렇고 가공 능력이 너무 낮아 계약의 약정과 "갑"사료가공공장이 이 세트의 설비를 구매했을 때의 사용목적에 부합하지 않는다는 것을 발견했다. 조사를 통하여 이 세트의 설비는 "갑"사료가공공장 생산과가 조사를 진행하고 현지 조사를 진행한 후, "을"리스회사에 구매를 요구한 것이다. 구매의 실책의 대한 원인은 "을"리스회사에게 있는 것이 아니다. 따라서 "을"회사는 이 세트의 설비에 대하여 책임을 부담하지 않는다.

第245조【시설이용자의 독점권】 시설대여자는 시설이용자의 대여시설물에 대한 점유와 사용을 보증하여야 한다.

■ 해설

본 조는 시설이용자의 대여시설물에 대한 독점권에 대하여 규정한 것이다[236]. 본 조에서는 시설대여계약 기간 중 시설대여자가 시설이용자의 독점권과 사용권을 보증해 줄 것을 요구한 조항이다. 이 조문은 시설이용자의 권리조항을 시설대여자에게 의무이행을 요구한 것으로 본 장의 기본 조항의 하나라고 할 수 있다.

第246조【제3자에 대한 침해책임】 대여시설이용자가 대여시설물을 점유한 기간동안 대여시설로 인하여 제3자에게 신체상의 상해나 재산상의 손해를 초래한 경우에는 시설대여자는 책임을 지지 않는다.

■ 해설

본 조는 제3자에 대한 침해책임에 대하여 규정한 것이다. 일반적으로 소유권자는 그 소유물의 제3자에의 인체에상해 및 재산상의 손해에 대하여 손해배상의 책임을 진다. 본 조에서는 시설대여계약 기간 중에 대여 시설물이 제3자의 신체 및 재산에 손해를 준 경우의 법적책임은 시설이용자가 부담하여야 한다는 것을 명확히 하였다[237]. 이 경우 고려되는 대여시설물이 제3자의 신체 및 재산에 손해를 줄 가능성이 있는 상

236) 상세는 郭明瑞·房绍坤, 앞의 책, 539면 이하 참조.
237) 夏志宏 主编, 앞의 책, 336면; 胡康生 主编, 앞의 책, 363면.

황은 다음의 경우가 있다. 첫째, 제조물에 의한 배상책임문제의 발생이다. 즉 제조물의 결함에 의해 대여시설물이 제3자의 신체 또는 재산에 손해를 준 경우에 시설대여자와 시설이용자는 연대하여 손해배상의 책임을 진다. 둘째, 고도의 위험작업으로 인한 손해배상책임의 발생이다. 이 경우는 중국민법통칙의 규정에 의해 시설이용자가 손해배상의 책임을 진다. 셋째, 건축물의 부속물로 인하여 발생한 손해배상책임문제다. 이것도 민법통칙에 비추어 시설이용자가 부담하여야 한다. 넷째, 환경오염책임으로 인한 손해배상책임의 발생이다. 그것이 시설이용자의 원인에 의한 경우는 시설이용자가, 제조물에 의한 경우는 매도인이 책임을 부담해야 하듯이 구체적 경우에 따라서 상응한 당사자가 배상책임을 져야 한다.

□ 사례

"갑"원양운송회사와 "을"리스회사는 임대콘테이너화물선의 시설대여계약을 체결했다. 계약은 "갑"회사가 리스방식으로 "을"회사가 구매한 "병"조선공장의 콘테이너 화물선을 임대했다. 화물선 임대기간에 화물선이 항구에 들어왔을 때 운전의 실수로 다른 정박하고 있는 화물선과 충돌했다. 이 화물선이 심각하게 손상했다. 보수 및 기타 손실은 모두 인민폐 200만원이다. 이 화물선의 보수비용 및 손실은 "갑"원양운송회사가 법률에 따라 배상해야 한다.

제247조【보관유지의무】 대여시설이용자는 대여시설물을 적당하게 보관, 사용하여야 한다. 대여시설이용자는 대여시설물을 점유한 기간 동안 보존의무를 이행하여야 한다.

■ 해설

본 조는 시설이용자의 대여시설물에 대한 보관 및 수리의무에 대하여 규정한 것이다. 즉 시설이용자는 시설대여 목적물에 대하여 선량한 관리자의 주의의무를 다하여야 한다는 것이다.

시설대여계약에서 보관의무는 임대차계약과 동일하게 임차인이 부담하고 수리의무는 양자의 규정이 다르다. 임대차계약에서 하자담보책임은 임대인이 부담하는 것인데, 시설대여계약에서는 임차인인 시설이용자의 의무로 되어 있다. 이것은 하자담보책임의 차이가 그 원인이다. 시설대여 기간 중 시설이용자가 대여시설물을 점유하고 있는 이상 그것을 타당하게 보관하고 사용하여야 함과 동시에 수리의 책임을 진다. 특히 제3자의 불법행위로 인한 목적물의 훼손 또는 멸실되지 않도록 할 의무가 있고 또한 그러한 방해나 침해에 대하여 적극적으로 배제할 의무를 지는 것은 당연하다. 왜냐하면 자기의 대여시설물에 대한 사용・수익, 보존의무가 있기 때문이다.

본 법의 제244조 규정에서부터 알 수 있듯이 시설대여자는 대여시설물에 대한 하자담보책임을 부담할 필요가 없다. 따라서 대여시설물에 대한 수리의무도 없다.

□ 사례

"갑"회사와 "을"리스회사는 시설대여계약 1통을 체결했다. 쌍방 당사자는 계약 에서 "을"리스회사가 구입한 "병"회사의 무선설비를 "갑"회사가 임대하여 사용한다고 약정했다. 이 세트의 설비 임대기간은 5년, 반년에 한 번씩 임대료를 지불한다. 임대기간이 종료하여 "을"리스회사는 이 임대물의 소유권이 "갑"회사로 무상 이전한다. 이 세트의 무선설비가 2년을 운행한 후, 자주 고장이 나타나 "갑"회사는 이 설비에 대하여 분해하여 수리를 했다. 모두 인민폐 16,000원이 들었다. 부분적으로 소프트웨어와 하드웨어를 교체했다. "갑"회사는 이 세트의 무선설비가 아직 "을"리스회사가 소유하고 있기 때문에 "을"리스회사에 보수비용을 지불하라고 요구했다. 그러나 "을"리스회사는 이에 대하여 거절했다.

본 조의 규정에 의해 "을"회사가 이 세트 설비의 보수비용을 거절하고 지불하지 않는 것은 타당하다.

제248조【시설대여료 미지급의 효력】 대여시설이용자는 약정에 의해 시설대여료를 지급하여야 한다. 대여시설이용자가 최고를 받은 후에도 합리적인 기한 내에 시설대여료를 지급하지 않는 경우에 시설대여자는 시설대여료 전액의 지급을 요구할 수 있고, 또 계약을 해제하여 대여시설물을 회수할 수 있다.

■ 해설

본 조는 시설대여료 미지급에 관한 법적효력에 대하여 규정한 것이다. 시설대여계약 기간 중 시설이용자는 계약의 약정에 따라 시설대여자에게 시설대여료를 지급하여야 할 기본 의무가 있다. 시설대여계약에는 지급방식, 지급장소, 지급기한, 화폐의 종류와 매회 지급 금액에 대하여 명확한 규정이 있다. 시설이용자는 그 약정에 따라 대여료를 지급할 기본의무를 이행하여야 한다.

만일 그 기본의무를 이행하지 않을 경우 시설대여자는 합리적인 기간 내에 그 지급의 최고를 할 권리가 있고 그래도 지급하지 않을 경우는 첫째, 시설대여계약의 기간이 만료하지 않았어도 시설대여료 전액의 지급을 청구할 수 있다. 둘째, 시설대여계약을 해제하여 대여시설물 회수를 할 수 있다.

□ 사례

"갑"항공회사와 "을"리스회사는 시설대여대계약 1통을 체결했다. 계약은 "을"회사가 리스방식으로 "병"회사가 제조한 민용 여객기를 구매해서 "갑"항공회사에 임대하여 사용한다고 약정했다. 이 비행기를 구매하는데 총대금이 미화 1076만달러가 들었다. 임대기간은 10년, 매 반년에 한 번씩 임대료를 지불하며 매번 평균 지불한다. 계약이 2년 지난 후, 민항 여객이 점점 줄고 기타 원인으로 "갑"항공회사가 결손이 심각하여 약정에 따른 제5번의 임대료를 지불할 수 없었다. "을"회사는 1개월 동안 최고하였지만, "갑"항공회사는 아직 지불하지 않고 있다. 이 때문에 "을"회사는 "갑"항공회사에 기간이 민료된 임대료를 지불하라고 다시 요구했다. 1개월 이내에 지불하지 않으면 계약을 해제하고 비행기를 회수한다고 하였다. "갑"항공회사는 마침내 기간이 된 임대료를 지불하였고, 계약해제의 위험을 피했다.

제249조【시설대여자의 계약해제】 당사자가 시설대여기간 만료 후에 대여시설물을 대여시설이용자의 소유로 귀속하기로 약정하고, 대여시설이용자가 이미 대부분의 시설대여료를 지급하였지만 잔액의 시설대여료를 지급하지 않아 시설대여자가 계약의 해제 또는 대여시설물을 회수하는 경우는 회수한 대여시설물의 가치가 대여시설이용자가 지급하지 않은 시설대여료 및 기타 비용을 초과했을 때에 대여시설이용자는 그 부분의 반환을 청구할 수 있다.

■ 해설

본 조는 당사자가 약정한 대여기간 만료에 의해 대여시설물은 시설이용자의 소유로 귀속하지만, 시설이용자가 시설대여료 및 계약해제시 대여물의 처리에 대하여 규정하고 있다. 즉 대여시설대여자의 계약해제 또는 대여시설물은 시설이용자의 소유을 회수하는 경우에 시설이용자의 대처에 대하여 규정한 것이다. 본 법이 제248조 규정에서 시설이용자가 계약의 약정에 의하여 시설대여료를 지급할 능력을 상실한 경우 예컨대, 계약기간 만료 후 대여시설물이 시설이용자의 소유로 귀속한다고 약정했어도 계약을 해제하고 대여시설물을 회수할 수 있다고 규정하고 있다. 본 조는 더 한층 진일보하여 만일, 회수한 대여시설물의 가격이 시설이용자의 미지급 대여료와 기타의 비용을 초과했을 경우에 시설대여자에게 시설이용자는 초과한 부분의 가치반환을 청구할 수 있다고 규정하고 있다[238].

본 조의 '대부분의 시설대여료'란 시설이용자가 계약기간 중에 지급하여야 할 총액의 최저 60% 이상의 대여료를 지급하는 것을말한다. 또 '기타 비용'이란 시설대여자가 계약해제와 대여시설물을 회수했을 때 사용한 모든 비용을 말한다. '부분의

238) 夏志宏 主编, 앞의 책, 339면; 胡康生 主编, 앞의 책, 249면.

반환'이란 회수된 대여시설물의 가격에서 시설이용자의 미지급 대여료 및 회수할 때 사용한 제비용을 제외한 뒤의 잔액의 전부 또는 일부분의 반환을 말한다.

□ 사례

시설대여계약에서 당사자 쌍방이 계약 만료 후에 대여시설물이 시설이용자의 소유로 귀속한다 약정했다. 그런데 시설이용자가 시설대여료 전액 중의 70%를 지급한 시점에서 자금의 결여로 인해 계속하여 잔액의 대여료를 지급할 수 없게 되었다. 이 때 시설대자자는 제248조의 규정을 근거로 계약을 해제하고 대여시설물을 회수하였다. 회수된 대여시설물의 가치가 인민폐 300만원으로 시설이용자의 미지급 대여료 인민폐 100만원, 경비 10만을 제외하여도 290만원을 초과하게 되었다. 이 금액은 본 조의 규정에 의해 시설이용자는 시설대여자에 대하여 전부 또는 부분적 반환을 청구할 수 있다.

제250조【계약만료와 대여시설물의 귀속】 대여시설이용자와 시설대여자는 시설대여 기간이 만료한 때 대여시설물에 대한 소유의 귀속을 약정할 수 있다. 대여시설물에 대한 소유의 귀속에 관하여 약정하지 않았거나 약정이 불명확하고 본 법 제61조에 의하여도 확정할 수 없는 경우에 대여시설물은 시설대여자의 소유로 귀속한다.

■ 해설

본 조는 계약만료에 따른 대여시설물의 귀속에 대하여 규정한 것이다. 본 조의 규정에 의해 계약만료 후 대여시설물의 귀속은 다음의 3가지 방법이 있다. 첫째, 자유계약의 원칙에 의해 계약 당사자가 결정한다. 둘째, 본 법 제61조의 규정에 따라 협의하여 보충계약을 체결한다. 셋째, 본 법 제61조의 규정에 의해서도 결정할 수 없을 경우에는 당초의 원칙에 반하여 시설대여자의 귀속으로 한다. 이것은 결국 위의 두 가지 방식으로도 해결할 수 없을 경우는 세번째의 방식으로 최종 결정한다는 것을 말한다.

□ 사례

"갑"냉장고공장과 "을"회사는 시설대여계약을 체결했다. 계약은 "을"회사가 "병"회사로부터 1세트의 최신형의 불소가 없는 냉장고 생산라인을 도입하여 "갑"냉장고공장에 임대하여 사용한다고 약정했다. 계약은 임대기간이 만료된 후, "을"회사는 인민폐 300만원의 가격으로 이 생산라인을 "갑"공장에 판매한다고 약정했다. 본 사례에서 "갑"공장과 "을"회사는 시설대여계약에서 대여기간이 만료된 후 목적물을 "갑"공장에 판매한다고 명확히 약정하였다.

제15장 도급계약

도급계약이란 수급인이 도급인의 위탁에 의하여 일을 완성하고, 그 일의 성과를 도급인에게 인도하고, 도급인은 수급인의 완성품을 수취함과 동시에 보수를 주는 계약을 말한다. 타인의 요청에 의하여 일정한 일을 완성하고 그 완성품을 인도하는 일방 당사자를 "수급인"이라고 하고, 타인에게 일정의 일을 완성할 것을 요구하고, 그 완성품을 인도 받는 일방 당사자를 "도급인"이라고 한다. 도급계약은 특수한 기술이나 지식을 갖고 있는 수급인에게 특정한 일의 완성을 주문하는 경우에 이용된다. 도급계약의 목적물은 도급인이 수급인에게 작업을 주문하고 완성품을 인도 받는 것으로 직접 노무의 제공을 목적으로 체결하는 고용계약과는 구별된다.

도급계약의 특성에는 다음과 같은 것이 있다. 첫째, 수급인은 엄격하게 도급인이 요구한 종류, 규격, 품질 등에 의하여 제작, 가공하는 것으로 일정한 특정성이 있다. 둘째, 도급계약에는 작업의 성과를 인도하는 계약으로 작업의 성과가 완성되는 과정의 모든 위험을 수급인이 담보한다는 것이 이 계약의 특징이다. 셋째, 도급계약에서는 수급인은 작업을 완성시키고 또 그것을 상대방에게 인도할 의무가 있고, 도급인은 완성품을 인도 받고 그에 대한 보수지급 의무가 있는 쌍무・유상계약이라는 특징이 있다. 쌍무계약인 이상 당사자 쌍방에게는 이행의 항변권, 불안의 항변권 및 이행청구권이 있다. 넷째, 쌍방의 의사표시가 일치한 것으로 서면과 일정의 형식을 필요로 하지 않고 성립하는 낙성계약으로 도급계약은 성립할 수 있다.

수급인의 주요한 의무는 다음과 같다. 첫째, 약정한 작업을 완성하고 그것을 인도할 의무가 있다. 둘째, 스스로 완성시킬 의무가 있다. 셋째, 타당하게 보관하는 한편 제공된 원자재 또는 기타의 물자를 합리적으로 사용할 의무다. 넷째, 도급인으로부터 완성품의 검수를 받을 의무다. 다섯째, 불가항력 등의 원인으로 작업을 완성하지 못했거나 도급인의 무리한 요구에 의해 작업을 완성할 수 없을 경우의 통지의무다. 여섯째, 완성품에 대한 하자담보의무다. 일곱째, 비밀담보의무가 있다.

도급인에게도 다음과 같은 의무가 있다. 첫째, 신속하게 완성품을 인도 받을 의무다. 둘째, 계약에 따라 보수지급 의무다. 셋째, 수급인에 대한 지원・협조의무가 있다.

중국의 개혁・개방 초기의 1984년 국무원에서 총 26개나 되는 '도급가공계약조례' 및 '경제계약법'에서도 도급과 관련된 조문이 제정되고 공포하였지만 모두 사회주의계획경제의 색채가 농후하였기 때문에 이미 오늘날의 중국 경제생활과는 어울리지 않게 되었다. 본 장은 지금까지의 실천경험을 총괄하여 '도급가공계약조례' 및 '경제계약법' 의 관련 조문을 기초로 만들어진 것이다.

본 장에서는 제251조부터 제268조까지 총 18개 조문을 통하여 도급계약의 개념, 특징, 기타 계약과의 구별, 도급계약의 체결, 이행, 위약책임에 관하여 규정하고 있다.

제251조【도급계약의 정의】 도급계약은 수급인이 도급인의 요구에 의하여 작업을 완성하여 그 작업 결과를 도급인에게 인도하고, 도급인은 이에 대하여 보수를 지급하는 계약이다. 도급은 가공, 주문제작, 수리, 복제, 측량시험, 검사 등의 작업을 포함한다.

■ **해설**

본 조는 도급계약의 정의에 관하여 규정한 것이다[239]. 도급계약은 자기의 지력, 노동력 및 작업의 조건 등을 이용하여 타인의 승낙을 수락하고 그 성과를 완성하는 일방을 수급인, 타인에게 자신을 위한 일정의 작업 성과를 완성시켜 보수를 지급하는 일방을 도급인이라 한다. 수급인의 작업성과 인도와 도급인의 보수지급을 서로 대가로 하는 것으로 도급계약은 쌍무·유상계약이다.

도급계약의 주요한 것은 다음과 같다. 첫째, 가공계약이다. 이것은 도급인이 원재료 또는 반제품을 제공하여 수급인이 도급인의 요구에 따라 가공을 하며 완성된 것을 도급인에게 인도하여 도급인이 이에 대한 보수를 지급하는 것이다. 둘째, 주문제작계약이다. 수급인이 도급인의 구체적 요구에 따라 자기가 제공한 원재료로 제품 또는 반제품을 완성하고, 그것을 도급인에게 인도하여 보수를 받는 것이다. 셋째, 수리계약이다. 수급인이 도급인의 요구에 따라 훼손된 물품, 설비 및 기타의 기계 등을 수리하고 이에 도급인이 보수를 지급하는 것이다. 이 외에도 건축도급계약, 인쇄도급계약, 가옥수선도급계약, 설계·번역 등의 도급계약이 있다.

□ **사례**

"을"공장과 "병"공장은 "갑"공장에게 자동차제어기어를 가공하기로 하였다. "갑"공장과 "을"공장, "병"공장이 각각 도급계약을 체결했다. "갑"공장이 수급인이다. "을"과 "병"공장은 도급인이다. "갑"공장과 "을"공장의 계약은 "갑"공장이 "을"공장에 기어를 가공하여 반제품을 제공하면, "을"공장이 완성품을 만들어 내는 것이다. 그 기어의 가공보수가 인민폐 30원이라고 약정했다. "갑"공장과 "병"공장의 계약은 "병"공장이 자기가 원재료를 제공하며 기타 부분은 "갑"공장과 "을"공장이 체결한 계약과 같다. 본 사례에서 "갑"과 "을"의 계약, "갑"과 "병"의 계약은 도급인이 수급인의 요구에 따라서 특정 작업을 완성하여 작업결과를 교부하고 수급인이 보수를 지급하는 것이 도급계약이다. 위에서 차이점은 전자의 경우는 수급인 "갑"이 원재료를 제공하여 가공계약을 체결하는 것이고, 후자의 경우는 도급인 "병"이 원재료를 제공하여 도급계약을 체결하는 것이다.

---

239) 刘景一 主编, 앞의 책, 713면~715면; 郭明瑞·房绍坤, 앞의 책, 553면~555면; 徐景和 主编, 앞의 책, 362면 이하 참조.

제252조 【도급계약의 내용】 도급계약의 내용은 도급의 목적물, 수량, 품질, 보수, 도급방식, 재료의 제공, 이행기한, 검사의 표준과 방법 등의 조항을 포함한다.

■ 해설

본 조는 도급계약의 내용에 대하여 규정한 것이다. 도급계약도 일반계약과 같이 계약자유의 원칙에 따라 당사자가 도급계약의 구체적 내용에 대하여 자유롭게 결정할 수 있다. 그러나 계약내용은 도급의 개별적인 특성에 따라 약간씩 다르기 때문에 당사자 쌍방의 권리와 의무도 다를 수 있다. 또한 완성물의 가공 등이 법률에 위반되거나 사회의 공공이익에 위반되는 내용은 허용되지 않는다. 계약 중에서 가장 기본적인 내용은 목적물 및 보수에 관한 결정이다. 기타의 수량, 품질, 도급방법, 재료의 제공, 이행기한, 검사기준과 그 방법 등도 계약의 순조로운 이행에 없어서는 안될 필요한 조항이다.

□ 사례

"갑"의류복장공장과 "을"백화점은 의류복장가공계약 1통을 체결했다. 계약에서 "갑"공장은 "을"상점이 제공한 형태에 따라 10세트의 특수복 의류를 가공하고, 보수가 인민폐 14만원, 인도기간이 5월 20일, 검수할 때에 "을"상점의 견본을 표준으로 한다고 약정했다. 그러나 5월 20일 "갑"공장의 의류복장을 검수했을 때 불량품이 섞여 약정한 조건과는 부합하지 않았다. 본 사례에서 "갑"과 "을"이 체결한 계약은 목적, 대금 등 주요 조항에 대한 약정에 의하여 계약이 성립한다. "갑"의 과실로 인하여 계약이 약정에 따라 이행할 수 없게 되었다. 그러므로 "갑"공장은 위약책임을 부담하여야 한다.

제253조 【수급인의 이행의무】 수급인은 자기의 설비와 기술 및 노동으로 주요 작업을 완성하여야 한다. 그러나 당사자 사이에 별도의 약정이 있는 경우는 제외한다. 수급인이 그 도급 받은 주요 작업을 제3자에게 완성하도록 한 경우에 그 제3자가 완성한 작업 결과에 대하여 도급인에게 책임을 지고, 도급인의 동의를 얻지 않은 경우는 도급인은 계약을 해제할 수 있다.

■ 해설

본 조는 수급인의 주요한 계약내용을 이행에 대하여 규정한 것이다[240]. 도급계약에서 도대체 누가 위탁한 일을 완성하였는가 하는 것은 도급인(의뢰인)의 최대의

240) 刘文华 主编, 앞의 책, 377면; 胡康生 主编, 앞의 책, 375면~377면.

관심 사항이다. 수급인은 그 계약에 따라서 자기의 설비, 기술과 노동력으로 주요한 작업의 부분을 완성하여야 한다. 당사자 사이에 별도의 약정이 있는 경우를 제외하고 이것은 수급인의 기본적 의무중의 하나이다. 만일 주요한 작업을 제3자에게 맡겨 완성시켰을 경우, 그 행위가 도급인의 동의 여부와 관계 없이 제3자가 완성한 작업에 대하여 수급인은 도급인에게 책임을 져야 한다.

본 조에서 말하는 '주요 작업'은 본 조를 이해하는 중요한 내용이라고 할 수 있다. 이것을 이해하기 위해서는 제254조의 '보조작업'과 하나로 이어졌을 때 비로서 전체적인 화면에서 그 의도를 이해할 수 있다. 여기서 '주요 작업'이란 그 일의 성질과 유형에 따라 주요한 작업으로 인정되는 부분을 말한다. 개별 도급계약의 유형 또는 특성에 따라 개별적으로 판단하여야 한다. 그리고 유의할 점은 대다수의 작업에는 양과 질의 두 방면으로 구별이 있다. 따라서 무엇을 가리켜 '주요 작업'이라고 할 것인가는 구체적 사실에 의거하여 구체적으로 분석을 하여야 한다.

□ 사례

"갑"공장은 "을"공장의 약정에 따라서 1세트의 상품을 주문하였다. 쌍방은 이 때문에 청부계약을 체결했다. 그러나 이행과정에서 "갑"은 "을"의 동의를 얻지 않고 주문한 작업을 "병"에게 완성의 위탁을 하였다. "을"은 이 목적물을 급하게 필요하여 대금을 지불하고 상품을 받았다. 그러나 후에 이 상품이 품질에 심각한 결함이 있어서 정상적으로 사용할 수 없다는 것을 발견했다. 본 조의 규정에 의해 이 상황에서 도급인 "갑"은 제3자 "병"의 작업결과에 대하여 책임을 지고, "을"에 대한 위약책임을 부담하여야 한다.

제254조 【수급인의 책임】 수급인은 그 도급 받은 보조작업을 제3자에게 완성하도록 할 수 있다. 수급인이 그 도급 받은 보조작업을 제3자에게 완성하도록 한 경우에 그 제3자가 완성한 작업결과에 대하여 도급인에게 책임을 부담하여야 한다.

■ 해설

본 조는 수급인이 보조적 작업을 제3자에게 완성시켰을 경우, 수급인이 책임을 져야 할 의무에 대하여 규정한 것이다. 도급을 받은 작업이 주요 부분의 작업이 아니고 보조 작업인 경우에는 도급인의 사전 동의 없이도 제3자에게 위임하여 완성시킬 수 있다. 역시 이 경우에도 수급인은 제3자가 완성한 일의 결과에 대하여 도급인에게 책임을 부담한다. 본 법의 제253조에서는 '주요 작업'을 도급인이 완성할 것을 요구하고, 본 조에서는 명확하게 '보조작업'을 제3자에게 위탁하여 완성시키는 것을 규정하고 있다. 즉 본 조는 전조의 보충 규정이라고 할 수 있다.

□ 사례

"갑"과 "을"은 기계설비주문계약을 체결했다. 도급인은 "갑"이고 수급인은 "을"이다. 계약을 이행하는 과정에서 "갑"은 이 설비가 필요한 표준부품의 가공을 "병"이 완성할 것을 위탁했다. "을"은 이것을 구실로 계약을 해제하고 손실을 배상하라고 요구했다. 법원은 "을"의 청구를 반박하였다. 본 사례에서 도급인 "갑"은 제3자 "병"에게 가공하라고 위탁한 부품이 아직 보조작업의 범위에 속하고 주요 작업에 속하지 않는다. 본 조의 규정에 따라서 도급인이 "을"의 동의를 받을 필요가 없다. "을"의 주장은 법률적 근거가 없어서 법원은 "을"의 청구에 대하여 반박을 하였다.

第255条【재료와 수급인의 책임】 수급인이 재료를 제공하는 경우는 수급인은 약정에 따라 재료를 선택하여 사용하고, 도급인의 검사를 받아야 한다.

■ 해설

본 조는 수급인이 재료를 제공시 주요의무에 대하여 규정한 것이다. 본 조에서는 도급의 일을 완성하기 위한 재료의 구입단계에서 도급인의 검사와 감독에 대한 것을 규정하고 있다[241].

도급계약에는 수급인이 재료를 제공한다고 하는 약정이 많다. 이에 따라 도급인은 재료비를 지급하는 것으로 직접 재료의 선택과 구입, 또 제공이라는 번거로운 문제에서 벗어날 수 있다. 또 수급인도 보다 높은 이윤을 얻을 수 있기 때문에 수급인이 재료의 제공을 약정하길 원한다. 그 반면에 만일 수급인이 선택 구입한 재료의 품질에 문제가 있기 때문에 도급인의 요구에 부합되지 않을 경우에는 재작업을 하거나 배상책임을 져야 한다. 그러한 위험을 회피하기 위해 수급인은 구입한 재료를 사전에 도급인에게 검사를 받는 것도 하나의 위험회피 수단이고, 본 조의 의도는 이런 분쟁을 회피하는데 필요하다고 생각했기 때문이다.

□ 사례

"갑"광산기계공장과 "을"강철회사는 도급계약을 체결했다. 계약은 도급인 "을"강철회사가 원재료를 제공하여 "갑"수급인에게 1대의 설비를 가공한다고 약정했다. "을"은 계약에 따라 원재료에 대한 "갑"이 검사결과 합격하였다고 약정했다. 그러나 "을"은 약정 이행과정에서 불량품을 검사 합격한 원재료와 교체하였다. 결과는 작업결과의 품질에 결함이 존재하게 되었다. 그래서 "갑"은 계약을 해제하고 손해배상의 책임을 청구하였다. 본 사례에서 도급인이 처음에 합

241) 谢怀栻 等, 앞의 책, 435면~436면 참조.

격한 원재료를 제공하고 수급인이 검사를 하여 통과하였지만, 그 위에 "을"이 악의적으로 불량품을 사용하므로써 계약과 본 조의 규정을 위반하였다. 따라서 "갑"의 청구에 대하여 지지한다.

第256조【재료와 도급인의 책임】 도급인이 재료를 제공하는 경우에 도급인은 약정에 따라 제공하여야 한다. 수급인은 도급인이 제공하는 재료에 대하여 지체 없이 검사하여야 하고, 약정에 부합하지 않는 경우는 도급인에게 신속히 교환, 보충 또는 기타 구제조치를 취하도록 통지하여야 한다. 수급인은 도급인이 제공한 자료를 임의로 교환할 수 없고, 수리가 필요 없는 부품을 교환해서는 안 된다.

■ 해설

본 조는 도급인이 재료를 제공할 때 계약 당사자의 의무에 대하여 규정한 것이다. 도급인이 재료를 제공하기로 한 경우는 그 계약의 약정에 의해 수량, 품질, 기술수준 등에 적합한 재료를 선택하여 사용하여야 한다. 이와 같이 도급인이 재료를 제공한 경우에 수급인은 재료 하자에 대한 담보책임을 지지않지만 제공된 재료에 대하여 신속하게 검사할 의무가 있다. 그것은 재료의 하자로 완성품의 인도에 영향을 주어서는 안되며, 바로 그 구제조치의 필요성에 의한 검사를 하며 재료의 교환과 기타의 구제조치를 취할 시간적 여유를 갖고 도급인에게 재료 하자의 존재와 상황을 알려주어야 한다.

도급인의 재료제공 의무가 계약 당사자 사이에서 약정되어 있는 경우에 재료의 하자에 대하여 수급인은 임의로 재료를 교환하여서는 안 된다. 만일 그것이 발각되었을 경우에는 상응한 책임을 져야 한다.

□ 사례

"갑"회사와 "을"회사는 도급계약을 체결했다. "갑"은 도급인이고 "을"은 수급인이다. 수급인 "을"이 원재료를 제공한다. "갑"이 인도했을 때 "을"은 수령하지 않았다. 그 이유는 품질기준에 합격하지 않았기 때문이다. 그러나 "갑"은 반박하여 품질기준에 합격하지 못한 것은 수급인 "을"이 제공한 원재료가 불합격품이기 때문이라고 주장하였다. "갑"의 반박은 법률적 근거가 없다. 도급인은 수급인이 제공한 원재료에 대하여 이의가 있으면 제공한 후 즉시 검사를 하고 지체없이 수급인에게 통지하여 원재료를 교환하고 보충 또는 기타 구제조치를 취하였어야 한다.

제257조【설계도와 도급인의 책임】 수급인은 도급인이 제공한 설계도 또는 기술상 요구에 불합리한 경우 신속히 도급인에게 통지하여야 한다. 도급인이 회답을 지체하는 등의 사유로 수급인에게 손해를 초래한 때에는 그 손해를 배상하여야 한다.

■ 해설

본 조는 도급인이 제공한 설계도 또는 요구한 기술이 불합리적일 경우 당사자 쌍방이 부담하여야 할 책임에 대하여 규정한 것이다. 도급이 주문하여 무엇을 만들 경우에 도급인의 지식·기능과 경험이 수급인과 같이 풍부하지 않기 때문에 도급인이 제공한 설계도 또는 기술상의 요구가 불합리적일 경우가 있다. 이러한 상황이 발생한 경우에 수급인은 신속히 도급인에게 도면의 개정 또는 수급인의 기술상의 건의하여 도급인의 선택을 요청한다. 도급인이 수급인의 통지와 건의를 수용하였을 때에는 신속히 새로운 설계도 또는 기술자료의 제공 및 수급인에게 문제의 처리 제시를 하여야 한다. 새로운 처리방법으로 사전의 약정과 다를 경우에는 약정이 개정되기 때문에 수급인은 그런 증거를 보충하여야 한다.

만일 수급인의 연락에 대하여 도급인이 신속히 반응을 하지 않아 수급인에게 손해가 발생한 경우에 도급인은 그 책임을 져야 한다. 이 경우의 손해는 작업의 정지에 대한 손해배상이 주된 것이다. 물론 수급인은 계약의 해제를 요구할 수도 있지만 도급인이 동의하지 않았을 경우에 수급인은 완성품의 기일연장을 요구하거나 작업의 정지에 동반되는 손해배상책임을 청구할 수 있다.

□ 사례

"갑"공장과 "을"공장은 도급계약을 체결했다. "을"공장은 수급인이고 설계도를 제공한다. 약정 이행과정에서 도급인 "갑"은 "을"공장의 설계도의 심각한 결함 사항을 발견하고, "을"에게 통지하지 않고 설계도를 수정을 하여 계속 가공하였다. 결국 "을"은 거절하고 수령하지 않았다. "갑"은 이에 대하여 기소하였다. 본 사례에서 "을"은 수령을 거절할 수 있다. 본 조의 규정에 의해 "갑"은 설계도의 결함을 발견했을 때 즉시 "을"에 통지하여야 한다. 따라서 임의적인 수정을 할 수 없다. 그러므로 "갑"은 이 규정을 위반하였기 때문에 "을"은 수령을 거절 할 수 있다.

제258조【 중도 변경과 도급인의 책임】 도급인이 도중에 도급내용을 변경하여 수급인에게 손실을 초래한 경우에 그 손해를 배상하여야 한다.

■ 해설

본 조는 도급인이 중도에서 변경요구를 한 경우에 부담해야 할 책임에 대하여 규정한 것이다. 도급인이 '도중에 도급내용을 변경'했을 경우 첫째, 제작물을 가공하기 전일 경우에 수급인은 이에 동의를 하고 도급인도 책임을 지지 않는다. 둘째, 만일 가공에 필요한 전문재료를 구입한 후와 그 재료를 이용할 수도 없고 기타 용도에도 사용할 수 없을 경우에 도급인은 그 손실을 부담하여야 한다. 셋째, 제작물의 가공이 완성 또는 거의 완성되어 가고 있을 경우는 도급인이 거래를 거절했다면 수급인은 계약의 해제청구를 할 수 있으며 또한 모든 손해배상을 청구할 수 있다.

도중변경은 중도해약과 마찬가지로 빠를수록 손해가 적다. 본 조에서는 도급인의 중도 변경을 인정한 반면 그 배상청구권의 인정은 도급인의 중도 변경요구는 일종의 약정 위반행위라고 볼 수 있다. 일반적으로 도급인이 중도 변경을 요구할 경우에 주문을 제작물에 착수하기 전이면 제작을 중지하고, 그것이 거의 완성에 가까운 경우는 계속하여 완성하는 것이 합리적이라고 본다.

제259조【도급인의 협조의무】 도급작업에 도급인의 협조가 필요한 경우에 도급인은 협조할 의무가 있다. 도급인이 협조의무를 이행하지 않아서 도급작업의 완성이 불능인 경우에 수급인은 도급인에게 합리적인 기한 내에 의무를 이행하도록 최고할 수 있고, 이행기한을 연장할 수 있다. 도급인이 기한을 넘어 이를 이행하지 아니한 경우에 수급인은 계약을 해제할 수 있다.

■ 해설

본 조는 도급인의 협조의무 및 그 불이행 의무에 대한 법률적 책임, 즉 수급인의 계약해제 권리에 관하여 규정한 것이다. 도급계약의 대부분은 도급인의 협력이 필요한 것이 일반적이다[242]. 그 도급인의 협조라는 것은 일반적으로 첫째, 신속하게 설계도 또는 기술요구와 자료의 제공, 재료의 준비 등이다. 둘째, 시행 현장의 정리, 수급인이 선택한 자료, 설계도 또는 기술요구와 자료의 확인 등이다. 셋째, 수급인의 질문에 대하여 신속하게 회답 또는 지시하는 것 등이다. 넷째, 제작물이 완성된 경우에는 신속하게 검사를 진행하는 등의 기타의 필요한 협력을 한다. 이러한 협력은 쌍방 당사자가 성실, 신용, 선의의 원칙아래 서로 협력하는 것으로 계약의 순조로운 이행과 불필요한 마찰 및 사고를 피할 수 있다.

도급인에게 의무이행을 최고하는 것으로 합리적인 기간까지 불성실한 대응으로 수급인이 작업을 약정한 바와 같이 완성할 수 없을 경우는 인도기한을 연장할 수

242) 夏志宏 主编, 앞의 책, 366면~367면; 胡康生 主编, 앞의 책, 385면.

있다. 이행기한의 연장은 도급인이 의무불이행을 한 날로부터 계산하여 도급인이 의무를 이행 개시한 날까지 한다. 경우에 따라서는 계약해제도 할 수 있다.

第260조【도급인의 감독·검사】 수급인은 작업기간에 도급인이 필요로 하는 감독, 검사를 받아야 한다. 도급인은 감독, 검사를 이유로 수급인의 정상적인 작업을 방해하지 못한다.

■ 해설

본 조는 수급인이 도급인의 감독과 검사 받을 의무에 대하여 규정한 것이다. 도급계약의 목적물은 도급인을 위해 전문적으로 제작된 것으로 보통 제작과정과는 다르다. 따라서 도급인에게는 제작의 과정에서 수급인의 작업이 요구에 부합되는가의 여부를 감독, 검사할 권리가 있고, 수급인은 도급인에 협조할 의무를 가진다. 이것은 적시에 문제를 발견함과 동시에 신속하게 실수를 교정할 수 있을 뿐만 아니라 후 일의 사고를 미연에 방지할 수도 있다. 도급인의 검사는 보통 각 단계의 작업을 완성했을 때 진행하며 도급인의 요구와 다른 개별적 문제가 있으면 그것을 지적하여 수급인이 수정하도록 하며 다른 문제가 없을 경우에는 도급인의 평가를 기록한다. 도급인의 목적물을 검사 또는 수급인에 대한 감독 등은 수급인의 정상적인 작업을 방해하지 않는 것을 전제로 한다.

□ 사례

"갑"과 "을"은 가공도급계약을 체결했다. "갑"은 수급인이고 "을"은 도급인이다. 계약의 기간이 만료된 후에 "을"의 작업결과는 검사를 하고보니 설계도와 부합하지 않았다. 이 때문에 "갑"은 수령을 거절하고 "을"에게 손실을 배상하라고 요구했다. 그러나 "을"은 본 조를 인용하여 "갑"은 주문자로 이행기간 동안에 감독과 검사를 하지 않았기 때문에 "갑"도 과실이 있고 같이 책임을 부담하여야 한다고 주장하였다.

본 사례에서 "을"의 반박은 법률적 근거가 없다. 감독과 검사는 "갑"의 권리이다. 그렇기 때문에 "갑"에게 책임을 부담하라고 요구할 수 없다.

第261조【완성품의 인도의무】 수급인은 작업을 완료한 경우는 도급인에게 작업 결과를 인도하고 필요한 기술자료와 관련 품질증명을 제공하여야 한다. 도급인은 그 작업 결과를 검사하여야 한다.

■ 해설

본 조는 수급인의 작업결과의 인도와 도급인의 이 작업결과에 대한 검수의 두 가지에 대하여 규정한 것이다. 수급인이 약정의 기간 내에 완성품을 도급인에게 인도하는 것은 수급인의 기본의무다[243]. 만일 일부분 또는 완성품이 지연되어 인도할 수 없는 경우에 수급인은 그 책임을 진다. 인도에 대하여 수급인이 인도를 한 경우는 도급인이 받은 날짜를 기준으로 하고, 운송회사에 위탁하여 인도한 경우는 운송자에게 인도한 때를 인도로 하며, 도급인 자신이 수취하는 경우는 수급인이 수취할 것을 통지한 날을 인도의 기준으로 한다. 도급인은 완성품을 인도 받으면 신속히 검사할 의무가 있다. 합리적 기간 내에 검사를 하지 않을 경우는 완성품은 도급인의 요구를 만족시킨 것으로 볼 수 있다. 그리고 인도 시에 수급인은 필요한 자료와 품질에 관한 증명도 함께 도급인에게 인도하여야 한다.

제262조【품질담보의 책임】 수급인이 인도한 작업결과가 품질기준에 부합하지 않는 경우에 도급인은 수급인에게 수리, 재작업, 보수의 감액, 손실 배상 등의 계약위반의 책임을 질 것을 요구할 수 있다.

■ 해설

본 조는 수급인이 인도한 작업결과가 품질이 약정에 부합하지 않을 때에 수급인의 책임인 품질담보 위반의 책임에 대하여 규정한 것이다[244]. 따라서 완성한 작업결과가 계약의 약정 또는 쌍방 당사자 사이의 약정에 부합되지 않을 경우에 수급인은 도급인의 요구에 따라 그 완성품을 수리, 다시 제작하거나 또는 보수의 경감을 하여야 한다. 만일 완성물의 하자로 타인의 재산이나 신체에 손해를 준 경우, 그것은 수급인의 위약문제가 아니고 침권행위로서 손해배상책임을 져야 한다. 예컨대, 계약에서 이런 약정이 없거나 약정 중에 이런 경우를 배제한다는 내용이 있다 해도 민법통칙 및 제품품질법의 관련 규정에 따른 침권행위로써 손해배상책임을 부담하는 것이다.

□ 사례

"갑"회사와 "을"회사는 도급계약을 체결했다. 계약은 "을"이 "갑"에게 10세트의 전동장난감의 가공을 약정했다. "갑"회사는 설계도를 제공하고 "을"공장이 원재료를 준비한다. 계약은 검

243) 夏志宏 主编, 앞의 책, 368면; 胡康生 主编, 앞의 책, 388면~389면.
244) 刘文华 主编, 앞의 책, 388면; 胡康生 主编, 앞의 책, 390면~391면; 徐景和 主编, 앞의 책, 377면~379면.

사에 합격한 후에 계산하다고 약정했다. “갑”은 “을”공장에 가서 출고하고 검사를 통하여 일부분이 설계도와 부합하지 않고 불량품을 발견하였기 때문에 부량품의 수령의 거절을 요구했다. 그러나 “을”은 상품에 대한 보수를 하겠다며 “갑”의 수령거절의 요구에 동의하지 않았다. 본 사례에서 일부 상품의 품질이 불량한 것은 사실이고 쌍방이 이의가 없다. 그렇다면 어떻게 책임을 책임지는 것인가 하는 것이다. 본 조의 규정에 따라서 “갑”은 상품의 품질이 부량하다는 것을 이유로 이 상품의 수령을 거절하는 것은 마땅하다. “을”의 반박은 법률적 근거가 없다.

제263조【보수의 지급의무】 도급인은 약정기한에 따라 보수를 지급하여야 한다. 보수지급기한에 관하여 약정하지 아니하였거나 약정이 불명확하고, 본 법의 제61조에 의하여도 확정할 수 없는 경우에 도급인은 수급인이 작업 결과를 인도한 때 보수를 지급하여야 한다. 작업 결과의 일부를 인도한 경우는 도급인은 상응한 보수를 지급하여야 한다.

■ 해설

본 조는 도급인의 지급보수 기한의 확정과 그 의무에 대하여 규정하고 있다. 첫째, 도급인은 약정기한에 의해 보수를 지급하여야 한다. 둘째, 만일, 당사자의 쌍방이 약정하지 않았거나 또는 불명확한 경우에 도급인은 먼저 본 법 제61조의 규정에 의한 보수지급을 한다. 즉 협의 보충하고, 협의를 할 수 없는 경우는 관련 계약조항에 또는 거래관습에 따라 확정한다. 셋째, 만일, 작업성과가 일차성 인도가 아니고 부분적 인도일 경우에 그 도급인은 그에 상응한 보수를 지급한다. 즉 일차성 인도일 경우는 일차성 보수를 지급하는 것이다.

수급인에게 제작을 의뢰하고 그것이 완성되었을 때, 그 보수를 지급하는 것은 도급인의 기본의무다[245]. 이 경우 보통은 계약금 또는 착수금의 명목으로 일정의 금액을 수급인에게 주고 일정한 완성단계에 이르러 또 일정의 금액을 지급하며 그리고 나중에 의뢰물의 거래와 교환 또는 검사하여 문제가 없을 경우에 나머지 잔액을 지급하는 분할방식, 또는 의뢰물의 완성 후에 품질과 기타의 검사를 거쳐 문제가 없을 경우에 일괄하여 지급하는 방식 등이 있다. 어떠한 방식을 채용하는가에 대해서는 당사의 약정에 의하거나 그것이 명확하지 않을 경우 제61조의 규정에 따라 보충계약을 체결할 수도 있다. 그것도 무리일 경우에는 상관습에 따를 수도 있다. 중요한 것은 수급인에 대한 보수를 도급인은 반드시 지급하여야 하며, 만일 지급기간을 넘어서도 지급하지 않을 때에는 위약금 및 초과이자를 지급하여야 한다.

---

245) 夏志宏 主编, 앞의 책, 369면; 胡康生 主编, 앞의 책, 392면~393면; 谢怀轼 等, 앞의 책, 438면 이하 참조.

제264조 【수급인의 유치권】 도급인이수도급인에게 보수나 재료비 등의 대금을 지급하지 않은 경우에 수급인은 완성한 작업 결과에 대하여 유치권을 갖는다. 그러나 당사자에게 별도의 약정이 있는 경우는 제외한다.

■ 해설

본 조는 수급인의 유치권에 관하여 규정한 것이다[246]. 수급인은 완성한 작업의 성과를 도급인에게 인도하면서 이에 대한 보수를 청구할 수 있다. 그러나 도급인이 수급인에게 보수 또는 재료 등의 대금을 지급하지 않는 경우에 당사자 사이에 별도의 약정이 있는 경우를 제외하고 수급인은 완성된 작업의 결과에 대하여 유치권을 갖는다.

그리고 담보법 제84조 제1항에서 "보관계약·운송계약·가공계약에 의해 채권이 발생하고 채권자가 채무를 이행하지 않을 경우 채권자는 유치권을 갖는다"로 되어 있다. 이 담보적 물권은 법정권리인 이상 당사자 사이에 약정이 없어도 수급인은 이 권리를 행사하여 자기의 채권을 확보할 수 있다. 수급인이 유치권을 행사한 경우에는 도급인에게는 최저 2개월 이상의 이행기한이 줄 필요가 있다는 것도 유의할 필요가 있다.

□ 사례

"갑"공장과 "을"공장은 도급계약을 체결했다. 계약은 "갑"공장이 "을"공장에게 1세트의 알루미늄 금괴를 가공하기로 약정했다. 계약을 체결한 후, "갑"공장은 기간에 따라 임무를 완성했다. 그러나 이행기간이 도래한 후에 "을"은 시간을 지연하면서 대금을 지불하지 않아 물건을 출고하지 않았다. "갑"은 알루미늄 금괴를 유치하고 있었다. 2개월 유치한 후에 "갑"은 알루미늄이 환가하여 보수를 지급하도록 하였다.

본 사례에서 "갑"은 약정에 의해 "을"의 동산을 점유하고, 수급인이 보수를 지급하지 않은 경우에 알류미늄 금괴를 유치하는 것은 법률규정에 부합한다. 담보법의 규정에 따라서 2개월을 유치한 후, 유치권자는 유치한 물품을 처분할 수 있다. 그러므로 "갑"의 행위는 법률규정에 부합한다.

제265조 【수급인의 보관의무】 수급인은 도급인이 제공한 재료를 적절히 보관하고, 작업을 완성시켜야 한다. 보관의무를 다하지 않아서 훼손, 멸실에 대해서는 손해배상책임을 부담하여야 한다.

246) 刘文华 主编, 앞의 책, 390면.

■ 해설

본 조는 도급인이 제공한 재료 및 완성품의 수급인 보관의무에 대하여 규정한 것이다[247]. 즉 첫째 수급인은 당연히 선량한 관리자 주의의무로 도급인이 제공한 재료 및 작업결과를 보관하여야 한다. 둘째는 선량한 보관의무를 다하지 못하여 초래한 훼손, 멸실의 책임을 부담한다는 것에 대하여 규정하고 있다.

도급계약은 주문한 물품을 완성하여 도급인에게 인도하는 것으로 본법에서 수급인에게 적절한 보관의무를 부여하는 것은 계약의 원만한 이행에 불가결한 요건이기 때문이다. 따라서 수급인의 보관의무는 도급계약에 부수된 부대계약이라고 할 수 있다. 수급인이 적절한 보관의무를 이행하지 않아서 도급인이 손해를 준 경우에는 배상책임을 져야 한다.

□ 사례

"갑"과 "을"은 청부계약을 체결했다. "갑"은 청부자이고 "을"은 주문자이다. 계약은 "갑"이 "을"에게 1세트의 선반을 가공하다고 약정했다. 직업성과를 교부하기 전에 훼손을 발생했다. 이 훼손원인은 "갑"소재지 뒤의 산이 무너져서 조성하는 것이다.

본 조의 규정에 따라서, 청부자가 물품의 훼손의 손실을 책임져야 하지만 불가항력으로 조성하기 때문에 "갑"이 책임지기를 면할 수 있다.

제266조【수급인의 비밀유지의무】 수급인은 도급인의 요구에 따라 비밀을 유지하여야 한다. 도급인의 허가를 받지 않고 복제품 또는 기술자료를 보존해서는 안 된다.

■ 해설

본 조는 수급인의 비밀유지의무에 대하여 규정한 것이다. 도급계약에서 도급인은 수급인에게 위탁가공에 의하여 제작된 제품 또는 프로젝트의 상황에 대한 비밀유지의무를 요구할 수 있고, 계약성립의 필요조건이다. 목적본 조에서 규정하는 비밀유지의무는 '부정경쟁방지법'에 정해져 있는 상업상 비밀뿐만 아니라 개인의 비밀도 포함되어야 한다고 본다. 또 도급계약이 이행된 후에 있어서 계약 의뢰품의 복제품 또는 관련 자료의 보관도 허용되지 않는다. 이것은 도급인의 이익을 보호하는 비밀유지의무의 일환으로 필요한 조치라고 할 수 있다.

247) 夏志宏 主编, 앞의 책, 372면; 胡康生 主编, 앞의 책, 396면~397면.

□ 사례

"갑"은 "을"에게 신 상품의 가공을 위탁했다. "을"은 가공을 완성하고 계약에 따라서 이행한 후, "을"이 상품의 설계도를 복사한 것이 경쟁상대의 "병"에게 교부되었다. 결국 "갑"의 손실을 초래했다. "을"의 행위에 대하여 "갑"은 위약책임을 요구할 수 있고, "반부정당경쟁법"에 따라 배상을 청구할 수 있다.

第267조【공동수급인의 책임】 공동수급인은 도급인에 대하여 연대책임을 부담한다. 그러나 당사자 사이에 별도의 약정이 있는 경우는 제외한다.

■ 해설

본 조는 공동수급인의 도급인에 대한 연대책임에 대하여 규정한 것이다. 공동수급인이라고 하는 경우, 한 사람의 도급인이 하나의 도급계약서에 하나의 목적물을 두 사람 또는 둘 이상의 수급인에게 제작 또는 작업을 맡긴 경우에 수급인을 공동수급인이라고 한다[248]. 만일 수급인이 하나의 목적물을 갖고 각기 도급인과 개별적으로 도급계약을 한 경우는 공동수급인이라고 할 수 없다. 이 경우는 각기 수급인이 도급인에 대하여 책임을 지는 것에 대하여 공동수급인의 경우는 하나의 집단으로서 도급인에 대하여 책임을 진다는 것으로 서로 구별된다. 동시에 하나의 집단으로서 공동수급인 내의 한 사람의 제작물이 요구에 부합되지 않을 때에는 공동수급인의 모든 구성원이 연대책임을 부담하게 된다.

第268조【도급인의 수시 해제권】 도급인은 수시로 도급계약을 해제할 수 있다. 이로 인하여 수급인에게 손해를 초래한 경우는 손해를 배상하여야 한다.

■ 해설

본 조는 도급인의 수시 해제권에 대하여 규정한 것이다[249]. 본 조는 도급인의 이익보호라는 점에서 법정권리로써 도급인에게 수시로 해제할 수 있는 권리를 부여하고 있다. 법정권리로써 도급인에게 부여한 수시 해제권은 계약을 해제했을 때에 그 이유를 설명할 필요가 없을 뿐만 아니라 수급인의 작업개시 도중 언제라도 해제할 수 있다 특징이 있다. 이 경우 수급인이 도급인에게 청구할 수 있는 것은 위약금이 아니라 받은 손해에 대한 배상청구권을 갖기 때문에 손해에 대한 증거책임을 갖는다.

248) 刘文华 主编, 앞의 책, 393~394면; 夏志宏 主编, 앞의 책, 373면.
249) 谢怀轼 等, 앞의 책, 455면 이하 참조.

제16장 건설공사계약

중국에도 건설공사계약에 관한 법규가 있었다. 즉 1981년 12월 13일 전국인민대회에서 채택한 경제계약법을 1993년 9월 2일의 전인대 상무위원회에서 경제계약법에 수정을 한 제18조에서 비교적 상세하게 건설공사도급계약에 관한 내용을 규정하고 있다. 또 1983년 8월 8일 국무원으로부터 '건설공사실지조사설계에 관한 계약조례'와 '건설설치도급공사에 관한 계약조례'가 공포되었다. 그러나 중국의 사회주의시장경제체제의 확립과 발전에 따라 부동산 산업이 신흥산업으로 발전하는 한편 당사자가 부동산의 건축공사를 하는데 법을 엄격히 준수하지 않거나 부실공사와 품질 낮은 재료의 사용 등이 범람하였다. 이와 같이 부동산 건축공사의 품질문제와 위약, 위법행위가 만연되어 왔다. 따라서 중국계약법 제정을 계기로 그 동안지 제정되어 온 법률과 조례 등을 정리하여 본 장을 설치하였다.

건설공사계약은 원래 도급계약의 일종이다. 그러나 건설공사항목을 완성시키는 도급과 전통적인 도급계약에는 명백한 구별이 있기 때문에 본 법에서는 도급계약과 건설공사계약으로 나눈다. 따라서 본 장에 규정이 없는 조항은 도급계약의 기본적 조항을 준용할 수 있다.

본 장은 중국계약법의 제정을 계기로 경제계약법 제18조, 제34조 및 건설공사실지조사설계에 관한 계약조례, 건설설치도급공사에 관한 계약조례 등의 내용을 수정·보충·통일하여 구성한 건설공사계약이다. 따라서 본 장에서는 실지조사, 설계, 실행으로 세분화하여 제269조부터 제287조까지 총 19개 조문으로 건설공사계약의 개념, 유형, 체결, 내용, 당사자의 권리의무 등을 규정하고 있다.

제269조【건설공사계약의 정의】 건설공사계약은 수급인이 건설공사를 진행하고, 도급인이 대금을 지급하는 계약이다. 건설공사에는 공사의 실지조사, 설계, 건설 및 시공계약을 포함한다.

■ 해설

본 조는 건설공사계약의 정의와 그 유형에 대하여 규정한 것이다. 본 조의 건설공사계약의 개념에서 수급인이 공사의 감찰, 설계, 시공 등의 건설을 수행하고 도급인이 상응하는 보수를 지급하는 계약이 건설공사계약이다[250].

---

250) 상세는 刘景一 主编, 앞의 책, 765면~766면; 刘文华 主编, 앞의 책, 400면; 徐景和 主编, 앞의 책, 389면~390면; 郭明瑞·房绍坤, 앞의 책, 578면 이하 참조.

건설공사계약은 국가경제와 관련이 있기 때문에 행정적인 특성이 강하게 반영된 계약분야라는 점에서 일반 도급계약과 구별이 되며 다음의 특징을 갖고 있다.

① 건설공정의 계약 주체는 일반적으로 법인뿐이다. 본 조는 계약 당사자의 주체에 대한 규정이 없기 때문에 자연인과 법인이 계약 당사자가 될 수 있다. 그러나 현실적으로 법인만이 계약의 주체가 된다. 그 이유는 투자액이 크고 주기가 길며, 품질에 대한 요구가 엄격하고 더구나 중국의 공정건설의 관계법규에서 건설공정은 비준을 받은 감찰, 설계, 시행의 자격을 갖고 있는 법인에 한정되어 있기 때문이다.

② 계약의 대상은 공정건설에 제한된다. 이른바 공정이라는 것은 비교적 크고 복잡한 토목건축을 말한다. 따라서 건설공정에 대한 요구도 비교적 엄격하다. 이것은 건설공정이 일종의 독립된 계약으로 되어 있는 그 원인이다.

③ 국가에 의한 관리의 특수성을 갖는다. 건설공정이 도시계획에 미치는 영향이 적지 않다. 그 경우 완성된 건축물은 이동할 수 없음에도 불구하고 장기간에 걸쳐 그 역할을 발휘하여야 하며 국가의 경제와 국민의 생활에 밀접한 관계가 있으므로 국가는 계약체결부터 그 이행에 이르기까지 때로는 자금 도입부터 최종 성과의 검사까지 모두 엄격한 감독과 관리를 필요로 한다.

④ 계획성과 절차성을 갖는다. 현재의 사회주의시장경제하의 중국은 이전처럼 엄격한 계획경제에 의한 건설공사의 입안 또는 복잡한 인가허가제도를 실시하고 있는 것이 아니다. 그러나 국가경제와 국민생활에 밀접한 관계가 있기 때문에 지금도 일정한 계획성과 국가 프로젝트에 대한 거시적 통제가 필요할 뿐만 아니라 맹목적 투자의 중복을 지향해야 할 필요성이 있다. 가령, 대형건설프로젝트의 경우 엄격한 사업타당성연구보고서(F/S)를 작성 국가의 심사절차 기준에 의해 비준을 받아야 한다.

⑤ 건설공정계약은 서면이어야 한다. 건설공정계약이 서면에 의한 체결이 필요한 이유는 국가의 감독과 관리에 필요하기 때문이다.

그리고 건설공정은 일반적으로 감찰, 설계, 시공이라는 세 단계의 과정을 거쳐 실시된다. 그렇기 때문에 여기서는 그 유형을 프로젝트 진행에서 실지감찰(측량, 수리 문화지질조사 등) 또는 고찰(실시지역의 시찰 등)을 실시하는 감찰계약과 프로젝트 설계계약, 프로젝트시공계약으로 나눈다.

제270조 【건설공사계약의 형식】 건설공사 계약은 서면형식을 취하여야 한다.

■ 해설

본 조는 건설공사계약의 형식에 대한 요구에 대하여 규정한 것이다. 건설공사계약은 요식계약으로서 반드시 서면에 의한 계약을 체결하여야 한다. 이점이 불요식계약인 도급계약과 구별된다. 이러한 서면은 국가에서 정한 규격과 양식에 따라야 한다. 건설공사의 경우 대부분 목적물이 대규모 단위로 진행되고 큰 자금이 투입되는 등 계약의 이행에 영향이 크고 또 당사자 사이 분쟁의 소지가 크다. 향후 분쟁에 대비하기 위한 것이다.

따라서 서면이 아닐 경우에 책임의 소재와 분쟁의 해결에 곤란을 초래한다는 것은 명백한 일이다. 그러므로 건설공사계약은 서면이어야 하며 서면이 아닌 건설공사계약은 유효하다고 할 수 없다.

제271조 【입찰·응찰】 건설공사에 대한 입찰의 모집 및 응찰의 활동은 관련 법률의 규정에 의해 공개, 공평 및 공정하게 진행하여야 한다.

■ 해설

본 조는 건설공사에 관한 입찰과 응찰에 대하여 규정한 것이다[251]. 현재 중국에서는 입찰·응찰은 1985년 6월 14일 원 국가계획위원회와 도시건설환경보호부가 공포한 '공정설계입찰 및 응찰임시규칙'과 1992년 12월 30일 건설부가 공포한 '공정건설시공입찰 및 응찰관리규칙'에 기초하여 실시되고 있다.

(1) 입찰에 의한 계약체결

입찰에 의한 계약체결은 하나의 중요한 형식이다. 그것은 공정건설의 발주자가 불특정의 감찰, 설계, 시공기업에 대하여 입찰통지 또는 입찰광고 등의 형식으로 응찰의 요청을 목적으로 한 의사표시가 '입찰공모'이다. 그리고 응찰자가 발주자의 입찰통지 또는 입찰광고 등의 요구에 따라 규정의 기간 중에 계약체결을 목적으로 한 의사표시가 '공사응찰'이다. 입찰방식에 의해 건설공정계약을 체결할 경우에 일반적으로 응찰, 입찰, 낙찰의 세단계를 거쳐 체결된다.

(2) 입찰의 방식

입찰에는 공개입찰, 초청입찰, 상의입찰 등의 방식이 채용되며 공개입찰은 신문

251) 건설부문과 시공기업이 건설시장에서 공평한 거래와 평등한 경쟁의 촉진으로 건설공기를 통제하여 건설수준의 확보와 투자 효율을 높이는 목적으로 건설공사는 통상입찰·응찰방식에 따라 계약을 체결한다.

등의 매개물 또는 광고 등 기타의 방법에 의한 것이다. 초청입찰은 광고 없이 일정한 목적의 자격을 가진 3개 이상의 기업에 대하여 직접 초청장을 발급하는 것을 말한다. 상의입찰은 일반적으로 공개입찰에 적합하지 않은 입찰을 관계부문의 허가를 거쳐 직접 최저 2개 회사 이상의 기업과 상담한 후에 계약을 체결하는 것이다.

(3) 응찰에 의한 계약신청의 효력

응찰자가 입찰통고 또는 초청입찰에 따라 응찰을 한 경우에 계약신청은 효력을 갖게 되고 그것이 낙찰된 경우에는 수정이 허용되지 않는다. 발주자의 낙찰자 결정은 계약승낙의 성질을 갖고 낙찰자에 대하여 낙찰통지를 하여야 하며 또 일정기간 내에 낙찰자와 사이에 정식 건설공정계약을 체결하여야 한다.

(4) 입찰과 응찰의 공정성

건설공정의 입찰과 응찰 활동의 모두는 공개, 공평하여야 하고 공정하여야 한다. '공개'란 입찰 및 응찰의 모든 단계에서 숨김과 담합이 허용되지 않는다. 발주자는 관계부처의 입회아래 참가자에 대한 입찰의 규정설명, 낙찰방법, 입찰서 및 보충서간을 개봉하여 입찰서와 낙찰가격을 공표하여야 한다. '공평'이란 낙찰자를 확정할 때 한쪽에 치우치지 않고 낙찰이 합리적이어야 한다. '공정'의 뜻은 '공평'의 의미와 유사한데, 발주자가 응찰자의 각 개인에 대하여 평등하게 취급할 것을 요구하고 있다. 심사와 낙찰을 할 때는 평등하게 경쟁하고 공정하고 합리적 원칙아래 응찰자가 제출한 견적, 주요한 재료와 수량, 시공방법, 품질 및 기업의 실적과 신용 등을 종합적으로 평가한 기초 위에 적당한 기업을 선택하여 낙찰자로 선정한다.

제272조 **【계약의 체결방식】** 도급인은 총수급인과 건설공사 계약을 체결할 수 있고 또한 실지조사자, 설계자 및 시공자와 각각 실지조사, 설계 및 건설계약을 개별적으로 체결할 수도 있다. 도급인은 1인의 수급인이 완성하는 건설공사를 여러 부분으로 나누어 여러 명의 수급인과 계약할 수 없다.

총수급인 또는 실지조사자, 설계자 및 시공의 수급인은 도급인의 동의를 얻어 자기가 도급 받은 작업 일부를 제3자에게 완성하도록 할 수 있다. 제3자는 완성된 작업 결과에 대하여 총수급인 또는 실지조사자, 설계자 및 수급인과 함께 도급인에 대하여 완성의 연대책임을 부담한다. 수급인은 도급 받은 건설공사 전부를 제3자에게 하도급 하거나 또는 도급 받은 건설공사 전부를 여러 부분으로 분할하여 하도급 한다는 명목으로 각 부분별로 제3자에게 하도급하지 못한다.

도급인이 상응한 자질 조건을 구비하지 못한 단위에게 도급을 분할하여 하도급 하는 것은 금지한다. 분할하여 하도급 받은 단위가 그 도급 받은 공사를 다시 분할하여 하도급 하는 것은 금지한다. 건설공사의 주체구조에 대한 시공은 수급인 스스로 완성하여야 한다.

■ 해설

본 조는 건설공사계약의 체결방식에 관하여 규정한 것이다[252].

(1) 총도급계약과 분별도급계약

총도급계약이란 발주자와 수급인 사이에서 모 프로젝트의 실지조사, 설계, 시공 모든 계약을 체결하는 것을 말한다. 이 계약에서 수급인이 건설공사의 실지조사에서 시공에 이르는 모든 단계를 책임지는 일방을 총수급인이라고 한다. 분별도급계약이란 발주자가 감찰, 설계, 시공을 각각의 건축시공업자에 도급시켜 각 자와 감찰도급계약, 설계도급계약, 시공도급계약을 체결하는 것이다.

만일 특정의 하나의 수급인이 완성할 수 있는 프로젝트를 발주자가 시공품질의 확보, 계약 이행과정의 위법행위를 회피하기 위해 그것을 분할하여 두개 이상의 기업에 발주하여 도급해서는 안 된다. 그러나 모 건설프로젝트를 일괄하여 하나의 건설프로젝트로 하여 2개 이상의 기업에 공동으로 도급 시킨 경우는 위법이라고는 말할 수 없다.

(2) 하도급건설공사계약

총수급인 또는 분별수급인이 발주자의 동의를 얻어 자기의 도급부분에서 일부분을 제3자에게 완성시킬 수 있다. 이 경우 제3자는 자기의 도급부분을 총수급인 또는 분별수급인과 함께 발주자에 대하여 연대책임을 져야 한다고 규정하고 있다. 이 방법은 실제로 종종 볼 수 있는 행위로 이 행위의 법적성질이 도대체 분할도급에 속하는지, 그렇지 않으면 도급의 위탁양도에 해당하는지에 대하여 현재 중국 법률상 통일된 견해가 없다. 본 조에서도 그 성질에 대하여 명확히 언급하고 있지 않다. 그리고 도급인이 자기의 도급 프로젝트 전부를 제3자에게 전가하여 하도급 시키는 것을 금지한다고 규정하고 있다. 즉 명의상의 도급인일 뿐 현실은 제3자에 의해 완성되는 것을 금지한 것이다.

(3) 하도급이 금지되는 경우

본 조의 규정에서 첫째, 도급기업이 그에 상응한 자질을 구비하지 않은 제3자 기업에 하도급 시켜서는 안 된다고 명기하고 있다. 만일 그 상응한의 자질을 구비하지 못한 제3자 기업에 하도급 시켰을 경우에 이는 위법행위로서 그 분할은 무효로 된다. 둘째, 분할하여 도급한 프로젝트를 재분할하여서는 안 된다고 규정하였다. 프로젝트의 주체구조의 시공은 도급기업 자체가 완성하여야 한다. 그 원인은 프로젝트의 주체구조는 프로젝트의 주요한 부분이기 때문에 기술적 요구가 엄격하고 시공

252) 刘文华 主编, 앞의 책, 404면; 胡康生 主编, 앞의 책, 409면~413면; 徐景和 主编, 앞의 책, 393면~397면.

의 난이도가 높기 때문이다. 또 도급기업이 해당부분의 시공을 제3자에게 분할하여 도급 시킬 경우에 발주자의 의도에 어긋날 수 있거나 또는 발주자의 권리침해의 가능성도 존재한다. 따라서 법률로 이 부분의 시공을 제3자에게 도급 시키는 것을 금지하고 있는 것이다.

> **第273条【국가건설공사계약의 체결】** 국가의 중대한 건설공사계약은 국가가 규정한 절차 및 국가가 인가한 투자계획, 타당성 연구보고 등의 문건에 따라 체결하여야 한다.

■ **해설**

본 조는 중대한 국가건설공사계약의 체결[253]에 대하여 규정한 것이다. 현재 중국은 시장경제라고 할 수 있겠지만 건설프로젝트의 특수성 특히 국가의 중대한 프로젝트의 경우는 아직도 일정한 계획성을 구비한다. 예컨대, 대형의 교통시설, 수리시설, 공장, 이민의 안치 등의 건설은 국가의 자금투자로 진행되고 있다. 이러한 중대한 건설프로젝트의 특징은 자금수요가 막대하며 건설의 주기가 길고, 품질의 요구가 높다는 것이다. 건설프로젝트의 확정과 계약의 체결절차는 보다 엄격하다. 따라서 당사자의 계약은 반드시 국가가 정한 절차와 국가가 비준한 투자계획, 타당성 연구보고에 기초하여 체결하여야 한다.

중국에서는 국가의 투자계약에 위반하여 경솔하게 건설프로젝트를 실시한 경우에는 그 상황의 경중과 국가의 재산에 미친 손실의 대소에 따라 프로젝트를 실행한 단위의 주요 지도자와 직접적 책임자의 행정책임과 민사책임을 추궁하고, 그것이 범죄를 구성한 경우는 법에 의해 형사책임을 추궁하게 된다.

> **第274条【실지조사와 설계계약】** 실지조사 및 설계계약에는 기초자료와 설계문서(예산견적을 포함)에 관한 인도기한, 품질요구, 비용 및 기타 협력조건 등의 조항을 포함한다.

■ **해설**

본 조는 실지조사 및 설계계약의 내용에 대하여 규정한 것이다. 실지조사 및 설계계약의 내용은 최소한 다음의 내용이 포함되어야 한다.

첫째, 관련 기초자료와 예산견적을 포함한 문서의 제출기한이다. 이것은 실지조사자와 설계자에 대한 실지조사와 설계의 성과를 제출하는 시간적 요구다. 실지조사

253) 상세는 徐景和 主编, 앞의 책, 397면 이하 참조.

자와 설계자는 반드시 그 기한 내에 완성하여 발주자에게 그 성과를 인도하여야 한다. 이에 위반했을 경우 위반책임을 져야 한다.

둘째, 실지조사 또는 설계의 품질요구다. 이것은 프로젝트 계약의 가장 중요한 조항으로 실지조사자와 설계자가 부담하여야 할 가장 중요한 의무이기도 하다. 만일 실지조사 또는 설계의 품질요구에 부합되지 않을 경우는 위약책임을 부담하여야 한다.

셋째, 실지조사 또는 설계의 비용이다. 이것은 발주자가 부담하여야 할 최대의 의무다. 실지조사비용은 감찰내용에 따라 결정되지만 그 구체적인 기준과 계산방법은 원래 국가건설위원회에서 공포한 '공정감찰비용징수기준'의 규정에 따라 실시되고 있다. 설계프로젝트의 징수기준은 일반적으로 다른 업계, 다른 건설규모와 프로젝트의 복잡성의 정도에 따라 징수액이 다르다. 지금도 중국은 1984년에 국가계획위원회가 공포한 '공정설계비용징수조건'에 의해 비용을 징수하고 있다.

위에서 언급한 내용 이외에 당사자가 구체적으로 기타의 조건을 결정할 수 없다. 이러한 조건의 구체적 내용은 구체적인 조건에 따라서 결정된다. 예컨대, 발주자가 내용과 기한의 자료제공과 현장에 대한 정리여부, 실지조사인원이 현장에 들어갔을 때 발주자는 작업과 생활의 편의 제공여부, 설계의 단계에 이르렀을 때 제공한 진도와 설계문서의 수량 등에 의해 각각 다르다.

제275조 【시공계약의 내용】 시공계약의 내용에는 공사범위, 건설공기, 중간 인도 공사의 착공과 준공시기, 공사품질, 공사대금, 기술자료의 인도시기, 재료 및 설비 공급책임, 지출과 결산, 준공검사, 품질보증 범위와 보증기간, 쌍방의 상호 협력 등의 조항을 포함한다.

■ 해설

본 조는 시공계약의 내용에 대하여 규정한 것이다. 시공계약의 주용 내용에는 다음의 것이 포함되어야 한다[254].

① 프로젝트의 범위다. 시공계약의 수급인의 약정에 의해 시행하여야 할 주요 내용으로서 당사자는 계약에 공정프로젝트의 일람표와 공정량을 첨부하여야 한다. 여기에는 공사명칭, 건축동수, 구조, 층수, 자금원, 투자총액 및 공정허가의 문건번호, 하도급건설공사계약 등을 명기하여야 한다.

② 건설공기다. 즉 건설기간으로서 건설공사의 개시일과 준공일 사이의 기간을 말하나. 즉 프로젝트의 착공과 준공일시를 명기하여야 한다.

254) 刘文华 主编, 앞의 책, 409면~411면.

③ 중간 완성공기다. 가령, 공사시공을 하기 전에 수도공사, 전기공사 등 최초의 인프라 구축 등 먼저 해야 하는 경우를 말한다. 이와 같이 공사를 완성하기 전에 특정 부분을 먼저 완공하여야 하는 공사를 말하는 것으로 중간완성공사 착공과 준공일시는 계약서 가운데 명확히 약정하여야 한다.

④ 공사의 품질이다[255]. 이에 관하여 1983년 국가의 관계부처로부터 건설공정의 품질감독법규와 부문규칙이 공포되었다[256]. 수급인은 공정이 준공되어 도급인에게 인도하는 경우 다음의 기본적 요구를 만족시켜야 한다. 첫째, 공정설계와 계약에 규정된 작업내용 각 항을 완성한 경우에는 국가가 규정한 준공조건을 만족시켜야 한다. 둘째, 공정품질은 국가의 현행 관계법률, 법규, 기술기준, 설계문서와 계약에 약정된 요구에 부합된 가운데 품질감독기관에 의한 합격 또는 우량으로 판정되어야 한다. 셋째, 공사에 사용된 건축재료, 부품과 설비에 출하합격증과 필요한 시험보고가 있어야 한다. 넷째, 완전한 공사 기술서류와 준공도에 공사준공 인도에 관한 절차를 완료하여야 한다. 다섯째, 서명이 된 공사보수증서이다[257].

⑤ 공사의 비용이다. 수급인이 건설시공을 완료하고 그 결과의 목적물을 인도하는 대가로써 청구할 수 있는 금액을 말한다. 예컨대, 건설시공계약의 경우는 체결당시 계산방식에 따라서 지급하지만, 입찰공사의 경우는 낙찰가격을 기준으로 한다.

⑥ 기술자료 인도시기다. 발주자는 계약에 약정된 기일 내에 수급인에게 약정한 기일에 본 공사에 관계되는 모든 시공과 기술자료를 제공하여야 한다. 그러하지 않을 경우는 공기의 지체 또는 공사 변경으로 일어난 손실에 대하여 수급인은 책임을 져야 한다.

⑦ 재료와 설비의 공급책임이다. 즉 시공과정에서 필요한 재료와 설비를 어느쪽 당사자가 공급할 것인가를 명기하여야 한다.

⑧ 지급과 결제다. 즉 발주자가 수급인에게 지급할 공사대금과 결제방식 및 시기에 관하여 규정한다.

---

255) '백년대계 · 품질제일' 이라고 불리는 것처럼 공사의 품질문제는 국민의 안전과 관계되는 것으로 시공계약 가운데 특히 중요한 조항이다.

256) 그 주요한 것은 건설공정품질책임임시규정, 건축공정보수규칙, 건설공정품질감독조례, 건설공정품질감독관리규정 등이 있다.

257) 즉 건설시공이 완성되어 도급인에게 이전된 후에 일정한 기간 동안 공사 목적물에 하자가 발생할 경우 자기의 비용으로 보수할 책임을 진다.

⑨ 준공검수다. 이 조항은 국가의 관계부처가 공포한 관련규정과 시공도 설명서, 시공기술문서를 기준으로 검사하여야 한다.

⑩ 품질보수범위와 품질보증기간이다. 도시건설부가 공포한 건설공정품질책임임시규정 제21조에 "건설공정을 인도하여 사용한 후 시공업자는 건설부가 공포한 '건축공정보수규칙(시공)'에 의해 보수를 실시하여야 한다"고 규정하고 있다. 따라서 계약 당사자는 관계법률, 행정법규와 실제의 상황에 의해 합리적 품질보수범위와 품질보증기간을 규정한다.

위에서 언급한 10가지 항목의 기본계약 내용 외에도 당사자는 시공변경시 처리방법, 위약책임, 분쟁의 해결방법 등 기타의 조항을 약정할 수 있다.

第276条【공사건설감리계약】 건설공사에 공사감리를 시행하고 있는 경우에 도급인과 감리인이 서면형식으로 공사감리 위임계약을 체결하여야 한다. 도급인과 감리인의 권리와 의무, 법률책임에 대해서는 본 법의 위임계약 및 기타 관련 법률, 행정법규의 규정에 의한다.

■ 해설

본 조는 공사건설감리계약에 대하여 규정한 것이다[258]. 공사의 건설감리계약이란 감리인이 발주자의 위탁을 받고 건설공사가 진행되는 각 단계별 감독과 관리활동을 하고, 발주자는 이에 대한 보수를 지급할 것을 내용으로 하는 계약을 말한다. 여기서 '감리인'은 감리자격증서를 취득하고 법인자격을 가진 감리기업 또는 감리사무소를 겸임하고 있는 공정설계, 과학연구 및 건설공사·자문기업을 말한다.

중국에서는 건설공사의 품질을 감독관리하기 위해 건설공사에 감독관리제도를 도입하여 일정한 범위에 대한 강제적 감리를 실시하고 있다. 그 경우 발주자와 감리인과의 사이에 체결된 위탁감리계약에는 건설공사의 명칭, 건설공사의 장소, 감리인의 직책, 감리비용과 그 지급방식 등이 약정된다.

第277条【도급인의 검수권】 도급인은 수급인의 정상적인 작업을 방해하지 않는 범위 내에서 수시로 작업의 진도 및 품질에 대하여 검수할 수 있다.

■ 해설

본 조는 도급인의 공사진도와 품질의 수시 검수권에 대하여 규정한 것이다[259]. 발

258) 徐景和 主编, 앞의 책, 401면 이하 참조.

주자가 건설공사에 대한 검수를 하는 이유는 건설공사의 진전 상황과 품질을 포함한 여러 가지 문제를 보다 일찍 발견하고 문제의 발생을 미연에 방지하거나 회피할 필요가 있기 때문이다. 또한 그것은 발주자가 자기 권리보호 조치의 하나라고도 말할 수 있다. 이에 대해서 수급인은 거절할 수 없으며 동시에 협력할 의무를 갖는다. 발주자가 검수, 감독을 하는 경우에 공사를 방해하지 않는 다는 것을 전제로 한다.

제278조【매설공사의 검사책임】 매설공사에 대하여 수급인은 매설 전에 도급인에 대하여 통지하여야 한다. 도급인이 신속하게 검수를 하지 않은 경우는 수급인은 건설공사 기일을 연장할 수 있고 또한 작업중지, 인력낭비 등의 손실의 배상을 청구할 권리가 있다.

■ **해설**

본 조는 매설공사의 검수책임에 대한 특별규정으로 매설공사 매설 이전에 당연히 검사를 하고 동시에 도급인의 적시에 검사하지 않은 책임에 대해 규정하고 있다. 매설공사란 각 건축물에 감추어진 건설공사를 말한다. 매설공사는 전체공사가 완성되기 이전에 완성되어야 하는 공사로 바로 다른 공사의 수요에 의해 매설되어야 하기 때문에 완성한 경우는 신속하게 품질검사를 진행할 필요가 있다[260]. 건설공사계약의 검수에 대해서는 그 이행과정에서 일어난 구체적 상황에 따라 다음 원칙에 비추어 처리된다.

① 매설공사가 완성되면서 매설 전에 수급인은 지체 없이 발주자에게 검수통지를 보낼 의무가 있다.

② 수급인이 발주인에게 검수통지를 보낸 후에 발주자는 신속히 검수를 진행할 의무가 있다. 만일 발주자가 적절한 시기에 검수를 게을리 하였을 경우, 이것을 이유로 수급인이 임의로 검수를 하는 것은 허용되지 않지만 공정의 공기를 연장하는 것은 가능하다.

③ 발주자가 적시에 매설공사의 완성검수를 진행하지 않아서 시공의 계속에 영향을 주거나 또는 공사가 계속될 수 없을 경우, 수급인은 공기의 연장 외에 발주자에게 공사의 중지를 포함한 공사계속의 시간에 대한 손해배상을 청구할 수 있다.

259) 刘文华 主编, 앞의 책, 415면; 夏志宏 主编, 앞의 책, 387면.
260) 刘文华 主编, 앞의 책, 416면~417면; 夏志宏 主编, 앞의 책, 387면~388면.

제279조【공사의 검수과정】 건설공사가 준공된 후 도급인은 시공설계도 및 설명서, 국가가 공포한 시공검수 규범과 품질검사 기준에 의하여 신속히 검수를 진행하여야 한다. 검수에 합격하면 도급인은 약정에 따라 대금을 지급하고 그 건설공사를 수령하여야 한다. 건설공사의 준공이 검수에 합격한 후 비로소 인도하여 사용할 수 있다. 검수를 받지 않거나 또는 검수에 불합격한 건설공사는 인도하여 사용하지 못한다.

■ 해설

본 조는 준공건설의 공정에 대한 검수과정에 대하여 규정한 것이다. '검수'란 수급인이 발주자 및 건설공사 품질감독, 검사부처와 함께 국가의 관계규정과 계약의 내용에 따라 완성한 건설공사에 대하여 검사를 하고 그것이 합격된 후 발주자가 건설공사를 인도 되는 일을 말한다.

건설공사의 준공과 검수를 할 때는 다음과 같은 점에 유의할 필요가 있다[261].

① 수급인은 건설공사가 준공된 후 건설공사의 자료를 정리, 보관함과 동시에 시공현장을 정리하고 계약의 약정과 관계 규정에 의한 준공검수의 기술자료를 제출하여 발주자에게 건설공사의 검수통지와 준공 공사의 결제수속을 진행하여 준공검수에 참가한다.

② 발주자는 관계부처와 공동으로 신속하게 건설공사에 대하여 검수를 진행한다.

③ 준공검수에서 발주자는 다음의 문서를 근거로 공정한 준공검수를 한다. 첫째, 시공도면과 그 설명서다. 둘째, 국가가 공포한 시공검수규칙과 품질검사 기준이다. 예컨대, 중국의 시공검수 규칙인 기본건설공정준공검수에 관한 임시규정, 공정시공 및 검수규정 등이다. 이 외에 건설공정의 품질기준으로 건축교부공정품질평정기준, 건설공정국가기준관리규칙, 건설공정품질관리규칙, 건설공정지진재해방어관리규정 등이 공포되어 있다.

④ 검수합격의 법적인 의의는 수급인이 이미 자신이 이행하여야 할 계약의무를 이행하고, 발주자가 작업의 성과를 인도 받아 사용할 수 있다는 것을 의미한다. 따라서 검수에서 합격되지 않은 건설공사를 인도 받아 사용하여서는 안 된다는 것을 규정한 것이 본 조이다. 남은 문제는 발주자가 약정에 의해 그 대금을 수급인에게 지급하는 것으로 건설공사계약은 종료한다.

261) 夏志宏 主编, 앞의 책, 388면~389면; 胡康生 主编, 앞의 책, 426면~428면.

제280조 【조사자 및 설계업자의 책임】 조사 및 설계의 품질이 요구에 부합하지 않거나 기한 내에 조사, 설계의 문건을 제출하지 않아 공기가 지체하고 도급인에게 손해를 준 경우는 조사자 및 설계자는 조사, 설계를 계속 보완하여야 하고 조사, 설계비를 감액 또는 면제하고 아울러 손해를 배상하여야 한다.

■ 해설

본 조는 조사자 및 설계업자의 약정위반 책임에 대하여 규정한 것이다[262]. 조사자, 설계자는 계약의 약정에 따라 계약의무를 이행하고 시간과 품질의 스케줄에 따라서 조사와 설계성과를 제출해야 한다. 실행 중 조사자와 설계자의 위약행위는 일반적으로 조사, 설계의 질량이 요구에 부합하지 않고 또는 약정된 기간에 따라서 조사와 설계문거를 제출하지 않은 것을 말한다.

건설공사의 실지조사와 설계계약에서 실지 조사자인 국가의 규정과 계약에서 약정한 기준에 따라 공정측량, 공정지질, 수문지질 등의 실지조사를 하여야 한다. 설계자는 계약의 약정에 따라 발주자가 제공한 문서와 자료에 의해 설계를 한다. 한편, 조사자와 설계자는 계약의 약정에 의한 조사와 설계를 약정기간 내에 완성하고 설계도와 설명서 및 재료・설비목록, 개산요구 등을 약정의 내용에 따라 발주자에게 인도하여야 한다. 이에 위반했을 경우 조사자와 설계자는 위약책임을 져야 한다.

그리고 본 조의 위약책임에는 품질상의 위약과 공기지연에 대한 책임이 있다. 위약책임의 부담방식으로 첫째, 계속하여 계약에서 약정한 의무를 완전하게 이행한다. 둘째, 위약의 정도에 따라 비용의 감액 또는 면제한다. 셋째, 손해에 대한 배상책임을 진다. 조사자와 설계자에게 위약과 위약행위가 발생한 경우에 발주자의 계약해제 여부에 대해서는 본 법에서는 일정한 비용을 지출한 가운데 해약을 허락한다는 것은 형평의 원칙을 상실하기 때문에 그 계약을 해제할 수 없다.

제281조 【시공자의 책임】 시공자의 원인으로 건설공사 품질이 약정에 부합하지 않은 경우에 도급인은 시공자에게 합리적인 기한 내에 무상으로 수리 또는 재건축, 개축을 요구할 수 있는 권리가 있다. 수리, 재건축, 개축을 거친 후 기한을 초과하여 인도한 경우 시공자는 위약책임을 부담하여야 한다.

■ 해설

본 조는 공사품질에 대한 시공자의 책임에 대하여 규정한 것이다[263]. 본 조를 적

262) 刘文华 主编, 앞의 책, 417면~418면.
263) 刘文华 主编, 앞의 책, 418면; 胡康生 主编, 앞의 책, 429면~431면.

용할 때 유의하여야 할 것은 다음과 같다.

첫째, 품질이 계약상의 약정에 위반한 경우 시공자가 부담해야 할 책임은 시공자의 원인에 의해 발생한 것에 대하여 한정한다. 발주자의 원인 또는 자연재해의 불가항력인 경우는 면책된다. 둘째, 위약책임의 부담방식은 무상, 재건축, 개축 등이 있다. 여기서 필요한 '합리적인 기한'의 산출은 품질의 위약 상황에 따라 국가가 규정한 공기의 확정과 계약의 관련 약정에 따라 무상, 재건축, 개축에 필요한 기일을 확정한다. 셋째, 품질문제로 발생한 건축물 인도지연의 위약은 당사자 쌍방의 별도 약정이 있는 경우는 그에 따르고, 그런 약정이 없는 경우는 배상금의 형태로 지급하는 것이 일반적이다.

□ 사례

시공인 건축공사회사 "갑"은 하청업자 부동산개발회사 "을"의 아파트 H동의 시공 공사를 도급하였다. 계약은 연기하게 공사를 인도하여, 하루를 연기하면 도급비용 총액의 5/10,000 위약금을 교부한다고 약정했다. 계약의 집행 시작계단에서 "갑"회사의 원인으로 H동의 지반공사의 품질이 계약 약정에 부합하지 않았다. "을"회사는 "갑"회사에 다시 할 것을 요구했다. 이에 대하여 "갑"회사는 무상으로 다시 하여야 한다. 만일, 이 때문에 규정한 기한을 연장하여 공사가 마무리 되면, 매일 5/10,000의 기준으로 "을"회사에게 위약금을 지불해야 한다.

제282조 【불법행위책임】 수급인의 원인으로 건설공사의 합리적인 사용기한 내에 신체 및 재산에 손해를 준 경우에 수급인은 손해배상책임을 부담하여야 한다.

■ 해설

본 조는 수급인의 불법행위책임에 대하여 규정한 것이다. 본 조의 경우는 당사자 쌍방의 위약책임 뿐만 아니라 타인의 인신과 재산에 손해를 준 민사상의 침권행위로써 민사책임이 있다. 즉 본 법에 규정된 수급인이 부담해야 할 민사상 책임에서 반드시 구비해야 할 요건은 다음과 같다.

① 중국의 민법통칙 규정에 따르면 행위자가 침권책임을 부담하는 행위는 자기의 과실을 전제로 한다. 따라서 건설공정에서 타인의 권리를 침해하였다 해도 수급인은 그 책임을 지지 않는다.

② 수급인이 부담해야 할 시간적 범위는 건설공사의 합리적 사용기간 내로 한다. 만일 이 합리적 기한을 초과하면 그것은 공사의 안전보증 문제가 된다. 따라서 이 합법적 기한을 초과했을 때 타인에 대하여 침권행위가 있더라도 수급인은 그 책임을 지지 않는다.

③ 여기서 말하는 침권행위는 건설의 실시 과정에서 타인의 인신 및 재산의 권리에 손해를 준 경우를 말한다.

④ 수급인이 부담해야 할 손해배상의 책임형태는 중국의 민법통칙 규정에 따르면 첫째, 복구가 가능한 물건은 신속하게 복구하고, 복구 후 그 가치와 품질에 영향이 있을 경우는 그 상응한 경제적 보증을 한다. 둘째, 복구 불능의 경우에는 종류와 품질이 같은 물건으로 실물배상 또는 받은 재산의 손실 실제가치에 따라 배상을 한다. 셋째, 인신에 손해를 준 경우는 그 상황에 따른 일정한 방법에 의한 손해배상의 책임을 져야 한다.

제283조 【도급인의 위약책임】 도급인이 약정한 시간 및 요구에 따라 원재료, 설비, 장소, 자금, 기술자료를 제공하지 않은 경우에 수급인은 공사기간을 연장할 수 있고 또한 작업 중지, 인력 낭비 등의 손해배상을 청구할 권리가 있다.

■ **해설**

본 조는 도급인이 약정한 대로 협력조건을 제공하지 않은 경우의 위약책임에 대하여 규정한 것이다[264]. 건설공사계약에서 발주자가 약정에 따라 신속하게 공사대금을 지급하는 것은 가장 기본적인 의무이다. 또한 신의성실의 원칙에 따라 수급인에 대한 편의제공을 하는 의무이기도 하다. 여기에는 다음과 같은 것이 있다. 첫째, 쌍방이 약정에서 정한 작업분담의 범위와 요구에 따라 적시에 원재료와 설비를 공급한다. 둘째, 공사개시 이전에 공사현장의 전원, 수원과 운송도로, 현장 내의 민가와 장애물의 철수, 현장정리와 시공현장의 인도이다. 셋째, 자금제공의 보증, 적시에 자금을 인도하며 결제수속을 한다. 넷째, 관계부처를 조직하여 시공도 등의 기술자료를 심사·확정함과 동시에 약정기한에 정해진 수량의 자료를 수급인에게 인도한다. 만일 약정기한까지 필요한 수량의 자료를 수급인에게 인도하지 않은 경우, 시공기의 지연에 의한 손해배상을 청구할 수 있다.

제284조 【공사중단·지연시 위약책임】 도급인의 원인으로 건설공사가 도중에 정지하거나 연장된 경우에 도급인은 손해의 구제조치 또는 감소시키는 등의 조치를 취하여야 하며, 이와 같은 사유로 인하여 발생한 작업중지, 임금손실, 반복운송, 기계설비의 이동, 재료 및 자재의 적체 등으로 인한 손해 및 실제비용을 배상하여야 한다.

264) 夏志宏 主编, 앞의 책, 391면~392면; 徐景和 主编, 앞의 책, 416면 이하 참조.

■ 해설

본 조는 도급인의 원인으로 공사가 중단 또는 지연할 때의 도급인의 상응하는 책임에 대하여 규정한 것이다[265]. 건설공사는 지질, 수질 외에 기후의 원인, 또는 설비와 원료의 재질, 기구의 원인 등에 의하여 공기에 영향을 미치는 경우가 있다. 그렇기 때문에 도급인의 협력과 지원이 필요하다. 만일 도급인의 원인으로 공사의 중지하거나 공기의 연장 등의 문제가 발생하면 발주자는 위약책임을 부담해야 한다.

본 조를 적용할 때 다음의 것에 유의할 필요가 있다. 첫째, 공사의 중단 또는 연장이 불가항력이나 기타의 의외의 사건이 아니고 발주인에게 그 원인이 있다. 둘째, 발주자에게는 필요한 조치를 강구하여 피해의 확대를 방지하거나 손상을 최저한도로 억제할 의무가 있다. 예컨대, 화재가 발생했을 경우에 공사의 급속한 복구 등이다. 셋째, 수급인이 받은 손해와 실제로 소요된 비용을 발주인은 배상한다. 수급인이 받은 손해에는 공사중단 또는 지연에 의한 작업중지, 화물의 반송, 설비의 운송, 재료의 손실 외에 설비의 운송 등에 소요된 비용의 두 가지가 있다. 이러한 손해에 대하여 발주인은 수급인에게 위약책임의 손해배상을 하여야 한다.

제285조【계약의 위약책임】 도급인이 계약을 변경하거나 제공한 자료의 부정확 또는 정한 기간 내에 조사, 설계작업의 필수적인 조건을 제공하지 못하여 조사, 설계의 재작업, 작업중지 또는 설계의 수정을 하게 된 때에 도급인은 조사자, 설계자가 실제로 실행한 작업량에 따른 비용을 증액하여 지급하여야 한다.

■ 해설

본 조는 도급인의 원인으로 인하여 건설공사의 조사, 설계작업, 중지 및 설계의 수정에 대한 법률책임에 대하여 규정한 것이다. 조사, 설계계약을 체결하고 그것이 일단 법적효력을 발효한 경우 어느 한 당사자도 임의로 계약내용을 변경할 수 없다[266]. 만일 도급인이 약정에 위반하여 공사계획의 변경, 부정확한 자료의 제공 또는 약정한 기한에 따라서 조사, 설계에 필요한 작업조건을 제공하지 않았기 때문에 조사, 설계작업의 재공사, 중그러나 설계의 수정 등의 경우가 발생했을 때, 즉 도급인의 원인으로 수급인이 불필요한 부담을 했을 때에 도급인은 약정의 대금을 계산한 모든 비용을 지급하여야 한다.

---

265) 刘文华 主编, 앞의 책, 422면; 胡康生 主编, 앞의 책, 435면~436면.
266) 夏志宏 主编, 앞의 책, 392면~393면.

제286조【기한초과의 공사대금지급】 도급인이 약정에 따라 대금을 지급하지 아니한 경우에 수급인은 도급인에게 합리적인 기한 내에 대금을 지급할 것을 최고할 수 있다. 도급인이 기한을 초과하여도 지급하지 않는 경우는 건설공사의 성질상 환금 또는 경매에 적당하지 않은 경우를 제외하고 수급인과 도급인은 그 건설공사의 환금에 대하여 협의할 수 있고, 그 공사의 경매를 인민법원에 신청할 수 있다. 건설공사의 대금은 그 공사의 환금 또는 경매의 대금에서 우선적으로 변제를 받을 수 있다.

■ 해설

본 조는 도급인의 기한을 초과하여 공사대금 지급문제에 대하여 처리방법, 즉 수급인의 부동산 유치권 행사에 대하여 규정한 것이다[267]. 본 조에서는 유치권의 범위를 부동산까지 확대 적용하고 있다. 수급인이 유치권을 행사할 경우 다음의 절차에 따라 유치권을 행사하여야 한다.

① 만일 도급인이 약정대로 대금을 지급하지 않은 경우다. 담보법 제87조의 규정에 의해 최저 2개월의 유예기간을 주어 약정대로 지급하도록 도급인에 대하여 지급의 최고통고를 한다. 이것이 유치권 행사 절차의 첫 걸음이다.

② 최고통지에서 정한 기간 내에 도급인이 대금을 지급하지 않는 경우다. 건설공사의 성질상 환금할 수 있는 경우를 제외하고 도급인과의 사이에서 건설공사의 환금협의를 할 수 있다. 제3자에게 전매한 건설공사의 대금에서 수급인은 우선적으로 공사대금의 반제를 받는다.

③ 도급인과 수급인 사이의 전매 협의가 잘 이루어 지지 않거나 도급인이 전매를 동의하지 않는 경우, 수급인은 건설공사의 성질상 경매에 적합하지 않은 것을 제외하고 인민법원에 경매신청을 한다. 건설공사의 성질상 경매에 적합하지 않은 것이란 정부용의 건물이며 교량 등을 말한다.

□ 사례

부동산개발회사 "갑"은 건설공사회사 "을"의 공사대금 임민폐 5,000만원 갚지 않았다. "을"회사가 지불 최고를 하였지만, 역시 "갑"은 그 기간에 따라서 공사대금을 지불하지 않았다. "을"회사는 법원에 "갑"회사의 C동을 경매하여 경매대금 인민폐 15,000만원을 받았다. 그

267) 1996년에 제정·공포한 중국의 담보법에서는 채무자가 채무이행을 하지 않은 경우에 채권자에게 동산에 한정하여 유치권을 인정하고 부동산에는 인정하고 있지 않다.

때는 “갑”회사는 “병”은행으로부터 기간이 만료된 차관의 본금과 이자가 인민폐 12,000만원, “정”회사의 채무가 인민폐 3,000만원을 지불해야 한다. 본 조의 규정에 따라서 “을”회사는 C동 빌딩의 경매대금의 15,000만원 중에서 우선 5,000만원을 받을 수 있다.

第287조【규정의 준용】 본 장에 규정이 없는 경우는 도급계약의 관련규정을 적용한다.

■ 해설

본 조는 건설공사계약과 도급계약의 관계에 대한 준용 규정에 대하여 언급하고 있다. 건설공사계약은 도급계약에서 분리된 일종의 특수유형에 속하는 도급계약이다. 따라서 본법의 건설공사계약에 특별 규정이 있는 경우에는 그것을 우선적으로 적용하고 그러한 규정이 없는 내용의 경우에는 도급계약의 조항을 적용한다[268].

제17장 운송계약

운송행위란 일정한 운송수단으로 물품과 여객을 어느 한 장소에서 일정한 장소로 운송하는 행위를 말한다. 따라서 운송계약에 대한 당사자 사이의 권리・의무는 이 목적의 범위 내에 한정된 계약이라고 할 수 있고, 낙성・쌍무・유상계약이다.

운송계약은 운송의 대상에 따라 여객운송과 화물운송[269]으로 구분한다. 그리고 운송도구에 따라 육로운송, 수로운송, 항공운송, 철도운송으로 구분하며, 또한 운송방식에 따라 단일운송과 복합운송으로 나누고 있다.

본장에서 운송계약의 기본원칙과 여객운송계약, 화물운송계약, 복합운송계약의 일반적 규정이 있다. 현재 중국의 운송계약에 관한 것은 철도여객운송규정(铁路旅客运输规程), 철도화물운송계약실시세칙(铁路货物运输合同实施细则), 육로자동차여객운수규칙(公路汽车旅客运输规则), 육로화물운송계약실시세칙(公路货物运输合同实施细则), 수로여객운송규정(水路旅客运输规程)수로화물운송계약실시세칙(水路货物运输合同实施细则), 항공화물운송계약실시세칙(航空货物运输合同实施细则), 중국민용항공기총국의 국내여객운송규칙(中国民用航空机总局国内旅客运输规则) 등이 있다. 만일 이러한

268) 夏志宏 主编, 앞의 책, 395면.

269) 화물운송계약은 물품의 성질에 따라 보통화물운송계약, 부식 또는 변질되기 쉬운 화물의 운송을 목적으로 하는 특수화물운송계약, 위험화물운송계약이 있다.

규칙과 본법의 규정에 저촉하는 경우는 본법을 우선 적용 한다. 또 현실적으로 이러한 규칙은 본법과 상호 보충적 관계라고 할 수 있다.

본 장은 전체 제4절로 구성되고 제288조부터 제321조까지 총 34개 조문으로 되어 있다. 제1절에서는 운송계약의 개념, 운송인의 의무, 여객과 탁송인의 의무에 관하여 규정하고, 제2절의 여객운송계약에서 구체적으로 여객운송계약의 개념, 여객의 의무와 운송인의 의무 및 손해배상책임에 관하여 규정한다. 제3절에서는 화물운송계약의 개념, 운송인의 의무, 수하인의 의무 및 배상청구기한, 운송인의 손해배상책임과 면책조건이 있고, 제4절에서는 복합운송계약, 운송인의 의무, 복합운송의 운송인과 복합운송에 참가한 각 구간 운송의 책임구분과 분담, 송하인이 운송인에게 초래한 손해의 배상책임에 대하여 규정하고 있다.

제1절 일반규정

제288조 【운송계약의 정의】 운송계약은 운송인이 여객 또는 화물을 출발지에서 약정한 장소까지 운송하고 여객, 송하인 또는 수하인이 승차대금 또는 운임을 지급하는 계약이다.

■ 해설

본 조는 운송계약의 정의에 대하여 규정한 것이다[270]. 운송계약의 당사자는 일반적으로 운송인, 송하인 또는 여객이다. 그 정의를 살펴보면 당사자의 일방이 다른 일방 당사자가 약정한 시간, 방식에 따라 물품 또는 여객을 안전하게 약정한 지점까지 운송하며 보수를 받는 합의가 바로 운송계약이다. 운송계약에 의해 물품 또는 여객을 안전하게 약정한 지점까지 운송하는 사람을 운송인이라 하고, 자기 또는 타인의 물품을 운송인에 위탁하고 운송비용을 지급하는 사람을 송하인, 운송인으로부터 물품을 받는 사람을 수하인이라고 한다.

□ 사례

"갑"은 "을"철도역에서 B지역에 가는 일반석 기차표 1장을 사고 기재된 시간 및 열차번호에 따라서 기차를 탔다. 당사자 쌍방은 철도여객운송계약 관계가 성립한 것이다.

제289조 【운송업자 권리의 제한】 공공운송에 종사하는 운송인은 여객, 송하인의 통상적이고 합리적인 운송 요구를 거절할 수 없다.

270) 谢怀栻 等, 앞의 책, 493면~494면; 郭明瑞・房绍坤, 앞의 책, 595면 이하 참조.

■ 해설

본 조는 여객 및 운송인의 권익을 보호하기 위하여 공공운송에 종사하는 운송업자 권리의 제한에 대하여 규정한 것이다. 다시 말하면 공공운송에 종사하는 운송업자는 여객 또는 운송인이 일반성, 합리적인 운송요구를 제출할 때 거절의 의사표시를 해서는 안 된다. 즉 공공운송의 운송인은 운송을 거절할 수 없다는 것에 대하여 규정한 것이다[271]. '공공운송에 종사하는'이란 불특정 다수에 대하여 운송을 하는 것으로, 공공서비스에 기여하기 위해 사회공중에 개방된 운송을 말한다. 그러므로 그것이 특정한 사람을 대상으로 한 운송업무라면 공공운송에 종사하는 것이라고 말할 수 없다. 예컨대, 철도부처, 항공운송회사, 도시공공교통회사, 택시회사 등은 중국사회의 불특정 다수에 대한 서비스를 제공하는 공공운송업자이다. 그러나 기업의 출퇴근버스, 전세버스 또는 여행사의 관광버스 등의 특정의 사람을 대상으로 한 서비스 제공은 공공운송이라고 할 수 없다.

그리고 '통상의 합리적인 운송 요구'란 먼저 당사자의 요구가 법률로 허용된 것인가의 여부, 당사자의 이익과 사업의 관례에 적합한가 그리고 운송인이 실행 가능한 범위인가에 따라 결정된다. 일반적으로 여객, 송하인은 자기의 목적지와 운송회사의 영업범위, 영업노선, 영업구간 등 구체적 상황을 감안하여 예컨대, 목적지까지 티켓을 구입하는 등의 운송수속을 밟는다. 그렇지 않고 임의대로 운송회사의 영업노선의 변경을 요구하는 등의 행위는 통상의 합리적 운송요구라고 할 수 없다.

□ 사례

"갑"은 개인 택시기사이다. "을"여객은 "갑"에게 손을 흔들어 차를 탄다는 표시를 했다. "갑" 기사는 차를 세운 후에 듣고보니 "을"여객이 가는 지역이 너무 혼잡하고 길이 너무 막히는 곳이라는 것을 알고, "을"에게 이 지역에 가는 것을 거절했다. 이 행위는 본 조의 규정을 위반한 것이다.

제290조 【운송인의 의무】 운송인은 약정기간 내 또는 합리적인 기간 내에 여객, 화물을 약정한 장소까지 안전하게 운송하여야 한다.

■ 해설

본 조는 운송인의 의무에 관하여 규정한 것이다. 운송인의 기본적 의무는 다음과 같다. 첫째, 약정된 일정의 시간과 장소로부터 일정의 노선을 거쳐 여객과 화물을

---

271) 刘文华 主编, 앞의 책, 431면; 夏志宏 主编, 앞의 책, 403면.

약정된 최종지점까지 운송하는 것이다. 둘째, 여객과 화물을 그 전과정에서 최종지점까지 안전하게 도착하게 하는 것이다.

따라서 만일 운송 공구인 기차 또는 자동차의 고장 등 의외의 사건이 발생한 경우, 운송인에게 여객과 화물을 목적지점까지 도착하게 하는 별도의 수단을 강구할 의무가 있다. 또 의외의 사건 발생에 따라 여객과 화물에 손해가 발생한 경우 운송인은 운송계약에 의해 그 손해에 대한 배상의 책임을 질 의무가 있다.

□ 사례

"갑"회사는 "병"회사와 체결한 의류복장매매계약에서 규정한 물품 공급의무를 완성하기 위하여, 가격이 인민폐 10만원의 의류를 "을"철도운송회사에 교부하고 A지역에서 B지역으로 운송하여 "병"회사에게 교부하라고 했다. 당사자 쌍방은 "을"이 화물 운송을 받은 날로부터 5일 이내에 화물이 B지역에 운송해야 한다고 약정하였다. "을"은 약정시간에 따라 운송의무를 완성해야 한다.

第291조【약정노선의 운송의무】 운송인은 약정 또는 통상적인 운송노선에 따라 여객, 화물을 지정된 장소까지 운송하여야 한다.

■ 해설

본 조는 운송인의 약정 또는 통상운송노선의 운송의무에 대하여 규정한 것이다. 운송노선은 운송계약에서 중요한 내용으로 운송노선 확정 의무는 운송인에게 있고 여객과 화물은 그것을 전제로 하여 대금을 지급한다. '통상적인 운송노선'이란 중국의 철도 및 육로운송에는 도중의 경유지점이 명기되어 있다. 그러나 택시의 경우 종종 길을 임의대로 둘러서 가는 경우가 있다. 그 통상적이지 않은 행위에 대하여 여객은 대금의 지급을 거절할 수 있다.

□ 사례

"갑"은 "을"버스회사의 버스를 타고 미술관에서 A지역에 도착하여 하차를 하였다. 이 노선은 "을"회사의 버스의 고정 운송노선으로 승객인"갑"을 지정된 지역까지 운송해야 한다. 마음대로 운송노선을 변경해서는 안 된다. 만일 "갑"이 택시를 타고 목적지에 가는데 운송노선에 대한 약정이 있다면 택시 운송업자는 이에 따라서 집행해야 한다.

第292조【여객·송하인·수하인의 의무】 여객, 송하인 또는 수하인은 승차대금 또는 운임을 지급하여야 한다. 운송인이 약정한 노선 또는 통상적인 노선에 의하지 않고 운송하여 승차대금 또는 운임이 증가된 경우에 여객, 송하인 또는 수하인은 증가된 부분의 승차대금 또는 운임의 지급을 거절할 수 있다.

■ 해설

본 조는 여객, 송하인 또는 수하인의 승차대금 또는 운임에 대하여 규정한 것이다[272]. 운송계약은 쌍무계약으로써 운송비용의 지급은 운송행위의 대가로 여객, 송하인 또는 수하인은 그 목적 실현의 대가로 대금을 지급할 의무가 있다.

여객운송계약에서 여객은 구체적인 의무이행으로 승차를 할 경우 유효한 승차권을 소지하고 승차하는 것이 그 의무다. 만일 유효한 승차권을 갖지 않았거나 약정지역을 지났거나 또는 열차등급을 일탈하였을 때는 그 나머지 부분을 지급할 의무가 있고 그 의무를 여객이 이행하지 않을 경우에 운송인은 운송을 거부할 수 있다.

화물운송계약은 일반적으로 송하인이 운송비를 부담하여 지급하는데 당사자 사이의 약정에 따라 수하인이 부담하여 지급하는 경우도 있다. 이 운송비 외에도 운송인의 운송실비 예컨대, 거래비용, 창고보관비용, 통관비용 등은 송하인의 부담이 된다. 운송계약은 기본적으로 쌍무·유상계약이지만 서로 아는 물품 또는 사람들 사이에서 무임으로 목적지까지 운송하는 무상계약을 완전히 배제하는 것은 아니다. 즉 특수한 상황 아래에서 무상계약이 이루어진다.

□ 사례

"갑"회사는 10세트의 화물이 A지역에서 B지역으로 운송하기 때문에 "을"회사와 육로운송계약을 체결했다. 쌍방은 운송노선이 A지역에서 B지역까지 고속도로로 운송비용은 실제로 달리는 각 구역에 따라서 계산한다고 약정했다. 그 후 "갑"회사는 탁송한 화물을 운송업자 "을"회사에 교부했지만, "을"회사가 쌍방이 약정한 노선에 따라 운송하지 않고 A지역에서 C지역을 거쳐서 B지역으로 운송했다. 그래서 계산한 운송비용이 증가하였다.

본 조의 규정에 따라서 "갑"회사는 "을"회사가 약정한 노선에 의거하지 않아서 증가한 운송비용을 거절할 수 있다.

272) 徐景和 主编, 앞의 책, 433면. 여객, 송하인 또는 수하인이 약정에 따라 운송비용을 지급하는 것은 여객, 송하인 또는 수하인의 가장 기본의무이다.

제2절 여객운송계약

제293조【여객운송계약의 성립】여객운송계약은 운송인이 여객에게 탑승권을 교부한 때에 성립한다. 그러나 당사자 사이에 다른 약정이 있거나 또는 다른 거래관습이 있는 경우는 제외한다.

■ 해설

본 조는 여객운송계약의 성립시간 및 두 가지의 제외되는 상황에 대하여 규정한 것이다[273]. 첫째, 여객운송계약은 운송인이 여객에게 탑승권을 교부한 때에 성립한다. 둘째, 여객운송 성립의 두 가지의 제외되는 상황이다. 본 조의 규정에 의하여 여객과 운송인이 계약의 성립시간에 대한 약정이 있으면, 계약의 성립은 그 약정에 따른다. 만일, 여객운송의 방식에 계약성립 시간에 대한 거래관습이 있으면, 그 관습에 의한다.

현실적으로 일반적인 운송실무에서는 다음과 같은 운송거래 관습이 있다. 첫째, 운송수단에 탑승하기 전에 먼저 승차표를 구입하는 경우다. 여객의 탑승권 구입요구가 청약이 되며 운송인의 탑승권 교부가 승낙이 된다[274]. 둘째, 먼저 탑승하고 후에 승차권을 구입하는 방법이다. 이것은 탑승하는 시점이 청약이되고, 운송인이 그 탑승을 허락하는 시점이 바로 청약의 승낙이 된다. 이런 방식은 주로 버스나 택시 등의 경우에 흔히 채용되고 있다. 셋째, 예약제의 경우다. 예약은 계약행위의 예비단계로 탑승권의 접수 요구가 청약이 되고, 탑승권의 접수가 승낙이 되며 그 탑승권 교부로 계약은 성립한다. 넷째, 예약 송부제를 채용할 경우다. 예약은 계약의 신청, 운송인의 탑승권 송부는 계약의 승낙, 여객이 탑승권을 접수 서명한 시점에서 계약이 성립한다.

여객운송계약은 탑승권을 여객에게 교부한 시점에 계약이 성립되며 발효는 여객이 탑승권을 갖고 운송인으로부터 개찰을 받은 시점에서 발효한다. 따라서 개찰을 받지 않은 탑승권을 제3자에게 양도하거나 전매하는 것은 허용되지만, 일단 개찰한 후에 객체의 변경은 계약위반이 된다. 그러나 객체를 특정하고 있는 항공권의 경우는 제3자에게 양도 또는 전매가 허용되지 않는다.

탑승권의 법률적 성질에서 우선 탑승권은 여객운송계약 유일한 증거로 여기에는 여객의 운송대금을 수리한 금액이 기재되어 있고 운송인은 그 증거를 갖고 여객을

273) 刘文华 主编, 앞의 책, 435면~436면; 胡康生 主编, 앞의 책, 452면~453면; 郭明瑞・房绍坤, 앞의 책, 607면~609면; 柴振国 何秉群 等, 앞의 책, 503면 이하 참조.

274) 이와 같이 운송인은 여객의 요구에 의한 승차권을 교부함으로써 신청에 대한 승낙과 함께 운송계약은 성립한다.

운송할 의무를 갖는다. 그리고 탑승권으로 계약 당사자 쌍방의 권리・의무가 확인되며 당사자는 그것들을 이행한다. 그러나 항공여객운송의 항공권과 같은 기명유가증권을 제외한 탑승권은 무기명유가증권으로 개찰 전까지 탑승권은 양도 또는 전매가 가능하며 운송인은 여객을 묻지 않는다. 그러나 개찰 후 탑승권의 양도나 전매는 위약행위로 그 탑승권은 무효가 된다.

□ 사례

"갑"은 기선을 타고 A항구에 가기로 하고, "을"회사가 제정한 기선의 시간표에 따라 10월 10일, A지역에 가는 기선을 승선하였다. 그리고 "을"회사에 표값을 지불하고 표를 받았다. 이 때에 비로서 "갑"과 "을"회사의 해상운송계약은 성립한다.

제294조 【여객의 기본적 의무】 여객은 유효한 탑승권을 소지하고 탑승하여야 한다. 여객이 탑승권 없이 탑승하거나, 노선을 초과하여 탑승하거나, 등급을 초과하여 탑승하거나 또는 실효된 탑승권으로 탑승한 경우에는 대금을 추가적으로 지급하여야 하고, 운송인은 규정에 따라 탑승권 대금을 원래의 가액보다 증액하여 징수할 수 있다. 여객이 운임을 지급하지 않을 경우에 운송인은 운송을 거절할 수 있다.

■ 해설

본 조는 여객이 유효한 탑승권을 갖고 탑승의무 및 여객의 무임탑승, 초과탑승, 등급초과 탑승 또는 실효된 탑승권으로 탑승한 경우의 법률적 처리에 대하여 규정하고 있다. 여객은 유효한 탑승권을 소지하고 탑승하여야 할 기본적 의무가 있다[275]. 여객이 유효한 탑승권을 소지한 것으로 여객의 기본의무가 이행되었다는 증명이 된다. 유효한 탑승권은 시간, 번호, 좌석등급, 운임이 기재된다. 여객의 탑승권에 기재된 대로인 경우는 유효하고 그렇지 않은 경우는 무효로 되며 탑승을 할 수 없다.

여행대금은 여객이 반드시 이행하여야 할 의무이기 때문에 무임탑승, 목표지점을 지나친 경우, 등급을 잘못 확인하고 승차 또는 무효탑승권으로 탑승하는 경우는 이행의무를 다하지 못한 경우로 부족한 이행대금을 지급할 의무가 있다[276]. 여행대금을 지급하지 않을 경우에 여객은 의무를 이행하지 않은 것으로 운송인은 원칙상 탑승 후 대금을 지급하는 경우를 제외하고 먼저 여객을 탑승 시킬 의무는 없다. 이

275) 夏志宏 主编, 앞의 책, 407면~408면; 胡康生 主编, 앞의 책, 454면.

276) 이 경우 관계 규정에 따라 탑승의 출발지점을 증명할 수 없는 경우에는 출발지점에 의해 탑승대금을 징수하며 무효탑승권 또는 무임탑승 등의 경우에는 추가대금을 징수한다.

때 운송인은 동시항변권에 의해 여객의 탑승을 거부할 수 있다. 그러나 도착지에 도착한 후에 대금을 지급하는 경우는 운송인은 먼저 운송의무를 이행하고 운송이 끝난 후에 여객이 대금 지급을 거절할 때 운송인은 여객의 물품 차압 또는 공권력 등의 구체조치를 취할 수 있다.

□ 사례

"갑"여객은 북경에서부터 "을"열차를 타고 상해로 가려고 했지만, 철도역에서 표를 살 때 북경에서 천진으로 가는 일반석 차표를 샀다. "갑"은 이 차표를 가지고 차를 타고 도중의 남경역을 지났을 때 "을"열차의 직원에게 발각되었다. 그 때 "을"열차의 직원은 "갑"에게 천진부터 상해로 가는 표값을 추가로 부담할 것을 요구할 수 있고, 규정에 따라 수속비용을 받고 50%의 표값을 추가 징수할 수 있다.

第295조【탑승권의 반환 및 변경】 여객이 자기의 원인으로 탑승권에 기재된 시간에 탑승하지 못한 경우는 약정한 시간 내에 탑승권의 반환 또는 변경의 절차를 밟아야 한다. 기한을 초과하여 처리할 경우에 운송인은 탑승권 대금을 환불하지 않을 수 있고 또한 운송의무를 더 이상 부담하지 아니할 수 있다.

■ 해설

본 조는 여객의 탑승권 반환과 변경에 대하여 규정한 것이다. 본 법의 제77조 및 제93조에 의해 계약 당사자는 약정 가운데 계약의 변경과 해제조건의 협의를 통해 계약의 해제를 정할 수 있다. 여객운송계약은 여객이 탑승권을 구매할 때 그 계약이 성립하고, 운송인의 검표가 있으면 효력을 발생한다. 그러므로 당사자는 운송계약의 효력 발생 전 그 계약을 변경할 수 있다. 따라서 여객의 자기 원인으로 탑승권에 기재된 시간에 탑승하지 못할 경우는 약정한 시간 내에 탑승권의 반환 또는 변경수속을 해야 한다. 즉 변경과 해제의 요건은 약정한 시간 내에 진행될 뿐이다. 가령, 철도여객의 경우 2시간 전이면 해제할 수 있다.

그리고 본 조에서는 유효기간을 초과한 탑승권에 대한 반환과 운송의무를 갖고 있지 않다는 것을 규정하고 있다. 이것은 권리행사 기간을 초과했기 때문에 법적인 권리행사로 반환 또는 운송의무를 더 이상 이행하지 않을 수 있다. 또한 본 법 제95조에서는 해제권의 행사를 기한 내에 행사하지 않을 경우에 그 해당 권리는 소멸한다고 규정하고 있다.

第296조 【여객의 화물 휴대권】 여객은 운송 중 약정 한도 내에서 화물을 휴대할 수 있다. 한도를 초과하여 화물을 휴대할 경우는 화물운송의 수속을 밟아야 한다.

■ **해설**

본 조는 여객의 화물 휴대권에 대하여 규정한 것이다. 여객이 소지한 물품이 법규에서 허용한 수량과 중량을 초과한 경우는 그 탁송절차를 밟아야 한다. 그리고 화물이 운송 도중에 훼손되거나 분실된 경우는 화물운송 관련 규정을 적용한다[277]. 여객운송계약의 목적물은 승객과 그 화물이고 운송인의 주요의무는 여객의 운송이고 화물은 그 여객운송계약의 당연한 의무에 포함되는 것이다. 동시에 본 조에서 규정하는 약정의 한도량을 초과한 화물 탁송은 화물운송계약의 탁송과는 동일한 것이 아니라는 것을 알 수 있다.

현재 중국의 운송규정에는 여객이 탁송하는 물품에 물품과 소포가 구별된다. 그리고 탁송물품은 승차권으로 처리 되는데 소포의 경우는 화물운송의 규칙에 의하여 여객에 관계없이 탁송할 수 있다. 운송인은 탁송화물의 운송과 보관의무가 있다. 그리고 이것이 목적지에 도착한 후에 교부할 의무가 있다. 철도법의 규정에서는 30일을 지나도 반환할 수 없을 경우는 소멸한 것으로 인정하여 운송인은 여객에 대하여 배상청구를 부담할 의무가 있다[278].

第297조 【여객의 휴대금지물품】 여객은 인화성, 폭발성, 유독성, 부식성, 방사성및 운송공구 내에 사람의 신체 및 재산의 안전을 해칠 가능성이 있는 위험물 또는 기타 금지물품을 몸에 휴대하거나 또는 화물 속에 넣어 반입하지 못한다. 여객이 전항의 규정을 위반할 경우에 운송인은 금지 물품을 내리거나 소각 또는 관련 기관에 인도할 수 있다. 여객이 계속하여 금지 물품을 휴대 또는 화물 속에 넣어 반입할 경우에 운송인은 운송을 거절할 수 있다.

■ **해설**

본 조는 여객의 휴대금지물품에 대하여 규정한 것이다. 본 조의 규정은 철도법과

---

277) 철도부의 규정에는 신장 1m 이내의 아동은 무료, 신장 1.1m에서 1.4m까지의 아동은 반액으로 정해져 있다. 그리고 소지할 수 있는 화물은 철도부의 규정에 의해서 성인의 경우 20kg, 아동 10kg, 외교관 35kg이다. 민간항공기의 경우 15kg까지는 각각 무료로 휴대할 수 있지만 이것을 초과하는 경우는 탁송절차를 거친다고 정해져 있다.

278) 만일 여객이 탁송한 화물을 접수하지 않을 경우에 대해 본 조에서는 규정하고 있지 않지만, 철도법 제23조 제2항·제3항에서는 접수통지를 발송하여 90일이 지나도 접수하지 않을 경우, 공고를 낸 후 90일 지나도 접수하지 않을 경우, 전매하여 대금을 보관비용으로 충당하는 경우, 180일 지나도 접수하지 않을 경우는 국고에 납부한다고 규정하고 있다.

민간항공법 등의 관계 법률과 법규에 의한 강행규정이다. 여기서 규정하는 '금지물품'에는 위험물과 운송금지화물 두 종류가 포함되는데 위험물이란 인화성, 폭발성, 유독성, 부식성, 방사성 물질 및 운송공구에 인신 및 재산의 안전에 위협을 주는 물품을 말한다. 위험물의 구체적 품명은 각 운송인의 주관부처에 따라 각각 제정되어 있다. 운송금지화물은 주로 운송불능 또는 일반의 수단으로 운송할 수 없는 물자를 말한다. 그 구체적 종류는 법률 또는 행정법규에 따라 규정된 것으로 가령, 독약·병기·작전물자 등이 있다. 본 조에서 금지하고 있는 위험물자를 필히 탁송할 경우는 본 조 307조의 규정을 준수하여 탁송할 수 있다. 본 조에 종속된 의무로 여객은 안전검사를 받을 의무가 있다. 만일 안전검사를 거부할 경우에 본 조의 규정 위반이 된다.

그리고 본 조에서는 여객이 위와 같은 사항을 위반했을 경우에 금지물품의 성질과 관계규정에 따라 선택을 하는데 일반적으로는 관계 법률과 운송인의 주관부처의 규정에 의해 처리된다. 가령, 철도법 제22조·제28조·제48조 등의 규정에 의해 경찰 또는 공안기관에 위탁하여 소각처리 한다. 본 조는 강행규정이기 때문에 몰수·벌금·구류 및 기타 형사상의 책임을 지는 경우도 있다.

第298조【운송인의 고지의무】 운송인은 여객에 대하여 정상적으로 운송하지 못하는 중대한 사항과 안전한 운송을 위하여 주의하여야 할 사항을 제때에 고지하여야 한다.

■ 해설

본 조는 운송인의 고지의무에 관하여 규정한 것이다[279]. 고지의무는 운송인의 운송의무에 동반되는 부수적 의무로 운송인은 약정기한 내에 약정된 노선에 따라 승객을 안전하게 목적지까지 운송하는 그 과정에서 운송인은 몇 가지의 중요한 사항을 여객에게 고지하여야 한다. 이러한 의무를 게을리 했을 경우에 승객의 신변 또는 재산의 안전에 불이익을 초래할 수 있고 약정한 목적지에 도착할 수 없을 수 있다. 또한 여객은 고지되지 않았기 때문에 이상적인 선택을 할 수 없게 되는 경우가 있다. 그러므로 운송인은 여객에게 정상적인 운송에 영향을 줄 수 있는 모든 사유에 대하여 고지할 의무가 있다[280][281].

여객을 안전하게 운송하는 것은 운송인의 의무이다. 그러나 여객은 운송계약의

279) 胡康生 主编, 앞의 책, 458면~459면.
280) 예컨대, 민간항공법 제95조 3항에서는 "비행의 지체에 대하여 고지하여야 한다"고 규정하고 있다.
281) 운송할 수 없는 구체적인 사유에는 첫째, 정상적인 운송을 하기 전에 운송공구의 원인, 운행노선 및 기후의 상황 등 정상적인 운송 불능에 대한 상황을 고지한다. 상황이 고지된 후 여객은 본 법 제299조의 규정에 의해 선택할 수 있다.

주체로서 또한 운송 대상으로서 그 협력을 받을 수 없는 경우는 안전운송에 커다란 영향과 곤난을 초래하게 된다. 계약의 이행에는 당사자 쌍방의 협력과 합작이 필요로 하다. 운송인은 여객에게 안전운송에 필요한 주의사항을 고지하고 여객의 주의를 환기시켜 만일의 사태에 대체할 필요가 있다. 만일 여객이 그 고지 사항에 따라 행동을 취했더라면 피해 또는 손실을 회피할 수 있었는데도 불구하고, 여객이 그 고지에 따라 행동하지 않았기 때문에 피해 또는 손실이 발생한 경우에 운송인은 본법 제302조 1항의 규정에 의해 손실배상의 책임을 면하게 된다.

> **제299조【운송계약의 이행의무】** 운송인은 탑승권에 기재된 시간과 편수에 따라 여객을 운송하여야 한다. 운송인이 운송을 지체한 경우는 여객의 요구에 따라 다른 편수에 탑승하도록 하거나 또는 탑승권 대금을 환불하여야 한다.

■ 해설

본 조는 운송인이 약정한 시간과 편수에 따라 여객운송의 이행의무에 대하여 규정한 것이다[282]. 즉 첫째는 운송인이 연객운송계약 가운데 약정한 시간과 편수에 의한 운송여객의무에 대하여, 둘째는 운송인이 운송을 지체한 경우의 상응한 위약책임에 대하여 규정하고 있다.

승객이 소지한 승차권은 운송계약의 증거이며 그 위에 기재된 사항은 운송계약의 구체적 사항으로 계약 당사자에 대하여 동등한 구속력을 갖는다. 따라서 여객은 승차권에 기재된 일시와 편수대로 운송수단에 탑승할 의무가 있으며, 운송인도 약정 시일과 편승의 운송공구를 가동하여 여객을 약정한 목적지에 안전하게 도착 시킬 의무가 있다. 이 경우에 운송인의 의무 위반에는 이행의 지연, 운송수단 또는 기후의 원인으로 이행불능이 포함된다. 본 조는 전자의 이행지연에 대해서는 규정하였지만, 후자의 이행불능에 대해서는 규정하지 않았다. 이 경우에는 본 법 제94조를 적용하여 계약의 해제를 요구하고 운송대금의 반환을 청구할 수 있음과 동시에 법적 손해배상의 청구도 행사할 수 있다.

□ 사례

> "갑"여객은 10월 9일 오전 9시에 A지역부터 B지역으로 가는 장거리 운행 버스표1장을 샀다. 운송업자는 "을"버스운송회사다. 이 후에 "갑"은 차표시간에 따라 정류소에 가서 차를 탔다. 그런데 승객인원이 모자라기 때문에 "을"회사가 이 버스의 발차시간을 연기한다고 공지하였다. 이 상황에서 "을"회사는 이미 위약을 구성했다. "갑"은 "을"회사에 대하여 위약의 책임을 청구할 수 있다.

282) 夏志宏 主编, 앞의 책, 411면; 胡康生 主编, 앞의 책, 459면~460면.

第300条【서비스의 변경】 운송인이 임의로 운송수단을 변경하거나 서비스 기준을 낮춘 경우에는 여객의 요구에 따라 탑승권 대금을 환불 또는 대금의 할인하여야 한다. 서비스 기준을 높인 경우에는 대금을 추가로 증액하지 못한다.

■ 해설

본 조는 운송인의 운송수단 변경 및 서비스 변경에 따른 위약책임에 대하여 규정한 것이다[283]. 여기서 말하는 '서비스 기준을 낮춘 경우' 또는 '서비스 기준을 높인 경우'는 승무원 또는 기타 필요한 인적 서비스가 아니고 주로 운송수단에 대하여 규정한 것이다. 가령, 호화로운 최신식 설비를 설치한 객차는 여객에게 주는 쾌적함과 안전성이 다르다. 차량에 따라서 대부분 운송대금이 다르다. 그러므로 특별급행 열차표을 구입했는데 보통급행 열차에 탑승하게 하거나, 에어컨이 있는 차량에서 에어컨이 없는 차로 바꾸어 탑승하게 하는 경우 등은 본 조의 '서비스 기준을 낮춘 경우'에 해당한다. 이 경우에 여객은 운송인의 약정한 의무위반으로 본법 제94조를 근거로 하여 계약해제 또는 반환·원상회복을 청구할 수 있다.

그리고 본 조에서 '서비스 기준을 높인 경우'에도 불구하고 운임요금의 가산청구를 인정하지 않는 이유는 여객의 불이익 방지를 고려한 것이다. 약정한 운송수단의 변경은 실질적으로는 운송인의 약정변경으로 상대방의 동의 없이 진행된 일방적 변경, 한편 계약이 계속하여 유효한 상황 아래서는 운임요금의 가산청구는 할 수 없다. 물론 여객의 동의를 얻은 가산청구는 예외이다.

第301条【안전운송의무】 운송인은 운송 도중 위태로운 병, 분만, 위험에 처한 여객에 대하여 최선을 다하여 구조하여야 한다.

■ 해설

본 조는 운송인의 여객운송의 안전운송의무에 대하여 규정한 것이다. 안전하게 여객을 목적지까지 안전하게 운송하는 것은 운송인의 중요한 의무다. 안전한 운송을 실현하기 위해 운송인은 예방시설의 도입, 여객에 대한 예방조치의 고지, 여객이 곤란 상황에 처했을 때의 구조 등 필요한 일정한 조치를 강구하여야 한다. 안전조치에 필요한 고지의무는 이미 제298조에서 설명하였고, 여기서는 운송도중에 발생한 신변에 미치는 긴급사태에 대하여 설명한다.

운송도중 발생하는 신변에 미치는 긴급사태에는 위태로운 병, 분만, 의외사고 또는 의외사건으로 발생하는 신체와 생명에 위험을 미치는 가능성 등 여러 가지가 있

283) 刘文华 主编, 앞의 책,443면~444면; 夏志宏 主编, 앞의 책, 412면.

다. 이 때에 운송인은 신의칙상의 부수적 의무로 이러한 긴급한 사태에 덯여 전력을 다하여 구조, 원조, 회피의 조치를 최대한 강구해야 한다. 운송인이 전력을 다해도 사람의 생명을 구할 수 없거나 재난을 피할 수 없는 경우가 있다. 그러나 전력을 다 한 것으로 운송인은 면책될 수 있는 것이다. 그렇지 않아 발생한 과실의 상황에 대하여 운송인은 배상책임을 부담하여야 한다고 본 조는 규정하고 있다.

第302条【사상에 대한 손해배상책임】 운송인은 운송 도중에 발생한 여객의 상해와 사망에 대하여 손해배상책임을 부담하여야 한다. 그러나 여객의 상해와 사망이 여객 자신의 건강상 원인으로 야기되었거나 또는 운송인이 여객의 고의, 중대한 과실로 야기되었음을 증명한 경우는 제외한다. 전항의 규정은 규정에 의하여 탑승권 대금을 면제 받은 자, 우대승차권을 소지한 자 또는 운송인의 허가를 얻어 탑승한 탑승권이 없는 여객에게 대해서도 적용한다.

■ 해설

본 조는 여객의 상해와 사망에 대한 운송인의 손해배상책임에 대하여 규정한 것이다. 본 조에서 명확하게 여객의 고의·중대한 과실, 여객 자신의 건강 원인이라 것을 운송인이 증명할 수 있는 경우와 법률 규정의 면책사유를 제외하고 운송인은 운송 과정상 여객의 장해와 사망에 대하여 무과실책임을 진다고 규정하고 있다.

운송인이 부담하여야 할 배상책임의 대상은 본 조에서 알 수 있듯이 모든 운송인과 여객운송계약을 체결한 여객, 즉 운임을 지급한 사람들과 규정에 따라 무임승차를 허용한 자 및 허가를 얻고 탑승한 승객, 우대승차권 소지자에게 배상할 의무가 있고, 본인이 사망했을 경우는 승계자가 그 청구권을 행사할 수 있다.

□ 사례

"갑"은 한 명의 아이 "을"을 데리고 A지역에서 기차를 타고 B지역으로 갈 것을 준비하고 규정에 따라서 운송업자 "병"회사의 한 장의 일반석 차표와 한 장의 어린아이 차표를 샀다. 운송과정에서 기차가 급히 브레이크를 밟았기 때문에 "갑"과 "을"신체가 상처를 입었다. 본 조의 규정에 따라서 "병"은 "갑"과 "을"신체의 손상에 대하여 배상책임을 부담하여야 한다.

第303条【화물에 대한 손해배상책임】 운송 도중 여객이 소지한 화물이 운송인의 고의 또는 과실로 훼손, 멸실한 경우에 운송인은 손해배상의 책임을 부담한다. 여객이 위탁한 화물이 훼손, 멸실한 경우는 화물운송의 관련 규정을 적용한다.

■ 해설

본 조는 운송인의 화물에 대한 손해배상책임을 규정한 것이다[284]. 본 조에서는 여객 자신이 휴대하고 있는 화물과 탁송한 화물의 두 가지 종류로 명확하게 구분하고 있다. 전자의 훼손, 멸실이 발생하였을 때에 운송인의 과실이 있는 경우는 여객운송계약의 안전운송의무에 의해 위약의 청구로 배상청구권을 행사할 수 있다. 후자의 훼손, 멸실의 경우는 화물운송의 관련규정에 의해 손해배상청구를 한다. 여기서 말하는 '훼손'은 화물이 손상되어 가치가 감소되는 것을 말하고, '멸실'은 운송인이 운송 도중 일정한 원인으로 여객에게 화물을 반환할 수 없는 경우를 말한다.

탁송화물의 훼손 또는 손실에 대하여 운송인은 과실의 유무를 묻지 않고 객관적으로 화물에 손해가 있다면 운송인은 배상책임을 진다. 여객은 운송인의 안전운송의무에 의해 배상청구권을 행사할 수 있다[285].

탁송화물의 훼손 또는 손실의 구체적 배상액에 대해서는 약정이 있을 경우는 그것에 준하고, 약정이 없을 때는 당사자의 협의에 따르고 그래도 해결을 할 수 없는 경우는 관습과 운송인이 규정한 각종 배상처리방식과 배상 액한도를 적용한다. 또 손실의 배상청구는 실제로 받은 손실로 얻어야 할 이익은 청구할 수 없다.

제3절 화물운송계약

제304조【송하인의 신고의무】송하인은 화물운송의 수속에 있어 운송인에게 수하인의 명칭 또는 성명, 지정 수하인, 화물의 명칭, 성질, 중량, 수량, 도착지 등 화물운송에 관련 있는 필요한 사항을 정확하게 명시하여야 한다. 송하인이 부정확한 신고 또는 중요 사항의 누락으로 운송인에게 손해를 초래한 경우에 송하인은 손해배상의 책임을 부담하여야 한다.

■ 해설

본 조는 송하인의 신고의무와 신고부실의 경우 법률적 책임에 대하여 규정한 것이다[286]. 본 조의 화물운송에 관한 필요한 사항의 명시는 운송인 측에서는 화물을 안전하게 목적지까지 운송에 필요한 주의의무를 이행하기 위한 중요한 절차다. 예컨대, 수하인의 주소나 성명이 불명확한 경우에 어디의 누구한테 도착 하는지를 잘 모르게 되거나 또는 쉽게 깨지는 물품, 귀중품, 위험화물 등의 화물의 성질을 모르고 운송할 때 그 부주로 인하여 송하인 또는 수하인에게 손해를 초래할 가능성이

284) 夏志宏 主编, 앞의 책, 414면; 胡康生 主编, 앞의 책, 464면; 徐景和 主编, 앞의 책, 445면.

285) 그러나 운송인이 화물의 훼손 또는 손실이 불가항력적이고, 화물의 원래 성질에 의하거나 또는 합리적 소모, 여객의 과실 등을 증명할 수 있을 경우는 면책사유에 따라 그 배상책임을 지지 않는다.

286) 刘文华 主编, 앞의 책, 449면~451면; 胡康生 主编, 앞의 책, 464면~466면.

있다. 이러한 예기치 못했던 사태의 발생을 방지하기 위하여 송하인은 물품을 탁송하는 시점에서 탁송표에 화물운송에 관한 필요사항을 정확하게 신고할 의무가 있다. 만일 그 신고를 게을리 하여 예기하지 못했던 사태가 발생하면 송하인은 그 결과에 대하여 책임을 부담하여야 한다. 그리고 본 조의 '운송인에게 손해를 초래한 경우'란 일반적으로 탁송화물의 멸실과 훼손이 경우를 말하는데, 운송인은 무과실책임을 갖고 있기 때문에 송하인이 화물을 탁송하는 시점에서 신고가 부정확하거나 신고를 게을리 했을 때 운송인은 그것을 이유로 항변을 할 수 있다. 또 이로 인하여 운송수단 또는 기타의 화물에 손해가 발생한 경우에 운송인은 독립된 소권을 행사하여 송하인에게 손해배상을 청구할 수 있다. 만일 운송인도 과실이 있는 경우는 과실상계의 원칙에 따라서 송하인이 부담해야 할 손해배상을 경감할 수 있다.

□ 사례

"갑"은 "을"에게 정밀측정기구를 A지역으로 운송하라고 요구했다. 신고했을 때 50톤의 정밀측정기가 5톤으로 잘못 신고되었다. "을"이 차에 실었을 때 기중기가 ㅇ을 이기지 못하고 절단되어 측정기구가 손상하게 되었다. 이에 대하여 "갑"은 "을"의 손해를 배상해야 한다.

第305조【송하인의 수속】 화물운송에서 심사인가, 검사 등의 수속이 필요한 경우에 송하인은 관련 수속을 종료한 관련 문서를 운송인에게 교부하여야 한다.

■ 해설

본 조는 송하인의 수속에 필요한 제출의무에 대하여 규정한 것이다. 송하인이 화물을 운송하기 전에 필요한 인가 또는 검사가 필요한 경우에 그러한 절차를 거쳐 허가를 얻거나 또는 검사를 마친 서류를 운송인에게 인도한 후 비로서 운송할 수 있다는 것을 규정하고 있다. 이것은 국내운송은 물론 국제거래의 운송에서 매우 중요한 규정이다. 예컨대, 동물, 식품, 식물에 대한 검역, 생산지증명, 통관에 필요한 서류, 감독관청 또는 공안관계의 필요한 인가서류 등이 있다. 이러한 서류를 송하인 측에서 운송인에 대하여 운송물을 인도함과 동시에 인도하여야 운송물을 운송할 수 있다.

위의 필요한 서류는 운송의 전제조건이 되기 때문에 만일 송하인이 인도한 서류가 부족 또는 결여된 내용이 있을 때, 운송인은 즉시 송하인에게 최고를 하고 일정의 합리적 기간 내에 그 서류를 보완하여 제공하지 않을 때에 운송인은 본 법의 제97조 규정에 의해 운송계약을 해제할 수 있다.

제306조【송하인의 포장의무】 송하인은 약정한 방식에 따라 화물을 포장하여야 한다. 포장방식에 대하여 약정하지 않았거나 또는 약정이 불명확 경우에 본법의 제156조를 적용한다. 송하인이 전항의 규정에 위반한 경우는 운송인은 운송을 거절할 수 있다.

■ 해설

본 조는 송하인의 포장의무에 대하여 규정한 것이다. 운송물의 구체적 포장양식에 대하여 본 조에서는 당사자 쌍방의 협의에 위임하고, 국가기준 또는 업계기준은 강제적 규정이 아니다. 일반적으로 운송인의 요구에 따라 일반의 포장 또는 관습적 포장 또는 기타의 포장방식이 채용되고 있다. 또 송하인이 포장비용을 부담하여 운송인이 포장을 하는 경우도 있다. 이것은 운송물의 보호 및 운송의 안전을 확보할 수 있는 포장양식이면 문제가 없다. 그러나 국가의 강제적 포장기준 요구가 있는 경우는 그 요구에 부합되어야 한다. 운송화물이 위험물 또는 중량초과의 운송화물일 경우에 포장의 표면에 여러 가지 '위험물'또는 중량을 명기할 의무가 있다. 이것도 운송의 안전상 필요한 조치이다.

부적격의 포장 또는 포장을 거부한 송하인의 운송화물은 본 조의 규정에 의해 운송인은 운송을 거부할 수 있고 필요한 경우는 계약해제를 제의할 수도 있다. 그러나 운송인이 부적격한 포장이라는 것을 알면서도 그것을 운송하여 운송화물에 손해가 발생했을 경우에 운송인은 그 과실에 대하여 책임을 부담하여야 한다. 운송물의 포장의무는 송하인에게 있기 때문에 부적격한 포장을 하여 다른 운송화물에 손해를 주었을 경우에 당연히 그 책임을 부담하여야 한다.

제307조【위험물 탁송과 송하인의 의무】 송하인이 인화성, 폭발성, 유독성, 부식성, 방사성이 있는 위험물을 탁송할 경우에 국가의 위험물 운송의 관련 규정에 따라 위험물을 적절히 포장하고, 위험물의 표지와 꼬리표(라벨)를 붙이며, 또한 운송인에게 위험물의 명칭, 성질 및 방비대책에 관한 서면의 자료를 운송인에게 교부하여야 한다. 송하인이 전항의 규정을 위반할 경우에 운송인은 운송을 거절할 수 있고, 또한 상응하는 조치를 취하여 손실의 발생을 피할 수 있으며 이로 인하여 발생한 비용은 송하인이 부담한다.

■ 해설

본 조는 송하인의 위험물 탁송에 관한 특별 의무에 대하여 규정한 것이다. 본 조는 일반운송물 포장과 달리 위험물품에 대한 특별포장에 대한 강제 규정이다. 그 필요성은 위험의 발생률이 다른 것에 비하여 높을 뿐만 아니라 사람들의 신변과 재산에 미치는 잠재적 위협도 크다. 만일의 경우는 피해가 확대될 가능성이 잠재해 있다. 따라서 위험물에 대한 포장요구는 엄격할 뿐만 아니라 경우에 따라서는 전문 용기 또는 특수한 포장, 위험물에 상응하는 표지 라벨을 포장 위에 표시하여 경고적 의미를 요구하는 경우가 있다. 또 운송인에 대하여 위험물에 대한 위험대책의 지식과 취급에 대한 지식이 필요하며 그런 지식이 없으면 위험물을 안전하게 운송할 수 없다.

본 조에서 '전항의 규정을 위반했다'는 것은 포장의무, 표지제시, 관련 서류제출이라는 세 가지의무 위반을 말한다. 이 경우 운송인은 운송을 거부할 수 있으며 위험방지와 회피, 손해발생 회피와 방지의 적당한 조치로 계약의 해제를 할 수도 있다. 또는 위험방지와 회피, 손해발생 회피와 방지의 적당한 조치를 취함으로써 비용이 발생한 경우에 운송인은 송하인에게 그 청구권을 갖는다. 전항의 의무에 위반하여 손해가 발생한 경우는 본 법의 제126조 규정에 따라 피해자는 손해배상청구를 송하인에게 할 수 있다. 물론 송하인에게는 피해확대 방지의무가 있고, 그것에 태만했을 경우는 본 법이 제119조 제1항 규정에 따라 확대된 부분의 손해배상을 운송인에게 요구할 수 있다.

제308조【화물운송계약의 변경】 운송인이 수하인에게 화물을 인도하기 전에 송하인은 운송인에게 운송의 중지, 화물의 반환, 도착지의 변경 또는 화물을 기타 수하인에게 인도할 것을 요구할 수 있다. 그러나 이로 인하여 운송인이 받은 손실을 배상하여야 한다.

■ 해설

본 조는 송하인의 화물운송계약의 변경, 중지, 해제의 권리에 대하여 규정한 것이다[287]. 계약은 일단 체결된 후에는 당사자 쌍방에 대하여 구속력을 갖기 때문에 계약의 약정에 따라 이를 이행할 의무가 있다. 만일 계약을 변경 또는 해제할 경우는 불가항력 또는 당사자 일방의 위약 등의 원인이나 당사자 쌍방의 합의에 의한 계약의 변경이나 해제를 할 수 있다. 그러나 본 조에서는 명확하게 송하인에게 일방적인 계약변경권을 부여하고 있다. 즉 송하인이 상대 당사자인 운송인과 합의 없이 운송계약의 변경, 중지, 해제를 할 수 있다는 특징을 갖고 있다[288].

---

287) 刘文华 主编, 앞의 책457면~458면.

288) 동일한 규정은 본 법의 제258조에도 있다. 이것은 운송계약의 특수성에서 기인된다. 즉 운송인의 궁극적 목적은 운송요금을 받는 것에 있다. 또 운송인의 목적은 운송물을 필요로 하는 목적 지점에 도달시키는 것이다. 동시에 화물운송계약은 종종 화물매매계약과 연결된다. 매매계약의 변경, 해제, 매입자의 위약행위, 신용상황의 변경 또는 시장의 변화에 따라 화물의 운송지점도 필연적으로 변경을 하거나 부

송하인이 이러한 권리를 행사할 수 있는 기한은 화물을 운송인에게 인도한 때로부터 운송인의 보관·관리의무가 해제되어 수하인에게 물품을 인도한 때까지이다. 그러나 '중지'할 경우에 화물을 운송인에게 인도한 다음 화물이 목적지에 도착하기까지의 과정에서 행사할 수 있지만, 화물이 목적지에 도착한 다음의 '중지'는 성립하지 않는다. 도착지 또는 수하인의 변경은 계약내용 또는 계약주체의 변경이 되며 그 권리의 행사는 송하인 또는 화물거래증의 소지자에 한정된다.

第309조【화물도착 후의 처리】 운송화물이 도착지에 도착한 후 운송인이 수하인을 알고 있는 경우 지체 없이 수하인에게 통지하여야 하며, 수하인은 지체 없이 화물을 수령하여야 한다. 수하인이 기한을 초과해도 화물을 수령하지 않는 경우는 운송인에게 보관료 등의 비용을 부담하여야 한다.

■ **해설**

본 조는 운송인의 통지의무와 수하인의 화물 수령의무, 즉 운송화물이 도착한 후의 처리에 대하여 규정한 것이다. 화물이 목적지에 도착한 후 일반적으로 24시간 이내에 운송인은 송하인에게 수령통지를 해야 한다. 그러나 송하인이 화물 처분권을 갖고 있고 수하인이 화물을 수령하기 전에 운송인에 대하여 타인 앞으로 인도하거나 또는 현지의 보관을 지시한 경우와 화물이 도달한 후에 직접 수하인에게 인도한 경우는 통지할 필요가 없다.

화물이 도착지에 도착한 후에 수하인이 화물을 수령하는 시간적 제한에 대하여 본 조는 '지체 없이 화물을 수령'을 요구하고 있는데 '지체 없이'란 운송계약의 유형에 따라 다르게 적용된다. 즉 업자마다 각기 화물도착 후의 접수시간을 설정하고 있다. 가령, 항공화물의 경우는 3일간이라고 규정하고 제한 날수를 초과한 수령은 그 초과 날수에 상응한 보관료를 운송인에게 지급하여야 한다. 그 대가로 운송업자는 제한 날수를 초과한 화물에 대하여 선량한 관리자의 주의를 다하여 보관하여야 한다. 만일 그것을 게을리하여 화물에 손해가 발생했을 때에 운송인은 그 배상책임을 부담할 의무가 있다. 만일 수하인이 화물의 접수거부, 수하인의 이사 또는 기타의 원인으로 불명확한 경우에 운송인은 본 법의 제316조 규정에 의해 처리를 한다.

득이 해제를 하여야 한다. 그 결과 운송인에게 불이익을 가져 다 준 손실 등의 배상책임은 당연히 송하인이 부담하고 그 부담으로 결과적으로 송하인의 불이익이 되는 것은 아니다. 따라서 본 조에서 법적으로 송하인에게 계약의 변경, 중지, 해제권을 부여해도 형평의 원칙에 위반되지 않는다.

제310조【화물의 검사의무】 수하인이 화물을 수령한 때 약정한 기한 내에 화물을 검사하여야 한다. 화물검사의 기한에 약정이 없거나 약정이 불명확하여 본 법의 제61조 규정에 의하여도 확정할 수 없는 경우는 합리적인 기한 내에 화물을 검사하여야 한다. 수하인이 약정한 기한 또는 합리적 기한 내에 화물의 수량, 훼손 등의 이의를 제기하지 아니한 때에는 운송인이 화물상환증에 기재된 내용에 따라 화물을 인도하였다는 일차적 증거로 본다.

■ 해설

본 조는 수하인의 화물 검사의무에 대하여 규정한 것이다. 운송화물의 인도는 수하인의 운송화물에 대한 검사확인을 거쳐서 수하인이 그 화물을 접수한 때에 비로서 운송인은 계약을 완전 이행했다고 할 수 있다[289]. 만일 운송물의 인도·검사단계에서 수하인이 수량부족 또는 훼손을 발견했을 경우에 그 수량부족 또는 훼손을 둘러싸고 책임소재의 문제가 생긴다.

중국에서는 화물을 탁송하는 경우에 일반적으로 화물의 화물운송계약이 양식화되어 있어서 그것이 화물교환증으로 되어 있다. 이것은 처분증권이자 운송계약의 성립 및 내용이 증명된다[290]. 이 화물교환증은 첫째, 계약은 아니지만 여기에 기재되어 있는 내용은 계약성립과 당사자의 권리의무를 표시하는 내용증명이 된다. 둘째, 운송인에게 발행하는 화물교환증은 운송인이 화물운송을 교부 받아서 운송을 인수했다는 것을 말한다. 셋째, 가장 중요한 것은 화물교환증이 법적으로는 하주의 물권증서라는 것이다. 또한 화물교환증 소지자가 화물의 소유자이다.

본 조에서는 수하인이 화물을 수령할 때에 약정의 기한 내 또는 합리적 기한 내에 수량, 훼손에 대하여 검사하고 이의를 제출하는 것을 명기한다. 수하인이 기한 내에 의의를 제출하지 않은 경우에 운송인이 화물교환증에 기재되어 있는 화물을 초보적으로 인도한 것으로 본다. 여기에는 후에 발견될 잠재적 훼손을 배제하고 있지 않는다는 것에 유의할 필요가 있다.

제311조【운송인의 배상책임】 운송인은 운송 도중에 화물의 훼손, 멸실에 대하여 손해배상의 책임을 부담한다. 그러나 운송인이 화물의 훼손, 멸실이 불가항력, 화물자체의 자연적인 성질, 합리적인 소모나 송하인 또는 수하인의 고의 혹은 과실에 의한 것이라는 것을 증명한 경우에는 손해배상의 책임을 지지 않는다.

---

289) 夏志宏 主编, 앞의 책, 418면~419면; 胡康生 主编, 앞의 책, 474면~471면.

290) 여기에는 탁송인의 성명, 주소, 탁송물의 종류, 품질, 수량, 포장, 중량 또는 개수, 목적지, 수하인의 성명 또는 명칭 및 주소, 교환증의 발행지, 발행 년 월 일이 기재되어 있다. 특히 수하인의 성명 또는 명칭은 중국의 관례에 따라 기명식이 채용되며 여기에는 양도 가능과 양도 불가능의 두 종류가 표면에 표기되어 있다.

■ 해설

본 조는 운송인의 배상책임과 면책상황에 대하여 규정한 것이다.

(1) 운송인의 배상책임

본 조는 운송인에게 무과실책임을 부과한 규정으로 불가항력, 화물의 자연적 성질 또는 합리적 소모 및 수하인 또는 송하인의 과실을 제외한 화물의 모든 훼손과 멸실에 대하여 운송인은 배상책임을 져야 한다고 규정하고 있다[291]. 여기서 '훼손'이란 단순한 경제가치의 감소를 제외하고, 파손은 물론 기계설비의 일부가 멸실된 경우도 훼손이라고 한다. '멸실'이란 화물교환증으로 교환한 화물을 인수 받을 수 없는 경우로 가령, 분실 또는 절도된 경우도 포함된다.

(2) 면책상황

화물의 훼손, 멸실의 거증책임은 배상청구권자인 수하인 또는 송하인에게 있으며 이의신청 기한과 청구기한 내에 그 권리를 행사할 필요가 있다. 면책사유의 거증책임은 운송인에게 있다. 그러나 훼손, 멸실이 운송인의 고의 또는 중대한 과실로 인하여 발생했을 경우에 운송인의 배상책임은 배상의 청구기한에 제한되지 않는다[292].

만일 수하인 또는 송하인에게 과실이 있는 경우는 과실이 있는 쪽이 책임을 지기 때문에 운송인은 면책된다. 그러나 운송인과 수하인·송하인 쌍방에 과실이 있을 경우는 구체적 상황에 따라 책임의 소재가 거론된다. 금전, 골동품, 유가증권, 주옥 등의 귀중품을 운송화물 속에 끼워넣는 것은 일반적으로 허용되지 않으며 이것은 항공운송 또는 육상운송규약에서도 규정하고 있다. 이것을 위반하여 화물에 그러한 귀중품을 끼워 넣어서 멸실된 경우에 운송인은 면책된다.

제312조【훼손, 멸실에 대한 배상액】 화물의 훼손, 멸실에 대한 배상액은 당사자의 약정이 있는 경우는 이에 따른다. 약정하지 않았거나 또는 약정이 불명확하여 본 법의 제61조 규정에 의하여도 확정할 수 없는 경우는 인도 또는 화물 도착지의 인도할 때 시장가격으로 계산한다. 법률, 행정법규에 대한 배상액의 계산방법과 배상액 상한에 별도의 규정이 있는 경우는 그 규정에 따른다.

■ 해설

본 조는 훼손, 멸실에 대한 배상액의 계산방법에 대하여 규정한 것이다. 본조의

---

291) 刘文华 主编, 앞의 책, 460면462면; 夏志宏 主编, 앞의 책 419면; 徐景和 主编, 앞의 책, 467면 이하 참조.

292) 화물의 운송 중에 발생한 손해배상청구권의 소멸시효는 가령, 철도화물운송의 경우는 그 청구권 발생일로부터 180일간이고(철도화물운송규정 제54조), 항공기운송화물의 경우는 2년이다(민용항공법 제135조).

규정에 의하면 배상의 계산방법에는 네 가지가 있다. 첫째는 당사자 쌍방의 약정이다. 둘째는 본 법의 제61조 규정에 의한 확정이다. 셋째는 인도 또는 인도시 화물 도착 지역의 시장가격에 의한 계산이다. 넷째는 법률, 행정법규에 의한 배상액의 계산방법과 배상 한도액에 대한 규정이다.

배상액에 관해서는 우선 당사자의 의사가 존중되지만 그 경우에 참고 되는 것이 위약에 대한 손실배상액의 계산방법을 규정한 본 법의 제81조 규정이다[293]. 또 철도법 제17조의 규정에는 "배상액은 실제의 손실을 기준으로 배상하고, 보험에 가입했을 경우에는 그 보험 최고 액을 한도로 하며, 보험에 가입하지 않은 경우는 국무원의 철도주관부처가 규정한 배상액을 한도로 하고, 그 손실이 철도운송기업의 고의 또는 중대한 과실로 인한 경우는 배상액의 제한을 받지 않는다"고 규정하고 있다. 또 민간항공법에도 이와 같은 규정이 있으며 당사자 약정의 참고가 된다. 이러한 규정에서 직접적 실제의 손실을 배상액의 기준으로 하고, 얻을 수 있는 금액에 대한 손실과 간접적 이익을 배상 대상에 넣지 않는 것은 이 운송인의 배상책임이 무과실책임일 때에 한정한다.

손실액의 계산은 화물도착지에서 인도할 때의 시장가격으로 계산한다. 수하인·송하인이 화물에 보험을 들었을 경우에 사고가 발생하면 보험의 약정에 따라 보험회사가 배상을 한 후 대위권에 의해 보험회사가 운송인에게 구상권을 행사한다.

제313조 【복합운송의 책임분담】 2인 이상의 운송인이 동일한 운송방식으로 순차로 운송할 경우에 송하인과 계약을 체결한 운송인은 운송의 전과정에 대하여 책임을 부담하여야 한다. 특정의 운송구간에서 손실이 발생한 경우에 송하인과 계약을 체결한 운송인은 해당 구간의 운송인과 연대하여 책임을 부담한다.

■ 해설

본 조는 단일적 복합운송계약에 대한 운송인의 책임에 대하여 규정한 것이다. 복합운송계약은 복수의 운송인이 각자의 운송구간에서 송하인의 화물 또는 여객을 운송하기로 하고 송하인 또는 여객은 그 운송비를 지급하기로 하는 계약을 말한다. 그리고 운송수단이 각 운송구간에서 동일한 경우를 단일적 복합운송계약, 동일하지 않은 경우를 혼합적 복합운송계약이라고 한다. 복수의 운송인은 자기 구간을 운송하면 자기의 책임을 다한 것으로 되고, 순차적으로 다음 운송인이 운송하게 된다.

본 조의 규정에 의해 송하인과 단일적 복합운송계약을 체결한 운송인이 전과정의 운송에 책임을 진다. 이 경우에는 본 법의 제311조 및 제312조가 적용되며 손실이 발생한 구역의 운송인이 책임을 진다. 만일 발생구역을 특정할 수 없는 경우에는 운송인 모두가 공동연대책임을 진다. 이 때 자기의 구역에서 손실이 발생하지 않았다는 것을 주장하려면 거증책임을 진다.

---

293) 夏志宏 主编, 앞의 책, 420면; 胡康生 主编, 앞의 책, 477면~478면.

□ 사례

"갑", "을"과 "병"의 세 회사는 연합하여 "정"에게 자동차 10대를 상해부터 북경까지 운송한다. 운송공구는 기차이다. "갑"회사는 상해부터 남경까지 책임지고 "을"회사는 남경부터 제남까지 책임지고 "병"회사는 제남부터 북경까지 책임진다. 계약은 "갑"회사와 "정"이 체결했다. 운송은 "을"이 책임지는 지역에 운송했을 때, 기차가 갑자기 브레이크를 밟아서 자동차가 부분적으로 손해를 받았다. 이런 상황에서 "갑"회사와 "을"회사는 "정"의 손실에 대하여 연대배상책임을 책임진다.

제314조 【운송물 멸실의 운임처리】 화물이 운송 도중에 불가항력으로 멸실되고, 운임을 지급 받지 못한 경우에 운송인은 운임의 지급을 청구할 수 없다. 운임을 이미 지급한 경우에 송하인은 운임의 반환을 요구할 수 있다.

■ 해설

본 조는 화물운송 도중 불가항력에 의한 운송물 멸실에 대한 운임처리에 대하여 규정한 것이다[294]. 운송인의 대금청구권은 원래 운송물을 목적지에 운송하여 운송물을 인도할 때에 청구권이 발생하는 것이다. 따라서 화물을 탁송할 때에 운송대금을 지급한 것은 대금의 선불에 상당하고, 만일 불가항력으로 멸실된 경우는 운송의무를 완전히 이행하지 않았기 때문에 운임청구권도 상실한다. 물론 대금의 선불이 있었을 경우에는 그것을 송하인에게 반환하여야 한다. 운송인 또는 기타의 책임자 즉 운송대행자 혹은 보조인 등에 의하여 화물이 멸실된 경우도 운송인의 운임청구권은 상실된다. 선불의 경우에는 그것을 수하인 또는 송하인에게 반환 하여야 한다.

화물의 자연적 성질에 의하거나 합리적인 소모 또는 수하인, 송하인의 과실에 의해 멸실된 경우에 운송인은 본 법의 제311조 규정에 의해 면책된다. 문제는 그 경우에 운송인의 운임청구권은 상실되는가 하는 것이다. 쌍무계약에서 만일 그러한 사건이 발생하지 않았다면 운송인은 운송을 완성할 수 있었는데, 화물자신의 원인 또는 당사자의 과실로 인하여 발생한 사고이기 때문에 해당 당사자 자신이 책임을 지는 것은 당연한 것이다. 따라서 운송인의 운임청구권은 당연히 효력을 발생한다.

제315조 【운송인의 유치권】 송하인 또는 수하인이 운임, 보관료 및 기타 운송비용을 지급하지 않은 경우에 운송인은 상응하는 운송화물에 대해 유치권을 갖는다. 그러나 당사자 사이에 다른 약정이 있는 경우에는 제외한다.

294) 상세는 谢怀轼 等, 앞의 책, 503면 이하 참조.

■ 해설

본 조는 운송인의 유치권에 관하여 규정한 것이다. 운송인의 유치권은 송하인 또는 수하인이 운송의 과정에서 발생한 모든 비용, 운임, 보관료 등의 미지급에 대하여 행사하는 것으로 그것에 의해 운송인은 유치한 물권에 의해 모든 소유권자 및 기타의 채권자와 대항할 수 있다. 운송인이 갖는 유치권의 범위는 송하인 또는 수하인이 지급하여야 하는 운송비, 보관료 및 기타 운송비용에 상응하는 것이어야 한다. 운송인이 유치권을 행사하는 경우는 다음과 같다.

첫째, 송하인 또는 수하인이 화물을 점유하고 있을 것을 요구한다. 단일적 복합운송의 경우에 이전 운송자가 간접적으로 화물을 점유하고 있는 관계일지라도 유치할 수 있다. 둘째, 운송인이 보전하는 채권은 필히 운송물에 관계한 것에 한정된다. 단일적 복합운송의 경우에 최후의 운송인은 이전 운송자가 얻어야 할 그 기타의 비용을 합산하여 유치할 수 있다. 세째, 운송의무가 이행되고 송하인이 대금을 지급하지 않은 경우다. 넷째, 보통의 일반유치는 채권의 다소에는 관계가 없지만, 이 경우는 유치한 화물의 물품가치와 청구비용이 상당할 것을 요구한다. 다섯째, 유치한 것이 공서양속과 법률에 위반하지 않을 것을 요구한다. 운송인이 유치권을 행사하여 유치한 것은 담보법의 규정에 따라 처리하여야 한다.

제316조【운송인의 공탁권】 수하인이 불명하거나 또는 수하인이 정당한 이유 없이 화물의 수령을 거절한 경우에 본 법의 제101조 규정에 의해 운송인은 화물을 공탁할 수 있다.

■ 해설

본 조는 운송인의 공탁권에 대하여 규정한 것이다. 운송인의 공탁은 수하인의 이전, 기타의 원인에 의해 불명으로 되었거나 또는 정당한 이유 없이 수하인이 화물의 수령을 거절했을 때 발생한다. 중국에서 공탁은 공증사무소가 그 직무 기관이다. 절차는 먼저 운송인이 공탁신청을 제출하고 지정한 공탁장소에 공탁물을 보관인에게 인도한다. 그리고 공탁기관으로부터 운송인에게 공탁증서가 공포된다.

공탁한 법적 효과는 다음과 같다. 첫째, 공탁물의 훼손목록이 송하인 또는 수하인에게 이전되는 것으로 운송계약은 소멸된다. 둘째, 운송인과 공탁기관은 공탁계약관계가 된다. 셋째, 채권자는 공탁기관에 대하여 공탁물의 인도 청구권을 행사할 수 있다. 이 경우에 채권자는 보관료와 기타의 비용을 부담하여야 한다. 또 공탁에 적합하지 않거나 비용이 필요이상으로 높아질 경우에 운송인은 본 법의 제101조 규정에 의하여 경매법에 의해 경매를 할 수 있다. 이 경우 신속하게 송하인에게 통지를 할 의무가 있으며 그것을 게을리하여 손해가 발생한 경우에 운송인은 배상할 의무가 있다.

제4절 복합운송계약

제317조【운송인의 권리와 의무】혼합적 복합운송인은 복합운송계약을 이행하거나 또는 조직을 구성하여 이를 이행하여야 할 책임을 지고, 운송의 전 구간에 대한 운송인의 권리를 갖고 운송인의 의무를 부담하는 것으로 한다.

■ 해설

본 조는 혼합적 복합운송인의 권리와 의무에 대하여 규정한 것이다[295]. 본 조에서 말하는 '혼합적 복합운송계약'이란 송하인 또는 여객이 운송비용을 총괄하여 지급하고, 운송인은 두 종류 이상의 운송수단을 사용하여 화물 또는 여객을 목적지에 운송하는 계약을 말한다. 혼합적 복합운송과 본 법의 제313조에서 규정한 다수의 운송인에 의한 동일 운송수단을 이용한 단일적 복합운송과는 다르다. 후자는 단일적 복합운송계약으로 예컨대, 민간항공법 제108조에서는 "항공운송계약 각 당사자가 몇 개의 연속된 운송을 항공운송인이 하나 항목의 단일 업무활동으로 진행할 경우는 그 형식이 하나 또는 몇 개의 계약으로 체결된다 하더라도 분리할 수 없는 단일 항목의 운송으로 본다"고 규정하고 있다.

혼합적 복합운송계약에는 일반적으로 다음과 같은 특징이 있다. 첫째, 운송인이 두 사람 이상이다. 이 가운데 주로 제1운송인이 송하인과 운송계약을 체결하여 전 구간을 책임지는 계약의 당사자가 되고, 기타 운송인은 자기 구간에서만 계약상의 권리와 의무가 있다. 둘째, 운송인은 전구간을 책임지고 있기 때문에 전구간에 대한 운송이 가능하도록 조직을 구성하고 실행하여야 한다. 셋째, 각 운송인은 서로 다른 운송수단을 이용하여 동일한 화물 또는 여객을 연대하여 운송 한다. 넷째, 송하인 또는 여객은 운송대금을 총괄하여 지급하며 하나의 동일한 운송화물상환증을 사용하는 것 등의 특징이 있다.

혼합적 복합운송의 운송인이 책임은 실제의 운송인으로서 대부분 제1단계의 운송을 담당할 의무를 갖는다. 본 조에서 규정한 바와 같이 먼저 혼합적 복합운송의 운송인은 송하인 및 여객과 운송계약을 체결하고 모든 운송의 책임을 진다. 그러나 현실적으로 복합운송의 운송인은 운송임무를 도급한 후에 운송임무를 기타의 구역의 운송인에 의해서 완성한다. 그러나 송하인 또는 여객은 복합운송의 운송인과는 직접적 계약관계가 있지만 실제의 운송인과는 직접적인 계약관계가 없다. 따라서 혼합적 복합운송의 수급인은 일반의 운송계약의 운송인의 지위에 있으면서 운송인의 모든 권리를 향유하고, 송하인 또는 여객에 대하여 모든 의무와 모든 책임을 부

295) 刘文华 主编, 앞의 책, 471면~472면; 胡康生 主编, 앞의 책, 484면.

담한다. 실제의 각 운송인의 운송 중에 지연, 화물 또는 여객에게 손해가 발생한 경우에 혼합적 복합운송의 수급인은 그 배상책임이 있지만, 실제 운송인과의 배상책임관계는 그 상호계약에 의해서 정해진다.

第318조【운송인 사이의 관계】 혼합적 복합운송인은 복합운송에 참여하는 각 단계의 운송인들과 각 구간 운송에 대하여 상호간의 책임을 약정할 수 있다. 그러나 그 약정은 혼합적 복합운송의 운송인의 전 구간에 대한 의무에 영향을 미치지 않는다.

■ 해설

본 조는 혼합적 복합운송의 운송인과 실제의 운송인과의 관계에 대하여 규정한 것이다. 본 법의 제317조와 본 조의 규정은 혼합적 복합운송 관계에서 이중관계가 있다는 것을 알 수 있다. 첫째, 혼합적 복합운송의 운송인과 송하인 또는 여객이 체결한 복합운송계약은 민법상 도급계약과 유사하다. 혼합적 복합운송의 운송인이 일부 운송임무를 부담할 가능성이 있으므로 도급운송과 다르다. 둘째, 혼합적 복합운송의 운송인과 실제의 운송인 사이에 체결한 계약관계에서 혼합적 복합운송의 운송인은 송하인의 지위, 즉 실제의 송하인의 수탁인에 상당하고 운송의 실현을 위해 실제운송인과 계약을 체결한다. 실제로 송하인 또는 여객 사이에는 법적관계가 발생하지 않는다. 본 조는 이 관계에 대하여 규정한 것이다. 이것을 혼합적 복합운송의 운송인과 실제의 운송인의 내부 계약이라고 할 수도 있다.

본 조의 규정에 따르면 혼합적 복합운송의 운송인은 복합운송의 각 구간의 운송인 자격으로 참가하며, 복합운송계약의 각 운송 책임구간을 약정할 수 있다. 그 약정은 실질적으로 하나의 화물운송계약이기 때문에 실제의 운송인은 자기의 운송구간에서 안전하게 운송할 의무와 운송의 과정에서 화물의 훼손, 멸실이 있을 경우의 배상책임이 있다. 또한 개별운송인은 그 구간의 운송비와 기타의 실제비용 청구권이 있다. 그러나 혼합적 복합운송의 운송인은 이와 같은 각 구간의 실제 운송인과 체결하는 약정에서 전 구간의 운송의무를 회피 또는 제한할 수 없다. 그 이유는 혼합적 복합운송의 운송인이 전 구간의 모든 운송의무를 담당하며, 배상책임을 포함한 안전의무를 부담하고 있기 때문이다.

第319조【화물상환증】 혼합적 복합운송인은 송하인으로부터 화물을 수령한 때에 혼합적 복합운송 증빙서류를 발급하여야 한다. 송하인의 요구에 따라 혼합적 복합운송증은 양도가능증권으로 발급할 수도 있고, 양도불능증권으로 발급할 수도 있다.

■ 해설

본 조는 혼합적 복합운송의 화물상환증에 대하여 규정한 것이다[296]. 본 조에서는 화물상환증에 대하여 운송인이 화물을 인수 받았을 때에 혼합적 복합운송화물운송증의 발행을 의무로 하고 있다.

중국에서 혼합적 복합운송의 화물운송증의 발행에는 일반적으로 운송표 또는 화물상환증이 있다. 혼합적 복합운송 화물상환증은 송하인과 혼합적 복합운송의 운송인의 운송계약 증거가 되고, 여기에 기재된 내용은 당사자 쌍방의 권리・의무를 명기한 것으로 운송인이 화물을 인도 받은 증거물이자 송하인이 화물을 인도 받을 때의 소유권자의 증거물이기도 하다[297]. 화물상환증에는 겉면 표기에 양도가능과 불가의 기재 의무가 있고 그 내용은 상세하고 정확성을 요구한다.

본 조의 규정은 중국의 관례에 따라 송하인 요구에 의한 화물상환증의 겉면 표기는 양도가능과 양도불가 두 가지로 되어 있다. 즉 양도 가능한 화물상환증에는 기명식, 특정 또는 지명식 등이 있지만, 중국의 관례는 기명식만이 실시된다는 점에 유의한다. 양도불가의 경우 겉면 표기에 '양도금지'라고 명기하면 된다.

> **第320条【송하인의 손해배상책임】** 송하인이 화물을 탁송한 때의 고의 또는 과실로 혼합적 복합운송인에게 손실을 초래한 때에는 송하인이 이미 혼합적 복합운송증권을 양도한 경우에도 손해배상의 책임을 부담하여야 한다.

■ 해설

본 조는 복합운송계약 중 송하인의 과실로 초래된 복합운송경영인에 대한 손해배상책임에 대하여 규정한 것이다. 복합운송화물계약은 화물상환증에는 물권적 증권으로 양도성을 갖고 있기 때문에 이 증권을 이전하면 양도인은 그 대한 책임을 부담하지 않는 것이 원칙이다[298]. 즉 증권을 인수한 양수인이 송하인의 지위를 갖고 이에 상응하는 권리와 책임을 지는 것이다. 그러므로 양도불가의 운송증권이라 해도 송하인으로부터 수하인에게 인도되는 것으로 송하인은 화물에 대한 소유권이 없다.

화물이 운송인에게 손해를 초래했다고 해도 그 배상책임은 원칙적으로 소유권자의 부담이 된다. 그러나 그 화물로 인하여 신변의 피해가 발생한 원인이 송하인에게 있는데도 불구하고 그것을 소유권자가 부담한다는 것은 타당성을 결여한 것이라 할 수 있다. 따라서 형평의 원칙에 따라 본 조에서는 귀책사유가 있는 송하인이 책

---

296) 郭明瑞・房绍坤, 앞의 책, 623면 이하 참조.

297) 이것은 물권적 증권이기 때문에 화물의 소유권자의 증거물이 된다. 따라서 화물상환증을 소지하고 화물을 인도 받으러 온 사람을 운송인이 거절하여 화물을 인도하지 않는 행위가 없어야 한다.

298) 夏志宏 主编, 앞의 책, 424면; 胡康生 主编, 앞의 책, 488면; 徐景和 主编, 앞의 책, 470면~471면.

임을 부담한다는 규정을 두고 있는 것이다.

예컨대, 송하인이 화물을 탁송할 때 착오로 인하여 화물의 포장에 문제가 있거나 또는 탁송신고서류에 고의 또는 과실로 인한 허위기재 또는 위험물품을 보통화물로 탁송한 등의 과오가 있을 경우, 이에 대하여 운송인에게도 착오가 있는 때는 그 배상청구권은 상황에 따라서 감안된다. 따라서 운송인이 포장에 문제가 있는 것을 알면서도 운송했을 경우는 면책의 약정이 없는 한 운송인은 그 책임을 면할 수 없다. 그러나 일반적으로 송하인이 제공한 화물관련 자료는 진실성이 요구기 때문에 만일 이에 위반하여 복합운송의 화물운송인에게 손실을 초래한 경우는 송하인이 그 배상책임을 부담하여야 한다.

제321조【운송인의 손해배상책임】 화물의 훼손, 멸실이 혼합적 복합운송의 어느 한 운송 구간에서 발생한 경우에 혼합적 복합운송인의 배상책임과 그 한도는 해당 구간의 운송수단과 관련 있는 법률의 규정을 적용한다. 화물의 훼손, 멸실이 발생한 운송구간을 확정할 수 없는 경우에는 본 장의 규정에 따라 손해배상책임을 부담한다.

■ 해설

본 조는 혼합적 복합운송인의 배상책임과 책임한도의 법적적용에 대하여 규정한 것이다. 여기서 문제는 서로 다른 운송수단에 의한 다른 배상책임의 기준이 적용되는가 하는 것이다. 본 조의 규정에서는 복합운송의 배상책임과 책임한도는 구간책임제를 채용한다. 화물의 훼손, 멸실이 복합운송이 있는 운송구간에서 발생했을 때에는 해당 구간의 운송수단에 관한 법률을 적용한다[299].

화물의 훼손, 손실이 있는 구간에서 발생한 거증책임은 실제의 운송인이 증명을 한다. 왜냐하면 복합운송의 운송인은 운송에 참가하지 않았거나 참가했다 해도 모든 운송에는 참가하지 않은 것이 일반적 상황이기 때문이다. 그래서 복합운송의 운송인이 송하인 또는 수하인에게 배상한 후에 책임이 있는 운송인에게 구상권을 행사한다. 만일 실제의 운송인이 손실발생의 구간을 특정하여 증명할 수 없을 때는 형평의 원칙에 따라 본 법의 제311조, 제312조 규정에 의해 각 운송인이 받은 운임에 비례하여 분담 처리한다.

299) 가령, 철도와 항공복합운송일 경우에 철도운송구간에서 발생한 경우에는 철도법의 제17조 및 제18조 규정에 의해 처리하고, 그것이 항공운송구간에서 발생했을 경우는 민간항공법의 제125조에서 제129조까지의 관련 규정에 따라 처리한다.

제18장 기술계약

중국은 1981년의 경제계약법이 제정되면서 기술에 관련한 법체계를 갖추기 시작하였다. 그 이후 1985년 1월의 기술양도에 관한 임시규정 등이 공포되고, 1987년 6월 기술계약법300)이 제정되면서 현행 중국계약법의 모태가 되었다.

기술계약이란 당사자 쌍방이 기술의 개발, 양도, 자문 및 서비스의 제공 등에 있어서의 서로의 권리·의무에 대하여 체결하는 계약을 말한다.

기술계약의 대상 목적물은 기술을 제공하는 행위이다. 이 행위에는 현존하는 기술성과의 제공, 아직 존재하지 않는 기술의 개발 및 기술에 관한 개발, 양도, 기술자문과 서비스 등의 보조적인 것까지 포함된다. 이것을 기초로 하여 기술양도, 도급계약, 위탁개발계약 등의 기술계약의 성질은 특수매매에 속한다. 이것은 일반의 매매계약이나 도급계약과 다르며 그 목적물의 대상이 기술이라는 전문성이라는 특징이 있기 때문에 계약법에서는 별도의 장(章)을 두고 있다.

본 장의 주요한 내용에는 계약의 개념, 내용, 기술개발의 보수와 사용비, 지급방법, 사용권과 양도권의 귀속, 직무기술성과의 사용권과 양도권, 기술성과 완성자의 인신권과 우선 양수권, 위탁개발인의 의무, 위약책임, 특별해제와 위험의 분담, 권익분배, 기술양도, 특허실시허가, 노하우의 양도, 기술양도계약의 특별 규정 등 모두 4절로 제322조에서 제364조까지 총 42개의 조문으로 구성하여 규정하고 있다.

제1절 일반규정

제322조 【기술계약의 정의】 기술계약은 당사자가 기술의 개발, 양도, 자문 및 기술서비스에 관한 상호의 권리와 의무를 확정하는 계약이다.

■ 해설

본 조는 기술계약의 정의에 대하여 규정한 것이다301). 본 조의 규정에서 기술계약에는 기술개발계약, 기술양도계약, 기술자문계약 및 기술서비스계약의 네가지의

300) 종래의 기술계약법에는 국내적 기술계약과 섭외적 기술계약으로 구분하였다. 전자의 경우는 중국의 기술계약법과 민법통칙에 적용되었고, 후자의 경우는 섭외경제계약법의 영역인 중국기술도입계약관리조례와 그 실시세칙이 적용되었다.

301) 郭明瑞·房紹坤, 앞의 책, 626면 이하 참조.

종류가 있다는 것을 알 수 있다[302]. 기술계약에는 다음과 같은 특징이 있다[303].

① 본 조에서 말하는 기술이란 생산실천과 과학원리에 의하여 형성된 것으로 자연계의 모든 물질적 설비의 조작방법과 기능에 작용하는 것을 말한다. 기술은 다른 기준에 의해 특허기술과 노하우(비밀기술노하우), 생산성 기술(기계기술, 통신기술 등)과 비생산성 기술(관리기술, 의료기술 등) 등으로 분류된다.

② 기술계약의 이행에는 특수성이 있다. 기술계약의 양도는 실질상 일종의 기술사용허가, 즉 일방이 상대방에게 일정한 조건 아래 그가 보유한 기술의 사용을 허가하는 것이다. 기술계약의 이행에는 발명권, 과학기술성과권, 양도권 등 기술에 관한 기타의 권리귀속에 미치기 때문에 기술계약은 채권법의 구속[304]과 지식재산권리 등의 규범에 구속된다.

③ 기술계약은 쌍무・유상계약이다. 계약체결 당사자 쌍방은 각각 상응한 의무와 권리를 향수한다. 가령, 일방 당사자가 개발, 양도, 자문 및 서비스 등을 하면 다른 일방 당사자는 그에 대한 대금 또는 보수를 지급하는 등이다.

④ 기술계약의 당사자에게는 광범성과 특정성이 있다. 계약 당사자의 자격에 관한 제한을 본 조는 규정하고 있지 않다. 따라서 자연인, 법인, 비법인 등이 기술계약의 당사자가 될 수 있다. 그러나 현실적으로 기술계약의 당사자로 되려면 최소한 일방 당사자가 자기의 기술을 이용하여 기술개발, 기술양도, 기술서비스를 할 수 있는 조직 또는 개인이어야 한다. 그렇지 않을 경우는 계약을 진행할 수 없기 때문이다. 따라서 기술계약의 당사자에게는 일정한 특정성이 있다.

302) 기술개발계약은 당사자가 신기술, 신제품, 신제조기술 또는 신재료 및 그 계통의 연구개발을 위해 체결한 계약을 말하며, 여기에는 위탁개발계약과 공동개발계약 두 종류가 있다. 기술양도계약이란 당사자 사이의 특허권 또는 특허출원의 양도, 비특허기술의 양도, 특허허가 및 기술도입 등을 위해 체결하는 계약을 말한다. 일반적으로 기술자문계약은 당사자의 일방이 특정의 기술항목에 대하여 타당성보고 또는 기술예측, 전문기술조사, 분석평가보고 등의 자문서비스를 진행하고 상대방이 이에 대하여 보수를 지급하는 계약이다. 기술서비스계약이란 당사자의 일방이 언급한 지식에 의해 상대방의 특정한 기술문제를 해결하기 위해 체결하는 계약이다. 여기에는 건설공사의 실지조사, 설계, 건축, 내부장식 계약 및 도급계약이 포함된다.

303) 가령, 철도와 항공복합운송일 경우에 철도운송구간에서 발생한 경우에는 철도법의 제17조 및 제18조 규정에 의해 처리하고, 그것이 항공운송구간에서 발생했을 경우는 민간항공법의 제125조에서 제129조까지의 관련 규정에 따라 처리한다.

304) 그러나 현실적으로 채권법의 이행제도가 적용되지 않는 것도 있다. 가령, 기술개발의 난이도가 높고 그것이 연구개발의 실제능력과 수준을 초월했기 때문에 계약의무를 이행할 수 없으며 이것을 법적으로 강요한 경우에 당사자 쌍방에게 불이익이 되는 경우 등이 있다.

제323조【기술계약의 목적】기술계약체결은 과학기술의 진보에 기여하고, 과학기술성과의 전환, 응용 및 보급을 촉진하여야 한다.

■ 해설

본 조는 기술계약의 목적에 대하여 규정한 것이다. 기술계약의 체결은 과학기술의 진보와 과학기술의 성과를 발전 및 응용 시켜 그 확대를 촉진시키는 것을 목적으로 하여야 한다는 것을 본 조에서 규정하고 있다. 본 조의 '기술성과'란 과학기술의 지식, 정보 및 경험의 이용에 의해 제조된 제품, 그 제조기술, 재료 및 개량법 등의 기술방안을 말한다. 기술성과는 그 자체로 기술성, 결과성, 실용성 및 진보성이라고 하는 특징을 구비한다. 기술성이란 그 제품, 제조기술, 재료 등에 관한 기술방안, 구상을 가리킨다. 결과성이란 기술 그 자체가 완전성을 구비하고 있는 것을 말하는 것으로 중도에 중단한 기술정보는 기술성과라고 할 수 없다. 실용성이란 기술성과가 특정의 기술문제를 해결할 수 있는 것을 말한다. 진보성이란 그 기술이 일정한 구역의 범위에서 동일한 기술문제를 해결한 기타의 방법보다도 진보적인 것을 말한다. 동 업종 사이에 보편적으로 알려져 있는 상식적인 기술은 기술성과라고 할 수 없다.

제324조【기술계약의 내용】기술계약의 내용은 당사자가 약정하고, 일반적으로 다음 각 호의 조항을 포함한다.

① 계약항목의 명칭
② 목적의 내용, 범위 및 조건
③ 이행계획, 진도, 기간, 장소, 지역 및 방식
④ 기술정보 및 자료의 비밀유지
⑤ 위험책임의 부담
⑥ 기술성과의 귀속 및 수익분배의 방법
⑦ 검수표준과 방법
⑧ 대금, 보수 또는 사용료 및 그 지급방법
⑨ 위약금 또는 손해배상의 계산방법
⑩ 분쟁해결의 방법
⑪ 명사와 기술용어의 해석

계약이행에 관한 기술참고자료, 사업타당성의 논증과 기술평가보고, 항목별 임무서와 계획서, 기술표준, 기술규범, 원시설계와 가공기술문건 및 기타 기술자료는 당사자의 약정에 따라 계약의 구성부분으로 할 수 있다. 기술계약이 특허에 관련된 경우에 발명창조의 명칭, 특허신청인와 특허권자, 신청시기, 신청번호, 특허번호 및 특허권의 유효기한을 상세히 기재하여야 한다.

■ 해설

본 조는 기술계약의 내용에 대하여 규정한 것이다[305]. 중국도 시장경제의 원리에 입각하여 본 조에서 기술계약은 원칙적으로 당사자가 협의하여 기술계약의 내용을 약정, 즉 민사권리・의무를 설정하는 협의로 '계약의 자유'를 인정하고 있다. 기술계약내용은 복잡하고 전문성이 강한 것으로 중국 국가공상관리국에 참고 표준양식이 있지만 참고용이라는 것에 유의할 필요가 있다. 본 조에서 규정하는 조항의 내용도 결코 강제적인 것은 아니며 기술계약이 갖추어야 할 표준적인 다음의 내용을 제시하고 있는 것이다.

① 계약항목의 명칭이다. 여기에는 기술 목적물의 명칭, 종류별, 성질 등이 포함되고 이것으로 서로 다른 유형의 기술계약을 구별한다.

② 계약목적물의 내용, 범위 및 조건이다. 이것은 당사자 쌍방의 권리・의무의 근거를 확정하고, 동시에 계약이행의 진전을 검사하는 지표가 되는 중요한 기술계약의 중심적 내용이다. 따라서 기술계약의 구체적 임무, 유형, 범위, 조건 및 기술지표 등을 명확하게 기재할 필요가 있다.

③ 계약이행의 기한・진도・지점과 그 방식이다. 계약이행의 계획과 진도는 당사자의 계약에 대한 이행의 과학성과 진실성을 의사 표시하는 것이다. 따라서 이행기한에는 계약체결의 일시, 완성의 시기 및 계약의 유효기한을 명기한다. 이행지점은 당사자의 어느 일방이 이행하는 구체적 장소와 지점을 말한다.

④ 기술정보와 자료의 비밀유지의무다. 이것은 기술정보와 자료의 공개성, 제한성에 관한 의무 조항이다. 현실적인 문제로 기술정보와 그 자료의 가치에서 기술계약체결을 하기 전에 비밀유지 협의조항에 관한 서면해결이 이루어지는 경우가 많다[306].

⑤ 위험책임의 부담에 관한 사항이다. 이 내용은 기술계약의 이행과정에서 예기치 않은 문제의 발생으로 손해가 발생했을 경우에 책임분담을 명확화 하기 위한 것으로 기술계약에서 특히 향후 분쟁의 해결에 도움이 된다.

⑥ 기술성과의 귀속과 수익분배의 방법이다. 이것은 쌍방의 당사자에게는 기술계약의 최종 목적이 된다. 경제적 이익과 기술적 이익에 밀접히 관계되는 문제로 기술계약 중에서 기술성과의 귀속과 수익분배를 명확히 하여 후에 불필요한 분쟁을 회피할 필요가 있다.

---

305) 刘文华 主编, 앞의 책, 485면~488면; 夏志宏 主编, 앞의 책, 431면.

306) 비밀유지의 효력에 대하여 언급하면 그것은 당사자의 협의 의한 것으로 가령, 기술계약 종료 후에도 일정한 기간동안 비밀유지의무는 계속된다.

⑦ 검수표준과 방법이다. 이것은 계약을 검수하는 경우의 근거가 되는 것이다. 이 조항에서 계약이 달성하여야 할 의무와 그 기술적 지표, 경제적 지표 및 감정의 방식을 명기한다.

⑧ 대금, 보수 또는 사용료 및 그 지급방법이다. 기술계약에서 대금 또는 보수에 관한 통일적 기준은 없다. 이것은 시장관계, 원가, 경제성, 유사한 기술의 상황, 위험의 대소 등에 따라 당사자가 자유롭게 약정한다. 지급은 일괄지급, 분할지급, 로얄티 등의 방법으로 지급의 약정을 당사자는 결정할 수 있다.

⑨ 위약금 또는 손해배상의 계산방법이다. 이것은 당사자 일방에 위약행위가 있는 경우에 다른 일방 당사자의 손실에 대한 손해배상과 그 산정방법에 대하여 규정한 조항이다.

⑩ 분쟁해결의 방법이다. 분쟁은 계약 당사자가 희망하는 아니지만, 만일의 경우에 대한 결정도 필요한 조항이다. 본 법의 제128조에서 규정하고 있는 화해·조정·중재 및 소송 등의 분쟁해결 수단에서 선택한다.

⑪ 명사와 기술용어의 해석이다. 전문성이 높은 기술계약은 그 전문용어와 명사를 어떻게 처리하여 해석했는가 하는 것은 당사자의 이익과 밀접히 관계된다. 특히 주요한 것은 술어 또는 명사에 대하여 일정한 공통적인 이해가 필요하다. 이것은 후일 분쟁의 회피뿐만 아니라 불필요한 오해를 피할 수도 있다.

본 조의 후단은 부속계약에 속하는 부분이라고 할 수 있다. 이것을 본 계약의 구성부분의 일부로 한 경우에 본 계약 동일 법적 보호를 받을 수 있지만, 만일 이것을 단순하게 본 계약에 부수하는 부속의무로 한 경우에 당사자는 필요한 자료, 문서는 제출하지만 그 외에는 부수의무이기 때문에 신의성실의 원칙에 따라 자주적으로 이행할 필요가 있는 협조의무다.

제325조【기술료의 지급방식】 기술계약의 대금 및 보수 또는 사용료의 지급방식은 당사자가 약정한다. 1회 총액계산에 1회 총액 지급방식 또는 1회 총액계산에 분기 지급방식을 취할 수도 있고, 로열티 지급방식 또는 로열티 지급방식에 입문비를 부가하는 방식을 취할 수도 있다.

로열티 지급을 약정하는 경우에 제품의 가격, 특허실시와 기술비밀 사용으로 증가한 제품가치, 이윤 또는 제품 판매액의 일정한 비율로 기술료를 정할 수 있고, 또한 기타 약정한 방식에 따라 계산할 수도 있다. 로열티를 지급하는 비율은 고정비율, 연간비례 체증비율 또는 체감비율을 취할 수 있다. 로열티 지급방식을 약정하는 경우에 당사자는 계약 중에 회계장부의 열람방식을 결정하여야 한다.

■ 해설

본 조는 기술계약에 관한 대금·보수 또는 사용비 등 기술료에 대하여 규정한 것이다. 일반적으로 기술계약의 대가로 지급되는 계산기준은 기술의 사용으로 얻을 수 있는 초과이윤, 새롭게 증가된 이윤, 상품으로서 기술의 양도 회수, 연구에 소요된 개발원가, 기술의 성숙도, 사용기한 및 기술의 경제적 이익 등의 요소를 감안하여 정한다. 본 조에서는 기술료의 정액지급방식과 로열티지급방식의 두 가지를 규정하고 있다.

(1) 정액지급방식

정액지급방식은 당사자가 기술계약을 체결할 때에 노하우비용, 기술자료비용, 자문비용, 기술훈련비용, 설비제공비용 등의 기술료에 대한 총액을 확정하고, 기술양수인이 1회에 기술료 총액을 일괄지급 또는 분할지급을 허용하는 방식이다. 분할지급은 일반적으로 기술을 사용하여 생산된 상품을 통하여 얻는 경제적 효과와 관련하여 일정한 비율로 기술을 양도한 양도인에게 분기별로 지급하는 것이다.

(2) 로열티지급방식

로열티 지급방식은 기술을 양수하는 당사자가 해당 기술을 원용하여 제품을 생산하고, 이에서 얻은 생산량, 판매가격 또는 이윤 등의 비례에 따라 산정한 비용을 납기에 따라 연속적으로 지불하는 방식을 말한다[307].

(3) 로얄티의 산출방식

본 조에서 로열티의 산출방식으로 상품가치산출법, 이윤산출법, 판매액산출법의 세가지 종류가 규정되어 있지만, 당사자의 합의로 기타의 방법을 취할 수도 있다. 첫째, 상품가치산출법은 계약에서 약정한 로열티 지급기간 내에 양도한 기술로 제조된 상품의 가치로 일정한 비율로 산정하는 방식이다. 둘째, 이윤산출법은 계약에서 예정한 로열티 지급기간 내에서 양도한 기술로 생산된 상품의 판매 이윤 중에서 기술료를 산출하는 방식이다. 셋째, 판매액산출법은 계약에서 약정한 로열티의 지급기간 내에 양도한 기술로 제조된 상품을 판매한 후 그 판매액을 기준으로 로열티를 산정하는 방식이다. 이 경우는 제품이 판매된 시점에서 산출하여 지급한다는 것이 바로 당사자 쌍방이 위험과 이윤을 공유한다는 점에서 합리적이기 때문에 많이 이용하는 방식이다[308].

로열티 지급방식을 선택하는 경우의 최대 문제는 양도인이 산출방법에 의해 어떻

307) 입문비는 보통 준비자료의 원가, 도안의 복사요금, 기술자의 훈련비용, 자문비용, 변호사비용, 필요한 설계개량비용, 기타 제공된 샘플비용도 포함하여 일차적으로 지급된다.

308) 산출비율은 고정비율, 매년 증가하는 체증비율과 그 반대가 되는 매년 감소하는 체감비율이 있다. 그 채용은 당사자에 의해 선택된다.

게 확실하게 기술의 로열티를 받는가 하는 것이다. 이것을 위해 회계장부의 열람권 등 검사에 관하여 당사자가 약정할 수 있다고 규정한다. 사실상 기술계약을 체결할 때에 양도인은 수시로 회계감사를 할 수 있을 뿐만 아니라, 양수인은 양도인의 회계감사에 편의를 제공하여야 한다고 약정하는 것이 일반적 상황이다.

제326조【직무상 기술성과의 귀속】 직무기술성과의 사용권 및 양도권은 법인 또는 기타 조직에 귀속하고, 법인 또는 기타 조직은 그 직무상 기술성과에 대하여 기술계약을 체결할 수 있다. 법인 또는 기타 조직은 그 직무상 기술성과를 사용 및 양도하여 취득한 수익 가운데 일정한 비율을 그 직무상 기술성과를 완성한 개인에게 장려금 또는 보수를 주어야 한다. 법인 또는 기타 조직이 직무상 기술성과를 양도하는 기술양도계약을 체결하는 경우에 직무상 기술성과의 완성인은 동등한 조건에서 우선 양수할 수 있는 권리를 갖는다. 직무상 기술성과란 법인 또는 기타 조직의 임무를 수행하거나 주로 법인 또는 기타 조직의 물질적 기술조건을 이용하여 완성한 기술성과를 말한다.

■ 해설

본 조는 직무상 기술성과에 대한 경제적 이익의 귀속에 대하여 규정한 것이다. 본 조의 직무상 기술성과의 경제적 권리란 직무상 기술성과의 사용 및 양도에 의해 경제적 이익을 취득한 재산적 권리를 말한다.

'직무상 기술성과'란 소속법인이나 기타의 조직의 임무[309]또는 소속법인이나 기타의 조직의 물질적 기술조건을 이용하여 완성된 기술성과를 말한다. 직무상의 기술성과는 재직자가 소속법인 또는 기타 조직 집단의 지능·물질적, 기술적 지원을 받아서 처음으로 개발된 성과이다. 이것은 재직자 개인의 성과라고 하기 보다는 조직의 성과라고 하는 것이 더 바람직하다.

본 조에서 기술성과에 공헌한 기술자에게 장려·표창하고, 현저한 공헌이 있는 기술자 개인에게 보수의 지급을 법적으로 규정하고, 그리고 동등한 조건 하에서 이러한 기술성과에 공헌한 기술자에게 기술성과의 우선구매권까지 규정한 것은 중국이 시장경제 원리에 입각한 변화의 모습을 이해할 수 있는 증거가 된다.

309) 소속법인이나 기타의 조직의 임무에는 다음의 세가지 상황이 포함된다. 첫째, 재직자가 소속법인 또는 기타의 조직으로부터 과학연구 및 기술개발 과제를 받아서 그것을 완성한 성과를 말한다. 둘째, 재직자가 직책을 이행하여 완성한 기술적 성과다. 여기에는 재직자의 업무범위에 속하지 않는 개발임무를 통해 나온 부분의 기술적 성과도 포함된다. 셋째, 원래의 소속법인 또는 기타의 조직을 퇴직, 휴직, 이탈한 사람이 1년 내에 계속하여 원래의 소속법인 또는 기타의 조직에서 과학연구와 기술개발과제 또는 원래 직장의 직책에서 완성한 기술성과다. 이것은 국가 또는 집단의 기술성과가 과학기술자의 이동, 변화에 따라 불합리한 손실, 불법의 손실을 받지 않도록 하는 것이 목적이다.

□ 사례

과학연구자 "갑"은 퇴근 후의 시간을 이용하여 사무실에서 직장이 비밀로 여기는기술책(공개출판), 특허공고, 사전 등 자료를 이용하여 새로운 프로젝트의 기술성과를 완성했다. 현재, "갑"과 직장은 프로젝트의 기술성과가 직무기술성과에 속하는지의 여부에 대하여 분쟁이 발생하였다.

第327조 【비직무상 기술성과의 귀속】 비직무상 기술성과의 사용권, 양도권은 기술성과를 완성한 개인에게 귀속한다. 기술성과를 완성한 개인은 그 비직무상 기술성과에 대하여 기술계약을 체결할 수 있다.

■ 해설

본 조는 비직무상 성과의 경제적 권익의 귀속에 대하여 규정한 것이다. 비직무상 기술성과란 직무상 기술성과 이외의 기술성과로서 특정한 기술성과의 완성이 단지 개인의 역량에 의해 이루어진 것을 말한다. 비직무상 성과가 직무상 성과와 근본적으로 다른 점은 법인 또는 기타 조직의 설비나 기술 등을 이용하지 않고, 개인의 자주적인 연구성과라고 하는 점이 크게 다르다. 여기에는 다음의 두 가지 요건을 구비할 필요가 있다. 첫째, 비직무상 성과의 개인 또는 집단은 과학기술연구나 기술개발과제를 담당한 법인이나 기타의 조직에 속하지 않고, 완성된 성과도 담당부처의 직책과 관계없이 자주적인 연구개발이라는 것이다. 둘째, 기술성과를 완성하는데 필요한 자료, 재료, 설비 등의 물질적 조건은 주로 법인 또는 기타 조직의 물질적 기술조건을 이용하지 않을 것을 요구한다. 가령, 종업원이 자기의 전문지식을 응용하여 재직 중에 얻은 지식, 기술, 경험, 정보를 활용하여 얻은 재직 외의 기술성과는 비직무적 성과로 재직상의 성과와는 구별된다.

직무 외에 얻은 비직무상의 기술성과는 본 조에서 이해할 수 있듯이 그것은 개발한 사람에게 귀속한다. 즉 개인에게 그 소유권이 있다는 것이다. 따라서 소속기업이 임의로 개인의 비직무상 기술성과를 이용하거나 또는 양도했을 경우에는 합법적 권익의 침해행위로 책임을 추궁할 수 있다.

第328조 【기술성과의 완성과 권리】 기술성과를 완성한 개인은 기술성과에 관련된 문서에 자기가 기술성과를 완성한 자라는 것을 명기할 권리를 갖고 영예증서와 장려를 받을 권리가 있다.

■ 해설

본 조는 기술성과를 완성한 개인의 권리에 대하여 규정한 것이다. 기술성과는 일반적으로 그 내용의 상당부분이 지적재산권과 관련이 있다. 지적재산권의 경제적 권리와 인격적 권리의 특성처럼 기술성과도 이 두 가지의 권리가 있다. 경제적 권리란 기술의 사용, 양도에 의한 경제적 이익의 재산적 권리를 말하며, 이것은 제3자의 향수가 가능하다. 그러나 인격적 권리는 제3자가 향수할 수 없다는 것이 다른 점이다[310]. 본 조는 기술성과 완성자로서의 서명권과 영예를 얻는 권리 등을 인정함으로써 권리자로서 보호 받을 수 있는 근거를 마련한 것이다.

여기서 말하는 '기술성과'에는 직무상의 기술성과와 비직무상의 성과가 포함되며, '기술성과를 완성한 개인'이란 단독 또는 공동으로 창조적 공헌을 한 사람을 말하며, 그 보조인원은 포함되지 않는다. '기술성과에 관련한 문서'란 특허출원신청서, 과학기술장려신청서, 과학기술성과 등기서 등 성과를 완성한 자의 신분을 확인할 수 있는 것에서 영예표창증서 등의 문서를 말한다.

第329조【기술계약의 무효】 비합법적으로 기술을 독점하고 기술의 진보를 방해 또는 타인의 기술성과를 침해하는 등의 기술계약은 무효이다.

■ **해설**

본 조는 기술계약의 무효에 대하여 규정한 것이다[311]. 즉 기술계약의 무효에 관한여 독특한 법정상황을 전문적으로 규정하였다. 즉, 불법의 독점기술, 기술의 진보를 방해한 기술계약은 무효다. 본 조는 본 법의 제323조 규정을 구체적으로 적용하여 규정한 기술계약의 무효에 관한 강제적 규정이다[312]. 본 조의 비합법적으로 기술을 독점하거나 기술의 진보를 방해하는 것 또한 타인의 기술성과를 침범하는 기술계약은 당연히 무효가 된다.

'비합적으로 기술을 독점'이란 위법한 수단으로 기술을 취득하는 외에 기술의 공유를 배제하는 것을 말한다. '기술의 진보를 방해'란 타인의 새로운 연구개발을 제한 또는 특허・노하우의 실시를 방해・제한을 하는 등의 행위를 말한다[313]. '타인의 기술성과를 침해하는 것'이란 타인이 보유하고 있는 특허권, 기술비밀사용권 또는 발명권 등과 같은 권리를 침해하는 경우를 말한다.

---

310) 민법상 인격적 권리란 이른바 정신적 권리로서 과학기술성과의 완성자가 발견・발명・과학기술성과 등에 대하여 갖는 권리로 양도 또는 탈취하는 행위는 허용되지 않는다.

311) 刘文华 主编, 앞의 책, 494면.

312) 즉 "기술계약체결은 과학기술의 진보에 기여하고, 과학 기술성과의 전환, 응용 및 보급을 촉진하여야 한다".

313) 그러한 기술계약을 무효로 한 본 조의 목적은 그것이 기술의 진보와 인류가 기술성과를 향유할 권리에 위반되기 때문이다.

기술계약법은 계약법의 일부로 다음의 요소가 있는 경우 기술계약의 전부 또는 그 일부를 무효로 할 수 있다. 첫째, 사기 또는 협박의 수단이나 타인의 약점을 갖고 체결한 기술계약의 경우다. 둘째, 모략 또는 위조의 수단을 갖고 체결한 기술계약이다. 셋째, 사회공공 이익에 손해를 주는 기술계약 등이다. 기술계약의 일부가 무효로 된 경우 나머지 기타 부분의 법적 효력에는 관계가 없다. 기술계약의 모두가 무효로 된 경우는 원상회복을 하여야 한다. 그 원상회복과 동반하여 손해가 있을 경우는 그 배상책임을 져야 한다. 기술계약의 무효가 당사자 쌍방에게 있는 경우는 각각 책임의 정도에 상응한 배상책임을 부담하여야 한다.

□ 사례

"갑"과 "을" 두 회사는 이동전화통신기술의 이전계약 1통을 체결했다. 계약에서 계약의 유효기간 동안 "을"방(수양자)이 "갑"방 양여자의 주요 경쟁 상대로부터 계약기술과 비슷한 기술을 이전받아서는 안 되고, 또한 이 경쟁기술을 이용하여 계약상품과 경쟁 상품을 생산해서는 안 된다고 약정했다. 본 사례는 실제로 "을"이 계약기간 중에 고정적으로 한 종류의 기술선택을 하게 강제하였다. 이후 언제나 우수한 기술을 받은 권리를 박탈하였다. 이 것은 기술진보를 방해하고 효력이 없는 조항이다.

제2절 기술개발계약

제330조【기술개발계약의 정의】 기술개발계약이란 당사자 사이의 신기술, 신제품, 신가공기술 또는 신재료 및 그 시스템의 연구개발에 대하여 체결한 계약을 말한다. 기술개발계약은 위탁개발계약과 합작개발계약을 포함한다. 기술개발계약은 서면의 형식을 취하여야 한다. 당사자 사이에 산업응용의 과학성과를 실시하는 계약을 체결한 경우는 기술개발계약의 규정을 참조한다.

■ 해설

본 조는 기술개발계약의 정의와 유형 및 계약형식과 과학성과에 관한 계약의 법률적용에 대하여 규정한 것이다[314]. 여기서 신기술이란 일정한 시간 내에 최초로 실현할 수 있는 기술 또는 기존의 기술의 토대 위에서 혁신적인 기술개량을 하여 성능상 진보된 기술을 말한다. 신제품이란 원리와 구조 그리고 물리적·화학적 성분 및 재료 등이 원래의 구 제품과 비교하여 현저하게 개발된 제품을 말한다. 신가

314) 刘文华 主编, 앞의 책, 495면; 夏志宏 主编, 앞의 책, 438면~440면; 谢怀轼 等, 앞의 책, 524면~525면; 徐景和 主编, 앞의 책, 486면 이하 참조.

공기술은 기존의 제품설계에 비하여 경제적 효율을 현저하게 제고하고 생산과정 등을 상당히 단축시킬 수 있는 것을 말한다. 신재료는 재료의 신품종 개발과 재료의 성능개량을 의미한다. 이와 관련된 시스템의 연구개발이란 신기술・신제품・신가공기술・신재료 등이 상호 결합된 공정을 말한다[315].

기술개발계약은 기술계약의 일반적 특징 외에 다음의 특징이 있다.

① 이행의 협력성이다. 기술개발계약의 목적은 당사자가 고도의 기술이며 고도의 지식영역에서 일정한 돌파와 일정한 창조를 하는 것이다. 그 목적의 실현을 위해서 당사자 쌍방은 협력할 필요가 있으며 그렇지 않으면 성공할 수 없다[316].

② 개발성과의 창조성이다. 개발성과의 창조성은 사람들이 아직 해결할 수 없거나 완전히 해결하지 못한 문제 또는 존재하지 않거나 완성화 되지 않은 것을 개량하여 끊임없이 탐색하고 미지를 창조하는 과정을 표명한다.

③ 개발성과의 신규성이다. 신규성이라는 것은 그 전의 사람 또는 타인이 미지의 발명을 하거나 창조한 것을 말한다. 그것은 세계적 범위내의 것 또는 국내 최초, 지역, 업계의 신규성이면 된다. 다음으로 계약체결을 할 때 개발자가 장악하지 못하고 장기간에 걸친 인고의 노력과 창조적 노동재능을 발휘하여 새롭게 얻은 항목이다[317].

본 조의 규정에 따르면 기술개발계약에는 위탁개발계약과 합작개발계약 두 가지가 있다. 위탁개발계약은 당사자의 일방이 위탁하여 다른 일방의 당사자가 연구개발을 한다는 내용을 체결된 계약을 말하고, 합작개발계약은 당사자 각방이 공동으로 연구개발을 하기 위해 체결한 계약이다[318].

본 조에서 언급한 과학기술성과의 응용화는 '기술개발계약의 규정을 참조한다'고 규정하고 있다. 즉 그 성과에 응용가치가 있다고 하는 것은 이론상의 것으로 그것을 현실적으로 생산할 수 있기까지는 생산에 의한 개량과 창조를 필요로 한다. 따

---

315) 이정표, 앞의 책, 581면.

316) 가령, 위탁개발계약의 경우에 위탁하는 당사자는 연구개발의 경비를 부담하고, 수탁 당사자는 과학기술의 연구성과를 제공한다.

317) 따라서 신기술, 신제품, 신제조기술, 신재료 및 계통적인 과학기술개발 프로젝트는 모두 기술개발계약의 대상이 될 수 있다.

318) 양자의 구별은 다음과 같다. 첫째, 합작개발계약은 당사자 각방이 공동으로 연구개발을 하는 것에 대하여, 위탁개발계약은 당사자의 일방이 위탁하여 다른 일방 당사자가 연구개발을 진행하는 것이다. 둘째, 합작개발계약의 각방 당사자는 각기 일정한 기술력, 설비와 연구개발자를 제공하는 것인데, 위탁개발계약은 당사자의 일방만이 계약에 약정된 연구개발을 실시할 수 있는 기술력, 설비와 연구개발자가 있으면 된다는 것이 서로 다르다. 셋째, 합작개발계약의 각방 당사자는 연구개발성과를 공동으로 향수할 수 있는데, 위탁개발계약은 위탁 당사자의 일방만이 개발성과를 향수하고 다른 일방 당사자는 보수를 받는 점이 다르다.

라서 과학기술성과의 응용화 실시의 전화과정은 현재 갖고 있는 기술을 기초로 한 재창조의 과정이기도 하다. 여기에는 더 큰 노력과 노동력을 필요로 하며 일반의 성숙한 기술의 실시양도 허가와 다르다. 즉 과학기술성과의 응용화와 성숙한 기술의 양도계약과는 다르기 때문에 본 조에서는 기술개발계약의 규정을 참조한다고 하였다.

第331조【위탁인의 의무】 개발위탁계약의 위탁인은 약정에 따라서 연구개발비와 보수를 지급하여야 한다. 기술자료, 기초데이터를 제공하고, 협력사항을 완성하며 연구개발성과를 수령하여야 한다.

■ 해설

본 조는 위탁개발계약 중에서 위탁인의 의무에 대하여 규정한 것이다[319]. 위탁개발계약은 쌍무·유상계약으로 본 조에 규정된 위탁인의 의무는 다음과 같다.

① 약정에 따라서 연구개발비용과 보수를 지급할 의무다. 연구개발을 위탁한 이상, 이것은 의뢰자의 당연한 의무라고 할 수 있다. 일반적으로 연구개발비용이란 연구개발을 위하여 소요되는 일체의 경비를 말한다[320]. 이러한 연구개발비용을 부담하는 외에 위탁인이 수탁인에게 지급하는 보수는 연구개발성과의 사용비와 연구개발에 종사하는 연구자의 연구보조비가 있으며 약정에 의해 연구개발비용에서 일정한 부분을 할당하여 보수로 할 수도 있다. 위탁인이 수탁인에게 지급하는 연구개발비용과 보수는 약정에 따라 연구개발 착수 전에 일정한 금액의 착수금을 지급하고, 그 후에 연구개발의 진행상황에 상응하여 분할지급의 방식으로 연구개발성과를 얻을 수 있는 단계에서 총괄하여 정산하는 방식을 채용하는 경우도 있다.

② 계약에 따라서 기술자료와 기초 데이터를 제출할 의무다. 위탁인의 이러한 협력의무를 이행하지 않으면 수탁인은 위탁인이 희망하는 연구개발성과를 얻을 수 없다. 만일 위탁인이 이 협력의무에 게을리 하거나 이행하지 않아서 작업의 중그러나 일시정지, 지연, 실패 등의 사태가 발생했을 경우는 위탁인은 본법의 제333조 규정에 따라 위약금 또는 배상의무가 있다.

③ 약정에 따라서 연구개발성과를 수령할 의무다. 본 조에서 위탁인에게 개발성

319) 刘文华 主编, 앞의 책, 496면; 胡康生 主编, 앞의 책, 504면.

320) 즉 연구개발의 완성에 필요한 원가로서 설비, 재료, 자료비 등이 포함되고, 구체적으로는 당사자 사이에서 약정한다.

과의 신속한 수령의무를 규정한 목적은 완성된 성과를 위탁인이 신속하게 수취하지 않기 때문에 수탁인이 받는 손실을 방지하기 위한 조치다. 위탁인이 신속하게 수령하지 않기 때문에 수탁인이 손해를 받는 경우란 가령, 이윤 또는 매상에 의한 비율에 따른 로열티를 받기로 한 경우, 위탁인의 연구개발성과의 수령을 지체하여 수탁인이 불이익이 되고 또 제3자도 그 연구개발성과의 취득을 희망하면서도 위탁인의 태도가 확실하지 않기 때문에 그 연구개발성과를 제3자에게 위탁 양도하고 싶어도 할 수 없는 상황이 발생한다. 또는 위탁인이 연구개발성과를 장기간 수취하지 않기 때문에 연구개발성과의 가치 또는 신규성이 떨어지거나 상실의 우려가 발생할 수도 있다.

第332조【수탁인의 의무】 개발위탁계약의 수탁인은 약정에 따라 연구개발계획을 수립하고 실시하여야 한다. 연구개발비를 합리적으로 사용하고, 이행기한에 따라 연구개발 업무를 완성하여 그 성과를 인도하며, 관련 기술자료와 필요한 기술지도를 제공하고, 위탁인의 연구개발성과를 파악할 수 있도록 도와주어야 한다.

■ 해설

본 조는 위탁개발계약 중에서 수탁인의 의무에 대하여 규정한 것이다[321]. 위탁개발계약은 쌍무・유상계약이기 때문에 본법의 제331조의 위탁인의 의무에 대하여 본 조에서는 수탁인의 의무를 다음과 같이 규정하고 있다.

① 연구개발계획의 수립과 실시의무다. 연구개발계획은 연구개발임무의 구체적 절차며 방법이다. 또 약정된 기한에 연구개발을 완성시키기 위한 가장 주요한 서류라고 할 수 있다. 연구개발계획은 일반적으로 연구개발의 항목, 현존 기술의 현상과 문제점, 주요한 임무와 현상의 기초기술 및 조건, 항목의 지표와 주요한 구체적 내용 및 계획진행, 필요한 설비와 재료, 예산과 필요 경비의 총액, 담당부처와 필요 기술자, 연구개발성과의 경제효과, 연구개발성과의 검수방법 등이다.

② 합리적으로 연구개발비를 사용할 의무다. 연구개발비는 약정에 따라 위탁자와 분담 또는 실비와 관계없이 최소의 비용으로 최대의 효과를 얻는 합리적 사용을 기본으로 하여야 하며, 또 결정된 예산대로 특정비용은 특정 항목에만 사용하여야 하며, 기타 용도에 전용해서는 안 된다. 이러한 연구개발비의 사용은 수리로 위탁자의 감사를 받을 의무가 있다.

---

321) 刘文华 主编, 앞의 책, 497면~498면; 胡康生 主编, 앞의 책, 505면~506면.

③ 약정에 따라서 연구개발을 완성시킬 의무다. 이것은 연구개발자의 기본적 의무이며 위탁자의 목표이기도 하다. 완성된 연구성과는 실제의 응용에 활용할 수 있는 것이어야 하며 또 개발자는 이것을 보증하여야 한다[322].

④ 위탁자에게 자료제공과 구체적 지도 및 연구개발성과를 파악할 수 있도록 하는 협력의무다. 이 협력의무가 없으면 위탁자가 연구성과를 응용하여 생산으로 전환하고, 생산효율과 경제적 수익을 계산하는 데 일정한 거리가 있다. 따라서 위탁자가 연구성과를 신속하게 파악하여 응용, 전환하기 위해서도 이 협력의무는 불가결한 것이다. 그 외에 연구성과를 응용하여 생산으로 전환하고 생산효율과 경제적 수익을 계산하기 위해, 당사자는 약정 중에 위탁자에게 기술의 자문, 신기술의 정보와 자료의 제공, 제조기술의 조작방법 지도와 협력을 요구할 수도 있다.

제333조【위탁인의 위약책임】 위탁인이 약정을 위반하여 연구개발업무가 정체, 지연 또는 실패한 경우는 위약책임을 진다.

■ 해설

본 조는 위탁개발계약 중에서 위탁인의 위약책임에 대하여 규정한 것이다. 여기서 '정체'란 계약으로 결정한 연구개발업무가 일정한 사유로 인하여 더 이상 수행하지 못하고 있는 상태를 말한다. '지연'이란 정당한 이유 없이 정체 또는 지체를 하고 연구개발성과를 약정한 기한 내에 완성할 수 없는 상태를 말한다. '실패'란 일정한 조건이 존재하지 않거나 흠결로 인하여 그 연구개발업무를 진행하지 못하는 상태 또는 진행하여도 원래 계약에서 약정한 것을 연구개발성과를 달성할 수 없는 경우를 말한다.

본 조의 위탁인의 위약행위에는 첫째, 연구개발비용과 보수를 지급하지 않는 경우다. 둘째, 계약의 약정에 따른 기술자료를 제공하지 않는 경우다. 셋째, 원래의 수치나 약정에 따른 협력사항을 완성하지 않은 경우다. 넷째, 기한대로 연구개발성과를 지급하지 않은 경우 등이 있다. 이와 같은 위탁인의 위약책임이 발생하는 경우에 수탁인인 연구개발자는 계약에서 약정한 위약금 또는 손해배상을 청구할 수 있다.

제334조【수탁인의 위약책임】 연구개발자가 약정을 위반하여 연구개발업무가 정체, 지연 또는 실패한 경우에 계약위반의 책임을 부담하여야 한다.

---

322) 그러므로 인도할 때는 필요한 기술자료, 컴퓨터의 소프트, 샘플, 모형, 세트설비 등을 첨부할 필요가 있다.

■ 해설

본 조는 위탁개발계약 가운데 수탁인의 위약책임에 대하여 규정한 것이다. 수탁인의 위약책임에는 첫째, 연구개발계획에 적절한 사업타당성연구(F/S)를 하지 않고, 약정한 대로 연구개발에 착수하지 않은 경우다. 둘째, 약정한 기일까지 연구개발업무를 완성시키지 않거나 연구개발성과를 인도하지 않은 경우다. 셋째, 연구개발성과가 약정과 다르거나 약정한 기일에 관련 기술자료를 제출하지 않거나 또는 필요한 기술지도를 하지 않은 경우 등이 있다.

본 조의 수탁인의 위약책임이 본 법의 제333조 위탁인의 위약책임과 다른 것은 단순하게 위약금의 지급이나 손실에 대한 손해를 위탁인에게 지급하는 것으로 위약책임의 문제가 해결되는 단순한 점이 아니라는 점에 유의할 필요가 있다. 본 조에 명문화 되어 있지 않지만 현실적으로는 수탁인이 위약한 경우에 신속하게 구제조치를 취하는 것이 의무로 되어 있다. 그 이유는 위탁인의 목적은 연구개발의 성과를 얻는 것이기 때문이다. 따라서 수탁인이 위탁인에게 위약책임으로 얼마를 지급한다 해도 위탁인의 실질적인 손실을 회복할 수 없고, 위탁인이 희망하는 것은 완전한 연구개발의 성과이다. 따라서 수탁인이 위약했을 경우 신속한 구제조치를 취함과 동시에 계속하여 연구개발의무를 이행할 필요가 있다는 것이 제333조 위탁인의 위약책임과 다르다. 그리고 연구개발성과가 부분적 또는 전부가 계약의 약정과 다른 경우에는 위약금 지급 외에 연구개발비용의 전부 또는 일부를 반환하여야 한다.

제335조【합작개발계약의 당사자 의무】 합작개발계약의 당사자는 약정에 따라 기술투자를 포함한 투자를 하고, 연구개발업무를 분담하여 참여하며, 연구개발업무에 공동 협력하여야 한다.

■ 해설

본 조는 합작개발계약의 당사자 의무에 대하여 규정한 것이다. 합작개발계약은 공동으로 신기술을 개발하는 사업계약으로 위탁개발계약과 다르다. 여기서 규정한 합작개발계약 당사자의 의무는 다음과 같다.

① 공동출자의무다. 합작개발계약의 중요한 특징의 하나로 자본금의 공동출자가 있다. 본 조에서 규정하는 당사자의 출자에는 현금과 현물출자 두 가지가 있다. 현물출자에는 기계설비・재료・장소 외에 기술・특허권・노하우 등의 지적재산이 포함된다[323].

② 약정에 의한 연구개발의 분담 참여의무다. 이것이 위탁개발계약과 근본적으로 다른 점이다. 즉 출자 뿐만 아니라 연구개발사업을 함께 분담에 관하여 공동

323) 이 경우의 평가에 관해서는 당사자들이 평가하는 방법 외에 제3자의 평가기관에 위탁하여 평가를 받을 수도 있다. 이 경우에 특히 주의할 점은 제공된 기술, 특허권, 노하우 등의 지적재산이 확실히 현물출자자의 소유인가를 확인할 필요가 있다.

또는 단계적으로 참여할 의무를 지는 것이 합작개발계약의 특징이다. 연구개발의 분담방식에는 첫째, 일방 당사자가 일정한 연구개발을 완성시킨 후에 다른 일방 당사자가 계속하여 보다 고도의 단계로 올라가는 릴레이 방식 분담이다. 둘째, 각 당사자의 기술자·연구원이 교섭하여 하나의 동일한 과제에 처음부터 모든 연구개발 과정에서 일체화하여 연구개발 성과를 완성시키는 일체형이다. 셋째, 당사자 사이에서 연구개발의 합동지도부를 구성하고, 그 합동지도 아래 각각 특징을 발휘한 연구개발을 하고, 합동지도부가 각 당사자를 대표하여 완성한 성과를 검수하는 합동지도부형의 3분담방식이 있다. 이중 어느 하나를 채용해도 각 당사자는 약정에 따라서 각 자의 연구개발 분담사업을 약정기간에 정해진 조건과 기준에 따라 완성할 필요가 있다. 그러므로 합동개발계약의 이행에는 당사자 사이의 협력의무가 보다 엄격히 요구된다.

③ 연구개발업무에서 상호 협력의무다. 합작개발계약의 경우는 당사자 쌍방의 성실·신의를 전제로 한다 해도 과언은 아니다. 그러므로 공동출자와 연구개발 업무의 분담작업은 상호의 노력과 협력 없이 공동으로 신기술을 개발하는 사업계약을 성공시킬 수 없다. 협력의무는 합작개발계약의 핵심이 된다.

제336조【합작개발 당사자의 위약책임】 합작개발계약의 당사자가 약정을 위반하여 연구개발작업이 정체, 지연 또는 실패한 경우는 계약위반의 책임을 진다.

■ 해설

본 조는 합작개발계약 당사자의 위약책임에 대하여 규정한 것이다. 앞 조에서 명확히 언급한 바와 같이 합작개발계약의 핵심은 각 당사자의 성실·신의에 기초한 상호 협력의무다. 이 협력의무가 없이는 합작개발계약의 성공은 없다. 따라서 만일 당사자 중 어느 누군가가 위약했을 경우에 당연히 책임을 져야 한다. 합작개발계약 당사자의 위약행위에는 첫째, 약정에 따른 출자를 하지 않거나 출자액이 부족한 경우다. 둘째, 약정에 정한 공동분담의무를 위반한 경우다. 셋째, 약정에 의한 협조의무를 이행하지 않는 경우다. 넷째, 현물 출자한 지적재산이 불법소득 또는 타인의 권리침해로 되어 있는 경우 등이다.

이와 같이 약정에 의한 출자를 하지 않거나 출자부족에 의하여 연구개발이 일시정지·지연 또는 실패가 출현한 경우에 당연한 결과로서 위약금, 손실을 배상하여야 한다. 한편 계속하여 합작개발에 공동참가 의무를 거절할 수 없으며 개발에 사용된 비용에 대하여 약정된 출자비율에 의한 비용을 부담할 의무가 있다. 또 현물 출자한 지적재산이 불법취득 또는 타인의 권리를 침해한 적이 있을 때에는 합동개발에 공동 개발한 사람들이 대외적으로 일단 부담하고, 그 후 당사자에게 새로운 출자 또는 위약책임을 부담시킴과 동시에 다른 당사자의 손실도 배상할 책임을 진다. 일방 당사자가 약정한 연구개발의 분담작업에 참가하지 않거나 지연한 경우, 다른 일방 당사자는 신속한 구제조치를 강구하여 손실 확대를 방지하는 방법으로 신속하게 계속 참가를 해당 당사자에게 요청하고, 그래도 참가하지 않을 경우 다른 일방 당사자의 손실에 대하여 배상책임을 짐과 동시에 공동합작개발의 참가를 거절할 수 있다. 공동합작개발에서 이탈한 당사자는 계속하여 비밀유지의무가 있다.

제337조【기술공개와 해제】 기술개발계약의 목적이 되는 기술이 이미 제3자에게 공개되어 기술개발계약의 이행이 의미가 없게 된 경우에 당사자는 계약을 해제할 수 있다.

■ **해설**

본 조는 기술개발계약 당사자의 기술공개와 해제에 대하여 규정한 것이다[324). 기술개발계약의 목적이 되는 기술의 공개는 기술개발계약 해제의 법정 상황 중의 하나이다. 계약개발의 목적이 되는 기술공개는 기술개발계약의 이행에 대한 의미를 잃케 한다. 그 때 계약의 해제는 중복 개발로 인하여 초래되는 인력, 물질적 낭비 및 일단 중복 개발의 성공에 따른 법률상의 위험을 피할 수 있다.

기술개발의 의의는 이전에 없었던 새로운 물건을 창조한다는 것으로 이전에 개발되지 않았던 것 또는 공개되지 않은 것을 그 전제로 하는 것이다. 따라서 본 조에서는 그러한 상황 즉 '기술이 이미 제3자에게 공개된' 경우는 기술개발계약에 참가한 당사자에게 그 계약의 해제권을 부여한다. 이 경우는 일반적으로 첫째, 이미 타인이 해당 기술을 특허등기 절차를 마친 경우다. 이 경우에는 특허의 실시권을 얻는다. 둘째, 개발하는 기술이 제3자에 의해서 연구성과가 얻어지고 있거나 외국으로부터 도입했을 경우다. 이 경우는 기술을 양도 받아 그 기초 위에 새로운 개발을 한다. 셋째, 기술문헌에 소개되어 있거나 또는 전람회나 기타의 방식을 통하여 사회에 공개되어 있는 경우 등의 상황이 있다. 이 경우에는 계속하여 개발할 그 의의와 가치를 잃게 된다. 그 때 당사자는 기술개발계약의 해제를 진행할 수 있다. 그 경우의 손실은 당사자의 협의에 의해 출자비율 또는 보다 합리적인 방법에 의해 분담한다.

324) 夏志宏 主编, 앞의 책, 445면; 胡康生 主编, 앞의 책, 509면~510면.

제338조【기술개발계약의 위험책임】 기술개발계약의 이행과정에서 극복할 수 없는 기술적 곤란이 발생하였기 때문에 연구개발이 전부 또는 일부 실패한 경우에 그 위험 책임은 당사자의 약정에 따른다. 약정이 없거나 불명확하여 본 법의 제61조 규정에 의하여도 이를 확정할 수 없는 경우에 위험책임은 당사자가 합리적으로 분담한다.

당사자 일방이 전 단의 규정한 바와 같이 연구개발이 전부 또는 일부 실패할 가능성 있는 상황을 발견한 경우에 지체 없이 상대방에게 통지하고 적당한 조치를 취하여 손실을 감소시켜야 한다. 지체 없이 통지하지 않고 적당한 조치를 취하지 않아서 손실이 확대된 경우에는 확대한 손실에 대하여 책임을 져야 한다.

■ 해설

본 조는 기술개발계약의 당사자의 위험책임 분담에 대해서 규정한 것이다. 본 조에서 규정하는 기술의 연구개발 과정에서 위험이란 그 진행과정에서 현존하는 지식수준이나 기술수준 또는 과학수준 등의 한계성 또는 현황 설비 기타 원인으로 개발목표를 확실히 달성할 수 없는 것을 알게 된 경우에 곧 바로 연구개발의 일부 또는 전부를 중단·포기함으로써 발생할 수 있는 재산상의 위험을 말하는 것이다. 그러므로 불가항력 등에 의한 위험을 말하는 것은 아니다.

기술상 또는 연구개발에 따른 위험에는 첫째, 연구개발의 과제가 이론적으로 가능하지만 그러나 현단계에서는 기술적으로 어렵고 완성하기 어려운 경우다. 둘째, 연구개발 항목이 과학원리에 근본적으로 합치하지 않는다. 즉 당초부터 연구개발이 불가능한 경우다. 셋째, 연구개발의 기술항목이 과학원리에 부합하지만 설계상이나 기술력 또는 자료부족 등의 제한으로 개발의 실패를 초래한 경우 등이다.

위와 같은 경우가 있기 때문에 기술개발 계약을 체결하는 경우에 당사자는 사전에 기술상 위험을 예측하여 그 경우 합리적 부담을 고려할 필요가 있다. 만일, 예정된 기술개발 계약에서 결정한 바가 없는 경우는 사후에 협의하는 것도 가능하고, 구체적 상황에 따라 공평하고 합리적으로 해석할 필요가 있다.

본 조의 제2단에서는 당사자의 통지의무와 위험에 대한 적절한 조치를 규정하고 있다. 기술개발을 담당한 당사자가 손실의 확대를 방지하기 위해 연구개발이 전부 또는 일부 실패할 가능성 있는 상황을 발견한 경우에 즉시 상대방에게 통지하고 적당한 조치를 취하여 손실을 감소시켜야 한다. 물론 개발당사자가 이러한 의무를 게을리한 경우는 그 의무 위반의 책임을 져야 한다[325].

---

325) 만일, 극복하기 어려운 문제에 직면하여 기술개발을 중단 또는 해제하는 경우 그 때까지의 연구수치, 자료 등을 상대방에게 제공할 필요가 있다. 왜냐하면 제공된 연구수치·자료가 활용되는 경우가 적지 않기 때문이다.

제339조 【위탁개발계약 기술성과의 귀속】 위탁개발로 완성된 발명창조는 당사자가 별도로 약정한 경우를 제외하고 특허신청의 권리는 연구개발자에게 귀속한다. 연구개발자가 특허권을 취득한 경우에 위탁인은 해당 특허권을 무상으로 사용할 수 있다. 연구개발자가 특허신청권을 양도하는 경우에 위탁인은 동등한 조건에서 우선적으로 양수할 수 있다.

■ 해설

본 조는 위탁개발 계약 중에 특허권과 특허신청권의 귀속 및 향수 분담에 대해 규정하고 있다. 여기서 규정하는 것은 연구개발비와 다량의 물질 조건을 제공한 일방 당사자에 대한 다른 일방 당사자는 연구개발의 과정에서 재주와 지혜 그리고 엄격한 노동의 우수한 성과를 누가 소유하고, 사용하며 또 어떤 형태로 타인에게 양도하는가. 어떤 방법으로 이익을 분배하는가에 대하여 규정하고 있다.

이에 대하여 지적재산권법으로 창조자의 권리를 보호하는 입법정신에 따라서 본 조는 연구개발 당사자에게 특허 신청권을 부여한 것은 당연하다고 할 수 있다. 그리고 다른 일방 당사자인 위탁인에게도 기술성과를 분담하여 향수하는 합법적 권익이 있는 상호 이익 유상의 원칙에 입각하여 계약 당사자에게 기술성과의 귀속과 분담에 관한 약정이 있는 경우는 그에 따른다326). 계약체결의 시점에서 특허권과 특허신청권의 귀속 및 그 분담에 대하여 규정이 없는 경우, 기술의 연구성과가 나온 후에도 계약자유의 원칙에 따라 당사자간에 계약을 체결할 수 있다. 예컨대, 위탁측이 특허신청권을 위탁하거나 또는 위탁자와 수탁자 당사자 쌍방이 공유하는 것도 가능하다. 경우에 따라서는 위탁자는 수탁자에 대하여 적당한 보수를 지급하는 것은 당연하다.

제340조 【합작개발계약 기술성과의 귀속】 합작개발로 완성된 발명창조는 당사자가 별도로 약정한 경우를 제외하고 특허신청권은 합작개발계약 당사자가 공유한다. 당사자 일방이 그가 공유한 특허신청권을 양도하는 경우에 다른 당사자는 동등한 조건에서 우선적으로 양수할 수 있는 권리를 가진다.

합작개발의 당사자 일방이 그가 공유한 특허신청권의 포기를 밝히는 경우에 다른 당사자가 단독으로 신청 또는 기타 각 당사자가 공동으로 신청할 수 있다. 신청인이 특허권을 취득한 경우에 특허신청권을 포기한 다른 당사자는 그 특허를 무상으로 사용할 수 있다.

합작개발의 당사자 일방이 특허신청에 동의하지 않는 경우에 다른 당사자 또는 기타 각 당사자는 특허를 신청할 수 없다.

---

326) 그 약정이 없는 경우는 첫째, 그 특허를 무상으로 무기한 사용할 수 있는 권리를 갖는다. 둘째, 만일 특허신청권을 양도하는 경우에 동등한 조건에서는 위탁 당사자가 우선매입권을 갖는다. 셋째, 개발측 당사자의 발명창조가 비준을 받기 전에 위탁측 당사자는 그 발명에 대하여 실시권을 행사할 수 있음과 동시에 비밀유지의무가 있다.

■ 해설

본 조는 합작개발계약의 기술성과의 특허권 귀속 문제에 대하여 규정한 것이다[327]. 합작개발계약은 당사자 각측이 자금에서 기술에 이르기까지 모두 공동의 목표를 위해 지적노동을 제공하는 것으로 기술의 성과는 물권법의 공동 공유관계에 있는 이상 공유한 기술성과는 무체재산이라고 할 수 있고, 당사자 쌍방은 지배·사용·수익·처분할 권리가 있다. 따라서 본 조에서는 당사자에게 약정이 있는 경우를 제외하고 특허의 신청권은 합작개발 당사자의 공유라고 하는 점을 규정하고 있다.

합작개발계약에 참여한 당사자의 권리와 의무는 다음과 같다.

① 공유하는 특허신청권을 일방이 양도하는 경우에 중국 민법의 공유관계의 규정에 따라 동등한 조건에서 다른 일방 당사자는 우선 양수권을 갖는다.

② 공유하는 특허신청권을 일방이 포기한다고 한 경우에 다른 일방 당사자는 단독 또는 기타 당사자와 함께 특허출원 신청을 할 수 있다.

③ 신청특허가 인가된 경우에 특허신청권을 포기한 일방은 상호평등 이익의 원칙에 따라 무기한으로 무상의 사용권을 갖는다.

④ 합작개발로 얻은 성과는 당사자 각방의 공유재산인 이상, 일방 당사자가 특허신청에 동의하지 않는 경우에 다른 일방 당사자가 출원을 할 수 없는 것은 공유재산의 처분이 관계 당사자의 합의를 필요로 하는 것을 원칙으로 하기 때문이다.

그러나 현실적으로 공동개발의 성과에 관한 분담은 첫째, 공동개발의 성과는 공유가 아니고 일방에 귀속한다고 약정하고 있다. 이 경우에 다른 일방 당사자는 합리적 보상을 한다. 둘째, 공동개발의 성과를 제3자에게 양도한다고 사전에 약정한 경우는 그 취득 이익을 균등하게 나눈다. 셋째, 기술개발의 각 주요한 단계에서 얻은 성과를 독립한 연구개발 성과로서 각자가 권리를 향수한다는 약정에 따라 분할 향수한다. 넷째, 약정에 의하여 일방 당사자가 연구개발 성과의 독점사용권 또는 양도 결정권을 갖는 경우에 그 권리를 취득한 당사자는 다른 일방 당사자에게 일정한 대가의 지급 등이 있다.

327) 夏志宏 主编, 앞의 책, 448면; 胡康生 主编, 앞의 책, 512면.

제341조【기술성과의 귀속과 사용】 위탁개발 또는 합작개발로 완성된 기술노하우 성과의 사용권, 양도권 및 이익의 분배방법 등은 당사자가 약정한다. 약정하지 않았거나 약정이 불명확하여 본 법의 제61조 규정에 의하여도 확정할 수 없는 경우는 당사자가 균등하게 그 사용과 양도의 권리를 갖는다. 그러나 개발의 연구개발자가 위탁인에게 연구개발 성과를 양도하기 전에 연구개발 성과를 제3자에게 양도하지 못한다.

■ 해설

본 조는 기술개발계약의 기술노하우의 귀속과 사용에 대하여 규정한 것이다. 본 조에서 말하는 기술노하우는 점유기술이라도 하고, 그것은 특허기술 이외의 실용적·선진적·비밀적인 기술과 지식으로써 경제적 가치가 있는 것을 말한다[328]. 여기에는 각종의 설계자료·도안·제조기술의 유통, 원재료의 배합 등 기술자료 및 성문화되어 있지 않은 전문가·기술자·직원 등 경험지식과 기교를 포함한다.

본 조의 규정에 따라 노하우의 귀속, 이익의 분배에 당사자는 협의하여 계약하는 것이 가능하고 그리고 후에 보충협의 또는 관습에 따라 약정하는 것도 가능하다. 위탁개발계약의 약정으로 노하우의 귀속을 위탁자에게 속하도록 또는 공유하도록 하는 것도 가능하다. 공유로 한 경우에는 이익분배 약정을 할 필요가 있고, 약정하지 않은 경우에는 당사자가 누구인가를 묻지 않고 동일하게 실시할 권리를 갖으며, 이로 인하여 얻은 이익은 실시 사용자에게 귀속한다. 그 경우 당사자 동의에 대한 합의를 필요로 하고, 그 이익은 각 당사자에게 균등하게 분담된다. 위탁자에게 속한다고 약정한 경우에는 개발자에게 경비와 일정한 합리적 보수를 지급하는 이외에 일정한 기술대가를 지급하여야 한다[329].

노하우의 귀속에 대하여 약정이 없거나 또는 관습에 의해서도 확정하고 있지 않은 경우, 그 특성으로부터 당사자가 균등하게 사용권과 양도권을 갖는다[330].

위탁개발계약의 경우 다음 두 가지의 점을 유의할 필요가 있다. 첫째, 위탁개발

328) 노하우와 특허기술의 구별은 첫째, 특허기술은 특허권 취득 후에 특허내용을 공표하는 것에 대하여 노하우는 비밀을 보호유지 하는 것으로 독점적 지위를 얻는 것이 가능하지만 일그러나 공개한 경우에는 그 독점적 지위와 가치는 붕괴된다. 둘째, 노하우는 일반계약법·불법행위법·부정경쟁법·형법 등으로 보호되는데, 특허기술은 일종의 공업소유권에 속하는 것으로 특허권 및 관련 법률의 보호를 받는다. 셋째, 특허권에는 일정한 기간제한이 있는데, 노하우에는 기간제한이 없고 비밀이 누설되지 않는 한 공유가 되지 않는다.

329) 합작기술계약에 있어서 연구개발 성과를 일방에 속한다고 약정하고 있는 경우, 얻은 이익에서 다른 일방 당사자 당사자에 대하여 적당히 보상한다. 만일, 제3자에게 노하우를 양도하는 경우에는 당사자간의 동의를 필요로 하고, 그로 인해 얻은 이익은 당사자간 균등하게 배분한다.

330) 노하우의 사용권과 양도권은 법률에 명기된 권리가 아니고 비밀유지의 특성과 방식에 따라 형성된 현실상 사실권리라고 할 수 있다.

의 성과를 위탁자에게 인도하기 전에 제3자에게 양도해서는 안 된다. 이 조항은 개발의 성과를 교부하기 전에 양도금지 뿐만 아니라 제3자에게 누설 또는 사용하게 하는 것을 제한하고 있다고 할 수 있다. 둘째, 위탁개발의 노하우는 위탁자에게 인도한 후에 비로소 사용권과 양도권을 갖는다. 이것은 위탁 당사자의 목적이 기술의 성과를 얻는 것이고 또 신속하게 노하우를 장악하기 위한 것이다.

제3절 기술양도계약

제342조 【기술양도계약의 유형】 기술양도계약에는 특허권의 양도, 특허출원권의 양도, 기술노하우의 양도 및 특허실시허가가 포함된다. 기술양도계약은 서면형식을 취하여야 한다.

■ 해설

본 조는 기술양도계약의 유형에 대하여 규정하고 있다[331]. 기술양도계약이란 일반적으로 계약의 일방 당사자가 일정한 기술적 성과를 다른 일방 당사자 당사자에게 양도하고, 이에 대하여 다른 일방 당사자가 일정의 약정한 대금·비용 또는 보수를 지급하기로 하는 계약이다. 이 때 기술적 성과를 양도하는 자를 양도인이라 하고, 그 기술적 성과를 받으면서 일정의 약정 대금·비용 또는 보수를 지급하는 당사자를 양수인이라 한다[332].

본 조의 기술양도계약에는 특허출원권양도계약, 특허실시허가계약, 노하우양도계약 등으로 다음과 같이 분류하고 있다.

① 특허출원권양도계약 및 특허권양도계약은 특허법의 적용을 받아 다음 수속을 이행할 필요가 있다. 첫째, 특허권 또는 출원권 양도의 등기공고 또는 미등기공고를 묻지 않고, 제3자에게는 구속력을 갖지 않는다. 둘째, 전인민소유성의 기관, 단위의 양도는 반드시 상부기관의 비준을 필요로 한다. 셋째, 중국의 기관·단위 또는 개인이 외국인에게 양도하는 경우는 반드시 국무원 주관 상급기관의 비준을 필요로 한다. 넷째, 특허출원권양도계약을 체결한 후에 양수인은 새로운 특허출원자가 되고, 그것이 각하된 경우에 양도인이 타인의 특허권 침해 또는 특허출원을 침해한 경우를 제외하고 양도금은 반환되지 않는다.

---

331) 徐景和 主编, 앞의 책, 498면~499면; 谢怀栻 等, 앞의 책, 533면 이하 참조.

332) 기술양도계약의 특징은 첫째, 계약의 객체가 일반적인 물질적 상품이 아니고, 지식형태에 속하는 기술성과의 상품 범위 내의 것을 말한다. 둘째, 계약의 이행은 형식상 물질적 체재를 정비한 기술자료와 방안을 다른 주체에게 양도하는 것이다. 실질적으로는 법률적 다른 주체간에 일정한 기술권익이 양도하는 것이다. 셋째, 기술양도계약의 대상은 현재 갖고 있는 특정기술과 노하우를 내용으로 한다.

② 특허실시허가계약 또는 특허허가증계약이라고도 한다[333]. 특허실시허가계약이 성립한 경우에 양도인은 그 특허기술의 사용권 및 점유권을 상실한다.

③ 노하우양도계약이다. 이 노하우에는 미출원 특허의 기술, 특허권이 수여되지 않았고 특허권법에서도 특허권을 수여하지 않은 기술이 포함된다.

④ 이 이외의 기술양도계약에는 특허출원 단계의 기술양도계약과 단계성 기술양도계약[334] 또는 특허기술과 노하우 및 상표권을 일괄하여 양도하는 계약도 있다.

기술양도계약의 형식은 서면형식에 의할 것을 규정하고 있다. 여기서 말하는 서면형식은 넓은 의미로 이해할 계약 뿐만 아니라 계약에 첨부하는 자료와 기술설명도·서면에 의할 필요가 있다. 서면형식에 의한 계약은 구두계약과 비교하여 당사자 쌍방의 권리와 의무가 명확하고 다양한 분쟁의 소지를 사전에 제거할 수 있으며 동시에 만일의 경우에는 증거서류로 활용하는 것도 가능하다.

제343조【계약의 사용범위】 기술양도계약에는 양도인과 양수인 사이의 특허실시 또는 기술노하우의 사용의 범위를 약정할 수 있다. 그러나 기술경쟁과 기술개발을 제한하지 못한다.

■ **해설**

본 조는 기술양도계약의 사용범위에 대하여 규정한 것이다. '범위'란 양도인과 양수인이 계약체결의 약정에서 합의한 합리적으로 사용하는 범위의 제한을 말한다. 여기에는 사용행위의 한계와 활동영역의 제한이 포함된다. 특허실시허가계약 또는 노하우 양도계약의 경우에는 그것이 보통사용권인지 배타적 사용권 또는 독점사용권인지를 명확히 할 필요가 있다[335].

양도인과 양수인이 체결한 약정 조항에서 합의한 합리적 사용범위의 주요한 제한에는 다음과 같은 내용이 포함된다.

① 사용기간의 제한이다. 중국의 특허법 및 본 법 제344조에서 특허실시허가계약의 기한은 특허권의 유효기간을 초과해서는 안 된다. 이에 대하여 양수인은

333) 여기서는 보통특허 허가계약, 배타성특허 허가계약, 독점특허 허가계약 등 몇 가지의 종류로 분류한다.

334) 단계성 기술양도계약이란 연구개발의 일단계로 어느 분야의 이론 또는 기술을 돌파하여 기술적·경제적 가치를 입증하는 것을 독립한 연구성과로 양도하는 계약을 말한다.

335) 만일 그것이 보통사용권의 경우에는 양도 당사자는 그 특허 또는 노하우를 인계하여 자기가 사용할 수 있을 뿐만 아니라 제3자에게 다시 양도하는 것도 가능하다. 만일 그것이 독점사용권의 경우에는 자기의 사용은 물론, 제3자에게 다시 양도하는 것도 할 수 없다. 양도에 상표권이 포함되어 있는 경우는 상표전용권의 성질도 명기할 필요가 있다.

특허권의 실효에 책임을 부담하지 않는다는 것을 규정하고 있다. 계약에 기한이 없는 경우에는 국제적 관례를 준수하고 양수인에게 무기한으로 특허기술과 노하우를 사용할 수 있다고 본다.

② 사용지역의 제한이다. 양도인은 양수인과 상이에 양도할 기술과 노하우를 사용지역에 대하여 규정하는 것이 가능하다. 즉 특허권을 취득한 국가의 영역 내에 한정하여 실시한다. 또는 계약의 약정에 양수인이 노하우 사용할 수 있는 지리적 범위를 지정한다. 그것에는 특허와 노하우 기술을 이용하여 제작된 제품의 제조, 사용, 판매지역의 제한이 포함된다[336].

③ 실시방식의 제한이다. 계약한 기술이 어떤 특정의 제조기술로써 다종 용도와 목적에 응용할 수 있는 경우에 양도인은 계약의 중에서 일종 또는 수 종류와 목적에 사용 한정을 하는 것이 가능하다[337].

그리고 본 조의 단서에 '당사자에게 사용범위를 약정하는 권리를 법적으로 부여했다고 해서 당사자에게 권리의 남용, 기술의 발전과 기술의 경쟁이 방해되는 행위를 용인하는 것은 아니다'라고 규정하고 있다.

□ 사례1

"갑"기업(양도인)과 "을"기업(양수인)은 특허실시허가계약을 체결하고 "을"이 A기술을 사용하여 모 종류의 상품 생산을 허가했다. 계약 중에 "을"이 A기술을 이용하여 이 종류의 상품을 생산에 필요한 설비는 "갑"에서 구매하기로 약정했다. 이 조항은 불합리한 제한을 구성할까? 우선, 양수인의 설비구매 제한에는 어떤 목적이 있을 것이다. 만일 "을"이 A기술로 생산한 상품의 품질을 보증하고, 실제로 기타 공장이 생산한 설비는 "갑"의 설비보다 좋지 않고, "을"이 생산한 상품의 품질에 영향이 있다면 이 제한은 합리적이다. 그러나 만일 "갑"의 끼워 팔기 뿐만 아니라 "을"이 시장에서 기타 공장이 생산한 가격이 낮고 품질이 좋은 설비를 쉽게 구매할 수 있다면, 이 제한은 불법적인 약정이 된다.

□ 사례2

위에서 언급한 특허실시허가계약에서 '쌍방은 "을"이 A기술을 이용하여 생산한 상품은 미국

---

336) 만일 계약에 한정기한이 없는 경우에 양수인은 당해 특허를 취득한 국가에 한정하여 특허기술을 이용할 수 있지만, 노하우 기술의 경우에는 그 제한을 받지 않고 세계 각 지역에서 사용하는 것이 가능하다.

337) 이 외에 계약의 목적물이 특정의 제품인 경우, 양도인은 양수인에 대하여 제품의 제조·사용·판매 및 수출입 활동에 있어서 일종 또는 수 종류의 권리 및 제품의 구체적 사용지역, 목적과 용도에 제한을 부가하는 것이 가능하다.

과 캐나다에 수출할 수 없다'고 약정했다. 양수인의 상품수출지역에 대한 제한조항은 일반적으로 불합리하다. 왜냐하면 양수인의 상품판매권을 침해하였기 때문이다. 그러나 만일 "갑"은 이미 제3자가 상술한 제한지역에서 독자적으로 독특하게 이 상품을 판매하기로 허가하였다면, 양수인의 상품수출지역에 대한 제한은 합리적이다.

第344조【특허의 유효기간】 특허실시허가계약은 특허권의 존속기간 내에서만 유효하다. 특허권의 유효기한이 만료 또는 특허권이 무효로 선고된 경우에 특허권자는 그 특허권에 대하여 제3자와 특허실시허가 계약을 체결하지 못한다.

■ 해설

본 조는 기술양도계약에 대한 특허의 유효기간에 대하여 규정한 것이다. 특허권의 유효기간이 만료 또는 무효로 선고된 경우에 가령, 특허권을 양도한 것으로 해도 도움이 되지 않는 것은 명백하다. 본 조에서 특허기술의 양도계약에 대한 유효기간은 특허권의 존속기간 이내라고 명기한 것은 당연한 것이다. 따라서 기술양도계약의 기간도 특허권의 존속기간 이내여야 한다[338].

중국의 특허법 제45조에서는 특허 신청일로부터 20년, 실용신안특허와 외관설계특허는 그 신청일로부터 10년에 그 권리는 만료하는 것으로 되어 있다. 그리고 다음 경우의 하나에 해당하는 때에는 무효를 선언하는 것이 가능하다. 첫째, 취득한 특허에 실용성·창조성이 없는 경우다. 둘째, 수여한 특허권이 국가의 법률사회 공중도덕과 공공의 이익에 반하는 경우다(특허법 실시세칙 제66조). 셋째, 취득한 창조발명이 특허권의 범위에 속하지 않는 경우 등이다. 특허권이 무효로 된 경우에 기술양도계약의 소급효가 적용되지 않으므로 수취한 사용료를 반환할 의무는 없다. 그 이유는 기술양도 계약에 의해 모두 일정한 이윤을 획득했다고 해석하기 때문에 형평의 원칙에 의해 사용료의 반환을 필요로 하지 않는 것이다.

第345조【특허실시허가계약과 양도인의 의무】 특허실시허가계약의 양도인은 약정에 따라 양수인에게 특허실시를 허가하고, 특허실시에 관한 기술자료를 교부하며 필요한 기술지도를 제공하여야 한다.

■ 해설

본 조는 특허실시허가계약에서 양도인의 의무에 대하여 규정한 것이다. 본 조에

338) 그러므로 특허권의 존속기간을 초과한 기술양도계약을 체결해도 특허권은 자동적으로 종료하여 계약의 의미를 잃게 된다

정해진 양도인의 협력의무에는 약정에 의하여 양도인에게 특허의 실시를 허가한다. 이 경우 제343조의 규정에 따라 당사자 쌍방이 특허권의 사용허가기간, 사용지역, 사용방법 등에 대하여 협의하여 정하는 것이 가능하지만, 일단 계약이 체결되면 양수인이 신속하게 실시할 수 있도록 양도인은 협력하여야 한다. 여기에는 기술상 지도는 물론 필요한 자료도 제공하여야 한다.

이 외에 체결한 특허실시허가계약의 성질에 따라서 첫째, 특허의 지속성을 유지하는 특허 연간비용의 납부의무가 있다. 둘째, 특허우선권이 있으며 동시에 강제실시의 허가가 있는 경우에 양도인은 양수인에 대하여 자기 이익을 계산할 시간적 여유를 부여할 의무가 있다. 셋째, 실시과정에서 특허권이 제한 받게 되는 경우에는 양도인은 모든 장애를 배제할 책임과 의무를 지고, 경우에 따라서 양수인은 계약의 해제를 요구할 수 있다.

제346조【특허실시허가계약과 양수인의 의무】 특허실시허가계약의 양수인은 약정에 따라 특허를 실시하여야 하고, 약정한 이외의 제3자에게 그 특허실시를 허가할 수 없고, 약정에 따라 사용료를 지급하여야 한다.

■ **해설**

본 조는 특허실시허가계약에서 양수인의 의무에 대하여 규정한 것이다. 특허실시허가계약에 체결된 당사자 권리와 의무는 상호 준수하여야 한다. 만일 약정한 사용방법, 사용지역, 사용기한을 양수인이 위반한 경우에 의무위반으로 양도인으로부터 추궁된다. 본 조에서 규정한 양수인의 의무는 다음과 같다.

① 약정에 따라서 특허를 실시할 의무가 있다. 로얄티의 지급방법을 채용하고 있는 경우에 양수인의 실시의무에는 다음 내용이 포함된다. 첫째, 특허기술을 이용한 제품의 신속한 생산의무다. 둘째, 생산된 제품을 신속하게 판매한다. 셋째, 만일 제3자에게 양도할 수 없는 약정이 있는 경우는 제3자에게 양도할 수 없는 등의 의무가 있다. 그러나 특허실시허가계약에서 독점사용권이 허가되어 있는 경우는 분할허가로 제3자에게 양도하는 것이 가능하다.

② 약정에 따라서 사용료를 지급할 의무가 있다. 이것은 특허 양수인이 특허사용의 허가에 대한 보수로 해석하는 것도 가능하다. 이 산출기준은 일반적으로는 개발에 소요된 노동력과 기타 비용 및 기술성과의 응용경제 효과에 의해 당사자 합의로 결정되며 지급방법은 일괄지급, 생산량 또는 판매량에 기초한 비율제, 일괄지급과 비율제 지급을 결합한 지급방법으로 이것은 계약을 체결할 때 착수금 명의로 일정한 금액을 지급한 후 생산량 또는 판매량에 의해 일정 금액의 비율을 수취하는 것이다.

③ 교차형특허실시허가계약에서 허가인 및 피허가인으로서 존재가 모두 명백한 경우의 의무는 본 법 제346제 및 제347조의 규정을 준수하여 실시한다. 여기서 말하는 교차형특허실시하가계약이란 당사자간에 개발된 기술을 대상으로 등가교환을 하는 계약으로 이것은 개량발명과 재래발명의 사이 또는 우선발명과 일반발명 사이에 자주 나타나는 등가교환형식의 계약을 말한다[339].

더욱이 특허법 제6장에서는 특허실시 강제허가라는 특수한 계약이 규정되어 있다. 특허국이 특허권자의 동의를 얻지 않고 소정의 수속을 통하여 피특허권자에게 특허사용을 허가하는 것이다. 특허의 강제실시가 허용되는 사유로는 특허권의 남용에 대한 강제허가(특허법 제51조)의 경우와 국가의 긴급사태 또는 비상사태가 발생하여 공공이익을 위한 경우다(특허법 제52조). 이 경우에 양수인은 본 조에서 규정한 의무를 이행할 책임이 있으며, 사용비용에 관하여 당사간에 협의가 정리되지 않는 경우에 특허국은 이에 대하여 결정할 권리가 있다(특허법 제57조).

제347조【기술비밀양도계약과 양도인의 의무】 기술비밀양도계약의 양도인은 약정에 따라 기술자료를 제공하고 기술지도를 하며 기술의 실용성, 신뢰성을 보장하고 비밀유지 의무를 진다.

■ **해설**

본 조는 기술비밀, 즉 노하우의 양도계약과 양수인 의무에 대하여 규정한 것이다. 기술비밀양도계약을 엄밀하게 말하면 그것은 기술비밀의 사용권 양도계약이며, 때로는 기술비밀의 허가계약이라고도 한다[340]. 본 조에서 규정하는 기술비밀의 양도인에게는 다음과 같은 의무가 있다.

① 약정에 의해 기술자료를 제공하고 지도할 의무가 있다. 제공하는 기술자료에는 기술비밀에 관련하는 설계자료, 도안, 데이터, 재료배합비율, 제조공정 등 관련자료가 포함된다. 필요에 따라서 하는 기술지도에는 계약에 의해 양도된 기술비밀이 실시될 수 있도록 기술자의 양성, 설비의 설치부터 시험 그리고 양도된 기술을 응용 실시하는 과정에서 직면하는 다양한 문제에 협력하여 해결할 의무가 있다.

② 기술비밀의 진실성과 신뢰성을 보장한다. 양도하고자 하는 기술비밀은 생산응용에 적용되고 성숙한 기술이어야 한다. 기술의 성숙성이란 상품화가 가능하

339) 일명 쌍무형교차특허실시허가계약이라고도 한다. 기타 당사자 쌍방이 공통의 목적으로 각자가 소유하는 특허를 상호 교환하는 파트너형 교차특허실시허가계약도 있다.

340) 刘文华 主编, 앞의 책, 517면~518면; 胡康生 主编, 앞의 책, 517면.

다는 것을 의미한다. 기술비밀은 특허와 같이 일정한 수속과 심사를 받을 필요가 없다. 그 진실성과 신뢰성이 의문시 되어서는 안 된다. 따라서 본 조에서 양도인에게 그 진실성과 신뢰성을 보장 시킬 의무를 지는 것은 당연하다.

③ 비밀유지 이행 의무다. 이 의무는 기술을 양도 받은 양수인만 해당된다고 생각하지만, 현실적으로는 양도인이 비밀을 유지 하지 않고 타인에게 누설한 경우에 그것은 자기 스스로 기술비밀을 부정한 것이 된다. 따라서 기술상 비밀유지의무는 그 기술에 관련하는 모든 사람에게 적용되는 문제라고 할 수 있다. 그것이 비밀유지의 엄격성이다.

④ 기술의 합법적 소유자이어야 한다. 기술을 양도하는 사람은 그 기술의 정당한 소유자이어야 한다. 만일 그것이 타인의 합법적 권익을 침해한 것인 경우에 양도인은 그에 상응한 책임을 져야 한다.

第348조【기술비밀양도계약과 양수인의 의무】 기술비밀양도계약의 양수인은 약정에 따라 기술을 사용하고 사용료를 지급하며 비밀유지 의무를 진다.

■ **해설**

본 조는 기술비밀양도계약과 양수인의 의무에 대하여 규정한 것이다. 본 조에서 규정하는 양도계약의 양수인에게는 다음과 같은 의무가 있다.

① 약정에 의한 기술의 사용의무다. 기술비밀의 존속기간은 특허와 같이 20년이라는 제약은 없기 때문에 계약에서 정확히 약정할 필요가 있다. 동시에 기술비밀은 특허와 같이 심사와 허가를 필요로 하지 않기 때문에 세계 어느 곳에서도 사용이 가능하다. 그러기 때문에 그 기술의 지역적 사용제한과 함께 제품의 판매지역 제한, 제품의 제조지역 제한 등을 상세히 결정할 필요가 있다. 또 기술비밀의 기술소유자의 허가 없이 양수인은 제3자에게 그 기술을 양도해서는 안 된다.

② 약정에 따라 사용료를 지급할 의무에 대해서는 본 법의 제346조를 참조한다.

③ 비밀유지의 이행의무다. 고의 또는 과실로 노하우 기술을 누설한 경우에 양수인은 그에 대한 책임을 진다. 만일 제3자에게 기술이 누출된 경우에 양수인은 방지조치를 취했는데도 불구하고 기술 누출을 지킬 수 없었다는 입증의무가 있다. 그것을 증명하지 못하면 비밀누설의 책임을 진다.

제349조【기술양도인의 보증책임】기술양도계약의 양도인은 자기가 제공하는 기술의 합법적 보유자임을 보증하여야 하고, 제공한 기술의 완전하여 오류가 없고 유효하며 약정한 목표에 달성할 할 수 있음을 보증하여야 한다.

■ 해설

본 조는 기술양도계약에 대한 양도인의 보증책임에 대하여 규정한 것이다. 본 조의 규정에 의하면 양도인의 보증책임에는 다음 네 가지가 있다.

① 양도인은 자신이 제공한 기술의 합법적 보유자인 것을 보증함과 동시에 해당 기술을 처리할 권리를 있다는 것을 증명할 필요가 있다. 특허기술의 양도인은 해당 기술이 자기 또는 타인의 협력으로 창조성 노동으로 개발하였다는 것을 그리고 합법적 위탁개발을 통하여 얻었다는 것을 보증한다. 특허권양도계약, 특허실시허가계약의 양도인은 자신이 그 특허의 합법적 소유자인 것을 보증한다. 기술비밀의 양도계약은 자신이 해당 기술비밀의 합법적 소유자인 것을 보증해야 할 뿐만 아니라 양도계약 체결시점에서도 특허 출원이 제출되어 있지 않다는 것을 보증해야 한다.

② 보증을 제공하는 기술의 안전성과 착오가 없어야 한다. 양도인은 자기가 제공하는 기술이 계약의 약정과 완전히 부합하고 동시에 결함이 없다는 즉 착오가 없다는 것을 보증할 필요가 있다. 만일, 소송 등으로 특허권의 보호 범위에 제한이 설정된다든지 또는 무효가 선언되는 사태가 발생하는 경우에 당해 기술은 완전하다고 할 수 없다.

③ 자신이 제공하는 기술의 유효성 보증이다. 즉, 양도하는 권리가 확실하다는 보증이다. 구제적으로 첫째, 해당 기술이 어떤 형식으로도 공개되지 않는다는 것이다. 둘째, 타인의 특허를 위조와 기타 부정한 수단으로 얻은 것이 아니고, 자기의 창조적 노동력에 의해 완성한 것이어야 한다. 셋째, 해당 기술의 신규성을 보증하는 것이어야 한다. 넷째, 해당 기술이 타인으로부터 침해되어 피소된 경우는 그에 응소하고 타인의 간섭을 배제하여 양수인의 실시권리가 행사되도록 보증해야 한다. 다섯째, 양도인은 특허 연간비용을 포함한 유지비를 납부할 의무가 있다. 여섯째, 기술비밀의 경우에는 해당 기술이 독점상태에 있다는 것을 보증해야 한다.

④ 성능의 담보 보증의무다. 양도한 기술이 소정의 목표를 달성할 수 있다는 것을 보증하고, 설명서에 기재된 사항과 특징 및 성능의 설명서는 담보로서 가치가 있다는 것으로 추측된다. 기술비밀 양도의 경우에 약정하는 기술성능과 달리 소정의 목적을 달성할 수 없을 때는 양도인은 배상책임을 질 의무가 있다.

□ 사례

"갑"회사(양도인)와 "을"회사(양수인)는 기술이전계약을 체결했다. "갑"회사는 "을"회사에 기술을 이전했다. "을"회사는 이 기술을 이용하여 모 종류의 신제품을 생산했다. "병"회사는 "을"회사가 생산한 신제품이 그의 특허권을 침범했다는 이유로 법원에 기소했다. 법원이 조사를 통하여 "갑"과 "병"사이의 A기술은 위탁개발관계에 있다. 그러나 위탁개발계약 중에 쌍방은 개발한 A기술의 귀속에 대하여 약정이 불명확하여 소송을 진행하였다. 일심 법원은 A기술이 "갑"회사에게 소유한다고 판결했지만 "병"회사는 이 대하여 불복하지 않고 상소를 제출했다. 상소기간에 "갑"과 "을"은 기술이전계약을 체결하여 A기술이 "을"에게 이전했다. "갑"과 "을"의 기술이전계약을 이행기간에 이심 법원은 종심으로 A기술이 "병"회사에 소유한다고 판결했다.

본 사례에서 "갑"과 "을"사이의 기술이전계약 중에서 양도인 "갑"은 권리보증의무를 다할 수 없었다. "갑"회사는 A기술소유권에 대하여 기술이전계약을 체결했을 때 분쟁이 있고 진행하고 있는 소송이 존재하고 있었다.

第350条【양수인의 비밀유지의무】 기술양도계약의 양수인은 약정한 범위와 기한에 따라 양도인이 제공하는 기술의 미공개 비밀 부분에 대하여 비밀유지의 의무를 진다.

■ 해설

본 조는 기술양도계약에 대한 양수인의 비밀유지 의무에 대하여 규정한 것이다.

(1) 양도인의 기술정보 등의 특징

양도인이 제공하는 기술정보와 자료의 비밀에는 일반적으로 다음 특징을 구비한다. 첫째, 아직 특허권을 얻지 않은 피특허기술의 지식이다. 둘째, 그 기술비밀에는 실용성과 양도성이 있다. 셋째, 해당 기술비밀에 비밀유지가 확보되어 있다. 넷째, 해당 기술비밀은 지적재산권의 보호를 받지 않고 주로 기술계약법과 그 관련 법규에 의해 보호되는 것 등이다.

(2) 기술비밀의 양도계약의 내용

기술비밀의 양도계약에서 양수인은 해당 기술비밀의 우수성에 대해 한시라도 빨리 알고싶은 것에 반하여, 양도인은 그 기술비밀의 누출을 염려한다. 따라서 양도계약에 앞서 비밀유지계약을 체결하는 경우가 종종 있다. 그 경우에 다음 내용이 포함된다. 첫째, 비밀유지의 범위다. 주로 제3자에 대한 비밀유지 문제가 제의된다. 둘째, 비밀유지의 대상범위다. 일반적으로는 설계・기술・도안・지식・경험 및 개량 내용이 대상이 된다. 셋째, 비밀유지의 방법이다. 즉, 구체적인 조치다. 넷째, 비밀유지의 기간이다. 이것은 본 계약 만료 후에도 적용되는 것이 일반적이다. 다섯째, 비밀유지의 위반에 대하여 부담하는 책임의 명확화가 규정된다.

제351조 【양도인의 위약책임】 양도인이 약정에 따라 기술을 양도하지 않은 경우는 사용료의 일부 또는 전부를 반환하고 위약책임을 부담하여야 한다. 약정의 범위를 초과하여 특허 또는 기술비밀을 사용한 경우 또는 약정에 위반하여 임의로 제3자에게 그 특허의 실시를 허가 또는 그 기술비밀을 사용하도록 허가한 경우에는 위약행위를 중지하고 위약책임을 부담하여야 한다. 약정한 비밀유지의무를 위반한 경우는 위약책임을 부담하여야 한다.

■ 해설

본 조는 기술양도계약에 대한 양도인의 위약책임에 대해 규정한 것이다. 여기서 양도인의 위약책임이란 계약 당사자의 행위가 계약의 약정에 위반하여 발생하는 법적책임을 말한다.

(1) 위약책임의 범위

여기에는 첫째, 양도인이 약정에 따른 기술양도를 하지 않는 경우다. 둘째, 특허의 실시와 노하우 기술이 약정 범위를 일탈한 경우다. 셋째, 비밀유지 의무를 위반한 경우 등이 있다.

(2) 위약행위의 책임

본 조의 위약행위 책임에는 다음과 같다. 첫째, 양수인에게 관련 기술자료의 제공을 게을리 한다든지 또는 제공된 관련 기술자료가 일반적으로 전문기술자에 의해서도 응용할 수 없는 기술인 경우는 기술사용비의 반환은 물론 위약금과 배상금을 지급할 의무가 있다. 둘째, 관련 기술자료와 정보의 제공이 지연된 경우도 위약금을 지급할 의무가 있다. 셋째, 계약기간 내에 관련 기술자료와 정보를 제공할 수 없는 경우는 본법의 규정에 의해 계약의 해제와 함께 양도인에 대하여 손해배상을 요구하는 것이 가능하다. 넷째, 특허의 경우에 그 출원이 각하되고 그 이유가 타인의 권리 침해인 때는 대금을 반환해야 한다.

(3) 위약행위의 처리

본 조의 규정에 의하면 양도인의 위약행위는 다음과 같이 처리한다. 첫째, 특허권 양도의 경우에 양도인이 약정을 이행하지 않거나 또는 특허권의 이전 수속을 지연한 경우에는 위약금을 지급할 의무가 있고, 이전하지 않은 경우에는 대금을 반환하고 기타 위약금과 손해배상 책임이 있다. 둘째, 특허실시허가계약의 경우는 실시특허에 관한 관련 기술자료와 기술지도의 제공을 게을리 한 때는 사용비용 반환 이외에 손해배상 의무를 진다. 셋째, 계약기간 내에 특허권이 만료한 경우는 특허실시허가계약의 유효기간도 동시에 종료하는 것으로 하고, 그 경우에는 위약금과 배상금의 지급을 하며 특허권 무효 선고를 받은 경우도 손해배상의 책임을 진다. 약정한 비밀유지 의무위반이란 비밀유지 의무에 위반하여 비밀을 누출한 경우를 말하고,

이 경우에는 위약금을 지급해야 한다. 만일 비밀누설로 인하여 기술비밀의 노하우 가치가 낮아진 경우는 그 손실을 배상할 의무가 있다.

본 조에 규정하는 위약금 및 손해배상금의 청구 한도액은 당사자에게 약정이 없는 경우는 계약을 체결할 때에 예견할 수 있는 범위를 한도로 한다.

第352条 【양수인의 위약책임】 양수인이 약정에 따라 사용료를 지급하지 않은 경우에 사용료를 보충하여 지급하고, 또한 약정에 따라 위약금을 지급하여야 한다. 사용료를 보충하여 지급하지 않거나 위약금을 지급하지 않은 경우에 특허 실시 또는 기술비밀 사용을 중지하고, 기술자료를 반환하며 위약책임을 부담하여야 한다. 특허실시 또는 기술비밀 사용이 약정 범위를 초과한 경우와 양도인의 동의 없이 임의로 제3자에게 그 특허를 실시 또는 기술비밀을 사용한 경우에는 위약행위를 중지하고 위약책임을 부담하여야 한다. 약정한 비밀유지 의무를 위반한 경우에 위약책임을 부담하여야 한다.

■ 해설

본 조는 기술양도계약에 관한 양수인의 위약책임에 대하여 규정한 것이다. 본 조의 규정에 의해 양수인에게 의무행위 위반이 있는 경우에 다음과 같이 처리한다.

① 양수인이 약정에 따라 사용료를 지급하지 않은 경우다. 즉 양수인이 약정에 따라 금액, 지급방식, 기간 내에 사용비용을 지급하는 않는 것을 말한다. 이 경우에는 미지급의 사용비를 지불하는 외에 위약금을 지급할 필요가 있고, 만일 이것을 게을리한 때에는 중대한 위약행위로서 본법의 규정에 의해 계약해제를 요구할 수 있다. 양수인에 대하여 특허와 기술비밀 실시의 중지를 요구해도 중지하지 않는 경우에는 불법행위가 되고 양수인은 법원에 소송을 제기하여 실시의 중지와 함께 손해배상을 청구할 수 있다[341]. 양도인에게 손실이 발생한 경우에는 그 배상책임을 져야 한다. 만일, 사용비와 위약금의 지불을 게을리한 경우에 양도인은 그것을 청구하는 것이 가능하다.

② 특허실시 또는 기술비밀 사용이 약정 범위를 초과한 경우다. 이는 양수인의 사용행위가 약정한 사용기한, 지역, 방식 등의 한도와 대상범위를 초과한 경우를 말한다.

③ 약정한 비밀유지의 의무다. 이 경우는 계약의 유효기한에 한정되지 않고 계약이 성립하고 있지 않은 시기 또는 계약만료 후에도 양수인에게 비밀유지의 의

341) 이 때에 양수인은 특허와 기술비밀의 실시권리를 상실하기 때문에 양도인으로부터 제공된 모든 기술자료를 반환하여야 한다. 심지어 복사자료도 남겨두어서는 안 된다.

무가 있다. 양도인은 그 위약에 대하여 위약금의 지불과 손해배상의 청구를 할 수 있다.

제353조 【기술실시에 대한 책임】 양수인이 약정에 따라 특허를 실시하고, 기술비밀을 사용하여 타인의 합법적 권익을 침해한 경우에 양도인이 책임을 진다. 그러나 당사자에게 별도의 약정이 있는 경우는 제외한다.

■ 해설

본 조는 양수인이 약정에 의해 사용한 기술이 침해된 경우의 책임에 대하여 규정한 것이다[342]. 본 조는 기술양도계약중에 양수인은 약정에 따라서 획득한 기술을 실시할 때, 만일 제3자의 합법적 권익을 침해하면 권리침해의 책임은 양도인이 책임진다고 규정하고 있다. 본 조는 본 법의 제349조와 상호 관련이 있다.

본 조의 규정에서 양도인이 책임을 지는 경우는 다음 조건을 구비할 필요가 있다. 첫째, 특허와 기술비밀의 사용범위를 일탈했다. 둘째, 양수인이 타인의 합법적 권익침해를 알지 못하였다. 즉 양수인에게 고의가 존재하지 않는다. 만일, 양수인이 타인의 합법적 권익침해를 알고 있는 경우는 불법행위의 공동행위자로 연대책임을 져야 한다. 셋째, 양수인이 사용한 특허와 기술비밀 행위 그것이 침해를 구성하고 있는 경우다. 그 거증책임은 소송을 제기한 당사자가 부담해야 한다. 넷째, 양수인의 기술성과를 사용하는 행위가 계약 종료 후에 일어난 경우로 양수인은 자기가 부담해야 한다.

양도인이 책임을 지는 것은 특허와 기술비밀 행위가 타인의 합법적 권익을 침해하고 있다고 피소된 경우에 양도인은 응소의 책임을 지고 소송비용을 부담하며 그리고 사용 행위로 타인에게 준 손실을 배상하는 것을 말한다. 양도인과 양수인 사이의 책임문제로 발전한 경우는 관계 법규정과 당사자 약정에 의해 처리된다.

이 외에 독점성 특허와 노하우 기술실시허가계약 및 배타성 특허와 노하우 기술의 실시허가계약에서 양도인이 해당 계약과 동일 범위의 사용권을 제3자에게 이미 양도한 경우, 제3자의 행위도 사실상 양수인의 합법적 권익을 침해하는 것이 되어 그 경우에는 양도인과 양수인 사이에 계약이 존재하는 관계상 양수인은 직접 양도인에게 책임부담을 요구할 수 있다.

342) 刘文华 主编, 앞의 책, 5247면; 胡康生 主编, 앞의 책, 521면.

제354조 【개량한 기술성과의 분배】 당사자는 상호이익의 원칙에 따라 기술양도계약에 특허의 실시 또는 기술비밀 사용 후에 개량한 기술성과의 분배방법에 대하여 약정할 수 있다. 약정이 없거나 또는 불명확하여 본 법의 제61조 규정에 의하여도 확정할 수 없는 경우는 일방 당사자가 개량한 기술성과에 대하여 다른 각 당사자는 분배를 청구할 권리가 없다.

■ 해설

본 조는 기술양도계약에 대한 개량한 기술성과의 분배에 대하여 규정한 것이다. 본 조에서 말하는 '기술개량'이란 기술양도계약의 유효기간 내에 일방 또는 쌍방이 특허와 기술비밀에 대하여 혁신과 개량을 하는 것이다. 제공된 특허와 기술비밀 위에 새로운 개량 또는 우수한 혁신을 한 경우 권리의 향수에 대하여 당사자가 약정하는 경우에 다음 주요한 내용을 포함할 필요가 있다.

① 기술혁신과 개량의 성질을 확정할 필요가 있다. 제공된 특허와 기술비밀 위에 혁신과 개량을 한 것인지의 그 여부다. 그 기술상 혁신과 개량이 된 것으로 가령, 신재료나 신기술의 응용 등 시장에 제공되고 있지 않은 연구개발의 성과인지의 여부 등이다.

② 혁신과 개량에서 얻은 새로운 성과의 소유권에 관한 권리분담의 원칙을 확정할 필요가 있다. 일방의 소유에 속하는지 아니면 각 당사자가 공유에 속하는지 등이다.

③ 서로 호혜평등의 원칙에 의해 기술상 혁신과 개량성과의 회수를 한다. 약정에 의해 성과를 교환하고 호혜평등의 원칙에 따라 상대 당사자의 사용에 제공한다. 만일, 약정이 없는 경우에는 거래관습에 따르고 그 관습도 없는 경우에는 개량 또는 혁신을 행한 자가 권리를 향수하고 "어떤 일방도 상대방이 개량한 기술성과의 분담·공유할 권리는 없다"는 원칙에 따른다. 양도인은 양수인이 자기의 기술 위에 개량 또는 혁신을 한 것을 이유로 그 이익과 권리를 요구할 수 없다.

제355조 【수출입계약에 관한 특별규정】 법률, 행정법규가 기술수출입계약 또는 특허, 특허신청계약에 대하여 별도로 규정한 경우는 그 규정에 따른다.

■ 해설

본 조는 기술의 수출입계약에 관한 특별 규정에 대하여 규정한 것이다. 중국의 기술수출입계약에는 공업소유권의 양도 또는 허가계약, 기술비밀허가계약, 기술서비스계약 및 이러한 기술의 공동생산계약, 공동설계계약 또는 플랜트, 중요 설비의 수입계약과 노하우, 특허기술 및 기술서비스의 양도와 허가 또는 교환 협의 등 수출계약이 있다. 이러한 기술의 수출입계약 모두가 국가의 일정한 통제를 받고 있는 계약이라고 할 수 있다[343]. 기술을 수출하는 인허가 관리기관으로서는 신청인이 귀속하는 발명·창조한 업계를 관할하는 국무원의 관계부처, 위원회, 국 또는 총공사 등에서 수출입 심사를 하여 인허가를 얻은 기술에 관한 수출계약은 기술의 수출입 무역권을 갖고 있는 대외무역공사에 위탁하여 수출업무를 집행할 필요가 있다. 그러나 이런 번잡한 기술도입 및 수출인허가관리제도는 중국 대외개방 정책의 심화에 따라서 완화되는 경향이 있지만 그러나 자국 보호의 입장에서 완전히 폐지되는 경우는 없을 것이다.

본래 기술의 수출입계약은 실질적으로는 양도계약으로 본법의 기술양도계약 조항의 적용을 받지만, 국가의 통제를 받고 있는 계약의 성질상 특별 규정이 있는 경우는 그 관련 규정과 법률 및 행정규정에 따라야만 한다. 현행 중국의 기술수출입의 주된 관리 규정에는 기술수출입계약관리조례, 기술수입계획관리조례실시세칙, 중화인민공화국 특허법, 특허법실시세칙, 중화인민공화국 상표법, 상표법실시세칙, 중화인민공화국 중외합자경영기업법, 중화인민공화국 중외합작경영기업법, 중화인민공화국 외자기업법, 중화인민공화국 민법통칙 등이 있고, 중국이 가입한 기술양도에 관한 국제조약도 마찬가지로 적용된다.

제4절 기술자문계약과 기술서비스계약

> **제356조【기술자문 및 서비스계약의 정의】** 기술자문계약이란 특정 기술항목의 사업타당성연구, 기술예측, 전문기술조사 및 분석평가보고 등에 관한 계약을 포함한다. 기술서비스계약이란 당사자의 일방이 기술지식을 갖고 다른 일방 당사자의 특정한 기술문제를 해결하기 위해 체결하는 계약을 말하며, 여기에는 건설공사계약 및 도급계약은 포함하지 않는다.

343) 예컨대, 기술을 수입하는 경우에는 '기술도입계약관리조례'에 결정한 여덟 가지 조건 가운데 최소한 한 가지는 그 조건을 만족할 필요가 있다. 동시에 그것에는 일반적 제한 조항이 있어서는 안 된다는 의무가 부여되어 있고, 이에 반하는 경우에 당해 기술의 도입은 허가되지 않는다고 규정하고 있다. 또 중국의 기술도입 인허가 관리기관은 대외무역부 및 대외무역부에서 수권한 각 성, 자치구, 직할시, 연해개방도시, 경제특구, 계획도시의 대외무역위원회, 국 등의 관리기관이다. 또 기술을 수출하는 경우에는 무역과 비밀유지의 양 방면에서 심사가 이루어진다. 그 목적은 국가 이익의 보호와 호혜평등의 원칙 및 국가의 안전과 정치·경제에 불이익을 초래하지 않는 것이다.

■ 해설

본 조는 기술자문계약 및 기술서비스계약의 정의에 대하여 규정한 것이다[344]. 본 조의 제1단에서 기술자문계약의 종류에 대해 규정하면서 해당 계약의 정의에 대해서도 규정하고 있다. 그리고 제2단에서 기술서비스계약의 정의에 대해서 규정함과 동시에 해당 계약에는 건설공사계약 및 도급계약은 포함하지 않는다고 명확히 하고 있다. 이것은 건설공사계약의 경우에 다량의 기술적 문제를 포함하고 있지만 그러나 일반적인 기술계약에 속하는 법적 특징과는 다르기 때문이다[345].

기술서비스계약과 도급계약을 비교한 경우에 다음과 같은 구별이 있다. 첫째, 계약주체가 다르다는 것이다. 기술서비스계약의 이행・완성에는 고급 인재를 필요로 하는데, 도급계약의 이행・완성에는 그러한 기술수준과 인재를 필요로 하지 않는다. 둘째, 객체가 다르다. 기술서비스계약의 객체는 과학기술지식을 운용하여 특정의 전문적 기술업무를 완성하는 것에 대하여, 도급계약의 객체는 일정한 상식에 의해 물질적 생산자료 및 노동자의 육체노동에 의해 특정업무를 완성시킨다는 점에서 다르다. 셋째, 객체형식이 다르다. 기술서비스계약의 성과는 일반적으로 일정한 정보, 즉 데이터, 도안형식 등의 일정한 지식에 부수하는 방식으로 표현되는데 도급계약의 성과는 일정량의 노동에 부수한 가치의 증액 형식에 의해서 실현된다. 넷째, 계약목적과 효과가 다르다. 기술서비스계약의 목적은 일정한 기술문제 해결을 통해 과학기술을 경제생활 서비스로 활용하는 것인데, 도급계약의 경우는 단순하게 위탁인이 위탁한 특정업무의 완성을 목표로 하고 있다는 점이 다르다.

본 조에서 규정하는 기술서비스계약에 건설공사계약 및 도급계약을 포함하지 않는다고 규정한 것은 건설공사계약 및 도급계약에서 직접・간접적으로 건설공사계약에 관한 단독의 기술개발, 기술양도, 기술서비스, 기술자문의 적용을 배제하는 것은 아니라는 점에 유의할 필요가 있다.

제357조【기술자문계약과 위탁인의 의무】 기술자문계약의 위탁인은 약정에 따라서 자문을 구하는 문제를 설명하고 기술의 배경자료, 관련 기술의 자료 및 데이터를 제출하고, 수탁인의 기술성과를 수취하고 보수를 지급하여야 한다.

---

344) 夏志宏 主编, 앞의 책, 463면~465면; 谢怀轼 等, 앞의 책, 546면~549면; 郭明瑞・房绍坤, 앞의 책, 649면 이하 참조.

345) 일반 기술계약에 구비되고 있는 법적 특징이란 첫째, 건설공사계약에는 일정한 법적 수속이 있고, 반드시 그 법적 수속에 의해 이루어져야 한다. 둘째, 건설공사계약에는 엄격한 계획성이 있다. 이에 대해 많은 개인과 기관도 무작정 변경한다든지, 계획 이외의 공정 항목을 체결해서는 안 된다고 정해져 있다. 셋째, 건설공사계약은 엄격한 감독 아래에 있으며 특히 자본의 용도와 공정의 품질감독이 엄격한 감독아래에 있다.

■ 해설

본 조는 기술자문계약에서 위탁인의 의무에 대하여 규정한 것이다[346]. 본 조에 규정하는 위탁인의 의무는 다음과 같은 것이 있다.

① 자문을 구하는 문제의 설명, 기술배경의 자료와 관련 기술자료, 데이터의 제출 의무다. 여기에는 수탁자의 활동근거가 있으며, 향후 문제가 발생하는 경우에 책임 분담의 중요한 근거가 되는 것이다. 따라서 위탁인은 엄격하게 이행할 의무가 있다.

자문을 구하는 문제의 설명에서 수탁자에게 요구되는 것을 명확히 할 필요가 있다[347]. 따라서 위탁인이 제공하는 모든 자료의 진실성과 정확성을 위탁인은 보증하여야 한다. 만일, 제공된 자료에 명백한 착오와 결함을 수탁인이 발견한 경우에 지체 없이 위탁인에게 통지하고 정정을 요구할 의무는 수탁인에게 있다.

② 위탁인은 수탁인의 기술성과를 수취하고 동시에 보수를 지급할 의무가 있다. 위탁인은 위탁한 기술적 연구성과를 수취하고 수탁인은 보수를 얻는다. 위탁인이 위탁한 기술적 연구성과를 수취하는 것은 수탁인의 성과를 인정하고 수탁인이 계약에서 해방을 의미한다. 이 경우에 지급되는 보수형식에는 일괄지급과 분할지급이 있고, 시간제 방식과 비율제 방식, 고정제 방식, 총투자액의 비율방식, 도급계산방식 등이 있다.

③ 위탁인은 수탁인의 동의를 얻지 않고 기술적 성과를 이용, 발표 또는 양도해서는 안 된다는 의무와 비밀유지의무가 있다.

제358조【기술자문계약과 수탁인의 의무】 기술자문계약의 위탁인은 약정에 따라서 자문보고를 완성시키거나 또는 문제에 대해 해답을 주고, 제출되는 자문보고는 약정 조건에 부합되어야 한다.

■ 해설

본 조는 기술자문계약에서 수탁인의 의무에 대하여 규정한 것이다. 계약의 약정에 따라 기술자문의 결과를 보고 또는 문제에 대한 회답을 주는 것은 계약수탁인의

346) 谢怀轼 等, 앞의 책, 549면 이하 참조.

347) 즉, 사업타당성연구(F/S)나 전문기술조사 또는 기술예측 같은 것이 있다. 사업타당성연구의 경우 이미 수탁자에게 당면하고 있는 문제점과 구체적 요구, 달성할 요구기준 등 수탁자가 이해할 수 있도록 명확하게 설명할 필요가 있다. 기술배경의 자료와 관련 기술자료, 데이터 제공 등도 위탁인의 목적 달성에 필요한 문제를 수탁자가 장악하여 신속한 문제 해결을 조성하기 위한 것이다.

중요한 의무이다. 그리고 그러한 결과와 회답을 근간으로 생산을 실현하는 것이 위탁인의 계약 목적이다.

따라서 수탁인은 선명한 실용성과 목적성에 부합한 문제 해결의 실제적 방안을 제출하여야 한다. 그를 위해서는 정밀한 조사와 정확한 정보, 유능한 인재와 풍부한 경험을 필요로 한다. 그리고 약정한 기한 내에 위탁인의 요구를 만족하는 기술자문의 결과를 완성하여 보고하고 또 필요에 따라서 제의된 문제에 회답을 주어야 한다. 위탁인에게 제공되는 보고는 독립성을 갖고 객관적이고 공정하게 사실에 입각하여 과학을 존중하여 진리에 따른다는 것을 원칙으로 한 것이어야 한다[348].

위에 언급한 것 이외에도 수탁인은 첫째, 수탁인의 기술과 경제적 이익을 옹호한다. 둘째, 위탁인의 계약에 경합하는 계약을 하는 경우, 위탁인의 동의를 얻을 필요가 있다. 셋째, 임의로 위탁된 연구내용 또는 결과를 인용한다든지 발표하거나 또는 제3자에게 양도해서는 안 된다. 넷째, 비밀유지 등의 의무가 있다.

제359조【위탁인과 수탁인의 위약책임】 기술자문계약의 위탁인이 약정에 의한 필요자료를 제출하지 않아 일의 진행과 그 품질에 영향을 미치고 그 일의 성과를 기한이 지나도 수령하지 않는 경우는 이미 지급한 보수의 반환을 요구할 수 없고, 미지급 보수에 대해서는 당연히 지급하여야 한다.
기술자문계약의 수탁인이 기한에 따라 자문보고를 제출하지 않은 경우 또는 제출한 자문보고가 약정 요구에 합치하지 않는 경우는 보수를 감액 또는 면제하는 등 위약책임을 져야 한다.
기술자문계약의 위탁인은 수탁인이 약정 요구를 받아 들인 자문보고와 의견에 기초하여 의사결정을 한 것에 의해 손해가 발생한 경우는 위탁인은 책임을 진다. 그러나 당사자간의 별도의 약정이 있는 경우는 제외한다.

■ **해설**

본 조는 당사자의 위약책임과 위험책임에 대하여 규정한 것이다.

(1) 위탁인의 위약책임

첫째, 위탁인이 약정한 일정의 기술자료・수치・배경 등의 자료를 제공하지 않아서 수탁인의 연구개발의 업무와 품질에 영향이 있는 경우에 수탁인은 이미 수취한

348) 그러므로 ①위탁인을 기만한 허위적인 활동 또는 대충적인 보고서, ②활동 중에 타인의 간섭 또는 영향을 받아 객관성과 공정성을 잃은 보고서, ③경험부족 또는 기술력의 미숙성으로 계산 또는 보고내용에 명백한 결함이 존재하는 보고서, ④제3자와 결탁하여 위탁인에게 손해를 초래하는 행위, ⑤위탁인의 이해를 초월한 미사여구를 동원하여 초시대의 유행어를 사용하는 등 위탁된 실제의 과제에서 일탈한 보고서를 제출하는 등 일반적인 계약의 약정과 다른 보고서로서 배제된다.

보수는 반환할 필요는 없고, 미지급된 보수의 청구가 가능하다. 그리고 손실이 발생한 경우는 손해배상의 책임을 진다. 이 손해배상의 책임은 실질적으로 위약금적 성질의 손해배상이 된다. 위탁인의 과실로 인하여 수탁인이 정상적인 활동을 할 수 없고, 약정한 의무를 완성할 수 없었기 때문에 발생한 손실은 위탁인의 부담이 된다. 둘째, 위탁인이 제공한 기술자료・수치・배경 등이 약정에 합치하지 않기 때문에 수탁인이 개선의 요구를 하여 약정기간 내에 개선과 교환을 게을리 하였을 때, 그 손해에 대한 책임의무가 있다. 그리고 수탁인이 활동을 전개가 할 수 없는 경우에 이른 경우는 계약해제 뿐만 아니라 위약금과 손해배상의 책임을 진다[349].

(2) 수탁인의 위약책임

첫째, 위탁인으로부터 일정한 기술자료・수치・배경 등을 일정의 기한 내에 수령하고 있는데도 불구하고 수탁인이 기술자문 활동을 개시하고 있지 않는 경우에 본법의 규정에 의해 계약의 해제를 요구할 수 있고, 동시에 수탁인은 위약금 또는 배상책임을 진다. 둘째, 기술자문 활동의 성과를 기한을 지나서 위탁인에게 이전한 경우는 위약금의 책임이 발생하고, 또 내용이 일정한 조건에 부합하지 않거나 또는 품질이 열악한 경우 등은 보수의 면제・반환・감액, 경우에 따라서는 손해배상의 책임을 져야 한다[350].

현실적으로 기술자문계약에서 어떤 위험을 당사자의 누가 부담하고 어떤 형태로 부담할 것인가는 복잡한 문제이다. 일반적으로 일의 구체적 내용과 상황, 위험정도 기타 객관적, 주관적 요소도 감안되어 당사자에 의해 계약의 약정에서 명확히 결정된다. 그러나 만일 계약에서 분명하게 결정하지 않았다고 해도 그 위험이 발생한 시점에서 상호 호혜평등의 원칙에 입각하여 우호적으로 협의하여 해결하는 경우가 많다.

第360조【기술서비스계약과 위탁인의 의무】 기술서비스계약의 위탁인은 약정에 따라 업무조건을 제공하고 관련사항을 협력하여야 하며, 업무의 성과를 수령함과 동시에 보수를 지급하여야 한다.

349) 이 외에 첫째, 약정한 보수를 지급하지 않는 경우는 보수를 지급함과 동시에 위약금 지급의무가 있다. 둘째, 약정기한 내에 성과보고를 수령하지 않는 경우는 수탁인이 대신 지급한 모든 비용을 지급할 의무가 있다. 셋째, 수탁인의 동의 없이 임의로 그 성과를 인용・발표 또는 제3자에게 제공한 경우에 위약금 또는 손해배상의 책임을 진다. 넷째, 비밀유지의무를 위반한 경우는 위약금 또는 손해배상의 책임을 진다.

350) 이외에 첫째, 위탁인이 제공한 기술자료・수치・기술배경이 약정과는 다른데도 불구하고 일정한 기한 내에 위탁인에게 통보하지 않아서 손해가 발생한 경우는 보수의 면제・반환・감액의 경우에 따라서는 손해배상의 책임을 져야 한다. 둘째, 위탁인측의 의뢰를 받아 실시하는 활동의 지도에 손실이 발생한 경우에 약정이 있는 경우를 제외하고 일반적으로 손해배상의 책임을 진다. 셋째, 비밀유지의무 위반의 경우는 위약금 또는 손해배상의 책임을 진다.

■ 해설

본 조는 기술서비스계약에서 위탁인의 기본의무에 대하여 규정한 것이다. 첫째, 작업조건을 제공하여 협력사항을 완성한다. 수탁인에게 작업의 전개에 필요한 견품, 재료, 기술자료와 데이터를 제공하고, 합격한 인원을 조직하여 훈련 장소를 제공하는 것 등을 포함한다. 만일 위탁인이 제공한 기술자료와 데이터가 비밀유지를 필요로 하면, 쌍방은 계약의 약정에서 수탁자가 비밀유지의무를 진다고 규정해야 한다. 둘째, 약정에 의해 제 때에 작업성과를 수령하고, 그 성과에에 따라서 보수를 지급해야 한다.

기술서비스계약은 그 내용에 따라서 기술보조서비스계약, 기술중개서비스계약, 기술양성계약 등이 있다[351]. 구체적으로는 그 어느 계약을 체결한다 해도 위탁인은 수탁인에 대하여 특정의 전문적 기술문제를 해결하기 위해 필요한 업무조건과 관련사항의 협력의무가 있다. 첫째, 기술보조서비스계약의 경우는 보조하는 측이 보유하는 기술지식 등을 이용하여 위탁인의 특정 전문기술의 해결을 도모한다. 둘째, 기술중개서비스계약의 경우는 자기가 보유하는 기술 또는 인맥을 통하여 제3자와 기술계약의 촉진 또는 소개 등의 활동을 통하여 특정의 기술적 문제 해결을 공조한다. 셋째, 기술배양계약의 경우에는 다양한 조건이 약정된다. 이러한 계약의무의 이행에 위탁인의 업무조건과 관련사항의 협력의무는 불가결한 것이다.

위탁한 업무가 수탁인에 의해서 달성되었을 때, 위탁인은 신속하게 그 성과를 수령함과 동시에 보수를 지급하여야 한다. 이것은 위탁인의 당연한 의무이다. 보수지급은 계약의 종류에 따라서 명확하고 상세하게 정해야 한다. 예컨대, 기술중개서비스계약에서는 위탁인의 실질 부담 이외에 성공보수를 요구한다. 기술배양계약의 경우는 1인당 양성비용, 일괄보수 등 그에 따른 구체적인 계약내용을 정하고 지급금액, 지급화폐의 종류, 지급방식, 지급기한 등을 약정한다. 성과를 수령하는 경우에 위탁인은 검수를 할 필요가 있다. 만일 만족할 수 없는 성과 또는 계약의 약정에 부합하지 않은 성과 등은 그 구체적 내용에 따라서 감액·반환 또는 경우에 따라서는 손해배상의 책임을 진다.

제361조【기술서비스계약과 수탁인의 의무】 기술서비스계약의 수탁인은 약정에 따라서 서비스항목을 완성하고 기술문제를 해결하며, 서비스의 내용을 보장함과 동시에 기술적 문제의 해결에 필요한 지식을 전수해야 한다.

■ 해설

본 조는 기술서비스계약의 수탁인 의무에 대해서 규정한 것이다. 기술서비스계약

351) 刘文华 主编, 앞의 책, 532면~533면; 胡康生 主编, 앞의 책, 528면.

에 대한 수탁인의 주요 의무는 위탁인의 과제에 대하여 품질을 보증하는 완성된 성과를 인도하는 것이다. 여기서 수탁인의 의무도 기술서비스계약의 유형에 따라 그 내용이 다르다.

(1) 기술중개서비스계약의 경우

기술중개서비스계약의 경우에 수탁자는 위탁자에게 약정한 내용에 따라 위탁인의 기술 문제를 중개하기 위하여 필요한 제3자를 섭외하고 계약체결에 협력하여야 한다. 그리고 수탁인은 기술의 성능·성과의 예측·가격 등의 계약체결과 관련 있는 중요한 사항을 통지하고, 위탁인이 약정한 문제가 잘 해결될 수 있도록 계약의 완료 등을 검토 협조하여야 한다.

(2) 기술배양계약의 경우

기술배양계약의 경우는 수탁자는 배양 계획을 수립하고 적절한 기술 배양자를 섭외하며 계획에 의한 기술 배양 및 전수할 의무가 있다. 기술배양계약으로 배양한 사람이 독립하여 어떤 기술적 문제를 해결할 수 있는 능력구비를 목적으로 계약을 체결하는 경우에 그 목적을 달성할 수 없는 때에 수탁인은 그 책임을 져야 한다. 그렇기 위해서는 배양 받는 사람들의 자격에 대해 수탁인은 기준을 정할 수 있다.

이와 같이 기술서비스계약에서는 당사자 쌍방의 협력의무는 불가결하다. 수탁인의 의무사항에서 유의할 사항은 첫째, 제공받은 자료나 샘플 등의 타당한 보관의무다. 둘째, 수탁인의 직책에서 위탁인에게 통지할 필요사항의 통지의무다. 셋째, 위탁인의 동의 없이 임의로 그 성과를 인용·발표하거나 제3자에 대한 제공금지의무 등이 있다.

제362조【기술서비스계약 당사자의 위약책임】 기술서비스계약의 위탁인이 계약업무를 불이행하거나 또는 계약의무의 이행이 약정에 부합하지 않아서 작업의 진행과 품질에 영향을 초래하여 업무성과를 수령하지 않거나 지연한 경우, 지급된 보수는 반환 받을 수 없고, 미지급 보수는 지급하여야 한다. 기술서비스계약의 수탁인이 계약의 약정에 따라 서비스업무를 완성시키지 않는 경우는 보수를 면제하는 등 위약책임을 부담하여야 한다.

■ 해설

본 조는 기술서비스계약 당사자의 의무와 그 위약책임에 대하여 규정한 것이다[352]. 본 조에서 규정하는 위탁인의 계약의무 위반의 위약책임에 대하여 일반적으로는 다음과 같이 처리한다.

---

352) 徐景和 主编, 앞의 책, 518면 이하 참조.

(1) 기술보조서비스계약의 경우

이 경우는 약정에 따라서 위탁인이 관련 기술자료와 데이터, 샘플을 제공하지 않고 업무조건의 제시가 없어서 수탁인의 작업품질과 진행에 지장을 초래한 경우는 수탁인이 약정한 대로 업무를 완성할 수 없어도 위탁인은 약정에 의한 보수를 지급할 의무가 있다. 이 경우의 보수는 위약금적 성질의 것이다. 또 일정기한을 초과해도 약정된 물질적 조건을 위탁인이 제공하지 않은 경우에 수탁인은 본법의 규정에 의해 계약해제 및 위약금 또는 배상금의 지급을 청구할 수 있다. 제공을 받은 관련 기술자료와 데이터, 샘플이 약정 내용에 합치하지 않다는 것을 발견한 경우, 수탁인은 신속히 상대 당사자에게 통고하고, 일정 기한에도 회답이 없는 경우에 위탁인은 그에 상응하는 책임을 부담하여야 한다. 또 제공을 받은 관련 기술자료와 데이터, 샘플을 적당히 보관하지 않아서 변질, 오염, 상실, 감소, 훼손 등의 사고가 발생했을 때에 수탁인은 위약금 또는 손해배상의 책임을 진다.

(2) 기술배양서비스계약의 경우

이경우에 약정기간을 초과했는데도 수강자를 파견하지 않거나 또는 부적당한 수강자 교체를 요구해도 위탁인이 그에 응하지 않은 경우에 수탁인은 계약의 해제, 위약금 또는 손해배상을 청구할 수 있다. 수탁인의 동의 없이 무조건 위탁인이 일방적으로 당초의 계약을 변경하여 수탁인에게 손해를 준 경우는 그 책임을 져야 한다.

(3) 기술중개서비스계약의 경우

이 경우에 중개자인 수탁자가 제3자의 진실 상황을 거짓말하고 위탁인에게 손해를 초래한 경우는 위약금 또는 배상금 지급의무를 진다. 이로 인하여 제3자에게도 손해를 준 경우에 동일한 배상금을 지급할 의무가 있다. 중개자의 거짓이 제3자와 결탁한 경우는 연대책임을 진다. 또 비밀유지의무에 반한 경우에 중개자는 위약금 또는 손해배상금을 지급할 의무가 있다. 그리고 중개관계를 이용하여 임의로 타인의 기술성과를 제3자에게 제공 또는 양도한 경우에 중개자는 위약금과 동시에 손해배상의 책임을 진다.

第363조【신기술성과의 귀속】 기술자문계약 및 기술서비스계약의 이행과정 중에 위탁인이 수탁인에게 제공한 기술자료와 업무조건을 이용하여 완성시킨 새로운 기술성과는 수탁인에게 귀속하는 것으로 한다. 위탁인이 수탁인의 업무성과를 이용하여 완성시킨 신기술성과는 위탁인에 귀속한다. 당사자에게 별도의 약정이 있는 경우는 그 약정에 따른다.

■ 해설

본 조는 기술자문계약 및 기술서비스계약에 대한 신기술성과의 귀속에 대하여 규정한 것이다. 기술자문계약 또는 기술서비스계약의 범위에서 얻은 그 성과의 귀속에 대하여 약정으로 명기되어 있는 경우는 문제가 없다. 그러나 계약의 범위를 초월하여 얻은 기술성과의 분담에 대한 규정이 없는 경우에 본법 및 특허법의 일반원칙에 따라 기술성과는 발명 창조자인 수탁인에게 귀속한다. 즉 위탁인이 제공한 관련 기술자료와 데이터를 기초로 수탁인이 새로운 기술성과를 얻은 경우는 수탁인에게 귀속하고, 만일 위탁인이 수탁인에게 의뢰한 업무결과를 이용하여 새로운 기술성과를 얻은 경우는 위탁인에게 귀속한다고 확정하고 있다.

본 조에서 규정하는 기술성과의 분담기준은 누가 새로운 기술성과에 진력을 다하여 노력을 했는가를 기준으로 하고 있다. 그러나 이러한 성과는 궁극적으로는 타인의 성과 위에서 새롭게 얻은 성과인 이상 계약자유원칙에 의해 계약 조항에서 사전에 또는 사후에 새롭게 얻은 성과의 귀속에 관한 결정이 당사자 사이에 약정이 있는 경우는 그 결정에 따른다고 규정하고 있는 것이다.

第364조 【기타 법규와의 관계】 법률, 행정법규가 기술중개계약 및 기술배양계약에 관하여 별도의 약정이 있는 경우는 그 규정에 따른다.

■ 해설

본 조는 기술중개서비스계약과 기술배양서비스계약의 관계에 대하여 규정한 것이다. 본법 이외의 다른 법률, 법규에서 기술중개서비스계약 및 기술배양서비스계약에 관한 규정이 있는 경우는 본법 이외의 기타 법률, 법규가 우선한다고 규정한 것이다. 그 원인은 다름아닌 중개서비스 또는 배양서비스의 내용 여하에 따라서는 금지사항에 저촉되는 경우가 있기 때문이다.

제19장 임치계약

중국의 원문에서는 '보관계약(保管合同)'으로 되어있다. 원래의 중국 경제계약법에서는 소련의 민법을 계수하여 단순히 '임치'를 '보관'으로 규정하여 이미 '임치(보관)'와 '창고계약'을 구별하지 않고, '일반보관'으로 규정하여 '창고보관'의 계약체결과 위약책임은 원칙적으로 경제계약법에서 규정한 것에 불과하였다. 그러나 대외개방 정책이 심화되면서 '임치(보관)'는 일반행위의 거래로 빈번하게 이용되어 왔다.

중국 신계약법이 제정되면서 제19장의 제365조에서 제380조까지 총 19개의 조문에서 보관계약의 개념, 특징, 계약의 성립과 기한, 임치비용, 당사자의 권리의무, 법적 책임과 임치위험책임 등 임치계약을 규정하고, 제20장에서 창고계약이 각각 독립한 장으로 규정되어 있다.

第365조 【임치계약의 정의】 임치계약이란 임치인이 인도한 임치물을 수치인이 보관하고, 임치인의 요구가 있을 때 그 물건을 반환하는 계약이다.

■ 해설

본 조는 임치계약의 정의에 대하여 규정한 것이다[353]. 본 조에서 임치물의 보관을 위탁하는 자를 임치인(寄存人), 임치인으로부터 물건을 받아 보관하는 자를 수치인(保管人)이라 한다. 임치계약의 목적은 임치인이 인도하는 보관물을 수치인이 책임을 갖고 타당하게 보관하고, 동시에 보관물을 완전한 형태로 임치인에게 반환하는 것이다[354]. 본 계약의 특징에는 다음과 같은 것이 있다.

① 임치계약은 요물성 계약이다. 당사자의 의사표시만으로는 계약이 성립하지 않고, 여기에는 반드시 임치인이 목적물을 수치인에게 인도한 사실의 전제조건으로 성립하는 요물성 계약이다(계약법 제367조). 이러한 점에서 제20장 창고계약의 낙성계약과 구별된다.

② 임치계약은 비요식성이다. 계약형식은 구두·서면·공증형식 그 어느 형식의 채용도 가능한 비요식성 계약이다. 현실적으로 임치계약의 다수는 격식계약 형식을 취하고 있다. 그러나 법적으로는 임치인이 보관물을 수치인에게 인도하는 것으로 성립하는 것이 본 계약의 특징이다.

③ 임치계약은 유상과 무상의 선택성이 있다. 임치계약은 무상이라고 하는 것이 대다수 국가가 채용하고 있는 원칙이다. 만일 당사자 사이에 임치계약을 체결하면서 보관료의 지급의무를 약정한 경우에는 이를 지급하여야 하고, 이와 같은 약정이 없거나 불명확한 경우는 무상으로 하고 있다(계약법 제366조). 물론 여기서 노동제공의 서비스로 이해하여 일정한 보수를 수취하는 것을 배제하는 것은 아니다. 즉 중국 계약법 제366조의 임치계약은 원칙적으로 무상이라고 규정하면서 유상도 배제하지 않는 선택성이 있다고 규정하고 있다.

④ 임치계약의 목적은 물품의 임치다. 수치인이 물품을 보관하는 목적은 그 보관

353) 상세는 谢怀轼 等, 앞의 책, 561면 이하 참조.

354) 이 계약을 체결할 수 있는 임치인과 수치인의 자격에는 법률상 특별한 제한이 없기 때문에 자연인과 법인 또는 기타 조직이다.

물의 사용권 또는 소유권을 취득하는 것이 아니다. 따라서 수치인에게는 예탁된 물품을 타당하게 보관하고 물품의 현상을 보전할 의무가 있다. 보관물을 개량하거나 그것을 유용 또는 제3자의 사용에 제공하는 행위는 허용되지 않는 것으로 임대차계약, 시설대여계약 등과 구별된다

⑤ 임치물(보관물)의 광범위성이다. 임치물은 물품의 종류, 특정물 또는 동산, 부동산을 묻지 않고 보관 가능하다면 위치계약의 목적물로서 대상이 된다[355].

임치계약과 위탁계약은 계약 대상물에 대한 서비스를 요구하는 점에서는 일정한 공통점은 있지만, 그러나 첫째, 임치계약의 경우는 임치(보관)행위에 한정되는데, 위탁계약의 수탁인 보관행위는 단순한 부수의무 밖에 없고 그 주요 의무는 보관행위 이외에 있다. 둘째, 위탁계약의 문제발생은 종종 대외적 대리문제에서 일어나는 관계로 일반적으로는 대리권이 수여되는데, 임치계약은 그런 문제가 존재하지 않고 대리권의 수여도 없는 것이 구별된다.

이 외에 임치계약과 차용・리스계약도 만기가 되면 대상물을 반환하는 것으로 유사한 점이 있지만, 차용・리스계약은 사용권의 이전이 주체가 되어 구별된다.

□ 사례

"갑"은 자기의 자동차를 "을"주차장에 맡겨 두었다. 쌍방은 하루를 맡겨 두고 "갑"은 "을"이 규정한 비용표준에 따라 주차비용을 납부하고 주차증을 받았다. "갑"과 "을"사이에는 자동차 임치계약 관계가 형성되었다.

제366조 【임치계약의 비용】 임치인은 약정에 따라 수치인에게 보관료를 지급하여야 한다. 당사자가 보관료에 관하여 약정하지 않았거나 약정이 불분명한 경우에 본 법의 61조 규정에 의해서도 해결이 불가능한 경우에 보관은 무상으로 한다.

■ 해설

본 조는 임치계약의 비용에 대하여 규정한 것이다. 이미 본 법의 제365조에서 살펴본 바와 같이 임치계약에는 유상과 무상의 선택성이 있다는 것을 본 조에서 명확화 하고 있다. 즉, 전단에서 유상을 규정함과 동시에 후단에서는 무상을 규정하고 있다. 일정한 노동의 대가로서 보수를 지급하는 것은 경제시장 원리에 입각하여 대다수 국가가 채용하고 있는 원칙이다. 그렇기 때문에 임치(보관)가 유상인지 무상

355) 현실적으로는 수치인의 보관능력을 기준으로 임치물의 범위가 한정되어 있는 실정이다. 예컨대, 역 또는 여관에서는 가연성 물질, 폭발물, 부식성 물질, 기타 위험물 등은 임치를 사절하고 있는 것이 일반적이다.

인지에 대해서는 당사자가 사전에 결정을 하고, 그것이 불명확 또는 약정이 없거나 계약취지와 관례에서도 확정하는 것이 무리한 경우에 임치계약은 당연 무상이라고 이해할 수 있다고 본다.

□ 사례

"갑"은 출장관계로 자기가 오랫동안 수집한 3권의 귀중한 우표를 친구 "을"에게 보관해 줄 것을 부탁하고 교부하였다. 만일 쌍방인 "갑"이 "을"에게 인민폐 5000원의 보관비용을 지불한다고 약정하면, 이러한 임치계약은 쌍무·유상계약이 된다. "갑"은 약정에 따라서 "을"에게 이 비용을 지불할 의무가 있다. 만일 쌍방이 별다른 약정이 없다면 "갑"이 "을"에게 보관비용을 지불할 의무가 없는 무상계약이 된다.

第367조【임치계약의 성립기한】 임치계약은 임치물을 인도한 때에 성립한다. 그러나 당사자에게 별도의 약정이 있는 경우는 제외한다.

■ 해설

본 조는 임치계약 성립기한에 대하여 규정한 것이다. 임치계약은 요물성 계약의 성질상, 본 조에서도 보관물을 인도한 시점에서 계약은 성립한다고 규정하고 있다. 그러나 '당사자에게 별도의 약정이 있는 경우'는 예외로 하고 있다. 이 '약정'은 구두가 아니고 문서화 되어 있지 않으면 효력이 없다는 점을 유의할 필요가 있다. 예컨대, 사전에 구두로 합의 했어도 현실적으로 중도에서 임치인 또는 수치인의 의사가 변경하여 보관거절 또는 보관물 인도를 거부한 경우에 임치계약 미성립의 의사변화로 법적 책임은 추궁 되지 않는 것이 보통이다. 그러나 문서로 결정한 경우에 법적으로 계약성립으로서 법적 책임의 추궁이 가능하다는 것에서 다르다.

'임치물의 인도' 란 임치인 또는 임치인이 위임하는 사람에 의해서 임치(보관) 의뢰하는 임치물(물품)을 수치인에게 건네주고, 임치인은 일정한 수령증 또는 보관증서를 수령한 후에 임치물의 완전한 인도가 이루어진다.

□ 사례

"갑"과 "을"은 임치협의를 하였다. "갑"은 자기의 컴퓨터 1대를 "을"에게 3개월간 임치(보관)하기로 하고 교부하였다. "갑"은 "을"에게 인민폐 500원의 임치비용을 지불했다. 만일 "갑"과 "을" 쌍방이 계약의 성립시간을 약정하지 않았다면, 쌍방이 체결한 계약은 "갑"이 "을"에게 컴퓨터를 교부한 때 성립한다. "을"은 컴퓨터를 받은 후에 잘 보관할 책임이 있다. 만일 "갑"과 "을"은 이 계약이 계약 체결 일로부터 3일 후에 성립한다고 약정했다면 약정한 그 시간이 계약성립 일이 된다.

제368조【보관증서】 임치인이 수치인에게 임치물을 인도한 경우에 수치인은 보관증서를 교부하여야 한다. 그러나 별도의 거래관습이 있는 경우는 제외한다.

■ 해설

본 조는 임치물에 관한 보관증서에 대하여 규정한 것이다. 임치계약은 비요식성인 관계로 보관증서에 일정한 형식요건은 없다. 따라서 당사자 쌍방이 납득할 수 있는 타당한 형식이면 좋다. 일반적으로는 거래의 습관에 따라 수령증 또는 보관증서는 수치인이 발행하는 것이 현실이다. 그러나 여기에 기재되는 사항에는 최소한 당사자의 주소, 성명, 임치물의 종류, 수량, 보관기한과 인수일시 등의 기재가 있으면 된다. 또 중요한 임치물은 위탁자의 성명 또는 명칭, 신분증번호, 위탁물의 종류, 수량, 품질, 성질 및 보관 희망사항, 임치물의 수취지점 및 인수일시, 임치물의 교부지점과 교부일시, 보관비용, 기타 등 비교적 상세하게 기재되는 경우가 있다.

□ 사례

"갑"은 자동차를 운전하여 모 상가를 쇼핑을 하고자 자동차를 상가 앞 "을"주차장에 임치하기로 하고 차를 교부하였다. "을"은 임치를 받은 후 "갑"에게 보관증을 주어야 한다.

제369조【수치인의 보관의무】 수치인은 임치물을 적절하게 보관하여야 한다. 당사자는 보관장소 또는 그 방법을 약정할 수 있다. 긴급한 상황 또는 임치인의 이익을 보호하기 위한 경우를 제외하고 임의로 보관장소 또는 그 방법을 변경하지 못한다.

■ 해설

본 조는 수치인의 임치물 보관의무에 대하여 규정한 것이다[356]. 여기서 수치인의 '임치물의 적절하게 보관' 이라고 하는 경우는 유상보관과 무상보관에 따라 그 '적절한 보관'에는 구별이 있다. 무상보관의 경우에 수치인의 고의 또는 중대한 과실에 의해 임치물에 훼손, 멸실이 생긴 때에는 수치인은 배상책임이 있지만, 유상보관의 경우는 수치인은 자기에 의한 모든 과실책임을 부담해야 한다는 점이 다르다. 또 이것과는 별도로 상업을 운영하고 있는 백화점, 상점 등에서 일시 수화물을 보관하는 경우가 있다. 이 경우에 손님의 편리를 위해 무상으로 보관하였기 때문에 면책

356) 刘文华 主编, 앞의 책, 544면~545면; 胡康生 主编, 앞의 책, 540면~541면; 徐景和 主编, 앞의 책, 527면 이하 참조.

된다고 주장하지만, 수치인에게 고의 또는 중대한 과실이 있는 경우를 제외하고 일반적으로는 소비자 임치물에 대해서는 추상적인 과실의 책임이 있다고 해석하는 것이 타당하다고 본다[357].

그리고 본 조에서는 긴급 비상시를 제외하고 임의로 보관장소와 보관방법을 변경해서는 안 된다고 규정하고 있다. 보관장소와 보관방법에 대해서는 사전에 당사자가 결정하여야 하는데 그 결정이 없는 경우에 보관인은 위탁물의 성질, 계약의 취지 및 신의성실의 원칙에 의해 적당한 장소에 타당한 방법으로 보관하여야 한다. 임치인의 동의 없이 수치인이 임의로 보관장소와 보관방법을 변경한 경우에 그 위약책임이 추궁 된다. 그러나 사전에 임치인에게 통지할 수 없는 화재·수해 등의 긴급사태 발생한 경우와 임치인의 이익을 위해 필요한 긴급조치를 취하는 경우에 그 목적물의 성질이나 계약의 목적에 따라 장소나 방식을 변경할 수 있다. 이 경우는 그 사실을 지체 없이 임차인에게 통지하여야 한다.

□ 사례

"갑"은 한 폭의 문물가치가 있는 산수화를 "을"에게 임치하기로 하였다. 당사자 쌍방은 계약에서 "을"은 그림을 종이 상자에 넣고 집의 건조한 곳에 놓아 보관하며 그 보관기간은 3개월이라고 약정했다. 그 후 "갑"은 즉시 그림을 "을"에게 교부했다. 쌍방의 임치계약이 성립한 후, "을"은 쌍방이 약정한 보관장소 및 보관방법에 따라 이 그림을 보관하기로 했다. 임치기한이 완료하여 "갑"이 그림을 반환 받을 때, 만일 "을"이 약정한 보관장소 또한 방법에 의하지 않거나 또한 기타 과실로 인하여 그림에 손상이 생겼다면, "을"은 그 배상책임을 진다. 그리고 만일 "을"은 약정한 보관장소와 그 방법을 취하여 보관을 하는데 그 보관기간에 호우로 인하여 "을"의 집이 침수되었다면, 그 때 이 그림의 안전한 보관을 위해 기타 지역으로 옮겨서 보관할 수 있다.

제370조【임치인의 고지의무】 임치인이 인도하는 임치물에 하자가 있거나 또는 임치물의 성질상 특수한 보관조치를 취할 필요가 있는 경우에 임치인은 관련 상황을 수치인에게 통지하여야 한다. 임치인에게 통지하지 않았기 때문에 임치물에 손해가 발생한 때에 수치인은 손해배상의 책임을 부담하지 않는다.

수치인이 임치인의 통지를 받지 못하였거나 늦게 받아서 손해를 본 경우에 수치인이 알았거나 알 수 있었더라면 취하였을 적절한 구제조치를 취하지 않은 경우를 제외하고는 임치인이 그 손해배상의 책임을 져야 한다.

357) 만일 임치물에 화폐와 유가증권이 있는 경우에는 임치인이 사전에 고지할 것을 필요로 하며, 사전에 알리지 않은 경우에 수치인은 그 책임을 부담하지 않는다.

■ 해설

본 조는 임치인의 임치물의 하자 등에 관한 고지의무에 대하여 규정한 것이다. 본 조에서는 본 법의 제69조의 수치인이 적절한 보관의무를 다하기 위해서도 임치인의 보관물에 대한 성질 또는 하자 유무의 통지의무를 다하여야 한다고 규정하고 있다. '임치물의 성질'이란 가연물, 폭발물, 유독물, 부식성 물질인지 여부를 말한다. '하자의 유무에 대한 통지'란 보관물에 파괴성의 결함이 있어서 만일 사고가 발생하는 경우에 보관물의 훼손 뿐만 아니라 주위의 환경 신변・재산의 안전을 위협하는 경우를 말한다. 예컨대, 폭죽과 부식성 과학약제 등은 구별하여 보관하는 등이다. 임치인이 통지의무를 완전히 이행하고 있지 않는 경우에 보관물의 훼손 또는 멸실이 생긴 경우, 수치인에게 고의 또는 과실이 없다면 임치인은 그 책임을 추궁할 수 없다. 그 영향으로 수치인의 건물과 다른 임치물에도 손해를 준 경우에 임치인은 그 배상책임을 진다. 그러나 거증책임은 수치인에게 있다.

□ 사례

"갑"은 불꽃놀이 폭죽을 5상자에 담아서 "을"에게 1개월 임치를 부탁했다. 물품을 교부할 때 "갑"은 "을"에게 상자에 어떤 물품을 있는 것인지 설명하지 않았고 상자의 포장에도 상품에 대한 설명이 없었다. 또한 그 밖에도 "갑"은 "을"에게 특수한 보관조치를 요구하지 않았다. 나중에 불똥이 상자에 튀어 큰 화약의 폭발을 야기하여 "을"의 재산에 큰 손해를 초래하였다. "갑"은 "을"에게 임치물의 성질을 설명하지 않았고 "을"도 포장을 통하여 임치물의 성질을 이해할 수 없었기 때문에 "갑"은 본 조의 규정에 따라서 "을"에게 손해배상의 책임을 부담하여야 한다.

제371조【임치행위의 전속성】 수치인은 임치물을 제3자에게 이전하여 보관하지 못한다. 그러나 당사자가 별도의 약정이 있는 경우는 제외한다. 임치인이 제1단의 규정을 위반하여 임치물을 제3자에게 이전하여 보관시킨 결과 임치물에 손해가 발생한 경우는 손해배상의 책임을 부담하여야 한다.

■ 해설

본 조는 수치인의 임치행위 전속성에 대하여 규정한 것이다. 임치계약은 임치인과 수치인의 상호 신뢰를 기초로 성립하는 계약이다. 따라서 임치물의 임치(보관) 책임을 제3자에게 이전하는 것은 임치인의 신뢰를 훼손하는 행위로 계약당사자의 무단 변경으로 임치인은 위약책임을 지지 않는다. 이것이 본 조에서 규정하는 임치행위의 전속성이다. 임치인의 동의를 얻지 않고 임치의 책임을 제3자에게 이전한 경우 수치인의 책임을 규정하고 있다. 이상에서 알 수 있듯이 임치행위의 전속성은 당사자 동의 또는 합의로 임치책임을 제3자에게 이전하는 것이 가능하다. 이 외에 관습에 의한 임치물의 제3자에 대한 임치이전이다[358]. 또 긴급한 경우에 임치인에게 통지할 여유가 없는 경우에 하는 임치물의 제3자에 대한 임치이전이 있다. 이 경우에 발생하는 임치책임은 원래의 임치인이 책임진다.

임치인의 동의를 얻지 않고 제3자에게 이전하여 생긴 임치물의 책임에 대하여 수치인은 과실 유무와 관계없이 그 책임을 진다. 임치인의 동의를 얻어 제3자에게 이전하는 경우에 제3자의 수치인의 과실로 보관물의 훼손, 멸실이 발생하고 수치인에게 과실이 없어도 그 수치인(보관인)은 책임을 부담하여야 한다.

□ 사례

"갑"은 절강성 경덕진에서 출토한 유명한 자기의 꽃병을 친구 "을"에게 1개월간 임치하게 하였다. 당사자 쌍방은 보관기간이 완료하는 시점에서 "갑"이 "을"에게 인민폐 1500원의 보관비용을 지불한다고 약정하였다. 그러나 쌍방은 "을"이 이 자기의 꽃병을 제3자에게 이전하여 임치할 수 있다고 약정하지는 않았다. 그런데 "을"은 "갑"의 동의 없이 자기의 화병을 "병"에게 임치하여 보관하도록 하였다. 결과는 그 자기의 꽃병이 "병" 장소에서 손잡이가 손상하였다. "을"은 이 경우 "갑"에게 배상책임을 책임져야 한다.

제372조【임치물의 사용금지】 수치인이 임치물을 임의로 사용하거나 또는 제3자로 하여금 사용하도록 허가하지 못한다. 그러나 당사자가 별도의 약정이 있는 경우는 제외한다.

■ 해설

본 조는 임치물의 사용금지 및 제3자의 사용방지에 대하여 규정한 것이다. 임치물을 '임의로 사용'한다고 하는 것은 수치인이 임치인의 허락 없이 자기의 이익 또는 목적을 위하여 이용하는 것을 말한다. 예컨대, TV를 임치했을 때에 그 TV를 이용하여 프로그램을 보는 경우다. 또는 보관으로 임치한 소를 이용하여 자기네의 논밭을 경작하는 등의 경우가 포함된다. 이 경우에는 임치인에게 일정한 급부를 지급할 필요가 있다. 만일 임치물에 손해가 발생한 경우는 그 배상의 책임을 져야 한다.

이와 같이 수치인이 임의로 임치물을 이용하지 않아야 할 뿐만 아니라 그 임치물을 제3자에게 사용하는 것도 방지하여야 한다. 임치인이 수치인에게 임치물의 보관을 의뢰하는 최소한의 요구는 현상을 유지하여 보관하는 것이다. 그것을 제3자에게

358) 예컨대, 중요한 보석과 유가증권을 위탁 받은 은행이 보다 안전을 고려하여 지점에서 본점 금고로 이전 임치하는 경우가 있다.

사용하게 하는 것은 원래 상태의 유지에 반하는 것으로 임치인의 권익의 침해에 해당한다.

□ 사례

"갑"은 자동차 1대를 "을"에게 1주일 동안 임치하도록 하였다. 만일 "갑"이 "을"에게 이 보관기간에 이 차를 사용할 수 있다고 하지 않는 한 "을"은 임치의무를 책임지고 동시에 이 차를 사용할 수 없으며, 당연히 제3자에게 사용을 허가할 수 없다. 만일 "갑"이 차량을 교부할 때, "을"에게 이 보관기간 동안 마음대로 이 차량의 사용을 허락한다면 "을"은 보관기간에 이 차에 대한 사용권이 있다.

第373조【임치인에 대한 통지의무】 제3자가 임치물에 대하여 권리를 주장하는 경우에 법에 의한 보전조치 또는 강제조치가 있는 경우를 제외하고, 수치인은 임치인에게 임치물 반환의 의무를 이행하여야 한다. 제3자가 수치인에 대하여 소를 제기 또는 임치물에 압류를 신청한 경우에 수치인은 지체 없이 임치인에게 통지하여야 한다.

■ 해설

본 조는 임치물의 제3자 권리 주장에 대한 임치인에 대한 통지의무를 규정한 것이다. 임치물이 법에 의해 압류나 강제집행 되지 않는 한 수치인은 임치물을 임치인에게 반환할 의무가 있다. 그러나 임치물에 대하여 제3자가 권리를 주장하여 소를 제기 또는 압류 신청한 경우에 신속하게 임치인에게 임치물의 처분청구 통지를 보낼 필요가 있다. 제3자의 권리주장에는 소유권, 물권, 채권 등이 있다. 법원의 제소에는 소유권의 주장, 압류의 신청 및 강제집행이 있다. 이 외에 직접 수치인에 대하여 임치물의 권리를 주장하는 경우도 있다. 이와 같이 임치인의 이해에 영향을 미치는 사태가 발생했을 때는 수치인은 신속하게 임치인에게 통지하여 적절한 조치를 취할 수 있도록 하여야 한다[359]. 만일 통지의무를 게을리 하여 임치인에게 손해를 초래한 경우는 과실책임을 부담하여야 한다.

□ 사례

"갑"은 텔레비전 1대를 "을"에게 임치하기로 하고 보관기간은 6개월이다. 보관기간 이내에 "병"이 "을"을 찾아와서 그 텔레비전은 그의 개인 재산이라고 하고 "을"에게 텔레비전을 되돌려 주라

359) 법원에 의한 강제집행 또는 압류가 없이 수치인이 임치물을 반환할 수 있는 상태에 있는 경우, 제3자의 권리주장에 관계없이 보관물은 임치인에게 반환되어야 한다.

고 요구하였다. 이런 상황에서 "을"은 "병"의 요구를 거절해야 하고 임치계약의 규정에 따라서 이 칼라 텔레비전이 "갑"에게 반환해야 한다. 만일 인민법원이 "병"의 신청에 의해 이 텔레비전에 대하여 재산보전 조치를 취하고, 또한 "병"이 가지는 효력이 있는 민사판결에 의하여 텔레비전에 대한 강제적인 집행조치를 취하면, "을"은 "갑"에게 임치물을 반환할 의무를 책임을 져야 한다. 그 밖에 만일 "병"은 "을"을 피고로 법원에 기소하고 또한 이미 법원에 텔레비전에 대한 압류조치를 신청하면 "을"은 즉시 관련 상황이 "갑"에게 알려 주어야 한다.

제374조【보관기간 동안 위험책임】 보관기간 동안에 수치인의 보관 잘못으로 임치물이 훼손, 멸실된 경우에 수치인은 손해배상의 책임을 부담하여야 한다. 그란 무상임치에 대해서는 수치인에게 중대한 과실이 없다는 것을 증명한 경우에는 손해배상의 책임을 지지 않는다.

■ 해설

본 조는 보관기간 동안에 수치인의 위험책임에 대하여 규정한 것이다[360]. 임치물의 보관기간에 발생하는 훼손, 멸실의 위험책임에는 다음의 경우가 고려된다. 첫째, 본법 제370조에서 규정하는 임치인의 임치물 성질 또는 하자유무의 통지의무에 반한 경우에 발생하는 훼손, 멸실의 위험책임은 임치인이 부담하여야 한다. 둘째, 본법 제369조에서 규정하는 임치인의 임치의무를 게을리 하였기 때문에 발생한 임치물의 훼손, 멸실의 위험책임은 수치인이 그 책임을 진다. 셋째, 제3자의 과실로 인해 임치물의 훼손, 멸실이 발생한 경우의 위험책임 부담은 먼저 수치인이 임치인에게 배상을 한 후, 수치인이 제3자에 대하여 배상청구를 한다. 넷째, 불가항력에 의한 임치물의 훼손, 멸실이 발생한 경우에 본 법 제117조의 규정에 의하여 수치인은 면책된다.

본 조에서 규정하는 수치인의 위험책임은 불가항력에 의한 것이 아니고, 수치인의 원인에 의한 것에 한정된다.

□ 사례

"갑"은 그림 5폭을 "을"화랑에 1년을 임치하여 보관하였다. "갑"은 보관기간이 완료함과 동시에 그림을 돌려 받고 보관비용 인민폐 3,000원을 지급해야 한다. 보관기간 내에 "갑"은 줄곧 "을"화랑에 그림의 반환을 요구하지 않았다. 보관기간이 완료된 후, "을"화랑은 "갑"에 대하여 그림을 되돌려 갈 것을 요구했지만 "갑"은 회답이 없었다. 그 후 "을"화랑은 도둑 들어서 여러 폭의 그림을 훔쳐가게 되었다. "갑"이 교부하여 임치한 5폭의 그림도 절도의 범위에 있

360) 상세는 徐景和 主编, 앞의 책, 538면 이하 참조.

다. “갑”의 그림은 이미 보관기간을 초과하여 돌려 받지 않는 상황에서 절도를 당하였기 때문에 결과는 “갑”이 스스로 책임질 뿐이다.

第375条【임치인의 명시의무】 임치인은 화폐, 유가증권 또는 기타 귀중품을 보관시킬 경우에 반드시 수치인에게 명시하여 수치인으로 하여금 검수 또는 봉인하여 보관하도록 하여야 한다. 임치인이 명시하지 않은 경우에 그 물품의 훼손, 멸실된 후에는 수치인은 일반 물품으로 배상할 수 있다.

■ 해설

본 조는 귀중물품에 관한 임치인의 명시의무에 대하여 규정한 것이다. 외화나 인민폐를 묻지 않은 모든 화폐, 어음, 수표, 신용카드, 신용장, 증권 등의 유가증권, 금·은, 골동품, 명화 등의 귀중 귀금속 등을 임치하는 경우에 수치인에 대하여 수량과 함께 명확히 신고하여야 된다는 것을 본 조에서 의무화 하고 있다. 임치인의 신고에 의해 수치인은 적절한 조치를 강구하여 안전·확실하게 보관할 의무를 완수하게 할 수 있다. 일반적으로 귀중품은 임치인과 수치인 쌍방이 종류·수량을 점검하고 확인한 후에 봉인을 한다.

만일, 임치인이 임치물의 내용을 신고하지 않는 경우는 일반적인 물품으로 보관하고 훼손 또는 멸실이 발생해도 수치인은 일반적인 물품으로 배상한다. 그 의미는 관계 법규에 규정하고 있는 경우를 제외하고, 일반의 가치로 변상한다는 것을 말한다.

□ 사례

“갑”은 어느 관광지역으로 여행을 갔을 때, 가방의 휴대가 불편하여 이 관광지역의 “을”물품보관소에 가방을 맡겨 두고 가방 내에 현금 인민폐 20,000원을 명시하였다. “을”물품보관소의 직원도 검수한 후 입치를 동의하였다. “갑”은 관광을 마치고 다음날 돌아왔을 때 “을”물품보관소의 직원의 실수로 일부분의 소포를 잃었다. “갑”은 맡겨 둔 가방도 잃었다. 그래서 “갑”은 “을”물품보관소에 가방 및 가방 내의 현금 인민폐 20,000원을 배상하라고 요구하였다. “을”은 가방의 손실만을 동의하고 배상할 뿐이었다. 현금손실에 대한 배상을 동의하지 않았다. “갑”은 가방을 맡겨 두었을 때 이미 현금을 맡기는 것에 대하여 특별 명시를 하였고, “을”물품보관소의 직원이 현금 인민폐 20.000원도 보관범위 내에 동의하여 보관하게 되었다. 결국은 “을”의 보관이 잘 못되어 배상의 책임을 부담하여야 한다.

第376条【임치물의 수령기한】 임치인은 수시로 임치물을 수령할 수 있다. 당사자가 보관기간에 대해 약정이 없거나 또는 약정이 불명확한 경우에 수치인은 언제든지 임치인에게 보관물을 수령할 것을 요구할 수 있다. 보관기간을 약정한 경우에 수치인은 특별한 사유가 없는 한 임치인에 대하여 기한 내에 임치물을 수령할 것을 요구할 수 없다.

■ 해설

본 조는 임치물의 수령기한에 대하여 규정한 것이다[361]. 임치인은 임치물을 수시로 받을 권리를 갖는다. 임치계약이 만료할 때 또는 사전에 수령하는 것도 자유이다. 약정한 기한이 지났는데 수령하지 않는 경우에 수치인은 독촉과 함께 초과 보관료를 청구할 수 있다.

보관기한에 대하여 당사간에 약정이 있는 경우는 특별한 사유가 없는 한 수치인은 임치인에 대하여 임치물의 수령을 요구할 수 없다. 보관기한의 약정이 없거나 또는 불명확한 경우에 기본적으로 수치인은 수시로 임치인에게 임치물의 수령을 청구하는 것이 가능하다.

제377조 【임치물의 수익반환】 보관기간이 만료 또는 임치인이 임치물을 앞당겨서 수령하는 경우에 수치인은 임치물과 그에 따른 수익을 임치인에게 반환하여야 한다.

■ 해설

본 조는 임치물의 수익반환에 대하여 규정한 것이다. '임치물에 따른 수익'이란 임치물의 보관에 따른 과실(果實)을 말한다. 임치물의 수익 가령, 이자의 경우는 법의 규정에 의해 또는 자연발생적으로 생기는 것이기 때문에 그 수익은 원 물품의 이전과 함께 이전하여 원 소유자의 소유로 귀속한다는 것이 본 조의 규정이다. 만일, 그 임치물이 공유재산의 일부로 그 가운데 1인이 그 재산을 임치한 경우에 이 사정을 아는 수치인은 임치물을 공유재산자 전원의 입회 아래 반환할 의무가 있다. 만일, 이 사정을 알지 못하고 수치인이 임치한 본인에게 임치물을 반환하였다고 해도 수치인은 배상의 책임을 부담하지 않는다.

제378조 【임치물의 반환】 수치인이 화폐를 보관하는 경우에 동일한 종류, 수량의 화폐로 반환할 수 있다. 기타 대체물을 보관하는 경우에 약정에 의해 동일한 종류, 종류, 품질, 수량의 물품으로 반환할 수 있다.

■ 해설

본 조는 임치물의 대체반환에 대하여 규정한 것이다. 수치인이 반환하여야 할 물건은 원물(原物)이다. 임치물이 화폐인 경우에는 동 종류의 화폐와 수량을 반화하고, 대체 가능한 기타 물품을 보관한 경우는 약정에 따라 동 종류, 동 품질, 동 수

361) 상세는 徐景和 主编, 앞의 책, 531면~532면 참조.

량을 갖고 반환하는 것이 가능하다. 이것은 일반적으로 소비임치에 적용되는 것이다. 즉, 수치인은 약정에 따라 보관기간이 만료할 때에 동 종류, 동 품질, 동 수량을 갖고 반환한다. 이것은 품질을 효율적으로 이용하는 것으로 본 법 제372조의 단서 조항에 당사자는 별도의 약정에 의해 임치물을 이용하는 것이 가능하다는 규정을 살펴보면, 본 법에는 소비계약의 조항은 보이지 않지만 사실상 중국에서도 소비계약을 인정하는 것이 된다.

수치인이 임치물을 사용한 경우에 보수와 이자 또는 기타 보수를 지급할 필요가 있는지 그 여부에 대해서는 당사자 사이의 약정에 따라서 결정된다[362].

□ 사례

"갑"은 미화 10,000달러를 "을"에게 2개월을 임치하였다. 보관기간이 만료하여 또는 "갑"이 "을"에게 반환할 것을 요구할 때, "을"은 동일한 액수의 미화 달러를 반환할 책임이 있다.

第379조【보관비용의 지급기한】 유상의 임치계약에서 임치인은 약정한 기한에 따라 수치인에게 보관료를 지급하여야 한다. 당사자가 지급시기에 관한 약정이 없거나 또는 약정이 불명확하여 본 법의 제62조 규정에 의하여도 확정할 수 없는 경우는 임치물의 수령과 동시에 지급해야 한다.

■ 해설

본 조는 임치인의 유상임치계약의 보관비용 지급기한에 대하여 규정한 것이다. 유상임치계약은 쌍무계약으로 수치인은 보관물을 선관주의의무를 다하여 안전하게 보관하고 임치인의 청구가 있으면 임치물을 반환할 의무가 있는 한편, 임치인은 약정한 보관비용을 지급하여야 한다.

보관비용 지급방법은 임치물을 임치하는 시점에서 사전에 수취하는 방법, 임치물을 인도하는 시점에서 사후 지급하는 방법, 보관기간의 반이 지나면 지급하는 등 다양한 지급방법이 있다. 격식계약을 채용하고 있는 유상임치계약에서는 약정에 명기되는 것이 일반적이다. 지급기한이 불명확 또는 지급기한이 없는 경우에는 본 조 후단의 규정에 의해 당사자가 사후 협의로 결정하는 것이 가능하다. 즉 물건의 인도시에 보관비도 지급하는 것이다[363]. 그것도 불확정일 경우에는 계약의 취지 또는

362) 만일, 사용에 대한 사용비를 지급하는 경우에는 매매계약에 유사하여 임치물의 하자에 대하여 임치인이 담보책임을 진다.

363) 임치인은 임치계약이 유상계약이나 무상계약에 관계없이 임치물을 원래의 상태로 보관하기 위해 지출한 포장비, 설치비, 사육비, 치료비, 세금 및 기타 비용 등의 보관을 위해 소요되는 필요비용도 지급하

업계의 관행에 따라서 처리된다. 임치인이 보관비용을 지급하고 임치물을 수령하는 것으로 유상임치계약은 종료한다.

제380조【수치인의 유치권】 임치인이 약정에 의해 수치인에게 보관료 및 기타 비용을 지급하지 않은 경우는 수치인은 그 임치물에 대하여 유치권을 갖는다. 그러나 당사자의 별도 약정이 있는 경우는 제외한다.

■ 해설

본 조는 수치인의 유치권에 대하여 규정한 것이다[364]. 임치계약에 대한 비용에는 약정 또는 규정에 의해 지급되는 수치인의 보수와 보관 과정에서 발생하는 직・간접적 비용이 포함된다. 무상임치계약의 경우에 수치인의 보수는 필요하지 않지만, 보관 관리에 필요한 모든 비용은 구체적 상황에 따라 판단된다[365].

유상임치계약의 경우에 규정의 모든 비용 이외에 약정에 의하여 수치인의 보수도 지급할 필요가 있다. 보수에 대한 관련 당국의 규정이 있는 경우에는 그에 준하고, 규정이 없는 경우는 약정에 따른다. 임치계약이 수치인 책임에 의해 계약이 종료한 경우에 당사자 사이에 약정이 있는 경우를 제외하고 이행한 부분에 대한 보수청구는 할 수 없다. 만일, 계약의 종료가 수치인의 책임에 의하지 않은 경우에는 당연히 이행한 부분에 대한 보수청구를 할 수 있다.

임치계약의 보수는 보관행위의 종료와 동시에 지급하는 것이다. 따라서 수치인에게는 보수지급과 임치물 반환의 동시이행 항변권을 주장하는 것이 가능하다. 동시에 임치물의 유치권을 행사하는 것도 가능하다. 현실적으로 수하물의 보관 등은 수하물의 보관과 동시에 보관료를 지급하는 것이 관례로 되어 있다. 그러나 대형 임치물의 경우에 수치인이 합리적 일정기간 동안 독촉을 하였는데도 불구하고 보관료의 지급을 하지 않는 경우에 수치인은 임치물을 유치하고 그것을 현금으로 전환 한 후에 그 중에서 보관료를 정산하고 잔액을 임치인에게 반환한다.

□ 사례

"갑"은 자기의 주택을 "을"에게 1년 보관하게 하였다. 쌍방은 "갑"이 매월 보관비용과 가옥보수비용 인민폐 1,000원씩, 6개월에 한 번씩 결제한다고 명확하게 약정하였다. "을"은 주택을 맡은 후에 가옥보관 및 보수의무를 잘 이행하였지만 "갑"은 약정에 의한 보관비용을 지급

여야 한다.

364) 谢怀轼 等, 앞의 책, 569면 이하 참조.

365) 가령, 가축을 임치한 경우에 사료값 또는 보험료 등은 당연히 임치인이 부담한다.

하지 않았다. 임치의 기간이 종료하여 "을"은 "갑"에게 돌보는 주택을 되돌려 받고 보관비용 및 보수비용 인민폐 12,000원을 지급하라고 통지하였다. "갑"은 이 비용지급을 거절하였다. 이 상황에서 "을"은 법에 따라서 유치권을 행사하고, "갑"에게 2개월 이내에 가옥보관 및 보수비용을 모두 지불하라고 통지하였다. 2개월 후에도 "갑"은 채무를 이행하지 않았다. "을"은 "갑"과 부동산으로 채무를 저당할 것을 협상했지만 "갑"은 동의하지 않았다. 마침내 "을"은 이 주택을 매각해서 인민폐 100,000원을 받았다. 자기가 받아야 하는 인민폐 12,000원 및 부동산 매각과정에서 지출한 1,000원을 제외하고, 나머지 잔액 인민폐 87,000원을 "갑"에게 돌려 주었다.

제20장 창고계약

임치계약과 창고계약에는 많은 유사한 부분이 있다. 이전의 법규에서는 이것을 구별하지 않고 창고계약에서 모두 포함되어 있었다. 중국계약법이 통일적으로 제정되면서 그것을 계기로 구별하게 된 것은 이미 앞서 설명한 바와 같다. 이와 같이 구별에 따라서 보다 합리적 과학적으로 양 계약 당사자의 법적책임이 구별되는 것으로 되었다.

본 장에서는 제301조부터 제395조 모두 총 14개 조문으로 구성되어 주요내용에는 창고계약의 개념, 특징, 계약의 성립과 기한, 위약책임과 설명의무, 긴급시 처치권에 대하여 규정하고, 본 장에 규정이 없는 경우에 대해서는 임치계약의 조항이 적용된다.

제381조【창고계약의 정의】 창고계약이란 창고업자가 임치인이 인도한 임치물을 보관하고, 임치인은 보관료를 지급하는 계약을 말한다.

■ **해설**

본 조는 창고계약의 정의에 대하여 규정한 것이다[366]. 창고계약은 물품의 창고보관을 목적으로 하는 서비스성 계약으로 창고보관계약이라고도 한다. 창고보관업무는 운송업무와 함께 현대 상업활동에 있어서 없어서는 안 되는 커다란 보조적 시스템이라고 할 수 있다[367]. 그 창고계약에는 다음과 같은 특징이 있다.

366) 谢怀轼 等, 앞의 책, 574면 이하 참조.
367) 徐景和 主编, 앞의 책, 541면~543면; 柴振国 何秉群 等, 앞의 책, 566면~567면; 郭明瑞・房绍坤, 앞의 책, 673면 이하 참조.

(1) 화물의 창고보관 방법

화물보관에는 창고 내에 방치하여 보관하는 것과 보관인의 통제 아래 보관하는 방법 두 가지가 있다. 그러나 여기에는 물권형태의 보호는 없고, 보관자에게는 보관물을 안전하고 적절하게 보관할 의무는 있어도 보관물을 처분할 권리는 없다.

(2) 창고업에 필요한 설비

창고는 물품을 보관할 수 있으면 좋다. 반드시 일정한 가옥의 외관을 구비한 건물일 필요는 없고 물품을 보관할 수 있다면 된다. 예컨대, 목재 또는 석탄의 보관 등은 일정한 지면에서 보관할 수 있는 장소만 있으면 창고가 된다. 또 창고는 보관인의 소유가 아니고 보관인에게 사용권이 있으면 충분하다. 창고는 그 성질에 따라서 첫째, 일반적인 물품을 보관하는 창고와 수입된 물품을 수속이 끝날 때까지 보관하는 보세창고가 있다. 둘째, 영업을 목적으로 한 영업창고와 생산 또는 판매과정에서 일시적으로 자사제품을 보관할 이용창고의 구분이 있다. 본법에서 규정하는 창고란 전자의 영업창고를 말한다.

(3) 창고업의 객체

보관물은 물품, 금전, 유가증권 및 기타 권리증서 등의 동산으로 그 물리적 형태를 보존하기 위하여 특수한 경우를 제외하고 동산이 아니면 창고의 보관물로써 보관하지 않는 것이 일반적이다. 부동산을 창고의 보관물 대상으로 하지 않는 것은 창고에 넣어 보관하는 것이 불가능하기 때문이다[368].

(4) 창고업 계약의 일방적 주체

계약의 일방적 주체는 반드시 창고보관을 업무로 하는 영업자이어야 한다. 이것이 창고계약의 주체적 특징이다. 따라서 운송인과 도급인이 자기 영업상 필요에서 부대적으로 타인의 물품을 보관하였다 해도 그것을 창고보관 업무를 하는 업자로 볼 수 없다. 보관을 업무로 하는 창고영업자는 전업에 국한되지 않으며 겸업도 가능하다. 동시에 그것은 법인, 개인, 집단경영도 가능하다. 즉 공상관리기관의 창고보관업무의 영업허가를 얻을 수 있다면 문제는 없다.

(5) 유상·쌍무계약

창고계약은 창고업자가 창고보관을 영업으로 하고, 임치인은 이에 대한 비용을 지급하는 유상·쌍무계약이다. 계약의 일방적 주체가 전업적으로 창고영업자 성질에 의해서 결정된다. 따라서 당사자 사이에 창고보관 보수가 약정되어 있지 않는 경우에도 보관인은 자기가 제공한 노무에 대하여 임치인에게 보관료를 청구하는 것이 가능하다.

---

368) 동물을 창고보관의 대상으로 하는 것이 가능한가 여부에 대하여 학술상 이론적 견해가 다르지만 법적으로는 이 문제에 관한 제한적 규정은 없다.

(6) 불요식 · 낙성계약

창고계약이 요식계약인지 불요식계약인지 또한 낙성계약인지 요물계약인지에 대하여 많은 견해가 있었다. 그러나 본법에서는 특정한 양식 또는 특정한 행위 이행을 갖고 계약의 성립요건으로 하고 있지 않다. 따라서 창고계약은 불요식계약으로 보는 것이 타당하다. 이것은 계약의 주체적 특징이 결정된 것이다. 예컨대, 보관의 의뢰를 받은 창고업자가 보관을 위해 창고를 비어두거나 정리를 한 후에 의뢰한 자가 임의로 앞서 한 말을 번복하여 실제로 물품의 보관을 하지 않은 경우, 보관업자의 손실위험은 일방적으로 보관업자가 부담하게 된다. 그렇게 되면 형평성을 잃게 된다. 따라서 창고계약은 양식을 필요로 하지 않는 승낙계약이라고 이해하는 것이 타당하다. 앞서 살펴본 임치계약과 달리 물건의 교부나 특정 행위의 이행을 성립요건으로 하지 않기 때문에 낙성계약으로 보아야 한다.

제382조 【창고계약의 발효】 창고계약은 성립한 때에 효력이 생긴다.

■ **해설**

본 조는 창고계약의 발효에 대하여 규정한 것이다. 계약의 성립과 발효는 종종 다른 개념이다. 계약의 성립은 외관상 하나의 계약이 이미 존재하고 있다는 것을 나타내고 사실 판단의 근거를 제공한다. 이것은 계약당사자 쌍방의 의사표시가 일치한 시점에서 달성된다. 특별한 경우에 일정한 물품을 인도하고 또는 행위의 이행을 그 요건으로 한다. 그러나 계약의 발효는 이미 존재하는 계약이 일정한 합법적 요건을 구비하여 법적 구속력을 갖는 것을 의미한다[369].

계약의 성립과 발효는 종종 다르지만, 그 구성 요건에 유사점이 있는 외에 가장 중요한 점은 계약의 발효에 대한 시간상 종종 구별하기 어려운 점이 있다. 예컨대, 조건부로 발효하는 경우의 계약은 조건이 충족되지 않으면 발효하지 않는 다는 점이 다르다. 본 조의 규정에서 계약이 성립할 때에 발효한다고 하는 경우에 계약과 동시에 발효한다고 하는 해석하는 경향이 있다. 그러나 현실적으로 계약 가운데 일정한 조건을 만족하지 않으면 계약발효에 이르지 않는다는 약정이 있을 때에는 그 계약의 발효는 그 전제 조건을 충족하였을 때 비로소 발효가 된다.

대부분 계약이 계약과 동시에 발효한다고 약정한다. 본 조에서 이것을 명확하게 규정한 의도는 만약에 기타 약정이 없는 경우에 계약은 바로 발효하는 것으로 당사

369) 이 계약의 발효는 법률상 요건을 만족하고 있는지 여부에 따라서 결정된다. 예컨대, 일반적 요건으로써 공공의 이익에 반하지 않는 일이 계약의 발효요건 하나로 되어 있는 등이다.

자를 법적으로 구속한다는 것이다. 현실적으로 창고계약의 경우에 보관물을 창고에 납부한 때를 시작으로 당사자에 대한 구속력이 발생하지만, 그러나 현실적으로 계약의 체결 후에 당사자는 이것을 준수할 의무가 있고, 본 조는 이것을 강조할 의도가 있는 것이다.

第383조【임치인의 설명의무】 인화성, 폭발성, 유독성, 부식성, 방사성 있는 등의 위험물 또는 변질이 용이한 물품을 보관하는 경우에 임치인은 그 임치물의 성질에 대하여 설명하고 관련자료를 제공하여야 한다. 임치인이 이와 같은 규정을 위반하는 경우에 창고업자는 임치물의 수령을 거부할 수 있고, 손해발생을 방지하기 위하여 상응한 조치를 취할 수 있다. 이에 따라 발생한 비용은 임치인이 부담하는 것으로 한다. 인화성, 폭발성, 유독성, 부식성, 방사성이 있는 등의 위험물을 보관하는 경우에 창고업자는 상응하는 보관 조건을 갖추어야 한다.

■ 해설

본 조는 임치인의 위험물품 및 변하기 쉬운 물품의 설명의무에 대하여 규정한 것이다. 창고 임치물의 종류는 아주 복잡할 뿐만 아니라 그 보관방식과 방법도 다양하다. 이러한 창고계약의 안전과 순조로운 이행에는 당사자 쌍방의 협력이 필요하다. 특히 임치인의 인화성, 폭발성, 유독성, 부식성, 방사성 있는 등의 위험물과 변하기 쉬운 물품은 다른 일반 보관물의 보관과 비교하여 보다 어렵고 요구도 엄격하다. 또 의외의 상황이 출현할 가능성도 있다. 임치인의 위험물품 및 변하기 쉬운 물품에 관한 본 조의 설명의무와 그것에 상응한 관계자료 제공은 보관인이 사전에 보관물의 안전조치를 강구하기 위하여 아주 중요한 의의를 갖는다.

임치인이 설명의무와 그에 상응한 관계자료 제공 의무에 반한 경우와 창고에 미납한 경우에 창고보관업자는 그 보관을 거절하는 것이 가능하다. 창고에 보관한 물품이 위험물과 변하기 쉬운 물질인 것을 알고 있는 때에는 그에 상응한 조치를 강구하여 손실의 발생을 회피할 필요가 있고, 이에 필요한 비용은 임치인의 부담이 된다. 그러나 임치인이 보관하는 물품이 위험물과 변하기 쉬운 물질이라는 것을 알지 못한 경우는 임치인에게는 과실책임이 없다.

第384조【창고업자의 검수책임】 창고업자는 약정에 의해 입고된 임치물에 대하여 검수를 하여야 한다. 창고업자가 검수할 때 입고된 임치물이 약정에 부합하지 않는 것을 발견한 경우는 지체 없이 임치인에게 통지하여야 한다. 창고업자가 검수한 후에 임치물의 품종, 수량 및 품질이 약정에 부합하지 않은 경우에 창고업자는 손해배상의 책임을 부담하여야 한다.

■ 해설

본 조는 창고업자의 검수의무 및 검수의 법률적 의의를 규정하고 있다[370). 본조의 규정에 의해 창고계약 중 창고업자의 계약의 약정에 따라 창고에 저장된 물품을 검사하고 입고할 의무가 있다. 만일 창고업자가 검사 중에 창고에 입고하여 저장한 물품과 약정한 물품이 서로 부합하지 않는 것을 발견하면 지체없이 임치인에게 통지해야 한다. 임치물에 대하여 창고업자가 검수와 검사를 하고, 보관물의 적당한 보관방법을 확정한다. 이것은 보관기한이 만료할 때에 완전한 상태에서 임치물을 임치인에게 반환하는 전제조건이 된다. 동시에 임치물에 하자가 있는 경우에 책임소재를 명확히 하는 근거가 되는 중요한 절차이다.

창고업자의 검수는 일반적으로 임치물의 품명, 규격 및 수량 등 외에 임치물의 외관상태와 품질상태에 대해서도 검토할 필요가 있다. 그것은 포장 또는 화물에 표기되어 있는 것을 기준으로 하고, 표기가 없는 경우는 위탁자가 제공한 검수자료를 기준으로 한다. 외관 및 품질상태의 검수에 대해서는 일반적으로 포장을 열지 않고 임치인이 제공한 검수자료를 신뢰하여 보관한다. 검수한 보관물이 임치인이 제공한 검수자료와 다른 경우 창고업자는 그 차이를 지체 없이 임치인에게 통지할 의무가 있다.

창고업자가 검수한 후에 임치물이 검수·약정할 때와 다른 품명, 규격, 수량 등이 발생한 경우는 창고업자는 배상의 책임을 지는 것이 의무화 되어 있다. 예컨대, 검수할 때에 다른 상황을 발견하였는데 그 부분이 이미 악화한 경우 창고업자는 이미 악화된 부분의 손실에 대하여 배상의무가 있다.

□ 사례

"갑"오토바이 공장과 "을"회사는 창고계약을 체결하였다. "갑"공장의 18,000조 오토바이 타이어를 "을"회사의 창고에 6개월 보관을 약정하였다. 당사자 쌍방은 창고 보관비용 및 창고 임치물의 검수시간에 대하여 약정을 하였다. 그 후 "갑"공장이 타이어를 인도할 때, "을"회사 직원이 수량을 파악하지 않고 "갑"공장에 창고증권을 발급하였다. 보관기간이 완료되어 "갑"공장이 창고 임치물을 돌려 받았을 때 타이어가 200조 모자라는 것이 발견되었다. "을"회사는 창고 임치물이 모자라는 것에 대한 배상책임을 져야 한다.

第385조 【창고증권의 교부의무】 임치인이 임치물을 인도한 경우는 창고업자는 창고증권을 교부하여야 한다.

370) 刘文华 主编, 앞의 책, 564면; 胡康生 主编, 앞의 책, 355면~356면.

■ 해설

본 조는 창고업자의 창고증권 교부에 대하여 규정한 것이다[371]. 창고증권은 창고업자가 임치인의 물건을 보관하고 이 증권의 소유자에게 보관 중인 임치물을 인도하겠다는 것을 표시하는 증권을 말한다. 창고 임치물의 관계를 증명하는 증권으로써 창고업자는 임치인에 대하여 보관하고 있는 물품을 증명하는 보관증서, 즉 창고증권 발행을 의무화 한 것이다.

이 창고증권의 성질은 첫째, 일정한 재산권리를 표시하는 유가증권(有價證券)이다. 둘째, 증권에는 창고업자가 서명 날인한 후에 일정한 법적 기재사항을 기재하는 요식증권(要式證券)이다. 셋째, 창고증권은 임치물의 수취의 증명서로써 임치인 창고증권 소유자가 창고증권에 배서에 의해 창고업자는 창고증권 소지자에게 일정한 의무를 지는 지시증권(指示證券)이다. 넷째, 창고에 보관된 임치물의 양도는 창고증권의 양도로 소유권의 이전이 이루어지기 때문에 이 증권은 물권증권(物權證券)이다. 다섯째, 창고의 보관물을 취득하는 경우 창고증권은 반드시 반환되어야 한다. 따라서 창고증권은 인환증권(引換證券)이다.

第386条【창고증권의 기재사항】 창고업자가 창고증권에 서명 또는 날인하여야 한다. 창고증권에는 다음 각 호의 사항을 기재하여야 한다.

① 임치인의의 명칭 또는 성명과 주소
② 임치물의 품종, 수량, 품질, 포장 및 건수와 표기
③ 임치물의 소모기준
④ 보관장소
⑤ 보관기간
⑥ 보관료
⑦ 임치물을 보험에 가입하는 경우는 그 보험금액, 기간 및 보험회사의 명칭
⑧ 발행인, 발행장소와 발행일

■ 해설

본 조는 창고업자의 창고증권 기재사항에 대하여 규정한 것이다. 창고증권은 본법의 제385조에서 언급한 바와 같이 일정한 법적 기재사항을 구비한 요식증권으로세 구체적으로 규정한 것이다.

일정한 법적 기재사항에는 절대적 필요기재사항과 상대적 필요기재사항 두 종류가 있다. 전자의 기재가 없으면 증권으로서 그에 상응한 효력을 발휘하지 않고, 후자의 기재가 없는 경우에는 법률 규정에 의해 처리된다. 또 보관증서에 서명하는 것이 경

371) 徐景和 主编, 앞의 책, 549면; 谢怀轼 等, 앞의 책, 578면 이하 참조.

영자가 법인인 경우에는 그 대표자가 하고, 개인인 경우에는 그 경영자가 서명하면 된다. 서명과 날인 또는 그 중 어느 하나가 있으면 충분하다. 위의 기재사항 중에 ①, ②, ④, ⑧은 절대적 필요기재사항이고, 그 외는 상대적 필요기재사항이다.

'임치물의 소모기준'은 임치물의 보관 중에 그 임치물의 성질과 품질 및 운반과정에서 건조, 풍화 등의 자연현상에 의하여 자연적으로 마모될 수 밖에 없는 물품의 훼손 또는 감손 및 오차를 말한다. 이에 대해서는 관계 당국의 일정한 기준이 정해지거나 또는 당사자가 약정에 의한 합리적 소모기준이 설정되고 있다. '보관료'는 제공하는 보관 서비스에 대한 보수를 말한다. 그러나 보관 활동에 부수하는 기타의 운송비나 수선비, 보험료, 관세 등과 같은 필요경비에 대해 임치인은 창고업자에게 지급하여야 한다. 이렇게 부수하는 기타 필요경비가 보관료라고 말할 수는 없다.

□ 사례

"갑"철강상사는 구입한 200톤의 강청을 "을"창고에게 보관하기로 당사자 쌍방은 창고계약을 체결한 후에 "갑"은 약정한 날짜에 강철을 교부하고, "을"창고는 교부 받은 후 "갑"회사에 창고증권을 발급하였다. 창고증권에는 다음 사항을 기재하여야 한다. ①임치인 "갑"철강상사의 명칭과 주소, ②임치물인 강철의 품종, 수량, 질량, 포장 등 상황, ③마모기준, ④보관장소, ⑤보관기간, ⑥창고보관료의 액수 및 지급방식, ⑦만일, 강철이 이미 보험에 가입했다면 보험금액 및 보험회사의 상황의 기재, ⑧증권의 발행인, 발행일, 발행장소 등이다.

제387조【창고증권의 배서양도】 창고증권은 임치물을 수취할 때 제시하는 증명서다. 임치인 또는 창고증권 소지인이 창고증권을 배서하고 이와 함께 창고업자의 서명 또는 날인이 있으면 임치물의 수취할 권리를 양도할 수 있다.

■ 해설

본 조는 창고증권의 배서양도에 대하여 규정한 것이다[372]. 임치인이 자기소유의 물품을 창고업자에게 인도하고 창고에 보관한 경우, 임치물의 점유가 이전되어도 그 소유권은 당연히 임치인에게 속한다. 창고에서 임치물을 반출하지 않고 그 임치물의 소유권을 제3자에게 이전하는 것은 창고증권에 양도의 배서를 하면 충분하다. 이에 따라서 양수인은 그 양도배서의 창고증권을 창고업자에게 제시하는 것으로 창고에 있는 임치물 반출이 가능하고, 창고업자도 임치물의 반환의무를 갖는다.

이 창고에 있는 임치물을 반출하는 행위와 임치물의 반환행위는 소유물의 반환 청

372) 柴振国 何秉群 等, 앞의 책, 572면.

구권에 의한 물권행위로써 창고 보관 관계에서 생기는 채권청구가 아니라는 것에 유의할 필요가 있다. 이 증권의 양도는 임치인이 자기의 보관인에 대한 채권을 양도한 것이 아니라는 점이기 때문이다. 이것은 창고업자가 양도배서를 한 보관증서를 소지한 사람에 대하여 거부 등의 항변 대항을 할 수 없다는 점도 그 이유가 된다.

창고증권의 물권상 변동효력에는 형식상 두 가지의 요건을 충족할 필요가 있다. 첫째, 창고증권에 임치인이 배서를 하여 자기가 합법적 증권의 소지자인 지위를 증명한다. 둘째, 첫번째의 배서에는 창고업자의 서명 또는 날인을 필요로 하고, 창고업자의 서명 또는 날인이 없으면 물권변동이 발생하지 않는다. 이 때문에 이론상 창고증권은 '불완전 물권증권' 이라고 한다.

□ 사례

"갑"회사는 100대의 자동차를 "을"회사에 1년 보관하기로 하고 당사자 쌍방은 창고계약을 체결하였다. 그리고 "갑"회사는 자동차를 "을"회사에 교부하고 "을"회사로부터 창고증권을 받았다. 그 후에 "갑"회사는 보관기간에 모든 자동차를 "병"회사에 판매하고 "병"회사와 창고증권에 "을"회사로부터 자동차를 수취할 권리를 배서하여 양도하였다. "을"회사도 창고증권에 서명과 날인을 하였다. 그 후에 "병"회사는 창고증권을 소지하고 "을"회사로부터 100대의 자동차를 수령할 수 있으며 "을"회사도 그의 요구에 대하여 거절해서는 안 된다.

第388條【창고업자의 동의의무】 창고업자는 임치인 또는 창고증권 소지인의 요구에 의해 임치물에 대한 검사 또는 견본의 출고에 동의하여야 한다.

■ 해설

본 조는 임치인 또는 창고증권 소지인의 임치물 검사 또는 견본의 출고에 대한 창고업자의 동의 의무에 대하여 규정한 것이다. 본 조의 규정은 현실적 경제활동에 대응한 규정이라고 할 수 있다.

첫째, 현실적으로 물품을 창고에 보관한 채로 하여 창고증권에 임치인이 배서를 통하여 창고에 보관 중인 임치물의 소유권이 이전된다. 그 창고에 보관되어 있는 임치물을 매매할 때에 매입자가 현물의 확인 또는 상태를 확인 하기 위해 견본을 출고하는 경우 등이 있다. 이 때 창고업자의 협력이 필요 하다. 그 협력 없이는 견본과 수량확인도 할 수 없다. 둘째, 검사를 하는 경우에 수량, 중량 또는 품질의 검사에 필요한 견본의 채취 등이 있다. 그 결과 임치물이 매매되는 경우도 있고 또는 다른 장소로 이동하기 위하여 임치물의 반출도 고려된다. 본 조에서는 이와 같은 보관인의 협력을 규정하고 있는 것이다. 셋째, 창고업자의 의무는 소극적 부작위(不

作爲)의무인 경우와 일정한 조건 아래에서는 적극적 작위(作爲)의무로 전환하는 경우가 있다. 예컨대, 창고증권 소지인을 위하여 창고를 열고 임치물의 검사와 견본의 채취를 허락한다. 그러나 결정된 시간 이외 창고의 개폐 또는 필요 이상의 샘플 채취는 다른 임치물과 형평성이 있기 때문에 임치인 또는 창고증권 소지인의 요구를 거부할 수도 있다. 그러나 창고업자는 위탁자 또는 창고증권 소지인에게 적극적으로 협력할 필요가 있다.

第389조 【창고업자의 통지의무】 창고업자는 입고된 임치물에 변질 또는 기타 손상이 있는 것을 발견한 경우에는 지체 없이 임치인 또는 창고증권 소지인에게 통지하여야 한다.

■ 해설

본 조는 창고업자의 임치물 이상의 통지의무에 대하여 규정한 것이다. '입고된 임치물' 이란 이미 일정한 수속을 경유한 후 창고에 입고하여 창고업자의 관리 하에 있는 임치물을 말한다. 창고업자는 선량한 관리자의 주의의무가 있다. 입고한 임치물의 상태에 대하여 수시 검사할 의무를 진다. 이를 위하여 본 법의 제384조에서 입고할 때 검수의 필요성을 규정한 것이다. 검수를 경유하여 입고한 임치물의 변질 또는 기타 훼손이 발견된 경우 창고업자는 임치인에게 신속하게 통지하여야 한다.

보관물의 변질 또는 훼손 원인이 창고업자의 과실인 경우는 위약책임을 지고 배상해야 한다. 그것이 불가항력에 의한 것인 경우에는 창고업자는 면책된다. 여기서 규정하는 창고업자의 통지의무는 임치인 또는 창고증권 소지인 중 어느 일방이면 되고 쌍방에 통지할 필요는 없다.

□ 사례

"갑"상점은 1톤의 과일을 "을"의 지하창고에 저장하기로 하고 교부하였는데, "을"은 검수하여 과일을 입고시킬 때에 일부분의 과일이 변질 상황이 발견되었다. "을"은 이 상황을 즉시 "갑" 상점에게 통지해야 한다.

第390조 【창고업자의 긴급조치권】 창고업자는 임치물에 변질 또는 기타 훼손이 있고, 기타 임치물의 안전 및 정상적인 보관의 위협을 발견한 경우는 임치인은 창고증권 소지인에 대하여 필요한 조치를 취하도록 최고하여야 한다. 상황이 긴급한 때에는 창고업자는 필요한 조치를 취할 수 있다. 그러나 처리한 후에 그 상황을 지체 없이 임치인 또는 창고증권 소지인에게 통지하여야 한다.

■ 해설

본 조는 창고업자의 임치물에 대한 긴급조치권에 대하여 규정한 것이다. 본 법의 제389조에서는 임치물의 변질 또는 훼손에 대하여 창고업자는 임치인 또는 창고증권 소지인 중 어느 일방에 통지할 의무가 있다고 규정하고 있지만, 본 조에서는 이미 한 걸은 더 나아가 임치물의 변질 또는 훼손에 멈추지 않고, 다른 임치물의 안전 및 정상적인 보관을 위협하는 경우에 신속하게 임치인 또는 창고증권 소지인에게 필요한 조치를 강구하도록 최고하여, 경우에 따라서는 창고업자가 필요한 조치를 취할 것을 요구하고 있다. 이 경우에 다음 몇가지 문제에 대하여 주의할 필요가 있다.

① 창고업자가 임치인 또는 창고증권 소지인에게 보관물의 변질 또는 훼손에 대하여 최고하는 것은 창고업자의 의무임과 동시에 권리라고도 할 수 있다[373].

② 임치물의 변질 또는 훼손의 정도가 다른 임치물 또는 창고의 정상적인 안전관리와 보관에 영향을 주지 않는 경우에는 임치인 또는 창고증권 소지인에 대하여 통고할 의무는 없고, 임치인 또는 창고증권 소지인은 조치를 강구할 필요도 없다.

③ 일반적으로 창고업자는 임의로 임치물에 대하여 조치를 강구할 권리가 없다. 필요한 범위 내에서 창고업자는 임치물에 대하여 처분권을 갖지만, 그 범위를 일탈한 행위는 허용되지 않는 것이 원칙이다.

④ 창고업자의 임치인 또는 창고증권 소지인에 대한 임치물의 조치 요구는 최저한도로 한정되어, 그 이상의 조치 요구가 있는 경우에 임치인 또는 창고증권 소지인은 창고업자의 그 요구를 거절할 수 있다. 또 임치인 또는 창고증권 소지인이 필요 이상으로 조치를 취하여 창고업자에게 불편과 손해를 초래한 경우에 창고업자는 손해배상의 청구가 가능하다.

⑤ 창고업자가 통고를 게을리하였기 때문에 손해를 초래한 경우에는 임치인 또는 창고증권 소지인이 손해배상의 책임을 진다.

⑥ 창고업자, 임치인 또는 창고증권 소지인이 적시에 조치를 취했는데도 불구하고 기타 임치물 또는 창고업자에게 손해를 초래한 경우, 창고업자에게 과실이 없는 경우에 임치인 또는 창고증권 소지인에게 손해배상 청구를 할 수 있다.

⑦ 최후에 상황이 긴박하여 신속하게 조치를 강구할 필요가 있고, 임치인 또는

373) 왜냐하면 창고업자는 임치인 또는 창고증권 소지인에게 임치물의 변질 또는 훼손에 관한 최고를 하는 것으로 다른 임치물의 파급과 손실을 피할 수 있고 동시에 임치인 또는 창고증권 소지인의 이익이 계속하여 손해를 받지 않도록 하는 보증도 있다.

창고증권 소지인에게 통고할 수 없는 경우에 창고업자는 임치인 또는 창고증권 소지인의 동의를 얻을 필요 없이 임치물에 대하여 필요한 조치가 가능하다. 그러나 이 보전조치는 임치인 또는 창고증권 소지인의 이익을 위해 채용하는 조치로써 역시 임치물의 현 상태를 유지할 필요가 있고, 사후에 신속하게 임치인 또는 창고증권 소지인에게 통지할 의무를 진다.

□ 사례

"갑"농장은 자기가 생산한 20톤의 사과를 "을"의 창고에 보관하기로 약정하였다. "을"은 사과를 받아서 창고에 입고한 후 "갑"농장의 포장이 적합하지 않아서 부분적으로 사과가 부패하기 시작하였고, 기타 사과의 저장 안전까지 위태롭게 한다는 것을 발견하였다. "을"은 즉시 "갑"농장에 대하여 통지를 발송하고 신속히 처리조치를 취할 것을 요구하였다. 만일, 상황이 너무 긴급하다면 "을"창고가 직접 정리조치를 취할 수 있다. 그러나 사후에 반드시 신속하게 그 처리상황을 "갑"농장에 대하여 통지 하여야 한다.

第391조【창고보관의 기간】 당사자가 보관기간을 약정하고 있지 않거나 약정이 불명확한 경우에 임치인 또는 창고증권 소지인은 임치물을 언제나 수취할 수 있고, 창고업자도 언제든지 임치인 또는 창고증권 소지인에 대하여 창고의 임치물의 수령을 요구할 수 있다. 그러나 필요한 준비시간을 주어야 한다.

■ 해설

본 조는 임치물의 보관기간에 대하여 규정한 것이다[374]. 본 조의 규정에 의해 창고계약에서 보관기간을 반드시 약정할 필요는 없지만, 당사자에게 임치물의 보관기간에 대하여 약정이 있는 경우는 그것을 준수하고, 약정이 불명확하거나 없는 경우에 임치인은 언제든지 임치물을 수령할 수 있다. 동시에 창고업자도 임치인에게 임치물의 수령해 갈 것을 요구할 수 있다. 그러나 이 경우에 쌍방의 사정이 허락하는 일정한 여유기간을 주어야 한다는 것을 규정하고 있다. 그 이유는 갑자기 임치인에게 수령해 갈 것을 요구해도 임치인은 준비할 합리적 시간적 여유가 필요하기 때문이다. 만일에 창고업자가 임치물의 수령을 요구하거나 또는 합리적인 시간에 일정한 합의가 이루어 지지 않아서 계속하여 보관을 의뢰하는 경우는 임치인은 그에 따른 보관료를 계상하여 지불해야 한다.

창고계약의 대상은 제공한 보관서비스에 대하여 임치인이 보수를 지급하는 계약

374) 徐景和 主编, 앞의 책, 553면; 夏志宏 主编, 앞의 책, 522면~523면; 刘文华 主编, 앞의 책, 571면.

으로 임치물 그것을 대상으로 한 계약이 아니라는 점에 유의할 필요가 있다. 따라서 임치인 및 창고업자에게는 임치물 그것에 계약상 의무와 권리는 존재하지 않는다. 이러한 전제에서 창고계약에 보관기간이 없거나 또는 보관기간이 불명확한 경우에 임치인은 수시로 임치물을 수령해 갈 수 있으며, 창고업자도 수시로 임치인에게 임치물을 수령해 갈 것을 요구할 수 있다.

보관기간이 설정되어 있는 경우에 임치인은 임치물을 수시로 수령해 갈 수 있지만, 사전에 수령할 때는 경우에 따라서는 창고업자가 손실을 부담하여야 하는 사태가 발생한다. 그것은 사전의 수령에 의한 위약행위의 부담도 있다. 또 사전의 수령으로 불필요한 비용이 발생하는 경우도 있기 때문이다.

제392조【창고증권 소지인의 수령권】 보관기간이 만료한 때에 임치인 또는 창고증권 소지인은 창고증권을 갖고 임치물을 수령하여야 한다. 임치인 또는 창고증권 소지인이 기한을 초과하여 임치물을 수령하지 않는 경우는 보관료를 추가로 지불하여야 한다. 기간 만료 전에 수령하는 경우는 보관료를 감액하지 않는다.

■ 해설

본 조는 창고증권 소지인의 임치물 수령권에 대하여 규정한 것이다. 본 법의 제387조에서 이미 '창고증권은 임치물 수취할 때의 제시하는 증명서다'라고 명기되어 있는 바와 같이 창고증권 소지인은 임치물을 수령할 권리가 있고, 그 외 증명을 제시하는 것 없이 창고증권 소지인은 창고증권을 창고업자에게 제시하는 것으로 임치물 수령이 가능한 권리를 갖는다. 창고업자는 제시한 창고증권을 확인하고 임치물을 인도한 후에 그 창고증권을 회수하면 보관계약은 종료하게 된다.

물론 임치물 수령인은 인도된 임치물에 대하여 검수를 하고 창고증권에 기재된 품명, 수량, 포장 등에 문제가 없으면 창고업자의 임치물에 대한 하자가 없다는 증명으로써 검수자료를 창고업자에게 제출하여야 한다. 그에 따라 출고한 후 임치물에 대한 책임이 면제된다.

보관기간을 초과한 것에 대하여 추가징수를 하는 경우에 보관기간에 창고증권에 기재되어 있는 창고 보관료를 비용으로 징수하는 것이 일반적이다.

□ 사례

"갑"회사는 방직천의 10세트를 "을"의 창고에 보관하기로 하고, 당사자 쌍방은 보관기간이 3개월, 창고보관료는 인민폐 20,000원을 지불한다고 약정하였다. 그 후에 "갑"회사는 보관기간이 만료되기 전에 창고증권을 갖고 "을"창고에 물품을 수령을 요구 받은 경우에 "을"회사는 동의해야 한다. 만일 "갑"회사가 보관기간 전에 물품을 수령했다는 이유로 "을"창고에 대하여 그 잔액의 창고보관료 환불을 요구하면 "을"창고는 그것을 거절할 수 있다. "갑"회사가 약정한 보관기간이 초과한 후에 물품을 수령하게 되면 "을"창고는 창고보관료를 추가로 청구할 수 있다.

제393조【창고업자의 수령권】 보관기간 만료한 때에 임치인 또는 창고증권 소지인이 창고의 임치물을 수령하지 않는 경우, 창고업자는 합리적인 기한 내에 수령할 수 있도록 최고하고, 그 기한을 초과해도 수령해 가지 않는 경우 창고업자는 공탁할 수 있다.

■ 해설

본 조는 창고업자의 임치물 수령권에 대하여 규정한 것이다[375]. 창고증권에 기한이 있는 경우에 임치인 또는 창고증권 소지인은 당연히 기간 내에 임치물을 수령하여야 한다. 기간을 초과해도 임치인 또는 창고증권 소지인이 임치물을 수령하지 않는 경우에 창고업자는 본 법의 제392조 규정에 의해 추가징수를 하는 외에 합리적 기한 내에 임치물 수령할 것을 최고할 수 있다. 그래도 수령하지 않는 경우에 창고업자는 임치물을 민법 공탁에 관한 일반규정을 적용하여 공탁에 하는 것이 가능하다. 물론 공탁에 소요되는 모든 비용 및 위험은 임치인의 부담이 된다. 만일, 창고업자가 임치물을 공탁하지 않는 경우는 계속하여 보관하고 추가 징수를 하는 것도 가능하다.

□ 사례

"갑"시멘트공장은 4,000톤의 시멘트를 "을"회사에 보관하기로 하고, 당사자 쌍방은 보관기간은 6개월로 약정하였다. 당사자는 창고보관료 및 기타 사항에 대한 약정도 하였다. 보관기간이 만료되었지만, "갑"공장은 창고보관 하고 있는 시멘트를 출고하지 않아서, "을"회사는 "갑"공장에 대하여 2주 이내에 임치물을 수령할 것을 통지하였다. 기간이 초과하였는데도 불구하고 "갑"공장은 아직 수령해 가지 않았다. 그 때 "을"회사는 임치물 시멘트를 관련 부처에 공탁 수속을 처리할 수 있다. 관련 고탁비용은 "갑"회사가 부담한다. 공탁한 후에 "을"회사는 이미 "갑"회사에게 창고의 임치물을 반환하였다고 본다.

375) 상세는 徐景和 主编, 앞의 책, 558면 이하 참조.

第394條【창고업자의 위약책임】 보관기간 내에 창고업자의 과실로 임치물의 훼손, 멸실된 경우에 창고업자는 배상책임을 부담하여야 한다. 임치물의 성질, 포장이 약정과 부합하지 않거나 또는 유효한 보관기간을 초과하여 임치물이 변질, 손상된 경우에 창고업자는 손해배상의 책임을 부담하지 않는다.

■ 해설

본 조는 보관기간에 창고업자의 위약책임, 즉 임치물의 훼손 및 멸실의 법률책임과 면책에 대하여 규정하고 있다376).

(1) 창고업자의 보관기간 중 임치물의 훼손, 멸실에 대한 법률책임

창고업자는 창고계약에 따라 선량한 관리자 주의의무를 다하여야 한다. 만일, 특수한 임치물에 대하여 국가의 전문 규정이 있는 경우는 그 규정에 의해 보관할 의무가 있다. 본 조에 규정된 창고업자의 위약책임은 주관적으로 선량한 관리자로서 주의의무를 이행하지 않은 과실책임을 추궁하고, 자연요소와 불가항력에 의한 훼손, 멸실에 대해서는 면책된다고 언급하고 있다.

(2) 창고업자의 보관기간 중 임치물의 훼손, 멸실에 대한 면책

그리고 본 조에서 창고업자의 면책사항에 대하여 규정하고 있다. 첫째, 임치물의 훼손, 멸실이 그 성질 또는 포장이 국가의 규정 또는 약정에 부합하지 않기 때문에 일어난 경우다. 둘째, 임치물이 유효 보관기간을 초과하여 임치물의 변질 또는 손상 등의 경우에 창고업자는 면책된다.

□ 사례

"갑"회사는 식용유 100세트를 "을"회사에 1개월 보관하기로 그 계약이 성립한 후, "갑"은 약정에 따라 식용유를 "을"회사에 교부하였다. 그 후 보관기간 중에 "을"회사의 창고 온도가 높아 식용유가 변질하여 판매할 수 없게 되었다. 이 상황에서 "을"회사는 보관의 잘못에 대한 위약책임을 부담해야 한다. 만일, 보관기간 중에 "갑"회사가 제공한 포장이 국가가 규정한 표준기준에 부합하지 않기 때문에 식용유가 변질을 하였다면 "을"회사는 배상의 책임을 지지 않는다.

第395條【임치계약 규정의 준용】 본 장에 규정이 없는 경우는 임치계약의 관련 규정을 적용한다.

376) 夏志宏 主编, 앞의 책, 525면~526면; 胡康生 主编, 앞의 책, 564면~565면.

■ 해설

본 조는 본 장에 규정이 없는 경우의 준용 규정에 대하여 규정한 것이다. 창고계약은 일반계약과 달리 특수한 보관계약이기 때문에 상세한 규정이 결여되어 있다. 그 경우에는 임치계약의 관계조항을 적용한다고 하는 것이 본 조의 취지이다. 예컨대, 창고업자의 위험부담과 창고업자의 유치권 등이 있다.

제21장 위임계약

위임계약은 당사자간의 신뢰를 바탕으로 진행한다는 점에서 다른 계약과 차이가 있다. 여기서 위임계약이란 위임인과 수임인의 쌍방이 약정하여 수임인이 위임인의 사무를 처리하기로 하는 계약을 말한다.

중국 계약법에서 본 장을 두어 위임계약을 규정하는 것은 중국의 개방정책의 구체적 실현이라고 할 수 있다. 원래 중국의 법 규정에는 위임계약은 없었다. 이 규정이 필요하게 된 것은 현재 중국의 사회생활이 개혁과 개방정책의 심화되어 가면서 다양화 되고, 개인 또는 기업 자체가 스스로 문제를 처리하기에는 경험과 지식이 부족하게 되었다. 따라서 이것을 전문적 지식과 경험을 갖은 전문가에게 위임하여 처리 시키는 방법이 더 효율적인 것으로 인식되어 그에 따른 법규범이 요구된 결과라고 하지 않을 수 없다.

본 장에서는 제396조부터 제413조까지 모두 7개 조문으로 구성되어 있으며, 주요 내용은 위임계약의 정의, 특징, 위임인의 의무와 수임인의 의무 및 배상책임, 중복위임과 공동수임인의 연대책임, 법정종료의 조건 등 주요 조항과 당사자의 권리의무, 법적책임, 계약의 체결과 제한 및 효력 등에 대하여 규정하고 있다.

第396조【위임계약의 정의】 위임계약이란 위임인과 수임인의 약정에 따라 수임인이 위임인의 사무를 처리하는 계약을 말한다.

■ 해설

본 조는 위임계약의 정의에 대하여 규정한 것이다. 위임계약은 위탁계약이라고도 하며, 과거 경제계약법에서는 위임계약에 관한 입법은 없었으나 현행 계약법에서 새롭게 추가된 계약 형태이다[377]. 위임계약은 계약의 일방 당사자인 위임인이 자기

377) 刘文华 主编, 앞의 책, 578면~579면; 胡康生 主编, 앞의 책, 566면~568면; 郭明瑞・房绍坤, 앞의 책, 607면 이하 참조.

의 사무를 다른 당사자인 수임인에게 위탁하여 처리하는 계약을 말한다. 위임계약의 특성은 다음과 같다.

(1) 타인의 사무처리를 목적으로 하는 계약이다.

위임계약은 위임인이 위탁한 사무를 수임인이 처리하도록 하는 것을 목적으로 한 계약이다. 위임사항의 범위는 각국의 입법에 따라 차이가 있지만, 본 조의 규정에서 본 경우에 매매, 대차, 보증 등 민사상 법률사무 이외의 사항도 포함된다고 해석하는 것이 타당하다. 그러나 혼인 등과 같이 본인에게 한정되어 처리할 사항, 국가와 사회공공 이익에 반하는 위탁살인 또는 법률의 강제법규에 반하는 일 등은 위임계약의 대상이 되지 않는다.

(2) 유상·무상계약이다.

위임인은 반드시 수임인에 대하여 보수지급에 한정하지 않는 유상 또는 무상계약이다. 즉 수임인이 위임사무를 처리하는 경우에 보수를 받는가의 여부에 따라 위임계약이 유상일 수도 있고, 무상일 수도 있다. 이 구체적 구별의 실익은 수입인의 책임범위와 관련이 있다. 유상계약인 경우는 수임인이 선량한 관리자로서 주의의무를 다하여 위임사무를 처리하는 것이고, 무상계약의 경우는 구체적 주의의무만을 부담한다.

(3) 낙성·불요식계약이다.

위임계약은 일정한 형식을 요건으로 하지 않고 당사자 합의로 성립하는 낙성계약임과 동시에 특별한 형식을 필요로 하지 않는 낙성·불요식계약인 것이 특징이다.

위임계약은 위임인이 위탁한 사무를 수임인이 처리하는 것을 목적으로 하기 때문에 대리와 유사점이 있어 종종 혼동되는 개념이다.

대리관계는 법률의 직접적 규정을 근간으로 발생하는 대리권에 의한 것으로 위임계약과는 관계가 없다. 그러나 위탁에 법률적 행위가 있는 경우에 위임계약에 약정된 수임인에게 대리권이 수여되고, 수임인은 대외적으로 위임인의 명의로 사무처리를 하는 관계상, 위탁과 대리에는 일정한 인과관계는 존재하지만 양자를 동일시 할 수 없다. 왜냐하면 위임계약은 위임인과 수임인 사이의 계약행위에 의한 내부 관계인 반면, 대리관계는 법적 대리권에 의한 대리인과 제3자와의 관계이기 때문이다.

그리고 대리권의 수여는 합의를 필요로 하지 않는 위임인의 일방적 행위로 대리권이 수여되는데 대하여, 위임관계의 변경과 종료는 대리관계에 상응한 변화 뿐만 아니라 철회 또는 변경의 행위가 있어야 그 효과가 생긴다. 이상에서 위임계약과 대리의 개념에는 엄격한 독립된 개념이 존재하면서 또 밀접한 관계가 있다.

제397조 【위임사무의 범위】 위임인은 수임인에게 한 항목 또는 여러 항목의 사무의 처리를 특별히 위임하는 것이 가능하고, 또한 수임인에게 일체의 사무를 일괄하여 위임하는 것도 가능하다.

■ 해설

본 조는 위임사무의 범위에 대하여 규정한 것이다. 그 범위에는 개별위임과 일괄위임이 있다. 개별위임은 위임인에게 한 항목 또는 다수 항목의 사항을 개별적으로 수임인에게 위임하여 처리하는 것을 말한다. 일괄위임은 모든 사항을 개괄적으로 수임인에게 위임하여 처리 시키는 것으로 다르다. 개별위임과 모든 사항을 개괄적으로 위임하는 일괄위임의 구별기준은 전자는 구체적 처리사항을 포함하고 있는 것을 말하고, 후자는 추상적으로 모 사항에 관한 발생 가능한 모든 사항을 지시하여 수임인에게 처리 시킨다고 하는 것이다. 이러한 구체적인 위임과 추상적인 위임의 경계는 정확하지 않지만, 그러나 일반적 관습에 의해 그 구별이 판단된다. 위임사항 가운데 다수 항목 발생 가능한 경우에 그것이 상대적으로 독립하여 구별할 수 있는 경우는 일괄위임으로 본다. 만일, 상식과 관습에 의해 위임된 사항이 분할할 수 없거나 또는 그 필요가 없는 경우는 개별위임으로 해석한다. 그러나 위임사항 가운데 처음부터 다수 항목이 포함되어 있는 경우 다수 항목의 개별위임으로 하는 것이 일반적이다.

□ 사례

"갑"회사는 "을"회사에 대하여 생산에 필요한 원재료를 대신 구매하기를 위임할 수 있고, 또한 "갑"은 "을"에게 상가 주택 1채를 대신 구매하기를 위임할 수 있다. 그러나 "갑"이 "을"에게 결혼등기 수속을 대신 처리할 것을 위탁하면 일신 전속적 권리에 속하는 것으로 위임계약이 성립되지 않고, 그 위임의 효력은 무효이다.

제398조 【위임비용의 책임】 위임인은 위임사무의 처리 비용을 사전에 지급해야 한다. 수임인이 위임사무의 처리를 위해 대신 지급한 비용에 대해서는 위임인은 그 비용과 이자를 지급하여야 한다.

■ 해설

본 조는 위임인의 위임비용의 책임에 대하여 규정한 것이다[378]. 본 조는 위임계

378) 夏志宏 主编, 앞의 책, 530면; 刘文华 主编, 앞의 책, 580면; 柴振国 何秉群 等, 앞의 책, 589면; 徐景和 主编, 앞의 책, 564면 이하 참조.

약 특징 중의 하나를 규정했다. 수임인은 위임인의 비용으로 위임사무를 처리하며 위임인은 수임인에게 사무 처리비용을 사전에 선불로 지급할 뿐만 아니라, 수임인이 위임사무를 처리하는데 대신 지급한 비용 및 그 비용의 이자를 상환하여야 한다. 즉 위임된 사항을 처리할 때, 위임인은 수임인에게 일정한 보수를 지급하는 외에 그 사항 처리를 위해 소비한 모든 비용을 부담하여야 한다. 그 경우 위임인은 수임인에게 모든 비용의 일부를 지급하든지 또는 일괄하여 모든 비용의 부담 청구를 수임인으로부터 받는 방법 등 양자 택일의 선택이 있다. 그 어떤 방법을 취하든 당사자 합의에 의하는 것이다. 만일 최후에 모든 비용을 정산하는 방법을 선택한 경우에 수임인이 대신 지급한 금액에 국가가 정한 일정한 이율의 이자로써 위임인은 지급하여야 한다. 일반적으로 사전 지불금을 위임인이 지급한 경우에 이자는 청구되지 않지만, 위임인이 수임인에게 사전 지불금을 지급하고 있지 않은 경우에는 일괄 청구할 때에 이자를 포함하여 청구된다. 위임인이 부담하는 모든 비용은 위임된 사항의 처리에 지출한 직접적, 간접적 금전과 물적 소비에 한정된다. 만일, 사전 지급액이 부족한 경우에는 대체금액으로 최후에 일괄적으로 정산한다.

제399조【수임인의 충실의무】 수임인은 위임인의 지시에 따라 위임사무를 처리하여야 한다. 위임인의 지시를 변경할 필요가 있는 경우는 반드시 위임인의 동의를 얻어야 한다. 긴급한 상황에서 위임인과 연락을 취하는 것이 곤란한 경우에 수임인은 위임사무를 적절하게 처리하여야 한다. 그러나 사후에 그 정황을 지체 없이 위임인에게 보고하여야 한다.

■ **해설**

본 조는 수임인의 위임사무 처리에 대한 충실의무에 대하여 규정한 것이다[379]. 본 조는 수임인의 주요 의무 중의 하나를 규정하고 있다. 즉, 위임인의 지시에 따라 위임사무를 처리한다. 수임인은 위임사무를 처리할 때 수임인과 제3자가 발생한 법률결과는 최후에 위임인이 지기 때문이다. 그래서 수임인은 위임인의 지시에 따라서 위임사무를 엄격하게 처리하는 것은 아주 중요한 의무다. 동시에 본 조는 사무처리과정에서 어떤 지시를 변경할 필요가 있을 때 원래의 지시자인 위임인의 동의를 얻어야 하고, 만일 긴급한 상황인 경우는 위임인과 연락을 통하여 또 그것이 곤란하면 수임인은 먼저 변경을 할 수 있는데, 사후에 즉시 그 변경의 원인, 변경 후의 처리결과 등을 포함한 정황을 위임인에게 보고해야 한다고 규정하고 있다.

위임계약은 상호 신뢰관계에 기초한 계약이기 때문에 위임인은 자기의 중요한 사무를 타인에게 위임 시키는 것이다. 따라서 수탁한 사람은 위임인의 신뢰에 대응하

379) 夏志宏 主编, 앞의 책, 531면; 胡康生 主编, 앞의 책, 571면; 刘景一 主编, 앞의 책, 817면~818면.

여 충실하고 정확하게 위임된 사항을 완성할 필요가 있다.

위임인의 수임인에 대한 위임사항의 지시에는 첫째, 융통성이 없는 명령식 지시다. 가령, "언제부터 언제까지 무엇을 어떤 방법으로 인도한다"고 지시한 경우, 수임인은 그것을 변경할 수 없다. 둘째, 일정한 조건 아래 수탁자가 사정을 참작하는 원칙성 지시다. 예컨대, "톤 당 2만 이상은 별개로"과 같은 경우다. 셋째, 임의성 지시다. 가령, "적당한 인재의 선택을 의뢰한다"고 지시한 경우 수임인은 참작의 여지가 있다. 이러한 위임인의 지시는 위임계약의 일부를 구성한다. 따라서 수인인은 지시된 바와 같이 이행할 필요가 있다[380].

'위임인의 지시를 변경할 필요가 있는 경우'는 돌발적인 사태로 인하여 위임인과의 사이에서 연락이 취해지지 않는 경우와 같이 당초 위임계약에서 약정한 내용을 개관적·지속적으로 처리하기 곤란한 경우에 수임인은 신속하게 최선이라고 생각하는 조치를 취하지 않을 수 없다. 그렇지 않은 경우 위임인에게 현저한 피해 또는 손실을 초래하기 때문이다. 이것은 수임인의 의무임과 동시에 위임인이 수임인에게 부여한 권리이다. 이 경우 신속하게 위임인과 연락을 취하여 자기가 긴급피난으로 채택한 조치의 원인과 결과를 보고하여 사후 승인을 받아야 한다.

□ 사례

"갑"회사는 "을"회사에 동물의 한 떼 12마리를 남쪽 어느 한 지역으로 운송할 것을 위임하였다. 운송 도중에 남쪽에서 갑자기 홍수로 인하여 도로가 부실 되는 등 계속 갈수가 없었다. 통신도 중단되어 "갑"회사와 연락하기 어려웠다. "을"회사는 다른 도로로 우회하여 가기로 하고 이러한 상황을 "을"회사에 통지할 것을 결정하였다. "을"회사는 "갑"회사의 원래 지시에 따라 임무를 완성하지 않았지만, 위임계약을 이행하였다.

제400조【수임인에 의한 재위임】 수임인은 위임사무를 직접 처리하여야 한다. 위임인의 동의를 얻은 경우는 수임인은 재위임할 수 있다. 재위임에 동의를 얻은 경우는 위임인은 위임사무에 대해 재위임의 제3자에게 직접 지시할 수 있고, 수임인은 제3자의 선임 및 그 제3자에 대한 지시에 대한 책임을 진다. 재위임이 동의를 받지 않은 경우에 수임인은 재위임 받은 제3자의 행위에 대하여 책임을 부담하여야 한다. 그러나 긴급한 상황 아래서 수임인 위임인의 이익을 보호하기 위해 재위임의 필요가 있는 경우는 제외한다.

380) 가령, 임의지시라도 수임인은 기본원칙 범위 외는 임의로 처리할 수 없다. 기본원칙에서 일탈한 임의적인 처리는 위약책임을 묻게 된다. 따라서 이행의 과정에서 수임인은 필요한 경우에 수시로 위임인의 의사를 확인할 필요가 있다.

■ 해설

본 조는 수임인에 의한 재위임에 대하여 규정한 것이다. 위임인이 자기의 사무를 제3자에게 위임하여 처리하는 것은 수임인의 인격과 경험, 식견과 처리능력을 믿고 있기 때문이다. 그러나 수임인에게도 일정한 처리 능력 및 지식과 경험의 한계가 있다. 이 경우에 위임인의 동의를 얻어 위임된 사무 사항의 일부 또는 전부를 제3자에게 재위임할 경우가 발생한다. 이에 대하여 규정한 것이 본 조다. 재위임된 후 위임인과 수임인 및 재수임인의 관계는 상황에 따라 다르다.

(1) 위임인의 동의를 얻은 재위임의 경우다.

첫째, 위임자와 재수임인의 관계는 재위임 사무의 처리에 대해 직접적인 권리의무가 발생한다[381]. 물론 지시 변경에 대해서도 직접 위임인의 지시를 받고, 그 결과를 보고할 의무가 있다. 동시에 위임인은 재수임인에 대하여 사전에 비용을 지급하고, 모든 비용의 부담을 지급한다. 둘째, 위임인과 수임인은 고유의 관계로부터 벗어난다. 그러나 재위임은 수임인이 위임인의 위촉을 받아 선임하였기 때문에 만일, 재수임인에게 처리능력에 현저한 결여가 있는 경우 또는 위임인에게 중대한 손해를 초래한 경우 등, 수임인은 손해배상의 책임을 진다. 이 외에 수임인은 재수임인에 대하여 지시를 할 권리를 갖는다. 이 경우 수임인의 지시가 적절하지 않아 위임인에게 손실을 초래한 경우도 수임인은 그 책임을 져야 한다. 셋째, 수임인과 재수임인의 관계는 재위임이 없는 위임인과 수임인의 관계와 비슷하다[382]. 사무처리가 완료한 단계에서 재수임인은 수임인에 대하여 지불보수를 청구한다. 이상에서 이해된 바와 같이 동일 위임사무에 대해서 위임인과 수임인의 어느 누가 재수임인에 대하여 지시를 할 수 있는가에 따라 어떤 종류의 연대채권 관계를 형성하고 있다. 그렇기 때문에 재수임인은 위임인과 수임인 그 어느 누구에 대해 급부의무 이행청구를 하여도 된다. 단지, 위임인과 수임인의 지시에 모순이 있는 경우에는 위임인의 지시에 따라야 한다.

(2) 위임인의 동의를 얻지 않고 재위임한 경우다.

위임인과 재수임인 사이에는 직접적 권리와 의무관계는 발생하지 않는다. 재위임이 발생하고 있지 않은 경우, 위임인은 수임인에게 위탁한 모든 사항에 관한 권리를 향유하는 것이 가능하고, 수임인은 본래의 권리와 의무관계에서 탈피할 수 없다. 재수임인은 수임인에 대해서만 책임을 지고 보수청구를 한다. 동일한 재수임인의 모든 과실 또는 위임인에게 끼친 손실에 대해서는 수임인이 그 손해배상의 책임을

381) 즉 위임인은 재수임인에 대하여 직접지시를 할 수 있고, 재수임인은 위임인에 대하여 직접책임을 진다.
382) 즉 수임인은 재수임인에 대하여 지시하는 것이 가능하고, 재수임인은 그 지시를 받아 사무를 처리하고 이행한 결과를 보고한다.

져야 한다. 그러나 사후에 위임인이 재수임인을 추인 또는 묵인한 경우는 동의한 것으로 간주하여 수임인의 책임을 경감하는 것이 가능하다. 예외적으로 긴급한 사태가 발생하여 위임인의 이익보호 차원에서 위임인의 동의도 얻어야 하는데 그럴 수 없는 상황에서 수임인은 일단 재위임하고 위임인의 사후 승낙을 받을 수 있다.

제401조【수임인의 보고의무】 수임인은 위임의 요구에 의해 위임사무의 처리 상황을 보고해야 한다. 위임계약이 종료했을 때 수임인은 위임사무의 결과를 보고해야 한다.

■ **해설**

본 조는 수임인의 위임사무에 관한 보고의무에 대하여 규정한 것이다[383]. 본조의 규정에 의해 수임인은 사무를 처리 과정에서 위임인에게 사무의 진행을 보고해야 한다.

(1) 수임인의 위임사무 처리과정의 보고

수임인의 보고의무 규정은 위임인이 수임인에게 위임한 사무처리 진전 상황을 자주적 또는 위임인의 요청에 의해 보고하는 비강제 규정과 수임인이 위탁된 사무처리를 종료하였을 때, 반드시 처리결과를 보고하는 법적 강제규정의 의미를 갖고 있다. 전자의 비강제 보고의무란 주로 수임인이 자주적으로 위임인에게 보고하는 것으로 위임인은 그에 따른 위임한 사무의 처리상황을 파악하고, 수임인의 처리 능력을 감별하는 것이 가능하다. 만일, 수임인의 처리방법이 위임인의 의지에 따르지 않는 경우는 적시에 수정하는 것도 가능하다.

(2) 수임인의 위임사무의 결과보고

그리고 위임인의 요청이 없어도 법적 강제규정이라는 것에 유의할 필요가 있다. 이것은 위임인 및 수임인 쌍방이 법적으로는 수시계약을 해제할 수 있는 권리를 갖고 있기 때문에 법적으로 사무의 최종 보고의무를 규정하고 있다. 이것은 수임인이 이유를 만들어 책임을 도피할 수 있는 길을 단절하고, 위임인이 위임한 사무의 상황을 알 권리를 보호하기 위한 것이다. 위임한 사무처리를 종료했을 때에 수임인은 위임인에게 반드시 최종보고를 하여야 한다. 만일, 수임인이 보고의무를 게을리 한 경우는 위약책임을 진다. 이 경우 배상책임에 대하여 본 조에서는 명확한 규정은 없지만 그러나 민법의 원칙에 따라 위임인에게는 비용지불의 거절을 포함한 손해배상의 청구권이 있다.

383) 夏志宏 主编, 앞의 책, 532면; 胡康生 主编, 앞의 책, 573면.

제402조 【익명대리의 책임】 수임인이 자기의 명의로 위임인의 수권범위 내에서 제3자와 계약을 체결하는 경우에 제3자가 수탁자와 위탁자 사이의 대리관계를 알고 있을 때, 그 계약은 직접적으로 위탁자와 제3자를 구속한다. 그러나 그 계약이 수임인과 제3자에게만 효력이 있다는 것을 증명할 확실한 증거가 있는 경우는 제외한다.

■ 해설

본 조는 익명대리의 수임인의 행위 효력에 대하여 규정한 것이다[384]. 본 조의 규정에 의해 수임인은 위임인의 수권 범위 내에 자기의 명의로 제3자와 계약을 체결할 때, 만일 수임인이 위임인의 수권위탁서를 제출하여 제3자가 수탁자와 위탁자 사이의 대리관계를 알고 있을 때, 그 계약은 직접적으로 위탁자와 제3자는 직접 계약의 권리를 향유하고 계약의무를 부담한다. 그러므로 수임인은 우선 계약의 권리를 향유하고 계약의 의무를 이행하여 위임인에게 이전할 필요가 없다. 그러나 만일 이 계약은 수탁자와 제3자에게만 한정된다는 확실한 증거가 있다는 것을 증명하면, 이 계약은 직접 위탁자와 제3자를 구속하지 않고 직접 수임인과 제3자를 구속한다고 규정하고 있다. 즉, 수임인은 제3자에 대하여 우선 계약권리를 향유하고 계약의무를 이행하여 위임인에게 이전한다.

대륙법에서 대리는 단순히 대리인이 피대리인의 명의를 갖고 대외적으로 법적 행위를 하고, 그로 인해 발생하는 모든 권리·의무는 직접 피대리인이 책임을 진다. 중국의 현행 민법통칙 제63조는 "대리인은 대리권 내에서 피대리인의 명의를 갖고 민사법률 행위를 실시한다"고 규정하고 있다. 그러나 영미법에서는 일방이 대리로 하여 다른 일방과 제3자의 권리·의무를 설정해도 동일한 대리로 일컫는다. 영미법의 대리에 관한 분류에는 위임인의 대리인 것을 피력하는 대리인과 위임인의 대리인 것을 피력하지 않는 익명대리 두 가지가 있다. 본 조 및 본 법의 제403조 규정은 영미법 대리규정에 관한 일부를 도입한 획기적인 것으로 중국의 대리제도를 보다 완전하게 한 것으로 볼 수 있다.

예컨대, 개인간 소량의 대리 구매에서는 일반적으로 수임인은 매주(買主)에 대하여 위임인의 명의를 갖고 구매 하지 않는다. 그러나 거기에는 명확하게 대리관계가 존재하고 대리인 것을 피력하지 않는 익명대리를 도입할 필요성이 발생한다.

본 조의 '제3자가 수탁자와 위탁자 사이에 대리관계를 알고 있을 때'란 제3자가 수임인과 위임인 사이에 이미 위임계약을 체결하였다는 점 뿐만 아니라 이 계약에 근거하여 제3자인 자기와 계약을 체결한다는 사실을 인지하고 있는 경우를 말한다.

384) 刘文华 主编, 앞의 책, 583면; 胡康生 主编, 앞의 책, 573면~574면.

이 규정은 실질적인 영미법의 익명대리 규정의 영향을 받은 것이다. 만일, 수임인이 위임한 범위를 넘어서 계약을 체결하고, 피대리인의 명의로 계약을 체결하지 않는 경우는 표현대리를 구성할 수 없다. 그 결과로서 위임인은 수임인의 행위에 대하여 책임을 지지 않는다. 익명대리의 경우에 종종 대리행위와 수임인의 개인사무를 혼동하는 경우가 있다. 그것을 방지하기 위하여 본 조에 단서 조항의 규정을 두고 있는 것이다.

□ 사례1

차량제조회사 "갑"은 자동차판매회사 "을"에게 자동차 판매하기를 위임하였다. "을"회사는 "갑"회사의 수권범위 내에서 자기의 명의로 "병"회사와 승용차매매계약을 체결하였다. 계약체결 가운데 "을"회사는 "병"회사에 대하여 "갑"회사의 수권위탁서로써 "갑"회사와 "을"회사 사이의 차량판매위탁 대리관계를 명확히 하였다. 이에 대하여 이 승용차매매계약은 직접적으로 "갑"회사와 "병"회사를 구속한다.

□ 사례2

사례1의 매매계약 중에 "본 계약은 "을"회사와 "병"회사가 직접 이행한다" 라는 조항을 추가하였다. "을"회사는 "병"회사에 대하여 "갑"회사의 수권위탁서의 확인을 시켰지만, 위의 추가된 단서 조항으로 이 계약은 직접 "을"회사와 "병"회사를 구속한다.

제403조 【개입권과 선택권】 수임인이 자기의 명의로 제3자와 계약을 체결할 때에 제3자가 수임인과 위임인의 대리관계가 있는 것을 모르고, 수임인이 제3자의 원인으로 위임인에 대하여 의무를 이행하지 않는 경우에 수임인은 위임인에 대하여 제3자의 존재를 알리고, 이를 이유로 위임인으로 하여금 제3자에 대한 수임인의 권리를 행사할 수 있다. 그러나 제3자가 수임인과 계약을 체결할 때에 위임인을 알고 있는 경우로 이 계약을 체결하지 않을 때는 제외한다.

수임인은 위임인의 원인으로 제3자에 대한 의무를 이행하지 못하는 경우에 수임인은 제3자에게 위임인을 알려주고, 제3자는 수임인 또는 위임인을 상대로 권리 주장의 선택을 할 수 있다. 그러나 제3자는 선택한 상대를 변경해서는 안된다.

위임인은 수임인이 제3자에 대한 권리를 행사하는 경우에 제3자는 위임인에게 그의 수임인에 대한 항변을 주장할 수 있다. 제3자가 위임인을 상대로 선택한 경우에 위임인은 제3자에게 그의 수임인에 대한 항변 및 수임인의 제3자에 대한 항변을 주장할 수 있다.

■ 해설

본 조는 위임인을 공개하지 않는 수임인의 개입권과 제3자의 선택권에 대하여 규정한 것이다. 영미법의 이론에 의하면 수임인이 위임인을 공표하고 있지 않은 단계에서 수임인이 자기 명의로 제3자와 계약을 체결한 경우, 제3자는 수임인과 위임인 사이의 위임관계를 모르고, 제3자가 보았을 때 수임인은 독립한 계약 당사자 신분으로 자신과 거래하고 계약한 것으로 믿는다. 따라서 제3자는 수임인에 대해서만 계약의무와 권리를 이행한다. 이 경우에 얻은 이익 및 재산의 모두를 수임인은 위임인에게 인도하여야 한다.

일반적으로 위임인은 제3자에 대하여 직접 권리를 행사할 수 없다. 그러나 수임인이 위임인을 분명히 밝힌 경우에 위임인은 해당 계약에 대하여 제3자에 대한 기소권이 있고 제3자에 대한 계약책임의 이행을 청구할 수 있다. 이것을 학리상 "위임인의 개입" 이라고 하고, 이 경우 위임인의 효과는 보통 그 익명대리가 위임인을 공개한 대리와 마찬가지가 된다. 본 조 제1단은 이 위임인의 개입을 규정한 것이다[385].

그리고 본 조 제1단의 단서에 "계약을 체결할 때에 위임인을 알고 있는 경우로 계약을 하지 않은 위임인에게는 개입권이 없다"고 규정하고 있는 것은 제3자의 이익보호라는 관점에서 규정한 것이다. 제3자는 계약 당사자가 수임인이기 때문에 계약을 체결한 것으로 만약 제3자가 당초부터 위임인을 알았다면 그 신용정도와 이행능력에서 계약의 체결을 거부할 가능성은 충분히 있기 때문이다.

영미법 이론에 의하면 익명대리의 경우 수임인은 제3자에 대하여 개인책임을 지게 된다. 따라서 제3자는 수임인에 대하여 계약의 이행의무를 요구하는 것이 가능하다. 그러나 제3자에게 위임인을 공개한 후에 제3자는 수임인 또는 위임인 그 어느 누구도 계약의 당사자로 선택할 수 있다. 이것이 제3자의 선택권이고, 본 조 제2단의 규정에서 실질적으로 확립하고 있다. 이 규정에 의하면 수임인이 위임인의 원인으로 제3자에 대하여 의무를 이행하지 않을 때, 수임인은 제3자에 대하여 위임인을 공개할 의무가 있고 그렇지 않으면 수임인은 책임을 져야 한다. 제3자는 위임인이 공개된 후, 수임인과 위임인 중에서 임의로 계약 당사자로 선택할 수 있고, 이 선택권의 행사는 한번으로 한정되며 계약 관계의 안정을 위해 변경은 허용되지 않는다[386].

위임인이 계약에 개입한 후 수임인이 제3자에 대하여 행사할 권리를 위임인은 향

---

385) 위임은의 개입 전제 조건은 첫째, 위임인이 공개되고 있지 않은 경우다. 둘째, 수임인의 과실이 아니고 제3자가 계약위반을 한 경우로 수임인이 위임인에 대하여 제3자를 분명히 밝힌 경우다. 셋째, 위임인이 제3자에 대하여 자신이 위임인이라고 하는 신분을 공표한 경우다. 이 세 가지에 한정된다.

386) 만일, 제3자가 수임인을 당사자로 선정한 경우에 수임인은 제3자로부터 얻은 재산을 위임인에게 이전하여야 하고, 수임인이 지출한 비용은 위임인에 의해 보상 받게 된다.

수할 수 있다. 그러나 제3자는 위임인에게 수임인에 대한 항변을 주장할 수 있다. 예컨대, 수임인의 위약으로 제3자가 이행을 중지한 경우에 이것을 이유로 위임인에 대한 항변이 가능하다. 가령, 수임인이 월권한 경우에 위임인은 이것을 이유로 제3자에게 항변할 수 있다. 위임인은 또 수임인의 제3자에 대한 항변을 주장하는 것도 가능하다. 예컨대, 제3자의 위약으로 수임인이 계약 이행을 중지했을 때에 위임인은 동일한 이유로 계약이행을 중지할 수 있다.

> **第404조【수임인의 재산이전의무】** 수임인은 위임사무의 처리에 의해 취득한 재산을 위임인에게 인도하여야 한다.

■ 해설

본 조는 수임인의 재산이전의무에 대하여 규정한 것이다. 여기서 수임인은 본래 위임계약의 수임인과 재위임할 때의 재수임인도 포함한다[387]. 본 조에서 규정하는 수임인이 위임인에게 이전할 재산은 수임인이 '위임사무의 처리'의 과정에서 제3자로부터 취득한 금전 또는 기자재 등의 현물의 재산 뿐만 아니라 사용권에 따른 재산성 권리도 동시에 위임인에게 이전하여야 한다는 점에 유의할 필요가 있다.

> **第405조【위임인의 보수지급의무】** 수임인이 위임사무를 완성한 경우에 위임인은 보수를 지급해야 한다. 수임인에게 책임 없는 사유로 인하여 위임계약이 해제 또는 위임사무를 완성할 수 없는 경우에 위임인은 수임인에게 상응한 보수를 지급하여야 한다. 그러나 당사자간에 별도의 약정이 있는 경우는 제외한다.

■ 해설

본 조는 위임인의 보수지급의무에 대하여 규정한 것이다[388]. 유상위임계약 중에 위임인은 보수를 지급할 의무가 있다. 보수의 지급시간은 일반적으로 위임한 사무를 완료한 시점이다. 그러나 만일 수임인의 원인으로 계약을 해제하거나 또는 위임사무를 완성할 수 없는 경우는 "신의성실"의 원칙에 따라서 위임인은 수임인이 완성한 부분에 대한 상응한 보수를 지급해야 한다. 그리고 본 조는 동시에 계약의 "의사자치의 원칙"을 반영하고 있다. 당사자 쌍방은 즉 수임인과 위임은 다른 약정이 있으면 그 약정에 근거한다.

위임계약에서 무상의 약정이 없는 경우는 일반적으로는 유상으로 해석한다. 또

387) 柴振国 何秉群 等, 앞의 책, 587면.
388) 夏志宏 主编, 앞의 책, 538면; 胡康生 主编, 앞의 책, 576면~577면.

보수는 일반적으로 금전으로 지급하며, 그 기준은 당사자의 약정에 의하지만 특수한 위임인 경우는 국가 또는 업계의 요금 기준에 준한다. 그 규정이 없는 경우에는 관습 또는 위임한 사무의 성질과 그 복잡성 등을 감안하여 합리적 범위 내에서 지급하는 것이 일반적이다. 그 지급방식은 사전지급방식과 후불지급방식이 있다.

또한 보수는 위임한 사무가 완료한 시점에 지급한다. 보수는 일괄지급방식과 분할지급방식이 있다. 분할지급 방식의 경우에 예컨대, 위탁사무의 과정에서 위탁자가 자기의 형편에 의해 위탁사무를 해약한 경우는 해약할 때까지 수탁자가 완성한 일의 양과 비교하여 금전을 지급할 필요가 있다. 수임인의 책임 소재가 아닌 불가항력이나 의외의 사건 또는 제3자의 행위가 그 원인으로 위탁한 사무를 완성할 수 없어서 해약하는 경우 비록 기대할 효과가 없지만 위임인은 약정한 보수를 수임인에게 지급할 의무가 있다.

□ 사례1

"갑"회사는 "을"회사의 수권범위 내에서 자기명의로 매도인 "병"가구공장과 사무실 가구의 매매계약을 체결하였다. 계약을 체결할 때 "병"회사는 "갑"회사와 "을"회사 사이의 위탁대리관계를 몰랐다. 계약 집행 중에 "갑"회사는 약정에 따라 선금을 지급하였는데 "병"공장은 약정에 따라서 가구를 교부하지 않았다. "갑"회사는 "을"회사에 대하여 제3자의 "병"공장을 알려주었다. 이에 대하여 "을"회사는 "갑"회사의 "병"공장에 대한 권리를 행사할 수 있고, "병"공장에 대하여사무실 가구를 교부하고 상응한 위약책임을 청구할 수 있다.

□ 사례2

사례 1에서 "을"회사와 "병"공장은 사무실 가구를 구매와 관련하여 담판을 하였다. "을"회사 직원의 원인으로 담판이 이루어 지지 않았다. "병"공장은 "을"회사에 대하여 사무실 가구를 판매하지 않겠다고 하였다. "병"공장은 "갑"회사와 계약을 체결했을 때, 만일 "을"회사와 "갑"회사의 위탁관계를 알았더라면 "갑"회사와 이 계약을 체결하지 않았을 것이다. 이에 대하여 "을"회사는 직접 "병"공장에 대하여 "갑"회사의 "병"공장에 대한 권리를 행사할 수 없다.

□ 사례3

"갑"회사는 "을"상점의 지시에 따라 "병"장난감공장과 장난감 매매계약을 체결하였다. 계약을 체결할 때에 "병"공장은 "갑"회사와 "을"상점의 위임대리관계를 몰랐다. 계약을 집행하는 중에 "병"공장은 약정에 따라서 장난감을 교부했지만, "갑"회사는 "을"상점이 즉시 대금을 조달하지 않아 "병"공장에 대금을 지급하지 못했다. "갑"회사는 "병"공장에 "을"상점의 위임대리관계를 알렸다. 이에 대하여 "병"공장은 "을"상점을 상대로 대금지급과 상응한 위약책임을 청구할 수 있다.

□ 사례4

사례 1에서 "병"공장은 "갑"회사가 선금을 부족하게 지급한 원인으로 "을"회사에대하여 권리를 주장할 때, "을"회사는 "갑"회사가 "을"회사의 지시에 근거하지 않고, "병"회사가 매매계약의 약정에 따라서 의무를 이행하지 않는다는 원인으로 제3자의 권리를 항변할 수 있다.

□ 사례5

사례 1에서 "을"회사는 "병"공장에 대한 권리를 행사할 때, "병"공장은 "갑"회사가 선금을 부족하게 지불했다는 원인으로 "을"회사의 권리행사에 대항할 수 있다.

第406조【수임인의 주의의무】 유상의 위임계약에서 수임인의 고의 또는 과실로 위임인에게 손해를 준 때에 위임인은 손해배상을 청구할 수 있다. 무상의 위임계약의 경우는 수임인의 고의 또는 중대한 과실로 인하여 위임인에게 손해를 가한 때에 한하여 위임인은 손해배상을 청구할 수 있다. 수임인은 권한을 초과하여 위임인에게 손해를 준 경우에는 손해배상의 책임을 진다.

■ 해설

본 조는 수임인의 주의의무 대하여 규정한 것이다[389]. 수임인의 과실책임의 부담과 위임한 계약은 손해배상 등의 보수의 획득 여부와 밀접한 관계가 있다. 수임인은 위임인의 사무처리 과정에서 일정한 주의의무를 진다. 수임인의 주의의무는 위임계약의 유상과 무상에 따라 각각 다르다. 첫째, 위임계약이 유상일 경우에 주의의무는 '선량한 관리자의 주의'로써 당연히 무상의 주의의무보다 무겁다. 둘째, 위임계약이 무상일 경우는 도덕적 각도에서 수임인이 자주적으로 인수한 경우가 많고, 이 경우 주의의무는 유상의 경우보다도 가볍다. 이 경우의 주의는 '자기의 사무를 처리함과 동등한 주의'면 되고, 이 과실은 실질적으로 고의 또는 위탁자에게 중대한 손해를 초래한 경우를 제외하고 그 배상책임이 면제되는 것이 일반적이다.

수임인의 월권행위의 경우는 본 법 제397조 및 제339조에서 규정하는 위임인의 위임사무의 처리 권한을 일탈한 행위를 말한다. 예컨대, 갑이 을에게 밀감 구입을

389) 刘文华 主编, 앞의 책, 586면~587면; 胡康生 主编, 앞의 책, 577면; 徐景和 主编, 앞의 책, 573면 이하 참조.

의뢰하였는데 을은 임의로 올리브를 구입한 경우 등이다. 즉 수임인이 임의로 한 행위라고 말할 수 있다. 만일 사후에 위임인의 동의를 얻은 경우에 그 행위 당시는 월권이었지만, 그 후부터 추인 된 이상 이 행위는 유효하다고 해석한다. 따라서 본 조를 이해하는데 있어서 주의해야 할 점은 그 월권행위가 위임자에 대하여 유리한가 판단 여부가 하나의 관건이다. 또 위임인에게 초래된 손해가 수임인의 과실에 불가항력 또는 의외사건이 겹쳐서 발생한 경우 등 그 배상책임은 각종 원인과 손실의 인과관계를 정확히 구별하여 수임인이 질 배상책임을 확정할 필요가 있고, 일괄적으로 수임인의 책임으로 할 수는 없다.

제407조【위임인의 배상의무】 수임인이 위임사무를 처리하는 때에 자기의 책임 없는 사유로 손해를 입었을 경우, 위임인에 대하여 손해배상을 청구할 수 있다.

■ 해설

본 조는 위임인의 배상의무에 대하여 규정한 것이다[390]. 즉 수임인의 무과실에 대한 보호 조항이라고 할 수 있다. 수임인은 위임사무를 처리하는 과정에서 자기의 귀책사유가 아닌 제3자 또는 위임인의 귀책사유로 손실을 입는 경우가 있다. 이 때에 본 조에서 수임인은 위임인에게 일정한 배상의 청구를 할 수 있는 길을 열어 그 손실에 대한 전보를 할 수 있도록 하였다. 위임인의 배상의무에서 중요한 것은 수임인이 위임사무를 처리하고 있는 과정에서 자기의 귀책사유가 아닌 것으로 인하여 받은 손해에 한하여 위임인에 대하여 배상의 청구를 할 수 있다는 점이다.

'자기의 책임 없는 사유'란 수임인이 자기의 귀책사유 없이 사무처리를 위하여 충분한 주의의무를 다하였지만 손해가 발생한 경우다. 손해의 발생에 자기의 과실이 없는 경우를 말한다. 이 주의의무는 본 법의 제406조에서 요구하는 위임사무에 대한 주의의무가 아니고 자신의 신변, 재산상 기타 권익에 손실을 받지 않도록 하기 위한 주의의무라는 것에 유의할 필요가 있다.

동시에 본 조에서 주의할 것은 제3자에 의해 수임인이 손해를 입는 경우다. 가령, 위임사무 처리 관계로 외출했을 때 절도를 당하여 재물의 손실을 받았을 때에 수임인은 위임인에 대하여 배상청구가 가능하다. 동시에 절도범에 대해서도 그 청구를 할 수 있다. 이러한 상황에서는 일방에 대해서만 청구가 가능하고, 다른 일방에 대한 청구권은 상실한다.

390) 刘文华 主编, 앞의 책, 587면; 胡康生 主编, 앞의 책, 578면.

□ 사례

"갑"회사는 "을"회사에 대하여 생산에 필요한 원재료의 대리운송을 위임하였다. "을"회사는 운송과정에 모퉁이를 막 돌았을 때 갑자기 산에서 한 개의 바위가 떨어져서 "을"회사의 기사가 심한 상처를 입었다. 이 사건에서 "을"회사는 "갑"회사에 대하여 손실의 배상을 청구할 수 있다. "갑"회사는 배상해야 한다.

第408조【위임인의 재위임】 위임인은 수임인의 동의를 얻어 수임인 이외의 제3자에게 위임사무를 위임하여 처리할 수 있다. 이로 인해 수임인에게 손해가 발생한 경우는 수임인은 위임인에 대하여 손해배상을 청구할 수 있다.

■ 해설

본 조는 위임인의 재위임에 대하여 규정한 것이다. 위임인이 수임인의 동의를 얻어 제3자에게 위임사무의 처리를 위탁하는 것을 재위임이라고 한다. 위임계약은 상호신뢰를 기초로 성립하고 있는 이상 원칙적으로 재위임은 허용되지 않는다. 수임인의 경험과 지식, 견해의 차이에 따라 위탁된 사무의 처리방법과 수단이 다른 것은 당연하다. 경우에 따라서는 상호 충돌이나 배척되는 경우도 있다.

따라서 수임인의 동의를 얻어 위임인이 다른 제3자에게 위임사무의 처리를 위탁할 가능성이 있는 경우가 있다. 이 경우에 수임인과 그 뒤의 수임인 관계는 상황에 따라서 변화한다. 일반적으로는 재위임에 의해서 원래 수임인의 처리 권한은 제한 또는 분할된다. 예컨대, 원래 수임인의 처리 권한에서 일부를 그 뒤에 위탁한 사람에게 이전하는 것 등이다.

본 조를 이해하는데 있어서 유의할 점은 재위임은 반드시 동일사무 처리를 다른 사람에게 위임하는 것이다. 만일, 동일성질의 사무를 다른 사람에게 위임한 경우는 재위임이 되지 않는다. 또 수임인의 동의를 얻은 재위임이라도 그것에 의해 수임인이 손해를 받은 경우는 위임인에 대해 손해배상 청구권을 갖는다.

第409조【수임인의 연대책임】 2명 이상의 수임인이 공동으로 위임사무를 처리하는 경우는 위임인에 대하여 연대책임을 부담한다.

■ 해설

본 조는 공동수임인의 연대책임에 대하여 규정한 것이다. 공동위임과 재위임의 차이는 공동위임은 하나의 위임계약에 2인 이상의 수임인이 존재하는 것이고, 재위임은 동일한 사무를 두 가지 이상의 위임계약으로 2사람 이상의 수임인에게 사무처리를 위탁하는 다수의 위임관계가 존재하는 것을 말한다.

공동위임에 있어서 공동수임인의 내부관계는 위탁된 사무의 관리권한 구분의 유무에 관계없이 대외적으로는 공동수임인이 연대책임을 지는 것이다. 예컨대, 갑이 을과 병 2명에게 상점의 관리를 위탁하였다. 그런데 을은 매입에 실패하여 상점에 손해을 초래하였다. 이에 대하여 병은 자신은 판매에 책임이 있다는 이유로 매입에 대해서는 책임이 없다는 것을 구실로 갑에 대한 배상책임을 피할 수 없다. 갑에 대해서는 어디까지나 공동수임인로서 연대책임을 진다. 그 위에서 을에 대한 배상을 청구하는 것은 가능하다. 왜냐하면 공동수임인의 내부적 문제로 위임인과 무관하기 때문이다. 만일, 공동수임인이 위임사무의 관할에 대하여 책임 분담이 없는 경우에 공동수임인에게 문제가 발생했을 때, 평등한 처리권을 갖고 상호 협의하여 문제의 해결을 도모할 필요가 있다.

□ 사례

"갑"식품회사는 "을"과 "병" 두 사람이 공동적으로 생산에 필요한 원재료를 구매할 것을 위탁하였다. 수임인 두 삼람 중 "을"의 과실로 기간을 초과한 변질된 원재료를 구입해 왔다. "을"은 "갑"회사의 손해배상의 책임을 지며, "병"은 공동수임인 중의 한 명으로 "갑"회사의 손해배상의 책임에 연대책임을 부담한다.

제410조【위임계약의 해제】 위임인 또는 수임인은 언제든지 위임계약을 해제할 수 있다. 위임계약의 해제로 인하여 상대방에게 손해를 준 경우에 당사자의 귀책사유가 아닌 경우를 제외하고 손해를 배상하여야 한다.

■ 해설

본 조는 위임계약 중 위임인과 수임인의 당사자 쌍방의 계약해제권에 대하여 규정한 것이다[391]. 본 조에서 법률조문의 형식으로 위임계약의 당사자 쌍방에게 언제나 위임계약을 해제할 수 있는 권리를 확정한 이유는 위임에서 가장 중요한 것은 당사자 쌍방의 신뢰관계를 바탕으로 성립하기 때문이다. 즉 위임계약관계는 당사자 상호의 신뢰 관계를 기초로 성립된 것이다. 그렇게 때문에 그 어떤 원인으로 당사자 일방의 신뢰 관계가 흔들리면 유상 또는 무상의 유무, 약정기간의 유무, 위탁사무의 처리가 어떤 단계에 있는가를 확인할 것 없이 언제나 계약관계의 해제권을 당사자 일방은 행사할 수 있다[392].

391) 夏志宏 主编, 앞의 책, 541면; 胡康生 主编, 앞의 책, 579면~580면; 刘景一 主编, 앞의 책, 824면.

392) 본 법의 제101조 규정에서는 해제를 희망하는 당사자가 반드시 상대 당사자에게 명시적인 방법으로 통고하고, 그 통고가 상대방에게 도달한 시점에서 해제는 유효하게 된다. 일단, 해제 통고가 효력을 갖

위임인은 수임인이 복수로 존재하고 그 내의 일부 사람에게 위임계약의 해제 통고를 한 경우에 그 해제 통고가 다른 사람에게도 미치는가에 대해서는 각 상황에 따라 판단되어야 한다. 예컨대, 위임사무의 성질이 불가분의 경우에는 위임계약 그 자체에 대한 해제가 되어 당연히 다른 사람들에게도 해제 통고가 적용되지만, 위임사무가 분할 집행되고 있는 경우에 해제권은 독립적으로 발효하게 되며, 해제 통고를 받은 사람 이외의 위탁관계는 존속하고 해제통고의 적용외가 된다.

위임계약의 임의해제권은 당사자 협의로 일정한 제한 또는 배제의 약정을 규정할 수 있는가의 여부에 대하여 본 법에서는 명문 규정은 없지만, 당사자의 자유의사를 존중하는 기본원칙에서 본다면 가능하다고 할 것이다. 그러나 당사자 사이에 그런 임의해제권에 대한 일정한 제한 또는 배제의 약정을 했다고 하여도 만일, 위임사무를 처리하고 있는 과정에서 당초 예상할 수 없었던 돌발 사태가 발생하고, 그 결정이 형평을 잃는 경우에 그 약정은 철회할 수 있다는 것에 유념할 필요가 있다.

위임계약의 해제권 발동으로 상대방 당사자에게 손해를 초래한 경우에 배상 청구권이 있는가는 해제권을 발동한 당사자의 귀책사유가 없는 경우를 제외하고 당연히 그 손해에 대해 책임질 필요가 있다.

제411조 【위임계약의 종료】 위임인 또는 수임인이 사망, 행위능력의 상실 또는 파산한 경우에 위임계약은 종료한다. 그러나 당사자 사이에 별도의 약정이 있거나 위임사무의 성질상 종료할 수 없는 경우는 제외한다.

■ 해설

본 조는 위임계약의 종료 조건에 대하여 규정한 것이다. 본 조에서 규정하는 위임인의 사망, 위임인의 민사행위능력 상실, 파산 등 법정종료 조건은 강제적 규정이 아니기 때문에 당사자는 협의로 일정한 제한 또는 배제의 약정을 할 수 있다. 예컨대, 위임인이 사망한 경우나 위임인의 승계인 또는 쌍방에서 약정한 기타 사람이 위임인의 지위를 승계한다. 또 위임인이 행위능력을 상실한 경우에는 그 법정대리인이 그 지위를 승계한다고 약정하는 것 등이다. 일방 당사자의 사망, 파산, 민사행위능력 상실에 의한 위임계약의 종료는 다른 일방 당사자가 그것을 알았거나 또는 당연히 알았을 때부터 기산(起算)을 한다.

□ 사례

미국에 사는 “갑”은 친구 “을”에게 위탁하여 가옥을 구매하기로 하고, “갑”이 나이가 많아

은 후에 이것을 다시 철회하는 것은 허용되지 않는다.

귀국한 후에 사용하기로 하였다. "을"은 마침내 적당한 가옥을 찾았다. 그 때 "갑"은 미국에서 교통사고로 사망하였다. "갑"이 이미 사망하였기 때문에 이 가옥의 구매에 대한 의의가 없어졌다. "갑"의 사망으로 이 위임계약은 중지하게 된다.

제412조 【위임사무의 계속처리】 위임인의 사망, 행위능력의 상실 또는 파산으로 위임계약이 종료하고 위임인의 이익에 손해가 발생한 경우에 위임인의 상속인, 법정대리인 또는 청산조직이 위임사무를 인수할 때까지는 수임인은 위임사무를 계속 처리하여야 한다.

■ **해설**

본 조는 위임인의 사망, 민사행위능력 상실 또는 파산한 경우에 수임인의 계속 처리에 대하여 규정한 것이다. 위임인의 사망, 행위능력 상실 또는 파산한 경우에 수임인이 위탁한 사무를 계속 처리할 수 있는 것은 위임인이 상술한 원인으로 위임계약이 종료한 경우에 위임인에게 불이익이 초래될 가능성이 있다는 전제 조건이 필요하다. 그러므로 위임계약이 종료했지만 위임인에게 그 어떤 불이익이 미치지 않는 경우는 수임인의 위임사무 계속적인 처리는 필요하지 않다. 동시에 해제권의 행사에 의한 위임계약의 종료도 본 조의 규정을 적용하여 수임인이 계속 처리를 하는 것은 인정되지 않는다. 수임인이 계속하여 사무 처리를 하는 경우에 그 성질은 원래 계약 위임사무의 계속이므로 당연히 보수 지불의 청구가 가능함과 동시에 보고의무와 재산권리의 인도의무를 이행하여야 한다. 그리고 수임인의 계속처리 기한은 본 조의 규정에 따라 위임인의 승계자, 법정대리인 또는 청산조직에 위임사무가 인계될 때까지이다.

제413조 【종료사유의 통지의무】 수임인의 사망, 행위능력의 상실 또는 파산으로 위임계약이 종료한 경우에 수임인의 상속인, 법정대리인 또는 청산조직은 지체 없이 위임인에게 통지하여야 한다. 위임계약의 종료로 위임인의 이익에 손해가 발생한 경우는 위임인이 위임사무를 처리하기 전까지 수임인의 상속인, 법정대리인 또는 청산조직은 필요한 조치를 취하여야 한다.

■ **해설**

본 조는 수임인의 특수한 상황으로 인한 종료사유의 통지의무에 대하여 규정한 것이다. 본 법의 제412조에서는 위임인의 사망, 민사 행위능력의 상실 또는 파산한 경우에 수임인의 계속 처리에 관한 규정이었다. 그러나 본 조는 수임인이 그러한 계속 처리를 할 수 없는 상태가 출현한 경우에 대한 처리를 규정한 것이다.

수임인의 특수한 상황으로 계약이 종료하는 경우에 그 수임인의 대리인은 그런 사유를 알지 못하는 위임인에게 통지해야 한다. 즉 수임인의 사망, 민사행위능력의 상실 또는 파산에 의해 계약이 종료한 것을 수임인의 상속인, 법정대리인 또는 청산조직이 위임인에게 지체 없이 통지할 의무가 있다. 그리고 그 결과 위임인에게 불이익이 미치지 않도록 위임인이 위임사무 처리를 강구하기 전까지 수임인의 상속인, 법정대리인 또는 청산조직은 필요한 조치를 취하여야 한다는 것을 본 조에서 의무화 하였다. 이것이 본 법의 제412조에서 규정하는 위임계약의 계속으로서 위임사무의 계속 처리와 다른 것이다. 여기서 '필요한 조치'란 사무처리의 현상유지를 위한 소극적인 조치를 뜻하고, 재산처분과 같은 적극적인 사무처리를 뜻하는 것은 아니다.

제22장 위탁매매계약

중국은 1949년 성립한 후에 계획경제에서 시장의 안정, 물자거래의 편리와 외환관리 등을 위하여 국영신탁공사와 국영무역공사를 통하여 전문적인 위탁매매업이 진행되었다. 그러나 WTO가입, 시장경제 도입 등의 중국내의 경제환경 변화에 따른 서비스업종 등의 전문화 되면서 위탁매매계약의 중요성은 더해 가고 있다.

본 장의 위탁매매계약에 관한 규정은 제414조에서 제423조까지 모두 10개의 조문으로 구성하고 있다. 그 주요내용은 위탁매매계약의 정의와 당사자의 권리・의무 등을 규정하고 있다. 본 장에 명기되어 있지 않는 것에 대해서는 위임계약의 관련 조항을 적용한다.

제414조【위탁매매계약의 정의】 위탁매매계약은 위탁매매인이 자기의 명의로 위탁자를 위하여 상업활동에 종사하고, 위탁자가 보수를 지급하는 계약이다.

■ 해설

본 조는 위탁매매계약의 정의에 대하여 규정한 것이다[393]. 위탁매매계약 또는 '신탁계약' 이라고도 한다[394]. 여기서 '상업활동'이란 주로 동산, 유가증권, 과학기술 및

393) 胡康生 主编, 앞의 책, 584면~585면; 郭明瑞・房绍坤, 앞의 책, 707면~710면; 谢怀轼 等, 앞의 책, 616면~618면; 柴振国 何秉群 等, 앞의 책, 596면 이하 참조.

394) 여기에는 광의(廣義)와 협의(狹義)적인 의미가 있다. 광의의 위탁매매계약은 모두 자기의 명의로 민사활동을 하는 것을 말하고, 협의의 경우는 자기의 명의로 동산 또는 기타 상업활동에 한정하여 하는 것을 말한다.

정보 등의 상업적 거래를 목적으로 하는 행위를 뜻한다. 본 장의 위탁매매계약은 중국의 입법관례와 본 조문에서 보아도 그것은 협의적인 의미의 위탁매매를 말한다. 여기서는 위탁매매계약의 특성과 위탁매매계약과 유사한 개념의 구별에 대해 살펴본다.

(1) 위탁매매계약의 특성

첫째, 위탁매매계약은 위탁매매인이 자기의 명의로 위탁인의 이익을 위해 업무처리를 하는 서비스성 계약이다. 위탁업무의 처리과정에서 제3자와 법률관계에 위탁매매인은 자기의 명의를 갖고 관계된 사무처리를 하는 일방의 주체가 된다. 즉 위탁자는 원칙적으로 제3자와 직접적인 법률관계가 발생하지 않는다. 따라서 위탁매매인과 제3자에 대한 어떤 행위를 책임 지지 않는다.

둘째, 위탁매매계약은 위탁인의 이익을 위하여 체결하는 계약이다. 물론 위탁인이 위탁매매인에 대하여 그 이익 분배에 참가한 경우는 예외이고, 그 경우에도 위탁매매계약의 성질에 변화는 없다.

셋째, 위탁매매계약은 위탁매매인이 위탁인을 위해 노무제공을 하는 계약이지만, 그 목적은 노무제공이 반드시 제3자를 위한 법률행위, 즉 본 장에서는 상업활동상 법률행위에 한정하고 있다.

넷째, 위탁매매계약은 당사자의 합의에 의해 성립하는 일정한 형식요건을 필요로 하지 않는 낙성계약이며, 동시에 노무제공에 대한 의무와 그에 대한 보수를 지급한다는 의무에서 성립하는 쌍무계약이 위탁매매계약의 특징이다.

(2) 위탁매매계약과 유사한 다른 계약의 개념상 구별

첫째, 신탁계약과의 구별이다. 위탁매매계약은 신탁계약이라고 하지만, 영미법상 신탁제도와는 구별되는 개념이다. 영미법상 신탁은 일종의 재산관리제도로 대륙법의 물권법에 대응하는 재산법에 속하는 것이다. 여기서 신탁이란 일방의 당사자가 자기의 재산(신탁재산) 소유권을 다른 일방의 당사자(수탁자)에게 이전하여 수탁자는 제3자(신탁수익자)의 이익을 위해 신탁재산을 관리하고 사용한다. 신탁관계가 종료하였을 때에는 신탁재산의 소유권은 신탁자에게 반환된다. 이에 대하여 위탁매매계약은 채권법의 규범 내에서 조정되고, 위탁매매인은 위탁물의 소유권을 향수할 수 없으며 제3자를 수익자로 하여 존재 시키지도 않는다. 이 두 가지 법률관계의 성질, 내용, 성립요건이 전혀 다르다.

둘째, 위임계약은 위탁매매계약과 많은 점에서 유사하기 때문에 국가에 따라서는 위탁매매계약를 위임계약의 일종으로 입법한 국가도 있다. 그러나 중국에서는 별개의 독립한 장으로 두어 규정하고 있다[395].

395) 그러나 이 구별에는 첫째, 위탁매매계약의 위탁업무는 특정한 상업활동으로 한정되어 있다. 그런데 위임계약의 위임사무는 특정화 되지 않고 상업활동 이외의 기타 법률행위와 각종 사실행위도 위임사무

셋째, 도급계약이란 일방 당사자가 다른 일방 당사자에 대하여 일정한 사무처리를 하는 것으로 공통점이 있다. 그러나 도급계약은 법률행위에 속하지 않는 일정한 일을 완성하고, 그것을 의뢰자에게 인도하는 사실행위에 지나지 않으며 제3자와 법률관계를 갖지 않는다. 그러나 위탁매매계약은 반드시 민사적 법률행위로써 상업활동이어야 하고 또 반드시 제3자와 사이에 거래를 할 필요가 있다.

넷째, 대리행위와 구별이다. 위탁매매와 대리행위는 모두 타인을 위하여 하는 행위로 일반적 대리는 직접적인 대리이지만 위탁매매는 간접적 대리이다. 위탁매매계약의 위탁매매인은 자기의 명의로 제3자와 사이에 계약을 체결하지만, 대리행위는 본인인 피대리인의 명의로 제3자와 사이에 계약을 체결하며 그 효과는 피대리인에게 직접 귀속된다.

□ 사례

계약에서 “갑”은 “을”의 회사에 소유하고 있던 중고자동차 1대의 판매를 위탁하였다. “을”회사는 자기의 명의로 중고자동차를 “병”에게 판매하고 받은 대금을 “갑”에게 교부하여 “갑”이 “을”회사에 보수를 지급하였다. “갑”과 “을”회사가 체결한 계약은 바로 중개계약이다.

第415条【비용의 부담의무】 위탁매매인이 위탁사무의 처리를 위해 지출한 비용은 위탁매매인이 부담한다. 그러나 당사자 사이에 별도의 약정이 있는 경우는 제외한다.

■ 해설

본 조는 위탁매매인의 위탁매매비용의 부담에 대하여 규정한 것이다. 위탁매매를 영리목적으로 활동하는 위탁매매인은 위탁된 업무에 소요된 모든 비용은 자기의 영업활동으로 인한 비용이기 때문에 위탁매매인의 부담으로 한다. 이 점이 타인의 사무를 처리하면서 자기의 비용으로 처리하는 위임계약과 구별된다.

‘위탁사무의 처리를 위해 지출한 비용’은 위탁매매와 관련하여 지출하는 매매비용, 관리비용, 보관료, 운송료, 세금 등의 필요비와 전화비, 보험료, 경매비 등의 유익비를 포함한다.

본 조에서 규정하는 위탁매매인의 비용부담의무는 강제규정이 아니고 일반 규정

로 할 수 있다는 점이 다르다. 둘째, 위탁매매계약에서는 자기 명의로만 대외적 활동이 가능하고, 위탁자는 제3자와 사이에 직접적인 법률관계를 갖지 않는다. 이에 대하여 위임계약의 수임인은 위임인의 명의로 대외적 활동을 하고, 계약관계도 위임인과 제3자 사이에 체결되는 것으로 해석되어 위임인은 직접 그 법적 효력을 향수한다. 셋째, 위탁매매계약은 유상・쌍무계약인데 반하여 위임계약은 무상・단무(無償・單務)계약이라고 할 수 있다.

으로 위탁매매인과 위탁자 쌍방이 위탁매매인의 비용 부담의 경감 또는 위탁자에게 이전한다는 취지의 특별한 약정이다. 그러므로 위탁자가 비용을 부담하든지 또는 쌍방이 평균적으로 부담하는 등의 방법은 협의로 결정할 수는 있다. 물론 이 경우 위탁매매인의 위탁자에 대한 비용의 청구는 필연적으로 고려되는 것이 일반적이다.

第416조【위탁물의 보관의무】 위탁매매인이 위탁물을 점유하고 있는 경우는 위탁물은 선의로 보관하여야 한다.

■ 해설

본 조는 위탁매매인의 위탁물 보관의무에 대하여 규정한 것이다. 본 조에서 규정하는 위탁매매인의 위탁물 보관의무 전제조건은 위탁물이 위탁자 또는 제3자가 위탁매매인에게 인도되고 그 위탁물이 위탁매매인의 실질적 관리와 통제 아래 있어야 한다는 점이다. 따라서 위탁자가 무작정 위탁물을 위탁매매인의 창고에 입고했다 해도 위탁매매인은 그로 인하여 보관의무가 추궁 되는 것은 아니다. 왜냐하면 그것은 위탁자가 임의로 입고시킨 것으로 위탁매매인에게 인도되어 보관된 것이 아니기 때문이다.

위탁매매인의 위탁물 보관의무에 요구되는 것은 '선량한 관리자의 보관의무'로 일반적으로 창고계약에서 규정하는 보관의무가 적용된다. 즉 위탁매매인이 선량한 관리자의 보관의무를 위반하여 위탁물에 손해를 초래하게 된 경우는 위탁인에게 그 배상책임이 있다. 위탁매매인의 사유가 아닌 불가항력 등의 원인으로 위탁물의 훼손 또는 멸실이 발생한 경우는 당연히 위탁물의 소유권자가 부담하지만, 그것이 위탁매매인의 사유로 인한 경우는 위탁매매인에게 그 배상책임이 있다.

第417조【위탁물의 처분의무】 위탁매매인이 위탁물을 인도할 때에 하자가 있거나 쉽게 부패 또는 변질하기 쉬운 것일 때는 위탁자의 동의를 얻어 위탁매매인은 그 위탁물을 처분할 수 있다. 위탁자와 신속하게 연락을 취할 수 없는 경우에 위탁매매인은 그 위탁물을 합리적으로 처분할 수 있다.

■ 해설

본 조는 위탁매매인의 위탁물 처분의무에 대하여 규정한 것이다[396]. 위탁물이 위탁매매인의 실질적 관리와 통제 아래 놓여진 경우에 위탁매매인은 위탁물에 대하여 검사와 검토를 하는 것이 보통이다. 이 경우 위탁물 가운데 쉽게 부패, 변질될 위탁물이

396) 胡康生 主编, 앞의 책, 587면; 徐景和 主编, 앞의 책, 581면 이하 참조.

있는 경우에는 위탁자의 동의를 얻어 처분한다. 그리고 보관한 후에도 위탁물에 부패나 변질의 상태를 발견한 경우에 위탁매매인은 신속하게 위탁인에게 연락을 하여 그 처리에 대한 지시를 받을 필요가 있다. 만일, 위탁인의 승낙 없이 위탁매매인이 임의로 처리하는 경우에 위탁자에게 배상청구권이 있다는 것에 주의할 필요가 있다.

위탁매매인이 위탁자의 동의를 얻어 위탁물을 처리하는 경우에 그것은 위탁물의 사실처분 또는 법률적 처분을 통하여 위탁물의 원래 형태를 변경 또는 소멸하는 것으로 위탁자의 이익을 실현하는 경우에 한정한다. 위탁물의 원래 형태를 사실처분한다고 하는 것은 위탁물의 가공 또는 개조를 통하여 위탁물의 물질적 실태를 변경 또는 소멸시키는 것을 말한다. 위탁물의 법률적 처분을 한다고 하는 것은 위탁물의 권리상 행위를 변경 또는 소멸시키는 것이다. 가령, 타인에게 양도하는 것으로 소유권을 이전하고 또는 리스방식으로 물적 소유권의 권리능력 일부를 이전하는 것 등을 말한다. 위탁매매인이 위탁물 처분의 원칙은 위탁자의 동의를 전제로 하지만, 위탁물을 적절하게 처리하지 않으면 위탁자의 이익에 손해가 발생하는 긴급한 사태에 있어서 위탁자와 연락불통의 경우에는 긴급피난의 조치로서 위탁매매인은 '합법적 조치'를 채용하는 것이 인정된다. 이 경우에는 첫째, 위탁자에 의하여 가장 유리한 처분방식[397]을 채용한다. 둘째, 동시에 가능한 위탁물의 원래 상태를 유지하며 위탁자의 지시를 받는 것이 가장 좋은 방식이라 본다.

□ **사례**

"갑"은 "을"에게 10톤의 사과를 대신 판매하기를 위탁하여 톤 당 가격이 인민폐 1,500원을 요구하였다. 시장이 불경기라서 사과를 판매가 쉽지 안고 부패하기 시작하였다. "갑"과 연락할 수 없었기 때문에 "을"은 시장에서 톤 당 인민폐 1,000원의 가격으로 사과를 모두 판매하였다. 이러한 처분 결과에 대하여 "갑"은 수용하여야 한다.

第418조 【위탁매매인의 충실의무】 위탁매매인이 위탁자의 지정가격 보다 낮은 가격으로 매각 또는 지정가격 보다도 높은 가격으로 구입한 경우는 위탁인의 동의를 얻어야 한다. 위탁자의 동의를 얻지 않고 위탁매매인이 그 차액을 보상한 경우에는 약정으로 보수를 증액할 수 있다. 약정이 없거나 또는 약정이 불명확하여 본 법의 제61조 규정에 의해서도 확정할 수 없는 경우에 그 이익은 위탁인에게 귀속된다. 그러나 위탁인이 가격에 대한 특별한 지시가 있는 경우에는 위탁매매인은 그 지시에 위반하여 매각 또는 구입하지 못한다.

397) 그 처분방식에는 위탁물의 성질과 유형에 따라 각각 다르지만 매매, 경매, 보관 등의 방법이 있다.

■ 해설

본 조는 위탁자의 매매가격 지시에 대한 위탁매매인의 충실의무에 대하여 규정한 것이다. 본 조의 위탁자의 매매가격 지시에 대해서는 일반적으로 첫째, 위탁자가 일정한 고정가격 또는 확정한 가격의 폭을 위탁매매인이 준수해야 한다는 명령적 지시다. 둘째, 정확한 가격요구가 없는 희망가격을 제시하여 위탁매매인에게 위임 시키는 임의적 지시다. 셋째, 위탁자의 가격지시는 명확하지만 그러나 상황에 따라 변경 가능한 지도성 지시의 이 세 가지 종류가 있다.

본 조에서 규정하는 '위탁자의 지시가격'이란 위의 세 번째의 지도성 지시를 뜻하며, 여기에는 다음 두 가지 사항이 포함된다.

① 위탁인이 지정하는 최고가격 또는 최저가격에 비교하여 위탁매매인이 그 보다도 높은 가격으로 구입 또는 그 보다 낮은 가격으로 매각한 경우에 경제적으로 위탁자에게 불이익이 있는 이상, 위탁매매인의 매매행위는 위탁자에게 법적 효력을 발생하지 않지만, 다음 요건을 충족하지 않는 경우는 제외된다. 첫째, 사전에 가격 변경을 위탁자에게 통고하여 동의를 얻은 경우 또는 사후에 위탁자가 동의한 경우다. 둘째, 위탁자가 받은 경제적 불이익을 변상한다고 표명한 경우다.

② 위탁자가 지정한 가격보다도 유리하게 위탁매매인이 거래한 경우, 위탁자의 사전 동의가 어디까지나 위탁매매인의 행위는 법적으로는 유효하며 그 이익은 당연히 위탁자에게 귀속한다. 그런데 이 경우 위탁매매인이 보수의 증액 또는 위탁자가 지정한 가격보다도 유리하게 위탁 매매한 증가이익 부분을 사전에 받는다고 약정이 있는 경우는 그 약정에 준하고, 약정이 없는 경우에는 본 법의 제62조 규정에 의하여 당사자가 협의를 통하여 결정하는 것이 일반적이다.

본 조의 단서 조항에서 규정하는 '위탁인의 가격에 대한 특별한 지시'란 위탁매매인이 준수하여야 하는 명령적 지시를 말하고, 본 조 전항의 적용은 받지 않는다.

□ 사례

위탁자 "갑"회사는 위탁매매자 "을"상점에 옷을 100세트 판매하기 위탁하였다. 그러나 판매부진으로 오랫동안 판매를 할 수 없었다. 결국 "을"상점은 "갑"회사에 대하여 옷의 값을 내리자는 의견서를 제출하였다. "갑"회사는 이 세트의 옷을 20%할인 가격으로 판매할 것에 동의하였다. 본 안건에서 위탁물의 값을 내릴 필요가 있는 때는 반드시 위탁인과 협상하여야 한다. 협의를 달성한 후에야 비로서 값을 내릴 수 있다. 그렇지 않으면 위탁매매인이 계약을 부적당하게 이행한 책임을 부담하여야 한다.

제419조【위탁매매인의 개입권】 위탁매매인은 거래소의 시세에 있는 물건을 매각 또는 구입하는 경우에 위탁자의 반대의사를 표시한 경우를 제외하고, 위탁매매인은 자기가 직접 매도인 또는 매수인이 될 수 있다. 위탁매매인은 위의 전단의 경우에도 위탁인에게 보수의 지급을 청구할 수 있다.

■ 해설

본 조는 위탁매매인의 개입권에 대하여 규정한 것이다[398]. 위탁매매인은 위탁을 받아서 중개행위를 실시하며 구매, 판매 등의 과정에서 자기가 직접 매도인또는 매수인으로 위탁자의 위탁사무를 완성하는 것은 위탁매매인의 개입권이다. 즉 위탁매매인이 위탁을 받은 후에 시장에서 거래 상대방의 제3자와 거래를 할 때 자기명의로 위탁된 거래에 개입하여야 하는 경우가 있다. 이것이 위탁매매인의 개입권이다. 위탁매매인의 개입요건, 성질 및 법적효력에 대하여 살펴본다.

(1) 위탁매매인의 개입요건

첫째, 반드시 시장 거래소에서 일정한 가격을 갖는 증권 또는 기타 상품일 것을 요한다. 이것은 위탁매매인이 개입할 전제 조건임과 동시에 위탁매매인 개입이 위탁인에게 불리한 상태에서 손해배상책임 여부의 판단의 기준이 된다. '일정한 가격을 갖는 증권 또는 기타 상품'이란 일정한 시장에서 가격이 결정되고 누구도 그 가격을 좌우할 수 없는 경우를 말한다. 그러한 증권 또는 기타 상품가격은 대채로 시기와 장소에 따라 변화하는 것이 일반적이다. 그 경우에 위탁인이 위탁매매인에 대하여 매매의 시기와 장소, 가격에 지시가 있는 경우는 당연히 그에 따르지만, 가격뿐이고 시기와 장소에 대한 지정이 없는 경우에 그 가격은 발생한 장소와 시기가 기준이 된다[399].

둘째, 당사자 쌍방이 묵시적 또는 명시적인 것과 관계없이 위탁매매인의 개입을 금지하는 약정이 있는 경우는 위탁매매인은 개입권 행사가 불가능하다. 약정이 없는 경우에도 위탁인은 수시로 일방적인 의사에 따라 임의로 위탁매매인의 개입권을 배제하는 것이 가능하다. 그러나 위탁매매인이 개입을 통고한 경우에 위탁인이 반대의사표시를 하지 않거나 또는 침묵하고 있는 경우에 위탁매매인은 개입이 가능하다.

셋째, 위탁매매인이 제3자에게 매각 또는 구입을 하고 있지 않은 경우에 한하여 개입할 수 있다. 만일, 이미 제3자와 매각 또는 구입을 한 경우 개입의 여지는 없다.

---

398) 刘文华 主编, 앞의 책, 601면; 胡康生 主编, 앞의 책, 589면~590면.

399) 만일, 지정가격에 탄력성이 있는 희망가격 또는 지도성 가격의 경우에 위탁매매인은 그 매매가격이 자기에 유리하지만 그러나 위탁인에게는 불리해도 개입권을 행사한 경우에 그 개입권은 부당한 행사가 되고 위탁인은 위탁매매인에 대하여 선량한 관리의무를 게을리 한 것을 이유로 배상책임을 청구할 수 있다.

(2) 위탁매매인의 개입권의 성질

위탁매매인의 개입권은 위탁매매인과 위탁인 사이에 직접적 매매계약에 의하여 성립하는 것이기 때문에 여기서 필요한 것은 위탁인의 승낙이 아니고, 위탁매매인의 일방적 의사표시에 의해서 발생하는 어떤 종류의 형성권에 속하는 것이다.

(3) 개입의 법적효력

개입의 법적효력은 위탁매매인의 개입에 의해 위탁매매인과 위탁인 사이에 매매계약 관계가 생기는 한편, 다른 한편으로는 위탁매매인이 개입한 후 위탁인을 경제적으로 위탁매매인과 제3자가 매매관계를 체결한 동등한 지위에 놓인 상태가 된다. 따라서 위탁매매인은 개입과 동시에 위탁매매인으로서 위탁매매계약을 이행한다. 그리고 지불청구 요건을 충족하였을 때에 위탁매매인은 당연히 보수의 지급을 청구할 수 있다. 만일, 위탁매매인이 매입 위탁의 과정에서 개입권을 행사했다면 그 때 위탁매매인이 화물을 위탁인에게 인도한 후, 위탁매매인은 위탁인으로부터 화물대금을 수령하는 것 뿐만 아니라 보수도 수령할 수 있다. 이상에서도 알 수 있듯이 위탁매매인이 개입한 후 위탁매매인은 위탁매매인과 거래의 상대자로서 2중의 신분을 갖는다. 이에 따라서 위탁매매인은 위탁매매계약에 규정된 그 의무가 경감 또는 면제되는 것은 아니다. 따라서 위탁매매인으로서 선량한 관리의무, 위탁물의 보관의무, 통지의무 등을 게을리 한 경우에는 배상책임을 져야 한다.

□ 사례

"갑"은 "을"에게 컴퓨터 10세트의 구매를 위탁하였다. "갑"과 "을"은 협상을 통하여 컴퓨터 위탁매매계약을 체결하고 그 보수를 약정하였다. 마침 "을"은 컴퓨터 10세트를 갖고 있고 "갑"의 요구와 부합한다. "을"은 컴퓨터 10세트를 "갑"에게 교부하였다. 이에 대해 "갑"은 "을"에게 컴퓨터대금의 지불 뿐만 아니라 약정에 따라서 "을"에게 보수를 지급해야 한다.

第420조 【위탁물의 공탁권】 위탁매매인이 약정에 따라 위탁물을 매입한 경우, 위탁인은 지체 없이 수령하여야 한다. 위탁매매인의 권고에도 불구하고 위탁인은 정당한 이유없이 수령을 거절하는 경우에 본 법의 제101조 규정에 의하여 위탁매매인은 위탁물을 공탁할 수 있다.

위탁물의 매각 불능 또는 위탁인이 매각을 철회 한 경우에 위탁매매인이 최고하였음에도 불구하고 위탁인이 그 위탁물을 되찾아 가지 않거나 또는 처분하지 않는 경우에 위탁매매인은 본 법의 제101조 규정에 의하여 위탁물을 공탁할 수 있다.

■ 해설

본 조는 위탁매매인 위탁물의 공탁권에 대하여 규정한 것이다. 위탁인은 위탁매매인이 약정에 의해 매수한 목적물을 지체 없이 수령하여야 한다.따라서 위탁인이 수령의무를 이행하지 않는 경우는 그 목적물을 공탁할 수 있다. 본 조에서 규정하는 위탁매매인의 위탁물 공탁권에는 매입위탁물의 공탁과 매출위탁물의 공탁이 포함되고 그 내용은 다음과 같다.

(1) 매입위탁물의 공탁

위탁매매인이 위탁매매계약의 약정에 의한 규격, 품질 및 가격으로 위탁물을 매입하는 한편, 그 위에 점유하고 있는 경우에는 이것을 위탁인에게 인도하여야 한다. 그러나 위탁매매인이 지정한 가격에 위반하여 매입한 위탁물에 대해서는 수령의무는 없고 이것을 거절할 수 있다. 인도기한에 약정이 있는 경우에는 그 약정에 준하고, 약정이 없는 경우에 위탁매매인은 합리적 기한을 두고 위탁자에게 수령해 갈 것을 요청할 수 있다. 그 경우 기한만료 후에도 수령해 가지 않거나 수령을 명확히 거절한 경우는 정당한 이유가 없는 것으로서 처리할 수 있다. 예컨대, 수령의 거절 이유를 위탁자가 밝혔다고 해도 역시 그것이 정당한 이유인지 아닌지는 당시의 구체적 상황을 감안하여 고려할 것이다. 그러므로 위탁자 일방적인 이유로 결정할 수 있는 것은 아니고 위탁매매인은 공탁권을 행사할 수 있다.

(2) 매출위탁물의 공탁권

매출 위탁물에 대하여 위탁매매인이 다각도로 노력을 하였지만, 매입자가 나타나지 않아 매출이 없거나 또는 위탁자가 매출을 철회한 경우에 위탁자는 합리적 기한내에 그 위탁물을 신속하게 수령 또는 처분할 필요가 있다. 따라서 위탁매매인의 최고를 받았는데도 불구하고 위탁인이 위탁물을 수령 또는 처분하지 않는 경우에 위탁매매인은 그것을 경매에 붙여 환금한 후 공탁할 필요가 있다. 공탁기간 중에 생긴 이자는 위탁자에게 귀속하며 그 위험과 기타비용도 위탁자가 부담하여야 한다. 위탁물의 공탁 효력은 중국의 민법통칙에서 규정하는 공탁규정이 적용된다.

제421조【제3자의 이행에 대한 담보책임】 위탁매매인과 제3자가 계약을 체결한 경우에 위탁매매인은 그 계약 내용에 따라 직접권리를 취득하고 의무를 부담한다. 제3자의 의무불이행에 의해 위탁인에게 손해가 생긴 경우는 위탁매매인은 손해배상의 책임을 부담한다. 그러나 위탁매매인과 위탁인 사이에 별도의 규정이 있는 경우는 제외한다.

■ 해설

본 조는 제3자의 이행에 대한 담보책임에 대하여 규정한 것이다[400]. 위탁매매인이 위탁을 받아 위탁매매계약에 기초하여 제3자와 거래 행위를 하는 경우에 위탁매매인, 제3자 및 위탁인 세 당사자 사이의 관계를 본 조에서 규정하고 있다.

(1) 위탁매매인과 제3자 사이의 관계

위탁매매인이 자기명의로 거래를 하고 있기 때문에 그 거래행위의 효력은 직접적으로 위탁인에게는 미치지 않는다. 따라서 위탁매매인이 그 거래에서 발생하는 권리와 의무를 부담한 후에 그 이행 결과를 위탁인에게 이전하게 된다. 물론 제3자는 위탁매매인에 대해서만 채무를 이행하고 권리를 행사한다.

(2) 위탁인과 제3자 사이의 관계

이미 앞에서 언급한 바와 같이 위탁인과 제3자 사이에는 형식적으로 직접관계는 없지만, 실질적으로 경제상 이해관계가 존재하고 위탁인의 경제적 이익은 위탁매매인의 중개를 통하여 실현된다. 따라서 제3자가 위약한 경우에 그 배상청구권은 위탁매매인에게만 존재하고 제3자는 위탁매매인 본인이 손해를 받지 않는다는 이유로 배상거부를 할 수 없다. 물론 위탁매매인이 제3자에 대한 배상청구권을 위탁인에게 양도한 경우에 위탁인은 제3자에게 직접 배상을 청구할 수 있다.

(3) 위탁매매인과 위탁인 사이의 관계

위탁매매인과 위탁인의 사이의 관계는 위탁매매계약 관계만 존재한다. 실질적으로 일종의 채권·채무관계라고 할 수 있다. 그러나 위탁매매인이 제3자와 거래계약을 체결한 후 파산한 경우, 일반적으로 위탁매매인의 제3자에 대한 채권은 파산재산 중에서 공제하고 위탁인이 취득한다고 해석한다. 그러나 위탁매매인이 제3자로부터 재산을 취득한 경우에 일반적으로 금전, 유가증권 및 비특정화된 물적 소유권은 모두 위탁매매인에 속하며, 다시 위탁매매인이 인도에 의해 소유권은 위탁인에게 이전된다. 단지, 특정물에 대해서만 일단 제3자로부터 위탁매매인에게 인도 되지만, 그 소유권은 언제나 위탁인에게 귀속한다. 위탁매매인의 특정물 인도는 단순한 점유권 이전으로 소유권 이전이 아니라는 것에 유의할 필요가 있다[401].

본 조에서 규정하는 위탁매매인의 담보이행의무는 결코 법적 강제규정이 아니라

400) 胡康生 主编, 앞의 책, 591면~592면.

401) 위탁매매인과 제3자의 관계 또는 위탁매매인과 위탁인의 관계를 구별하여 살펴보면 가령, 제3자가 의무를 이행하지 않는 경우다. 위탁매매인에게 과실이 없는 가운데 위탁인이 손실을 받은 경우, 위탁매매인에게 배상을 청구하는 것이 아니고, 위탁매매인에게 제3자에 대한 배상청구 또는 위탁매매인의 배상청구권을 위탁인에게 이전하도록 요구하든지 양자 택일할 수 밖에 없다. 그러나 위탁매매계약과 거래계약 사이에 실질적 관련이 있고, 위탁인은 위탁매매인에 대한 신용과 경험을 통하여 신뢰관계에서 위탁매매계약을 체결하고 자기의 사무를 위탁매매인에게 위탁한 것이다. 따라서 본 조에서는 특히 '제3자의 의무 불이행으로 인하여 위탁인에게 손해가 생긴 경우, 위탁매매인은 손해배상의 책임을 부담한다' 라고 하는 위탁매매인의 과실유무와 관계 없이, 위탁인에게 손해를 초래한 것에 대한 담보이행 책임을 규정한 것이다.

는 점에 유의할 필요가 있다. 그러므로 당사자는 약정에서 위탁매매인의 담보이행 의무를 경감 또는 면제하는 것이 가능하다. 이것은 위탁매매인이 담보이행 의무를 진다고 하는 것은 자기 부담을 가중하는 것을 의미하고, 일반적으로는 그것에 맞추어 높은 보수를 요구한다. 그러나 보수가 낮은 경우에 위탁매매인은 담보이행 의무를 부담하지 않는 것이 일반적이다. 본 조의 단서는 위탁매매인의 담보이행 의무의 경감 또는 면제에 한한다.

□ 사례

"갑"회사는 "을"상점에 전화기 10세트의 구매를 위탁하였다. "을"상점은 자기의 명의로 "병"회사와 전화기매매계약을 체결하였다. 그 후 "병"회사는 계약을 이행하지 않았다. 이 상황에서 "갑"회사의 손해배상의 책임을 부담하는 자는 "을"상점 뿐이고, "병"회사에 대하여 손해배상의 책임을 청구할 수 있는자는 "을"상점 밖에 없다.

제422조【보수청구권과 유치권】 위탁매매인이 위탁사무의 일부 또는 전부를 완성한 경우에 위탁인은 위탁매매인에게 상응하는 보수를 지급하여야 한다. 위탁인이 보수의 지급을 지체할 경우에 위탁매매인은 그 위탁물에 대하여 유치권을 갖는다. 그러나 당사자의 별도 규정이 있는 경우는 제외한다.

■ 해설

본 조는 위탁매매인의 보수청구권과 유치권에 대하여 규정한 것이다[402].

(1) 보수청구권

위탁매매계약은 쌍무·유상계약이기 때문에 위탁매매인이 위탁사무를 완성 또는 일부 완성한 경우에 위탁인은 보수를 지급할 의무가 있고, 위탁매매인도 이에 대하여 보수를 청구할 권리가 있다. 위탁매매인에 대한 지급보수는 그 사무의 양 또는 성질에 따라 다르지만, 원칙적으로는 위탁매매인이 완성한 정도에 상응하는 것에 부합하는 보수이어야 한다는 것이 본 조의 규정이다. 그러나 이것은 강제규정이 아니므로 당사자가 협의하여 금액을 약정할 수 있다. 약정이 없거나 또는 그 약정이 불명확한 경우에 본 법의 제61조 규정에 의하여 당사자 쌍방이 협의하여 결정하는 것이 가능하다

(2) 유치권

위탁인이 위탁매매인에게 지급하는 보수의 지급시기는 약정이 있으면 그것에 준

402) 夏志宏 主编, 앞의 책, 553면; 刘文华 主编, 앞의 책, 604면~605면.

하고, 약정이 없는 경우는 상거래 업계의 관습의 중 또는 일정한 합리적 기한을 설정하여 지급하여야 한다. 위탁인이 보수지급에 대한 최고를 받았는데도 불구하고 지급하지 않는 경우에 위탁매매인은 위탁물에 대한 유치권을 행사할 수 있다. 이 위탁매매인의 유치권에 대하여 당사자가 별도로 유치권에 관한 배제 또는 제한 사항을 결정할 수 있으며, 그 약정이 있는 경우는 그것을 존중하여야 한다.

> **제423조 【위임계약의 준용】** 본 장에 규정이 없는 경우에 위임계약의 관련 규정을 적용한다.

■ **해설**

본 조는 위임계약의 준용에 대하여 규정한 것이다. 위탁매매계약은 본 법에서 별도의 장을 두었지만 위탁매매계약과 위임계약에는 많은 공통점이 있다. 위탁매매제도는 당초 위탁제도의 폐해를 극복함과 동시에 위임계약의 편리성을 승계한다고 하는 점에서 탄생하고 발전해 왔다. 그런 관계로 위탁매매계약은 위임계약과 밀접한 관계가 계속되고 있다. 따라서 본 조에서도 "본 장에 규정이 없는 경우는 위임계약의 관련 규정을 적용한다"고 규정하고 있는 것이다.

참조할 수 있는 위임계약의 조항은 주로 첫째, 위임계약의 제300조 위탁인의 지시에 기초하여 위임사무를 처리하는 조항이다. 둘째, 제404조 위탁매매인의 재산인도의무 조항이다. 셋째, 제401조의 보고의무다. 넷째, 제410조부터 제413조까지의 계약해제 및 종료의 조항이 있고, 기타 참조할 수 있는 모든 조항을 참조 적용한다.

제23장 중개계약

오늘날 중국사회는 사회주의 계획경제체제에서 사회주의 시장주의체제로 전환하면서 중개행위는 급속히 팽창되고 있다. 그 동안 법적 정비가 미숙한 상태이었다. 그 배경에는 중국사회의 자본주의 구조가 미성숙하고 현대 법률의 입법작업에 대한 경험부족으로 지적되었다. 그러나 중국은 대외개방정책과 WTO가입 등의 국제사회에 진입으로 시장경제를 경험하는 가운데 입법작업이 계속하여 진행되고 있다.

본 장에서는 제424조부터 제427조까지 모두 4개의 조문으로 구성되고, 주요 내용은 중개계약의 정의, 당사자의 기본권리와 의무 등을 규정하고 있다.

제424조【중개계약의 정의】 중개계약은 중개인이 위탁인에게 계약체결의 기회 또는 계약을 체결할 수 있는 중개서비스를 제공하고, 위탁인은 이에 대하여 보수를 지급하기로 하는 계약이다.

■ 해설

본 조는 중개계약의 정의에 대하여 규정한 것이다[403]. 현실적으로 중개 활동과 유형에 대하여 법적 규제는 없다. 그러나 시장이 개방되고 있지 않은 영역에서 중개 또는 법률로 금지되어 있는 거래사항에 대한 중개는 허용되지 않는 것이 보통이다. 중개계약에는 다음과 같은 특징과 유사한 개념상의 구별이 있다.

(1) 중개계약의 특징

첫째, 중개인이 위탁인을 위해 위탁인과 위탁인의 상대방인 제3자 사이의 계약체결을 알선하고 주선하기 위한 중개인과 위탁인 사이의 계약이다. '계약체결의 알선'이란 중개인이 위탁인이 필요로 하는 상대방 또는 위탁인과 계약을 체결하고자 하는 상대방을 찾아서 위탁인과 계약체결의 기회를 제공하는 것이다. '계약체결의 주선'이란 중개인이 위탁인과 위탁인의 상대방 사이에 중간에 서서 주도적으로 계약의 체결을 매개하는 행위를 말한다. 중개인은 위탁인과 제3자 사이에 계약체결을 위하여 활동한다는 점이 그 특징이 있다. 둘째, 중개계약은 중개인과 위탁인이 당사자의 주체가 되는데, 중개인은 위탁인을 위하여 위탁인에게 계약체결의 기회를 제공하거나 계약체결을 주선하는 당사자로서 특징이 있다. 셋째, 중개계약은 유상・쌍무계약이다. 중개인은 위탁인을 위하여 일정한 서비스를 제공하고, 위탁인은 이 서비스에 대한 보수를 중개인에게 지급하는 유상계약이며 쌍무계약이다. 넷째, 중개계약은 낙성・불요식계약이다. 당사자 쌍방의 의사표시만 있으면 성립하며, 그 어떤 형식도 필요로 하지 않는다.

(2) 중개계약과 유사한 개념상의 구별

첫째, 중개와 위탁이다. 중개는 계약의 기회와 계약상대를 찾아서 유상으로 매개적 역할을 달성하는 것인데, 위탁은 무상이라도 타인의 사무처리를 하는 것이 다르다. 그 종류도 매우 광범위하고 법적으로도 명문의 규제는 없다. 또 중개는 자기 명의로 활동하는데, 위탁은 위탁인을 위해 하는 계약으로 위탁인 대리인이라고 하는 입장에서 계약을 체결하는 것이 다르다. 둘째, 중개와 위탁매매다. 중개인은 위탁인과 제3자의 계약에 있어서 개입권은 없지만, 위탁매매인에게는 계약에 개입권이 있고, 자기명의로 제3자와 사이에 계약을 체결할 수 있는 것이 다르다.

---

403) 刘文华 主编, 앞의 책, 609면~610면; 郭明瑞・房绍坤, 앞의 책, 721면~723면; 徐景和 主编, 앞의 책, 590면 이하 참조.

제425조 【중개인의 성실보고의무】 중개인은 반드시 계약체결에 관한 사항을 위탁인에게 성실히 보고하여야 한다. 중개인이 계약체결에 관련하는 중요한 사항을 고의로 은폐 또는 허위상황을 제공하여 위탁자의 이익에 손해를 초래한 경우는 보수의 지급을 요구할 수 없고, 이로 인한 손해배상의 책임을 부담하여야 한다.

■ 해설

본 조는 중개인의 성실보고의무를 규정한 것이다[404]. 본 조는 중개인은 위탁인에게 사실대로 보고할 의무 및 이 의무 위반에 대한 책임을 규정하고 있다.

(1) 중개인의 성실보고의무

본 조에서 제1단에서 중개인은 위탁인에게 사실대로 보고할 의무를 규정했다. 중개인의 성실보고의무란 중개인이 알고 있는 한 모든 계약에 관한 정보를 은폐하지 않고 그 자체대로 성실하게 보고하는 것을 말한다. 그 내용은 계약에 관한 정보, 즉 상대방의 신용재산 상황부터 업무내용 및 거래 품목의 품질, 수량, 규격, 경우에 따라서는 계약의 전망 등까지 이른바 중개인이 알고 있는 한 모든 계약관련 정보를 의뢰인에게 보고할 의무가 있다.

(2) 성실보고의무의 위반에 대한 책임

성실보고 의무에 위반하여 불성실, 기만행위 및 위탁자에게 불이익을 초래한 경우는 보수청구권이 없는 것은 물론이고, 경우에 따라서는 배상의 책임을 져야 한다.

중개인이 알 수 없는 문제에 대한 조사의무는 없고 또 상대의 신용보증을 할 필요도 없다. 또한 중개인은 계약의 다른 일방 당사자에게 보고할 의무가 없다. 그러므로 매개중개의 활동 과정에서 의뢰인의 기분과 생각을 계약의 다른 일방 당사자에게 전하는 경우, 그것은 보고의무 이행이 아니고 계약촉진을 위한 의사소통으로 해석하며 또 계약촉진 이상의 것을 중개인이 할 것은 아니라고 본다.

□ 사례

"갑"은 "을"중개회사를 통하여 가옥을 임대하였다. "을"회사는 "갑"이 지불한 중개비용의 수입을 위해 "갑"과 "병"이 가옥계약의 체결을 소개하였다. "을"회사는 "병"이 가옥재산권자가 아니라는 것을 숨겼다. "갑"은 1년의 임대료를 교부하면서 "을"회사에 중개보수도 지급하였다. 가옥에 입주하고 얼마 지나지 않아 이 가옥의 진정한 재산권자가 나타나 "갑"에게 이사하라고 요구하였다. 이 경우에 "을"중개회사는 진실을 숨겼기 때문에 "갑"이 이미 지불한 중개보수를 환불하고, "갑"의 손해배상의 책임을 부담한다.

---

404) 夏志宏 主编, 앞의 책, 557면; 胡康生 主编, 앞의 책, 598면~599면.

제426조【중개인의 보수와 비용지급】중개인에 의해 계약이 체결된 경우에 약정에 의해 위탁자는 보수를 지급하여야 한다. 중개인의 보수에 대하여 약정이 없거나 또는 약정이 불명확하여 본 법의 제61조 규정에 의해서도 확정할 수 없는 경우는 중개인의 노무에 대하여 합리적으로 확정하여야 한다. 중개인이 제공한 약정의 중개서비스에 의해 계약이 성립한 경우에 중개인의 보수는 해당 계약의 당사자가 균등하게 부담하는 것으로 한다. 중개인에 의한 계약성립에 관계하는 중개 활동에 필요한 비용은 중개인이 부담한다.

■ 해설

본 조는 위탁자의 중개인에 대한 보수지급의무 및 중개활동 비용부담에 대하여 규정한 것이다[405]. 중개에서 계약이 성립한 경우에 보수에 관한 약정에 보수액과 지불기한이 있는 경우는 이에 준한다. 그러나 약정이 없거나 불명확한 경우는 본 법의 제61조 규정에 의해 당사자가 협의하여 약정할 수 있지만 무상은 허용되지 않는다. 보수금액에 대하여 노무의 성질 또는 양에 따라서 국가에 보수에 관한 규정이 있을 때는 그것에 따르고, 국가에서 정함이 없는 경우에 본 조에서는 중개인의 노무에 대하여 '합리적'이라고 만 규정하고 있다.

보수의 청구권 행사는 중개로 계약이 성립한 시점에서 법적효력의 발효에 관계없이 행사할 수 있다. 따라서 계약에 부수 조건이 있어도 그 부수 조건의 충족 여부와 보수청구권은 관계가 없다. 또 중개행위의 경우 본 조에서 위탁자와 다른 계약 당사자는 보수를 평균하여 지급하는 것으로 규정하고 있다. 그 이유는 계약의 다른 일방 당사자와 중개인 사이에는 계약관계는 존재하지 않지만 그러나 중개인의 노무에 의해 계약 다른 일방 당사자도 이익을 얻고 있기 때문이다. 중개인이 중개 활동에 지출한 비용은 중개인이 보수를 얻기 위한 지출로 해석되고 중개인이 부담한다. 중개인이 지출한 비용이 보수의 수입을 초과한 경우에 그것은 중개인의 위험부담이 된다.

□ 사례

"갑"회사는 "을"중개회사를 통하여 "병"회사와 장기적으로 의류복장의 제공에 대한 판매계약을 체결하였다. "을"회사는 이 중개행위로 보수를 받았다. 그러나 계약을 이행하는 과정에서 "갑"회사의 의류복장의 품질이 "병"회사의 요구에 부합하지 않아 "병"회사는 계속적인 계약의 이행를 거절하고, "갑"회사에 대하여 손해배상을 요구하였다. 동시에 "갑"회사가 "을"회사의 중개를 통하여 "병"회사와 계약을 체결하였기 때문에 "병"회사는 "을"중개회사에 대하여 손해배상의 책임을 요구하였다. 이 사건 중에서 "을"중개회사가 책임의무는 계약이 성립한 후에 이미 끝났다. 중개행위 중에서 "을"회사가 과실이 없다면 계약을 체결한 후의 이행은 "을"회사와 관계가 없고 책임을 부담하지 않는다.

405) 夏志宏 主编, 앞의 책, 558면; 刘文华 主编, 앞의 책, 612면~613면.

> **第427条【중개의 불성립과 비용부담】** 중개인은 계약을 성립시키지 못한 경우에 보수의 지급을 요구할 수 없다. 그러나 중개활동에 종사하면서 지출한 필요비용에 대해서는 위탁인에게 청구할 수 있다.

■ **해설**

본 조는 중개 활동이 성립하지 않았을 때의 비용부담에 대하여 규정한 것이다[406]. 중개 활동이 성립하지 않은 경우에 중개인에 대한 보수청구권은 존재하지 않는다. 따라서 중개인이 청구할 것은 중개 활동에 따른 필요경비와 함께 보전(補塡)한 비용에 한정하여 위탁자에게 청구할 수 있다. '필요비용'이란 중개인이 위탁인을 위한 중개활동에 있어서 합목적으로 지출한 비용을 말한다. 실무적으로 중개인이 위탁자에게 필요경비와 함께 보전한 비용을 청구하는 경우에 그 명세와 영수증을 첨부하여 청구할 필요가 있다. 그러므로 명세와 영수증의 첨부가 없는 경우에는 위탁자는 그 청구를 거부할 수 있다.

附　則

> **第428条【시행일】** 본 법은 1999년 10월 1일부터 시행한다. 경제계약법, 섭외경제계약법 및 기술계약법은 동시에 폐지한다.

■ **해설**

본 조는 본 법의 발효기한에 대하여 규정한 것이다[407]. 중화인민공화국 계약법은 1999년 3월 15일 제9기 전국인민대표대회 제2차 회의를 통과하고, 같은 날 중화인민공화국 주석령 제15호로 공포되었다.

본 법은 1999년 10월 1일부터 시행된다. 본 법이 시행되면서 '신법은 구법에 우선한다'는 원칙에 따라 원래의 중화인민공화국 경제계약법, 중화인민공화국 섭외경제계약법, 중화인민공화국 기술계약법의 구 3법은 폐지된다.

---

406) 徐景和 主编, 앞의 책, 593면 참조.

407) 부칙에 대한 상세는 徐景和 主编, 앞의 책, 594면~596면 참조.

부 록

中华人民共和国合同法

中华人民共和国主席令（第十五号）

《中华人民共和国合同法》已由中华人民共和国第九届全国人民代表大会第二次会议于１９９９年3月１５日通过，现予公布，自１９９９年１０月１日起施行。

中华人民共和国主席　江泽民

１９９９年3月１５日

中华人民共和国合同法（１９９９年3月１５日第九届全国人民代表大会第二次会议通过）

≪目　　录≫

总　则

第一章　一般规定

第一条　为了保护合同当事人的合法权益，维护社会经济秩序，促进社会主义现代化建设，制定本法。

第二条　本法所称合同是平等主体的自然人、法人、其他组织之间设立、变更、终止民事权利义务关系的协议。

婚姻、收养、监护等有关身份关系的协议，适用其他法律的规定。

第三条　合同当事人的法律地位平等，一方不得将自己的意志强加给另一方。

第四条　当事人依法享有自愿订立合同的权利，任何单位和个人不得非法干预。

第五条　当事人应当遵循公平原则确定各方的权利和义务。

第六条　当事人行使权利、履行义务应当遵循诚实信用原则。

第七条　当事人订立、履行合同，应当遵守法律、行政法规，尊重社会公德，不得扰乱社会经济秩序，损害社会公共利益。

第八条　依法成立的合同，对当事人具有法律约束力。当事人应当按照约定履行自己的义务，不得擅自变更或者解除合同。

依法成立的合同，受法律保护。

第二章　合同的订立

第九条　当事人订立合同，应当具有相应的民事权利能力和民事行为能力。当事人依法可以委托代理人订立合同。

第十条　当事人订立合同，有书面形式、口头形式和其他形式。

法律、行政法规规定采用书面形式的，应当采用书面形式。当事人约定采用书面形式的，应当采用书面形式。

第十一条　书面形式是指合同书、信件和数据电文（包括电报、电传、传真、电子数据交换和电子邮件）等可以有形地表现所载内容的形式。

第十二条　合同的内容由当事人约定，一般包括以下条款：

（一）当事人的名称或者姓名和住所；

（二）标的；

（三）数量；

（四）质量；

（五）价款或者报酬；

（六）履行期限、地点和方式；

（七）违约责任；

（八）解决争议的方法。

当事人可以参照各类合同的示范文本订立合同。

第十三条　当事人订立合同，采取要约、承诺方式。

第十四条　要约是希望和他人订立合同的意思表示，该意思表示应当符合下列规定：

（一）内容具体确定；

（二）表明经受要约人承诺，要约人即受该意思表示约束。

第十五条　要约邀请是希望他人向自己发出要约的意思表示。寄送的价目表、拍卖公告、招标公告、招股说明书、商业广告等为要约邀请。

商业广告的内容符合要约规定的，视为要约。

第十六条　要约到达受要约人时生效。

采用数据电文形式订立合同，收件人指定特定系统接收数据电文的，该数据电文进入该特定系统的时间，视为到达时间；未指定特定系统的，该数据电文进入收件人的任何系统的首次时间，视为到达时间。

第十七条　要约可以撤回。撤回要约的通知应当在要约到达受要约人之前或者与要约同时到达受要约人。

第十八条　要约可以撤销。撤销要约的通知应当在受要约人发出承诺通知之前到达受要约人。

第十九条　有下列情形之一的，要约不得撤销：

（一）要约人确定了承诺期限或者以其他形式明示要约不可撤销；

（二）受要约人有理由认为要约是不可撤销的，并已经为履行合同作了准备工作。

第二十条　有下列情形之一的，要约失效：

（一）拒绝要约的通知到达要约人；

（二）要约人依法撤销要约；

（三）承诺期限届满，受要约人未作出承诺；

（四）受要约人对要约的内容作出实质性变更。

第二十一条　承诺是受要约人同意要约的意思表示。

第二十二条　承诺应当以通知的方式作出，但根据交易习惯或者要约表明可以通过行为作出承诺的除外。

第二十三条　承诺应当在要约确定的期限内到达要约人。

要约没有确定承诺期限的，承诺应当依照下列规定到达：

（一）要约以对话方式作出的，应当即时作出承诺，但当事人另有约定的除外；

（二）要约以非对话方式作出的，承诺应当在合理期限内到达。

第二十四条　要约以信件或者电报作出的，承诺期限自信件载明的日期或者电报交发之日开始计算。信件未载明日期的，自投寄该信件的邮戳日期开始计算。要约以电话、传真等快速通讯方式作出的，承诺期限自要约到达受要约人时开始计算。

第二十五条　承诺生效时合同成立。

第二十六条　承诺通知到达要约人时生效。承诺不需要通知的，根据交易习惯或者要约的要求作出承诺的行为时生效。

采用数据电文形式订立合同的，承诺到达的时间适用本法第十六条第二款的规定。

第二十七条　承诺可以撤回。撤回承诺的通知应当在承诺通知到达要约人之前或者与承诺通知同时到达要约人。

第二十八条　受要约人超过承诺期限发出承诺的，除要约人及时通知受要约人该承诺有效的以外，为新要约。

第二十九条　受要约人在承诺期限内发出承诺，按照通常情形能够及时到达要约人，但因其他原因承诺到达要约人时超过承诺期限的，除要约人及时通知受要约人因承诺超过期限不接受该承诺的以外，该承诺有效。

第三十条　承诺的内容应当与要约的内容一致。受要约人对要约的内容作出实质性变更的，为新要约。有关合同标的、数量、质量、价款或者报酬、履行期限、履行地点和方式、违约责任和解决争议方法等的变更，是对要约内容的实质性变更。

第三十一条　承诺对要约的内容作出非实质性变更的，除要约人及时表示反对或者要约表明承诺不得对要约的内容作出任何变更的以外，该承诺有效，合同的内容以承诺的内容为准。

第三十二条　当事人采用合同书形式订立合同的，自双方当事人签字或者盖章时合同成立。

第三十三条　当事人采用信件、数据电文等形式订立合同的，可以在合同成立之前要求签订确认书。签订确认书时合同成立。

第三十四条　承诺生效的地点为合同成立的地点。

采用数据电文形式订立合同的，收件人的主营业地为合同成立的地点；没有主营业地的，其经常居住地为合同成立的地点。当事人另有约定的，按照其约定。

第三十五条　当事人采用合同书形式订立合同的，双方当事人签字或者盖章的地点为合同成立的地点。

第三十六条　法律、行政法规规定或者当事人约定采用书面形式订立合同，当事人未采用书面形式但一方已经履行主要义务，对方接受的，该合同成立。

第三十七条　采用合同书形式订立合同，在签字或者盖章之前，当事人一方已经履行主要义务，对方接受的，该合同成立。

第三十八条　国家根据需要下达指令性任务或者国家订货任务的，有关法人、其他组织之间应当依照有关法律、行政法规规定的权利和义务订立合同。

第三十九条　采用格式条款订立合同的，提供格式条款的一方应当遵循公平原则确定当事人之间的权利和义务，并采取合理的方式提请对方注意免除或者限制其责任的条款，按照对方的要求，对该条款予以说明。

格式条款是当事人为了重复使用而预先拟定，并在订立合同时未与对方协商的条款。

第四十条　格式条款具有本法第五十二条和第五十三条规定情形的，或者提供格式条款一方免除其责任、加重对方责任、排除对方主要权利的，该条款无效。

第四十一条　对格式条款的理解发生争议的，应当按照通常理解予以解释。对格式条款有两种以上解释的，应当作出不利于提供格式条款一方的解释。格式条款和非格式条款不一致的，应当采用非格式条款。

第四十二条　当事人在订立合同过程中有下列情形之一，给对方造成损失的，应当承担损害赔偿责任：

（一）假借订立合同，恶意进行磋商；

（二）故意隐瞒与订立合同有关的重要事实或者提供虚假情况；

（三）有其他违背诚实信用原则的行为。

第四十三条　当事人在订立合同过程中知悉的商业秘密，无论合同是否成立，不得泄露或者不正当地使用。泄露或者不正当地使用该商业秘密给对方造成损失的，应当承担损害赔偿责任。

第三章　合同的效力

第四十四条　依法成立的合同，自成立时生效。

法律、行政法规规定应当办理批准、登记等手续生效的，依照其规定。

第四十五条　当事人对合同的效力可以约定附条件。附生效条件的合同，自条件成就时生效。附解除条件的合同，自条件成就时失效。

当事人为自己的利益不正当地阻止条件成就的，视为条件已成就；不正当地促成条件成就的，视为条件不成就。

第四十六条　当事人对合同的效力可以约定附期限。附生效期限的合同，自期限届至时生效。附终止期限的合同，自期限届满时失效。

第四十七条　限制民事行为能力人订立的合同，经法定代理人追认后，该合同有效，但纯获利益的合同或者与其年龄、智力、精神健康状况相适应而订立的合同，不必经法定代理人追认。

相对人可以催告法定代理人在一个月内予以追认。法定代理人未作表示的，视为拒绝追认。合同被追认之前，善意相对人有撤销的权利。撤销应当以通知的方式作出。

第四十八条　行为人没有代理权、超越代理权或者代理权终止后以被代理人名义订立的合同，未经被代理人追认，对被代理人不发生效力，由行为人承担责任。

相对人可以催告被代理人在一个月内予以追认。被代理人未作表示的，视为拒绝追认。合同被追认之前，善意相对人有撤销的权利。撤销应当以通知的方式作出。

第四十九条　行为人没有代理权、超越代理权或者代理权终止后以被代理人名义订立合同，相对人有理由相信行为人有代理权的，该代理行为有效。

第五十条　法人或者其他组织的法定代表人、负责人超越权限订立的合同，除相对人知道或者应当知道其超越权限的以外，该代表行为有效。

第五十一条　无处分权的人处分他人财产，经权利人追认或者无处分权的人订立合同后取得处分权的，该合同有效。

第五十二条　有下列情形之一的，合同无效：

（一）一方以欺诈、胁迫的手段订立合同，损害国家利益；

（二）恶意串通，损害国家、集体或者第三人利益；

（三）以合法形式掩盖非法目的；

（四）损害社会公共利益；

（五）违反法律、行政法规的强制性规定。

第五十三条　合同中的下列免责条款无效：

（一）造成对方人身伤害的；

（二）因故意或者重大过失造成对方财产损失的。

第五十四条　下列合同，当事人一方有权请求人民法院或者仲裁机构变更或者撤销：

（一）因重大误解订立的；

（二）在订立合同时显失公平的。

一方以欺诈、胁迫的手段或者乘人之危，使对方在违背真实意思的情况下订立的合同，受损害方有权请求人民法院或者仲裁机构变更或者撤销。

当事人请求变更的，人民法院或者仲裁机构不得撤销。

第五十五条　有下列情形之一的，撤销权消灭：

（一）具有撤销权的当事人自知道或者应当知道撤销事由之日起一年内没有行使撤销权；

（二）具有撤销权的当事人知道撤销事由后明确表示或者以自己的行为放弃撤销权。

第五十六条　无效的合同或者被撤销的合同自始没有法律约束力。合同部分无效，不影响其他部分效力的，其他部分仍然有效。

第五十七条　合同无效、被撤销或者终止的，不影响合同中独立存在的有关解决争议方法的条款的效力。

第五十八条　合同无效或者被撤销后，因该合同取得的财产，应当予以返还；不能返还或者没有必要返还的，应当折价补偿。有过错的一方应当赔偿对方因此所受到的损失，双方都有过错的，应当各自承担相应的责任。

第五十九条　当事人恶意串通，损害国家、集体或者第三人利益的，因此取得的财产收归国家所有或者返还集体、第三人。

第四章　合同的履行

第六十条　当事人应当按照约定全面履行自己的义务。

当事人应当遵循诚实信用原则，根据合同的性质、目的和交易习惯履行通知、协助、保密等义务。

第六十一条　合同生效后，当事人就质量、价款或者报酬、履行地点等内容没有约定或者约定不明确的，可以协议补充；不能达成补充协议的，按照合同有关条款或者交易习惯确定。

第六十二条　当事人就有关合同内容约定不明确，依照本法第六十一条的规定仍不能确定的，适用下列规定：

（一）质量要求不明确的，按照国家标准、行业标准履行；没有国家标准、行业标准的，按照通常标准或者符合合同目的的特定标准履行。

（二）价款或者报酬不明确的，按照订立合同时履行地的市场价格履行；依法应当执行政府定价或者政府指导价的，按照规定履行。

（三）履行地点不明确，给付货币的，在接受货币一方所在地履行；交付不动产的，在不动产所在地履行；其他标的，在履行义务一方所在地履行。

（四）履行期限不明确的，债务人可以随时履行，债权人也可以随时要求履行，但应当给对方必要的准备时间。

（五）履行方式不明确的，按照有利于实现合同目的的方式履行。

（六）履行费用的负担不明确的，由履行义务一方负担。

第六十三条　执行政府定价或者政府指导价的，在合同约定的交付期限内政府价格调整时，按照交付时的价格计价。逾期交付标的物的，遇价格上涨时，按照原价格执行；价格下降时，按照新价格执行。逾期提取标的物或者逾期付款的，遇价格上涨时，按照新价格执行；价格下降时，按照原价格执行。

第六十四条　当事人约定由债务人向第三人履行债务的，债务人未向第三人履行债务或者履行债务不符合约定，应当向债权人承担违约责任。

第六十五条　当事人约定由第三人向债权人履行债务的，第三人不履行债务或者履行债务不符合约定，债务人应当向债权人承担违约责任。

第六十六条　当事人互负债务，没有先后履行顺序的，应当同时履行。一方在对方履行之前有权拒绝其履行要求。一方在对方履行债务不符合约定时，有权拒绝其相应的履行要求。

第六十七条　当事人互负债务，有先后履行顺序，先履行一方未履行的，后履行一方有权拒绝其履行要求。先履行一方履行债务不符合约定的，后履行一方有权拒绝其相应的履行要求。

第六十八条　应当先履行债务的当事人，有确切证据证明对方有下列情形之一的，可以中止履行：

（一）经营状况严重恶化；

（二）转移财产、抽逃资金，以逃避债务；

（三）丧失商业信誉；

（四）有丧失或者可能丧失履行债务能力的其他情形。当事人没有确切证据中止履行的，应当承担违约责任。

第六十九条　当事人依照本法第六十八条的规定中止履行的，应当及时通知对方。对方提供适当担保时，应当恢复履行。中止履行后，对方在合理期限内未恢复履行能力并且未提供适当担保的，中止履行的一方可以解除合同。

第七十条　债权人分立、合并或者变更住所没有通知债务人，致使履行债务发生困难的，债务人可以中止履行或者将标的物提存。

第七十一条　债权人可以拒绝债务人提前履行债务，但提前履行不损害债权人利益的除外。

债务人提前履行债务给债权人增加的费用，由债务人负担。

第七十二条　债权人可以拒绝债务人部分履行债务，但部分履行不损害债权人利益的除外。

债务人部分履行债务给债权人增加的费用，由债务人负担。

第七十三条　因债务人怠于行使其到期债权，对债权人造成损害的，债权人可以向人民法院请求以自己的名义代位行使债务人的债权，但该债权专属于债务人自身的除外。

代位权的行使范围以债权人的债权为限。债权人行使代位权的必要费用，由债务人负担。

第七十四条　因债务人放弃其到期债权或者无偿转让财产，对债权人造成损害的，债权人可以请求人民法院撤销债务人的行为。债务人以明显不合理的低价转让财产，对债权人造成损害，并且受让人知道该情形的，债权人也可以请求人民法院撤销债务人的行为。

撤销权的行使范围以债权人的债权为限。债权人行使撤销权的必要费用，由债务人负担。

第七十五条　撤销权自债权人知道或者应当知道撤销事由之日起一年内行使。自债务人的行为发生之日起五年内没有行使撤销权的，该撤销权消灭。

第七十六条　合同生效后，当事人不得因姓名、名称的变更或者法定代表人、负责人、承办人的变动而不履行合同义务。

第五章　合同的变更和转让

第七十七条　当事人协商一致，可以变更合同。

法律、行政法规规定变更合同应当办理批准、登记等手续的，依照其规定。

第七十八条　当事人对合同变更的内容约定不明确的，推定为未变更。

第七十九条　债权人可以将合同的权利全部或者部分转让给第三人，但有下列情形之一的除外：

（一）根据合同性质不得转让；

（二）按照当事人约定不得转让；

（三）依照法律规定不得转让。

第八十条　债权人转让权利的，应当通知债务人。未经通知，该转让对债务人不发生效力。

债权人转让权利的通知不得撤销，但经受让人同意的除外。

第八十一条　债权人转让权利的，受让人取得与债权有关的从权利，但该从权利专属于债权人自身的除外。

第八十二条　债务人接到债权转让通知后，债务人对让与人的抗辩，可以向受让人主张。

第八十三条　债务人接到债权转让通知时，债务人对让与人享有债权，并且债务人的债权先于转让的债权到期或者同时到期的，债务人可以向受让人主张抵销。

第八十四条　债务人将合同的义务全部或者部分转移给第三人的，应当经债权人同意。

第八十五条　债务人转移义务的，新债务人可以主张原债务人对债权人的抗辩。

第八十六条　债务人转移义务的，新债务人应当承担与主债务有关的从债务，但该从债务专属于原债务人自身的除外。

第八十七条　法律、行政法规规定转让权利或者转移义务应当办理批准、登记等手续的，依照其规定。

第八十八条　当事人一方经对方同意，可以将自己在合同中的权利和义务一并转让给第三人。

第八十九条　权利和义务一并转让的，适用本法第七十九条、第八十一条至第八十三条、第八十五条至第八十七条的规定。

第九十条　当事人订立合同后合并的，由合并后的法人或者其他组织行使合同权利，履行合同义务。当事人订立合同后分立的，除债权人和债务人另有约定的以外，由分立的法人或者其他组织对合同的权利和义务享有连带债权，承担连带债务。

第六章　合同的权利义务终止

第九十一条　有下列情形之一的，合同的权利义务终止：

（一）债务已经按照约定履行；

（二）合同解除；

（三）债务相互抵销；

（四）债务人依法将标的物提存；

（五）债权人免除债务；

（六）债权债务同归于一人；

（七）法律规定或者当事人约定终止的其他情形。

第九十二条　合同的权利义务终止后，当事人应当遵循诚实信用原则，根据交易习惯履行通知、协助、保密等义务。

第九十三条　当事人协商一致，可以解除合同。

当事人可以约定一方解除合同的条件。解除合同的条件成立时，解除权人可以解除合同。

第九十四条　有下列情形之一的，当事人可以解除合同：

（一）因不可抗力致使不能实现合同目的；

（二）在履行期限届满之前，当事人一方明确表示或者以自己的行为表明不履行主要债务；

（三）当事人一方迟延履行主要债务，经催告后在合理期限内仍未履行；

（四）当事人一方迟延履行债务或者有其他违约行为致使不能实现合同目的；

（五）法律规定的其他情形。

第九十五条　法律规定或者当事人约定解除权行使期限，期限届满当事人不行使的，该权利消灭。

法律没有规定或者当事人没有约定解除权行使期限，经对方催告后在合理期限内不行使的，该权利消灭。

第九十六条　当事人一方依照本法第九十三条第二款、第九十四条的规定主张解除合同的，应当通知对方。合同自通知到达对方时解除。对方有异议的，可以请求人民法院或者仲裁机构确认解除合同的效力。

法律、行政法规规定解除合同应当办理批准、登记等手续的，依照其规定。

第九十七条　合同解除后，尚未履行的，终止履行；已经履行的，根据履行情况和合同性质，当事人可以要求恢复原状、采取其他补救措施，并有权要求赔偿损失。

第九十八条　合同的权利义务终止，不影响合同中结算和清理条款的效力。

第九十九条　当事人互负到期债务，该债务的标的物种类、品质相同的，任何一方可以将自己的债务与对方的债务抵销，但依照法律规定或者按照合同性质不得抵销的除外。

当事人主张抵销的，应当通知对方。通知自到达对方时生效。抵销不得附条件或者附期限。

第一百条　当事人互负债务，标的物种类、品质不相同的，经双方协商一致，也可以抵销。

第一百零一条　有下列情形之一，难以履行债务的，债务人可以将标的物提存：

（一）债权人无正当理由拒绝受领；

（二）债权人下落不明；

（三）债权人死亡未确定继承人或者丧失民事行为能力未确定监护人；

（四）法律规定的其他情形。

标的物不适于提存或者提存费用过高的，债务人依法可以拍卖或者变卖标的物，提存所得的价款。

第一百零二条　标的物提存后，除债权人下落不明的以外，债务人应当及时通知债权人或者债权人的继承人、监护人。

第一百零三条　标的物提存后，毁损、灭失的风险由债权人承担。提存期间，标的物的孳息归债权人所有。提存费用由债权人负担。

第一百零四条　债权人可以随时领取提存物，但债权人对债务人负有到期债务的，在债权人未履行债务或者提供担保之前，提存部门根据债务人的要求应当拒绝其领取提存物。

债权人领取提存物的权利，自提存之日起五年内不行使而消灭，提存物扣除提存费用后归国家所有。

第一百零五条　债权人免除债务人部分或者全部债务的，合同的权利义务部分或者全部终止。

第一百零六条　债权和债务同归于一人的，合同的权利义务终止，但涉及第三人利益的除外。

第七章　违约责任

第一百零七条　当事人一方不履行合同义务或者履行合同义务不符合约定的，应当承担继续履行、采取补救措施或者赔偿损失等违约责任。

第一百零八条　当事人一方明确表示或者以自己的行为表明不履行合同义务的，对方可以在履行期限届满之前要求其承担违约责任。

第一百零九条　当事人一方未支付价款或者报酬的，对方可以要求其支付价款或者报酬。

第一百一十条　当事人一方不履行非金钱债务或者履行非金钱债务不符合约定的，对方可以要求履行，但有下列情形之一的除外：

（一）法律上或者事实上不能履行；

（二）债务的标的不适于强制履行或者履行费用过高；

（三）债权人在合理期限内未要求履行。

第一百一十一条　质量不符合约定的，应当按照当事人的约定承担违约责任。对违约责任没有约定或者约定不明确，依照本法第六十一条的规定仍不能确定的，受损害方根据标的的性质以及损失的大小，可以合理选择要求对方承担修理、更换、重作、退货、减少价款或者报酬等违约责任。

第一百一十二条　当事人一方不履行合同义务或者履行合同义务不符合约定的，在履行义务或者采取补救措施后，对方还有其他损失的，应当赔偿损失。

第一百一十三条　当事人一方不履行合同义务或者履行合同义务不符合约定，给对方造成损失的，损失赔偿额应当相当于因违约所造成的损失，包括合同履行后可以获得的利益，但不得超过违反合同一方订立合同时预见到或者应当预见到的因违反合同可能造成的损失。

经营者对消费者提供商品或者服务有欺诈行为的，依照《中华人民共和国消费者权益保护法》的规定承担损害赔偿责任。

第一百一十四条　当事人可以约定一方违约时应当根据违约情况向对方支付一定数额的违约金，也可以约定因违约产生的损失赔偿额的计算方法。

约定的违约金低于造成的损失的，当事人可以请求人民法院或者仲裁机构予以增加；约定的违约金过分高于造成的损失的，当事人可以请求人民法院或者仲裁机构予以适当减少。

当事人就迟延履行约定违约金的，违约方支付违约金后，还应当履行债务。

第一百一十五条　当事人可以依照《中华人民共和国担保法》约定一方向对方给付定金作为债权的担保。债务人履行债务后，定金应当抵作价款或者收回。给付定金的一方不履行约定的债务的，无权要求返还定金；收受定金的一方不履行约定的债务的，应当双倍返还定金。

第一百一十六条　当事人既约定违约金，又约定定金的，一方违约时，对方可以选择适用违约金或者定金条款。

第一百一十七条　因不可抗力不能履行合同的，根据不可抗力的影响，部分或者全部免除责任，但法律另有规定的除外。当事人迟延履行后发生不可抗力的，不能免除责任。

本法所称不可抗力，是指不能预见、不能避免并不能克服的客观情况。

第一百一十八条　当事人一方因不可抗力不能履行合同的，应当及时通知对方，以减轻可能给对方造成的损失，并应当在合理期限内提供证明。

第一百一十九条　当事人一方违约后，对方应当采取适当措施防止损失的扩大；没有采取适当措施致使损失扩大的，不得就扩大的损失要求赔偿。

当事人因防止损失扩大而支出的合理费用，由违约方承担。

第一百二十条　当事人双方都违反合同的，应当各自承担相应的责任。

第一百二十一条　当事人一方因第三人的原因造成违约的，应当向对方承担违约责任。当事人一方和第三人之间的纠纷，依照法律规定或者按照约定解决。

第一百二十二条　因当事人一方的违约行为，侵害对方人身、财产权益的，受损害方有权选择依照本法要求其承担违约责任或者依照其他法律要求其承担侵权责任。

第八章　其他规定

第一百二十三条　其他法律对合同另有规定的，依照其规定。

第一百二十四条　本法分则或者其他法律没有明文规定的合同，适用本法总则的规定，并可以参照本法分则或者其他法律最相类似的规定。

第一百二十五条　当事人对合同条款的理解有争议的，应当按照合同所使用的词句、合同的有关条款、合同的目的、交易习惯以及诚实信用原则，确定该条款的真实意思。

合同文本采用两种以上文字订立并约定具有同等效力的，对各文本使用的词句推定具有相同含义。各文本使用的词句不一致的，应当根据合同的目的予以解释。

第一百二十六条　涉外合同的当事人可以选择处理合同争议所适用的法律，但法律另有规定的除外。涉外合同的当事人没有选择的，适用与合同有最密切联系的国家的法律。

在中华人民共和国境内履行的中外合资经营企业合同、中外合作经营企业合同、中外合作勘探开发自然资源合同，适用中华人民共和国法律。

第一百二十七条　工商行政管理部门和其他有关行政主管部门在各自的职权范围内，依照法律、行政法规的规定，对利用合同危害国家利益、社会公共利益的违法行为，负责监督处理；构成犯罪的，依法追究刑事责任。

第一百二十八条　当事人可以通过和解或者调解解决合同争议。

当事人不愿和解、调解或者和解、调解不成的，可以根据仲裁协议向仲裁机构申请仲裁。涉外合同的当事人可以根据仲裁协议向中国仲裁机构或者其他仲裁机构申请仲裁。当事人没有订立仲裁协议或者仲裁协议无效的，可以向人民法院起诉。当事人应当履行发生法律效力的判决、仲裁裁决、调解书；拒不履行的，对方可以请求人民法院执行。

第一百二十九条　因国际货物买卖合同和技术进出口合同争议提起诉讼或者申请仲裁的期限为四年，自当事人知道或者应当知道其权利受到侵害之日起计算。因其他合同争议提起诉讼或者申请仲裁的期限，依照有关法律的规定。

分　　则

第九章　买卖合同

第一百三十条　买卖合同是出卖人转移标的物的所有权于买受人，买受人支付价款的合同。

第一百三十一条　买卖合同的内容除依照本法第十二条的规定以外，还可以包括包装方式、检验标准和方法、结算方式、合同使用的文字及其效力等条款。

第一百三十二条　出卖的标的物，应当属于出卖人所有或者出卖人有权处分。法律、行政法规禁止或者限制转让的标的物，依照其规定。

第一百三十三条　标的物的所有权自标的物交付时起转移，但法律另有规定或者当事人另有约定的除外。

第一百三十四条　当事人可以在买卖合同中约定买受人未履行支付价款或者其他义务的，标的物的所有权属于出卖人。

第一百三十五条　出卖人应当履行向买受人交付标的物或者交付提取标的物的单证，并转移标的物所有权的义务。

第一百三十六条　出卖人应当按照约定或者交易习惯向买受人交付提取标的物单证以外的有关单证和资料。

第一百三十七条　出卖具有知识产权的计算机软件等标的物的，除法律另有规定或者当事人另有约定的以外，该标的物的知识产权不属于买受人。

第一百三十八条　出卖人应当按照约定的期限交付标的物。约定交付期间的，出卖人可以在该交付期间内的任何时间交付。

第一百三十九条　当事人没有约定标的物的交付期限或者约定不明确的，适用本法第六十一条、第六十二条第四项的规定。

第一百四十条　标的物在订立合同之前已为买受人占有的，合同生效的时间为交付时间。

第一百四十一条　出卖人应当按照约定的地点交付标的物。

当事人没有约定交付地点或者约定不明确，依照本法第六十一条的规定仍不能确定的，适用下列规定：

（一）标的物需要运输的，出卖人应当将标的物交付给第一承运人以运交给买受人；

（二）标的物不需要运输，出卖人和买受人订立合同时知道标的物在某一地点的，出卖人应当在该地点交付标的物；不知道标的物在某一地点的，应当在出卖人订立合同时的营业地交付标的物。

第一百四十二条　标的物毁损、灭失的风险，在标的物交付之前由出卖人承担，交付之后由买受人承担，但法律另有规定或者当事人另有约定的除外。

第一百四十三条　因买受人的原因致使标的物不能按照约定的期限交付的，买受人应当自违反约定之日起承担标的物毁损、灭失的风险。

第一百四十四条　出卖人出卖交由承运人运输的在途标的物，除当事人另有约定的以外，毁损、灭失的风险自合同成立时起由买受人承担。

第一百四十五条　当事人没有约定交付地点或者约定不明确，依照本法第一百四十一条第二款第一项的规定标的物需要运输的，出卖人将标的物交付给第一承运人后，标的物毁损、灭失的风险由买受人承担。

第一百四十六条　出卖人按照约定或者依照本法第一百四十一条第二款第二项的规定将标的物置于交付地点，买受人违反约定没有收取的，标的物毁损、灭失的风险自违反约定之日起由买受人承担。

第一百四十七条　出卖人按照约定未交付有关标的物的单证和资料的，不影响标的物毁损、灭失风险的转移。

第一百四十八条　因标的物质量不符合质量要求，致使不能实现合同目的的，买受人可以拒绝接受标的物或者解除合同。买受人拒绝接受标的物或者解除合同的，标的物毁损、灭失的风险由出卖人承担。

第一百四十九条　标的物毁损、灭失的风险由买受人承担的，不影响因出卖人履行债务不符合约定，买受人要求其承担违约责任的权利。

第一百五十条　出卖人就交付的标的物，负有保证第三人不得向买受人主张任何权利的义务，但法律另有规定的除外。

第一百五十一条　买受人订立合同时知道或者应当知道第三人对买卖的标的物享有权利的，出卖人不承担本法第一百五十条规定的义务。

第一百五十二条　买受人有确切证据证明第三人可能就标的物主张权利的，可以中止支付相应的价款，但出卖人提供适当担保的除外。

第一百五十三条　出卖人应当按照约定的质量要求交付标的物。出卖人提供有关标的物质量说明的，交付的标的物应当符合该说明的质量要求。

第一百五十四条　当事人对标的物的质量要求没有约定或者约定不明确，依照本法第六十一条的规定仍不能确定的，适用本法第六十二条第一项的规定。

第一百五十五条　出卖人交付的标的物不符合质量要求的，买受人可以依照本法第一百一十一条的规定要求承担违约责任。

第一百五十六条　出卖人应当按照约定的包装方式交付标的物。对包装方式没有约定或者约定不明确，依照本法第六十一条的规定仍不能确定的，应当按照通用的方式包装，没有通用方式的，应当采取足以保护标的物的包装方式。

第一百五十七条　买受人收到标的物时应当在约定的检验期间内检验。没有约定检验期间的，应当及时检验。

第一百五十八条　当事人约定检验期间的，买受人应当在检验期间内将标的物的数量或者质量不符合约定的情形通知出卖人。买受人怠于通知的，视为标的物的数量或者质量符合约定。

当事人没有约定检验期间的，买受人应当在发现或者应当发现标的物的数量或者质量不符合约定的合理期间内通知出卖人。买受人在合理期间内未通知或者自标的物收到之日起两年内未通知出卖人的，视为标的物的数量或者质量符合约定，但对标的物有质量保证期的，适用质量保证期，不适用该两年的规定。

出卖人知道或者应当知道提供的标的物不符合约定的，买受人不受前两款规定的通知时间的限制。

第一百五十九条　买受人应当按照约定的数额支付价款。对价款没有约定或者约定不明确的，适用本法第六十一条、第六十二条第二项的规定。

第一百六十条　买受人应当按照约定的地点支付价款。对支付地点没有约定或者约定不明确，依照本法第六十一条的规定仍不能确定的，买受人应当在出卖人的营业地支付，但约定支付价款以交付标的物或者交付提取标的物单证为条件的，在交付标的物或者交付提取标的物单证的所在地支付。

第一百六十一条　买受人应当按照约定的时间支付价款。对支付时间没有约定或者约定不明确，依照本法第六十一条的规定仍不能确定的，买受人应当在收到标的物或者提取标的物单证的同时支付。

第一百六十二条　出卖人多交标的物的，买受人可以接收或者拒绝接收多交的部分。买受人接收多交部分的，按照合同的价格支付价款；买受人拒绝接收多交部分的，应当及时通知出卖人。

第一百六十三条　标的物在交付之前产生的孳息，归出卖人所有，交付之后产生的孳息，归买受人所有。

第一百六十四条　因标的物的主物不符合约定而解除合同的，解除合同的效力及于从物。因标的物的从物不符合约定被解除的，解除的效力不及于主物。

第一百六十五条　标的物为数物，其中一物不符合约定的，买受人可以就该物解除，但该物与他物分离使标的物的价值显受损害的，当事人可以就数物解除合同。

第一百六十六条　出卖人分批交付标的物的，出卖人对其中一批标的物不交付或者交付不符合约定，致使该批标的物不能实现合同目的的，买受人可以就该批标的物解除。

出卖人不交付其中一批标的物或者交付不符合约定，致使今后其他各批标的物的交付不能实现合同目的的，买受人可以就该批以及今后其他各批标的物解除。

买受人如果就其中一批标的物解除，该批标的物与其他各批标的物相互依存的，可以就已经交付和未交付的各批标的物解除。

第一百六十七条　分期付款的买受人未支付到期价款的金额达到全部价款的五分之一的，出卖人可以要求买受人支付全部价款或者解除合同。

出卖人解除合同的，可以向买受人要求支付该标的物的使用费。

第一百六十八条　凭样品买卖的当事人应当封存样品，并可以对样品质量予以说明。出卖人交付的标的物应当与样品及其说明的质量相同。

第一百六十九条　凭样品买卖的买受人不知道样品有隐蔽瑕疵的，即使交付的标的物与样品相同，出卖人交付的标的物的质量仍然应当符合同种物的通常标准。

第一百七十条　试用买卖的当事人可以约定标的物的试用期间。对试用期间没有约定或者约定不明确，依照本法第六十一条的规定仍不能确定的，由出卖人确定。

第一百七十一条　试用买卖的买受人在试用期内可以购买标的物，也可以拒绝购买。试用期间届满，买受人对是否购买标的物未作表示的，视为购买。

第一百七十二条　招标投标买卖的当事人的权利和义务以及招标投标程序等，依照有关法律、行政法规的规定。

第一百七十三条　拍卖的当事人的权利和义务以及拍卖程序等，依照有关法律、行政法规的规定。

第一百七十四条　法律对其他有偿合同有规定的，依照其规定；没有规定的，参照买卖合同的有关规定。

第一百七十五条　当事人约定易货交易，转移标的物的所有权的，参照买卖合同的有关规定。

第十章　供用电、水、气、热力合同

第一百七十六条　供用电合同是供电人向用电人供电，用电人支付电费的合同。

第一百七十七条　供用电合同的内容包括供电的方式、质量、时间，用电容量、地址、性质，计量方式，电价、电费的结算方式，供用电设施的维护责任等条款。

第一百七十八条　供用电合同的履行地点，按照当事人约定；当事人没有约定或者约定不明确的，供电设施的产权分界处为履行地点。

第一百七十九条　供电人应当按照国家规定的供电质量标准和约定安全供电。供电人未按照国家规定的供电质量标准和约定安全供电，造成用电人损失的，应当承担损害赔偿责任。

第一百八十条　供电人因供电设施计划检修、临时检修、依法限电或者用电人违法用电等原因，需要中断供电时，应当按照国家有关规定事先通知用电人。未事先通知用电人中断供电，造成用电人损失的，应当承担损害赔偿责任。

第一百八十一条　因自然灾害等原因断电，供电人应当按照国家有关规定及时抢修。未及时抢修，造成用电人损失的，应当承担损害赔偿责任。

第一百八十二条　用电人应当按照国家有关规定和当事人的约定及时交付电费。用电人逾期不交付电费的，应当按照约定支付违约金。经催告用电人在合理期限内仍不交付电费和违约金的，供电人可以按照国家规定的程序中止供电。

第一百八十三条　用电人应当按照国家有关规定和当事人的约定安全用电。用电人未按照国家有关规定和当事人的约定安全用电，造成供电人损失的，应当承担损害赔偿责任。

第一百八十四条　供用水、供用气、供用热力合同，参照供用电合同的有关规定。

第十一章　赠与合同

第一百八十五条　赠与合同是赠与人将自己的财产无偿给予受赠人，受赠人表示接受赠与的合同。

第一百八十六条　赠与人在赠与财产的权利转移之前可以撤销赠与。

具有救灾、扶贫等社会公益、道德义务性质的赠与合同或者经过公证的赠与合同，不适用前款规定。

第一百八十七条　赠与的财产依法需要办理登记等手续的，应当办理有关手续。

第一百八十八条　具有救灾、扶贫等社会公益、道德义务性质的赠与合同或者经过公证的赠与合同，赠与人不交付赠与的财产的，受赠人可以要求交付。

第一百八十九条　因赠与人故意或者重大过失致使赠与的财产毁损、灭失的，赠与人应当承担损害赔偿责任。

第一百九十条　赠与可以附义务。

赠与附义务的，受赠人应当按照约定履行义务。

第一百九十一条　赠与的财产有瑕疵的，赠与人不承担责任。附义务的赠与，赠与的财产有瑕疵的，赠与人在附义务的限度内承担与出卖人相同的责任。

赠与人故意不告知瑕疵或者保证无瑕疵，造成受赠人损失的，应当承担损害赔偿责任。

第一百九十二条　受赠人有下列情形之一的，赠与人可以撤销赠与：

（一）严重侵害赠与人或者赠与人的近亲属；

（二）对赠与人有扶养义务而不履行；

（三）不履行赠与合同约定的义务。

赠与人的撤销权，自知道或者应当知道撤销原因之日起一年内行使。

第一百九十三条　因受赠人的违法行为致使赠与人死亡或者丧失民事行为能力的，赠与人的继承人或者法定代理人可以撤销赠与。

赠与人的继承人或者法定代理人的撤销权，自知道或者应当知道撤销原因之日起六个月内行使。

第一百九十四条　撤销权人撤销赠与的，可以向受赠人要求返还赠与的财产。

第一百九十五条　赠与人的经济状况显著恶化，严重影响其生产经营或者家庭生活的，可以不再履行赠与义务。

第十二章　借款合同

第一百九十六条　借款合同是借款人向贷款人借款，到期返还借款并支付利息的合同。

第一百九十七条　借款合同采用书面形式，但自然人之间借款另有约定的除外。借款合同的内容包括借款种类、币种、用途、数额、利率、期限和还款方式等条款。

第一百九十八条　订立借款合同，贷款人可以要求借款人提供担保。担保依照《中华人民共和国担保法》的规定。

第一百九十九条　订立借款合同，借款人应当按照贷款人的要求提供与借款有关的业务活动和财务状况的真实情况。

第二百条　借款的利息不得预先在本金中扣除。利息预先在本金中扣除的，应当按照实际借款数额返还借款并计算利息。

第二百零一条　贷款人未按照约定的日期、数额提供借款，造成借款人损失的，应当赔偿损失。

借款人未按照约定的日期、数额收取借款的，应当按照约定的日期、数额支付利息。

第二百零二条　贷款人按照约定可以检查、监督借款的使用情况。借款人应当按照约定向贷款人定期提供有关财务会计报表等资料。

第二百零三条　借款人未按照约定的借款用途使用借款的，贷款人可以停止发放借款、提前收回借款或者解除合同。

第二百零四条　办理贷款业务的金融机构贷款的利率，应当按照中国人民银行规定的贷款利率的上下限确定。

第二百零五条　借款人应当按照约定的期限支付利息。对支付利息的期限没有约定或者约定不明确，依照本法第六十一条的规定仍不能确定，借款期间不满一年的，应当在返还借款时一并支付；借款期间一年以上的，应当在每届满一年时支付，剩余期间不满一年的，应当在返还借款时一并支付。

第二百零六条　借款人应当按照约定的期限返还借款。对借款期限没有约定或者约定不明确，依照本法第六十一条的规定仍不能确定的，借款人可以随时返还；贷款人可以催告借款人在合理期限内返还。

第二百零七条　借款人未按照约定的期限返还借款的，应当按照约定或者国家有关规定支付逾期利息。

第二百零八条　借款人提前偿还借款的，除当事人另有约定的以外，应当按照实际借款的期间计算利息。

第二百零九条　借款人可以在还款期限届满之前向贷款人申请展期。贷款人同意的，可以展期。

第二百一十条　自然人之间的借款合同，自贷款人提供借款时生效。

第二百一十一条　自然人之间的借款合同对支付利息没有约定或者约定不明确的，视为不支付利息。

自然人之间的借款合同约定支付利息的，借款的利率不得违反国家有关限制借款利率的规定。

第十三章　租赁合同

第二百一十二条　租赁合同是出租人将租赁物交付承租人使用、收益，承租人支付租金的合同。

第二百一十三条　租赁合同的内容包括租赁物的名称、数量、用途、租赁期限、租金及其支付期限和方式、租赁物维修等条款。

第二百一十四条　租赁期限不得超过二十年。超过二十年的，超过部分无效。

租赁期间届满，当事人可以续订租赁合同，但约定的租赁期限自续订之日起不得超过二十年。

第二百一十五条　租赁期限六个月以上的，应当采用书面形式。当事人未采用书面形式的，视为不定期租赁。

第二百一十六条　出租人应当按照约定将租赁物交付承租人，并在租赁期间保持租赁物符合约定的用途。

第二百一十七条　承租人应当按照约定的方法使用租赁物。对租赁物的使用方法没有约定或者约定不明确，依照本法第六十一条的规定仍不能确定的，应当按照租赁物的性质使用。

第二百一十八条　承租人按照约定的方法或者租赁物的性质使用租赁物，致使租赁物受到损耗的，不承担损害赔偿责任。

第二百一十九条　承租人未按照约定的方法或者租赁物的性质使用租赁物，致使租赁物受到损失的，出租人可以解除合同并要求赔偿损失。

第二百二十条　出租人应当履行租赁物的维修义务，但当事人另有约定的除外。

第二百二十一条　承租人在租赁物需要维修时可以要求出租人在合理期限内维修。出租人未履行维修义务的，承租人可以自行维修，维修费用由出租人负担。因维修租赁物影响承租人使用的，应当相应减少租金或者延长租期。

第二百二十二条　承租人应当妥善保管租赁物，因保管不善造成租赁物毁损、灭失的，应当承担损害赔偿责任。

第二百二十三条　承租人经出租人同意，可以对租赁物进行改善或者增设他物。

承租人未经出租人同意，对租赁物进行改善或者增设他物的，出租人可以要求承租人恢复原状或者赔偿损失。

第二百二十四条　承租人经出租人同意，可以将租赁物转租给第三人。承租人转租的，承租人与出租人之间的租赁合同继续有效，第三人对租赁物造成损失的，承租人应当赔偿损失。

承租人未经出租人同意转租的，出租人可以解除合同。

第二百二十五条　在租赁期间因占有、使用租赁物获得的收益，归承租人所有，但当事人另有约定的除外。

第二百二十六条　承租人应当按照约定的期限支付租金。对支付期限没有约定或者约定不明确，依照本法第六十一条的规定仍不能确定，租赁期间不满一年的，应当在租赁期间届满时支付；租赁期间一年以上的，应当在每届满一年时支付，剩余期间不满一年的，应当在租赁期间届满时支付。

第二百二十七条　承租人无正当理由未支付或者迟延支付租金的，出租人可以要求承租人在合理期限内支付。承租人逾期不支付的，出租人可以解除合同。

第二百二十八条　因第三人主张权利，致使承租人不能对租赁物使用、收益的，承租人可以要求减少租金或者不支付租金。

第三人主张权利的，承租人应当及时通知出租人。

第二百二十九条　租赁物在租赁期间发生所有权变动的，不影响租赁合同的效力。

第二百三十条　出租人出卖租赁房屋的，应当在出卖之前的合理期限内通知承租人，承租人享有以同等条件优先购买的权利。

第二百三十一条　因不可归责于承租人的事由，致使租赁物部分或者全部毁损、灭失的，承租人可以要求减少租金或者不支付租金；因租赁物部分或者全部毁损、灭失，致使不能实现合同目的的，承租人可以解除合同。

第二百三十二条　当事人对租赁期限没有约定或者约定不明确，依照本法第六十一条的规定仍不能确定的，视为不定期租赁。当事人可以随时解除合同，但出租人解除合同应当在合理期限之前通知承租人。

第二百三十三条　租赁物危及承租人的安全或者健康的，即使承租人订立合同时明知该租赁物质量不合格，承租人仍然可以随时解除合同。

第二百三十四条　承租人在房屋租赁期间死亡的，与其生前共同居住的人可以按照原租赁合同租赁该房屋。

第二百三十五条　租赁期间届满，承租人应当返还租赁物。返还的租赁物应当符合按照约定或者租赁物的性质使用后的状态。

第二百三十六条　租赁期间届满，承租人继续使用租赁物，出租人没有提出异议的，原租赁合同继续有效，但租赁期限为不定期。

第十四章　融资租赁合同

第二百三十七条　融资租赁合同是出租人根据承租人对出卖人、租赁物的选择，向出卖人购买租赁物，提供给承租人使用，承租人支付租金的合同。

第二百三十八条　融资租赁合同的内容包括租赁物名称、数量、规格、技术性能、检验方法、租赁期限、租金构成及其支付期限和方式、币种、租赁期间届满租赁物的归属等条款。

融资租赁合同应当采用书面形式。

第二百三十九条　出租人根据承租人对出卖人、租赁物的选择订立的买卖合同，出卖人应当按照约定向承租人交付标的物，承租人享有与受领标的物有关的买受人的权利。

第二百四十条　出租人、出卖人、承租人可以约定，出卖人不履行买卖合同义务的，由承租人行使索赔的权利。

承租人行使索赔权利的，出租人应当协助。

第二百四十一条　出租人根据承租人对出卖人、租赁物的选择订立的买卖合同，未经承租人同意，出租人不得变更与承租人有关的合同内容。

第二百四十二条　出租人享有租赁物的所有权。承租人破产的，租赁物不属于破产财产。

第二百四十三条　融资租赁合同的租金，除当事人另有约定的以外，应当根据购买租赁物的大部分或者全部成本以及出租人的合理利润确定。

第二百四十四条　租赁物不符合约定或者不符合使用目的的，出租人不承担责任，但承租人依赖出租人的技能确定租赁物或者出租人干预选择租赁物的除外。

第二百四十五条　出租人应当保证承租人对租赁物的占有和使用。

第二百四十六条　承租人占有租赁物期间，租赁物造成第三人的人身伤害或者财产损害的，出租人不承担责任。

第二百四十七条　承租人应当妥善保管、使用租赁物。

承租人应当履行占有租赁物期间的维修义务。

第二百四十八条　承租人应当按照约定支付租金。承租人经催告后在合理期限内仍不支付租金的，出租人可以要求支付全部租金；也可以解除合同，收回租赁物。

第二百四十九条　当事人约定租赁期间届满租赁物归承租人所有，承租人已经支付大部分租金，但无力支付剩余租金，出租人因此解除合同收回租赁物的，收回的租赁物的价值超过承租人欠付的租金以及其他费用的，承租人可以要求部分返还。

第二百五十条　出租人和承租人可以约定租赁期间届满租赁物的归属。对租赁物的归属没有约定或者约定不明确，依照本法第六十一条的规定仍不能确定的，租赁物的所有权归出租人。

第十五章　承揽合同

第二百五十一条　承揽合同是承揽人按照定作人的要求完成工作，交付工作成果，定作人给付报酬的合同。

承揽包括加工、定作、修理、复制、测试、检验等工作。

第二百五十二条　承揽合同的内容包括承揽的标的、数量、质量、报酬、承揽方式、材料的提供、履行期限、验收标准和方法等条款。

第二百五十三条　承揽人应当以自己的设备、技术和劳力，完成主要工作，但当事人另有约定的除外。

承揽人将其承揽的主要工作交由第三人完成的，应当就该第三人完成的工作成果向定作人负责；未经定作人同意的，定作人也可以解除合同。

第二百五十四条　承揽人可以将其承揽的辅助工作交由第三人完成。承揽人将其承揽的辅助工作交由第三人完成的，应当就该第三人完成的工作成果向定作人负责。

第二百五十五条　承揽人提供材料的，承揽人应当按照约定选用材料，并接受定作人检验。

第二百五十六条　定作人提供材料的，定作人应当按照约定提供材料。承揽人对定作人提供的材料，应当及时检验，发现不符合约定时，应当及时通知定作人更换、补齐或者采取其他补救措施。

承揽人不得擅自更换定作人提供的材料，不得更换不需要修理的零部件。

第二百五十七条　承揽人发现定作人提供的图纸或者技术要求不合理的，应当及时通知定作人。因定作人怠于答复等原因造成承揽人损失的，应当赔偿损失。

第二百五十八条　定作人中途变更承揽工作的要求，造成承揽人损失的，应当赔偿损失。

第二百五十九条　承揽工作需要定作人协助的，定作人有协助的义务。定作人不履行协助义务致使承揽工作不能完成的，承揽人可以催告定作人在合理期限内履行义务，并可以顺延履行期限；定作人逾期不履行的，承揽人可以解除合同。

第二百六十条　承揽人在工作期间，应当接受定作人必要的监督检验。定作人不得因监督检验妨碍承揽人的正常工作。

第二百六十一条　承揽人完成工作的，应当向定作人交付工作成果，并提交必要的技术资料和有关质量证明。定作人应当验收该工作成果。

第二百六十二条　承揽人交付的工作成果不符合质量要求的，定作人可以要求承揽人承担修理、重作、减少报酬、赔偿损失等违约责任。

第二百六十三条　定作人应当按照约定的期限支付报酬。对支付报酬的期限没有约定或者约定不明确，依照本法第六十一条的规定仍不能确定的，定作人应当在承揽人交付工作成果时支付；工作成果部分交付的，定作人应当相应支付。

第二百六十四条　定作人未向承揽人支付报酬或者材料费等价款的，承揽人对完成的工作成果享有留置权，但当事人另有约定的除外。

第二百六十五条　承揽人应当妥善保管定作人提供的材料以及完成的工作成果，因保管不善造成毁损、灭失的，应当承担损害赔偿责任。

第二百六十六条　承揽人应当按照定作人的要求保守秘密，未经定作人许可，不得留存复制品或者技术资料。

第二百六十七条　共同承揽人对定作人承担连带责任，但当事人另有约定的除外。

第二百六十八条　定作人可以随时解除承揽合同，造成承揽人损失的，应当赔偿损失。

第十六章　建设工程合同

第二百六十九条　建设工程合同是承包人进行工程建设，发包人支付价款的合同。

建设工程合同包括工程勘察、设计、施工合同。

第二百七十条　建设工程合同应当采用书面形式。

第二百七十一条　建设工程的招标投标活动，应当依照有关法律的规定公开、公平、公正进行。

第二百七十二条　发包人可以与总承包人订立建设工程合同，也可以分别与勘察人、设计人、施工人订立勘察、设计、施工承包合同。发包人不得将应当由一个承包人完成的建设工程肢解成若干部分发包给几个承包人。

总承包人或者勘察、设计、施工承包人经发包人同意，可以将自己承包的部分工作交由第三人完成。第三人就其完成的工作成果与总承包人或者勘察、设计、施工承包人向发包人承担连带责任。承包人不得将其承包的全部建设工程转包给第三人或者将其承包的全部建设工程肢解以后以分包的名义分别转包给第三人。

禁止承包人将工程分包给不具备相应资质条件的单位。禁止分包单位将其承包的工程再分包。建设工程主体结构的施工必须由承包人自行完成。

第二百七十三条　国家重大建设工程合同，应当按照国家规定的程序和国家批准的投资计划、可行性研究报告等文件订立。

第二百七十四条　勘察、设计合同的内容包括提交有关基础资料和文件（包括概预算）的期限、质量要求、费用以及其他协作条件等条款。

第二百七十五条　施工合同的内容包括工程范围、建设工期、中间交工工程的开工和竣工时间、工程质量、工程造价、技术资料交付时间、材料和设备供应责任、拨款和结算、竣工验收、质量保修范围和质量保证期、双方相互协作等条款。

第二百七十六条　建设工程实行监理的，发包人应当与监理人采用书面形式订立委托监理合同。发包人与监理人的权利和义务以及法律责任，应当依照本法委托合同以及其他有关法律、行政法规的规定。

第二百七十七条　发包人在不妨碍承包人正常作业的情况下，可以随时对作业进度、质量进行检查。

第二百七十八条　隐蔽工程在隐蔽以前，承包人应当通知发包人检查。发包人没有及时检查的，承包人可以顺延工程日期，并有权要求赔偿停工、窝工等损失。

第二百七十九条　建设工程竣工后，发包人应当根据施工图纸及说明书、国家颁发的施工验收规范和质量检验标准及时进行验收。验收合格的，发包人应当按照约定支付价款，并接收该建设工程。建设工程竣工经验收合格后，方可交付使用；未经验收或者验收不合格的，不得交付使用。

第二百八十条　勘察、设计的质量不符合要求或者未按照期限提交勘察、设计文件拖延工期，造成发包人损失的，勘察人、设计人应当继续完善勘察、设计，减收或者免收勘察、设计费并赔偿损失。

第二百八十一条　因施工人的原因致使建设工程质量不符合约定的，发包人有权要求施工人在合理期限内无偿修理或者返工、改建。经过修理或者返工、改建后，造成逾期交付的，施工人应当承担违约责任。

第二百八十二条　因承包人的原因致使建设工程在合理使用期限内造成人身和财产损害的，承包人应当承担损害赔偿责任。

第二百八十三条　发包人未按照约定的时间和要求提供原材料、设备、场地、资金、技术资料的，承包人可以顺延工程日期，并有权要求赔偿停工、窝工等损失。

第二百八十四条　因发包人的原因致使工程中途停建、缓建的，发包人应当采取措施弥补或者减少损失，赔偿承包人因此造成的停工、窝工、倒运、机械设备调迁、材料和构件积压等损失和实际费用。

第二百八十五条　因发包人变更计划，提供的资料不准确，或者未按照期限提供必需的勘察、设计工作条件而造成勘察、设计的返工、停工或者修改设计，发包人应当按照勘察人、设计人实际消耗的工作量增付费用。

第二百八十六条　发包人未按照约定支付价款的，承包人可以催告发包人在合理期限内支付价款。发包人逾期不支付的，除按照建设工程的性质不宜折价、拍卖的以外，承包人可以与发包人协议将该工程折价，也可以申请人民法院将该工程依法拍卖。建设工程的价款就该工程折价或者拍卖的价款优先受偿。

第二百八十七条　本章没有规定的，适用承揽合同的有关规定。

第十七章　运输合同

第一节　一般规定

第二百八十八条　运输合同是承运人将旅客或者货物从起运地点运输到约定地点，旅客、托运人或者收货人支付票款或者运输费用的合同。

第二百八十九条　从事公共运输的承运人不得拒绝旅客、托运人通常、合理的运输要求。

第二百九十条　承运人应当在约定期间或者合理期间内将旅客、货物安全运输到约定地点。

第二百九十一条　承运人应当按照约定的或者通常的运输路线将旅客、货物运输到约定地点。

第二百九十二条　旅客、托运人或者收货人应当支付票款或者运输费用。承运人未按照约定路线或者通常路线运输增加票款或者运输费用的，旅客、托运人或者收货人可以拒绝支付增加部分的票款或者运输费用。

第二节　客运合同

第二百九十三条　客运合同自承运人向旅客交付客票时成立，但当事人另有约定或者另有交易习惯的除外。

第二百九十四条　旅客应当持有效客票乘运。旅客无票乘运、超程乘运、越级乘运或者持失效客票乘运的，应当补交票款，承运人可以按照规定加收票款。旅客不交付票款的，承运人可以拒绝运输。

第二百九十五条　旅客因自己的原因不能按照客票记载的时间乘坐的，应当在约定的时间内办理退票或者变更手续。逾期办理的，承运人可以不退票款，并不再承担运输义务。

第二百九十六条　旅客在运输中应当按照约定的限量携带行李。超过限量携带行李的，应当办理托运手续。

第二百九十七条　旅客不得随身携带或者在行李中夹带易燃、易爆、有毒、有腐蚀性、有放射性以及有可能危及运输工具上人身和财产安全的危险物品或者其他违禁物品。

旅客违反前款规定的，承运人可以将违禁物品卸下、销毁或者送交有关部门。旅客坚持携带或者夹带违禁物品的，承运人应当拒绝运输。

第二百九十八条　承运人应当向旅客及时告知有关不能正常运输的重要事由和安全运输应当注意的事项。

第二百九十九条　承运人应当按照客票载明的时间和班次运输旅客。承运人迟延运输的，应当根据旅客的要求安排改乘其他班次或者退票。

第三百条　承运人擅自变更运输工具而降低服务标准的，应当根据旅客的要求退票或者减收票款；提高服务标准的，不应当加收票款。

第三百零一条　承运人在运输过程中，应当尽力救助患有急病、分娩、遇险的旅客。

第三百零二条　承运人应当对运输过程中旅客的伤亡承担损害赔偿责任，但伤亡是旅客自身健康原因造成的或者承运人证明伤亡是旅客故意、重大过失造成的除外。

前款规定适用于按照规定免票、持优待票或者经承运人许可搭乘的无票旅客。

第三百零三条　在运输过程中旅客自带物品毁损、灭失，承运人有过错的，应当承担损害赔偿责任。

旅客托运的行李毁损、灭失的，适用货物运输的有关规定。

第三节　货运合同

第三百零四条　托运人办理货物运输，应当向承运人准确表明收货人的名称或者姓名或者凭指示的收货人，货物的名称、性质、重量、数量，收货地点等有关货物运输的必要情况。

因托运人申报不实或者遗漏重要情况，造成承运人损失的，托运人应当承担损害赔偿责任。

第三百零五条　货物运输需要办理审批、检验等手续的，托运人应当将办理完有关手续的文件提交承运人。

第三百零六条　托运人应当按照约定的方式包装货物。对包装方式没有约定或者约定不明确的，适用本法第一百五十六条的规定。

托运人违反前款规定的，承运人可以拒绝运输。

第三百零七条　托运人托运易燃、易爆、有毒、有腐蚀性、有放射性等危险物品的，应当按照国家有关危险物品运输的规定对危险物品妥善包装，作出危险物标志和标签，并将有关危险物品的名称、性质和防范措施的书面材料提交承运人。

托运人违反前款规定的，承运人可以拒绝运输，也可以采取相应措施以避免损失的发生，因此产生的费用由托运人承担。

第三百零八条　在承运人将货物交付收货人之前，托运人可以要求承运人中止运输、返还货物、变更到达地或者将货物交给其他收货人，但应当赔偿承运人因此受到的损失。

第三百零九条　货物运输到达后，承运人知道收货人的，应当及时通知收货人，收货人应当及时提货。收货人逾期提货的，应当向承运人支付保管费等费用。

第三百一十条　收货人提货时应当按照约定的期限检验货物。对检验货物的期限没有约定或者约定不明确，依照本法第六十一条的规定仍不能确定的，应当在合理期限内检验货物。收货人在约定的期限或者合理期限内对货物的数量、毁损等未提出异议的，视为承运人已经按照运输单证的记载交付的初步证据。

第三百一十一条　承运人对运输过程中货物的毁损、灭失承担损害赔偿责任，但承运人证明货物的毁损、灭失是因不可抗力、货物本身的自然性质或者合理损耗以及托运人、收货人的过错造成的，不承担损害赔偿责任。

第三百一十二条　货物的毁损、灭失的赔偿额，当事人有约定的，按照其约定；没有约定或者约定不明确，依照本法第六十一条的规定仍不能确定的，按照交付或者应当交付时货物到达地的市场价格计算。法律、行政法规对赔偿额的计算方法和赔偿限额另有规定的，依照其规定。

第三百一十三条　两个以上承运人以同一运输方式联运的，与托运人订立合同的承运人应当对全程运输承担责任。损失发生在某一运输区段的，与托运人订立合同的承运人和该区段的承运人承担连带责任。

第三百一十四条　货物在运输过程中因不可抗力灭失，未收取运费的，承运人不得要求支付运费；已收取运费的，托运人可以要求返还。

第三百一十五条　托运人或者收货人不支付运费、保管费以及其他运输费用的，承运人对相应的运输货物享有留置权，但当事人另有约定的除外。

第三百一十六条　收货人不明或者收货人无正当理由拒绝受领货物的，依照本法第一百零一条的规定，承运人可以提存货物。

第四节　多式联运合同

第三百一十七条　多式联运经营人负责履行或者组织履行多式联运合同，对全程运输享有承运人的权利，承担承运人的义务。

第三百一十八条　多式联运经营人可以与参加多式联运的各区段承运人就多式联运合同的各区段运输约定相互之间的责任，但该约定不影响多式联运经营人对全程运输承担的义务。

第三百一十九条　多式联运经营人收到托运人交付的货物时，应当签发多式联运单据。按照托运人的要求，多式联运单据可以是可转让单据，也可以是不可转让单据。

第三百二十条　因托运人托运货物时的过错造成多式联运经营人损失的，即使托运人已经转让多式联运单据，托运人仍然应当承担损害赔偿责任。

第三百二十一条　货物的毁损、灭失发生于多式联运的某一运输区段的，多式联运经营人的赔偿责任和责任限额，适用调整该区段运输方式的有关法律规定。货物毁损、灭失发生的运输区段不能确定的，依照本章规定承担损害赔偿责任。

第十八章　技术合同

第一节　一般规定

第三百二十二条　技术合同是当事人就技术开发、转让、咨询或者服务订立的确立相互之间权利和义务的合同。

第三百二十三条　订立技术合同，应当有利于科学技术的进步，加速科学技术成果的转化、应用和推广。

第三百二十四条　技术合同的内容由当事人约定，一般包括以下条款：

（一）项目名称；

（二）标的的内容、范围和要求；

（三）履行的计划、进度、期限、地点、地域和方式；

（四）技术情报和资料的保密；

（五）风险责任的承担；

（六）技术成果的归属和收益的分成办法；

（七）验收标准和方法；

（八）价款、报酬或者使用费及其支付方式；

（九）违约金或者损失赔偿的计算方法；

（十）解决争议的方法；

（十一）名词和术语的解释。

与履行合同有关的技术背景资料、可行性论证和技术评价报告、项目任务书和计划书、技术标准、技术规范、原始设计和工艺文件，以及其他技术文档，按照当事人的约定可以作为合同的组成部分。

技术合同涉及专利的，应当注明发明创造的名称、专利申请人和专利权人、申请日期、申请号、专利号以及专利权的有效期限。

第三百二十五条　技术合同价款、报酬或者使用费的支付方式由当事人约定，可以采取一次总算、一次总付或者一次总算、分期支付，也可以采取提成支付或者提成支付附加预付入门费的方式。

约定提成支付的，可以按照产品价格、实施专利和使用技术秘密后新增的产值、利润或者产品销售额的一定比例提成，也可以按照约定的其他方式计算。提成支付的比例可以采取固定比例、逐年递增比例或者逐年递减比例。

约定提成支付的，当事人应当在合同中约定查阅有关会计帐目的办法。

第三百二十六条　职务技术成果的使用权、转让权属于法人或者其他组织的，法人或者其他组织可以就该项职务技术成果订立技术合同。法人或者其他组织应当从使用和转让该项职务技术成果所取得的收益中提取一定比例，对完成该项职务技术成果的个人给予奖励或者报酬。法人或者其他组织订立技术合同转让职务技术成果时，职务技术成果的完成人享有以同等条件优先受让的权利。

职务技术成果是执行法人或者其他组织的工作任务，或者主要是利用法人或者其他组织的物质技术条件所完成的技术成果。

第三百二十七条　非职务技术成果的使用权、转让权属于完成技术成果的个人，完成技术成果的个人可以就该项非职务技术成果订立技术合同。

第三百二十八条　完成技术成果的个人有在有关技术成果文件上写明自己是技术成果完成者的权利和取得荣誉证书、奖励的权利。

第三百二十九条　非法垄断技术、妨碍技术进步或者侵害他人技术成果的技术合同无效。

第二节　技术开发合同

第三百三十条　技术开发合同是指当事人之间就新技术、新产品、新工艺或者新材料及其系统的研究开发所订立的合同。

技术开发合同包括委托开发合同和合作开发合同。

技术开发合同应当采用书面形式。

当事人之间就具有产业应用价值的科技成果实施转化订立的合同，参照技术开发合同的规定。

第三百三十一条　委托开发合同的委托人应当按照约定支付研究开发经费和报酬；提供技术资料、原始数据；完成协作事项；接受研究开发成果。

第三百三十二条　委托开发合同的研究开发人应当按照约定制定和实施研究开发计划；合理使用研究开发经费；按期完成研究开发工作，交付研究开发成果，提供有关的技术资料和必要的技术指导，帮助委托人掌握研究开发成果。

第三百三十三条　委托人违反约定造成研究开发工作停滞、延误或者失败的，应当承担违约责任。

第三百三十四条　研究开发人违反约定造成研究开发工作停滞、延误或者失败的，应当承担违约责任。

第三百三十五条　合作开发合同的当事人应当按照约定进行投资，包括以技术进行投资；分工参与研究开发工作；协作配合研究开发工作。

第三百三十六条　合作开发合同的当事人违反约定造成研究开发工作停滞、延误或者失败的，应当承担违约责任。

第三百三十七条　因作为技术开发合同标的的技术已经由他人公开，致使技术开发合同的履行没有意义的，当事人可以解除合同。

第三百三十八条　在技术开发合同履行过程中，因出现无法克服的技术困难，致使研究开发失败或者部分失败的，该风险责任由当事人约定。没有约定或者约定不明确，依照本法第六十一条的规定仍不能确定的，风险责任由当事人合理分担。

当事人一方发现前款规定的可能致使研究开发失败或者部分失败的情形时，应当及时通知另一方并采取适当措施减少损失。没有及时通知并采取适当措施，致使损失扩大的，应当就扩大的损失承担责任。

第三百三十九条　委托开发完成的发明创造，除当事人另有约定的以外，申请专利的权利属于研究开发人。研究开发人取得专利权的，委托人可以免费实施该专利。

研究开发人转让专利申请权的，委托人享有以同等条件优先受让的权利。

第三百四十条　合作开发完成的发明创造，除当事人另有约定的以外，申请专利的权利属于合作开发的当事人共有。当事人一方转让其共有的专利申请权的，其他各方享有以同等条件优先受让的权利。

合作开发的当事人一方声明放弃其共有的专利申请权的，可以由另一方单独申请或者由其他各方共同申请。申请人取得专利权的，放弃专利申请权的一方可以免费实施该专利。

合作开发的当事人一方不同意申请专利的，另一方或者其他各方不得申请专利。

第三百四十一条　委托开发或者合作开发完成的技术秘密成果的使用权、转让权以及利益的分配办法，由当事人约定。没有约定或者约定不明确，依照本法第六十一条的规定仍不能确定的，当事人均有使用和转让的权利，但委托开发的研究开发人不得在向委托人交付研究开发成果之前，将研究开发成果转让给第三人。

第三节　技术转让合同

第三百四十二条　技术转让合同包括专利权转让、专利申请权转让、技术秘密转让、专利实施许可合同。

技术转让合同应当采用书面形式。

第三百四十三条　技术转让合同可以约定让与人和受让人实施专利或者使用技术秘密的范围，但不得限制技术竞争和技术发展。

第三百四十四条　专利实施许可合同只在该专利权的存续期间内有效。专利权有效期限届满或者专利权被宣布无效的，专利权人不得就该专利与他人订立专利实施许可合同。

第三百四十五条　专利实施许可合同的让与人应当按照约定许可受让人实施专利，交付实施专利有关的技术资料，提供必要的技术指导。

第三百四十六条　专利实施许可合同的受让人应当按照约定实施专利，不得许可约定以外的第三人实施该专利；并按照约定支付使用费。

第三百四十七条　技术秘密转让合同的让与人应当按照约定提供技术资料，进行技术指导，保证技术的实用性、可靠性，承担保密义务。

第三百四十八条　技术秘密转让合同的受让人应当按照约定使用技术，支付使用费，承担保密义务。

第三百四十九条　技术转让合同的让与人应当保证自己是所提供的技术的合法拥有者，并保证所提供的技术完整、无误、有效，能够达到约定的目标。

第三百五十条　技术转让合同的受让人应当按照约定的范围和期限，对让与人提供的技术中尚未公开的秘密部分，承担保密义务。

第三百五十一条　让与人未按照约定转让技术的，应当返还部分或者全部使用费，并应当承担违约责任；实施专利或者使用技术秘密超越约定的范围的，违反约定擅自许可第三人实施该项专利或者使用该项技术秘密的，应当停止违约行为，承担违约责任；违反约定的保密义务的，应当承担违约责任。

第三百五十二条　受让人未按照约定支付使用费的，应当补交使用费并按照约定支付违约金；不补交使用费或者支付违约金的，应当停止实施专利或者使用技术秘密，交还技术资料，承担违约责任；实施专利或者使用技术秘密超越约定的范围的，未经让与人同意擅自许可第三人实施该专利或者使用该技术秘密的，应当停止违约行为，承担违约责任；违反约定的保密义务的，应当承担违约责任。

第三百五十三条　受让人按照约定实施专利、使用技术秘密侵害他人合法权益的，由让与人承担责任，但当事人另有约定的除外。

第三百五十四条　当事人可以按照互利的原则，在技术转让合同中约定实施专利、使用技术秘密后续改进的技术成果的分享办法。没有约定或者约定不明确，依照本法第六十一条的规定仍不能确定的，一方后续改进的技术成果，其他各方无权分享。

第三百五十五条　法律、行政法规对技术进出口合同或者专利、专利申请合同另有规定的，依照其规定。

第四节　技术咨询合同和技术服务合同

第三百五十六条　技术咨询合同包括就特定技术项目提供可行性论证、技术预测、专题技术调查、分析评价报告等合同。

技术服务合同是指当事人一方以技术知识为另一方解决特定技术问题所订立的合同，不包括建设工程合同和承揽合同。

第三百五十七条　技术咨询合同的委托人应当按照约定阐明咨询的问题，提供技术背景材料及有关技术资料、数据；接受受托人的工作成果，支付报酬。

第三百五十八条　技术咨询合同的受托人应当按照约定的期限完成咨询报告或者解答问题；提出的咨询报告应当达到约定的要求。

第三百五十九条　技术咨询合同的委托人未按照约定提供必要的资料和数据，影响工作进度和质量，不接受或者逾期接受工作成果的，支付的报酬不得追回，未支付的报酬应当支付。

技术咨询合同的受托人未按期提出咨询报告或者提出的咨询报告不符合约定的，应当承担减收或者免收报酬等违约责任。

技术咨询合同的委托人按照受托人符合约定要求的咨询报告和意见作出决策所造成的损失，由委托人承担，但当事人另有约定的除外。

第三百六十条　技术服务合同的委托人应当按照约定提供工作条件，完成配合事项；接受工作成果并支付报酬。

第三百六十一条　技术服务合同的受托人应当按照约定完成服务项目，解决技术问题，保证工作质量，并传授解决技术问题的知识。

第三百六十二条　技术服务合同的委托人不履行合同义务或者履行合同义务不符合约定，影响工作进度和质量，不接受或者逾期接受工作成果的，支付的报酬不得追回，未支付的报酬应当支付。

技术服务合同的受托人未按照合同约定完成服务工作的，应当承担免收报酬等违约责任。

第三百六十三条　在技术咨询合同、技术服务合同履行过程中，受托人利用委托人提供的技术资料和工作条件完成的新的技术成果，属于受托人。委托人利用受托人的工作成果完成的新的技术成果，属于委托人。当事人另有约定的，按照其约定。

第三百六十四条　法律、行政法规对技术中介合同、技术培训合同另有规定的，依照其规定。

第十九章　保管合同

第三百六十五条　保管合同是保管人保管寄存人交付的保管物，并返还该物的合同。

第三百六十六条　寄存人应当按照约定向保管人支付保管费。

当事人对保管费没有约定或者约定不明确，依照本法第六十一条的规定仍不能确定的，保管是无偿的。

第三百六十七条　保管合同自保管物交付时成立，但当事人另有约定的除外。

第三百六十八条　寄存人向保管人交付保管物的，保管人应当给付保管凭证，但另有交易习惯的除外。

第三百六十九条　保管人应当妥善保管保管物。

当事人可以约定保管场所或者方法。除紧急情况或者为了维护寄存人利益的以外，不得擅自改变保管场所或者方法。

第三百七十条　寄存人交付的保管物有瑕疵或者按照保管物的性质需要采取特殊保管措施的，寄存人应当将有关情况告知保管人。寄存人未告知，致使保管物受损失的，保管人不承担损害赔偿责任；保管人因此受损失的，除保管人知道或者应当知道并且未采取补救措施的以外，寄存人应当承担损害赔偿责任。

第三百七十一条　保管人不得将保管物转交第三人保管，但当事人另有约定的除外。

保管人违反前款规定，将保管物转交第三人保管，对保管物造成损失的，应当承担损害赔偿责任。

第三百七十二条　保管人不得使用或者许可第三人使用保管物，但当事人另有约定的除外。

第三百七十三条　第三人对保管物主张权利的，除依法对保管物采取保全或者执行的以外，保管人应当履行向寄存人返还保管物的义务。

第三人对保管人提起诉讼或者对保管物申请扣押的，保管人应当及时通知寄存人。

第三百七十四条　保管期间，因保管人保管不善造成保管物毁损、灭失的，保管人应当承担损害赔偿责任，但保管是无偿的，保管人证明自己没有重大过失的，不承担损害赔偿责任。

第三百七十五条　寄存人寄存货币、有价证券或者其他贵重物品的，应当向保管人声明，由保管人验收或者封存。寄存人未声明的，该物品毁损、灭失后，保管人可以按照一般物品予以赔偿。

第三百七十六条　寄存人可以随时领取保管物。

当事人对保管期间没有约定或者约定不明确的，保管人可以随时要求寄存人领取保管物；约定保管期间的，保管人无特别事由，不得要求寄存人提前领取保管物。

第三百七十七条　保管期间届满或者寄存人提前领取保管物的，保管人应当将原物及其孳息归还寄存人。

第三百七十八条　保管人保管货币的，可以返还相同种类、数量的货币。保管其他可替代物的，可以按照约定返还相同种类、品质、数量的物品。

第三百七十九条　有偿的保管合同，寄存人应当按照约定的期限向保管人支付保管费。

当事人对支付期限没有约定或者约定不明确，依照本法第六十一条的规定仍不能确定的，应当在领取保管物的同时支付。

第三百八十条　寄存人未按照约定支付保管费以及其他费用的，保管人对保管物享有留置权，但当事人另有约定的除外。

第二十章　仓储合同

第三百八十一条　仓储合同是保管人储存存货人交付的仓储物，存货人支付仓储费的合同。

第三百八十二条　仓储合同自成立时生效。

第三百八十三条　储存易燃、易爆、有毒、有腐蚀性、有放射性等危险物品或者易变质物品，存货人应当说明该物品的性质，提供有关资料。

存货人违反前款规定的，保管人可以拒收仓储物，也可以采取相应措施以避免损失的发生，因此产生的费用由存货人承担。

保管人储存易燃、易爆、有毒、有腐蚀性、有放射性等危险物品的，应当具备相应的保管条件。

第三百八十四条　保管人应当按照约定对入库仓储物进行验收。保管人验收时发现入库仓储物与约定不符合的，应当及时通知存货人。保管人验收后，发生仓储物的品种、数量、质量不符合约定的，保管人应当承担损害赔偿责任。

第三百八十五条　存货人交付仓储物的，保管人应当给付仓单。

第三百八十六条　保管人应当在仓单上签字或者盖章。仓单包括下列事项：

（一）存货人的名称或者姓名和住所；

（二）仓储物的品种、数量、质量、包装、件数和标记；

（三）仓储物的损耗标准；

（四）储存场所；

（五）储存期间；

（六）仓储费；

（七）仓储物已经办理保险的，其保险金额、期间以及保险人的名称；

（八）填发人、填发地和填发日期。

第三百八十七条　仓单是提取仓储物的凭证。存货人或者仓单持有人在仓单上背书并经保管人签字或者盖章的，可以转让提取仓储物的权利。

第三百八十八条　保管人根据存货人或者仓单持有人的要求，应当同意其检查仓储物或者提取样品。

第三百八十九条　保管人对入库仓储物发现有变质或者其他损坏的，应当及时通知存货人或者仓单持有人。

第三百九十条　保管人对入库仓储物发现有变质或者其他损坏，危及其他仓储物的安全和正常保管的，应当催告存货人或者仓单持有人作出必要的处置。因情况紧急，保管人可以作出必要的处置，但事后应当将该情况及时通知存货人或者仓单持有人。

第三百九十一条　当事人对储存期间没有约定或者约定不明确的，存货人或者仓单持有人可以随时提取仓储物，保管人也可以随时要求存货人或者仓单持有人提取仓储物，但应当给予必要的准备时间。

第三百九十二条　储存期间届满，存货人或者仓单持有人应当凭仓单提取仓储物。存货人或者仓单持有人逾期提取的，应当加收仓储费；提前提取的，不减收仓储费。

第三百九十三条　储存期间届满，存货人或者仓单持有人不提取仓储物的，保管人可以催告其在合理期限内提取，逾期不提取的，保管人可以提存仓储物。

第三百九十四条　储存期间，因保管人保管不善造成仓储物毁损、灭失的，保管人应当承担损害赔偿责任。因仓储物的性质、包装不符合约定或者超过有效储存期造成仓储物变质、损坏的，保管人不承担损害赔偿责任。

第三百九十五条　本章没有规定的，适用保管合同的有关规定。

第二十一章　委托合同

第三百九十六条　委托合同是委托人和受托人约定，由受托人处理委托人事务的合同。

第三百九十七条　委托人可以特别委托受托人处理一项或者数项事务，也可以概括委托受托人处理一切事务。

第三百九十八条　委托人应当预付处理委托事务的费用。受托人为处理委托事务垫付的必要费用，委托人应当偿还该费用及其利息。

第三百九十九条　受托人应当按照委托人的指示处理委托事务。需要变更委托人指示的，应当经委托人同意；因情况紧急，难以和委托人取得联系的，受托人应当妥善处理委托事务，但事后应当将该情况及时报告委托人。

第四百条　受托人应当亲自处理委托事务。经委托人同意，受托人可以转委托。转委托经同意的，委托人可以就委托事务直接指示转委托的第三人，受托人仅就第三人的选任及其对第三人的指示承担责任。转委托未经同意的，受托人应当对转委托的第三人的行为承担责任，但在紧急情况下受托人为维护委托人的利益需要转委托的除外。

第四百零一条　受托人应当按照委托人的要求，报告委托事务的处理情况。委托合同终止时，受托人应当报告委托事务的结果。

第四百零二条　受托人以自己的名义，在委托人的授权范围内与第三人订立的合同，第三人在订立合同时知道受托人与委托人之间的代理关系的，该合同直接约束委托人和第三人，但有确切证据证明该合同只约束受托人和第三人的除外。

第四百零三条　受托人以自己的名义与第三人订立合同时，第三人不知道受托人与委托人之间的代理关系的，受托人因第三人的原因对委托人不履行义务，受托人应当向委托人披露第三人，委托人因此可以行使受托人对第三人的权利，但第三人与受托人订立合同时如果知道该委托人就不会订立合同的除外。

受托人因委托人的原因对第三人不履行义务，受托人应当向第三人披露委托人，第三人因此可以选择受托人或者委托人作为相对人主张其权利，但第三人不得变更选定的相对人。

委托人行使受托人对第三人的权利的，第三人可以向委托人主张其对受托人的抗辩。第三人选定委托人作为其相对人的，委托人可以向第三人主张其对受托人的抗辩以及受托人对第三人的抗辩。

第四百零四条　受托人处理委托事务取得的财产，应当转交给委托人。

第四百零五条　受托人完成委托事务的，委托人应当向其支付报酬。因不可归责于受托人的事由，委托合同解除或者委托事务不能完成的，委托人应当向受托人支付相应的报酬。当事人另有约定的，按照其约定。

第四百零六条　有偿的委托合同，因受托人的过错给委托人造成损失的，委托人可以要求赔偿损失。无偿的委托合同，因受托人的故意或者重大过失给委托人造成损失的，委托人可以要求赔偿损失。

受托人超越权限给委托人造成损失的，应当赔偿损失。

第四百零七条　受托人处理委托事务时，因不可归责于自己的事由受到损失的，可以向委托人要求赔偿损失。

第四百零八条　委托人经受托人同意，可以在受托人之外委托第三人处理委托事务。因此给受托人造成损失的，受托人可以向委托人要求赔偿损失。

第四百零九条　两个以上的受托人共同处理委托事务的，对委托人承担连带责任。

第四百一十条　委托人或者受托人可以随时解除委托合同。因解除合同给对方造成损失的，除不可归责于该当事人的事由以外，应当赔偿损失。

第四百一十一条　委托人或者受托人死亡、丧失民事行为能力或者破产的，委托合同终止，但当事人另有约定或者根据委托事务的性质不宜终止的除外。

第四百一十二条　因委托人死亡、丧失民事行为能力或者破产，致使委托合同终止将损害委托人利益的，在委托人的继承人、法定代理人或者清算组织承受委托事务之前，受托人应当继续处理委托事务。

第四百一十三条　因受托人死亡、丧失民事行为能力或者破产，致使委托合同终止的，受托人的继承人、法定代理人或者清算组织应当及时通知委托人。因委托合同终止将损害委托人利益的，在委托人作出善后处理之前，受托人的继承人、法定代理人或者清算组织应当采取必要措施。

第二十二章　行纪合同

第四百一十四条　行纪合同是行纪人以自己的名义为委托人从事贸易活动，委托人支付报酬的合同。

第四百一十五条　行纪人处理委托事务支出的费用，由行纪人负担，但当事人另有约定的除外。

第四百一十六条　行纪人占有委托物的，应当妥善保管委托物。

第四百一十七条　委托物交付给行纪人时有瑕疵或者容易腐烂、变质的，经委托人同意，行纪人可以处分该物；和委托人不能及时取得联系的，行纪人可以合理处分。

第四百一十八条　行纪人低于委托人指定的价格卖出或者高于委托人指定的价格买入的，应当经委托人同意。未经委托人同意，行纪人补偿其差额的，该买卖对委托人发生效力。

行纪人高于委托人指定的价格卖出或者低于委托人指定的价格买入的，可以按照约定增加报酬。没有约定或者约定不明确，依照本法第六十一条的规定仍不能确定的，该利益属于委托人。

委托人对价格有特别指示的，行纪人不得违背该指示卖出或者买入。

第四百一十九条　行纪人卖出或者买入具有市场定价的商品，除委托人有相反的意思表示的以外，行纪人自己可以作为买受人或者出卖人。

行纪人有前款规定情形的，仍然可以要求委托人支付报酬。

第四百二十条　行纪人按照约定买入委托物，委托人应当及时受领。经行纪人催告，委托人无正当理由拒绝受领的，行纪人依照本法第一百零一条的规定可以提存委托物。

委托物不能卖出或者委托人撤回出卖，经行纪人催告，委托人不取回或者不处分该物的，行纪人依照本法第一百零一条的规定可以提存委托物。

第四百二十一条　行纪人与第三人订立合同的，行纪人对该合同直接享有权利、承担义务。

第三人不履行义务致使委托人受到损害的，行纪人应当承担损害赔偿责任，但行纪人与委托人另有约定的除外。

第四百二十二条　行纪人完成或者部分完成委托事务的，委托人应当向其支付相应的报酬。委托人逾期不支付报酬的，行纪人对委托物享有留置权，但当事人另有约定的除外。

第四百二十三条　本章没有规定的，适用委托合同的有关规定。

第二十三章　居间合同

[返回目录]

第四百二十四条　居间合同是居间人向委托人报告订立合同的机会或者提供订立合同的媒介服务，委托人支付报酬的合同。

第四百二十五条　居间人应当就有关订立合同的事项向委托人如实报告。

居间人故意隐瞒与订立合同有关的重要事实或者提供虚假情况，损害委托人利益的，不得要求支付报酬并应当承担损害赔偿责任。

第四百二十六条　居间人促成合同成立的，委托人应当按照约定支付报酬。对居间人的报酬没有约定或者约定不明确，依照本法第六十一条的规定仍不能确定的，根据居间人的劳务合理确定。因居间人提供订立合同的媒介服务而促成合同成立的，由该合同的当事人平均负担居间人的报酬。

居间人促成合同成立的，居间活动的费用，由居间人负担。

第四百二十七条　居间人未促成合同成立的，不得要求支付报酬，但可以要求委托人支付从事居间活动支出的必要费用。

附　　则

第四百二十八条　本法自1999年10月1日起施行，《中华人民共和国经济合同法》、《中华人民共和国涉外经济合同法》、《中华人民共和国技术合同法》同时废止。

참고문헌

· 趙旭東 主編, 新公司法講義, 人民法院出版社 , 2005.
· 顧功耘, 經濟法敎程, 上海人民出版社, 2005.
· 魏龍, 中國對外貿易論, 武漢理工大學出版社, 2002.
· 李昌麒 主編, 經濟法學, 中國政法大學出版社, 2002.
· 徐杰 主編, 經濟法論叢, 法律出版社, 2000.
· 焦志勇 編著, 外商投資企業法概論, 首都經濟貿易大學出版社, 2000.
· 江平 主編, 中華人民共和國合同法精解, 中國政法大學出版社, 1999.
· 徐景和 主編, 中華人民共和國合同法通解, 中國檢察出版社, 1999.
· 長谷 主編, 合同和合同書, 北京科技大學報社版, 1999.
· 劉文華 主編, 新合同法, 世界圖書出版公司, 1999.
· 劉文華 主編, 中華人民共和國合同法實用指南, 改革出版社, 1999.
· 夏志宏 主編, 中華人民共和國合同法實務, 對外經濟貿易大學出版社, 1999.
· 胡康生 主編, 中華人民共和國合同法釋義, 法律出版社, 1999.
· 潘靜成 · 劉文華 主編, 經濟法, 中國人民大學出版社, 1999년.
· 王保樹 主編, 經濟法原理, 社會科學文獻出版社, 1999년.
· 漆多俊 主編, 經濟法論叢, 中國方正出版社, 1999년.
· 楊紫烜 主編, 經濟法, 北京大學出版社, 1999.
· 尹集慶 主編, 中國對外經濟貿易改革20年, 中州古籍出版社, 1998.
· 徐景和 · 劉淑强 · 張桂龍 · 趙雷 主編,中國利用外資法律理論与實務(상·중·하), 人民法院出版社, 1998.
· 邢建國 著, 三資企業硏究, 中國建材工業出版社, 1998.
· 陳治東 著, 國際商事仲裁法, 法律出版社, 1998.
· 周曉燕 主編, 解決涉外經濟糾紛的法律与實務, 中信出版社, 1998.
· 張軍 著, 中國經濟改革的回顧与分析, 山西經濟出版社, 1998.
· 張竹生 主編, 中國涉外經濟法律實務敎程, 對外經濟貿易大學出版社, 1997.

· 劉隆亨, 經濟法概論, 北京出版社, 1997.
· 潘靜成 · 劉文華 主編, 經濟法概論, 中國財政經濟出版社, 1996.
· 石少俠 主編, 經濟法新論, 吉林大學出版社, 1996.
· 簡翠牌 主編, 中國經濟法學, 中國社會科學出版社, 1996.
· 楊紫烜 · 徐杰 主編, 經濟法學, 北京大學出版社, 1995.
· 法學大辭典, 中國政法大學出版社, 2003년.
· 韓大元外 13人 共著, 現代中國法入門, 박영사, 1995.
· 이규철, 중국비즈니스Q&A100, 학민사, 2003.
· ______, 對中國投資戰略과 法律, 도서출판 두남, 2001.
· 법제처, 중국의 개혁개방관련 법제자료집(Ⅱ), 2002.
· 한국산업은행, 「中國의 改革戰略과 成果」, 2001.
· 이규철, "중화인민공화국 계약법에 관한 고찰", 월간법제, 2004년 10월호.
· ______, 중화인민공화국 계약법 연구(법제처 동북아 법제 연구용역), 2004. 12.

찾아보기

ㄹ

ㅁ

ㅂ

ㅅ

ㅇ

ㅈ

ㅊ

ㅌ

ㅍ

ㅎ

저자소개

저 자 : 李 揆 哲(法學博士)

필자는 충북 영동에서 태어나 일본 와세다대학(早稲田大學)대학원 법학연구과에 유학 중 1954년 중국헌법이 제정된 그 이듬 부터 일본은 중국법률을 체계적으로 정리한 것을 보고, 다시 중국유학을 결심하게 되었다. 중국정부의 중화문화연구장학금(中華文化研究獎學金 教委登記號: 98HWH002)으로 상해 복단대학교(复旦大学) 연구학자와 화동정법대학(華東政法學院)에서 박사과정을 수료한 후, 다년간 상해 로펌과 컨설팅회사 운영을 통한 경험을 바탕으로 중국비즈니스컨설턴트와 CEO-MBA China Business Case Study강연가로 활약하면서 중국전문가 '10만 양병설' 주창자이기도 하다.

현 재 : Shanghai JD Law Firm(한국부)수석대표

한국 법제처 동북아법제 자문위원

중국 국제경제법학회 정회원

중국전문가 '10만 양병' 주창자

일본 국제비즈니스연구학회 정회원

CEO-MBA China Business Case Study강연가

저 서 : 對中國投資戰略과 法律, 도서출판 두남, 2001. 07

中國商務(Business)Q&A100, 학민사, 2003. 06

現代中國對外貿易論, 신아사, 2003. 08

中韓・韓中經濟貿易用語辭典, 上海海文音像出版社, 2004. 06

논 문 : 중국통상법률논문(법제처) 및 문장(북경, 상해, 서울) 120여 편 이상

* eMail: kclaw21@hanmail.net

CEO-China EMBA시리즈

註釋實務中國契約法總覽

인　　쇄 : 2006년 9월 10일
발　　행 : 2006년 9월 15일
저　　자 : 이규철
발 행 처 : 도서출판 아진
110-091
서울특별시 종로구 행촌동 27-4 2층
TEL:02-737-0663 FAX:02-737-0664
Homepage:ajin.to
E-mail:kgb@ajin.to
발 행 인 : 김 근 배
등록번호 : 제330-1995-56호
ISBN : 89-5761-180-0 93360

가격 38,000원